Das große Börsenbuch

Victor Gojdka

Das große Börsenbuch

Profi-Wissen für Ihre Anlagestrategie

Stiftung Warentest

Inhaltsverzeichnis

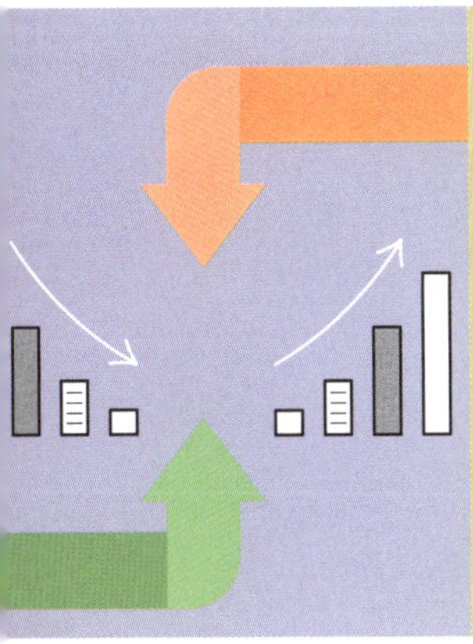

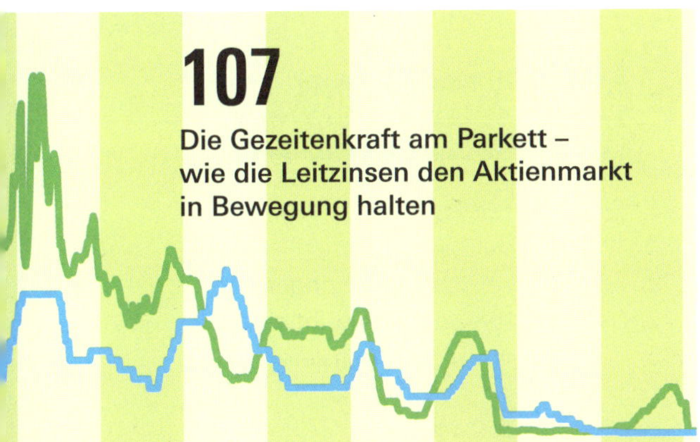

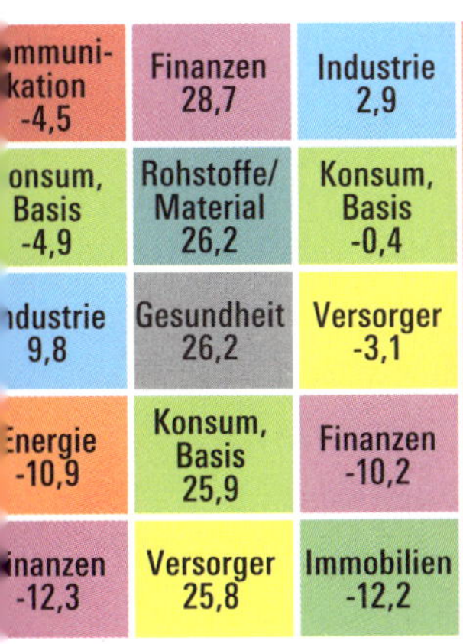
mmuni-kation -4,5
Finanzen 28,7
Industrie 2,9
onsum, Basis -4,9
Rohstoffe/Material 26,2
Konsum, Basis -0,4
ndustrie 9,8
Gesundheit 26,2
Versorger -3,1
Energie -10,9
Konsum, Basis 25,9
Finanzen -10,2
inanzen -12,3
Versorger 25,8
Immobilien -12,2

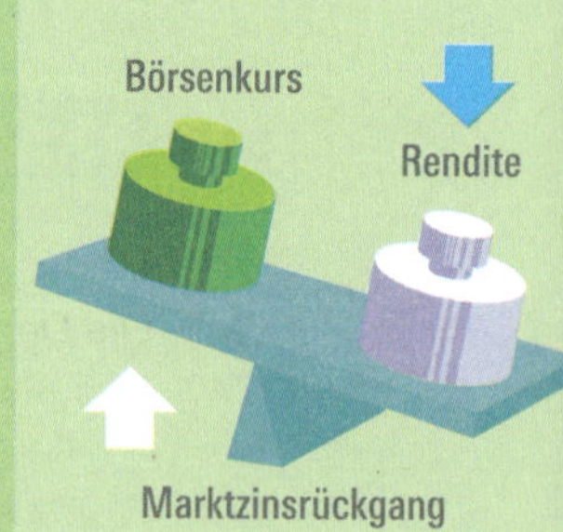
Börsenkurs
Rendite
Marktzinsrückgang

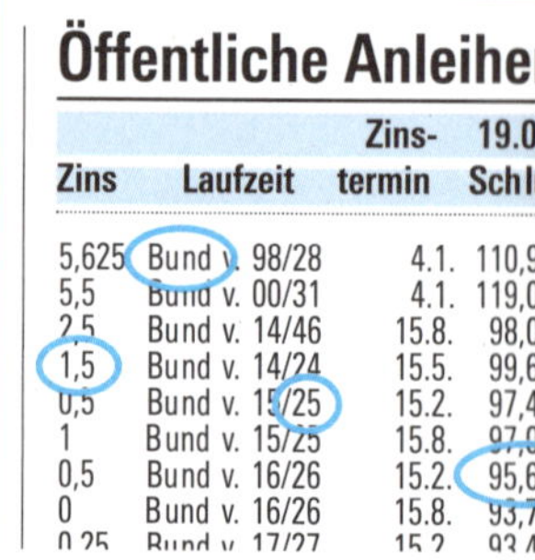
Öffentliche Anleihe
Zins Laufzeit Zins-termin
5,625 Bund v. 98/28 4.1.
5,5 Bund v. 00/31 4.1.
Bund v. 14/46 15.8.
1,5 Bund v. 14/24 15.5.
Bund v. 15/25 15.2. 97,4
1 Bund v. 15/25 15.8.
0,5 Bund v. 16/26 15.2.
0 Bund v. 16/26 15.8.

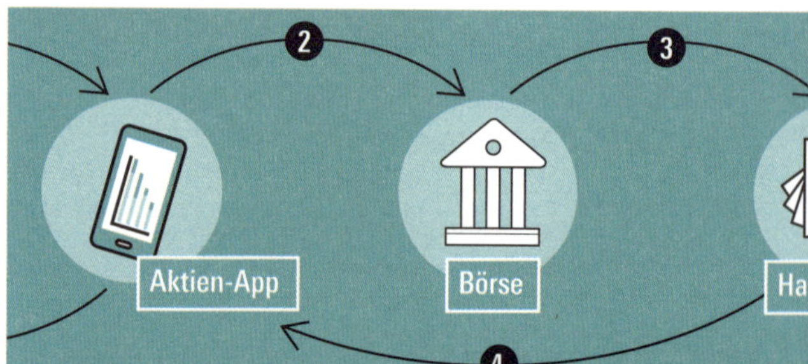
2
3
Aktien-App
Börse
4

Schnellkurs Börse

An der Börse zum Vermögen

Für viele Menschen ist die Börse ein Faszinosum: Große Gewinne und verheerende Verluste liegen eng beieinander. Und trotzdem lässt sich dort ein Vermögen machen – solide und mit Plan.

Vermögensaufbau – wie geht das?

Kurskapriolen, Rezessionen und steigende Preise: Wie können Sparerinnen und Sparer da noch ein Vermögen aufbauen? Ganz einfach – an der Börse.

Beim Blick auf die Nachrichten aus der Finanzwelt kann einem seit Jahren angst und bange werden. Erst kollabierten in der Finanzkrise weltweit Banken, dann brachte die Eurokrise manche Staaten an den Rand der Zahlungsunfähigkeit. Anschließend gab es auf dem Konto jahrelang vor allem Null- und Negativzinsen, bis in der Corona-Pandemie die Wirtschaft nahezu stillstand – und im Anschluss viele Preise scheinbar nur noch stiegen.

Die Schlagzeilen der Zeitungen, Nachrichtenportale und Videokanäle im Netz zeugen davon: „Angst vor dem Euro-Aus", schrieb ein Nachrichtenmagazin 2015. „Der schnellste Aktiencrash aller Zeiten", wusste eine Tageszeitung zu Beginn der Pandemie im Jahr 2020. „Wie schafft man es, endlich für das Alter zu sparen?", fragte ein Videokanal im Netz nur ein Jahr später. Und zum Weltspartag 2022 titelte eine Boulevardzeitung: „Inflation frisst unser Geld auf: Der traurigste Weltspartag seit Jahrzehnten!"

Wenn Lohn und Rente nicht reichen

Die Schlagzeilen sind selbstverständlich zugespitzt, aber die tiefer liegende Frage ist einfach und kompliziert zugleich: Wie lässt sich in diesen Zeiten noch ein Vermögen aufbauen? Einerseits lässt sich angesichts gestiegener Preise vom Ersparten oft weniger kaufen.

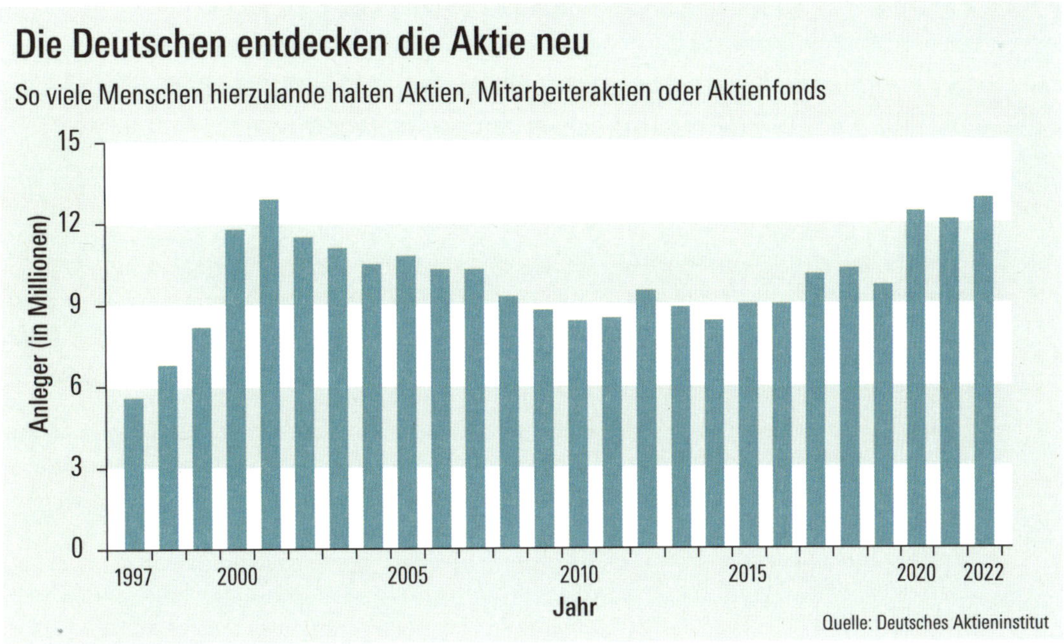

Andererseits reicht das Arbeitseinkommen allein oft nicht aus, um größere Sprünge zu machen. Und ob die Rente so sicher ist, wie der ehemalige Bundessozialminister Norbert Blüm einst meinte, ist ebenfalls fraglich.

Überlegen sich die Menschen hierzulande, wie sie dennoch ein kleines Vermögen aufbauen können, fallen ihnen vor allem zwei Wege ein: entweder eine große Summe erben – oder Lotto spielen. Doch ein großes Erbe bekommt nicht jeder, und die Chance auf den Hauptgewinn im Lotto ist verschwindend gering. Finanzwissenschaftler und -wissenschaftlerinnen raten daher bereits seit Jahren zu Aktien, Fonds oder ETF. Kurz: Die Deutschen sollten ihren persönlichen Börsengang wagen.

Ist die Börse besser?

Vielen scheint die Börse dennoch wie ein Buch mit sieben Siegeln, das sie endlich verstehen wollen. Andere haben schlechte Erfahrungen gemacht, als zur Jahrtausendwende die Dotcom-Blase der Internetaktien platzte, und wollen nun einen zweiten Anlauf wagen. Manche haben in der Corona-Pandemie mit dem Handy wiederum eher zufällig an der Börse losgelegt und wollen ihr Depot nun professionell aufstellen.

Professionelle Vermögensverwaltungen argumentieren gerne, Privatleute hätten an der Börse sowieso keine Chance gegen die vermeintlichen Profis. Hochfrequenzhändler handelten Aktien schließlich im Takt von Nanosekunden, die Konstruktion komplexer Derivate sei selbst für Expertinnen und Experten höhere Mathematik, und nur Fondsleute hätten Wissen aus erster Hand über aussichtsreiche Unternehmen. Klar, wer die eigenen Finanzprodukte verkaufen will, muss so argumentieren. Fachleute aus den Finanzwissenschaften und dem Verbraucherschutz sind sich mit Stiftung Warentest jedoch seit Jahren einig: Trotz des Aufs und Abs können auch Privatmenschen an der Börse ihren Schnitt machen – und am Ende oft genug sogar die Profis schlagen. Wie solider Vermögensaufbau an der Börse gelingen kann, zeigt Ihnen dieses Buch von A bis Z.

Aktien – einfach unschlagbar

Kurzfristig können die Kurse ordentlich schwanken. Langfristig aber schlugen Aktien die Inflation – und sogar andere Anlageformen.

Lassen Sie sich zu Beginn kurz auf ein kleines Experiment ein: Versetzen Sie sich gedanklich einmal zurück in die Vereinigten Staaten des Jahres 1900, als der New Yorker Bürgermeister noch Theodore Roosevelt hieß, die Farbfotografie als neueste Innovation galt und im Finanzteil der New York Times über Eisenbahnaktien berichtet wurde. Keine Angst, Sie haben bei diesem Gedankenspiel im Grunde nichts zu verlieren, der Einsatz ist bloß ein US-Dollar. Diese Münze mit dem Adler auf der Rückseite hätten Sie entweder in weltweite Aktien, in Staatsanleihen vieler Länder oder sogenannte Schatzpapiere der Vereinigten Staaten investieren können, also sehr sichere Staatspapiere.

Zur Entscheidung gibt es eine kurze Handreichung: Mit äußerst sicheren Schatzpapieren hätten Sie den USA als Staat für drei Monate Geld besorgt und es mit größter Sicherheit anschließend wiederbekommen, um es erneut anzulegen. Bei den Staatsanleihen wiederum hätten Sie unterschiedlichsten Regierungen weltweit auf mehrere Jahre Geld geliehen, um Zinsen zu kassieren. Und als Aktionär oder Aktionärin wären Sie Miteigentümer vieler großer Börsenfirmen rund um den Globus geworden, um von Kurssteigerungen und Gewinnausschüttungen zu profitieren. Was, glauben Sie, wäre aus heutiger Sicht die beste Anlage gewesen?

Was wäre die beste Anlage gewesen?

Wer das Geld damals in die sicheren Schatzpapiere steckte, hätte Ende 2022 nominal mit 61,10 US-Dollar dagestanden. Hätten Sie das Geld stattdessen in länger laufende Staatsanleihen investiert, wäre Ihr Ertrag auf immerhin 284 Dollar angewachsen, also knapp fünfmal so stark. Wer stattdessen im Jahr 1900 bloß einen Dollar in weltweite Aktien angelegt hätte, dürfte sich heute über 15 645 US-Dollar freuen.

Rückblickend wäre die Aktienanlage also die ertragreichste Wahl gewesen, und zwar mit weitem Vorsprung. Die einzigen beiden Voraussetzungen in unserem Gedankenexperiment: Anlegerinnen und Anleger hätten das Geld über den gesamten Zeitraum an der Börse investiert lassen müssen und ihre Aktien auch bei Crashs nicht aus Panik verkaufen dürfen. Außerdem hätten sie alle Erträge immer wieder mitanlegen müssen, also die Zinsen der Anleihen oder bei Aktien die Gewinnausschüttungen in Form von Dividenden.

Aktien langfristig vorne

Vielleicht ist diese Langfristbetrachtung das stärkste Argument: Aktien haben langfristig die besten Erträge aller Geldanlageformen gebracht. Zieht man die Inflation ab, ändern sich zwar die Endwerte – nicht aber die Grundaussage. Die Grafik rechts oben ist deswegen die wichtigste Darstellung in diesem Buch. Sie stammt aus einem Datensatz der Finanzhistoriker Elroy Dimson, Paul Marsh und Mike Staunton von der London Business School, die im Auftrag der Großbank UBS die Entwicklung unterschiedlicher Anlageformen bis ins Jahr 1900 zurückverfolgt haben.

Jährlich aktualisieren sie ihre Langfrist-Rechnung im „UBS Global Investment Returns Yearbook", inzwischen umfasst es mehr als 120 Jahre Kapitalmarktgeschichte. Laut Rechnungen der drei Londoner Forscher ergaben sich in US-Dollar seit dem Jahr 1900 im Schnitt bis zum Ende des Jahres 2022 aus nominaler Sicht folgende Renditedaten:

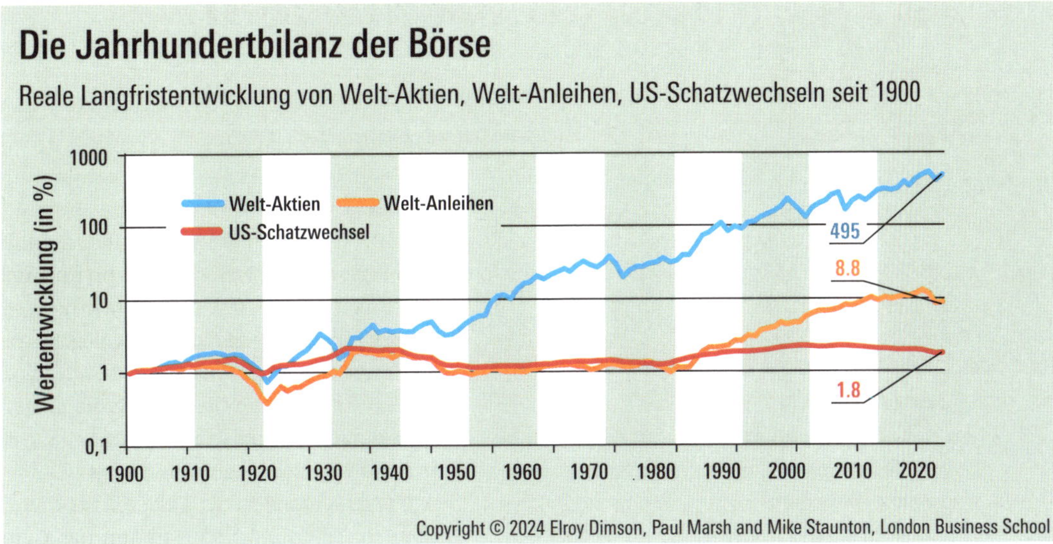

- **Weltweite Aktien:** 8,1 Prozent pro Jahr,
- **Weltweite Staatsanleihen:** 4,7 Prozent pro Jahr,
- **Sehr sichere US-Schatzwechsel:** 3,4 Prozent pro Jahr.

Weil natürlich kaum ein einzelner Anleger oder eine einzelne Anlegerin mehr als ein Jahrhundert lebt, könnten so manche die Daten der Forscher als unrealistisch abtun. In den Finanzwissenschaften ist der Datensatz jedoch zum Goldstandard für Renditedaten geworden. Denn in den mehr als 120 Jahren Börsengeschichte steckt eine Menge drin: Positiv spiegelt sich eine atemberaubende, industrielle Transformationsgeschichte. Im Jahr 1900 hatte schließlich praktisch niemand je ein Auto gefahren, Radio gehört, in einem Flugzeug gesessen, geschweige denn ein Smartphone in der Hand gehalten.

Trotz Kriegen, Krisen und Crashs

Umgekehrt brachte die Zeit seit der Jahrhundertwende zwei Weltkriege, zahlreiche regionale Konflikte und eine Terrorwelle nach der Jahrtausendwende. Ob beim Großen Börsenkrach 1929, beim Blitzcrash an der Wall Street im Jahr 1987, mit der Dotcom-Blase zur Jahrtausendwende, der Finanzkrise und der Eurokrise nur wenige Jahre später – immer wieder bebten die Kurse an den Börsen. Selbst die vermeintlich völlig neue Pandemiesituation rund um das Coronavirus ab 2020 hat in den Daten des Forschertrios bereits einen historischen Vorgänger: Ab 1918 verbreitete sich die Spanische Grippe rund um den Globus und forderte geschätzt 25 bis 50 Millionen Tote.

Trotz all dieser Krisen, Kriege und Crashs haben die weltweiten Aktienmärkte ihre alten Höhen immer wieder erreicht und sogar nachhaltig übertroffen. Der gravierende Aktiencrash von 1929 mit dem berühmt gewordenen „Schwarzen Freitag" ist im Diagramm oben auf dieser Seite aus heutiger Sicht bloß noch eine kleine Delle. Dass wohl auch automatische Verkaufsorders den US-Index Dow Jones am 19. Oktober 1987 an nur einem Tag um rund 23 Prozent in die Tiefe drückten, ist in der Kursgrafik nicht einmal mehr zu erkennen. Auch Finanzkrise und Coronacrash sind nurmehr winzige Einkerbungen auf dem unaufhaltsamen Aufwärtsweg des Aktienmarktes.

Diese historischen Renditedaten sind inzwischen von unzähligen Forscherinnen und Forschern bestätigt worden: US-Finanzprofessor Jeremy Siegel von der Wharton School der

30
SEKUNDEN
FAKTEN

10,6 %
des weltweiten Börsenwerts entfielen im Jahr 1900 auf Unternehmen an den deutschen Börsen, heute sind es nur noch 2,0 Prozent.

63 %
des Börsenwerts US-amerikanischer Firmen entfiel 1900 auf Eisenbahnaktien. Heute sind Techaktien die wichtigste Branche.

5,0 %
betrug die jährliche, inflationsbereinigte Rendite der Weltbörsen seit 1900. Mit 0,0 Prozent lag Österreich ganz hinten, am besten schnitten Australien und die USA mit 6,4 Prozent ab.

Quelle: Credit Suisse/Dimson/Marsh/Staunton (2023), MSCI

University of Pennsylvania rechnete 2021 für die US-Kapitalmärkte sogar bis ins Jahr 1802 zurück – also noch ein Jahrhundert länger – und fand ganz ähnliche Zahlen: Aktien brachten nach seiner Rechnung in US-Dollar im Schnitt 8,4 Prozent Rendite pro Jahr, US-Staatsanleihen 5,0 Prozent, die sicheren Schatzwechsel 4,0 Prozent und Gold im Schnitt 2,1 Prozent pro Jahr.

Aktienplus in allen Ländern

Auch für andere Länder ist dieses Muster an den Börsen erstaunlich stabil. Die drei Londoner Finanzforscher haben die wesentlichen Anlageformen inzwischen in 21 Ländern bis ins Jahr 1900 zurückverfolgt, von Australien bis Südafrika. In anderen Ländern wie Malaysia, Singapur oder Chile fehlen oft durchgängige und belastbare Finanzdaten, dort beginnt die Analyse der Forscher erst später. Das Ergebnis: In keinem einzigen entwickelten Land liegt die langfristige Aktienrendite über die gesamte Zeitspanne seit 1900 gerechnet hinter Staatsanleihen oder den kurzlaufenden und besonders sicheren Schatzwechseln des Staates.

Für Deutschland ist die Sache nicht ganz so einfach, da die Hyperinflation 1923/1924 das komplette Vermögen von Anleihehaltern auslöschte. Den deutschen Leitindex Dax gibt es ebenfalls erst seit 1988, sodass erst seitdem belastbare Daten vorliegen. Zuvor berechneten Banken und Tageszeitungen zwar eigene Börsenindizes, viele dieser Kursbarometer ließen aber die Dividenden bei ihren Rechnungen außen vor. Finanzprofessor Richard Stehle von der Berliner Humboldt-Universität hat daher im Jahr 2018 die Renditen deutscher Staatsanleihen und heimischer Aktien inklusive Dividenden bis ins Jahr 1955 zurückgerechnet. Auch hier liegen Aktien im Langfristergebnis deutlich vor den Staatsanleihen.

Durchschnitte sind keine Regeln

Anlegerinnen und Anleger sollten diese Langfristrenditen jedoch nicht wie ein physikalisches Gesetz betrachten. Um das zu zeigen, trug der kanadische Finanzprofessor Edward McQuarrie von der Santa-Clara-Universität einen Datensatz über mehr als 200 Jahre Kapitalmarktgeschichte zusammen: Rollt man alle Phasen von 30 oder 50 Jahren innerhalb dieses Datensatzes auf, schnitten Aktien nur in rund zwei Dritteln der Fälle besser ab als Staatsanleihen. In rund einem Drittel aller Zeiträume von 30 oder 50 Jahren hatten Anleihen die Nase vorn – in den USA zum Beispiel oft im 19. Jahrhundert. Soll heißen: Während Aktien

Wertvernichter Inflation

So reduziert ein steigendes Preisniveau die Kaufkraft eines Euro im Zeitverlauf

		Durchschnittliche jährliche Inflationsrate			
Kaufkraft eines Euro nach …	**0 %**	**1 %**	**2 %**	**3 %**	**4 %**
… einem Jahr	1	0,99	0,98	0,97	0,96
… 10 Jahren	1	0,91	0,82	0,74	0,68
… 20 Jahren	1	0,82	0,67	0,55	0,46
… 30 Jahren	1	0,74	0,55	0,41	0,31
… 40 Jahren	1	0,67	0,45	0,31	0,21

Quelle: eigene Berechnungen

im langfristigen Schnitt über mehr als zwei Jahrhunderte vorne landeten, muss das nicht in jeder einzelnen Unterperiode so sein. Die Lösung für dieses Dilemma ist aber simpel: Im eigenen Portfolio auf Aktien und Anleihen gleichzeitig setzen.

Mit der Inflation rechnen

Anlegerinnen und Anleger sollten sich von den üppigen Renditen der vorangegangenen Seiten auch aus einem anderen Grund nicht täuschen lassen. Denn Werte von rund acht Prozent jährlicher Durchschnittsrendite am Aktienmarkt sind sogenannte nominale Daten. Das bedeutet: Diese Daten lassen die Inflation unberücksichtigt, also die steigenden Preise. Gerade bei langen Zeiträumen sollte man jedoch immer mit der Inflation rechnen. Buchstäblich und in Zahlen.

Nicht nur in Phasen hoher Inflation wie infolge der Ölkrise in den 1970er-Jahren oder der Corona-Pandemie zu Beginn der 2020er-Jahre wird Inflation zum Problem für das eigene Vermögen. Selbst eine Inflationsrate von nur zwei Prozent – dort liegt das offizielle Inflationsziel der Europäischen Zentralbank – würde den Wert des angesparten Vermögens in der realen Lebenswelt empfindlich mindern.

Ein Beispiel: Würden Anlegerinnen und Anleger 1000 Euro unter ein Kopfkissen legen, lägen dort nach einem Jahr immer noch 1000 Euro. Allerdings wären in der Zwischenzeit beispielsweise Mieten, Lebensmittel oder Friseurbesuche teurer geworden. Beträgt die allgemeine Teuerungsrate zwei Prozent, wären nach einem Jahr nur noch rund 98 Prozent des Vermögenswertes erhalten. Sparer könnten sich dann mit 1000 Euro nur noch das leisten, was sie heute für 980 Euro kaufen können.

Persönlicher Inflationsrechner des Statistischen Bundesamtes service.destatis.de/inflationsrechner

Bloß zwanzig Euro Unterschied nach einem Jahr mögen überschaubar wirken und sind der Grund, warum viele Menschen die Inflation im Alltag etwas vernachlässigen. Die Kraft der steigenden Preise wirkt nur schleichend, langfristig jedoch zerstörerisch. Nach 20 Jahren mit jeweils zwei Prozent Inflation wären bloß noch rund zwei Drittel des aktuellen Geldwertes erhalten, nach 40 Jahren gerade einmal knapp die Hälfte. Würde die Inflation über 40 Jahre sogar bei drei Prozent liegen, könnten sich Sparer von dem Geld am Ende nicht einmal ein Drittel so viel kaufen wie zu Beginn des Zeitraums (siehe Tabelle oben).

Aktien schlugen auch die Inflation

Besonders deutlich wird das am Beispiel der Aktienmarktrenditen in Portugal: Seit 1900 hätte man dort im jährlichen Schnitt eine Rendite von elf Prozent erwirtschaften können und damit besser abgeschnitten als an den Landesbörsen vieler anderer Nationen. Berücksichtigen Sparerinnen und Sparer allerdings die Inflation, sieht das Bild ganz anders aus. Weil Portugal im vergangenen Jahrhundert immer wieder mit steigenden Preisen zu kämpfen hatte, verringert sich die Aktienrendite abzüglich der Inflation auf nur noch 3,7 Prozent pro Jahr. Deswegen heißt diese Betrachtungsweise inflationsbereinigte Rendite oder „reale" Rendite, was geläufiger ist.

Auch wenn diese ehrlichen Renditezahlen selten gezeigt werden, sollten Sparerinnen und Sparer sie kennen. Unsere Inflationstabelle zeigt schließlich, dass schon geringe Inflationsraten zumindest auf lange Sicht einen erheblichen Unterschied machen können. Lag die nominale Rendite von weltweiten Aktien laut Auswertung der Londoner Forscher langfristig im Schnitt bei 8,1 Prozent pro Jahr, schrumpft dieser Wert auf nur noch 5,0 Prozent, sobald man die Inflation herausrechnet. Auch Anleihen brachten statt 4,7 Prozent abzüglich der Preissteigerungen nur noch 1,7 Prozent Rendite pro Jahr. Und die nahezu risikofreie Anlage („Schatzwechsel") kam statt 3,4 Prozent nominaler Rendite im Schnitt nur noch auf 0,4 Prozent Realrendite im Jahr.

Anlegerinnen und Anleger sollten sich deswegen jedoch nicht entmutigt fühlen. Einerseits ist es besser, von vornherein realistische Renditeerwartungen zu hegen. Andererseits zeigt gerade die Rechnung mit der Inflation, wie wichtig Aktien als Teil des eigenen Vermögensaufbaus sind. Während deutsche Aktien real – also abzüglich der Inflation – laut Forscherteam im Schnitt auf 3,1 Prozent jährliche Rendite kamen, sorgten Anleihen und die vermeintlich sicheren Schatzwechsel in den 120 Jahren seit 1900 real sogar über diesen langen Zeitraum für Verluste. Heißt im Klartext: Mit diesen beiden Anlagen hätte sich die Kaufkraft über den Zeitraum nicht erhalten lassen.

Zum ganzen Bild gehört jedoch auch, dass sich die Überlegenheit von Aktien vor allem langfristig und im internationalen Schnitt zeigte. Nicht in jedem Inflationsjahr kompensierten Aktien den Kaufkraftverlust wie ein Naturgesetz, der Werterhalt mit Aktien funktionierte zuverlässig nur über lange Zeiträume mehrerer Jahrzehnte. Zwischenzeitlich konnten schließlich Crashs die Kurse zumindest auf dem Papier schnell einmal um 50, 60 oder 70 Prozent in sich zusammensacken lassen.

An den Weltbörsen dauerte es im schlimmsten Fall seit 1970 nach Kalkulationen von Stiftung Warentest in D-Mark und Euro gerechnet rund 13 Jahre, bis sich die Notierungen wieder erholt hatten. Ganz konkret: Im Zuge des Dotcom-Crashs sackte der Industrieländer-Index MSCI World ab September 2000 immer weiter ab und erreichte erst im November 2013 wieder sein vorheriges Rekordniveau aus den Zeiten des Dotcom-Booms.

Einzelne Länderbörsen können viel länger im Kurstal verharren: Nach Auswertungen des Finanzprofessors McQuarrie mussten 13 von 21 untersuchten Länderbörsen irgendwann in den untersuchten mehr als 200 Jahren Börsengeschichte eine Verlustphase von mehr als 20 Jahren verzeichnen. Acht von 21 Ländern kamen sogar auf negative Phasen von mehr als 30 Jahren. Italien musste gar eine negative Aktienphase von rund 75 Jahren hinnehmen.

Im Zweifel kam es sogar noch schlimmer: In China und der ehemaligen Sowjetunion wurden Anleger durch die kommunistischen Regimes zwischenzeitlich enteignet. Oft vergessen Menschen hierzulande, dass das nicht nur Menschen in weiter Ferne passierte: Auch in der DDR mussten viele ihr Aktienvermögen abschreiben und kamen auch nach dem Fall der Mauer oft nicht mehr an das alte Aktienvermögen ihrer Vorfahren heran.

Einzelne Aktien können übrigens ganz ohne politischen Eingriff nahezu wertlos werden: Laut der Investmentbank JP Morgan mussten rund 44 Prozent aller US-Aktien aus einem Datensatz von rund 13 000 Titeln irgendwann zwischen 1980 und 2020 einen Verlust von mehr als 70 Prozent hinnehmen und erholten sich hinterher kaum mehr. Viele Anlegerinnen und Anleger hierzulande erinnern sich an den Skandalfall des Zahlungsvermittlers Wirecard. Dessen Aktien waren am Hochpunkt mehr als 200 Euro wert, Ende Juni 2024 jedoch gerade noch rund zwei Cent.

Die ehrliche Börsenbilanz

Verlauf des Industrieländerindex MSCI World mit Inflation – und ohne

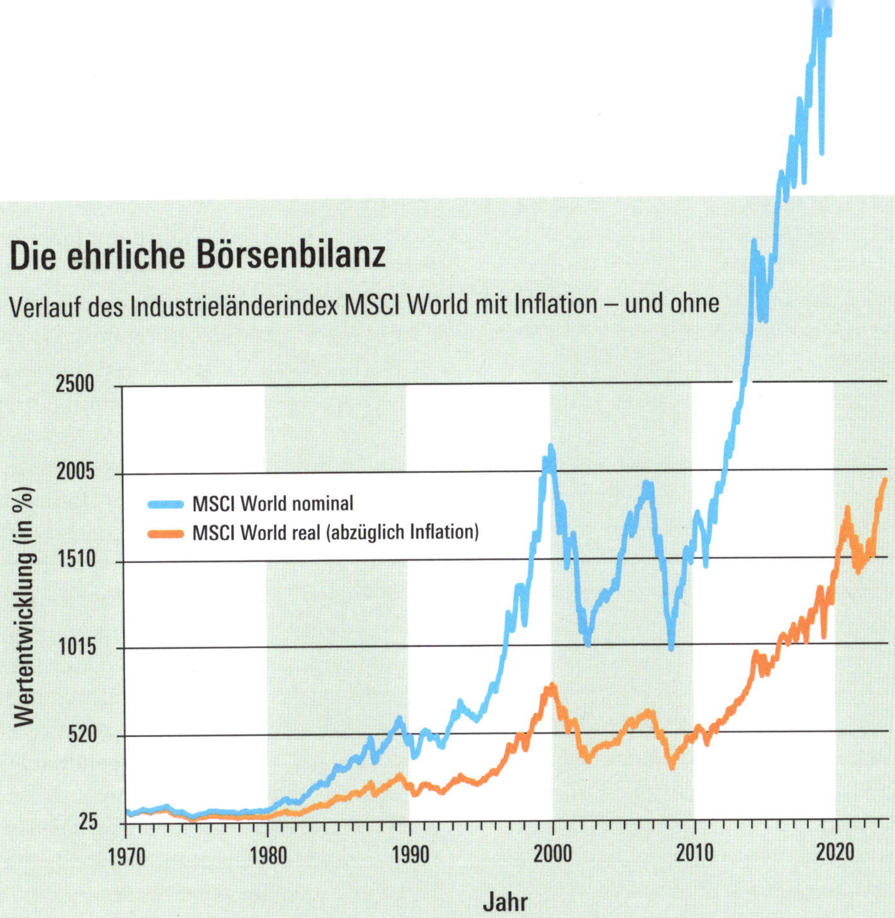

Anmerkungen: MSCI World Gross Total Return; Deutscher Verbraucherpreisindex (VPI) Ursprungswerte
Quelle: eigene Berechnungen, MSCI, BIZ, Deutsche Bundesbank Zeitraum: 31.12.1969 – 30.09.2024

Zusammengefasst stellen sich Chancen und Risiken am Aktienmarkt so dar:

- **Der Welt-Aktienmarkt** brachte im Langfristschnitt rund 5,5 Prozent Rendite pro Jahr, die Inflation ist da bereits abgezogen.
- **Rücksetzer sind völlig normal.** Innerhalb eines Kalenderjahres erlebten selbst breite Börsenindizes vom Hoch zum Tief im historischen Schnitt einen Rücksetzer von 15 Prozent.
- **Betrachtet man längere Zeiträume,** ist der Welt-Aktienmarkt im schlimmsten Fall um rund 60 Prozent gefallen. Das war in den Nullerjahren mit Dotcom-Crash und Finanzkrise.
- **Langfristig stiegen die Weltbörsen** aber und bügelten Dellen stets aus. Spätestens nach rund 13 Jahren waren zumindest Welt-Aktienindizes stets auf null raus.
- **Das gilt nicht für Länderbörsen:** Einzelne Länderbörsen fielen in heftigen Kurskrachs teilweise um mehr als 70 oder 80 Prozent und lagen mitunter auch mehr als 50 Jahre lang unter Wasser.
- **Viele Einzelaktien wurden** sogar immer wieder komplett wertlos. Rund 40 Prozent aller Einzelaktien erlebten historisch auf längere Sicht irgendwann einen Verlust von mehr als 70 Prozent und erholten sich kaum noch davon.

Fazit: Privatleute sollten ihr Geld breit gestreut über Hunderte oder Tausende Titel anlegen und über Kontinente, Länder sowie Branchen verteilen (Diversifikation). Noch besser ist es, neben Aktien auch auf Anleihen zu setzen. Wer zusätzlich Gold, Rohstoffe oder Immobilien dazu nehmen will, streut noch breiter – diese Anlagen laufen selten in eine Richtung.

Mehr zum perfekten Anlagemix:
Kurz ab Seite 38,
Im Detail ab Seite 178.

Wie die Börse funktioniert

A wie Aktien, B wie Börse: Bevor Anleger und Anlegerinnen aufs Parkett gehen, sollten sie die Grundbegriffe verstehen. Das ist eigentlich ganz einfach.

Wenn Millionen Menschen abends kurz vor der „Tagesschau" den Fernseher einschalten, zoomt die Kamera irgendwann zuverlässig durch den Frankfurter Börsensaal. Aktienhändlerinnen und -händler sitzen vor blinkenden Monitoren, im Hintergrund klackert die große, schwarze Kurstafel. Was sich hinter Begriffen wie Börse und Aktien konkret verbirgt, ist aber längst nicht allen klar. In einer Umfrage der Marktforschungsgesellschaft Infas quo sagen 54 Prozent der Deutschen, sie hätten „keine Ahnung vom Geschehen an der Börse". Woher auch? In vielen Schulen steht die Börse nicht auf dem Lehrplan. Dabei ist es gar nicht kompliziert, die Grundlagen zu verstehen.

Eine Börse ist ein Ort, an dem Anbieter und Nachfrager bestimmte Waren handeln. Das können klassische Waren wie Öl sein, aber auch Wertpapiere wie Aktien oder Anleihen. Im Grunde verhält es sich damit ähnlich wie auf einem Wochenmarkt: Auch hier handeln Anbieter und Käufer Dinge wie Brot, Tomaten oder Rosen an einem festgelegten Ort, zu festen Zeiten – und übrigens ganz ähnlich wie an einer Börse unter behördlicher Aufsicht.

Der Kapitalmarkt – mehr als Zockerei

Auch wenn viele Menschen die Börse für reine Spekulation halten, haben die Wertpapierbörsen einen klaren Auftrag: Sie sollen Kapital in aussichtsreiche Investitionsprojekte lenken. Unternehmen benötigen schließlich laufend Geld, um neue Fabriken zu bauen, innovative Produkte zu entwickeln oder Konkurrenten vom Markt wegzukaufen. Viele Konzerne brauchen dafür so viel Geld, dass ihr Jahresgewinn oder Bankkredite für alle diese Großvorhaben nicht ausreichen würden.

Umgekehrt gibt es weltweit Milliarden Menschen, die Teile ihres Vermögens gewinnbringend anlegen möchten, zum Beispiel als Vorsorge für das Rentenalter. Egal ob sie sich mit dem Geld als Privatleute selbst an die Börse wagen oder es einem Aktienfonds, einer Versicherungsgesellschaft oder einer Pensionskasse anvertrauen: Dieses überschüssige Kapital kann in Wertpapiere von Firmen fließen, die auf der Suche nach Geld sind. Die bekannteste Möglichkeit? Aktien.

Ein Beispiel: Für eine neue Fabrikhalle benötigt ein Unternehmen 20 Millionen Euro. Statt sich einen Kredit zu besorgen, kann es auch 20 Millionen Aktien für je einen Euro herausgeben. Die Firma verkauft also einen Teil des eigenen Unternehmens gegen Geld. Das Firmenmanagement kann die Summe dann verwenden – und muss sie auch nicht zurückzahlen. Im Gegenzug bekommen die Käuferinnen und Käufer der Aktien Stimmrechte und können fortan also mitbestimmen, was in der Firma passiert. Vor allem aber können sie als Anteilseigner einen Teil der Unternehmensgewinne zum Beispiel in Form von Dividenden bekommen, was die Angelegenheit finanziell interessant macht.

Was sind Aktien?

Jeder Mensch, der Aktien kauft, wird also Miteigentümer an „seinem" Unternehmen. Wer eine Apple-Aktie besitzt, dem gehört ein winziger Teil des Weltkonzerns. Wirtschaftet das Unternehmen gut und wächst es, schreibt es irgendwann Gewinne. Einen Teil dieser Gewinne können die Manager und Managerinnen als Dividende auskehren. Das nennt man auch Gewinnausschüttung. So profitieren Anlegerinnen und Anleger im Idealfall gleich doppelt: Einerseits können die turnusmäßigen Dividenden steigen, andererseits möglicherweise auch der Aktienkurs. Wirtschaftet das Unternehmen schlecht, kann es in mageren Jahren die Dividenden jedoch kürzen oder gleich ganz streichen. Schlittert das Unternehmen gar in die Pleite, wird in aller Regel auch die Aktie fast vollständig wertlos.

Wie viel Gewinn ein Unternehmen macht, entscheidet damit langfristig über den Aktienkurs. Im Grunde hängt der Wert einer Aktie an allen künftigen Gewinnausschüttungen, die Anleger und Anlegerinnen mit ihr in der Zukunft bekommen können. Die Krux ist aber, dass natürlich niemand genau sagen kann, wie viel Gewinn ein Unternehmen in den kommenden Jahren machen wird. Man kann darüber höchstens begründet mutmaßen. Die Kurse spiegeln also, wie sich diese Erwartungen der Anlegerinnen und Anleger verändern.

Ein Beispiel: Ergattert ein Flugzeugbauer einen lukrativen Großauftrag, von dem vorher niemand etwas geahnt hatte, könnte der Kurs steigen. Viele Anlegende rechnen plötzlich mit größeren Gewinnen und entsprechend auch üppigeren Dividenden für die eigene Tasche. Kommt umgekehrt ein Skandal ans Licht, der in den kommenden Jahren viele Kosten für Rechtsanwaltskanzleien verschlingen dürfte, könnte der Wert der Aktien sinken. Die Kurse steigen und fallen also zusammen mit den Erwartungen der Anlegerinnen und Anleger.

Was sind Anleihen?

Ganz anders verhält es sich, wenn Unternehmen oder Staaten Anleihen ausgeben: Hier leihen ihnen die Anlegerinnen und Anleger das Geld lediglich für eine begrenzte Zeit. Können sich Firmen auf diese Weise zum Beispiel für fünf Jahre Geld borgen, versprechen sie dafür einen turnusmäßigen Zins – am Ende sollen die Investorinnen und Investoren natürlich auch das geliehene Geld zurückerhalten. Für Unternehmen haben Anleihen den Vorteil, dass sie den Investoren kein Mitspracherecht einräumen müssen. Anlegerinnen und Anleger profitieren wiederum von einer planbaren

HÄTTEN SIE'S GEWUSST?

Der Begriff Börse geht angeblich auf die alte Patrizierfamilie **Van der Beurse** zurück. Im Haus dieser Familie im belgischen Brügge sollen ab dem Jahre 1409 Währungen und Wechsel gehandelt worden sein.

Die **erste Aktie** war 1602 die der „Vereinigten Ostindischen Kompanie" an der Amsterdamer Börse. Das Handelsunternehmen brauchte Geld für **Expeditionen nach Indien** und gab im Gegenzug Anteilsscheine heraus.

Mit der aufkommenden **Industriellen Revolution** im 19. Jahrhundert wollten Unternehmen Bergbauschächte, Eisenbahnen und Schienennetze finanzieren. Ein teures Unterfangen, das ohne das gesammelte Geld vieler Investorinnen und Investoren an der Börse überhaupt nicht möglich gewesen wäre.

Das sind die größten Börsenplätze

Weltweit gibt es rund 60 wichtige Börsen – das sind die größten.

Börsenunternehmen	Sitz	Börsenstandorte	Wert der notierten Unternehmen in US-Dollar
NYSE	USA	New York	25 565 Mrd.
Nasdaq	USA	New York	23 418 Mrd.
Euronext	Frankreich	Paris, Amsterdam, Brüssel, Lissabon, Dublin, Mailand, Oslo	6 889 Mrd.
Shanghai Stock Exchange	China	Shanghai	6 525 Mrd.
Japan Exchange Group	Japan	Tokio, Osaka	6 149 Mrd.
Shenzen Stock Exchange	China	Shenzhen	4 367 Mrd.
London Stock Exchange	Großbritannien	London	3 428 Mrd.
Toronto Stock Exchange	Kanada	Toronto, Montreal	3 088 Mrd.
Saudi Tadawul Group	Saudi-Arabien	Riad	3 015 Mrd.
Deutsche Börse	Deutschland	Frankfurt (Unternehmenssitz: Eschborn)	2 178 Mrd.

Quelle: World Federation of Exchanges Stand: 31.12.2023

Geldanlage: Wirtschaftet das Unternehmen einigermaßen solide, können sie sich schon zu Beginn ihres Investments ausrechnen, was am Ende der Laufzeit für sie herauskommt. Solange das Unternehmen zahlungsfähig ist, müssen sie sich nicht fürchten.

Während Aktienleute also tatsächlich von „ihrem“ Unternehmen sprechen dürfen, bleiben Menschen am Anleihemarkt bloß Externe, die auf Zeit Geld leihen. Fachleute sprechen bei Aktien daher auch von „Eigenkapital“, bei Anleihen von „Fremdkapital“. Während sich der Ertrag bei Anleihen bis zum Ende der Laufzeit meist vorher fest ausrechnen lässt, steht der Ertrag bei Aktien nicht im Vorhinein fest, was die Kurse stärker schwanken lässt.

Was ist die Börse?

Hat ein Unternehmen seine Aktien oder Anleihen mithilfe von speziellen Banken (Investmentbanken) einmal an Investorinnen und Investoren verkauft, kommt die Börse ins Spiel. Hier können die Eigentümerinnen und Eigentümer ihre erstandenen Wertpapiere laufend weiter handeln. An der Börse kaufen Sparerinnen und Sparer ihre Aktien also mitnichten immer direkt dem Unternehmen ab, sondern meistens irgendeinem vorherigen Eigentümer. Statt sich auf eigene Faust eine Gegenpartei beispielsweise via Ebay zu suchen, gibt es genau für diesen Zweck die Börse. Kaufwillige und Verkaufswillige leiten ihre Aufträge zu festen Handelszeiten an einen zentralen Ort. Dieser Sammelpunkt ist die Börse.

Der Vorteil solcher Einrichtungen für Anlegerinnen und Anleger: Dass sich Angebot und Nachfrage für Wertpapiere an den Börsen konzentrieren, sorgt für ein reges Handelsgeschehen. Wer Aktien oder Anleihen kaufen oder verkaufen will, wird meistens problemlos ein Gegenüber finden. Da sich an den Börsen viel Handelsgeschehen wie in einem Brennglas bündelt, herrscht besonders große Klarheit über die Preise. Der Börsenhandel konzentriert also die Geldflüsse, Expertinnen und Experten sprechen daher auch von der „Liquidität“ als Vorteil des Handels am Parkett.

Ein Vergleich mit dem Immobilienmarkt macht diesen Vorzug der Börsen deutlich: Weil Häuser und Wohnungen oft privat den

Besitzer oder die Besitzerin wechseln, gibt es oft nur wenige Interessensbekundungen zu teils sehr unterschiedlichen Preisvorstellungen. Zwar können Gutachten, Onlineportale oder Maklerbüros beim korrekten Schätzen helfen, aber so einfach wie an einer Börse ist die Preisfeststellung nicht. Die Gefahr, am Ende doch mit einem wenig marktgerechten Preis dazustehen, ist beim Immobilienhandel größer als beim hochgradig transparenten Aktienhandel. Ohne die Börse würden mutmaßlich niemals so viele Menschen Aktien kaufen – zu unsicher wäre, ob sich im Falle des Falles tatsächlich genügend Kaufwillige fänden.

Diese Börsen sind wichtig

Wenn deutsche Sparer und Sparerinnen an „die Börse" denken, kommt ihnen meist das Bild der Frankfurter Börse in den Sinn. Doch das Gebäude mitten im Frankfurter Stadtzentrum ist bei Weitem nicht der einzige Handelsplatz für Wertpapiere. Global gesehen gibt es wichtigere Börsen als das Frankfurter Parkett. Die wohl entscheidendste Börse weltweit ist die New York Stock Exchange (NYSE). Im Jahre 1792 gegründet, lassen sich dort inzwischen die Aktien von mehr als 2400 Unternehmen handeln. Zusammen kommen die handelbaren Aktien dieser US-Firmen auf einen Gesamtwert von unvorstellbaren 25500 Milliarden US-Dollar (Stand: 12/23). Im Volksmund heißt diese Börse auch „Wall Street", weil an jener Stelle im New Yorker Ortsteil Manhattan einst ein Schutzwall entlanglief. Heute steht die Wall Street im Zentrum des weltweiten Finanzsystems, oft sind die Bewegungen an der New Yorker Börse tonangebend für den Aktienhandel rund um den Globus.

So beginnt nach Handelsschluss in den USA schon bald der Aktienhandel an der japanischen Börse mit Zweigstellen in Tokio und Osaka, dort beginnen die Händler bereits um 1 Uhr nachts unserer Zeit mit ihrem Tagesgeschäft. Meist um 2.30 Uhr deutscher Zeit öffnen die chinesischen Börsen in Shanghai und Shenzhen sowie die Hongkonger Börse. Gegen 9 Uhr startet dann der reguläre Börsenhandel an den europäischen Computerbörsen, von Frankfurt über Paris bis London. Am Nachmittag, meist um 15.30 Uhr, starten dann wieder die US-Börsen in den Handel. Sobald die Profis an deren Hauptbörse NYSE ihr Tagewerk vollendet haben, steht in Asien bereits der nächste Handelstag vor der Tür.

Längst kein Geschrei mehr am Parkett

Früher kamen an den Börsen täglich Hunderte Menschen auf dem Parkett zusammen: Amtlich bestellte Kursmakler und die Aktienhändler der wichtigsten Banken riefen sich Kauf- und Verkaufsgebote zu, rannten durch den Handelssaal und fuchtelten mit den Händen. Die Zeiten dieses „Handels per Zuruf" sind in vielen Börsenfilmen zwar noch präsent, in der Realität allerdings weitestgehend Geschichte. Inzwischen läuft der Börsenhandel zu weit mehr als 90 Prozent vollelektronisch. Längst übernehmen Computerprogramme den Ausgleich zwischen Kauf- und Verkaufsgeboten.

Das zeigt sich beim wichtigsten deutschen Börsenbetreiber, der Deutschen Börse mit Sitz in Eschborn bei Frankfurt am Main. Mehr als 97 Prozent des Handels laufen dort über die elektronische Computerbörse Xetra. Nur zwei bis drei Prozent des Handels finden laut Umsatzstatistik der Börse noch im Parketthandel statt, an der sogenannten Börse Frankfurt. Dort stellen tatsächlich noch Mitarbeiterinnen und Mitarbeiter spezieller Wertpapierhandelsbanken die Kurse, inzwischen auch weitgehend mit Computerunterstützung.

Details zu Xetra ab Seite 48, 53 und 352.

Daneben gibt es in Deutschland zahlreiche regionale Börsen, die sich in den vergangenen Jahren zunehmend spezialisiert haben: Die Stuttgarter Börse verfügt über einen besonders regen Anleihehandel. An der Börse Hamburg lassen sich mitunter Aktien von Unternehmen handeln, die sich von anderen Börsen zurückgezogen haben. Und die Börsen München, Hamburg, Hannover und Düsseldorf haben eigene Segmente für neue und riskantere Mittelstandsaktien aufgemacht, bei denen jedoch äußerstes Augenmaß gefragt ist.

Das sind die wichtigsten Börsenindizes

Wichtige Aktienindizes nach Regionen und Ländern

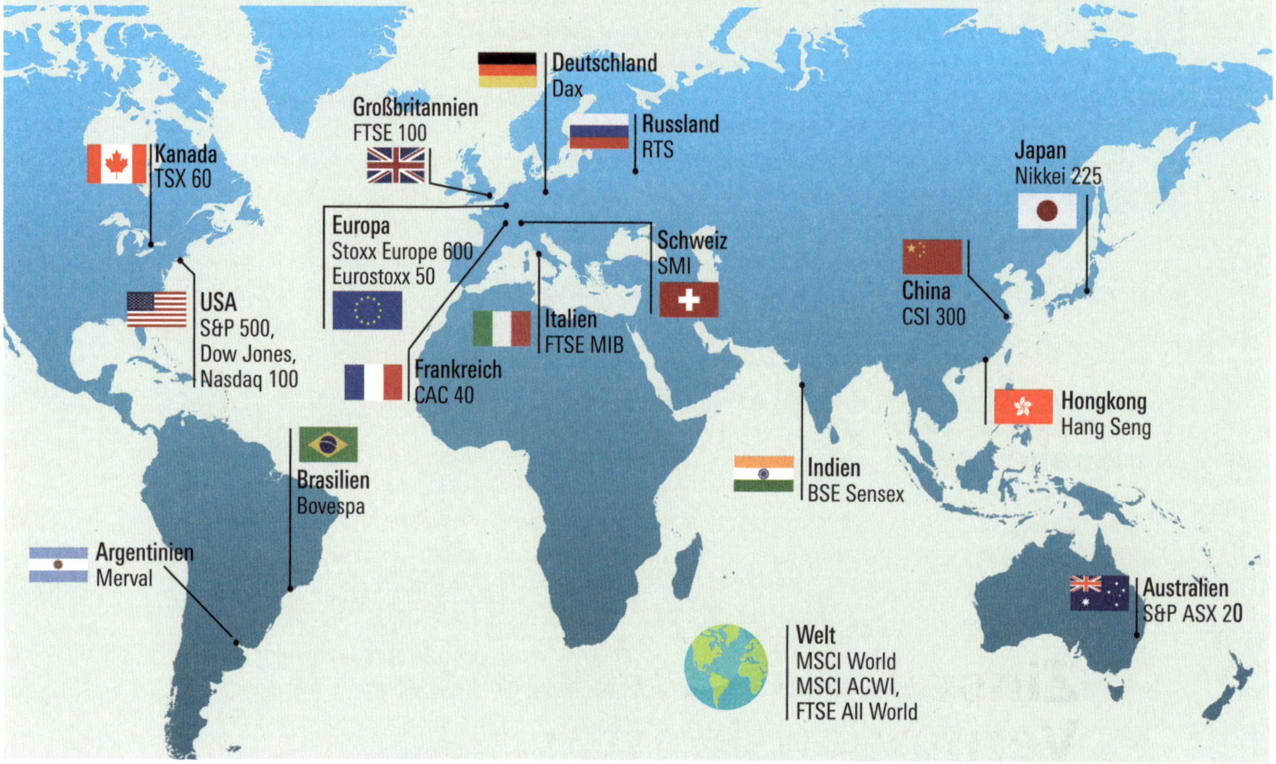

Das sind die Barometer der Börse

Wer sich einen Überblick über die Lage am Aktienmarkt machen will, muss nicht Hunderte Aktienkurse parallel verfolgen. Sogenannte Aktienindizes bündeln die Entwicklung vieler Wertpapiere. Am bekanntesten ist hierzulande der deutsche Leitindex Dax, der den Lauf der 40 wichtigsten heimischen Börsenunternehmen in eine Kurve bannt. International spielt jedoch der US-Leitindex S&P 500 eine viel wichtigere Rolle. Ansonsten schauen gerade Finanzprofis auf den Stoxx Europe 600, der Aktien aus vielen europäischen Ländern des europäischen Kontinents spiegelt. Die Kurse von mehr als 1400 Unternehmen aus 23 Industrieländern bindet wiederum der MSCI World zusammen. Üblicherweise hat in einem Index übrigens nicht jede Firma dasselbe Gewicht, schließlich sind kleine Firmen an der Börse ebenso vertreten wie Großkonzerne. Meist erhalten die Aktien der großen Konzerne in einem Index auch größeres Gewicht, können den Lauf des Index also stärker beeinflussen. So kommt die größte Aktie im deutschen Leitindex Dax auf rund 15 Prozent Gewicht, das sind die Titel des Softwarekonzerns SAP. Der kleinste Wert kommt bloß noch auf 0,5 Prozent Gewicht, die Aktien des Modehändlers Zalando (Stand: 06/24). Fachleute sprechen davon, dass solche Aktienindizes nach Marktkapitalisierung gewichten. Einfach gesagt: Je mehr die Aktien des Unternehmens zusammengenommen wert sind, desto mehr Gewicht bekommt es im Aktienindex. Diese Gewichtungsmethode hat sich als weltweiter Standard für die allermeisten Aktienindizes durchgesetzt, abweichende Kalkulationsmethoden gelten inzwischen als antiquiert.

Details zu diesen Börsenbarometern und wie Sie ihrem Lauf ganz einfach folgen können finden Sie ab Seite 60.

Fünf Prinzipien für die Börse

Die Welt am Parkett muss nicht kompliziert sein. Schon mit fünf einfachen Regeln machen Anlegerinnen und Anleger vieles richtig – und verstehen nebenbei die wichtigsten Wirkkräfte der Börse.

Zinseszins – wie die Vermögenskraft wirkt

Die Wucht des Zinseszinses kann Anlegerinnen und Anlegern an der Börse helfen. Wer clever vorgeht, kann sein Vermögen erheblich steigern.

Welchen Unterschied macht ein Prozentpunkt? Viele Anlegerinnen und Anleger dürften abwinken und kaum darauf achten. Ob eine Anlage sieben oder acht Prozent Rendite bringt, lässt vermutlich niemanden wirklich aufmerken. Am Ende kann aber bereits ein Prozentpunkt den Unterschied machen zwischen einem mittleren Börsenvermögen – und einem großen.

Wie gravierend der Unterschied zwischen sieben und acht Prozent Rendite sein kann, zeigt folgendes Beispiel: Wer zu Beginn einmalig 10 000 Euro anlegt und 40 Jahre lang jedes Jahr sieben Prozent Rendite erhält, hätte im hohen Alter rund 150 000 Euro. Wer mit acht Prozent Rendite nur einen Prozentpunkt mehr erwirtschaftet hätte, dürfte sich jedoch über ein Endvermögen von rund 217 000 Euro freuen. Woher kommt diese beträchtliche Differenz?

Die Antwort liegt im Zinseszins, den manche Menschen gar als das „achte Weltwunder" bezeichnen. Das Wort meint, dass Erträge bei der Geldanlage nicht einfach nur ausgezahlt werden, sondern zur ursprünglichen Anlagesumme hinzukommen und sich anschließend mitvermehren. Bringt eine Anleihe im ersten Jahr also fünf Prozent Zinsen, können sich ab

Die Wucht der Wiederanlage

So viel wurde aus 25 000 Euro bei unterschiedlichen Erträgen, wenn Sparer die Gewinne ebenfalls anlegten.

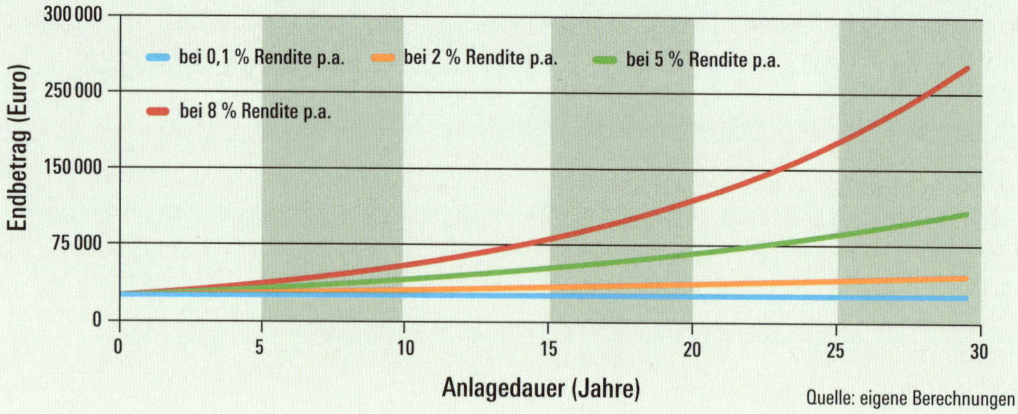

Quelle: eigene Berechnungen

dem zweiten Jahr auch diese Zinsen mitvermehren. Fließen an den Aktienbörsen Gewinnausschüttungen in Form von Dividenden an die Anlegerinnen und Anleger, lassen sich solche direkt wieder anlegen: So können sie folglich auf eine Art Schneeballeffekt für ihr Geld setzen, wenn sie die Weichen richtig stellen.

So arbeitet das eigene Geld

Wer das kaum glauben will, kann nachrechnen: Legt eine Frau 10 000 Euro an und erhält dafür fünf Prozent Zinsen, würden im ersten Jahr 500 Euro auf ihrem Konto landen. Legt sie dieses Geld wieder an, würden im nächsten Jahr schon 10 500 Euro für sie arbeiten. Bekommt sie am Kapitalmarkt dann wieder fünf Prozent Rendite, würde sie bereits 525 Euro erhalten. Läuft es gut, würde ihre Anlage also jedes Jahr mehr Gewinn bringen. Nach zehn Jahren hätte sich das Geld bei jeweils fünf Prozent Rendite bereits auf rund 16 300 Euro vermehrt, nach 30 Jahren sogar auf rund 43 200 Euro. Nach 40 Jahren würde die Anlegerin wohlgemerkt rund 70 400 Euro im eigenen Depot leuchten sehen. Auch hier reden viele von einer Art Schneeballeffekt für die Geldanlage.

Wie Sie das passende Depot finden, lesen Sie ab Seite 342 und unter test.de/depot.

Dividenden stets mitvermehren

Natürlich erzielen Anlegerinnen und Anleger an der Börse nicht jedes Jahr dieselbe Rendite, mitunter schwanken die Erträge von Jahr zu Jahr stark. Wer jedoch über lange Zeiträume schaut, konnte von der Wiederanlage der eigenen Erträge durchaus profitieren. Das zeigt zum Beispiel der deutsche Leitindex Dax sehr eindrücklich, dessen Startpunkt die Börsenoberen für Ende 1987 bei genau 1 000 Punkten festsetzten. Wo der Index rund 35 Jahre später stand, hing entscheidend davon ab, was Anlegerinnen und Anleger mit den Dividenden gemacht hätten.

Ohne Dividenden wäre der Index von seinen 1000 Punkten ganz zu Beginn auf 7 005 Punkte gestiegen (Stand: 06/24). Legt man in der Rechnung die Dividenden jedoch direkt wieder in den Dax an, stünden 18 235 Punkte an der Kurstafel. Fachleute sprechen beim Dax mit Dividenden übrigens vom „Performance-Dax“, bei der Indexvariante ohne Ausschüttungen vom „Dax-Kursindex“. Im Fernsehen, in Zeitungen und an der Kurstafel im historischen Handelssaal der Frankfurter Wertpapierbörse prangt natürlich stets der deutlich üppigere Performance-Dax.

Wer Kosten spart, nutzt den Effekt

Solche Rechnungen zeigen, warum Zinsen und Dividenden kein Zubrot, Geschenk oder laufendes Einkommen sein sollten. Wer Dividenden stets wieder anlegt, profitiert auf lange Sicht nämlich vom Wiederanlageeffekt. Manche Börsenprodukte weisen zum Beispiel den Zusatz „akkumulierend" oder „thesaurierend" auf, sie legen die Dividenden automatisch wieder an. Auch bei manchen Banken lässt sich von vornherein bestimmen, dass sie die Dividenden direkt wieder anlegen sollen.

Besonders rasant vermehrt dieser Wiederanlageeffekt das eigene Vermögen übrigens nach mehr als 25 Jahren Anlagedauer (siehe Grafik links). Das zeigt, wie wichtig es ist, möglichst früh an der Börse zu starten. Doch selbst wer bereits 50 Jahre alt ist, hat bis zum wohlverdienten Ruhestand noch 17 Jahre Zeit. Und angesichts der steigenden Lebenserwartung muss heutzutage selbst bei Rentenbeginn niemand mehr zwangsweise all sein Geld von der Börse auf ein Konto schieben. Selbst dann kann aus unserer Sicht zumindest ein gewisser Teil des eigenen Vermögens weiter an der Börse arbeiten.

Zinseszins mal umgekehrt

Umgekehrt lässt sich mit dem Zinseszinseffekt übrigens auch Banken ein Schnippchen schlagen, wenn Privatleute Kosten sparen.

Ein Beispiel: Ein Anleger und eine Anlegerin haben bei gleichen investierten Geldbeträgen mit einem Aktienfonds über 30 Jahre im Schnitt jeweils fünf Prozent Rendite pro Jahr erwirtschaftet. Der Anleger zahlte bei seiner Bank jedoch 1,5 Prozent jährliche Depotkosten, am Ende lagen in seinem Depot rund 27600 Euro. Die Anlegerin hatte jedoch clever verglichen und bloß 0,5 Prozent Depotgebühr gezahlt. Ihr Endwert? Rund 37200 Euro. Im Klartext: Nur ein Prozentpunkt weniger Kosten bescherte ihr am Ende nach 30 Jahren Anlagedauer rund 10000 Euro mehr Vermögen. So lässt sich der Zinseszinseffekt beim Vermögensaufbau also gleich doppelt nutzen – bei Erträgen und Kosten zugleich.

BÖRSENKOPF

Reichtum muss nicht abgehoben machen: Mit einem Vermögen von 120 Milliarden Dollar liegt Investorenlegende **Warren Buffett** zwar auf Platz sieben der Liste der reichsten Menschen der Welt, tagsüber hält sich der 93-Jährige jedoch einfach mit mehreren Dosen Cherry-Cola fit – die Aktie des Getränkekonzerns besitzt er übrigens auch.

Seit 1956 mehrt Buffett sein Vermögen an der Börse, Mitte der 1960er-Jahre kaufte er die darbende **Textilfirma Berkshire Hathaway** auf und formte sie zu einer Anlagegesellschaft um. Während der US-Leitindex S&P 500 mit Dividenden seitdem im Schnitt um 10,2 Prozent pro Jahr stieg, kletterten die Aktien von Buffetts Firma im Schnitt um sagenhafte 19,8 Prozent pro Jahr.

Fans bewundern Buffett für seinen bescheidenen Lebensstil: 100 US-Dollar sind für ihn nicht einfach 100 US-Dollar, sondern die Möglichkeit für größere Erträge in Zukunft. Er kennt die Wirkung des **Zinseszinses**, hat immer wieder auf den Effekt hingewiesen. „Wenn ich eine Aktie einmal habe, gebe ich sie am liebsten nie wieder her", sagt der Investor gerne. Mehr zu seinem Investmentstil ab Seite 231.

Effizienz – wie die Kurse wirklich ticken

Von außen wirken die Aktienkurse oft kurios, dabei sind die Börsen erstaunlich effizient. Neues fließt binnen Nanosekunden in die Kurse – und langfristig stiegen sie sogar ziemlich verlässlich.

Für Interessierte kann das Geschehen an den Aktienbörsen schnell verwirrend wirken: Aus dem Nichts jagen Kurse um 30 Prozent in die Höhe. Manchmal reagieren die Kurse sogar auf reine Gerüchte, die noch gar nicht bewiesen sind. An anderen Tagen haben Unternehmen gute Zahlen vorgelegt und die Kurse sinken trotzdem. Wie lässt sich da durchblicken?

Das Geschehen an der Börse müssen sich Anlegerinnen und Anleger wie auf einem Markt vorstellen, wo um den Preis von Weintrauben gefeilscht wird. Kaufwillige und Verkaufsinteressierte treffen aufeinander, an der Börse sind es oft Dutzende pro Sekunde. Aus diesem Feilschen um den richtigen Preis ergibt sich ein fortlaufender Aktienkurs, eine Art Fieberkurve für Unternehmen an der Börse.

Die Erwartungen entscheiden

Entscheidend ist dabei nicht die aktuelle Lage einer Firma, sondern stets die Erwartungen für die Zukunft. Wird der Ölpreis steigen, könnten Energieunternehmen bessere Gewinne einfahren. Verschlechtert sich die Wirtschaftslage in China, dürften deutsche Autobauer darunter leiden. Egal ob Informationen über die Geschäftslage, die Zinspolitik der Notenbanken, neue Gesetze der Bundespolitik oder Gerüchte – all diese Dinge stecken in den Kursen.

Die Finanzmärkte verarbeiten neue Informationen heute in Windeseile. Melden Unternehmen neue Quartalszahlen, fließen die Ergebnisse im Grunde direkt in die Kurse. Stehen Informationen in der gedruckten Zeitung, ist die Nachricht buchstäblich „von gestern". Hochfrequenzhändler reagieren mit automatisierten Programmen binnen Nanosekunden.

Egal ob Produktrückrufe, Zulassungen von Arzneimittelbehörden oder maue Geschäftsergebnisse: In einer Studie haben drei US-Ökonomen um Andreas Neuhierl rund 270 000 Pressemitteilungen von Unternehmen analysiert und mit den Kursreaktionen verglichen. Ihr Ergebnis? Die Kurse reagieren sprunghaft auf neue Nachrichten, bevor sie sich auf dem neuen Niveau einpendeln.

In den Finanzwissenschaften hat sich für diese Einsicht das Wort „Effizienzmarkthypothese" durchgesetzt. Sie besagt, dass die Menschen am Markt alle öffentlich verfügbaren Informationen rasend schnell in die Kurse einpreisen. Aus dieser Sicht spiegeln die Aktienkurse also alle bekannten Informationen korrekt, vollständig und zeitnah wider. Die meisten Fachleute halten die Börse daher auch für einen „informationseffizienten" Markt.

Dass alle verfügbaren Informationen, Fakten, Gerüchte und Erwartungen bereits im Kurs stecken, mag wie eine Binsenweisheit klingen. Der Gedanke hat jedoch weitreichende Konsequenzen: Stecken bereits alle bekannten Informationen im Kurs, können nur noch völlig neue, bislang unbekannte Informationen den Kurs bewegen. Da völlig neue Informationen aber unbekannt sind, kann niemand die künftige Richtung der Kurse vorhersagen. In diesem Sinne sind sie auf kurze Sicht „zufällig". Unter vielen Fachleuten hat sich daher der Begriff vom „Zufallslauf der Aktienkurse" durchgesetzt (engl. Random Walk).

Wie willkürlich die Kurse auf kurze Sicht sind, hat Stiftung Warentest am Beispiel des Weltaktienindex MSCI World seit 1971 überprüft. Das Ergebnis: Die Wahrscheinlichkeit,

Auf kurze Sicht ist alles Zufall

Aus den Renditen des aktuellen Tages lässt sich nichts für den Folgetag lernen. Mal folgte auf einen guten Tag für den Industrieländer-Index MSCI World noch ein guter, mal ein schlechter.

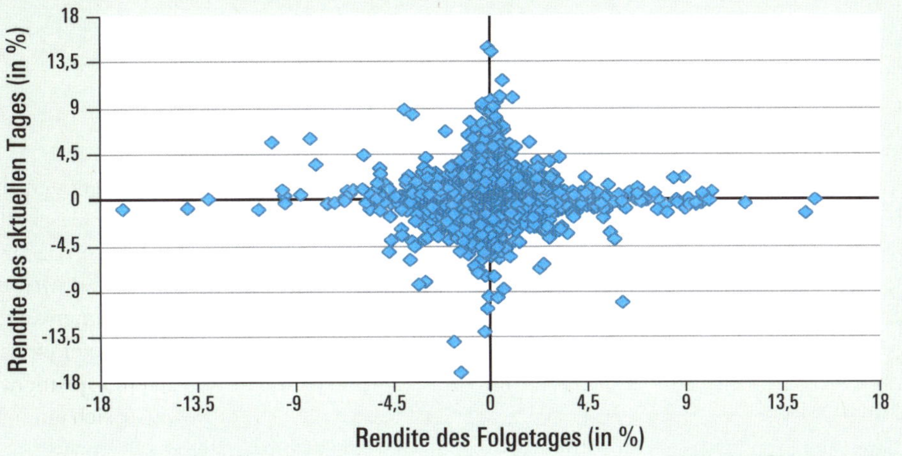

Quelle: eigene Berechnungen, Refinitiv

Zeitraum: 23.08.1971 – 31.12.2020

dass die Kurse an einem Tag steigen oder fallen, liegt ziemlich genau bei 50 Prozent. Mal folgt auf einen schwachen Tag ein guter, oft aber auch noch ein schlechter. Umgekehrt folgt auf einen tollen Börsentag mal ein schlechter, mal ein guter (siehe Diagramm oben). Wenn also alles bereits im Kurs steckt, ist der Rest Zufall. Aus dieser Erkenntnis können Privatleute einige wichtige Einsichten für ihre Börsenstrategie ableiten:

- **An der Börse geht es nicht darum,** ob ein Unternehmen im Hier und Jetzt gut dasteht – das ist längst allen bekannt.
- **An der Börse geht es nur bedingt darum,** ob eine Firma künftig gut oder schlecht dastehen wird. Auch diese Erwartung wäre nicht neu, sondern bereits in den Kursen enthalten.
- **An der Börse ist für den Kurs aus Sicht der Effizienzmarkthypothese alleine entscheidend,** ob die Firma künftig besser oder schlechter dastehen dürfte als bislang vom kapitalgewichteten Schnitt der Anlegerinnen und Anleger auf Basis aller Informationen gedacht.

Das alles sind gute Argumente, um nicht aus den falschen Gründen mit einzelnen Aktien zu spekulieren. Wenn schon in der Presse steht, dass Wasserstoff, E-Autos oder Impfpräparate boomen, wird es in den Kursen längst drinstecken. Was die Aktienkurse tatsächlich treibt, wären bloß unerwartete Veränderungen. Was niemand kennt, kann aber auch niemand korrekt vorhersagen.

Natürlich können Anlegerinnen und Anleger hin und wieder auf das richtige Pferd setzen – ein Gewinn wäre dann aber nicht ausführlicher Analyse zu verdanken, sondern reinem Glück. Alternativ können Insider aus Unternehmen öffentlich bislang nicht bekannte Informationen zu ihren Gunsten ausnutzen, das ist jedoch Insiderhandel und strafbar.

Ist der Markt wirklich effizient?

Privatanlegerinnen und Privatanleger sollten die Lehre von der Effizienz der Märkte nicht so verstehen, dass die Kursbewegungen an den Börsen völlig losgelöst von Fakten wären. Im Gegenteil: Dass die Kurse laufend steigen und fallen ist vielmehr ein Kennzeichen der

Langfristig ging es aufwärts

Nominale Wertentwicklung der Börsenindizes MSCI World, MSCI Germany und MSCI USA

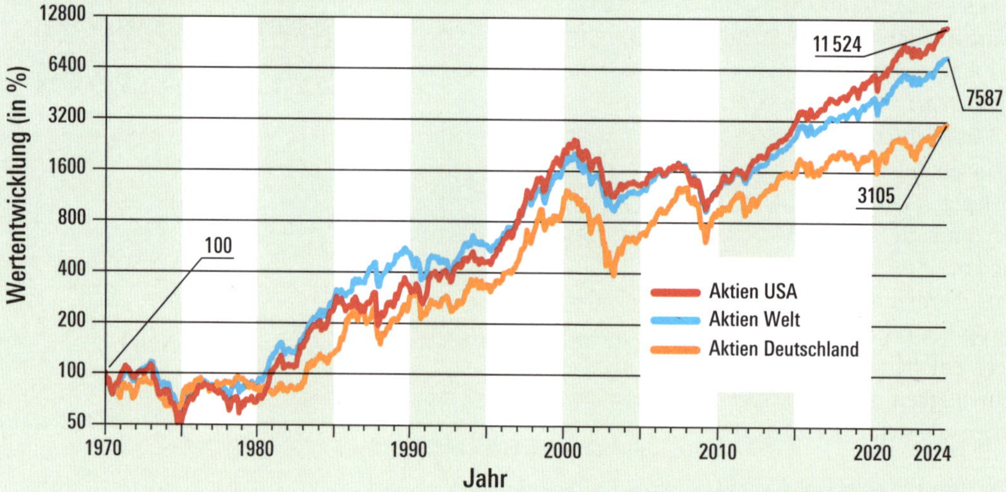

Quelle: LSEG, eigene Berechnungen Zeitraum: 30.12.1969 bis 30.09.2024

besonderen Informationseffizienz der Märkte. Neue Informationen schlagen also tatsächlich schnell auf die Notierungen durch – und so soll es schließlich sein.

Dass die Börse dabei einzelne Informationen mal unterschätzt oder überschätzt, kann vorkommen. Die Effizienzmarkthypothese sagt nicht, dass jeder einzelne Kurs unter allen Umständen „richtig" ist. Selbst der emeritierte Finanzprofessor Burton Malkiel von der Universität Princeton gab als Verfechter der Hypothese offen zu, dass viele Menschen faktische Informationen aufgrund kognitiver Muster falsch verarbeiten. Nur dass man das mit Blick auf die Anlegermasse nie sicher diagnostizieren könne.

Selbst bei den rationalsten Investorinnen und Investoren flössen in die Bewertungen außerdem Prognosen ein, die per se unsicher seien. Die Börsenkurse seien daher genauso „richtig" wie „falsch" – und selbst darin stets unvorhersehbar. Privatleute könnten daher genauso gut von einem effizienten Markt und korrekten Preisen ausgehen.

Zu hoch oder zu tief?

Warum das so ist? Um den „fairen Preis" einer Aktie angesichts aller Fakten und Annahmen zu bestimmen, braucht man immer ein Bewertungsmodell. Darunter verstehen Fachleute ein Rechenmodell, wie sich der fundamentale Wert einer Aktie bestimmen lässt. So könnten Profis beispielsweise die künftig prognostizierten Dividenden über mehrere Jahre mit den Leitzinsen in ein Modell zusammenfließen lassen und daraus den aktuell „fairen Wert" einer Aktie errechnen. Am Ende könnte sich herausstellen, dass der aktuelle Kurs einer Aktie angesichts der fundamentalen Überlegungen „zu hoch" oder „zu niedrig" liegt. Das Problem: Genauso gut könnte der Kurs richtig liegen und das fundamentale Rechenmodell falsch sein, etwa weil es bestimmte Faktoren außer Acht lässt. Man kann die Effizienzmarkthypothese und den eigenen Bewertungsmaßstab also immer nur zusammen testen. Stellt man Abweichungen fest, könnte entweder die Effizienzmarkthypothese das Problem sein – oder das Bewertungsmodell.

Wie lassen sich Blasen erklären?
Trotzdem fragen sich manche Privatleute, ob nicht mindestens Phänomene wie die Dotcom-Blase der Internetaktien in den 1990er-Jahren eindeutig der These effizienter Kapitalmärkte widersprechen. Damals jagten selbst unsolideste Internetaktien in rasante Höhen, um ab März 2000 in die Tiefe zu rauschen.

Was irrational erscheint, war angesichts der Chancen des Internets vielleicht nicht völlig abwegig. Allein die drei Firmen Apple, Microsoft und die Google-Mutter Alphabet sind rund 25 Jahre später so viel wert wie der gesamte Techindex Nasdaq Composite zum Höhepunkt 2000 (Stand: 11/24). Vielleicht gab es also lediglich falsche Erwartungen an die Schnelligkeit von Gewinnen bei Internetaktien, die sich plötzlich korrigierten.

Fehler lassen sich nicht nutzen
Und selbst wenn Privatleute die Dotcom-Blase trotzdem abwegig finden: Niemand sollte die Effizienz der Börse mit einem physikalischen Naturgesetz gleichsetzen, das immer exakt zutrifft. Stattdessen gleicht die Effizienz der Börsen eher einem biologischen Phänomen: Die Menschen am Markt reagieren schnell auf neue Informationen, was im Normalfall recht gut gelingt – im Einzelfall auch mal schlechter.

Doch selbst wenn es mal eine eindeutige Überbewertung geben sollte, heißt das nicht, dass sie sich ausbeuten lässt. Wetten auf fallende Kurse sind zum Beispiel meist nur für Finanzprofis möglich. Und zum Beispiel bei kleinen Aktien sind sie auch recht teuer, was solche Geschäfte weniger wirtschaftlich macht.

Die Schlussfolgerung bleibt daher dieselbe: Selbst wenn es falsche Bewertungen geben sollte, lassen sie sich nicht zweifelsfrei identifizieren oder nicht gewinnträchtig ausnutzen. Privatleute können an der Börse also trotzdem so handeln, als hätte die Effizienzmarkthypothese stets Bestand: Die Kurse von Aktien lassen sich nicht vorhersagen. Einzig ein langfristig relativ konstanter Aufwärtsdrang des Gesamtmarkts zeigte sich recht konstant (engl. drift). Mehr dazu im nächsten Abschnitt.

BÖRSENKOPF

Als **Benjamin Graham** mit 30 Jahren eine Investmentgesellschaft gründete, hatte er vor allem ein Ziel: Er wollte herausfinden, was die Kurse wirklich bestimmt – und legte den Grundstein für die Anlagestrategie des „Value Investings“.

Aktien waren für Graham anders als für viele seiner Zeitgenossen kein Spekulationsgut. Stattdessen sah er die Papiere als Beteiligungen an Unternehmen: Graham analysierte Marktforschungen und Bilanzen, um den **„inneren Wert“** einer Aktie zu bestimmen. Fand er Unternehmen, deren Aktien an der Börse weniger wert waren als der innere Wert, schlug Graham zu. Die Lehre des Investors geht davon aus, dass die Börsen nicht immer zu hundert Prozent effizient sind, sondern sich Fehlbewertungen ausbeuten lassen.

Dabei machte er viele bekannte **Kennzahlen** populär: So schaute auch Graham akribisch auf Kurs-Gewinn-Verhältnis, Dividendenrendite oder Kurs-Buchwert-Verhältnis. Noch heute versuchen Anlegende damit unterbewertete Titel zu finden. Ob das funktionieren kann, und wie sich die Value-Strategie praktisch umsetzen lässt, lesen Sie ab Seite 231.

Ruhe – warum sie sich auszahlt

Ambitionierte Privatleute handeln gerne besonders schnell und häufig. Dabei ist Zeit an der Börse das beste Erfolgsrezept.

Dieses Bonmot ist mittlerweile zum Sprichwort am Parkett geworden: „In die Apotheke gehen, Schlafmittel kaufen, die Schlafmittel einnehmen und eine Palette internationaler Papiere kaufen", so hat es der berühmte Börsenspekulant André Kostolany einmal im Sender ARD-alpha gesagt. Wer nach vielen Jahren wieder in sein Depot schaue, werde meist eine angenehme Überraschung erleben. Was Kostolany mit dem berühmt gewordenen Ausspruch wohl meinte: Blieben Anlegerinnen und Anleger dem Aktienmarkt über Jahrzehnte treu und ließen sich auch von zwischenzeitlichen Kurskapriolen nicht aus der Ruhe bringen, wurden sie dafür oft genug belohnt. Die Erkenntnis ist inzwischen so populär, dass Experten und Expertinnen auch von der sogenannten Buy-and-Hold-Strategie sprechen. Auf Deutsch: kaufen und halten.

Können sich Anlegerinnen und Anleger also mit zunehmender Anlagedauer ihrer Sache an der Börse tatsächlich sicherer sein? Die Antwort lautet: Ja, allerdings mit Einschränkungen. Im Großen und Ganzen stimmt die Grundidee durchaus; Stiftung Warentest hat dafür die weltweiten Börsen seit 1970 untersucht. Im größten Crash fiel ein Weltaktienindex wie der MSCI World mit mehr als 1400 Aktien aus 23 Ländern zwar um mehr als 50 Prozent, vorübergehend hätte sich das Börsendepot mancher Sparerinnen und Sparer also mehr als halbiert. Bislang allerdings haben sich die Weltbörsen von Krisenphasen zuverlässig erholt. Wer einem globalen Index wie dem MSCI World länger als 13 Jahre folgte, hätte laut der Stiftung Warentest-Untersuchung nominal nie einen Verlust erleiden müssen.

Auf lange Sicht keine Verluste

Wer dem Industrieländer-Index hierzulande sogar 30 Jahre lang die Treue gehalten hätte, wäre selbst im schlechtesten Zeitraum mit einer positiven Rendite von durchschnittlich 6,8 Prozent im Jahr belohnt worden. Natürlich sind solche Zahlen keine Garantie für alle Ewigkeit, nichtsdestotrotz sind sie ein wichtiger Anhaltspunkt der Kapitalmarktforschung (siehe Grafik rechts). Und sie zeigt sich ähnlich auch in den Daten anderer Börsenbarometer.

Renditerechnungen des Deutschen Aktieninstituts für den hiesigen Leitindex Dax und eine längerfristige Rückrechnung weisen dasselbe Muster auf: In den 50 Jahren seit 1974 schloss das Leitbarometer der Börse immerhin 13 Kalenderjahre mit einem Verlust ab, also knapp jedes dritte Jahr. Wer zehn Kalenderjahre am Stück investierte, lag bloß noch in vier Prozent aller Fälle unter Wasser (Stand: 12/23).

Dass die Börsenbilanz auf lange Sicht also oft überraschend positiv ausfällt, ist vielen Privatanlegern gar nicht klar. Forscherinnen und Forscher der Goethe-Universität Frankfurt

Kurzsichtige Börsenleute Die Finanzökonomen Benartzi und Thaler erforschten: Wer kurzfristige Kursdaten betrachtet, scheut Aktien stärker. Wer Renditen über 10 oder 15 Jahre ansieht, entscheidet sich eher für Aktien. Der Grund: Kurzfristiges Auf und Ab verstellt den Blick für die langfristig soliden Erträge am Aktienmarkt.

Auf lange Sicht kam der Weltindex immer ins Plus

Diese Renditen waren je nach Anlagezeitraum im MSCI World möglich.

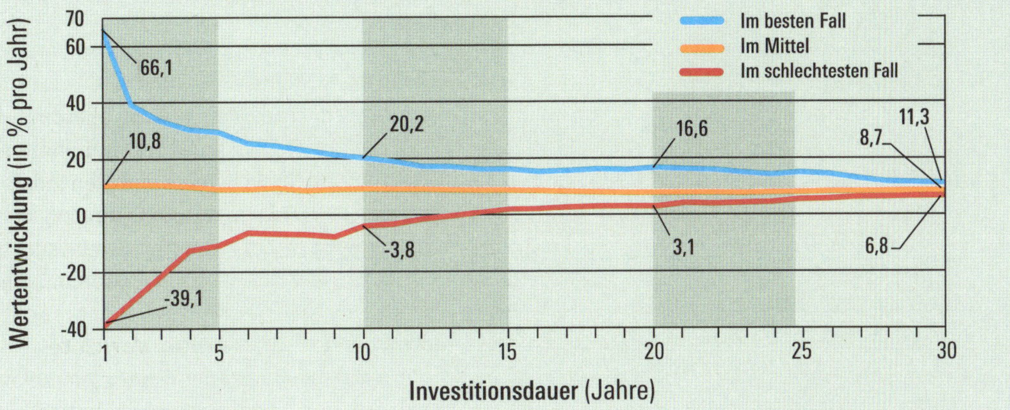

Quelle: LSEG, eigene Berechnungen

Zeitraum: 31.12.1969 – 30.09.2024

und der Frankfurt School of Finance and Management sprachen in einer Umfrage mit rund 2100 Verbraucherinnen und Verbraucher, die bislang nicht an der Börse investiert hatten: Sie taxierten die Verlustwahrscheinlichkeit im Dax nach einem, fünf oder zehn Jahren nahezu identisch auf rund 30 Prozent. In Wirklichkeit wären Anleger allerdings mit zunehmendem Zeithorizont immer seltener in der Verlustzone geblieben.

Keine pauschale Garantie

Anleger und Anlegerinnen dürfen die Ergebnisse aber nicht als pauschale Gewinngarantie auf lange Sicht missverstehen. Fachsprachlich formuliert nähern sich die Aktienrenditen auf lange Sicht nämlich bloß ihrem Durchschnitt an. Während es auf Sicht von einem Jahr große Ausreißer nach oben und unten gibt, liegen die besten und schlechtesten durchschnittlichen Renditen über 10, 20 oder 30 Jahre deutlich enger beieinander. Die Durchschnittsrenditen streuen also weniger um ihren Mittelwert. Oder anders formuliert: Man kann sich über längere Zeiträume tendenziell sicherer sein, dass die durchschnittlich erzielte Rendite nah an der langfristigen Durchschnittsrendite liegt. Das beinhaltet also keine Garantie, aber eine Tendenz – und es galt nur für die breiten Börsen, nicht für einzelne Unternehmen.

Der Grund dafür ist simpel: Je länger man an der Börse schaut, desto wahrscheinlicher ist es aus Sicht vieler Finanzwissenschaftler, dass sich schlechte und gute Perioden abwechseln. Dahinter steht eine Art Radrenn-Effekt: Spitzenfahrer fallen mit der Zeit wieder ins Mittelfeld zurück, vermeintliche Verlierer schließen irgendwann wieder auf. Übertragen auf die Börse heißt das: Die Renditen bestimmter Börsenindizes können eine Zeit lang besser ausfallen, fallen dann aber wieder zum Schnitt zurück. Oder sie laufen vorübergehend schlechter, schließen dann renditemäßig aber wieder auf. Fachleute nennen dieses Phänomen die „Regression zum Mittelwert".

Ein Beispiel: In den 1990er-Jahren trieben Technologie-Aktien die Börse an, pünktlich mit der Massenverbreitung des Internets. Nach der guten Phase schloss sich in den 2000er-Jahren eine Schwächephase an, da Hoffnungen enttäuscht wurden. Erst ab 2010 ging es wieder stärker aufwärts, als sich Großkonzerne wie Amazon oder Apple große Marktmacht erobert hatten und üppige Gewinne schrieben.

BÖRSENKOPF

Es war im Jahr 1976, als **John Bogle** der US-Fondsgesellschaft Vanguard einen ungewöhnlichen Vorschlag machte: Fortan wolle er Produkte vermarkten, die sich bloß am Börsenschnitt orientierten. Viele Profis belächelten den Ansatz jedoch, kritisierten ihn gar als „unamerikanisch".

Die Idee des Investors: Statt den vermeintlich aussichtsreichsten Papieren hinterherzujagen, sollte die Fondsgesellschaft mit neuen Produkten einfach den US-Leitindex S&P 500 kopieren. **Indexfonds** nannte Bogle seine Papiere, die der Entwicklung des Börsenbarometers eins zu eins folgen sollten. Da sich die Kurse nicht vorhersagen ließen, könne kaum jemand dauerhaft besser abschneiden als der breite Markt, so Bogles Grundannahme.

Weil solche Fonds einfach zu verwalten sind und kein großes Fondsmanagement brauchen, lassen sie sich günstig anbieten. Heute sind solche Indexpapiere unter dem Kürzel **ETF** auch hierzulande bekannt und beliebt. Wie Sie beim Vermögensaufbau schlicht einem Börsenindex folgen können, lesen Sie ab Seite 85.

Sind 40 Jahre übertrieben?

Manche Investorinnen und Investoren fragen sich allerdings, ob 20, 30 oder gar 40 Jahre an der Börse tatsächlich ein realistischer Anlagehorizont sind. Fakt ist, dass viele Menschen mit 30 Jahren noch 37 Jahre bis zum Renteneintrittsalter haben. Selbst mit 65 Jahren leben Männer hierzulande nach Prognosen des Statistischen Bundesamtes noch knapp 18 Jahre, Frauen sogar noch knapp 21 Jahre. Diese Angaben sind die Mittelwerte, ein Teil dürfte weit länger leben. Anlegerinnen und Anleger sollten ihren Anlagehorizont also nicht unterschätzen. Natürlich können sie ihre Geldanlagen mit der Rente konservativer aufstellen, sich allerdings sofort von allen Aktien zu trennen ist in den meisten Fällen nicht nötig.

Warum die Kurse langfristig steigen

Viele Interessierte fragen sich, wie die Theorie der zufälligen Kurse mit dem langfristigen Aufwärtstrend an den Börsen zusammenpasst. Nur weil Anlegerinnen und Anleger in der Vergangenheit mit Aktien besonders gut abgeschnitten haben, muss das in der Zukunft nicht genauso sein. Dennoch gibt es zwei überzeugende Erklärungen für die dauerhaft hohen Aktienerträge auf lange Sicht.

Erstens: Langfristig haben Börsenfirmen ihre Gewinne insgesamt gesehen kräftig steigern können. Das ist wiederum die Grundlage für üppigere Gewinnausschüttungen – und genau sie bestimmen in den Augen von Finanzprofis langfristig den Wert der Aktien.

Zweitens gibt es noch eine theoretische Sichtweise: Weil Aktien mehr Risiko als Anleihen bedeuten, verlangen Anlegerinnen und Anleger dafür eine höhere Rendite, gewissermaßen als Schmerzensgeld. Einerseits schwanken Aktien kurzfristig stärker als Anleihen. Andererseits bergen Aktien im Ernstfall einer Unternehmenspleite ein höheres Verlustrisiko: Geht eine Firma pleite, sind Anleihen in der Insolvenzreihenfolge im Normalfall früher dran als Aktien. Auch dafür wollen die Aktienleute gerne eine Kompensation sehen, zum Beispiel in Form von satten Gewinnausschüttungen.

Risiko – wann es Rendite bringt

Viele Menschen wollen partout kein Risiko eingehen. Doch ohne Risiko gibt es an der Börse keine Rendite. Da hilft nur eines: Die Gefahren so gut zu verstehen, wie es nur geht.

Fragt man Anleger und Anlegerinnen in Deutschland, was sie sich von ihrer idealen Geldanlage wünschen, ist die Antwort meist eindeutig-zweideutig: Einerseits wären solide Renditen natürlich schön, andererseits soll bitte das Risiko gering sein. Diese beiden Wünsche an die perfekte Geldanlage sind verständlich, wir alle würden wohl gerne auf sicherem Wege ein kleines Vermögen aufbauen. Doch auch am Finanzmarkt hat jede Medaille zwei Seiten: Die buchstäbliche Kehrseite für die auskömmliche Rendite des Aktienmarkts war und ist sein beträchtliches Risiko. An der Börse haben Anlegerinnen und Anleger diese Erkenntnis in einen Spruch gekleidet: „Gewinne an der Börse sind Schmerzensgeld."

Das ist keine „Bauernregel", sondern eine zentrale Erkenntnis jahrzehntelanger finanzwissenschaftlicher Forschung: Zwischen Rendite und Risiko gibt es einen wesentlichen Zusammenhang. Erwartete Rendite ist am Finanzmarkt immer der Lohn dafür, dass Anlegerinnen und Anleger Risiko eingehen. Wer sich langfristig also mehr Renditechancen sichern will, muss dafür in aller Regel auch stärker ins Risiko gehen.

Risiko hat verschiedene Facetten

Aber was meint Risiko überhaupt? Ein Wörterbuch definiert Risiko als „Gefahr des Verlustes bei einer Unternehmung, deren Ablauf und Ausgang unsicher ist". Bei einer sicheren Geldanlage bekommen Anleger und Anlegerinnen ihr Geld schließlich auf jeden Fall in voller Höhe zurück. Risiko an der Börse ist dagegen bei genauerem Hinsehen gar nicht so eindeutig zu definieren. Viele Leute werden darunter verstehen, Kursverluste zu erleiden, und an die größten Börsencrashs der Geschichte denken.

Andere Anlagenaturen lassen sich von kurzzeitigen Minuszahlen nicht schrecken, würden aber ungern zehn Jahre und mehr im Minus liegen. Für sie wäre Risiko also eine darüber hinaus gehende Minusperiode. Für wieder andere Privatleute ist hingegen entscheidend, mindestens zwei Prozent im Jahr zu verdienen und damit ungefähr die langfristige Inflation auszugleichen. Ihr Risiko wäre, diese eigene Zielmarke zu unterschreiten.

Das Gedankenspiel soll klarmachen: Risiko hat sehr unterschiedliche Facetten. Anlegerinnen wie Anleger sind gut beraten, mögliche Risiken bei der Geldanlage aus vielen Perspektiven zu betrachten. Ganz praktisch bedeutet das zuallererst, sich dem Risiko zu stellen. Statt sich von Aktiencrashs überraschen zu lassen, sollten Interessierte wissen, dass es im Schnitt alle zehn Jahre an den Börsen deutlich nach unten ging. Ein Aktiencrash ist also gerade keine böse Überraschung, mit der niemand rechnen konnte. Im Gegenteil: Egal ob Privatleute über 10, 20 oder 30 Jahre anlegen, dürften sie es irgendwann mit einem Aktiencrash zu tun bekommen – wahrscheinlich sogar mit mehreren. Diesen Ernstfall gilt es schon vorher einzukalkulieren.

So stark wirken Börsencrashs

Egal ob Ölkrise in den 1970ern, die Dotcom-Blase zur Jahrtausendwende oder der Corona-Crash: In einem Kurskollaps können selbst weltweite Börsenindizes rasant an Wert verlieren. In der Internetblase 2000 ging es schrittweise immer weiter bergab, sodass die Kurse im MSCI World erst Ende Februar 2003 ihren Boden fanden – bei einem Minus von mehr als 50 Prozent. Der Weltindex schnitt noch vergleichsweise gut ab, der deutsche Leitindex

Risiko hat viele Facetten

Unterschiedliche Risikomaße der wichtigsten Anlageklassen

Aktien	Durchschnitts-rendite nominal (% p.a.)	Durchschnitts-rendite real (% p.a.)	Maximaler Verlust nominal (%)	Maximaler Verlust real (%)	Volatilität (% p.a.)
Aktien Welt (Industrieländer)	8,4	5,6	-53,7	-59,8	14,5
Aktien Deutschland	7,7	4,9	-67,0	-68,7	19,8
Aktien Schwellenländer	7,2	4,1	-69,4	-72,4	21,6
Anleihen					
Deutsche Staatsanleihen	5,4	2,6	-15,3	-29,5	3,3
Euro-Geldmarkt	2,2	0,5	-0,8	-30,4	0,1
Rohstoffe					
Gold	6,7	3,9	-60,6	-75,1	17,3
Rohstoffe gemischt	5,3	2,5	-81,7	-84,1	19,5

Quelle: LSEG, eigene Berechnungen Zeitraum: 31.12.1969 – 30.09.2024, abweichend Schwellenländeraktien: ab 31.12.1987; Anmerkungen: Rechnung: nominal; mit Indexwerten, ohne Kosten und Steuern; in DM/€; Indizes: Industrieländeraktien: MSCI World TR, Aktien Deutschland: MSCI Germany TR; Aktien Schwellenländer: MSCI EM TR; Staatsanleihen: RexP; Geldmarkt: Dreimonatsgeld Frankfurt, ab 01/99 3-Mo-Euribor; Gold: LSEG Spot; Rohstoffe: GSCI; Inflation: Verbraucherpreisindex VPI.

Dax verlor im schlimmsten Zeitraum sogar rund 70 Prozent seines Wertes. Verluste zwischen 40 und 60 Prozent sind bei Großkrisen in globalen Aktienindizes immer drin, nationale Börsenbarometer trieb es mit Verlusten von 70 oder 80 Prozent oft sogar noch tiefer. Betrachten Anlegende auch die erste Hälfte des vergangenen Jahrhunderts mit zwei Weltkriegen und einer Hyperinflation, sieht die Bilanz teilweise noch schwärzer aus.

So häufig kollabieren die Kurse

Mit einer Liste von Börsenkrisen ließen sich ganze Seiten füllen: In den vergangenen 50 Jahren erwischte es die weltweiten Aktienmärkte zur Ölkrise 1973, beim Blitzcrash an der Wall Street 1987, in der Schwellenländerkrise ab 1997, zum Platzen der Dotcomblase 2000, in der Finanzkrise 2007/2008 und in der Coronakrise 2020. Das waren wohlgemerkt nur die schwersten Einbrüche für weltweite Börsenindizes im vergangenen halben Jahrhundert. Niemand kann sagen, wann solche Crashs in der Zukunft wieder passieren werden. Auf Basis der historischen Daten ist es aber äußerst wahrscheinlich, dass sie wieder passieren werden. Alle an der Börse sollten daher mindestens von einem Crash alle zehn Jahre ausgehen. Einzelne Aktien können durch Skandale, überraschend schlechte Unternehmenszahlen oder einen missglückten Wechsel im Management sogar weit häufiger in Mitleidenschaft geraten. Und selbst einzelne Aktien unterscheiden sich: Junge Hoffnungswerte treffen Krisen oft stärker als etablierte Großkonzerne.

So schnell erholen sich die Kurse

Zunächst stehen die Kursverluste an der Börse aber nur „auf dem Papier“. Wer die Aktien nicht mitten im Crash zu schlechten Kursen verkauft, hat die Chance, dass die Kurse später wieder steigen. Diese Chance steht zumindest bei einer Anlage in den weltweiten Aktienmarkt gut: In der Vergangenheit sind die Kurse eines Weltindex selbst nach dem größten Crash immer wieder geklettert, spätestens nach zwei, drei Jahren Talfahrt begannen die Kurse vorsichtig wieder zu steigen.

Bei einzelnen Länderindizes war das meist auch so, doch hier gibt es historisch bereits Ausnahmen: In einer Euro-Rechnung von Stiftung Warentest sackte der japanische Leitindex Nikkei nach dem dortigen Immobiliencrash 1990 schrittweise immer stärker ab – und erreichte seinen Tiefpunkt erst 2009. Dividenden sind hier allerdings nicht eingerechnet, da es eine solche Zeitreihe erst ab 2002 gibt. Einzelne Aktien wurden immer wieder völlig wertlos und bleiben es oft auch, wenn die Unternehmen beispielsweise in die Insolvenz rutschen.

Am Ende ist natürlich nicht nur entscheidend, ob sich die Kurse wieder erholen –, sondern auch, wie schnell sie das tun. Die „maximale Verlustdauer" gibt daher an, wie lange Anlegerinnen und Anleger im schlimmsten aller Fälle warten mussten, bis sie wieder aus der Verlustzone herauskamen. Entscheidend dafür ist einerseits, wie lange ein Crash dauert, andererseits aber auch, wie schnell sich die Erholung vollzieht. Von den zehn heftigsten Crashs in Weltbörsenindizes seit 1970 waren sechs nach spätestens zwei Jahren wieder ausgestanden. In vier Fällen dauerte es nach Rechnungen von Stiftung Warentest in D-Mark und Euro länger, wieder in die Gewinnzone zu kommen: Nach dem Kurseinbruch 1989 brauchten die Anleger knapp vier Jahre, nach dem Start des Öl-Crashs 1973 dauerte es acht Jahre. Und nach der Dotcom-Krise 2000 brauchten hiesige Anleger im Industrieländer-Index MSCI World gar rund 14 Jahre, um die alten Rekorde wieder zu übertreffen.

Investieren Anlegende jedoch nicht global gestreut und betrachten auch den Verlust durch die Inflation, kann es weit länger dauern, haben die Londoner Kapitalmarkthistoriker Dimson, Marsh und Staunton herausgefunden. Seit 1900 dauerte es in manchen Ländern wie den USA, Kanada oder Australien rund 16 Jahre. In der Schweiz musste man im schlimmsten Fall bereits 25 Jahre warten, in Portugal im Zweifelsfall 35 Jahre und in manchen kriegsgetroffenen Ländern Europas wie Frankreich oder Italien im schlimmsten Fall gar mehr als 50 Jahre. Inwiefern man diese Daten als repräsentativ für die kommenden Dekaden ansieht, muss jeder Anleger, jede Anlegerin selbst entscheiden.

So messen Profis das Risiko

Wenn Börsenleute von Risiko sprechen, meinen sie wiederum die Schwankungsintensität. Finanzprofis nennen sie auch „Volatilität". Das bedeutet: Wie stark schwanken die Erträge eines Investments um ihren historischen Mittelwert? Gut illustrieren lässt sich das mit dem Weltbörsenindex MSCI World: Er stieg seit Beginn 1970 im Schnitt um rund 8,4 Prozent pro Jahr. In einem zweiten Schritt lässt sich schauen, wie weit die einzelnen Jahreswerte davon nach oben und unten entfernt lagen. Im Falle des MSCI World lagen die einzelnen Jahresrenditen im Schnitt rund 14,5 Prozent davon entfernt, die Volatilität betrug also 14,5 Prozent.

Wie lässt sich dieser Wert interpretieren? Um die Schwankungsbreite besser zu verstehen, kann man sie von der Rendite abziehen (8,4 % Rendite – Volatilität 14,5 = –6,1 %) oder zur Durchschnittsrendite hinzuaddieren (8,4 % Rendite + Volatilität 14,5 = 22,9 %). Dieses Ergebnis lässt sich überschlagsweise einordnen: In rund zwei Dritteln aller Fälle dürfte die Rendite am Ende des Jahres zwischen –7,7 Prozent und + 22,3 Prozent liegen. Das gilt zumindest, wenn man vereinfachend annimmt, dass Renditedaten wie eine Glockenkurve normalverteilt sind und die Volatilität auch künftig auf diesem Level bleiben würde.

Das verbleibende Drittel der erwartbaren Fälle verteilt sich dann in zwei Hälften: In rund 16 Prozent der Fälle dürfte es besser laufen, und es könnten sich mehr als 22,3 Prozent Rendite erzielen lassen. In den letzten rund 16 Prozent aller Fälle könnte es schlechter laufen, und es dürfte ein Verlust von mehr als 7,7 Prozent auflaufen. Die Volatilität gibt Anlegerinnen und Anlegern jedoch keine Garantie

Risiko hat unterschiedliche Facetten

Volatilität – wie stark schwankt eine Anlage?

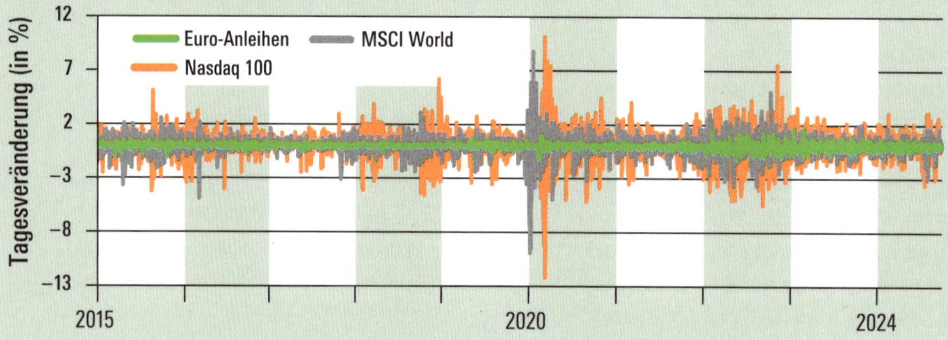

Maximaler Verlust – wie weit fiel eine Anlage unter ihren vorigen Höchststand?

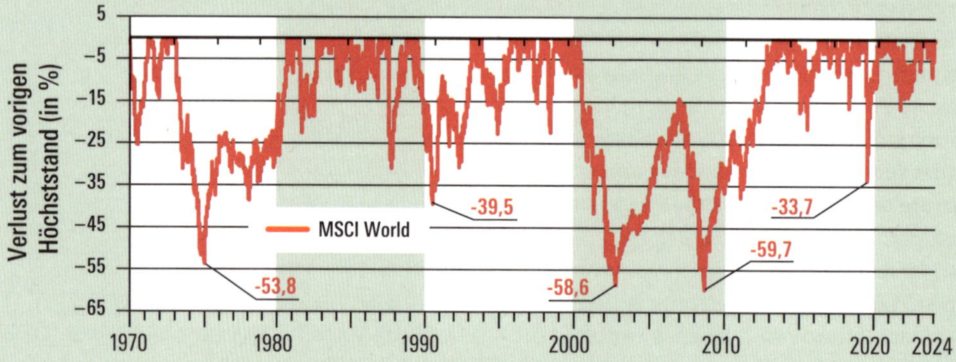

Maximale Erholungsdauer – wie lange brauchte eine Anlage, um sich zu erholen?

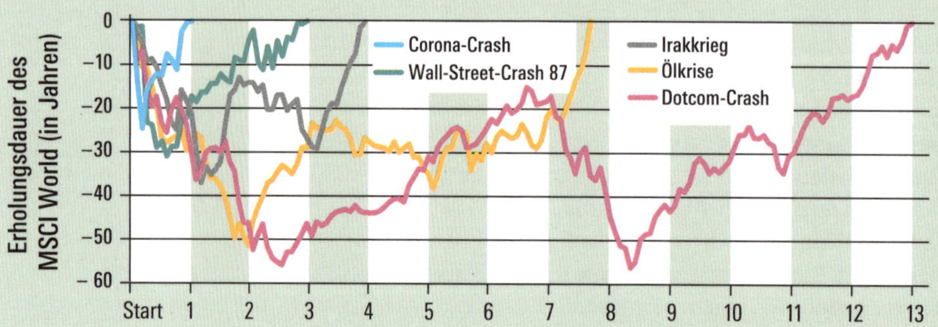

Quelle: LSEG, eigene Berechnungen Anmerkungen: oberes Diagramm – Tagesveränderungen Bloomberg Euro Aggregate, MSCI World, Nasdaq 100, vereinfachte Darstellung; mittleres und unteres Diagramm – MSCI World

für die Zukunft, sondern nur eine Abschätzung auf Basis vergangener Erfahrungswerte.

Auch wenn der Indikator an der Börse oft gezeigt wird, ist er für Privatanlegerinnen und Privatanleger nur schwer zu interpretieren. Als Daumenregel gilt: Schwankungszahlen zwischen 0 und 5 zeigen kaum existente Schwankungen an, Zahlen zwischen 5 und 10 zeugen von moderaten Schwankungen, Ziffern zwischen 10 und 15 sind ein Hinweis auf ausgeprägtere Bewegungen. Volatilitäten zwischen 15 und 20 lassen deutliche Schwankungen erwarten, alles über 20 zeigt sehr hohe Risiken mit unangenehmer Kursachterbahn an. Werte über 40 werden normalerweise bei extrem riskanten Anlagen erreicht. Um Schwankungsrisiken grob einordnen zu können, genügt diese Daumenregel allemal.

Mit dem Risikocheck Gewinn machen

Wer eine persönliche Haltung zum Risiko am Aktienmarkt entwickeln will, sollte zunächst auf den maximalen historischen Verlust innerhalb der vergangenen mindestens 50 Jahre schauen. Breite Weltaktienindizes stürzten in diesem Zeitraum im schlimmsten Fall um rund 60 Prozent. Anlegerinnen und Anleger rechnen sich das am besten einmal in Euro und Cent vor: Von 10 000 Euro Anlagesumme würde das eigene Aktiendepot dann im Tiefpunkt nur noch bei 4 000 Euro stehen. Könnten Sparerinnen und Sparer das aushalten – oder würden sie unter diesen Umständen doch lieber nur die Hälfte ihres Geldes am Parkett investieren?

Börseninteressierte sollten aber auch die positive Seite des Risikos nicht aus dem Blick verlieren: Ohne Risiko keine Rendite. Aktien brachten auf lange Sicht mehr Ertrag als Staatsanleihen solider Länder, weil Unternehmen vielleicht ihre Dividenden strichen und die Kurse wegen dieser Unsicherheit stärker schwankten. Die höhere Rendite ist eine Art Schmerzensgeld, das es für größere Risiken gibt. Wie sich Rendite und Risiko austarieren lassen, erfahren Sie im nächsten Abschnitt.

BÖRSENKOPF

Seine Börsenkarriere begann Spekulant **André Kostolany** (1906 – 1999) bereits mit 13 Jahren: Vor den ungarischen Kommunisten nach Wien geflohen, handelte er schnell mit Währungen. Zehn Prozent Gewinn seien immer drin gewesen.

Nach der Schule ging er zu einer Maklerfirma an die **Pariser Börse**. Als der Große Börsenkrach im Herbst 1929 die US-Kurse stürzen lässt, passiert in Paris wenig. Als 1930 jedoch die Oustric-Bank kollabiert, knickt auch die Pariser Börse ein. Kostolany hatte auf fallende Kurse gesetzt – und Recht behalten.

Immer wieder setzte er auf die **politische Großwetterlage**. Dabei blieb Kostolany seinen Überzeugungen gegen Unkenrufe jahrelang treu – und riskierte mitunter Kopf und Kragen. Wie Politik die Kurse treibt, lesen Sie ab Seite 112.

Privatleuten empfahl er übrigens eine weniger nervenaufreibende Strategie: „Schlafmittel kaufen und eine Palette internationaler Papiere kaufen." Damit machte er hierzulande die **Buy-and-Hold-Strategie** populär – mehr zu diesem Ansatz finden Sie ab Seite 30.

Balance – warum eine gute Mischung clever ist

Wer breit investiert, verteilt seine Risiken. Auf dieser Basis hat die Stiftung Warentest ein vielseitiges Anlagekonzept für die Praxis entwickelt.

Woran hängt erfolgreiche Geldanlage? Viele Anlegerinnen und Anleger werden vor allem an die clevere Auswahl der richtigen Titel denken. Damit machen sie aber den zweiten Schritt vor dem ersten: Denn viel entscheidender als die vermeintlich richtigen Titel ist eine viel grundsätzlichere Entscheidung: Welche Struktur wollen Sie Ihrem Portfolio geben? Mit der Entscheidung verhält es sich wie bei einem guten Kochrezept: Zunächst müssen Privatleute die Grundzutaten festlegen, die das Gericht enthalten soll – und wie viel sie von jeder Zutat verwenden wollen.

Übersetzt auf die Welt der Börse bedeutet das: Die Verteilung des Vermögens auf risikoreiche und risikoärmere Anlagen bestimmt grundsätzlich das Risiko- und die Renditeprofil jedes Portfolios. Je stärker Menschen auf eher sichere Anlagen setzen, desto weniger Schwankungen können sie erwarten – desto geringer sind jedoch auch die Renditechancen. Je stärker sie auf riskante Anlagen wie Aktien setzen, desto besser ist die Aussicht auf eine gute Rendite – umso größer dürften allerdings auch die Kurskapriolen ausfallen.

Der Mix macht's

Wie Anlegerinnen und Anleger den Regler zwischen den beiden Aspekten Rendite und Sicherheit austarieren, liegt dabei ganz in ihrer eigenen Hand. Fachleute sprechen in diesem Zusammenhang auch von der Anlageaufteilung oder der „Asset Allocation“. Niemand sollte sich von solch komplizierten Begriffen abschrecken lassen, diese wohl wichtigste Weichenstellung für die eigene Geldanlage ist gar nicht kompliziert. Für eine bessere Vorstellung hat Stiftung Warentest mit dem „Pantoffel-Portfolio“ drei Depotmischungen definiert, an denen Privatleute sich für ihre eigene Entscheidung orientieren können:

- **Defensiver Anlagetyp:** Vorsichtige Menschen investieren zum Beispiel 25 Prozent ihres Anlagegeldes in Aktien, den Rest in sichere Zinsanlagen.
- **Ausgewogener Anlagetyp:** Wer balanciert anlegen will, könnte 50 Prozent der eigenen Anlagesumme in Aktien investieren, die andere Hälfte in sichere Anlagen.
- **Offensiver Anlagetyp:** Ambitionierte Naturen könnten zu 75 Prozent auf Aktien setzen und nur zu 25 Prozent auf sichere Anlagen.

Was die Mischungen brachten

Was das konkret bedeutet, lässt sich mit einem Blick in die Tabelle auf der rechten Seite erkennen. Stiftung Warentest hat dafür mehr als ein halbes Börsenjahrhundert seit 1970 analysiert. Ausgewogene Naturen wären an der Börse in diesem Szenario mit 50 Prozent ihrer Anlagesumme einem Weltaktienindex gefolgt, den Rest hätten sie in eher sichere Euro-Anleihen gesteckt. Mit dieser Halbe-halbe-Mischung hätten sich pro Jahr im Schnitt 6,6 Prozent Rendite erwirtschaften lassen.

Um sich diese Zahl vorstellen zu können: Aus 100 000 Euro wären über 30 Jahre rund 680 000 Euro geworden. Im schlimmsten Fall wäre im eigenen Depot zumindest zwischenzeitlich aber auch ein Minus von 26 Prozent aufgelaufen. Wer sein Geld zum schlechtesten denkbaren Zeitpunkt anlegte, hätte rund fünf Jahre gebraucht, um mit dem Gesamtportfolio aus der Verlustzone am Ende wieder in die schwarzen Zahlen zu kommen.

So finden Sie den perfekten Mix

Was wäre passiert, wenn Sie 100 000 Euro für 30 Jahre angelegt hätten?
Unsere Tabelle zeigt Chancen – und Risiken

Welcher Portfoliotyp soll es sein?						
Portfoliotyp	Nur Tagesgeld	Nur Anleihen	Defensiv	Ausgewogen	Offensiv	Nur Aktienanlage
Aktienquote (%)	0	0	25	50	75	100
Welche Rendite streben Sie an?						
Durchschnittsrendite (% p.a.)	2,0	3,9	5,7	6,6	7,9	8,4
Endvermögen (Euro)	183 700	319 800	531 700	678 600	982 500	1 130 000
Wie viel Risiko halten Sie aus?						
Maximaler Verlust (%)	0	-20	-16	-26	-39	-56
Längste Verlustphase (Jahre)	0	3,8 [1]	2,8	5,0	6,7	13,4

Quelle: LSEG, eigene Simulationen. Zeitraum: 30.09.1994 – 30.09.2024 Anmerkungen: 1) Verlustphase dauert noch an.
Tagesgeld: nur Tagesgeld; Anleihen: Euro-Anleihen; Defensiv, ausgewogen, offensiv: MSCI World + Euro-Anleihen;
Aktienanlage: MSCI World; nominal, nach Kosten, mit Rebalancing.

Wer mehr Rendite erzielen wollte, hätte stärker auf Aktien setzen müssen. Mit einem offensiven Depot wären im Schnitt schon 7,9 Prozent Rendite pro Jahr möglich gewesen, allerdings auch ein zwischenzeitliches Minus von 39 Prozent. Im Klartext: Das eigene Depot hätte sich im Extremfall beinahe halbiert, zumindest vorübergehend. Wer voll und ganz auf Aktien setzte, hätte im Ernstfall sogar ein Minus von bis zu 56 Prozent auf dem Depotauszug gesehen. Anlegerinnen und Anleger sollten sich gut überlegen, ob sie solche Verluste finanziell und auch seelisch aushalten könnten. Stiftung Warentest hält selbst bei risikofreudigen Naturen eine Aktienquote von 75 Prozent für absolut ausreichend.

So lässt sich die perfekte Mischung finden

Wenn Anleger und Anlegerinnen die individuelle Mischung für ihr Portfolio festlegen wollen, sollten sie sich also nicht nur von üppigen Renditen treiben lassen. Viel wichtiger ist der Blick auf das Risiko: An der Börse wird es immer wieder zu mittleren Kurskapriolen und großen Crashs kommen. Umso entscheidender ist es, dann nicht in Panik alles zu verkaufen, wenn die Kurse abgebröckelt sind. Ebenso problematisch wäre es, Aktien im Kurstief loszuschlagen, bloß weil privat ein finanzieller Engpass herrscht. Wie viel Risiko jeder Sparer und jede Sparerin eingehen kann, lässt sich schon mit drei einfachen Fragen beantworten:

1. **Wie lange wollen Sie anlegen?** Je länger Ihr Horizont, desto mehr Aktien vertragen Sie.
2. **Wie abgesichert sind Sie?** Je sicherer Ihr Job und Ihre Finanzlage, desto mehr Aktienrisiko können Sie eingehen.
3. **Was halten Sie aus?** Je weniger Angst Sie vor Schwankungen, Crashs und Verlusten haben, desto größer kann Ihre Aktienquote ausfallen.

Einen detaillierten Einstufungstest finden Sie ab Seite 180.

Die wissenschaftlichen Grundlagen

Der Mix macht's: Was der Volksmund weiß, ist an der Börse sogar wissenschaftlich bestens belegt. Bereits 1952 erforschte der Ökonom und spätere Nobelpreisträger Harry Markowitz, wie sich Risiko und Rendite eines Portfolios gedanklich kombinieren lassen. Wie Sie bereits erfahren haben, versprechen risiko-

Markt- und Einzeltitelrisiko Je mehr Aktien Anleger besitzen, desto stärker sinkt das Risiko, dass Flops zu stark durchschlagen. Das allgemeine Marktrisiko lässt sich so aber nicht reduzieren.

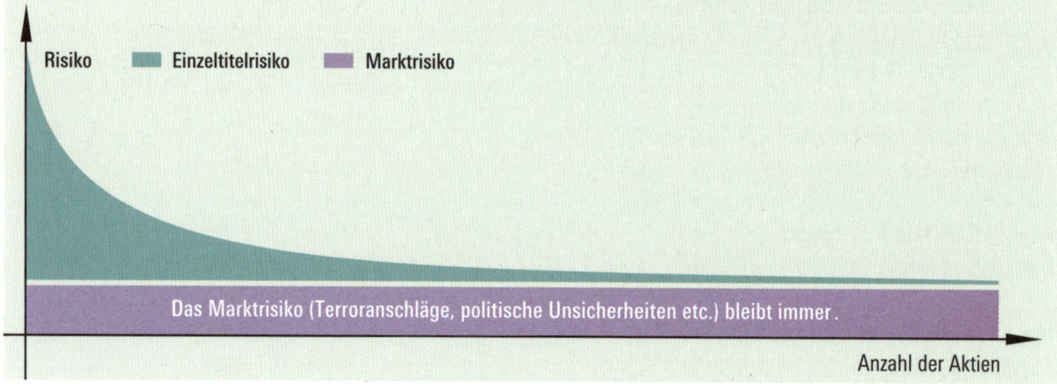

reichere Anlagearten in der Regel größere Renditechancen. Markowitz allerdings fügte dieser Erkenntnis noch eine weitere hinzu: Setzen Anlegerinnen und Anleger auf mehrere Anlagen zugleich, mitteln sie deren Renditen – können das Risiko aber stärker drücken. Das Zauberwort lautet Streuung (Diversifikation).

Wer auf diesen Effekt abstellen will, sollte sein Kapital einfach auf verschiedene Anlageklassen, Länder und Branchen verteilen. Finanzprofis fügen in Portfolios daher gerne Papiere zusammen, deren Kurse sich weitgehend unabhängig voneinander entwickeln. Flott formuliert: Während ein Sonnencremehersteller von bestem Badewetter profitiert, wäre die Geschäftslage eines Regenschirmproduzenten trübe. Setzen Privatleute auf beide Firmen, bräuchten sie sich um die Folgen des Wetters für die getätigten Anlagen nicht zu sorgen.

Was sich daraus lernen lässt

Wer ein optimales Portfolio bauen will, setzt also auf Anlageklassen und Titel, deren Kurse möglichst wenig Gleichlauf aufweisen. Fällt eine Aktie, sollten nicht auch alle anderen sinken. Ein Depot nur auf Bankaktien oder Autoaktien zu fokussieren, ergibt keinen Sinn. Anlegerinnen und Anleger sollten ihr Geld stets über Kontinente, Länder, Branchen und Einzelunternehmen verteilen. Je unterschiedlicher die Kurse der einzelnen Anlagen laufen, desto stärker dämpfen sie schließlich die Schwankungen des Gesamtportfolios.

Die genauen Korrelationen Dutzender Anlagen finden Sie auf Seite 197.

Diese Erkenntnis zeigt zugleich, dass es an der Börse zwei grundsätzlich verschiedene Risikoarten gibt. Das „Einzeltitelrisiko" greift, wenn ein Unternehmen zum Skandalfall wird, die Gewinne plötzlich sinken oder Aufseher eine Fusion blockieren. Das „Marktrisiko" trifft dagegen nahezu alle Aktien auf einmal, beispielsweise, wenn Terroranschläge, ein Krieg oder Naturkatastrophen die gesamte Börsenwelt verunsichern. Während man mit dem Marktrisiko schlicht leben muss, lässt sich das Einzeltitelrisiko vermeiden – wenn Anlegerinnen und Anleger ihr Portfolio auf eine breite Grundlage stellen (siehe Grafik oben).

So messen Profis den Gleichlauf

Um den Gleichschritt der Wertpapiere professionell zu messen, nutzen Fachleute die Kennziffer der „Korrelation". Sie sagt, wie oft die Kurse von einzelnen Papieren oder gesamten Anlageklassen in dieselbe Richtung laufen. Bei einer Korrelation von 1 bewegen sich die Notierungen zweier Anlagen immer im Gleichlauf. Bei einer Korrelation von –1 bewegen sich die Kurse stets in entgegengesetzte Richtungen. Weisen zwei Anlagen eine Korrelation von 0 auf, gibt es keinen messbaren Zusammenhang zwischen dem Lauf der Kurse.

Ein Beispiel: Industrieaktien und Rohstoffproduzenten weisen eine eher hohe Korrelation auf, beide hängen an der Weltkonjunktur. Umgekehrt gibt es zwischen Energieversorgern und Gesundheitsfirmen bloß einen moderaten Gleichlauf – möglicherweise weil sie inhaltlich wenig miteinander zu tun haben.

Varianten für Fortgeschrittene

Wer sich mit einer breit aufgestellten und gut gestreuten Welt-Anlage bereits wohlfühlt, braucht sich nicht zu verstecken. Gelungene Geldanlage muss nicht kompliziert sein, an der Börse werden jedenfalls keine Fleißkärtchen verteilt. Wer jedoch tiefer in die Materie einsteigen will und mit Interesse die Geschicke einzelner Branchen oder Unternehmen verfolgt, kann auch komplexere Strategien umsetzen:

- **Beimischungen hinzufügen:** Vielen Interessierten ist der reine Weltindex zu langweilig, sie wollen ihr Depot aufpeppen. Wer das mit Augenmaß machen will, könnte mit rund 70 Prozent des eigenen Risikobausteins auf eine weltweite Basisanlage setzen – den Rest jedoch in interessante Branchen, Länder oder Trends investieren. Mehr zu dieser Core-Satellite-Strategie ab Seite 193.
- **Perfektes Portfolio:** Viele ETF-Liebhaber wollen im Portfolio nicht nur Aktien und Zinsanlagen mischen, sondern auch Rohstoffe, Immobilienanlagen oder weitere Anlageklassen hinzunehmen. Dabei suchen sie nach dem vermeintlich „perfekten Portfolio“, das Risiko und Rendite ideal austarieren soll. Mehr dazu ab Seite 190.
- **Strategien mit Einzelaktien:** Wer sich für Einzelaktien interessiert, kann auch damit theoretisch ein diversifiziertes Portfolio aufbauen, in der Praxis ist es oft jedoch nicht so einfach. Wer trotzdem Hinweise zu Einzeltiteln und ihrer Analyse sucht, findet sie ab Seite 206.

BÖRSENKOPF

Als Tausendsassa **Harry Browne** nach seinem Wehrdienst 1961 sein Berufsleben anfing, hatte er eine interessante Geschäftsidee: Künftig wollte er den Menschen „amerikanische Werte“ verkaufen, beschloss der überzeugte Liberale. Rund 200 Zeitungen im Land druckten Artikel seines Pressebüros, in denen er den **„Way of life“ in den USA** lobte. Dazu gehörte für Browne auch, dass die Menschen ihr Glück an der Börse versuchen.

Statt ständig Aktien zu kaufen und zu verkaufen, wollte Browne es den Leuten einfach machen: „Ich nenne es **Portfolio für die Ewigkeit**, weil Sie es einmal aufsetzen und dann nie wieder ändern müssen“, beschrieb Browne seine Idee.

Er empfahl, einfach je ein Viertel der eigenen Anlagesumme auf **Aktien, Anleihen, Cash und Gold** zu setzen. Brummt die Konjunktur, sollten die Aktien brillieren, während in Krisen Anleihen und Cash beschützen sollten. In Gold sah Browne wiederum einen Schutz gegen ausufernde Inflation.
Ob Brownes Konzept wirklich funktioniert und wie Finanzprofis ETF-Portfolios konstruieren, lesen Sie ab Seite 203.

Die Börse – einfach alles kaufen

Grundwissen Börse

Schnelle Handzeichen, laute Rufe und die große Kurstafel prägen das Bild der Börse. In Wirklichkeit läuft der Handel aber längst digital, meist abseits des Parketts: Dabei gibt es klare Regeln, offizielle Segmente für alle Aktien und gleich drei Aufsichtsinstanzen hierzulande: Wer die Details kennt, kann besser handeln.

So läuft der Börsenhandel heute

Der Börsenhandel ist verwirrend: Manchmal stellen Computer die Kurse, manchmal Menschen. Dazu kommen allein in Deutschland rund ein Dutzend Börsenplattformen für Privatleute. Doch so kompliziert ist es gar nicht.

Wer die Geburtsstätte der Börse erleben will, sollte nach Brügge fahren. Im Mittelalter strömten neben Gewürzen, Tüchern oder Zucker schließlich auch die Händler der norddeutschen Hanse und der italienischen Handelsstädte in den engen Gassen der belgischen Handelsstadt zusammen. Wo sich Vlamingstraat und Academiestraat treffen, liegt die Wall Street längst vergangener Tage: Im steinernen, vierstöckigen Gästehaus der Familie Van der Beurse nächtigten Handelsvertreter, tranken Wein und konnten im Keller sogar Waren lagern.

Wenn die Händler sprichwörtlich „an die Börse gingen", trafen sie sich also in der Herberge oder auf dem Platz davor. Schnell wechselten dort Schuldverschreibungen und Währungen den Besitzer, vor allem mit den italienischen Händlern wurde der Platz vor dem Haus der Herbergsfamilie buchstäblich

Das passiert im Börsensaal

Wo Händler, Fernsehkameras und die Dax-Tafel im Frankfurter Handelssaal platziert sind.

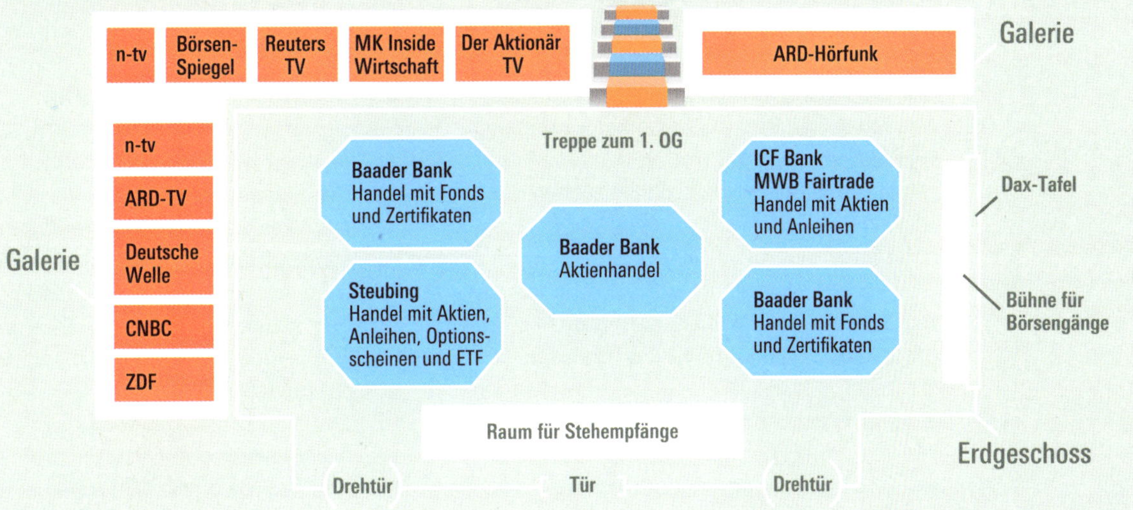

Anmerkung: schematische Darstellung

Quelle: Deutsche Börse, eigene Recherche Stand: 06/2024

zum Geldmarkt. Schnell genossen Gastwirte wie die Van der Beurses so viel Vertrauen, dass sie zwischen den Händlern bei Warengeschäften auch als Makler vermittelten und sie während deren Handelsreisen sogar vertraten.

Vermutlich haben sich die Maklertradition der Gastwirte, das mittelalterliche Wort von der Geldbörse („bursa") und der einprägsame Familienname so vermischt, dass 1409 erstmals der Begriff der „Börse" in die Geschichtsschreibung einging. Auch wenn sich Historiker und Historikerinnen heute um die Details streiten, lässt sich im Haus der Familie Van der Beurse die Keimzelle der modernen Börsen sehen.

Die Zentren der Finanzwelt

Mit dem Wort Börse entstand eine der Haupteinrichtungen unseres heutigen Finanzwesens, die ihren Erfolgszug rund um den Globus antrat. Die Börse ist ein Ort, an dem Angebot und Nachfrage von Waren oder Wertpapieren aufeinandertreffen. An den Handelsplätzen wird dann ein klarer, fairer und allgemein akzeptierter Preis für die Papiere festgelegt. Im Laufe der Zeit haben sich dabei ganz unterschiedliche Typen von Börsen herausgebildet:

- **Wertpapierbörsen**
- **Warenbörsen**
- **Terminbörsen**
- **Devisenbörsen**

An einer Wertpapierbörse handeln Anlegende zum Beispiel mit Aktien oder Anleihen, also Anteilsscheinen oder Schuldverschreibungen. An speziellen Warenbörsen lassen sich wiederum Rohstoffe wie Öl, Weizen, Butter oder Kaffee kaufen. Damit sind häufig sogenannte Terminbörsen verknüpft: Will sich eine Käuferin beispielsweise das theoretische Anrecht auf eine bestimmte Menge Rohöl in sechs Monaten sichern, kann sie dafür bereits heute einen festen Preis „auf Termin" fixieren.

Früher existierten außerdem auch zahlreiche Devisenbörsen, an denen Währungen gehandelt wurden. Dieses Geschäft betreiben die Banken inzwischen jedoch weitgehend abseits der regulierten Börsenplätze auf digitalen Plattformen für Bankprofis.

Die Vorteile des Börsenhandels

Handeln Anlegerinnen und Anleger über eine Börse, bringt das viele Vorteile: Diese Institutionen bündeln einen großen Teil von Angebot und Nachfrage an nur einem Ort, sorgen also für reges Handelsgeschehen. Je öfter ein Gut gehandelt wird, desto klarer können sich Menschen am Markt über dessen Preis sein. Wer Aktien dagegen privat verkaufen wollte, müsste länger nach Kaufwilligen suchen, umständlich den Preis aushandeln und schließlich noch einen Vertrag aufsetzen.

Typisch für Börsen ist außerdem: Wer kaufen und verkaufen will, muss sich nicht über die genaue Beschaffenheit der Produkte verständigen. Aktien des Softwarekonzerns SAP gleichen einander zum Beispiel bis ins Detail. Handeln Anlegerinnen und Anleger Rohstoffe wie Öl oder Orangensaft an der Börse, ist deren Beschaffenheit im Regelwerk übrigens ebenfalls genau festgelegt. Interessierte müssen sich an der Börse also nicht persönlich treffen, um die Qualität der Ware zu prüfen. Die Handelnden müssen sich nur über Menge und Preis einig werden, alle anderen Details wie den genauen Liefertermin oder die korrekte Bezahlung geben die Regeln der Börse vor.

An den Börsen werden übrigens nur die genauen Eckpunkte des Geschäfts besiegelt, der Tausch der Wertpapiere findet dort nicht statt. Die Sorge dafür, dass Anleger und Anlegerinnen die Wertpapiere ordnungsgemäß bezahlen und diese anschließend auch korrekt Besitzer oder Besitzerin wechseln, übernehmen sogenannte Clearinghäuser und Wertpapier-Verwahrer automatisch im Hintergrund. Da Menschen über die Börsen täglich milliardenfach ins Geschäft kommen, sind die Transaktionen inzwischen so stark vereinheitlicht und effizient organisiert, dass sich auch die Kosten in Grenzen halten.

Börsen stellen also die örtliche und technische Infrastruktur, Regeln und Aufsichtsgremien, sodass ein reibungsloser, fairer und einfacher Handel stattfinden kann. Anlegerinnen und Anleger können wiederum darauf vertrauen, Papiere mit wenig Aufwand zeitnah kaufen oder verkaufen zu können und dafür marktgerechte Preise zu bekommen. Fachleute aus den Wirtschaftswissenschaften bezeichnen die Börse daher als „perfekten Markt“ – zumindest meistens.

So lief der Börsenhandel früher

Früher gab es unter den „Börsianern“ am Parkett vor allem zwei Gruppen: Händler und wenige Händlerinnen leiteten als Mitarbeitende von Banken alle Orders der Endkunden ans Parkett, amtlich bestellte Kursmakler sollten Kauf- und Verkaufsaufträge zu einem offiziellen Preis zusammenführen. Neben den angestellten Händlern von Banken und den offiziell vereidigten Kursmaklern tummelten sich damals als dritte Fraktion noch sogenannte Freimakler am Parkett: Sie kauften und verkauften Aktien im Auftrag von Banken, die keine eigene Vertretung am Parkett hatten. Außerdem stellten sie Kurse in kleineren Nebenwerten, die nicht von den offiziellen Kursmaklern betreut wurden. Zuletzt durften sie – anders als die offiziellen Kursmakler – auch auf eigene Rechnung handeln, also die ein oder andere Spekulation wagen.

Auch wenn viele Börsenfilme das Treiben an der Börse immer noch in dieser Art inszenieren, ist das Gewusel am Börsenparkett inzwischen passé, sind die lauten Stimmen der Händler verstummt. Inzwischen läuft der Börsenhandel weitgehend digital, die Kurstafel im Frankfurter Börsensaal und die wenigen vermieteten Händlerrondelle haben einen Großteil ihrer Bedeutung eingebüßt. Wer aber verstehen will, wie der Handel heute funktioniert, muss diese historische Ausgangssituation trotzdem kennen. Denn auch der digitale Handel basiert in Teilen noch auf den Ursprüngen des einstigen „Handels auf Zuruf“ und der lebendigen Menge am Parkett.

So läuft der Börsenhandel wirklich

Anders als früher gibt es heute keine amtlich bestellten Kursmakler mehr und auch keine rennenden Händler auf dem Eichenparkett im Börsensaal. Die Banken und Brokerhäuser

Wer an der Börse handelt

Von Privatanlegern bis Großanlegern kaufen und verkaufen ganz unterschiedliche Akteure über die Börse

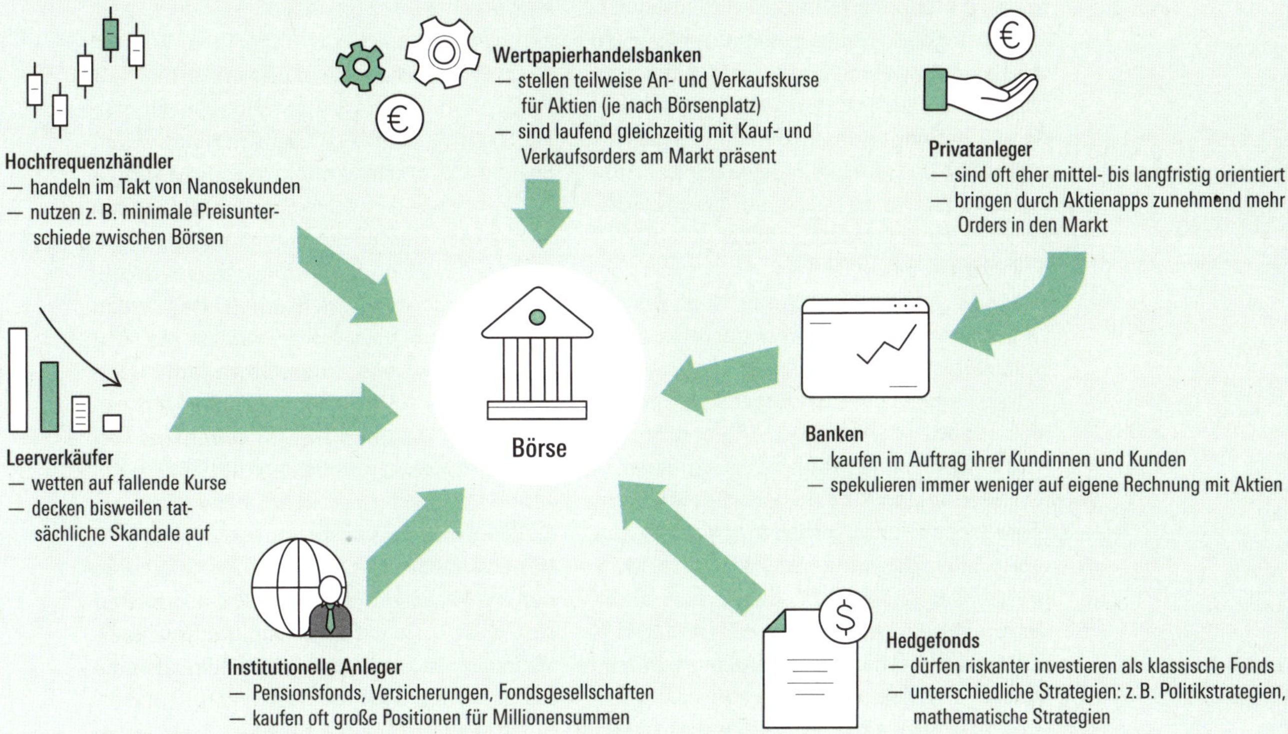

leiten die Orders ihrer Kundschaft heute längst elektronisch an den passenden Börsenplatz, die dafür zuständigen Handelsmitarbeiterinnen und -mitarbeiter sitzen in den Banktürmen und nicht mehr an den Börsen.

Hinter diesem endlosen Strom an Kauf- und Verkaufsorders stehen wohlgemerkt ganz unterschiedliche Gruppen (siehe Grafik oben): Zum einen wollen Privatanlegerinnen und Privatanleger Aktien kaufen oder verkaufen, manche auf lange Sicht für ihre Altersvorsorge, andere kurzfristig mit Blick auf einen schnellen Gewinn. Daneben gibt es viele institutionelle Großinvestoren, zum Beispiel Fondsgesellschaften, Versicherungen oder Pensionskassen, die das ihnen anvertraute Geld teilweise auch am Aktienmarkt investieren. Außerdem nutzen Hochfrequenzhändler zum Beispiel minimale Preisunterschiede zwischen Börsen aus, um im großen Stil günstig zu kaufen und teurer zu verkaufen.

Aus den amtlichen Kursmaklern und den selbstständigen Freimaklern vergangener Zeiten sind inzwischen übrigens Wertpapierhandelsbanken geworden mit Namen wie ICF Bank, Lang & Schwarz, Baader Bank oder MWB Fairtrade. Welchen Einfluss diese Handelshäuser heutzutage auf die Bestimmung der Kurse haben, hängt von der jeweiligen Börse und dem einzelnen Handelsplatz ab. Privatleute tun gut daran, die wichtigsten Unterschiede zwischen den Handelsplätzen zu kennen. Auf der nächsten Doppelseite stellen wir die wichtigsten Börsen in Deutschland kurz vor.

Xetra

Hier haben schnelle Rechner das Sagen: Xetra ist ein Computerhandelsplatz, den die Deutsche Börse betreibt. Da viele große Anlagegesellschaften Orders über diese Handelsplattform laufen lassen, hat sich Xetra zum größten und handelsstärksten Börsenplatz in Deutschland entwickelt. Seit 1997 betreibt die Börse dieses digitale System, in dem sich beispielsweise rund 850 Aktien handeln lassen. So gibt das System auch die deutschen Kernhandelszeiten in der Zeit zwischen kurz vor 9.00 Uhr und kurz nach 17.30 Uhr vor.

Meist ergibt sich der Preis auf Xetra aus den vorliegenden Kauf- und Verkaufsorders. Will jemand 100 Aktien zu maximal je 49,90 Euro kaufen, braucht es einen Gegenpart mit passender Preisvorstellung. Das System verbindet Kaufwillige und Verkaufswillige direkt miteinander, ohne Zwischenschritt über ein Handelshaus („ordergetriebener Markt“).

Vor allem bei größeren Aktien wie etwa solchen von Adidas, BMW oder Zalando klappt das ohne Probleme. Bei kleineren Aktien verpflichten sich spezielle Wertpapierhandelshäuser, mit Volumina von 5000 Euro bis 10000 Euro am Markt zu kaufen und zu verkaufen, zum Beispiel, wenn sonst niemand handeln möchte. Für diesen Service, im Fachsprech unter dem Begriff „Designated Sponsoring“ bekannt, bekommen sie eine Gebühr vom Aktienunternehmen.

Börse Frankfurt

Sie kennt fast jeder aus dem Fernsehen: Neben der Computerplattform Xetra betreibt die Deutsche Börse einen weiteren Handelsplatz unter dem Namen „Börse Frankfurt“. Während Anleger und Anlegerinnen auf Xetra vor allem die rund 850 wichtigsten Aktien handeln, lassen sich an der Börse Frankfurt mit insgesamt rund 13 200 Aktien auch viele kleinere Titel handeln. Hier betreuen grundsätzlich die Händlerinnen und Händler von neun Wertpapierhandelshäusern die Kurse, diese sogenannten „Spezialisten“ bekommen aber auch Computerunterstützung. Konkret geben die Wertpapierhandelshäuser für jede Aktie laufend eine Spanne zwischen Kauf- und Verkaufskurs vor, innerhalb derer sich der Kurs einpendeln muss. Dafür beziehen sie die Preislage an anderen Börsen genauso ein wie die aktuelle Orderlage an der Börse Frankfurt und spezielle Regeln der Börse. Dann sammeln die Börsenhändler vorliegende Kauf- und Verkaufsgebote, damit das dahinterliegende IT-System den offiziellen Kurs bestimmen kann. In der Regel ist das jenes Preisniveau, zu dem sich aktuell die meisten Käufe und Verkäufe abwickeln lassen („modifiziertes Meistausführungsprinzip“). Händisch müssen die Händler und Händlerinnen im Regelfall nur noch bei großen Orders oder ungewöhnlichen Marktsituationen eingreifen. Als Obolus bekommen sie für ihre Dienste eine Maklercourtage von den Käuferinnen und Käufern der Titel.

Die Regionalbörsen

Der Föderalismus gilt auch an der Börse: Neben der Börse Frankfurt sind auch an den Börsen Berlin, Düsseldorf, Hamburg, Hannover, München und Stuttgart spezielle Wertpapierhandelsbanken für die Kurse verantwortlich. Sie können über An- und Verkaufskurse signalisieren, zu welchen Preisen sie ein Geschäft eingehen würden. Sobald tatsächliche Orders im Markt sind, können sie Kauf- und Verkaufswillige miteinander oder mit sich selbst als Handelshaus verbinden und das Geschäft abschließen. Manche Regionalbörsen haben sich seit der Jahrtausendwende spezialisiert: So ist Stuttgart zum wichtigsten heimischen Börsenhandelsplatz für Anleihen geworden.

Die neuen Handelssysteme der Regionalbörsen

Sie tragen kryptische Namen wie Gettex, Quotrix oder LS Exchange: Viele Regionalbörsen haben neben ihren klassischen Börsenplattformen weitere Handelsplattformen aufgebaut, die als offizielle Börsen beaufsichtigt werden. Gettex ist das System der Börse München, Quotrix die Plattform der Börse Düsseldorf, und unter dem Dach der Börse

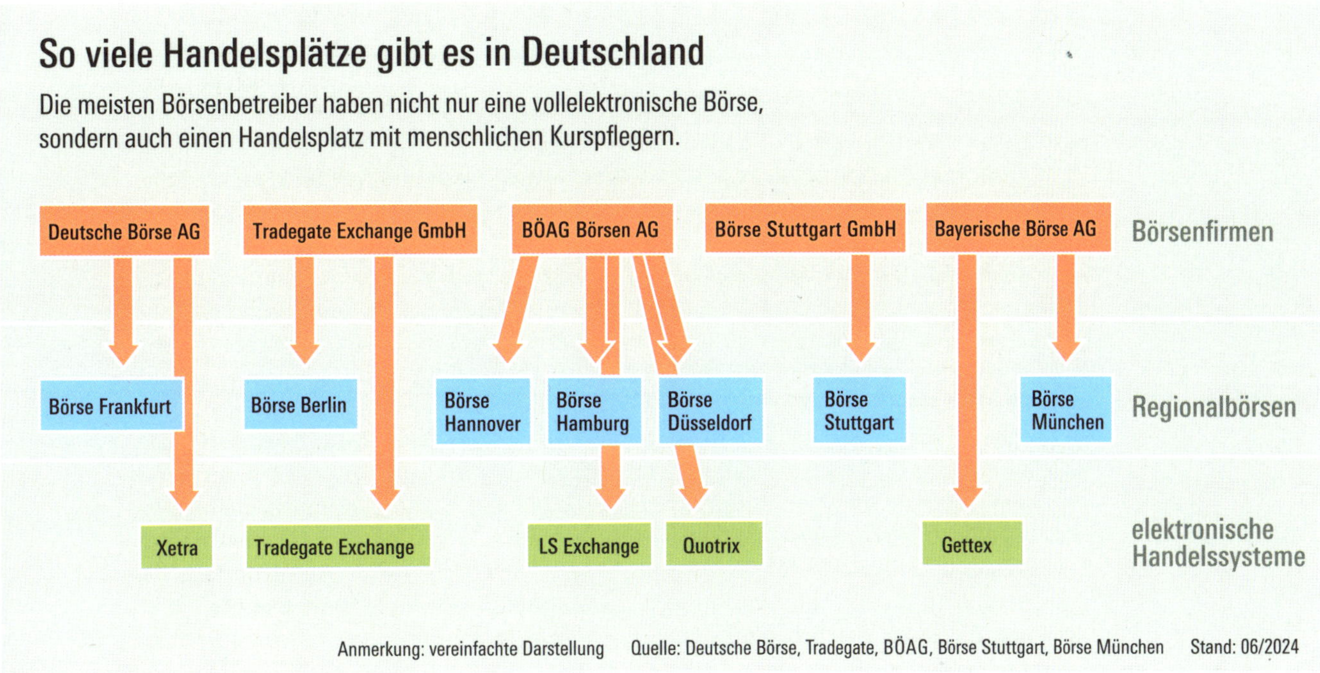

Hamburg existiert die LS Exchange. Auf diesen Plattformen stellt für Aktien jeweils eine einzige Wertpapierhandelsbank alle Kurse. Im Falle von Gettex ist das die Baader Bank, bei Quotrix die Frankfurter ICF Bank, bei LS Exchange das Handelshaus Lang & Schwarz.

Anders als an den anderen Börsen wird hier in der Regel nicht geprüft, zu welchem Preis sich Nachfrage und Angebot bestmöglich überschneiden. Stattdessen stellen die Wertpapierhandelsbanken meist etwas niedrigere Ankaufskurse und höhere Verkaufskurse für alle Wertpapiere wie Preisschilder ins Schaufenster. Vereinfacht gesagt, kann die Wertpapierbank Aktien dann minimal günstiger kaufen und teurer verkaufen, in millionenfacher Ausführung ist das einträglich. Manchmal heißen die Handelsplätze auch „Market-Maker-Börsen", weil Anlegende das Geschäft meist mit der Wertpapierhandelsbank machen.

▶ Der Direkthandel

Hier läuft der Handel abseits der Börse: Im Direkthandel lassen sich zum Beispiel Aktien oder ETF direkt von einer Bank oder einem Wertpapierhandelshaus kaufen, ohne die Aufsicht einer öffentlich-rechtlichen Börse. Außerbörsliche Plattformen heißen zum Beispiel „Baader Bank", „Lang & Schwarz Tradecenter" und „Tradegate AG". Die Händler bieten Kauf- und Verkaufskurse, die sich binnen einiger Sekunden annehmen oder ablehnen lassen.

Interessierte sollten jedoch gut aufpassen: Neben der außerbörslichen Handelsplattform Tradegate AG existiert auch die nahezu namensgleiche Tradegate Exchange, die aber eine regulierte Börse ist. Ganz ähnlich verhält es sich mit der außerbörslichen Plattform LS Tradecenter, die man nicht mit der als Börse regulierten LS Exchange verwechseln sollte. Während die Kurse an Börsen einer öffentlichen Kontrolle unterliegen, lässt sich im außerbörslichen Handel nur auf die Kulanz der Handelsfirma hoffen, selbst wenn hinter beiden Plattformen de facto dasselbe Wertpapierhandelshaus steht. Manchmal heißt der Direkthandel übrigens auch „Livetrading", „Realtime-Trading" oder „Over-the-Counter"-Handel (OTC).

Gekonnt an der Börse ordern ab Seite 352

Diese Aktiensegmente gibt es

Die Deutsche Börse teilt den Aktienmarkt in zwei Haupt- und fünf Untersegmente. Anlegenden soll das Transparenz und Rechtssicherheit bringen. Doch eine Garantie ist selbst das beste Segment nicht.

Auch wenn häufig von „der Börse" die Rede ist, dürfen sich Anlegerinnen und Anleger die Welt der Aktien in Deutschland nicht als einen einheitlichen Markt vorstellen. Wie im Sport gibt es auch an der Börse höhere und niedrigere Segmente, die unterschiedlich strengen Regeln unterliegen. Die verschiedenen Ligen unterscheiden sich vor allem darin, welche Voraussetzungen die Unternehmen ganz zu Beginn ihrer Börsenkarriere für die Erstnotiz erfüllen müssen, also für ihre Einführung an der Börse. Die unterschiedlichen Abteilungen am Parkett bestimmen aber auch, wie detailliert Unternehmen die Anlegerinnen und Anleger danach laufend mit Zahlen, Daten und Fakten versorgen müssen. Fachleute sprechen davon, dass sich die Zulassungs- und Folgepflichten in den verschiedenen Segmenten unterscheiden.

Das deutsche Börsengesetz teilt den Aktienmarkt in zwei Segmente, die sich vor allem rechtlich unterscheiden: erstens in den „Regulierten Markt" und zweitens in den „Freiverkehr" – auch „Open Market" genannt. Die Mindestanforderungen des „Regulierten Markts" sind durch EU-Verordnungen eindeutig vorgeschrieben, während die Börsen im Freiverkehr (Open Market) weniger strenge Regeln festsetzen können. Für Anlegerinnen und Anleger gilt: Die Anforderungen an Unternehmen in Punkten wie Transparenz, Liquidität und Rechtssicherheit sind im Regulierten Markt deutlich höher als im Freiverkehr.

Jeder Börsenbetreiber kann die beiden rechtlichen Segmente des Regulierten Markts und des Freiverkehrs wiederum nach Belieben weiter untergliedern. Die Deutsche Börse als größter deutscher Börsenbetreiber teilt beide Segmente in insgesamt fünf Untereinheiten: General Standard, Prime Standard, Scale, Basic Board und Quotation Board. Diese doppelte Unterteilung sorgt häufig für Verwirrung, lässt sich aber mithilfe der Grafik rechts schnell überblicken.

▸ Der General Standard

Der „General Standard" ist das Basissegment der Börse: Wer seine Titel als Unternehmen hier listen lassen will, muss alle gesetzlichen Anforderungen des „Regulierten Markts" erfüllen. Unternehmen müssen in der Regel bereits länger als drei Jahre existieren, mindestens 10 000 Aktien herausgegeben haben, auf einen Börsenwert von mindestens 1,25 Millionen Euro kommen und 25 Prozent Aktien im Streubesitz aufweisen. Dazu zählen alle Aktien, die nicht in der Hand von Eigentümerfamilien, Staatsfonds oder Anlagehäusern sind, die mehr als fünf Prozent einer Firma besitzen. All diese Vorschriften sollen sicherstellen, dass die Aktien auch tatsächlich rege gehandelt werden. Beim Börsengang müssen Firmen außerdem einen detaillierten Wertpapierprospekt aufsetzen, der stets ein ausführliches Kapitel zu möglichen Risiken enthält.

Auch nach ihrem Start am Parkett haben Unternehmen in diesem Börsensegment Pflichten: So müssen sie zum Beispiel halbjährlich über ihre Finanzlage informieren und außer der Reihe bei kursrelevanten Informationen sogenannte Ad-hoc-Mitteilungen herausgeben, etwa dann, wenn eine Unternehmensfusion ansteht oder der Gewinn plötzlich deutlich geringer ausfallen dürfte als erwartet. In der Praxis umfasst dieses Basissegment der Börse 110 meist eher kleinere Aktienwerte wie den Hörfunksender Klassikradio oder den Anbieter von Flugsicherheits-Software Frequen-

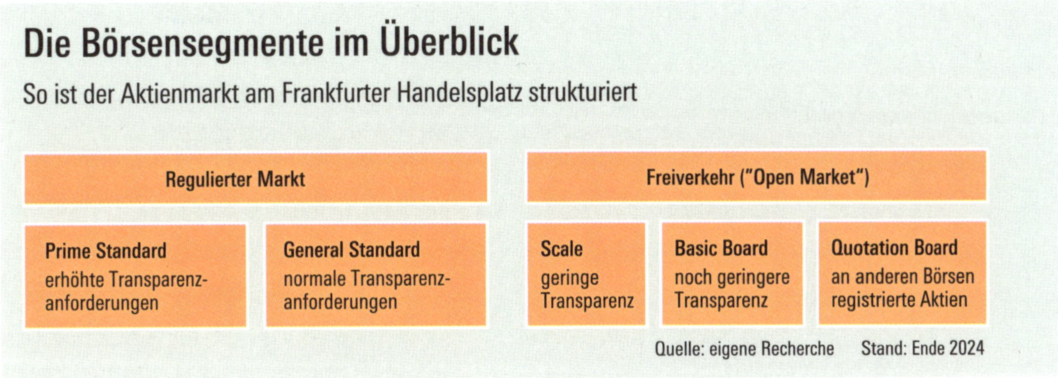

tis (Stand: 06/24). Wer an der Börse nämlich besonders viel auf sich hält, erfüllt freiwillig längst weitergehende Vorgaben.

▸ Der Prime Standard

Wer als Unternehmen in einen der Dax-Indizes will, kommt am Segment „Prime Standard“ nicht vorbei. Nur wer freiwillig mehr Vorgaben erfüllt als der Gesetzgeber verlangt, kann in diesem obersten Börsenhaus Mitglied werden. Statt die Anlegerinnen und Anleger nur halbjährlich über die aktuelle Lage zu informieren, müssen Unternehmen im Prime Standard alle drei Monate ihre Bücher offenlegen. Außerdem müssen die Firmen einen Kalender mit den wichtigsten Terminen für das Jahr veröffentlichen und mindestens einmal im Jahr eine Analystenkonferenz abhalten. Da der Prime Standard auch viele Investmentfirmen aus dem Ausland anziehen soll, müssen die Firmen ihre Unterlagen nicht nur auf Deutsch, sondern stets auch auf Englisch veröffentlichen. Mit rund 290 Unternehmen sind im Oberhaus der Börse unter dem Strich mehr Firmen vertreten als im Basissegment: Im Prime Standard finden sich neben den großen Aktien wie Adidas, BMW und Commerzbank auch kleinere Werte wie der Batteriehersteller Voltabox oder der Biogasproduzent Verbio (Stand: 06/24). Wer in den Dax oder einen anderen Auswahlindex der Deutschen Börse einziehen will, muss sogar zwingend im Prime Standard gelistet sein.

▸ Untersegmente im Freiverkehr

Früher handelten manche Börsenleute vor den Türen des Handelssaals Aktien, die im Handelssaal offiziell gar nicht zugelassen waren. Aus dieser Praxis entstand später der sogenannte Freiverkehr, den die Börse inzwischen, wie bereits erwähnt, „Open Market“ nennt. Heute ist dieser Teil des Aktienmarkts zwar börslich organisiert, die Regeln gibt dann aber nicht Brüssel vor, sondern Börsenbetreiber komplett selbst. Im Effekt müssen Aktienunternehmen hier deutlich weniger Daten offenlegen. Unser Tipp: Anlegerinnen und Anleger sollten alle Aktien aus diesem Teil des Aktienmarkts mit Vorsicht prüfen, manche der Titel werden tagelang gar nicht gehandelt. Umgekehrt verlegen sich unseriöse Aktienbriefe oder Börsen-Newsletter gern darauf, Interessierte in zweifelhafte Aktien aus dem Freiverkehr zu drängen. Hat der Zustrom die Kurse nach oben gehievt, verkaufen die Drahtzieher ihre eigenen Titel – und lassen den Kurs zusammensacken („Pump-and-Dump-Masche“).

Inzwischen versucht die Deutsche Börse, dem Freiverkehr einen etwas seriöseren Anstrich zu geben: Wollen Unternehmen hinzukommen, geht das meist nur über das Untersegment „Scale“. Hier können Unternehmen erst an die Börse gehen, wenn sie bereits zwei Jahre existieren, einen offiziellen Wertpapierprospekt vorlegen können und zumindest einige wenige halbwegs solide Bilanzzahlen vorweisen könne. Außerdem muss das Unter-

Investor-Info

Segmente sind keine Siegel. Ob eine Aktie zu den Segmenten des regulierten Markts oder des Freiverkehrs gehört, trifft keine Aussage über die Gewinn- oder Verlustchancen eines Titels. Anlegerinnen und Anleger können sich lediglich sicher sein, dass Unternehmen im oberen Segment strengere Berichtspflichten haben und häufiger Daten, Zahlen und Fakten offenlegen müssen.

Prime Standard mit Problemen. Eine Garantie für Solidität ist selbst das Listing im obersten Prime Standard nicht. So ist die Aktie des Chemiekonzerns Bayer seit 2015 um mehr als 80 Prozent gefallen (Stand: 06/24). Selbst Aktien des inzwischen insolventen Zahlungsdienstleisters Wirecard waren vor dem Firmenkollaps wohlgemerkt im Prime Standard angesiedelt, dem höchsten Börsensegment hierzulande.

Obersegment besser handelbar. Die meisten Aktien im Prime Standard sind liquider, also besser handelbar. Je häufiger Anlegende die Titel handeln und je größere Summen sie darin bewegen, desto marktgerechter sind die Kurse. Je reger eine Aktie gehandelt wird, desto mehr Kaufwillige stehen in der Regel schließlich selbst im Krisenfall bereit. Bei manchen Aktien aus dem Freiverkehr findet dagegen mitunter selbst in normalen Börsenzeiten stundenlang gar kein Handel statt, sodass Anlegende in Krisenzeiten ihre Titel mutmaßlich erst nach geraumer Zeit und zu großen Abschlägen verkaufen könnten.

nehmen zweimal im Jahr über die eigene Finanzlage berichten und eine Aktienanalyse zur eigenen Firma in Auftrag geben.

Aber Achtung: Da sich kaum eine Bank freiwillig mit diesen kleinen Aktien befasst, müssen die Unternehmen für die Research-Papiere bezahlen – entsprechend genau muss man kritische Anmerkungen zwischen den Zeilen herauslesen. Knapp 50 Unternehmen haben sich seit der Einführung des Untersegments Scale im Jahr 2017 dort listen lassen, zum Beispiel der IT-Dienstleister Datagroup oder die Pharmafirma Formycon (Stand: 06/24).

Vom Freiverkehr schallten Rufe herüber; Flutwellen der Spekulation, die sich über das Grollen der Stadt erhoben.

Emile Zola in: „Das Geld" (1891)

Neben Scale umfasst der Freiverkehr an der Deutschen Börse auch die Untersegmente „Basic Board" und „Quotation Board". Im sogenannten Basic Board notieren grob mehr als 60 Titel, die entweder aus Scale herausgefallen sind oder schon vor dessen Einführung im Freiverkehr notierten. Im Quotation Board notieren wiederum rund 12 800 Titel, die bereits an einer anderen deutschen oder ausländischen Börse offiziell zugelassen wurden, nun obendrein allerdings auch am Frankfurter Börsenparkett handelbar sein sollen.

Ähnlich funktioniert auch die Option „General Quoted", die aber Teil des regulierten Marktes ist. Sind Aktien bereits an einer anderen heimischen, europäischen oder ausländischen Börse mit vergleichbaren Zulassungsanforderungen gelistet, müssen sie an den Handelsplätzen der Deutschen Börse nicht mit dem Freiverkehr Vorlieb nehmen, sondern können sich in den strengeren, regulierten Markt einbeziehen lassen. Derzeit ist das jedoch weitgehend Theorie, die Augsburger Stahlfirma Greiffenberger macht als einziges Unternehmen davon Gebrauch (Stand: 06/24).

Wie die Leitbörse Xetra funktioniert

Mehr als 90 Prozent des deutschen Aktienhandels laufen über die Computerbörse Xetra. Sie verspricht faire Kurse – hat im Detail aber auch Tücken.

Wenn von der Frankfurter Börse die Rede ist, dann meinen viele Menschen in Wirklichkeit die Computerbörse Xetra. Das Kunstwort Xetra steht für „Exchange Electronic Trading", also buchstäblich für den „elektronischen Börsenhandel". 139 professionelle Handelsteilnehmer wie Banken oder Handelshäuser aus 18 Ländern sind an die Computerbörse angeschlossen, große Anlagegesellschaften leiten ihre Orders über solche Mittler ebenso an die Börse wie Privatanlegende. Inzwischen laufen wohlgemerkt mehr als 90 Prozent des deutschen Aktienhandels über diese Plattform. Für Regionalbörsen und andere Handelsplattformen bleibt nur noch der kleine Rest. Über all diese Handelsplätze erfahren Sie später mehr.

Auf Xetra lassen sich gut 850 deutsche und internationale Aktien handeln, rund 2100 ETF sowie knapp 600 weitere Finanzinstrumente. Die Aktienkurse auf Xetra sind auch Grundlage für die Berechnung des deutschen Leitindex Dax mit den 40 wichtigsten deutschen Börsenwerten. Weil in den meisten Aktien hierzulande der Xetra-Handel dominiert, müssen sich auch andere Börsen mit ihren Kursen an dieser Referenzbörse orientieren.

Xetra war eine Revolution

Wollen Anlegerinnen und Anleger über die Computerbörse handeln, müssen sie ihrer Bank oder ihrem Onlinebroker zunächst per Tastatur, Mausklick oder Fingertipp auf dem Handy eine Order erteilen. Die Bankleute leiten diesen Auftrag aus ihren eigenen Handelsräumen an Xetra weiter, meist wird die Order elektronisch einfach „durchgeroutet". Alle Kauf- und Verkaufsaufträge der unterschiedlichen Marktteilnehmer laufen dort in einem digitalen Orderbuch zusammen. Anders als im Parketthandel braucht es im Grunde keine menschlichen Kurssteller mehr, stattdessen bringt ein Computer die meisten Orders zusammen und ermittelt obendrein auch den entsprechenden Kurs.

Passen eine Kauf- und eine Verkaufsorder im Orderbuch zusammen, „matcht" das elektronische System beide Aufträge miteinander. Da Handelsteilnehmer im Falle von Xetra die Gebote der anderen sehen können, lässt sich auch direkt ohne einen vermittelnden Makler aufeinander reagieren. Ist das Geschäft gemacht, bekommen beide Handelsteilnehmer sofort eine Ausführungsbestätigung, und der Preis wird als aktueller Kurs in den Finanzinformationsdiensten ausgewiesen.

Details zur Kursstellung auf Xetra finden Sie auch ab Seite 352.

Heute erscheint dieser Handel in Echtzeit völlig normal. Als die Deutsche Börse das Xetra-System im Jahr 1997 als Nachfolger des Vorgängersystems Ibis einführte, waren viele Funktionen ein Novum: Dass Anlegende in Echtzeit Orders eingeben können, war noch wenige Jahre zuvor undenkbar gewesen. Gab man damals der Bank am späten Nachmittag per Telefon eine Order, war es nicht sicher, dass diese bis Handelsschluss ausgeführt wurde.

Inzwischen gilt das Computersystem hinter Xetra mit dem kryptischen Namen T7 trotz einiger Aussetzer im Vergleich sogar als sehr zuverlässig. Deswegen sind andere Börsen wie Wien, Prag oder Malta inzwischen zu Kunden der Deutschen Börse geworden und lassen die Aktien an ihren jeweiligen Länderbörsen auf derselben technischen Infrastruktur handeln wie der wichtigste deutsche Handelsplatz.

So läuft der Handelstag auf Xetra

Handels- und Auktionsplan der Deutschen Börse für die Computerbörse Xetra

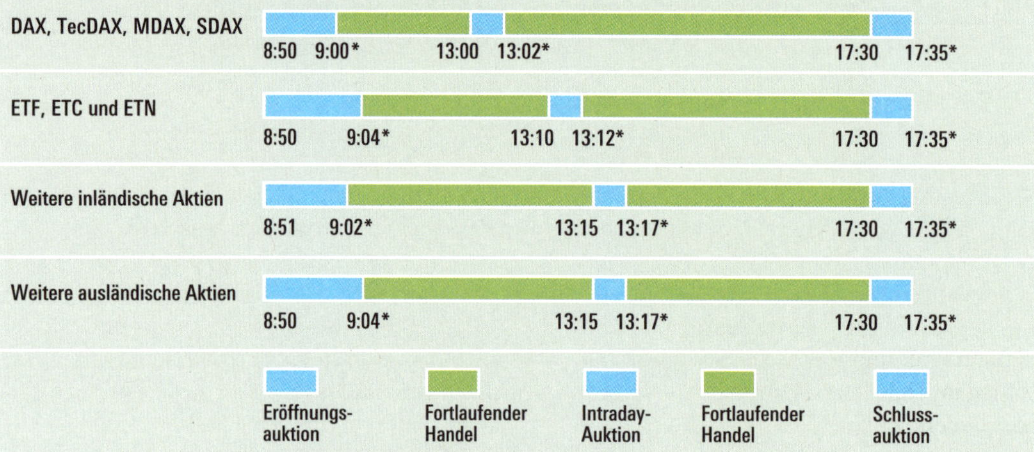

* Auktionen haben ein zufälliges Ende. Die Zeitangaben sind der früheste Zeitpunkt des Endes einer Auktion.
Anmerkung: schematische Darstellung
Quelle: Deutsche Börse Stand: 06/2024

So läuft der Handelstag

Auf Xetra findet der offizielle Handel von Montag bis Freitag zwischen kurz vor 9 Uhr und kurz nach 17.30 Uhr statt. Viele Regionalbörsen oder außerbörsliche Handelsplattformen bieten im Vergleich dazu deutlich längere Handelszeiten, teilweise bereits ab 7.30 Uhr am Morgen bis 22 Uhr am Abend. Dennoch findet hierzulande der größte Teil des Handels in aller Regel an der Leitbörse Xetra statt – und zu deren Zeiten. Über den Tag bietet sie zwei unterschiedliche Handelsverfahren an:

1. **Auktionen:** Hier lässt das System zunächst für einige Minuten viele Gebote einlaufen. Dann berechnet es daraus dann einen einheitlichen Kurs, zu dem sich Angebot und Nachfrage bestmöglich ausgleichen.
2. **Fortlaufender Handel:** Hier verbindet das System über einzelne Geschäftsabschlüsse laufend Kaufwillige und Verkaufswillige schlicht direkt bilateral miteinander, sofern deren Kauf- und Verkaufsgebote zusammenpassen.

Bei häufig gehandelten Aktienwerten beginnt der Handelstag mit einer Auktion, die das noch unruhige Geschehen des Morgens ordnen und in einen soliden Kurs kanalisieren soll. Danach schließt sich eine Handelsphase mit laufenden Einzelabschlüssen an. Mittags nach 13 Uhr soll eine Mittagsauktion gerade professionelle Handelsteilnehmer noch einmal an die Börse locken und ihnen die Möglichkeit auf einen besonders „belastbaren" Kurs geben, der viele Orders bündelt. Anschließend geht Xetra wieder in den laufenden Handel über, bevor ab 17.30 Uhr die Schlussauktion stattfindet. An ihr beteiligen sich üblicherweise besonders viele Fondsgesellschaften mit großen Orders. Der in dieser Auktion einheitlich festgestellte Kurs heißt Xetra-Schlusskurs und flimmert abends zum Beispiel in den Tagesthemen über den Fernsehbildschirm.

Fortlaufender Handel

Die meiste Zeit des Tages findet auf Xetra der fortlaufende Handel statt. Das System prüft dann bei jeder eingehenden Order, ob sie mit

Durchblick im Orderbuch

So verstehen Anleger, wie Angebot und Nachfrage aufeinandertreffen

Gebot	Stück	Bid/Geld	Ask/Brief	Stück
1 ❸	450	49,90 ❶	50,00 ❷	450
2	300	49,80	50,10	200
3	750	49,70	50,20	250
4	900	49,60	50,30	1500
5	50	49,50	50,40	380

Quelle: eigene Darstellung Anmerkung: vereinfachte Darstellung

Blick auf Preis und Menge zu einem anderen Auftrag im digitalen Orderbuch passt. Sobald zwei Orders zueinander passen, führt das System die beiden Aufträge zusammen. Die Orders werden „gegeneinander ausgeführt" („gematcht"). Ein Beispiel: Will eine Käuferin 100 BMW-Aktien für maximal 94 Euro kaufen und eine andere 100 Stück für minimal 94 Euro verkaufen, ist das Geschäft perfekt.

Stellen Personen zufällig gleichlautende Aufträge ins System ein, gibt es auf Xetra eine klare Regel: Wer seine Order zuerst eingestellt hat, kommt zuerst zum Zuge. Die Börse spricht dabei von der Preis-/Zeitpriorität in ihrem Handelssystem. Übrigens: Gibt es für ein Gebot im Orderbuch aktuell keinen passenden Gegenpart, bleibt der Auftrag als offener Posten im System stehen. Geht später ein passendes Gegengebot ein, kommt es zum Geschäft.

Im fortlaufenden Handel können alle Handelsteilnehmer in das „offene Orderbuch" von Xetra schauen. Wer bei boerse-frankfurt.de eine Aktie aufruft, dann auf „Xetra" klickt und in die „Bid/Ask-Übersicht" schaut, kann es kostenlos aufrufen, allerdings mit 15 Minuten Zeitverzögerung. Wer das vermeiden will, kann sich auf der Seite ein kostenloses Nutzerkonto anlegen und Orderbücher dann auch in Echtzeit betrachten („Xetra Realtime"). Auch wenn es auf den ersten Blick wie ein Buch mit sieben Siegeln wirken mag, lässt es sich schon in nur fünf einfachen Schritten entschlüsseln:

❶ **Unter „Bid/Geld"** sehen Sie, dass ein Anleger Aktien zu maximal 49,90 Euro kaufen möchte. Links daneben unter „Stück" zeigt sich, dass er insgesamt 450 Stück ordern möchte.

❷ **Unter „Ask/Brief"** sehen Sie, dass eine andere Anlegerin Aktien zu minimal 50,00 Euro verkaufen möchte. Rechts daneben zeigt sich unter „Stück", dass es dabei ebenfalls um 450 Aktien geht.

❸ **Die oberste Zeile** zeigt Ihnen damit links den Kaufpreis jenes Marktteilnehmers, der momentan am meisten für diese Aktie zahlen würde. Rechts sehen Sie in der obersten Zeile entsprechend den Verkaufspreis eines anderen Marktteilnehmers, der sich aktuell mit am wenigsten Geld für seine Titel zufriedengeben würde.

❹ **In den Zeilen darunter** sehen Sie links vier weitere Kaufinteressenten mit ihren Orders, die aber weniger bieten würden. Rechts wiederum sehen Sie vier weitere Verkaufsinteressenten mit ihren Orders, die aber allesamt noch mehr für ihre Titel haben wollen.

❺ **Aktuell käme in dieser Marktlage** im fortlaufenden Handel auf Xetra kein Geschäft zustande, da sich Kauf- und Verkaufsgebote nicht entsprechen. Was nun passieren muss, damit ein Geschäft klappt, zeigen wir auf der nächsten Seite.

Xetra-Orderbuch nach Login bei boerse-frankfurt.de unter „Xetra Realtime"

Damit ein Geschäft im fortlaufenden Handel zustande kommt, gibt es zwei Optionen: Würde ein Interessent per Order signalisieren, dass er 450 Stück zu maximal 50,00 Euro kaufen würde, hätte er die Aktien sicher. Die Verkäuferin oben rechts würde mit diesem neuen Interessenten verbunden, und der Deal wäre perfekt. Theoretisch könnte ein Interessent auch eine sogenannte Market-Order aufgeben (auch: unlimitierte Order) und damit signalisieren, dass er zu jedem beliebigen Preis zum Beispiel 650 Stück kaufen würde. Er würde dann 450 Aktien zu 50,00 Euro bekommen und weitere 200 Stück zu 50,10 Euro.

Vor- und Nachteile des Fließhandels

Für Anlegende bietet dieser Handelsmechanismus viele Vorteile: Im fortlaufenden Handel der großen Werte kommen üblicherweise mindestens alle paar Sekunden Geschäftsabschlüsse zustande, die Ausführung lässt also nicht lange auf sich warten. Außerdem können Interessierte im öffentlichen Orderbuch sehen, zu welchen Preisen andere Anlegende die Aktien kaufen oder verkaufen würden. Wollen sie darauf wie im Beispiel gerade eben eingehen, können sie eine passende Order in das System eingeben.

Umgekehrt kann es im fortlaufenden Handel auch passieren, dass bei selten gehandelten Werten zeitweise gar keine Geschäftsabschlüsse erzielt werden. Passen die Preisvorstellungen von Kauf- und Verkaufswilligen partout nicht zusammen, passiert einfach nichts. Theoretisch könnte es sogar sein, dass bei sehr kleinen Aktien manchmal überhaupt keine Kauf- oder Verkaufswilligen am Markt sind. Bei eher kleinen Aktienwerten müssen Unternehmen daher eine Wertpapierhandelsfirma als sogenannten Designated Sponsor beauftragen. Diese Aktienhändler verpflichten sich, auf Xetra für solche Titel stets verbindliche An- und Verkaufskurse zu stellen – zumindest für einige Tausend Euro Volumen. So lässt sich zumindest bei überschaubareren Summen sicherstellen, dass sich die entsprechenden Aktien, sprich Titel, stets handeln lassen.

Mehr zu den Kursen auf Xetra ab Seite 352

Auktionen

Auktionen sollen gerade bei weniger häufig gehandelten Aktienwerten und in unübersichtlicheren Marktsituationen für mehr Klarheit sorgen. Die Idee: In der mehrminütigen Aufrufphase gibt es zunächst keinen laufenden Handel. Stattdessen haben die Anlegerinnen und Anleger in Ruhe Zeit, ihre Orders einzureichen. Anders als im laufenden Handel können die Teilnehmenden ihre Aufträge während der Auktion ändern, ihre Gebote also hoch- oder runterkorrigieren. Theoretisch könnten sie ihre Order sogar ganz löschen oder aufstocken. Im Gegenzug für diese Flexibilität können Anlegende während der Auktion anders als sonst jedoch nicht wirklich detailliert in das Xetra-Orderbuch schauen. Stattdessen sehen sie nur zwei grobe Orientierungsmarken: Welchen Preis Kaufende höchstens zahlen würden, um zum Beispiel BMW-Aktien zu erwerben – und welchen Preis Verkaufende mindestens dafür haben wollen.

„Hätte sich nichts geändert, würden manche Börsenhändler ihre Kurse vermutlich noch heute mit der Rohrpost schicken.

Dieter Heinemann, ehemaliger amtlicher Kursmakler

Nach einer Mindestdauer von wenigen Minuten endet diese Aufrufphase zufallsbestimmt. Bei den 40 Dax-Aktien passiert das zum Beispiel frühestens nach zwei Minuten. Danach folgt eine Preisermittlungsphase, in der das System auf Basis der eingegangenen Orders einen einheitlichen Kurs für die jeweilige Aktie festlegt. Dabei prüft das hinterliegende Computersystem vor allem, zu welchem Preis sich der größte Umsatz erzielen lässt. Alle Orders, die zu diesem Kurs gar nicht oder nur teilweise zum Zuge kamen, werden wieder in den fortlaufenden Handel übernommen, den Sie bereits kennengelernt haben.

Wer die Börse kontrolliert

Schon kleine Patzer können an der Börse große Folgen haben. Deswegen haben die Börsen einen öffentlichen Auftrag – und gleich drei Kontrollinstanzen.

Mangelnde Risikohinweise, versehentlich eine Null zu viel an der Order oder ein Kurs fernab der sonstigen Notierungen an diesem Tag – für Anlegerinnen und Anleger geht es an der Börse schnell um viel Geld. Umso wichtiger ist es, die Struktur des Börsenwesens ebenso zu kennen wie die wichtigsten Anlaufstellen und die eigenen Rechte. Mit Räten, Geschäftsführern, Vorständen, Handelsüberwachungen und Aufsichten sind die Börsen zwar gut aufgestellt, aber erklärungsbedürftig.

In Deutschland haben Börsen eine gemischte Struktur: Sie sind meist privatrechtliche Unternehmen, haben zugleich aber einen öffentlich-rechtlichen Auftrag. So sollen die Börsen garantieren, dass der Handel für alle gleichermaßen fair ist. Dazu müssen sie klare Richtlinien für alle Börsenteilnehmer vorgeben und kontrollieren, dass sich daran auch alle halten. Konkret müssen sie zum Beispiel Kriterien vorgeben, welche Unternehmen zum Handel zugelassen werden und wie faire Kurse zustande kommen.

Herzstück des öffentlich-rechtlich organisierten Börsenhandels am Finanzplatz Frankfurt ist die Frankfurter Wertpapierbörse (FWB). Unter ihrem Dach führt sie den Xetra-Computerhandel sowie den Parketthandel an der Börse Frankfurt. Bis 1990 leitete die Industrie- und Handelskammer die Geschicke der Börse, danach beauftragte das Land Hessen die Deutsche Börse mit dem Betrieb der Frankfurter Wertpapierbörse. Als Trägerin muss die privatrechtliche Deutsche Börse der öffentlich-rechtlichen Frankfurter Wertpapierbörse Finanzen, Personal und Technik zur Verfügung stellen, damit der Börsenbetrieb an den zwei Handelsplätzen reibungslos funktioniert. Die Frankfurter Wertpapierbörse muss wiederum den Börsenrat, die Geschäftsführung, eine Handelsüberwachungsstelle sowie den Sanktionsausschuss einrichten, die als öffentlich-rechtliche Organe gelten. Die Entgelte der Nutzer, also ein Teil der Handelsgebühren, fließen dabei an die Deutsche Börse.

Der Börsenrat

Der Börsenrat ist das oberste Organ eines Handelsplatzes und bestimmt über die wesentlichen Leitlinien der Börse. Dieses Gremium beschließt, nach welchen Regeln der Handel an dem Börsenplatz abläuft, wer die Börse leitet und welche Gebühren Handelsteilnehmer zahlen müssen. Der Börsenrat der Frankfurter Wertpapierbörse besteht aus 17 Mitgliedern, darunter Vertreter von börsennotierten Unternehmen, Banken, Wertpapierhändlern, Fondsgesellschaften und Universitäten. Wie eine Art Börsenparlament soll das Gremium die unterschiedlichen Interessen aller beteiligten Akteure an einem Tisch versammeln. Für alle Entscheidungen von großer Tragweite muss die Geschäftsführung prüfen, ob der Börsenrat ihren Ideen zustimmt. Die groben Leitlinien gibt also der Börsenrat vor, während sich die Geschäftsführung auf die tagtägliche Umsetzung konzentriert.

Die Geschäftsführung der Börse

Die Geschäftsführung leitet die Börse und kontrolliert, dass alle Spielregeln auch tatsächlich eingehalten werden. Ganz konkret entscheidet die Geschäftsführung, wer an den Börsenplätzen handeln darf, welche Personengruppen das Parkett betreten dürfen, welche Wertpapiere zum Handel zugelassen sind – und wann ihre Notierung im Zweifelsfalle ausgesetzt oder auch beendet werden muss.

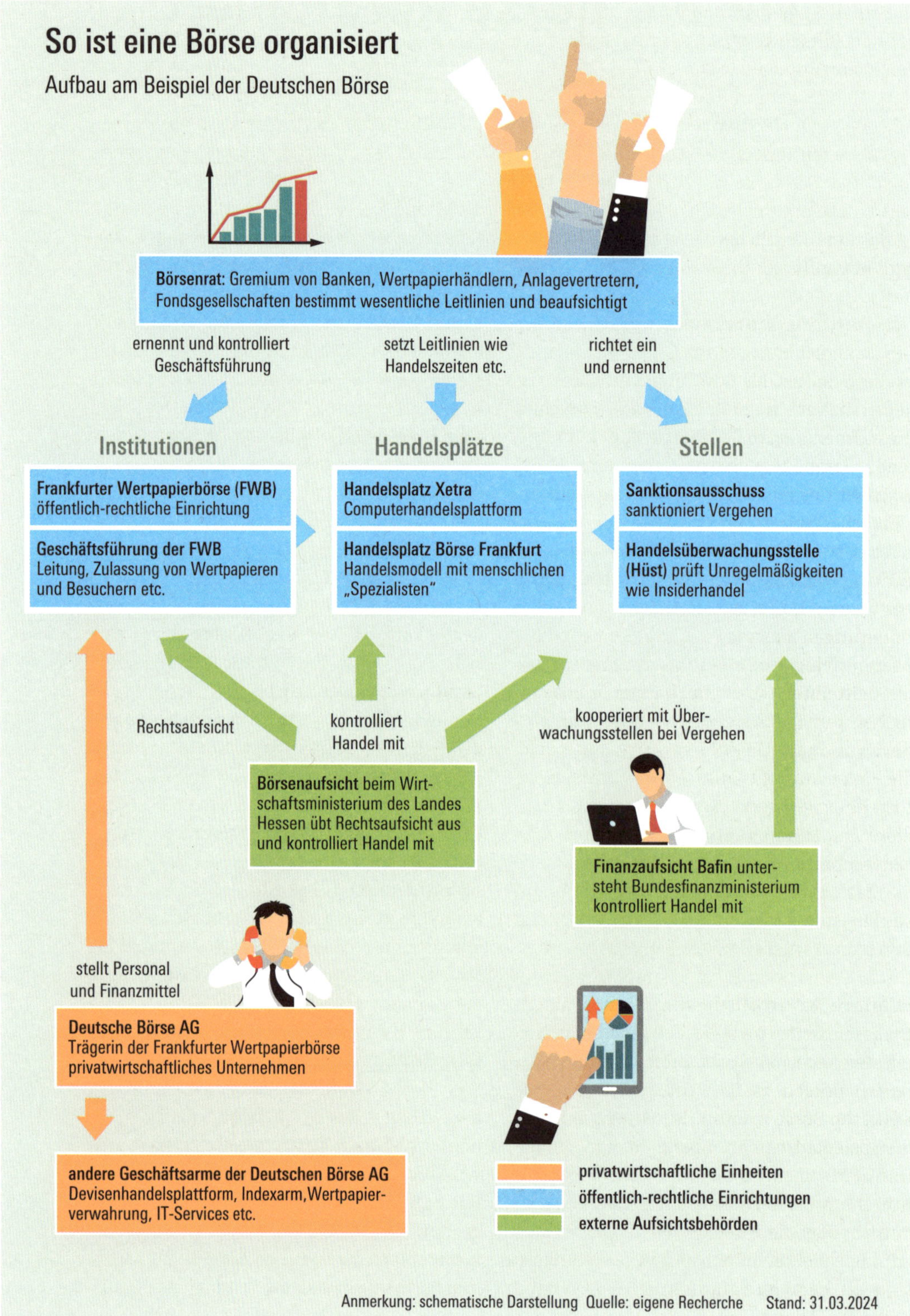
So ist eine Börse organisiert
Aufbau am Beispiel der Deutschen Börse
Börsenrat: Gremium von Banken, Wertpapierhändlern, Anlagevertretern, Fondsgesellschaften bestimmt wesentliche Leitlinien und beaufsichtigt
ernennt und kontrolliert Geschäftsführung
setzt Leitlinien wie Handelszeiten etc.
richtet ein und ernennt
Institutionen
Handelsplätze
Stellen
Frankfurter Wertpapierbörse (FWB) öffentlich-rechtliche Einrichtung
Geschäftsführung der FWB Leitung, Zulassung von Wertpapieren und Besuchern etc.
Handelsplatz Xetra Computerhandelsplattform
Handelsplatz Börse Frankfurt Handelsmodell mit menschlichen „Spezialisten"
Sanktionsausschuss sanktioniert Vergehen
Handelsüberwachungsstelle (Hüst) prüft Unregelmäßigkeiten wie Insiderhandel
Rechtsaufsicht
kontrolliert Handel mit
kooperiert mit Überwachungsstellen bei Vergehen
Börsenaufsicht beim Wirtschaftsministerium des Landes Hessen übt Rechtsaufsicht aus und kontrolliert Handel mit
Finanzaufsicht Bafin untersteht Bundesfinanzministerium kontrolliert Handel mit
stellt Personal und Finanzmittel
Deutsche Börse AG Trägerin der Frankfurter Wertpapierbörse privatwirtschaftliches Unternehmen
andere Geschäftsarme der Deutschen Börse AG Devisenhandelsplattform, Indexarm, Wertpapierverwahrung, IT-Services etc.
privatwirtschaftliche Einheiten
öffentlich-rechtliche Einrichtungen
externe Aufsichtsbehörden
Anmerkung: schematische Darstellung Quelle: eigene Recherche Stand: 31.03.2024

Grundlage der konkreten Entscheidungen können Börsengesetze, Geschäftsbedingungen, Verordnungen oder andere Vorgaben sein. Genau genommen ist die Geschäftsführung sogar eine öffentliche Verwaltung, da die Börse teilweise eine öffentlich-rechtliche Anstalt ist. Lässt die Geschäftsführung zum Beispiel Dauerbesucher auf das Börsenparkett, ist das ein öffentlicher Verwaltungsakt, übrigens hochoffiziell mit Stempel.

Die Handelsüberwachungsstelle

Die Handelsüberwachungsstelle (Hüst) kontrolliert, ob sich alle Börsenteilnehmer an die Regeln halten. In der Zentrale der Deutschen Börse arbeiten zum Beispiel rund 40 Mitarbeitende daran, täglich rund zwei Milliarden Transaktionsdaten zu überwachen. Ein elektronisches System überwacht die Kurse und schlägt bei Verdachtsfällen Alarm, im Anschluss prüfen die Mitarbeitenden den Vorfall. Das können Kurse sein, die erheblich von den Notierungen an anderen Börsen abweichen – oder auffällig große Verkäufe vor einer „Adhoc-Mitteilung" über kursbewegende Nachrichten. Ihre Ergebnisse gibt die Handelsüberwachung an die Geschäftsführung der Börse, die Finanzaufsicht Bafin und die Börsenaufsicht des jeweiligen Bundeslandes weiter; nur diese Institutionen können Strafen verhängen. Mehrere Fälle von Insiderhandel deckte die Staatsanwaltschaft Frankfurt im Jahr 2023 zum Beispiel nur auf, weil sie Unterstützung durch die Handelsüberwachung hatte.

Weitere Kontrollgremien

Die Börsenaufsichtsbehörden der Länder sollen den rechtmäßigen, fairen und transparenten Börsenhandel sicherstellen. Für die Deutsche Börse in Frankfurt ist zum Beispiel die Börsenaufsicht im Hessischen Wirtschaftsministerium zuständig. Konkret obliegt den Aufsehern die Rechtsaufsicht und die Marktaufsicht über die jeweiligen Börsen. Sie prüfen zum Beispiel die börslichen Regelwerke und sind als beratendes Mitglied im Börsenrat vertreten. Theoretisch könnten sie auch bestimmte Aktien vom Handel aussetzen, in der Praxis übernimmt das jedoch die Börsengeschäftsführung. Auch für die Marktaufsicht sind die Aufsichtsbehörden zuständig, praktisch übernehmen jedoch die Handelsüberwachungsstellen den größten Teil der Arbeit.

Neben der Börsenaufsicht überwacht auch die Bundesanstalt für Finanzdienstleistungsaufsicht (Bafin) den Wertpapierhandel. Sie verfolgt vor allem Insiderhandel und Marktmanipulationen. Außerdem muss die Bafin zum Beispiel bei Börsengängen die Wertpapierprospekte der Unternehmen billigen. Dabei kontrolliert die Finanzaufsicht die Papiere nicht inhaltlich, sondern nur formal. Sie achtet also bloß darauf, ob alle notwendigen Zahlen und Daten eingetragen sind – nicht aber, ob sie tatsächlich stimmen. Seit dem Skandal um den insolventen Zahlungsdienstleister Wirecard kann die Bafin jedoch auch stichprobenartig sowie anlassbezogen Bilanzen im Detail kontrollieren. Außerdem ist die Bafin für außerbörsliche Handelsplattformen zuständig.

Beschwerde einlegen

In seltenen Fällen lässt sich an der Börse Ärger um einzelne Orders nicht vermeiden. Haben Anlegerinnen und Anleger den Verdacht, dass ihre Order zu einem nicht marktgerechten Preis ausgeführt wurde, können sie das an öffentlich-rechtlichen Börsen prüfen lassen. Am einfachsten wenden sie sich dazu zunächst an die Handelsüberwachung (Hüst) der entsprechenden Börse. Meist muss man eine Mail an die Abteilung schreiben und dort das genaue Wertpapier mit Kennnummer, Ausführungszeit und idealerweise einen Ausführungsbeleg aus dem eigenen Depot mitliefern. Viele Fälle lassen sich schon in diesem Schritt klären. Bringt das Nachhaken bei der Hüst keinen Erfolg, lässt sich die Wertpapieraufsicht des Bundeslandes konsultieren oder Anlegerschutzgemeinschaften wie DSW oder SdK. Im außerbörslichen Handel müssen sich Anlegerinnen und Anleger in der Regel an die eigene Depotbank wenden, die dann Kontakt mit dem entsprechenden Handelshaus aufnimmt.

Alle Kontaktdaten von Bafin, Börsenaufsichten und Handelsüberwachungen finden Sie im Service ab Seite 400.

Die Barometer der Börsenwelt

Indizes bannen den Lauf vieler Titel an der Börse in eine Kurve. Früher waren die Kursbarometer bloß Spiegel des Marktgeschehens, heute können auch Privatleute ihnen mit echtem Geld eins zu eins folgen. Ein Erfolgsrezept – wenn Interessierte den richtigen Index wählen.

Wie Aktienindizes funktionieren

Egal ob Dax, S&P 500 oder MSCI World: Aktienindizes sind bekannt wie Markenprodukte. Sie spiegeln die Richtung der Börsen – bergen aber auch kleine Tücken.

Wenn Millionen Deutsche kurz vor der „Tagesschau" den Fernseher anschalten, sehen sie die vielleicht bekannteste Anzeigetafel Deutschlands. Weiß auf schwarz können sie dann den wilden Lauf des Deutschen Aktienindex beobachten, der vor allem unter seinem Kürzel Dax bekannt ist. Mal klettert der Index, mal dümpelt er, mal macht er einen senkrechten Satz nach oben. Aber was verbirgt sich eigentlich hinter bekannten Börsenindizes wie dem deutschen Leitindex Dax?

Ein Index soll schlicht den Lauf einer Vielzahl von Aktien in eine einzige Kurve verdichten. Für Fondsprofis, Börsenleute und Privatanlegende wäre es ohne Indizes nämlich schwierig, stets den Überblick zu behalten. Alleine an der Deutschen Börse sind nach deren Zählung knapp 500 Aktien gelistet, die sich natürlich unterschiedlich verhalten. Während Chemieaktien meist sensibel auf die Weltkonjunktur reagieren, hängen heimische Immobilienaktien an den Bauzinsen. Mit einem Index lassen sich die unterschiedlichen Entwicklungen verschiedener Einzelwerte wie Mosaiksteinchen zu einem Bild zusammensetzen.

Früher waren Indizes reine Spiegel des Marktes, ein guter Indikator für die gesamte Börsenstimmung. Inzwischen hat sich das grundlegend gewandelt: Immer häufiger lenken Indizes indirekt Milliardensummen, weil

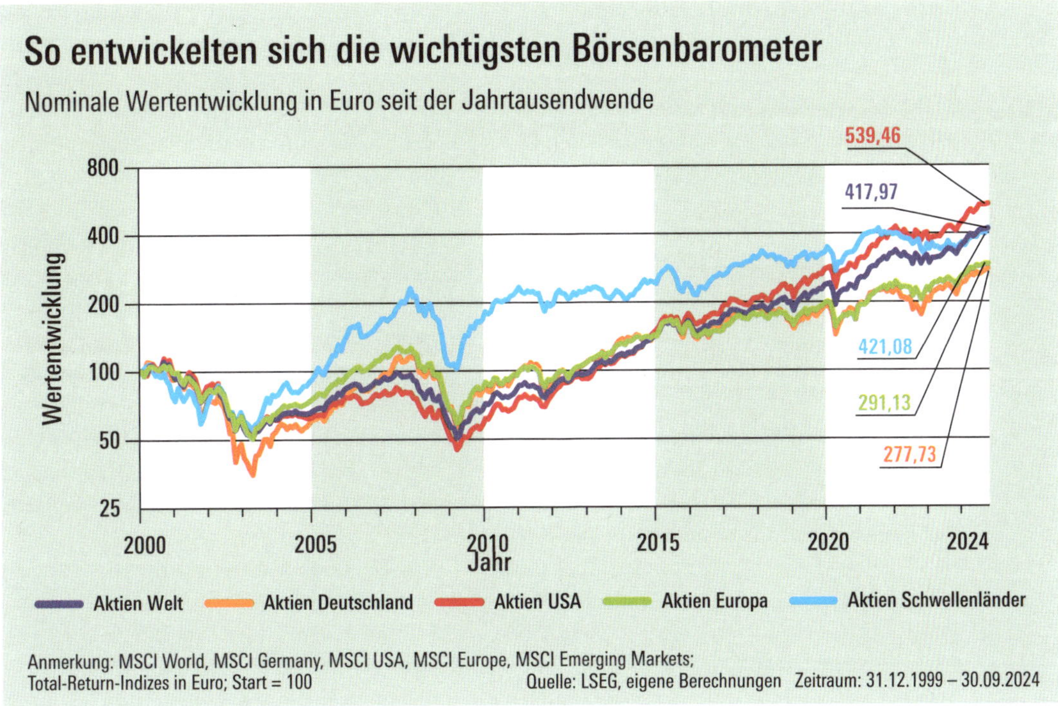

Anlegerinnen und Anleger den Kurskörben mit ihrem Geld eins zu eins folgen können. Statt alle Werte eines Index einzeln zu kaufen, bekommen sie mit börsengehandelten Indexfonds (ETF) gewissermaßen Hunderte oder Tausende Titel in einem Papier gebündelt. So lässt sich das eigene Geld mit wenigen Mausklicks über Branchen sowie Kontinente streuen – und lassen sich obendrein Kosten sparen.

Indizes lässt sich simpel folgen

Stiftung Warentest hat ETF auf weltweit aufgestellte Aktienindizes daher zur klaren Basisempfehlung für die renditeorientierte Geldanlage gemacht. Die Vorteile der ETF sehen inzwischen auch immer mehr Privatleute hierzulande: Nach Daten des Researchhauses ExtraETF gibt es alleine bei hiesigen Direktbanken rund vier Millionen ETF-Sparpläne, mit denen Menschen turnusmäßig eine kleinere oder größere Summe automatisch anlegen (Stand: 06/24). Wer ETF verstehen will, sollte zunächst jedoch einen Blick auf die Welt der Börsenbarometer werfen. In diesem und den folgenden Abschnitten lernen Sie die Aktienmärkte der wichtigsten Weltregionen und ihre Indizes kennen. Haben Sie interessante Indizes für sich identifiziert, erfahren Sie ab Seite 90 alles zu ETF als Anlagevehikel.

Indizes zeigen Wertentwicklung

Jeder Index hat sein bestimmtes Startniveau, das in „Punkten“ angegeben wird. Der deutsche Leitindex Dax wurde zum 31.12.1987 beispielsweise bei genau 1000 Punkten fixiert, ein willkürlicher Wert. Manchmal ist auch von „Zählern“ die Rede, der Begriff meint dasselbe. Mitte 2024 notierte der Dax bei rund 18200 Punkten, in den mehr als 35 Jahren seit seinem Start hat sich der Index also rund verachtzehnfacht. Vergleicht man den Punktestand zu zwei Zeitpunkten, lässt sich die prozentuale Veränderung dazwischen berechnen. Am besten betrachten Privatleute solche Veränderungen nicht kumuliert, sondern als Rendite pro Jahr (sog. annualisierte Rendite).

Kurs- und Performanceindizes

Wollen Anlegerinnen und Anleger mehrere Börsenindizes vergleichen, sollten sie nie Äpfel mit Birnen gleichsetzen. Bei Aktienindizes lassen sich nämlich sogenannte Kurs- und Performanceindizes unterscheiden.

Mehr zum Thema Steuern lesen Sie ab Seite 385.

▸ Kursindizes

Am häufigsten sieht man in den Medien in der Regel Kursindizes: Diese messen die reinen Kursveränderungen der einbezogenen Werte – eventuelle Gewinnausschüttungen der Unternehmen (Dividenden) fallen hier einfach unter den Tisch. Die meisten internationalen Indizes wie der US-amerikanische S&P 500 oder der britische FTSE 100 werden in den Medien als Kursindizes gezeigt. In der Fachsprache heißen diese Indizes manchmal auch Preisindizes oder Price-Return-Indizes (PR).

▸ Performanceindizes

Anders läuft es bei Performanceindizes: Hier wird so getan, als würden sämtliche Dividenden, Bezugsrechte oder Bonuszahlungen sofort wieder vollständig in den Index angelegt. Während Kursindizes die Dividenden außer Acht lassen, werden sie bei Performanceindizes erstens mitgerechnet – und vermehren sich zweitens auch dauerhaft weiter mit dem Index. Anders als viele andere Leitindizes wird der deutsche Leitindex Dax in den Medien und im Börsensaal als Performanceindex gezeigt, er ist damit international eine Ausnahme. Im Grunde ist der Gedanke aber richtig: Wollen Anlegende ihren Gesamtertrag beurteilen, sollten sie die Dividenden nicht unbeachtet lassen. In der Fachwelt heißen diese Performanceindizes auch Gross-Return-Indizes (GR), Total-Return-Indizes (TR) oder Gross-Total-Return-Indizes (GTR).

▸ Nettoindizes

Ein Problem gibt es jedoch auch mit dieser Indexvariante: Die Indexmacher ziehen von den Dividenden keine Steuern ab und reinvestieren den vollen Betrag. In Wirklichkeit fallen in vielen Ländern jedoch Kapitalertragsteuern an, in Deutschland mit Abgeltungsteuer, Solidaritätszuschlag und Kirchensteuer bis zu 27,99 Prozent. Von 100 Euro Dividende blieben Sparern am Ende im Zweifel also nur rund 72 Euro übrig, die sie überhaupt wieder anlegen könnten. Sogenannte Net-Total-Return-Indizes (NTR, NR, Net) ziehen die Steuern zumindest näherungsweise ab und kommen so der wahren Anlagerendite am nächsten.

Immer korrekt vergleichen

Vergleichen Anlegerinnen und Anleger den Lauf zweier Indizes, sollten sie zwei Fallstricke kennen: Wer die Performance beurteilen will, sollte sich nie vom Punktestand beeinflussen lassen. Aussagekräftig ist bei einem Vergleich immer nur die Veränderung in Prozent.

Ein Beispiel: Während der S&P 500 im Herbst 2023 zum Beispiel bei rund 4500 Punkten notierte, stand der Dax bei etwa 16000 Zählern. Würde der US-Index nun um 1000 Punkte steigen, wäre das ein Sprung um mehr als 20 Prozent – während ein Satz von 1000 Zählern nach oben für den Dax nur etwas mehr als sechs Prozent Plus wären.

Wer zwei Indizes vergleichen will, sollte daher zweitens immer einheitliche Indexvarianten vergleichen, also nur Nettoindizes mit Nettoindizes oder Performanceindizes mit Performanceindizes, sonst würden Privatleute Äpfel und Birnen gleichsetzen.

Die großen Börsenbarometer werden übrigens von speziellen Indexfirmen berechnet. Den Dax verwaltet Stoxx, eine Tochterfirma der Deutschen Börse. Um den US-Leitindex S&P 500 kümmert sich S&P Dow Jones Indices, ein Gemeinschaftsunternehmen der Ratingagentur S&P und der Chicagoer Börse CME. Den MSCI World berechnet wiederum der Indexbetreiber MSCI, das wohl bekannteste Indexunternehmen. Den britischen Leitindex FTSE 100 kalkuliert FTSE Russell, eine Tochter der Londoner Börse. Wer Echtzeitdaten der Indizes verwenden will oder ein Indexpapier auflegen will, muss übrigens üppige Lizenzgebühren an die Indexanbieter zahlen – ein einträgliches Geschäft für die Firmen.

Die wichtigsten Weltindizes

Der Aktienindex MSCI World ist längst zur Marke geworden. Doch inzwischen hat das Börsenbarometer Konkurrenz bekommen. Was Anlegerinnen und Anleger wissen müssen.

Wie wäre es, ein kleines Stück der ganzen Welt zu besitzen? Von New York über London, von Kopenhagen bis Tokio, an allen wichtigen Börsen ein bisschen mitmischen. Schon mit 25 Euro könnte Ihnen ein winziger Teil von Apple gehören, der wohlgemerkt größten Börsenfirma der Welt. Dazu ein kleines Stück von Volkswagen, dem Traditionsunternehmen aus Deutschland. Am E-Autopionier Tesla wären Sie ebenso beteiligt wie am dänischen Windkraftunternehmen Ørsted.

Wollen Anlegerinnen und Anleger auf einen Schlag zum Multiaktionär werden, ist das heutzutage ganz einfach: Mit Weltindizes können sie schon mit überschaubaren Beträgen Hunderten oder gar Tausenden Firmen vom ganzen Globus auf einmal folgen. Statt alle Titel einzeln zusammenzukaufen, bieten börsengehandelte Indexfonds (ETF) gewissermaßen einen geschnürten Aktienkorb. Das Prinzip ist schlicht und einleuchtend: Steigt der Index zum Beispiel um ein Prozent, soll auch der Indexfonds entsprechend zulegen. Muss das Börsenbarometer Punkte lassen, würde auch das Finanzpapier nachgeben.

Die ganze Welt-AG in einem Index

Zunächst sollten Anlegerinnen und Anleger aber genau verstehen, was wirklich hinter den Weltindizes steht. Das Börsenbarometer MSCI World umfasst zum Beispiel rund 1500 Titel aus genau 23 Ländern. Die Idee dahinter: Wer nur in wenige Firmen investiert, braucht immer Glück, dass ausgerechnet deren Kurse ordentlich steigen. Wer dagegen wie im MSCI World auf den Erfolg Hunderter Firmen setzt, streut sein Geld. Ob bei Firma X gerade der Chef zurücktreten musste oder bei Firma Y ein Bilanzskandal ans Licht kam, ist für den Lauf des MSCI World kaum entscheidend. Solange die Börsen insgesamt einen Lauf haben, profitieren auch die Anlegenden. Damit setzen die Weltbarometer auf das wissenschaftliche Erfolgsrezept der Streuung, das Sie unter dem Fachbegriff der „Diversifikation“ bereits ab Seite 40 kennengelernt haben.

Länder und Branchen im Weltindex

Die Hackordnung der globalen Börsen spiegelt sich auch im vielleicht bekanntesten Weltindex: Unternehmen aus der tonangebenden Aktiennation USA stehen im MSCI World inzwischen für rund 70 Prozent des Gesamtgewichts. Unter den größten zehn Titeln im Index stammen sogar alle aus den Vereinigten Staaten. Japan kommt als Nummer zwei unter den globalen Börsenländern bloß noch auf rund sechs Prozent des Indexgewichts, Nationen wie Großbritannien, Kanada oder Frankreich liegen bei circa drei bis vier Prozent. Auf deutsche Titel entfallen im Weltindex übrigens kaum mehr als zwei Prozent des Gewichts, ein Symptom der kaum entwickelten Börsenkultur im Land (Stand: 06/24).

Zwar zielen Anlegende mit dem globalen Index nur auf den Börsendurchschnitt, aber die Performance kann sich dennoch sehen lassen. Im langfristigen Schnitt ließen sich mit dem Index rechnerisch 8,4 Prozent Rendite pro Jahr erzielen, wohlgemerkt trotz Ölkrise, Dotcom-Blase, Finanzkrise und Corona-Crash. Viele der Top-Unternehmen im Index kennen Anleger und Anlegerinnen übrigens aus ihrem Alltag: Das größte Gewicht hatte Mitte 2024

Das ist der MSCI World

Branchen- und Länderzusammensetzung des bekanntesten Industrieländerindex

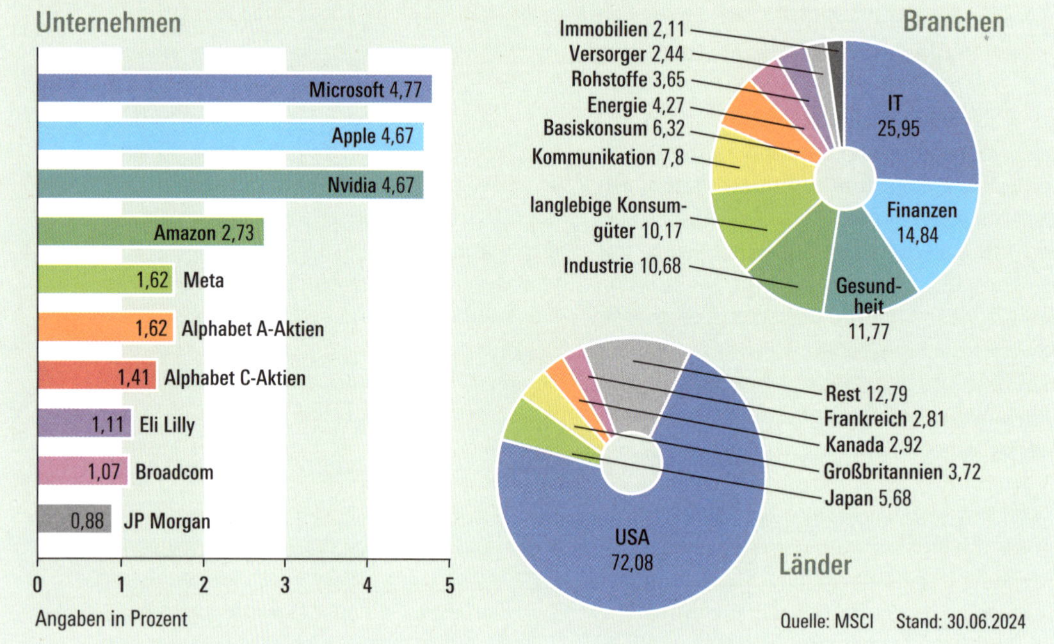

der US-Technologiegigant Apple, auf ihn entfallen rund fünf Prozent des gesamten Indexgewichts. Neben dem Geschäft mit iPhones und Macs fährt der Konzern das Geschäft mit Abos wie Apple Music hoch, was die laufenden Einnahmen stärken soll. Microsoft steht als Nummer zwei für knapp fünf Prozent des Index, bekannt ist die Firma vor allem für ihre Office-Produkte wie Word und Excel. Inzwischen gehört aber auch der Spielekonsolen-Hersteller Xbox zum eigenen Reich, außerdem hat sich Microsoft am Künstliche-Intelligenz-Vorreiter Open AI beteiligt.

Stets aktuelle Daten zum MSCI World unter test.de/msci-world

Genau genommen ist der MSCI World jedoch gar kein wirklicher Weltindex: Schließlich sind in dem bekannten Börsenbarometer nur 23 Industrieländer vertreten, aber keine Schwellenländer. Dabei handelt es sich längst nicht nur um Länder wie Thailand, Ungarn oder Kolumbien, sondern auch um riesige Wirtschaftsnationen wie China, Indien oder Brasilien. Warum diese Länder noch nicht Teil des MSCI World sind? Im Vergleich zu den etablierten Nationen haben ihre Börsen regulatorisch noch Nachholbedarf, manche Länder beschränken Geldflüsse ins Ausland, teilweise haben Unternehmen nicht genügend Rechtssicherheit vor Ort. All diese Probleme schrecken manche professionellen Anleger, außerdem schwanken die Titel der Schwellenländer („Emerging Markets“) an der Börse stärker.

Weitere Weltindizes

Während der MSCI World nur Industrieländer umfasst, können andere Kursbarometer das Etikett als „wahre Weltindizes“ für sich reklamieren: Der Schwesterindex MSCI All Country World umfasst neben den 23 Industrieländern nämlich auch 24 Schwellenländer – von Brasilien über China bis Südafrika. Unter dem Strich umfasst der Index damit rund 2700 Unternehmen, also beinahe doppelt so viele wie der weit bekanntere Index. Anleger müssen allerdings keine Sorge haben, dass die Schwellenländer übermäßiges Gewicht haben. Zusammen kommen die aufstrebenden Nationen im MSCI All Country World allerdings nur auf ungefähr zehn Prozent Gewicht (Stand: 06/24).

Umgekehrt bedeutet das: Unter den zehn wichtigsten Positionen fand sich Mitte 2024 mit dem Chiphersteller Taiwan Semiconductor nur eine einzige Aktie aus einem Schwellenland, auch in diesem Index stehen die USA noch für rund 60 Prozent des Börsenwerts. Weiter hinten rangieren das chinesische Digitalunternehmen Tencent mit seinem Messengerdienst Wechat oder verschiedene Aktien aus dem Unternehmensreich des umstrittenen indischen Industriemagnaten Adani.

Noch breiter hat sich der Index FTSE All World aufgestellt, der auf rund 4300 Titel aus 49 Ländern setzt. Hier haben Anleger zusätzlich Titel wie den thailändischen Energydrink-Hersteller Carabao, den türkischen Stahlproduzenten Isdemir oder das indische Pharmaunternehmen Zydus mit dabei. Neben großen und mittleren Unternehmen sind hier zumindest auch einige kleinere Firmen dabei, sogenannte Small Caps.

Wer sich mit seinem Investment noch breiter aufstellen will, kann den MSCI ACWI IMI ansehen. Dieser Index setzt auf rund 8800 Firmen aus Industrie- und Schwellenländern, enthält also auch mehrere Tausend kleine Firmen. Doch egal wie Anlegerinnen und Anleger es wenden: Auch diese breiteren Weltindizes unterscheiden sich mit Blick auf Rendite, Länder- und Branchengewichtung bislang nicht bedeutend vom herkömmlichen MSCI World.

Ist das US-Übergewicht gefährlich?

Inzwischen hat es sich herumgesprochen: Aktien aus den Vereinigten Staaten stehen schon für rund 70 Prozent des gesamten Indexgewichts im MSCI World (Stand: 06/24). Das hohe Gewicht von Titeln wie Apple, Nvidia oder Microsoft ist auffällig, aber noch kein übermäßiges „Klumpenrisiko". Schlagend ist,

Investor-Info

Die Weltindizes sind überraschend ähnlich. Solange Anlegerinnen und Anleger auf einen breit gestreuten Weltindex setzen, sind sie gut aufgestellt. Egal ob sie den bekannten Industrieländerindex MSCI World mit rund 1500 Titeln wählen, den MSCI ACWI mit rund 2800 Titeln aus Industrie- und Schwellenländern oder den MSCI ACWI IMI, der obendrein kleine Unternehmen integriert und auf insgesamt rund 8800 Aktien kommt.

Andere Indexanbieter kommen auch infrage. Genauso denkbar sind die Börsenbarometer der Indexkonkurrenten FTSE oder Solactive, zum Beispiel der Industrieländerindex Solative GBS Developed Markets oder der Weltindex FTSE All World. Die Rendite all dieser Weltindizes unterschied sich auf lange Sicht jedenfalls kaum.

Nicht jeder Weltindex ist wirklich breit aufgestellt. Privatleute sollten aufpassen, nicht versehentlich einen viel zu konzentrierten Weltindex zu erwischen. Der DJ Stoxx Global Titans 50 umfasst mit nur 50 Titeln beispielsweise viel zu wenige Aktien, um wirklich breit aufgestellt zu sein. Andere Indizes hören zwar auch auf den Vornamen MSCI World, führen dahinter aber Zusätze wie „Momentum" oder „Low Volatility". Dahinter verbergen sich Indizes, die den MSCI World nach speziellen Kriterien filtern und künstlich verkleinern. Wer sichergehen will: Eine Liste mit sinnvollen, ausreichend breiten Welt-ETF finden Sie im Service ab Seite 400.

Die wichtigsten Weltindizes im Vergleich

Auch wenn der MSCI World inzwischen weltbekannt ist, gibt es eine ganze Reihe an Weltindizes.

Kategorie	MSCI World	MSCI All Country World	FTSE All World	MSCI ACWI IMI
Beschreibung	Der Index enthält die wichtigsten Aktien aus 23 Industrieländern.	Der Index enthält Titel aus 23 Industrie- und 24 Schwellenländern.	Der Index enthält Titel aus 49 Industrie- und Schwellenländern.	Der Index enthält neben großen, mittleren auch kleine Aktien aus 47 Ländern.
Anzahl der Aktien	1509	2946	4293	9182
Große Länder (%)	USA (70,07) Japan (6,1) UK (3,99) Frankreich (3,25) Kanada (3,14)	USA (62,72) Japan (5,46) UK (3,57) China (2,98) Frankreich (2,91)	USA (61,12) Japan (6,26) UK (3,78) China (3,04) Frankreich (2,83)	USA (61,43) Japan (5,99) UK (3,69) Kanada (2,86) China (2,77)
Größte Branchen (%)	IT (23,12) Finanzen (15,08) Gesundheit (12,2) Zyklische Konsumgüter (10,84) Industrie (10,83)	IT (22,95) Finanzen (15,82) Gesundheit (11,33) Zyklische Konsumgüter (11,08) Industrie 10,38	Technologie (25,21) Industrie (11,55) Gesundheit (11,01) Banken (6,72) Handel (5,09)	IT (21,77) Finanzen (15,64) Industrie (11,35) Zyklische Konsumgüter (11,27) Gesundheit (11,14)
Größte Einzelaktien im Index (%)	Apple (5,18) Microsoft (4,64) Amazon (2,34) Nvidia (2,00) Alphabet A (1,37)	Apple (4,64) Microsoft (4,15) Amazon (2,09) Nvidia (1,79) Alphabet A (1,22)	Apple (4,36) Micosoft (4,34) Amazon (2,02) Nvidia (1,71) Alphabet A (1,21)	Apple (4,14) Microsoft (3,71) Amazon (1,87) Nvidia (1,6) Alphabet A (1,09)
Anteil der zehn größten Werte (%)	20,92	18,73	18,38	16,72
Mögliche ETF auf den Index (Isin)	Xtrackers (IE00BJ0KDQ92) iShares (IE00B4L5Y983)	iShares (IE00B6R52259) SPDR (IE00B44Z5B48)	Vanguard (IE00BK5BQT80) Invesco (IE000716YHJ4)	SPDR (IE00B3YLTY66)

Quelle: MSCI, FTSE Russell, eigene Kalkulationen Stand: 30.11.2023
Anmerkung: Branchenklassifizierung der Indexanbieter unterscheidet sich.

dass auch die großen US-Konzerne ihre Geschäfte inzwischen weltweit machen – sich in vielen Titeln also längst eine globale Entwicklung spiegelt. Historisch ist ein US-Gewicht von 70 Prozent auch kein völliger Ausreißer: Mitte der 1960er-Jahre lag das Gewicht der US-Aktien global sogar noch höher.

Nichtsdestotrotz sollten Anlegerinnen und Anleger wissen, dass der Index mit seinem US-Gewicht in gutem Maße von der Stabilität der Vereinigten Staaten und ihrer Wirtschaftspolitik abhängig ist. Sollte eine US-Administration das Land wirtschaftlich abkoppeln oder übermächtige Konzerne scharf regulieren, könnten Anlegerinnen und Anleger das im eigenen Depot spüren. Wer das Gewicht der USA daher reduzieren möchte, kann entweder stärker auf Europa setzen oder über noch ausgefeiltere Ideen nachdenken, die wir Ihnen ab Seite 187 präsentieren. Wer erst einmal einfach loslegen will, kommt an den klassischen Weltindizes kaum vorbei – und muss das auch gar nicht.

Weitere Details zu den US-Börsen ab Seite 80

Die wichtigsten Europa-Indizes

Manche Menschen scheuen die globale Börsendominanz der USA. Wer als Anlegerin oder Anleger auch auf europäische Indizes schaut, kann das eigene Portfolio breiter aufstellen.

Eigentlich klingt es paradox: Europa ist zwar die historische Heimat der modernen Börsen, spielt am Parkett aber nur noch die zweite Geige. Während viele Börsenprofis stets auf die USA und ihre Tech-Giganten schauen, schien Europa mit seinen traditionelleren Konzernen lange aus dem Blickfeld geraten. Dennoch gibt es für Anleger und Anlegerinnen gute Gründe, sich mit ihrem eigenen Kontinent näher zu befassen: Wer die großen Weltindizes für zu US-lastig hält, kann mit Europa-Indizes mehr Breite ins eigene Portfolio bringen.

Der gesamte Lauf der Europabörsen spiegelt sich zum Beispiel im Index MSCI Europe. Insgesamt umfasst der Index rund 420 große und mittlere Unternehmen aus 15 europäischen Ländern – zum Beispiel den dänischen Pharmakonzern Novo Nordisk mit seinen Abnehmspritzen, den Schweizer Lebensmittelriesen Nestlé mit Marken wie Maggi oder Nescafé oder den Ölkonzern Shell aus Großbritannien.

Wer die USA meiden will, kann auf Europa setzen

Dabei punkten Anlegerinnen und Anleger hier mit einer deutlich ausgewogeneren Länderverteilung als im Industrieländer-Index MSCI World (siehe Grafik auf Seite 64). Während die USA den Weltindex mit rund 70 Prozent des Gewichts deutlich dominieren, ist der Europa-Index harmonischer aufgeteilt. Selbst Großbritannien als wichtigste Börsennation in Europa steht nur für knapp ein Viertel des gesamten Index, Frankreich auf Platz zwei kommt auf knapp 20 Prozent, danach folgt die aktienaffine Schweiz mit rund 15 Prozent des Indexgewichts. Deutschland reiht sich auf dem vierten Rang ein, mit immerhin etwas mehr als zehn Prozent Gewicht (Stand: 06/24).

Auch der Branchenmix ist im Europaindex deutlich ausgewogener als in allen Weltindizes. Während die IT-Branche im MSCI World fast ein Viertel auf sich vereint, erreicht in Europa keine einzige Branche die 20-Prozent-Marke. Auf die beiden wichtigsten europäischen Branchen Finanzen und Industrie entfallen zwischen 15 und 19 Prozent Gewicht, andere entscheidende Sektoren wie Basiskonsum (rund elf Prozent) oder IT (rund acht Prozent) sind ebenfalls weit von einer Übermacht entfernt.

Im Vergleich zum MSCI World gibt sich der Europaindex außerdem defensiver: Konsumaktien mit Lebensmittelproduzenten wie Nestlé, Getränkeherstellern wie Heineken oder Beautyfirmen wie L'Oréal sind im Index etwas stärker vertreten als im größeren Weltindex. Außerdem sind unter den Top-10-Titeln gleich vier Pharma-Riesen wie Novo Nordisk, Astrazeneca, Novartis und Roche vertreten. Dass der Index deswegen weniger geschwankt oder in Krisen weniger gefallen wäre, lässt sich auf Basis der Daten aber nicht konstatieren.

Seit 2010 hinkte die Europa-Strategie

Lange funktionierten Europa-Investments auch renditetechnisch hervorragend: Seit dem Startpunkt der MSCI-Indizes im Jahr 1970 brachten sowohl der MSCI World als auch der MSCI Europe ihren Anlegern bis 2009 zumindest in US-Dollar exakt dieselbe Rendite von rechnerisch 9,9 Prozent pro Jahr ein, so hat es die Anlagefirma Ritholtz berechnet. Kurz nach der Finanzkrise wendete sich das Blatt jedoch dramatisch: Während der S&P 500 seit 2009 rasant stieg, hinkt der MSCI Europe deutlich hinterher. Die Staatsschuldenkrise warf viele

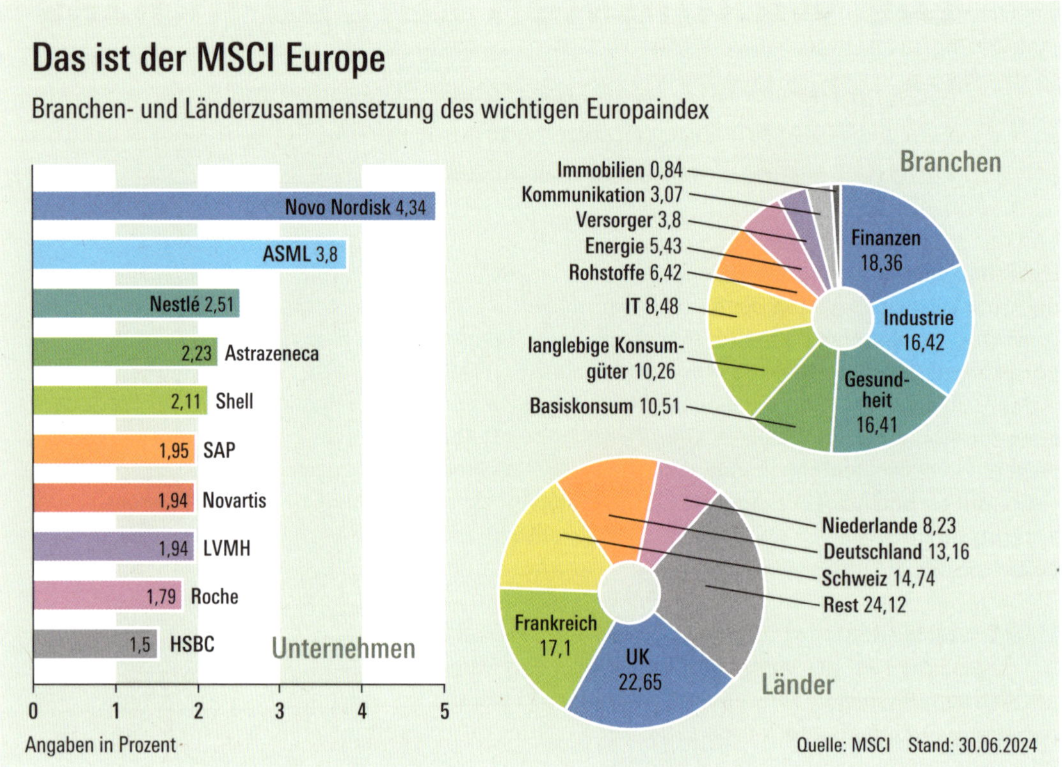

Länder wie Griechenland, Spanien, Italien oder Portugal wirtschaftlich schließlich um Jahre zurück. Dann setzte die Nullzinspolitik der Europäischen Zentralbank den einstmals dominanten Banken auf dem Kontinent zu. Das war gleich doppelt problematisch: Die Finanzindustrie war zuvor nicht nur die wichtigste Branche im MSCI Europe gewesen, sondern als wichtiger Kreditgeber auch für die Realwirtschaft relevant. Als die Briten dann im Jahr 2016 für den Brexit stimmten, wurde das ebenfalls zum Hemmschuh für breite Europaindizes, weil es Großbritannien als wichtigste europäische Börsennation traf.

Zugleich liefen in den USA innovative Megakonzerne wie Apple oder Microsoft den europäischen Digitalfirmen davon. Das ist ein weiterer Grund, warum die Börsen des alten Kontinents aus Sicht mancher Fachleute alt aussehen. Zwar gibt es mit dem niederländischen Chipausrüster ASML und der hiesigen Softwareschmiede SAP immerhin zwei relativ große Firmen mit Tech-Bezug, im Vergleich zu US-Giganten wie Apple oder Amazon sind sie größenmäßig aber überschaubar. Dass Tech-Aktien bessere Renditen bringen als andere Branchen, lässt sich langfristig nicht behaupten, zumindest seit 2010 belastete der fehlende Tech-Schub die Europabörsen aber trotzdem. Wollen Anlegerinnen und Anleger europäische Aktien also zu ihrem Basisinvestment machen, sollten sie US-Titel oder Tech-Aktien zumindest in Maßen eigens beimischen, um ihre Anlagen nicht zu sehr vom klassischen Weltindex zu entfernen.

Strukturelle Probleme

Darüber hinaus gibt es auch strukturelle Gründe, die die Europabörsen aus Sicht von Fachleuten belasten: Der demografische Wandel schadet den Unternehmen zumindest aus Börsensicht, weil die Bevölkerung altert und weniger Menschen arbeiten. Nimmt die Automatisierung nicht stark zu, kann das den Fachkräftemangel verschärfen, dem Personal eine bessere Verhandlungsposition verschaffen, Löhne treiben und Unternehmensgewinne drücken, so die Börsenlogik. Dazu kommt: In Europa sind die Steuern höher als in den USA und auch die Kartellregulierung schärfer, so haben es die Ökonomen German Gutierrez und Thomas Philippon herausgefunden.

In der Folge blieb vom Umsatz der großen Börsenfirmen in Europa über die vergangenen 20 Jahre in aller Regel weniger Gewinn übrig als in den USA: Während die Firmen dort meistens mehr als zehn Prozent Gewinnmarge einfuhren, waren es in Europa meist weniger als zehn Prozent, zeigen Auswertungen des Finanzdatendienstes LSEG.

Investor-Info

Europas Vielfalt ins Depot holen. In jedem Welt-ETF stecken auch europäische Länder drin, im MSCI World zum Beispiel zu rund 15 Prozent. Dominant sind aber die USA mit rund 70 Prozent Gewicht (Stand: 06/24). Wer stärker auf den hiesigen Kontinent setzen will, könnte Europa-ETF im Renditebaustein seines Portfolios beimischen. Setzen Anlegende im Aktienteil des eigenen Portfolios zu 70 Prozent auf den Weltindex MSCI World, könnte eine Europa-Beimischung von rund 30 Prozent Sinn ergeben. So ließe sich nicht nur das Übergewicht der USA, sondern auch die Tech-Branche drücken. Branchen- und Ländermix würden dann harmonischer wirken, gleichzeitig aber auch von der klassischen Indexgewichtung rein nach Börsenwert abweichen.

Holt Europa auf?

Nach mehr als einer Dekade des Hinterherhinkens schienen die europäischen Börsen so abgeschlagen, dass manche Anlegende wieder Chancen witterten. Schließlich verzahnte die EU-Kommission die europäische Wirtschaftspolitik seit der Corona-Krise deutlich engmaschiger als zuvor. Die Corona-Pandemie, Lieferprobleme und das Gasembargo Russlands waren offenbar Alarmsignale für Brüssel: Alleine im Rahmen des Programms „NextGenEU“ wollten sie mit rund 800 Milliarden Euro an Krediten und Hilfen die digitale und grüne Transformation des Kontinents beschleunigen. So sollte Europa eine eigene Chipindustrie aufbauen und das Wissen vieler hiesiger Ingenieure für die Energiewende nutzen.

Außerdem könnte Europa zwischen den Weltmächten China und USA wirtschaftlich in einen Zangengriff geraten. Sollten die US-Techkonzerne ihre Dominanz weiter ausspielen und politisch kaum gebremst werden, könnte Europa auf Jahre im Hintertreffen bleiben. Zudem bescheinigte der ehemalige Chef der Europäischen Zentralbank, Mario Draghi, der Europäischen Union in einem Report auf viele Jahre eine gravierende Investitionslücke von 800 Milliarden Euro – pro Jahr. So hohe Investitionen wären laufend notwendig, um die Wirtschaft des Blocks nachhaltig anzuschieben. Diese Summe beläuft sich wohlgemerkt auf fünf Prozent der Wirtschaftsleistung der EU-Staaten im Jahr 2024. Ob und wann sich die Verhältnisse zwischen den US-Börsen und den Europa-Indizes also tatsächlich umdrehen, kann niemand sagen. Für wie wahrscheinlich Anlegerinnen und Anleger eine Umkehr halten, müssen sie für sich selbst beurteilen.

So viele Europabarometer gibt es

Neben dem MSCI Europe gibt es noch eine Reihe anderer Europa-Indizes, besonders wichtig ist in Finanzkreisen zum Beispiel der Stoxx Europe 600. Anders als das MSCI-Barometer umfasst er nicht nur rund 430 Firmen, sondern gleich 600 Unternehmen. Der Index mischt also auch einige kleinere europäische

Die wichtigsten Europa-Indizes im Vergleich

Kategorie	MSCI Europe	Stoxx Europe 600	MSCI EMU	Eurostoxx 50
Beschreibung	Der Index enthält die wichtigsten Aktien aus 15 entwickelten europäischen Ländern.	Der Index enthält 600 Titel aus 17 entwickelten europäischen Ländern.	Der Index enthält Titel aus 10 Ländern der Eurozone (European Monetary Union).	Der Index enthält 50 Aktientitel aus lediglich 8 Ländern der Eurozone.
Anzahl der Aktien	418	600	225	50
Große Länder (%)	GB (22,7) Frankreich (17,1) Schweiz (14,7) Deutschland (13,2) Niederlande (8,2)	GB (23,3) Frankreich (16,8) Schweiz (14,1) Deutschland (12,5) Niederlande (7,8)	Frankreich (33,7) Deutschland (26,0) Niederlande (16,2) Italien (8,1) Spanien (8,0)	Frankreich (41,8) Deutschland (26,5) Spanien (6,7) Italien (6,7) Irland (2,3)
Größte Branchen (%)	Finanzen (18,4) Industrie (16,4) Gesundheit (16,4) Basiskonsum (10,5) langlebige Konsumgüter (10,3)	Gesundheit (16,2) Industrie (13,5) Banken (9,3) IT (8,7) Lebensmittel (6,2)	Finanzen (19,1) Industrie (17,1) IT (15,1) langlebige Konsumgüter (14,7) Basiskonsum (7,1)	IT (15,4) Konsum (14,1) Industrie (12,9) Banken (11,1) Gesundheit (7,0)
Größte Einzelaktien im Index (%)	Novo Nordisk (4,3) ASML (3,8) Nestlé (2,5) Astrazeneca (2,2) Shell (2,1)	Novo Nordisk (4,0) ASML (3,6) Nestlé (2,3) Astrazeneca (2,1) Shell (2,0)	ASML (7,5) SAP (3,9) LVMH (3,8) Total (2,6) Siemens (2,6)	ASML (8,0) LVMH (6,6) Total (4,7) SAP (4,6) Sanofi (3,68)
Anteil der zehn größten Werte (%)	24,1	22,4	30,4	42,9
Mögliche ETF auf den Index (ISIN)	iShares (IE00B4K48X90) Amundi (FR0010261198)	Xtrackers (LU0328475792) Invesco (IE00B60SWW18)	Xtrackers (IE00B53QG562) SPDR (IE00B910VR50)	BNP Easy (FR0012739431) Xtrackers (LU0380865021)

Quelle: MSCI, Stoxx, eigene Kalkulationen Stand: 30.06.2024
Anmerkung: Branchenklassifizierung der Indexanbieter unterscheidet sich.

Firmen hinzu. Fakt jedoch ist: Weder Länder- noch Branchenverteilung unterscheiden sich deutlich vom MSCI Europe. Für Anlegende macht es kaum einen Unterschied, ob sie dem einen oder dem anderen Index folgen.

Theoretisch gibt es auch den Stoxx Europe 50, der auf 50 Titel aus ganz Europa setzt. Wie in den anderen Indizes sind hier also auch Unternehmen aus Großbritannien, der Schweiz oder Dänemark vertreten. Für Anlegende ist das Barometer mit nur 50 Aktien jedoch verhältnismäßig konzentriert. Gesundheitsaktien stehen zum Beispiel für rund ein Viertel des Index und können schnell unter misslungenen Pharmastudien leiden. Manche erinnern sich auch an den Eurostoxx 50, der in deutschen Medien lange präsent war. 1998 führte der Indexarm der Deutschen Börse dieses Europabarometer ein, passend zur bevorstehenden Euro-Einführung. In diesem Index sind nur Länder vertreten, die Mitglied im Euroraum sind. Deswegen dominiert Frankreich den Index mit mehr als 40 Prozent, gefolgt von Deutschland (siehe Tabelle oben). Anlegerinnen und Anleger wären allerdings auch mit diesem Index aus unserer Sicht schlecht beraten, da sie mit ihrem Geld an der Börse vergleichsweise wenigen Aktien folgen würden.

Die wichtigsten Deutschland-Indizes

Der deutsche Leitindex Dax ist zum Symbol der hiesigen Börse geworden. Doch Heimatliebe kann beim Anlegen ganz schön gefährlich werden.

Vielleicht hatte Quizmaster Stefan Raab die Frage in seiner Fernsehshow bewusst simpel gestellt: „Welches Tier steht an der Börse …", begann Raab seine Frage. Schlagersänger Michael Wendler schlug sofort auf den Buzzer und sprach direkt vom „Dachs" (Dax). Dass neben dem „Dachs" eher Bulle und Bär wie Maskottchen für steigende und fallende Kurse stehen, war ihm offenbar entfallen.

Das zeigt, wie sehr der Deutsche Aktienindex mit seinem griffigen Kürzel „Dax" inzwischen in den Köpfen vieler Menschen verankert ist. Mehr als 70 Prozent der Deutschen kennen laut einer Umfrage der Wirtschaftsforschungsgesellschaft Dr. Doeblin den hiesigen Leitindex: Von A wie Adidas bis Z wie Zalando vereint der Kurskorb inzwischen die wichtigsten 40 deutschen Börsenunternehmen, bis zum Jahr 2021 bestand der Dax nur aus 30 Werten. Im historischen Frankfurter Börsensaal zeigt eine große Anzeigetafel bis heute den Lauf des Leitindex.

Die „Old Economy" gibt den Ton an

In seiner Branchenstruktur gibt sich der Index „typisch deutsch": Mit mehr als 20 Prozent hat die Industriebranche um Aktien wie Siemens das größte Gewicht am Index, zusammen mit der Chemiebranche aus Titeln wie BASF und der Autoindustrie mit bekannten Namen wie Volkswagen, BMW und Mercedes Benz kommen alleine die drei größten klassischen Industriesektoren auf knapp 40 Prozent des gesamten Indexgewichts. Damit ist der heimische Leitindex stärker abhängig von traditionellen Industrien als die großen Börsenbarometer vieler anderer Länder.

Anlegerinnen und Anleger spüren das deutlich: Viele dieser traditionellen Unternehmen hängen am Auf und Ab der Weltkonjunktur. Die Gewinne der Firmen schwanken also stärker mit den Wellenbewegungen der Weltwirtschaft. Dreht die Konjunktur nach oben, kann es die Aktien im Dax schneller nach oben treiben als bei anderen Indizes. Umgekehrt reagieren viele Dax-Titel deutlich empfindlicher auf Rezessionen oder wirtschaftliche Abkühlungen. Expertinnen und Experten nennen den Dax deswegen oft einen „zyklischen Index", da der Konjunkturzyklus über sein Wohl und Wehe entscheiden kann.

Doch im Index ist nicht nur die „Old Economy" stark vertreten, sondern die „New Economy" obendrein notorisch schwach. Im Grunde sind nur die Titel des Softwareunternehmens SAP international ansatzweise konkurrenzfähig, ansonsten fehlen Deutschland große IT-Firmen an der Börse. Die Chipmacher von Infineon, die Deutsche Telekom mit ihren Geschäftsbereichen für vernetzte Fabriken oder der Onlinemodehändler Zalando werden zwar auch häufig als Technologiefirmen wahrgenommen, gelten unter Anlageprofis jedoch nicht als lupenreine IT-Aktien nach dem Schnittmuster von Apple, Microsoft oder der Google-Mutter Alphabet. Da sich heutzutage jedoch selbst traditionelle Konzerne wie Autobauer rasant digitalisieren müssen, könnten die Sektorengrenzen zwischen Techsektor und den klassischen Branchen irgendwann theoretisch aber auch stärker verwischen als derzeit. Auch Autokonzerne kommen inzwischen nicht mehr ohne eigene Abteilungen für Softwareentwicklung aus und digitalisieren sich.

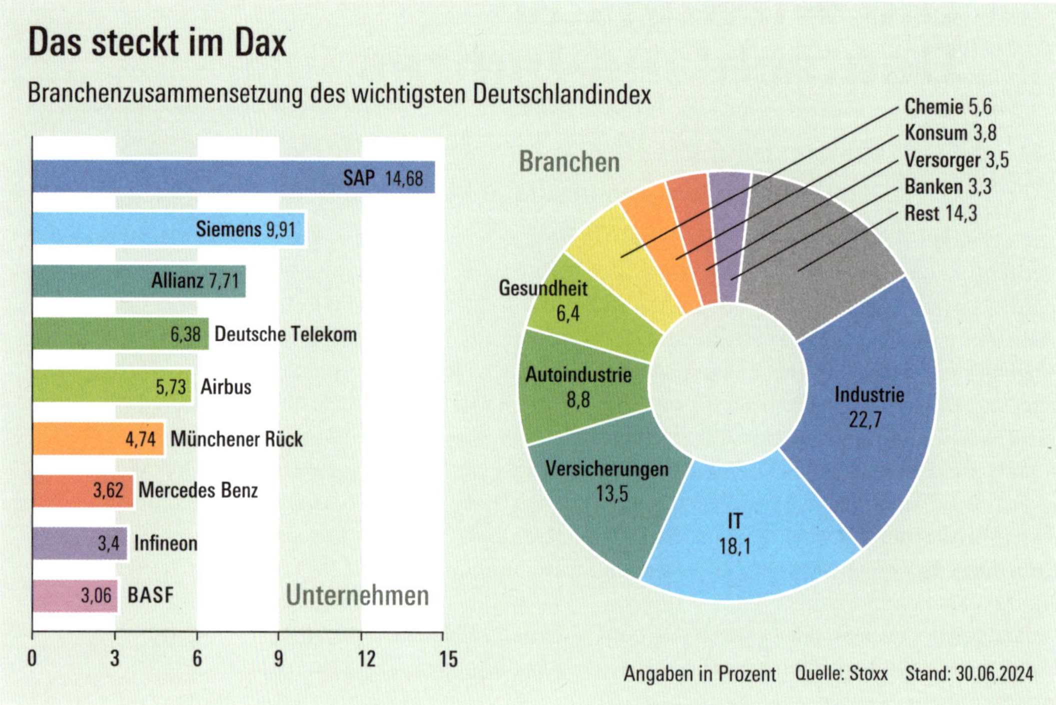

Zu viel Heimatliebe schadet

Beim Geldanlegen geben sich viele Deutsche übrigens überraschend patriotisch: 52 Prozent ihrer Aktieninvestments lagen im Jahr 2022 in deutschen Titeln, obwohl der Anteil des Landes an der Weltwirtschaft im selben Jahr nur vier Prozent und am globalen Börsenwert aller Firmen nur rund zwei Prozent betrug. Auf Unternehmen aus dem Rest der Welt entfielen nur 48 Prozent des deutschen Aktienvermögens, so hat es die Beratungsgesellschaft Barkow Consulting im Auftrag des Vermögensverwalters Whitebox auf Basis von Bundesbank-Daten ausgewertet. Dass Menschen in fast allen Ländern der Welt besonders gerne auf die eigenen Aktien setzen, ist in Fachkreisen als „Home Bias" bekannt, als sogenannte Heimatverzerrung. Privatleuten spielt das eigene Gehirn gleich mehrere Streiche: Viele fühlen sich am Aktienparkett ihrem Land besonders verbunden, andere fühlen sich über die heimischen Firmen schlicht besser informiert, auch wenn das nur ein Trugschluss ist.

Konzerne längst global

Anlegerinnen und Anleger sollten den Home Bias allerdings aus den richtigen Gründen vermeiden. Eine Analyse der Deutschen Bank zeigt: Die 40 Firmen im deutschen Leitindex machten 2023 gerade noch 18 Prozent des Umsatzes im eigenen Land, knapp 25 Prozent im restlichen Europa, rund 20 Prozent in den USA und 15 Prozent in China. Die Großkonzerne sind also internationale Player, für die weniger die deutsche Konjunktur als der globale Ausblick relevant ist.

Dennoch befinden sich nach einer Analyse des Finanzprofessors Peter Seppelfricke von der Hochschule Osnabrück im Mittel immerhin rund 30 Prozent der Vermögenswerte der Dax-Konzerne in Deutschland, also zum Beispiel Fabriken oder Maschinen. Auch die Wirtschaftspolitik des Heimatlandes hat über Steuern, Sozial- oder Kartellpolitik durchaus einen entscheidenden Einfluss auf die Konzerne. Daher hat die Warnung vor dem Home Bias trotzdem weiterhin ihre Berechtigung.

Beim deutschen Leitindex Dax wäre besondere Heimatliebe auch aus anderen Gründen gefährlich: Während der Industrieländerindex MSCI World seine Talfahrt im schlimmsten Crash auf Monatsbasis und in Euro bei etwas mehr als 50 Prozent Minus stoppte, krachte der Dax rund 70 Prozent in die Tiefe. Über die vergangenen 20 Jahre zeigte sich der heimische Leitindex dauerhaft schwankungsanfälliger als der Weltindex. Während der Dax eine Volatilität von 18,6 aufwies, schwankte der Weltindex mit einem Wert von 14,3 etwas weniger stark. In einem Bild: Während der Wert beim MSCI World einer gelben Ampel entspricht, leuchtet der Dax dunkelgelb.

Alle Details zur Volatilität auf Seite 35

Diese Indizes machen dem Dax Konkurrenz

Während der Dax als Inbegriff der deutschen Börsenlandschaft gilt, können ETF-Anlegerinnen auch andere Indizes wählen. Der FAZ-Index umfasst die 100 größten deutschen Börsenfirmen, schließt aber anders als der Dax binationale Unternehmen wie die deutsch-französische Flugzeugfirma Airbus aus. Trotz der größeren Unternehmensbreite unterscheidet sich der Index in seiner Branchenstruktur jedoch kaum vom bekannteren Dax.

Ein noch umfassenderes Konzept bekommen Anlegerinnen und Anleger mit dem Index FTSE Germany All Cap, auf den der ETF-Anbieter Vanguard vor einigen Jahren umgeschwenkt ist. Neben den Wirtschaftsgrößen und mittelgroßen Spielern umfasst dieses Deutschlandbarometer eine Vielzahl kleinerer Firmen wie die Mietauto-Firma Sixt oder das Windrad-Unternehmen Nordex. Anleger sollten sich davon jedoch nicht zu viel versprechen: Die kleinsten 70 Firmen kommen im Index gerade mal auf ein Gewicht von rund drei Prozent – und rangieren damit am Rande der Bedeutungslosigkeit (Stand: 06/24).

Das sind die Geschwister des Dax

Inzwischen ist auch der Dax als Leitindex nicht mehr allein, er hat sprichwörtlich eine ganze Familie um sich geschart. Besonders der MDax der mittelgroßen Börsenwerte und der SDax der kleinen Aktienwerte interessieren viele engagierte Anlegerinnen und Anleger. Als Dax-Bruder vereint der MDax 50 mittlere Börsenfirmen auf sich. Ein Beispiel ist der Küchengeräte-Hersteller Rational, der Kombidämpfer für Kantinenküchen produziert. Neben solchen groß gewordenen Mittelständlern umfasst der Index mit Firmen wie Lufthansa und Thyssenkrupp aber auch eine Reihe an einstigen Dax-Absteigern. Theoretisch können Anlegerinnen und Anleger einen ETF auf den MDax als Beimischung für ihr Portfolio verwenden: Langfristig brachte der MDax jedenfalls bessere Renditen als der eigentliche Dax.

Investor-Info

Heimatliebe schadet an der Börse. Auch wenn deutsche Produkte weltweit als kreuzsolide gelten, bringen die heimischen Firmen vergleichsweise mehr Risiko ins Depot. Wer Deutschland dennoch eine Rolle im Portfolio einräumen möchte, könnte zum Beispiel zehn Prozent eines ETF-Depots an die Fersen eines heimischen Index heften. Zusätzlich zu den rund zwei Prozent deutscher Titel in klassischen Weltindizes hätte Deutschland dann ein Gewicht von knapp zwölf Prozent im Aktienportfolio – rund dreimal so viel wie Deutschlands Anteil an der weltweiten Wirtschaftsleistung. Da Deutschland bloß Beimischung wäre, ließe sich auf konzentriertere Deutschlandindizes wie den Dax ebenso setzen wie auf breitere Alternativen. Wer will, kann in begrenztem Maße auch deutsche Nebenwerte hinzunehmen, muss dann aber mit größeren Schwankungen im Depot leben.

Mehr zu den Börsensegmenten ab Seite 50

Allerdings schwankte der Midi-Index im Umkehrschluss stärker. Wer den Index als möglichen Renditebooster nutzen will, sollte dem Engagement klare Grenzen vorgeben.

Die 70 größten Aktien nach Dax und MDax finden sich wiederum im SDax. Dieser Index umfasst Firmen wie die Optikerkette Fielmann, die Handelsfirma Metro oder den Bahntechnikhersteller Vossloh. Im TecDax sind seit seiner Reform im Jahre 2018 die 30 wichtigsten deutschen Technologietitel versammelt. Vorher konnten Firmen nicht parallel im Dax und im TecDax gelistet sein, seit der Neuaufstellung machen jedoch alleine die vier heimischen Tech-Riesen SAP, Deutsche Telekom, der Medizintechnik-Hersteller Siemens Healthineers und die Chipmacher von Infineon rund 40 Prozent des gesamten Index aus.

Manchmal stolpern Anlegerinnen und Anleger auch über den HDax, der die rund 100 wichtigsten deutschen Firmen in einem Index vereint. Der CDax umfasst dagegen alle 359 in den Börsensegmenten Prime Standard und General Standard gelisteten Aktien. Gerade morgens und abends sieht man manchmal auch den L/EDax, den Late-Early-Dax. Anders als zu Handelszeiten der Computerbörse Xetra wird diese Variante des „Dax 40" vor 9 Uhr und nach 17.45 Uhr aus den Kursen des Parketthandels an der Börse Frankfurt gespeist – und hat angesichts häufig dünner Börsenumsätze dort nur eine Orientierungsfunktion.

Die wichtigsten Deutschland-Indizes im Vergleich

Kategorie	Dax	FAZ-Index	FTSE Germany All Cap	MDax
Beschreibung	Der Index enthält die 40 wichtigsten deutschen Aktien.	Der Index enthält die wichtigsten 100 Titel aus Deutschland.	Der Index enthält 154 große, mittlere und kleine Titel aus Deutschland.	Der Index enthält 50 mittelgroße Unternehmen aus Deutschland.
Anzahl der Aktien	40	100	154	50
Große Länder (%)	Deutschland (100)	Deutschland (100)	Deutschland (100)	Deutschland (99,2) Luxemburg (0,8)
Größte Branchen (%)	Industrie (22,7) Technologie (18,1) Versicherungen (13,5) Autos (8,8) Gesundheit (6,4)	Industrie (22,6) Finanzen (17,4) langlebige Konsumgüter (15,9) Technologie (15,0) Kommunikation (8,2)	Technologie (19,7) Industrie (19,0) Finanzen (18,7) langlebige Konsumgüter (14,6) Gesundheit (7,4)	Industrie (22,4) Technologie (16,0) Gesundheit (10,3) Chemie (10,1) Konsum (8,4)
Größte Einzelaktien im Index (%)	SAP (14,7) Siemens (9,9) Allianz (7,7) Telekom (6,4) Airbus (5,7)	SAP (11,1) Siemens (7,8) Telekom (6,6) Allianz (5,9) Mercedes-Benz (4,0)	SAP (14,7) Siemens (9,1) Allianz (7,2) Telekom (5,5) Munich Re (4,4)	FMC (5,2) GEA (4,5) Lufthansa (4,2) LEG Immobilien (4,1) Scout24 (3,9)
Anteil der zehn größten Werte (%)	59,2	49,7	55,83	39,3
Mögliche ETF auf den Index (ISIN)	Deka (DE000ETFL011) Xtrackers (LU0274211480)	Amundi (LU0650624025)	Vanguard (IE00BG143G97)	iShares (DE0005933923) Deka (DE000ETFL441)

Quelle: Stoxx, Solactive, Amundi, FTSE Russell Stand: 30.06.2024 Anmerkung: Branchenklassifizierung der Indexanbieter unterscheidet sich.

Die wichtigsten Schwellenländer-Indizes

Ambitionierte Menschen setzen bei ihrer Anlage gern auf die aufstrebenden Schwellenländer wie China, Indien oder Vietnam. Dafür gibt es gute Argumente – und einiges zu beachten.

Wer an der Börse mit Tigern spielen will, hat mit Schwellenländern seine Freude. Blitzschnell können diese Tiere schließlich einen großen Satz nach vorn machen und anderen davoneilen. Kein Wunder, dass Banken fünf asiatischen Ländern wie Taiwan, Südkorea und Singapur einmal das Label „Tigerstaaten" verliehen haben. In einem Satz allen anderen davonzurennen, welche Anlegerin und welcher Anleger will das nicht?

Egal ob unter dem Schlagwort Zukunftsmärkte, Wachstumsmärkte oder aufstrebende Märkte: Immer wieder stehen Schwellenländer bei Anlegenden hoch im Kurs; bei Fachleuten laufen sie übrigens unter dem Begriff „Emerging Markets" oder dem Kürzel „EM". Mit dem MSCI Emerging Markets gibt es sogar ein passendes Börsenbarometer, das den Lauf von rund 1300 Unternehmen aus 24 Staaten zusammenfasst. Stark vertreten sind vor allem asiatische Staaten wie China, Indien, Taiwan oder Südkorea – im Index finden sich jedoch auch lateinamerikanische oder afrikanische Länder.

Was sind Schwellenländer?

Doch wie sind Schwellenländer genau definiert? Klassischerweise sind damit Staaten gemeint, die im Vergleich zu Industrieländern wie Deutschland oder den USA noch nicht so stark entwickelt sind und gleichzeitig nach oben streben. Eine einheitliche Definition gibt es nicht: Der Internationale Währungsfonds schaut bei seiner Einstufung stark auf wirtschaftliche Zahlen wie die Wirtschaftsleistung (Bruttoinlandprodukt) und den Anteil des Landes am Welthandel. Im Gegensatz dazu nehmen die Konstrukteure von Börsenbarometern stärker die Kapitalmärkte der Länder unter die Lupe. Für sie ist vor allem entscheidend, wie viele größere Unternehmen es gibt, wie rege die Aktien gehandelt werden und ob ausländische Investoren problemlos in Aktien des Landes investieren können.

In die Kategorie der Schwellenländer gruppiert zum Beispiel der Indexanbieter MSCI derzeit 24 Länder ein, unter ihnen Brasilien, Südafrika, China oder Thailand. Noch weniger entwickelte Staaten fallen bei diesem Indexanbieter unter die Kategorie der „Frontier Markets" – beispielsweise Kenia, Bangladesch oder Kasachstan. Wer in keine der drei klassischen Kategorien fällt, muss sich mit dem Aufkleber „Standalone Market" begnügen. Im März 2022 verlor beispielsweise Russland nach dem Angriff auf die Ukraine seinen Status als Schwellenland und wurde in die Gruppe der „alleinstehenden Staaten" degradiert.

Das steckt im Schwellenland-Index

Wer einem Schwellenlandindex wie dem MSCI Emerging Markets mit seinem Geld folgen will, sollte jedoch auch die Besonderheiten dieses Börsenbarometers kennen: Mehr als 70 Prozent des Index entfallen inzwischen interessanterweise auf asiatische Staaten (Stand: 06/24). Passend dazu liegen vier der fünf wichtigsten Staaten auf dem asiatischen Kontinent: Als wichtigstes Schwellenland kommt China inzwischen auf rund 25 Prozent des Index, auf Indien und Taiwan entfallen jeweils rund 20 Prozent. Südkorea, das MSCI noch als Schwellenland einstuft, kommt auf rund zehn Prozent (siehe Grafik auf Seite 76).

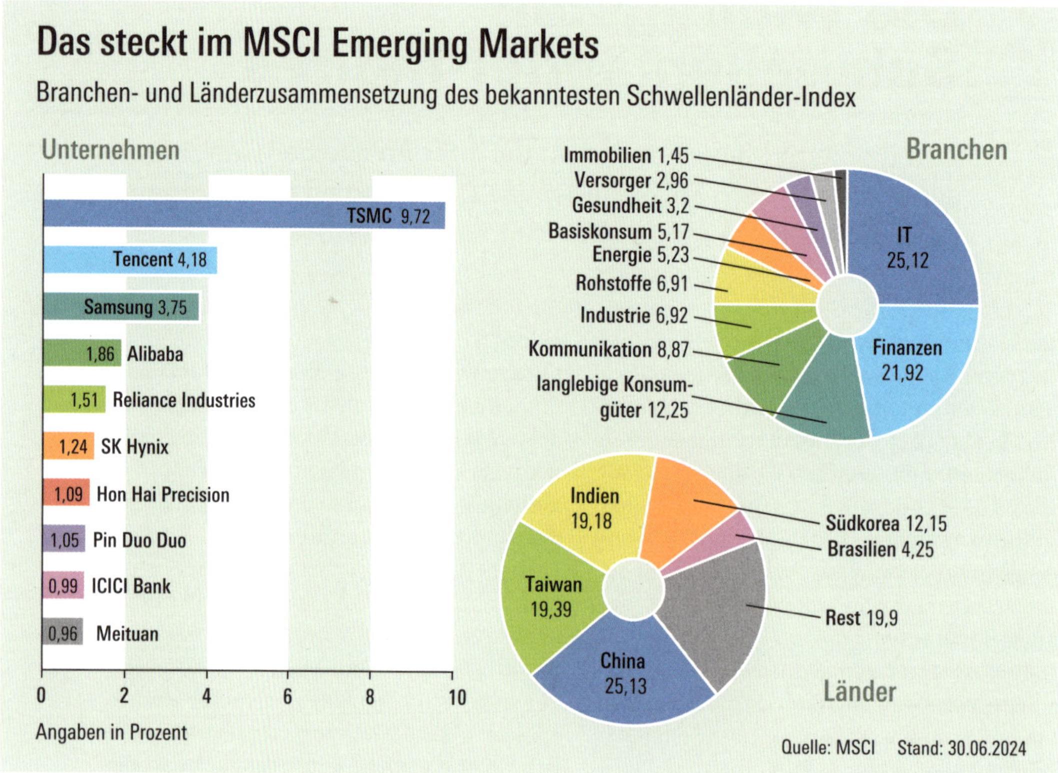

Damit hat sich das Gesicht des Schwellenländerindex seit der Jahrtausendwende deutlich verändert. Vor allem durch den Aufstieg Südkoreas und Chinas wurde der Index immer asiatischer, während zur Jahrtausendwende Lateinamerika noch eine größere Rolle spielte. Mitte der 2000er-Jahre ebbte jedoch der Rohstoffboom ab, der Länder wie Brasilien und Russland um die Jahrtausendwende nach oben gespült hatte.

Bringt Wachstum Rendite?

Wollen sich Anlegerinnen und Anleger in den Schwellenländern engagieren, setzen sie oft auf das überragende Wirtschaftswachstum. In den 40 Jahren seit 1980 wuchsen die Volkswirtschaften der Schwellenländer laut Internationalem Währungsfonds im Schnitt um 4,5 Prozent pro Jahr, während die Industriestaaten nur bei 2,4 Prozent im Jahr lagen. In vielen der Schwellenstaaten leben im Verhältnis schließlich weniger Rentner und Rentnerinnen, sodass es mehr Menschen im arbeitsfähigen Alter gibt. Außerdem haben viele der Länder in Sachen Produktivität noch einiges nachzuholen – beste Ausgangsbedingungen also für üppige Wachstumsraten.

Anders als man denken könnte, führt üppiges Wachstum nicht automatisch zu überlegenen Aktienrenditen. Immer wieder hat zum Beispiel Finanzprofessor Jay Ritter von der Universität Florida auf diesen verblüffenden Befund hingewiesen: Während Mexiko und Chile Anlegern an der Börse langfristig besondere Freude machten, war ihr Wirtschaftswachstum nur mager. Umgekehrt wuchsen China oder Südkorea wirtschaftlich schneller als andere Schwellenländer, brachten allerdings im internationalen Vergleich nur mittlere Aktienrenditen. Zahlreiche Forscherteams konnten diese Ergebnisse inzwischen in unterschiedlichsten Untersuchungen bestätigen.

Die Gründe? In vielen Entwicklungsländern treiben Investitionen aus dem Ausland das Wirtschaftswachstum erheblich mit, die Gewinne dieser Investitionen fließen jedoch wieder zurück und treiben die Gewinne von Börsenunternehmen in ganz anderen Ländern. Außerdem können Anlegerinnen und Anleger nur das Wirtschaftswachstum der Vergangenheit kennen, Börsenkurse spiegeln aber die Zukunft. Würden sie schon vorher wissen, welche Schwellenländer in den kommenden fünf Jahren am besten wachsen, könnten sie auch bessere Aktienrenditen erzielen. Das praktische Problem: Wirtschaftsprognosen liegen häufig falsch, sind also keine Hilfe.

Risiko bringt Rendite

Wieder einmal lautet die unangenehme, aber eingängige Erkenntnis: Ungewissheit und das Risiko bestimmen die Rendite. Vor allem das politische Risiko sollten Anlegerinnen und Anleger in Schwellenländern nicht unterschätzen. In China zum Beispiel ließ die Pekinger Führung im Jahr 2021 zahlreiche Internetaktien kollabieren, als sie strengere Regeln ausgab. Staaten wie China, Russland oder die Türkei scheren sich im Zweifel sowieso wenig um die Eigentumsrechte von Unternehmen oder von Anlegenden. Im Falle von Problemen ist nicht einmal das Rechtssystem zuverlässig, und die Wechselkurse schwanken wegen politischer Krisen teilweise auch heftig.

Zu den hausgemachten Problemen kommen importierte Krisen: Steigen im globalen Westen die Zinsen, ziehen viele Profiinvestoren gern Geld aus Entwicklungsländern ab. Und weltweiten Marktcrashs wie zur Corona-Krise können sich die aufstrebenden Länder ebenfalls nicht entziehen. All diese Risiken lassen auch die Gewinne und damit auch die Kurse der Unternehmen dort heftiger schwanken als in Industrieländern. So weisen Schwellenländertitel im langfristigen Schnitt eine Volatilität von rund 22 auf, während Industrieländertitel nur auf etwa 15 kommen.

Für Anlegerinnen und Anleger ist das Risiko und Chance in einem: Einerseits schwanken Schwellenländertitel heftiger als Industrieländeraktien, andererseits dürften sie unter anderem aufgrund dieses größeren politischen Risikos üppigere Renditen bringen. Da es belastbare Börsendaten für Schwellenländer erst seit 1988 gibt, ist diese Risikoprämie jedoch schlecht erforscht. Weiter zurückreichende Rechnungen gibt es zwar, sie enthalten jedoch meist nur wenige Länder und sind daher kaum repräsentativ.

Wie sicher ist das Renditeplus?

Ein Naturgesetz ist das Renditeplus bei Schwellenländertiteln wohlgemerkt nicht. Seit dem Start des Schwellenländerindex MSCI Emerging Markets im Jahr 1988 brachten Schwellenländeraktien in D-Mark und Euro gerechnet im Schnitt 7,2 Prozent Rendite pro Jahr. Im gleichen Zeitraum legte der Industrieländerindex MSCI World jedoch um 8,8 Prozent pro Jahr zu (Stand: 11/24).

Betrachtet man kleinere Zeitabschnitte, zeigt sich ebenfalls ein differenziertes Bild: In den Rechnungen der Londoner Finanzprofessoren Dimson, Marsh und Staunton über zwölf Jahrzehnte seit 1900 hatten die Schwellenländer an den Börsen in US-Dollar gerechnet sechs Mal die Nase vorn, sechs Mal lagen sie aber auch hinter den Industrieländertiteln.

In den 1990er-Jahren stürzten beispielsweise Asienkrise und Russlandkrise zahlreiche aufstrebende Staaten in den finanziellen Abgrund. Mit dem neuen Jahrtausend wendete sich das Blatt jedoch, nun lagen die Schwellenländer bei den Renditen deutlich vorn. Während die Industriestaaten nach der Dotcom-Blase direkt in die Finanzkrise stolperten, brachten üppige Rohstoffgewinne in vielen aufstrebenden Schwellenländern gerade zu Beginn der Nullerjahre höhere Renditen für Anlegerinnen und Anleger. Weil seit 2010 unter anderem die US-Techkonzerne die westlichen Börsen rasant nach oben zogen, konnten die Schwellenländer nur hinterherhinken. Mit anderen Worten: Langfristig klingen üppigere Renditen in diesen Ländern plausibel, kurzfristig sind sie jedoch eher unsichere Kantonisten.

Investor-Info

Schwellenländer gekonnt beimischen. Auf die Schwellenländer entfallen 86 Prozent der Weltbevölkerung, 42 Prozent der Weltwirtschaftsleistung in US-Dollar, aber nur etwas mehr als zehn Prozent Anteil im Weltbörsenindex MSCI All Country World.

Industrie- und Schwellenländer im Paket kaufen. Wer einem breiten Börsenindex wie dem MSCI All Country World (ACWI) folgt, kauft in diesem Paket mit gut zehn Prozent einen vergleichsweise kleinen Schwellenländeranteil ein.

Schwellenländer getrennt beimischen. Wer die Gewichtung der Schwellenländer selbst bestimmen will, kann dem Industrieländerindex MSCI World einen reinen Schwellenländerindex an die Seite stellen. Mehr als 30 Prozent des Aktienanteils im Depot sollten die aufstrebenden Nationen aber nicht ausmachen, sonst schlagen die kräftigeren Schwankungen zu stark auf das Depot durch.

Schwellenländer sind normaler

Die gute Nachricht: Im historischen Langfristvergleich ist das Risiko an den Börsen der Schwellenländer tendenziell gesunken. Sowohl die einzelnen Länderbörsen als auch breite Schwellenländerbarometer schwanken seit der Jahrtausendwende etwas weniger. Zwar sorgt ein Index wie der MSCI Emerging Markets immer noch für mehr Kurskapriolen als das Industrieländer-Pendant MSCI World, allerdings war der Unterschied etwa seit 2010 nicht mehr so gravierend wie zuvor. Während die Volatilität eines Schwellenländerindex früher bei 25 lag, ist sie laut Rechnung der Anlagegesellschaft Robeco in den Jahren seit 2010 im Schnitt auf einen Wert von 17 zurückgegangen.

Der Grund: Viele Schwellenländerunternehmen wirtschaften inzwischen global und hängen stärker als früher am Lauf der Weltkonjunktur. Anlegerinnen und Anleger müssen das mit einem lachenden und einem weinenden Auge zur Kenntnis nehmen. Einerseits schwankten ihre Schwellenländer-Investments weniger, andererseits boten sie auch weniger Streuung als früher. Mit einer Korrelation von ungefähr 0,8 zum Industrieländerindex MSCI World bringt es trotzdem zumindest noch ein wenig Streuung, einen Teil seines Portfolios in Schwellenländer zu investieren.

Kleine Schwellenländeraktien tabu?

Wer wagemutig ein besonderes Schwellenländer-Investment wagen will, kann fokussiert auf kleine Aktien aus den aufstrebenden Nationen setzen. Der „MSCI Emerging Markets Small Cap" bündelt diese Firmen, die sonst kaum wahrgenommen werden (siehe Tabelle rechts): International Games ist ein taiwanesischer Spielehersteller, Dixon Technologies ein indischer Auftragsfertiger für Waschmaschinen oder Fernsehgeräte und das brasilianische Unternehmen Embraer ein Flugzeugbauer.

Der Vorteil dieses Barometers? Der Index der kleinen Schwellenländer-Werte tickt anders als herkömmliche Emerging-Markets-Barometer. Chinas Gewicht liegt mit rund acht Prozent wesentlich geringer, selbst die größte Aktie im Index kommt nur auf 0,4 Prozent Gewicht. Unser Fazit: Wer eine exotische Beimischung sucht, kann über diesen Index nachdenken. Bei zehn Prozent Gewicht am Aktienanteil sollte allerdings Schluss sein.

Vorsicht bei einzelnen Regionen

Viele Anlegerinnen und Anleger interessieren sich auch für einzelne Schwellenländerregionen: Die wichtigsten asiatischen Schwellenländer sind zum Beispiel China, Indien, Taiwan und Südkorea. In den letzten beiden Ländern ist die IT-Branche enorm dominant, insbeson-

Die wichtigsten Schwellenländer-Indizes im Vergleich

Kategorie	MSCI Emerging Markets	FTSE Emerging	MSCI EM ex-China	MSCI Emerging Markets Small Caps
Beschreibung	Der Index enthält große und mittlere Titel aus 24 Schwellenländern.	Der Index enthält große, mittlere und kleinere Titel aus 24 Schwellenländern.	Der Index enthält Titel aus 23 Schwellenländern, aber nicht aus China.	Der Index enthält nur kleine Aktien aus 24 Schwellenländern.
Anzahl der Aktien	1 330	2 219	673	2 031
Große Länder (%)	China (25,13) Taiwan (19,39) Indien (19,18) Südkorea (12,15) Brasilien (4,25)	China (28,09) Indien (23,45) Taiwan (20,59) Brasilien (4,95) Saudi-Arabien (4,45)	Taiwan (25,89) Indien (25,62) Südkorea (16,23) Brasilien (5,67) Saudi-Arabien (5,21)	Indien (28,66) Taiwan (22,73) Südkorea (12,26) China (8,25) Saudi-Arabien (3,88)
Größte Branchen (%)	IT (25,12) Finanzen (21,92) langlebige Konsumgüter (12,25) Kommunikation (8,87) Industrie (6,92)	Technologie (26,99) Banken (17,08) Energie (6,59) Industrie (6,24) Rohstoffe (4,27)	IT (31,57) Finanzen (23,39) Rohstoffe (8,02) Industrie (7,55) langlebige Konsumgüter (6,86)	Industrie (19,05) IT (17,92) langlebige Konsumgüter (11,96) Rohstoffe (11,33) Finanzen (10,83)
Größte Einzelaktien im Index (%)	TSMC (9,72) Tencent (4,18) Samsung (3,75) Alibaba (1,86) Reliance Indust. (1,51)	TSMC (9,79) Tencent (4,10) Alibaba (2,10) Reliance Indust. (1,71) HDFC Bank (1,56)	TSMC (12,98) Samsung (5,00) Reliance Indust. (2,02) SK Hynix (1,66) Hon Hai Precision (1,46)	Intl Games (0,38) Dixon Tech (0,36) Embraer On (0,35) Aspeed Tech (0,34) Lotes (0,32)
Anteil der zehn größten Werte (%)	26,35	24,51	28,47	3,24
Mögliche ETF auf den Index (ISIN)	SPDR (IE00B469F816) Amundi (LU1681045370)	Vanguard (IE00BK5BR733)	UBS (LU2050966394) iShares (IE00BMG6Z448)	SPDR (IE00B48X4842) iShares (IE00B3F81G20)

Quelle: MSCI, FTSE Russell, eigene Kalkulationen Stand: 30.06.2024 Anmerkung: Branchenklassifikation der Indexanbieter unterscheidet sich.

dere Chiphersteller wie TSMC, Samsung und SK Hynix bewegen die Kurse. In China und Indien redet der Staat viel in der Wirtschaft mit: Indiens Regierung werden enge Beziehungen zu Industriefirmen nachgesagt, die Kommunistische Partei Chinas lenkt viele Firmen mit.

Lateinamerikas Börsen sind hingegen vor allem durch den Rohstoffreichtum des Kontinents geprägt, hier entfallen auf Firmen aus den Branchen Rohstoffe, Energie, Versorger und Industrie rund 50 Prozent des Börsengewichts. Diese zyklischen Geschäftsmodelle bringen jedoch enorme Schwankungen. Privatleute sind mit einem breiten Schwellenländerindex wegen der größeren Streuung also besser beraten als mit einzelnen Regionen oder Nationen. Immer wieder sorgt auch die Schwellenländergruppe Brics (Brasilien, Russland, Indien, China, Südafrika) für Aufsehen. Nach dem Angriff Russlands auf die Ukraine haben viele Indexanbieter die russischen Titel aus entsprechenden Produkten rausgeworfen, aus Angst vor Sanktionen. Schon zuvor waren Brics-Produkte aus unserer Sicht eine reine Werbemasche gewesen, seitdem haben sie jedoch endgültig an Popularität eingebüßt.

Die wichtigsten US-Indizes

Die Vereinigten Staaten geben an den Börsen den Ton an. Doch die Leitindizes des Landes unterscheiden sich deutlich. Welcher Index die Nase vorn hat – und vor allem wann.

Wer auf die globalen Börsen schaut, kommt an den USA nicht vorbei. Allzu deutlich wird das, wenn der deutsche Leitindex Dax ausgerechnet um genau 15.30 Uhr am Nachmittag einen Satz nach oben macht. Just in jener Minute starten auf der anderen Globusseite schließlich die US-Börsen in den Handel – und werden häufig zum globalen Taktgeber. Die Kurstafel im Frankfurter Börsensaal offenbart es: Wer die Stimmung an den weltweiten Börsen verstehen will, muss stets auch die Vereinigten Staaten im Blick haben.

Für Anlegerinnen und Anleger hat es sich gelohnt, die USA nicht nur von der Seitenlinie aus zu beobachten, sondern auch in sie zu investieren. Inzwischen vereint das Land rund 60 Prozent des globalen Börsenwerts auf sich, wohlgemerkt mehr als zehnmal so viel wie der Nächstplatzierte, nämlich Japan. In einer Analyse der drei Finanzprofessoren Dimson, Marsh und Staunton seit dem Jahr 1900 bis heute weisen die USA eine der höchsten Langfristrenditen aller Industrieländer auf. Grund genug, um zu verstehen, wie die US-Leitindizes S&P 500, Dow Jones oder Nasdaq ticken.

Das ist der wichtigste US-Aktienindex

Zwar ist der S&P 500 weit nicht der älteste, aber doch der wichtigste US-Börsenindex: Unter Fachleuten gilt das Barometer als aussagekräftigster Gradmesser für die Börsen in Übersee. Seit dem 4. März 1957 berechnet die Ratingagentur Standard & Poor's diesen Index mit rund 500 Aktienunternehmen, mit weniger Titeln sogar bereits seit 1923. Inzwischen kommen die Firmen im Leitindex auf einen Börsenwert von rund 38 Billionen US-Dollar, damit umfasst das Barometer rund 80 Prozent des gesamten Börsengewichts des Landes – und ist ein guter Spiegel des US-Aktienmarktes. Während zum offiziellen Start im Jahr 1957 Rohstoff- und Energiefirmen fast die Hälfte des Index ausmachten, tragen ihn nun vor allem die Sektoren IT (32 Prozent), Finanzen (12 Prozent) und Gesundheit (12 Prozent).

Unter den größten zehn Positionen finden sich viele Namen, die Sie bereits an anderer Stelle kennengelernt haben: Die Aktien von Microsoft, Apple, Nvidia und Amazon fanden sich bereits auf den Listen der Weltindizes ganz oben. Da die Vereinigten Staaten selbst in den globalen Barometern inzwischen für rund 60 bis 70 Prozent des Gesamtgewichtes stehen, ist das nur logisch.

Das ist der älteste US-Aktienindex

Noch berühmter als der S&P 500 ist in der Börsenwelt übrigens das US-Barometer „Dow Jones", das inzwischen auf weit mehr als ein Jahrhundert an Geschichte zurückblickt. In einem Kellerbüro an der Wall Street hatten die Finanzjournalisten Charles Dow und Edward Jones schon seit 1884 an einem Aktienindex vor allem für Eisenbahnaktien getüftelt, bevor am 26. Mai 1896 offiziell der „Dow Jones Industrial Average" an den Start ging. Zunächst enthielt er nur 12 Aktien, 1928 wurde er dann auf 30 Titel aufgestockt – diese Zahl gilt bis heute. Um wirklich breit aufgestellt zu sein, sind das aus unserer Sicht allerdings zu wenige Aktien.

Dazu kommt eine antiquierte Berechnungsmethode: Über das Gewicht eines Unter-

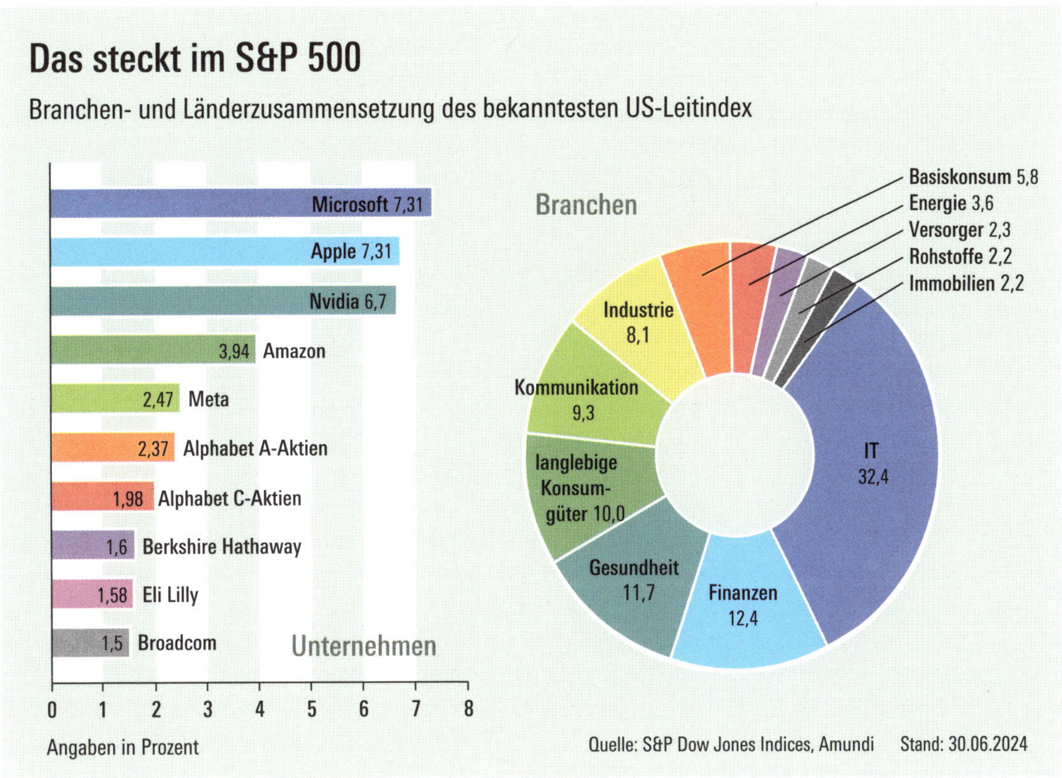

nehmens im Index entscheidet nicht, wie viel die frei handelbaren Aktien eines Unternehmens zusammengenommen wert sind. Statt dieses summierten Börsenwerts ist beim Dow Jones der Preis einer einzelnen Aktie maßgebend. Eine Aktie hat bei einem Kurs von 40 US-Dollar also automatisch weniger Gewicht im Index als ein Titel mit einem Kurs von 400 US-Dollar. Das ist unlogisch: Denn theoretisch könnte ein Unternehmen mit vielen Aktien zu geringen Preisen unter dem Strich genauso viel wert sein wie ein Unternehmen mit wenigen Aktien bei einem hohen Aktienkurs.

Das wichtigste Unternehmen im Index ist daher bei einem Aktienkurs von knapp 510 US-Dollar die Krankenversicherung Unitedhealth, sie steht für rund zehn Prozent des Dow Jones. Die Chipfirma Intel kommt bei einem Aktienkurs von rund 30 Dollar gemäß der eigenwilligen Regeln des Dow lediglich auf einen Anteil von rund 0,3 Prozent am Index (Stand: 06/24).

Viele bezeichnen den Dow Jones daher auch nicht als „Index“, sondern als „Average“ – als Mittelwert. Wer ihn berechnen will, summiert im ersten Schritt einfach die Kurse aller 30 Unternehmen im Dow Jones. Man kann diese Summe allerdings nicht einfach durch 30 teilen, um den Durchschnitt zu ermitteln. Denn manche Unternehmen setzen von Zeit zu Zeit auf Aktiensplits, in denen sie aus einer Aktie von 500 US-Dollar zum Beispiel fünf Aktien zu je hundert Dollar machen. Um solche Effekte abzufangen, haben die Indexmacher den sogenannten Dow-Divisor entwickelt. Sie müssen also die aufsummierten Aktienkurse durch diesen speziellen Wert teilen, um den aktuellen Stand des Dow Jones zu ermitteln. Damit der Index dennoch ungefähr die realen Wirtschaftsverhältnisse spiegelt, wacht ein Index-Komitee über die Zusammensetzung des Dow Jones. Es prüft, ob die Aktien einen guten Ruf haben, der Index ungefähr die amerikanische Wirtschaft repräsentiert und mögliche neue Kandidaten mit zu hohen Aktienkursen den Index verzerren würden.

Auf lange Sicht bilden beide Indizes die US-Börsen ähnlich ab, dennoch haben die Barometer ihren eigenen Charakter: Der S&P 500 hängt mit knapp 30 Prozent deutlich stärker an IT-Aktien als der Dow Jones mit nur rund 20 Prozent. Umgekehrt sind Werte aus der Finanzbranche, dem Gesundheitssektor und der Industriebranche im Dow Jones etwas stärker vertreten als im S&P 500. Das kann beide Indizes zumindest in einzelnen Jahren auseinanderlaufen lassen: Als im Jahr 2022 Techtitel deutlich nachgaben, zog es den S&P 500 um rund 19 Prozent nach unten, während im Dow bloß ein Minus von sieben Prozent auflief. Da die breiten US-Börsen inzwischen stark an den Techtiteln hängen, kann der Dow in besonders volatilen Phasen die Entwicklung glätten. Umgekehrt kann der S&P 500 in techgetriebenen Aufwärtsphasen deutlich davonrennen.

Was Nasdaq und Russell spiegeln

Wer den Trend der US-Techwerte ablesen will, muss auf den „Nasdaq Composite" schauen. Er vereint alle 3500 Aktien an der amerikanischen Computerbörse Nasdaq, die IT-Branche steht dort für mehr als die Hälfte des Index. Alleine die drei wichtigsten Aktien Apple, Microsoft und Amazon stehen zusammengenommen bereits für rund 30 Prozent des Gewichts. Neben dem Nasdaq Composite gibt es auch den Index Nasdaq 100, der nur die größten Firmen der Computerbörse abbildet.

Wer sich stärker für die Breite der US-Werte interessiert, kann sich die Russell-Indizes anschauen. Während der Russell 1000 die tausend größten US-Börsenfirmen umfasst, bindet der Russell 2000 die nächsten 2000 Firmen auf der Rangliste zusammen – vor allem kleine und mittlere Werte. Der Russell 3000 kombiniert schließlich die 1000 Titel des ersten und die 2000 Titel des zweiten Index. Insgesamt umfasst der Russell 3000 damit rund 98 Prozent der gesamten Marktkapitalisierung, also beinahe die kompletten US-Börsen.

Laufen die US-Börsen immer besser als der Rest?

In den Jahren nach 2010 lieferten die US-Börsen den Anlegerinnen und Anlegern märchenhafte Gewinne. Anekdotisch waren es vor allem die sogenannten US-Megacaps – eine Reihe riesiger Technologieunternehmen wie Apple, die Google-Mutter Alphabet oder Microsoft – die den amerikanischen Aktienmarkt in unvorstellbare Höhen zogen. Allerdings zeigt sich die Glückssträhne mit US-Aktien auch in der langfristigen Betrachtung seit dem Jahr 1900 in der Rechnung der drei Finanzprofessoren Dimson, Marsh und Staunton: Während die Titel aus dem Land der unbegrenzten Möglichkeiten im Schnitt, in US-Dollar und nach Inflation gerechnet 6,4 Prozent Rendite im Jahr abwarfen, lieferten die Aktien im Rest der Welt in US-Dollar und nach Inflation nur 4,3 Prozent Rendite. Haben US-Aktien also einen eingebauten Renditemotor?

Manche Fachleute argumentieren wie beim finanzhistorischen Datendienst Global Financial Data hingegen, dass die US-Börsen vielen anderen Ländern durchaus strukturell einiges voraus haben, vor allem mit Blick auf ihre Technologietitel. In den 1920er-Jahren gab es einen Rummel um Radioaktien, in den 1960er-Jahren entstanden Tech-Pioniere wie Xerox, Polaroid oder Texas Instruments. Die 1990er-Jahre spülten in den USA mit Namen wie Microsoft und Apple die ersten Technologievorreiter unserer Tage nach oben, während diese Aktien in der Dekade ab 2010 in noch viel größere Höhen vorstießen. Zwar brachten Techaktien statistisch auf lange Sicht überraschenderweise keine höheren Renditen als andere Branchen, dennoch spricht die Beobachtung zumindest für eine stete Wandlungskraft der US-Börsenunternehmen. Während andere Börsennationen im Strukturwandel zurückfielen, konnten sich die USA ganz offenbar oben halten.

Andere Ökonominnen und Ökonomen sehen hinter dem Renditeplus der US-Aktien allerdings gar keinen Tech-Effekt, sondern ganz andere Beweggründe. Sie meinen, dass Anlegerinnen und Anleger in der vermeintlich freiesten Marktwirtschaft der Welt insbesondere seit 1980 in vielen Branchen vor allem von der Dominanz weniger Konzerne profitierten. Viele dieser „Superstar-Firmen" mit großer Marktmacht in ihren Branchen könnten höhere Preise durchdrücken, ihren Arbeitnehmenden weniger zahlen – und so überlegene Gewinne abliefern. Seit 1980 wuchs der Marktanteil der vier größten Firmen im Schnitt aller 676 US-Branchen jedenfalls von rund 20 auf mehr als 30 Prozent, so zeigen es Daten des Ökonomen David Autor von der Technologieuniversität MIT. Dabei geht es explizit nicht nur um Techfirmen, sondern beispielsweise auch um Krankenversicherungen oder Airlines. Für die überlegenen US-Renditen könnten in dieser Lesart also auch weniger angriffslustige Kartellwächter gesorgt haben. Geringere Steuern und ein flexiblerer Arbeitsmarkt tun ihr Übriges, dass die Gewinne der US-Firmen im internationalen Vergleich üppiger ausfallen.

Vielleicht war alles nur Glück

Andere Börsenprofis glauben nicht, dass die überlegenen US-Aktienrenditen tatsächlich in strukturellen Gründe wurzeln. Selbst der Zeitraum von mehr als 120 Jahren seit 1900 könnte für die USA schließlich besonders sein: Währenddessen stieg das Land zur Wirtschaftsnation Nummer eins auf. Außerdem blieben die USA anders als viele andere Länder von den Zerstörungen zweier Weltkriege, Staatspleiten, Hyperinflationen oder kommunistischen Machtergreifungen verschont – vielleicht auch rein aus Glück.

Forschungen des Kapitalmarktprofessors Edward McQuarrie von der Santa Clara Universität legen nahe, dass vor allem solche einschneidenden Ereignisse die Aktienrenditen anderer Länder jahrzehntelang belasteten, während die USA nie damit zu kämpfen hatten. Auch Forschungen des Börsenprofessors Jules van Binsbergen von der Wharton School zeigen, dass es die USA langfristig sehr viel seltener als die allermeisten anderen Länderbörsen mit großen Aktiencrashs zu tun bekamen.

Investor-Info

Mit US-Indizes nicht übertreiben. Die US-Barometer gehören zwar zu den bekanntesten Aktienindizes der Welt, trotzdem lassen sie sich im eigenen Portfolio nur mit Fingerspitzengefühl einsetzen. Wer einem herkömmlichen Weltindex wie dem MSCI World folgt, setzt bereits zu 60 bis 70 Prozent auf die Vereinigten Staaten. Nun zusätzlich noch einen Index wie den S&P 500 zu besparen, wäre zu viel des Guten und würde sogar ein Klumpenrisiko ergeben. Auch einen der techlastigen Nasdaq-Indizes hinzuzunehmen, würde das Gewicht der sowieso schon tonangebenden Techbranche nur noch erhöhen.

Einzelindizes für Eigensinnige. Sinn ergeben die US-Indizes vor allem für Anlegende, die sich ein Weltdepot der Marke Eigenbau aufbauen wollen. Wer neben einem Europaindex auch einem Schwellenländerindex folgt und ein wenig Japan hinzunimmt, kann mit einem breiten US-Index sein eigenes Weltdepot aus nur vier Komponenten komplettieren.

Ausgefallene Barometer als Option. Wer mit einem Weltindex als Teil der Paketlösung bereits auf die USA setzt, könnte immerhin einen US-Smallcap-Index wie den Russell 2000 aus vornehmlich kleinen Titeln beimischen – mit maximal zehn Prozent des Renditebausteins. Weil im MSCI World gar keine kleinen Aktien enthalten sind, würde es diesen Index ergänzen, aber auch das US-Gewicht des Gesamtportfolios nach oben treiben. Eine Kann-Option, kein Muss.

Das sind die wichtigsten US-Indizes im Vergleich

Kategorie	S&P 500	Dow Jones Industrial Average	Nasdaq 100	Russell 2000
Beschreibung	Der Index enthält die rund 500 wichtigsten Papiere aus den USA.	Der Index enthält 30 Titel aus den USA.	Der technologielastige Index enthält rund 100 Titel von der Nasdaq-Börse.	Der Index enthält rund 2000 kleine Werte aus den USA.
Anzahl der Aktien	503	30	102	1922
Große Länder (%)	USA (100)	USA (100)	USA (100)	USA (100)
Größte Branchen (%)	IT (32,4) Finanzen (12,4) Gesundheit (11,7) langlebige Konsum-güter (10,0) Kommunikation (9,3)	Finanzen (22,7) IT (19,6) Gesundheit (18,3) langlebige Konsum-güter (14,6) Industrie (14,0)	Technologie (61,5) langlebige Konsumgüter (17,5) Industrie (4,1) Gesundheit (6,1) Telekommunikation (4,0)	Industrie (17,2) Finanzen (15,7) IT (15,5) Gesundheit (15,2) Konsum (10,4)
Größte Einzelaktien im Index (%)	Microsoft (7,3) Apple (6,7) Nvidia (6,6) Amazon (3,94) Meta (2,47)	Unitedhealth (8,4) Goldman Sachs (7,8) Microsoft (7,1) Caterpillar (5,8) Home Depot (5,7)	Microsoft (8,6) Apple (8,4) Nvidia (7,9) Amazon (5,2) Broadcom (5,0)	Super Micro Computer (1,8) Microstrategy (0,9) Carvana (0,5) Elf Beauty (0,5) Comfort Systems (0,4)
Anteil der zehn größten Werte (%)	36,1	56,9	50,2	6,1
Mögliche ETF auf den Index (ISIN)	Invesco (IE00B3YCGJ38) iShares (IE00B5BMR087)	iShares (IE00B53L4350) Amundi (LU2572256662)	Invesco (IE00BFZXGZ54) Amundi (LU1681038243)	SPDR (IE00BJ38QD84) Xtrackers (IE00BZ2DD79)

Quelle: S&P Dow Jones Indices, Amundi, Nasdaq Global Indexes Research, FTSE Russell, eigene Kalkulationen Stand: 30.06.2024
Anmerkungen: Branchenklassifikationen der Indexanbieter unterscheiden sich.

Der Clou: Im Vorhinein hätte niemand wissen können, dass die USA mehr Glück als die meisten Länder hatten. Im Jahr 1900 gehörte beispielsweise auch Argentinien zu den zehn größten Wirtschaftsnationen weltweit, bekam es danach aber mit 12 Börsencrashs und mehreren Staatspleiten zu tun. Anlegerinnen und Anleger könnten also davon profitiert haben, dass sie die USA ursprünglich für genauso riskant hielten wie andere Länder – sie es am Ende aber nicht waren. Genau dieser Effekt wäre kaum wiederholbar: Wenn weniger Risiko zumindest in der Theorie weniger Ertrag bedeutet, müsste es mit Glück zugehen, dass die USA bei geringerem Risiko am Parkett abermals besser abschneiden als andere Ländermärkte.

Wer Geld anlegen will, sollte die Angelegenheit also differenziert betrachten: Dass US-Aktien dem Rest der Welt auf alle Ewigkeit davonlaufen, ist nicht garantiert. Schon in der Ölkrise der 1970er-Jahre liefen US-Titel schlechter als Aktien vom Rest der Welt, auch im Krisenjahrzehnt der Dotcom- und Finanzkrise nach der Jahrtausendwende mussten sich die US-Titel im Vergleich zum Rest der Welt hinten anstellen. Dass die US-Aktienrenditen irgendwann zurückfallen, ist denkbar. Ob und vor allem wie schnell das passiert, kann jedoch niemand wissen. Treiben am Ende jedoch strukturelle Faktoren wie weniger Konkurrenz und geringere Steuern die Renditen der US-Firmen, könnte das noch länger so bleiben.

Mit ETF der ganzen Börse folgen

Mit börsengehandelten Indexfonds können sich Anlegerinnen und Anleger einfach an ein Börsenbarometer hängen. Das ist günstig, einfach – und obendrein chancenreich.

So funktionieren ETF

Millionen Anlegerinnen und Anleger setzen auf die Kraft dieser drei Buchstaben. Mit den einfachen Indexfolgern schlugen sie sogar die Finanzprofis – und zwar reihenweise.

In den Nachwehen der weltweiten Finanzkrise 2008/2009 packte den ehemaligen US-Notenbankchef Paul Volcker der Zorn. Weil die Banken vor der Krise große Risiken in hochspekulativen Schachtelkonstruktionen mit komplizierten Kürzeln wie ABS oder CDS verpackt hatten, sagte Volcker unter dem Eindruck des globalen Finanzbebens seinen wohl berühmtesten Satz: Die einzige Innovation der Banken in den vergangenen 50 Jahren sei der Geldautomat gewesen, der auf Englisch „automated teller machine" heißt. Mit dem englischen Kürzel ATM hatte Volcker wohl bewusst ebenfalls einen Buchstabendreiklang ausgewählt, den er gegen die anderen Kürzel stellen wollte.

Mit mehr als einer Dekade Abstand zu Volckers Rede ließe sich inzwischen noch eine weitere nützliche Finanzinnovation loben, die seitdem erst richtig populär wurde. Mit dem Aufstieg der börsengehandelten Indexfonds ist das passende Kürzel „ETF" auch hierzulande ein stehender Begriff geworden. Noch so ein Dreiklang.

Millionen Menschen investieren inzwischen allein in Deutschland in diese Papiere – und haben so teil am Wachstum der Weltbörsen.

DIE FÜNF VORTEILE VON ETF

1 **Breite Streuung:** Anlegerinnen und Anleger können auf Hunderte Firmen setzen. Das bietet Chancen und reduziert das Risiko.

2 **Geringe Kosten:** Die ETF-Häuser brauchen wenig Personal, um ihre Produkte zu verwalten. Das macht die Indexfolger günstig und lässt mehr Geld in den Taschen der Investorinnen und Investoren.

3 **Guter Schutz:** ETF gelten rechtlich als Sondervermögen. Bei einer Insolvenz des ETF-Anbieters kann niemand auf das Geld zugreifen. Es liegt auf einem Treuhandkonto.

4 **Flexibel:** Egal ob eine große Summe auf einmal oder kleine monatliche Raten: Anlegerinnen und Anleger können ihre ETF-Investments flexibel auf sich zuschneiden.

5 **Gute Rendite:** Wer in Welt-ETF investiert, konnte damit im langfristigen Schnitt nominal rund acht Prozent Rendite im Jahr einspielen. So schlugen Privatleute selbst die meisten Fondsprofis.

Egal ob mit nur 25 Euro monatlich oder gar 30000 Euro auf einen Schlag: Mit ETF kann jeder und jede an der Börse auf Hunderte Firmen vom ganzen Globus setzen.

Das Kürzel ETF steht für „Exchange Traded Fund", was auf Deutsch schlicht börsengehandelter Fonds bedeutet. Das Prinzip dieser Papiere ist denkbar einfach: Meistens bilden ETF einen Index ab, dem Sparerinnen und Sparer auf Schritt und Tritt folgen können. Steigt der Aktienindex um zwei Prozent, soll auch der ETF entsprechend zulegen. Verliert das Kursbarometer einige Punkte, gibt auch der börsengehandelte Indexfonds nach. Auch wenn sich das Anlageprinzip simpel anhört, konnten Privatleute damit sogar die meisten Fondsprofis hinter sich lassen.

Was Fondsmanager genau machen, lesen Sie ab Seite 262.

Einfach dem Index folgen

Der Clou des ETF-Erfolgs liegt in der breiten Streuung: Während Anlegerinnen und Anleger mit Einzelaktien richtig danebengreifen können, lässt sich das eigene Geld mit börsengehandelten Indexfonds auf Hunderte oder gar Tausende Aktien verteilen. Wer einem weltweiten Index wie dem MSCI World folgt, hängt sein Geld an den Lauf von rund 1500 Unternehmen aus 23 Ländern (siehe Details ab Seite 63). Damit lässt sich das Risiko über Länder, Branchen und Unternehmen verteilen. Krachen nahezu alle Aktien in einem Crash nach unten, kann sich auch ein breit aufgestellter ETF nicht entziehen. Wer aber grundsätzlich und langfristig an steigende Börsenkurse glaubt, kann über Indexfolger nachdenken.

Was als einfache Idee begann, ist jedoch kompliziert geworden: An der Frankfurter Computerbörse Xetra lassen sich inzwischen rund 1400 Aktien-ETF handeln, doch nur etwas mehr als Hundert davon kann Stiftung Warentest uneingeschränkt als Basisanlage für das eigene Portfolio empfehlen. Denn manche ETF setzen nur auf einzelne Länder, spezielle Branchen oder sogar hochriskante Anlagetrends. Zumindest für die eigene Basisanlage sollten Börsensparer auf einen möglichst breiten Index setzen – am besten weltweit.

Die wichtigsten Weltindizes haben Sie bereits kennengelernt: Wohl am bekanntesten ist inzwischen der Industrieländerindex MSCI World. Noch breiter gibt sich der MSCI All Country World, der neben 23 Industrieländern auch 24 Schwellenländer hinzunimmt. Es muss aber nicht zwingend ein Index aus dem Haus der Indexkonstrukteure von MSCI sein,

Mit ETF zu 100 000 Euro

So konnten Privatleute mit unserem ausgewogenen Pantoffel-Portfolio zum sechsstelligen Ziel kommen.

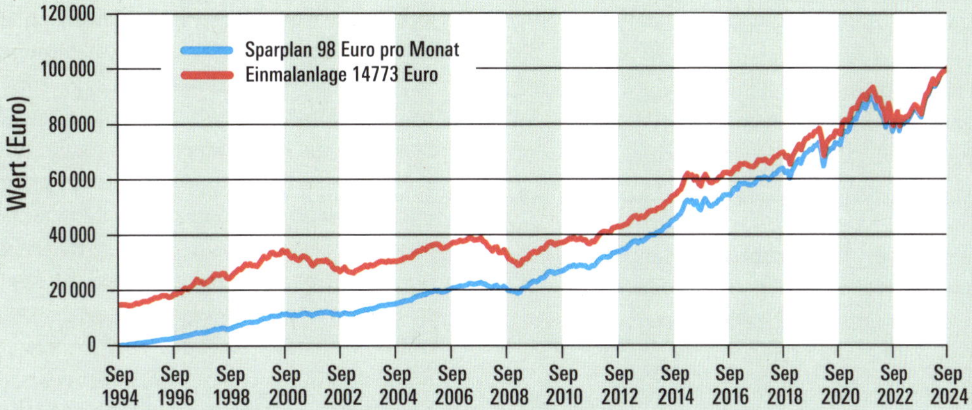

Anmerkungen: 50 % MSCI World, 50 % Euro-Anleihen

Quelle: LSEG, eigene Simulationen Zeitraum: 30.09.1994 – 30.09.2024

inzwischen machen andere Indexfirmen wie FTSE Russell oder Solactive dem Platzhirsch vernehmlich Konkurrenz. Weil ETF-Häuser für die Indexlizenzen ordentliche Summen zahlen müssen, sind manche Anbieter im deutschen Markt inzwischen von MSCI zu anderen Indexanbietern gewechselt.

Die Produkte des ETF-Pioniers Vanguard folgen inzwischen den Indizes von FTSE Russell, einer Tochtergesellschaft der Londoner Börse. Die Indexlogik ist dort aber ähnlich: Der FTSE Developed ist ein reines Industrieländerbarometer, der FTSE All World nimmt auch Schwellenländer hinzu. Der französische ETF-Anbieter Amundi setzt inzwischen auf spezielle Weltindizes des Frankfurter Indexanbieters Solactive – zum Beispiel auf den Industrieländerindex Solactive GBS Developed Markets. Für Anlegerinnen und Anleger sind ETF auf solche Indizes als Basisanlage genauso geeignet wie die bekannteren Kurskörbe aus dem Hause MSCI. Entscheidend ist einzig und allein, ob ein Barometer das Geld über möglichst viele Länder, Branchen und Titel verteilt.

Mit ETF die Geldprofis schlagen

In der Vergangenheit konnten sich die Ergebnisse sehen lassen: Im langfristigen Schnitt haben Anlegerinnen und Anleger mit einem Welt-ETF nominal rund 8,2 Prozent Rendite pro Jahr erzielen können. Stiftung Warentest hat in einer Rechnung sogar alle denkbaren Dreißigjahres-Zeiträume seit 1970 einzeln aufgerollt, also gute wie schlechte Phasen gleichermaßen. Das Ergebnis? Im Mittel hätten schon 80 Euro monatlich gereicht, um am Ende sage und schreibe 100 000 Euro im Depot zu haben – zumindest, wenn man Inflation und Steuern einmal außen vor lässt.

Mit ETF zu 100 000 Euro? Unsere Rechnungen: test.de/100k

Wer eine größere Summe auf einmal anlegen wollte, hätte es im Mittel schon mit rund 9 600 Euro zur sechsstelligen Depotanzeige gebracht. Wohlgemerkt trotz Ölkrise in den 1970er-Jahren, Japan-Crash Ende der 1980er-Jahre, Dotcom-Blase zur Jahrtausendwende oder Finanzkrise und Corona-Crash. All diese Ereignisse stecken in der Detailuntersuchung von Stiftung Warentest nämlich drin, die Zahlen sind also keine Schönwetter-Rechnung.

Investor-Info

Die Paketlösung für alle. Wer als Anlegerin oder Anleger keinen Stress haben möchte, kommt theoretisch schon mit einem einzigen Aktien-ETF aus. Um das Aktienuniversum hinreichend abzudecken, reichen Weltindizes wie der MSCI World oder MSCI ACWI vollkommen. Mehr zu diesen Barometern ab Seite 63.

Eigene Ideen umsetzen. Ambitionierte Zeitgenossen können mit ETF im Depot auch gewisse Akzente setzen. Am tonangebenden Börsenplatz Xetra gibt es rund 1 400 Aktien-ETF für alle erdenklichen Branchen, Länder und Anlageideen. Mehr zu passenden Beimischungen ab Seite 193.

Portfolio-Profi werden. ETF-Interessierte sollten Basisanlagen und Beimischungen gut auseinanderhalten. Eine ganz andere Variante sind perfekt austarierte Portfolios aus unterschiedlichen Regionen-ETF, Rohstoff- und Anleihe-ETF. Mehr dazu ab Seite 190.

Wie erfolgreich sich Weltindizes wie der MSCI World im Kräftemessen mit aktiven Fondsprofis schlagen, prüft der Indexanbieter S&P Dow Jones Indices regelmäßig in einer Art Indexduell. Die aktiven Fonds treten schließlich an, um für ihre Kundinnen und Kunden höhere Renditen einzuspielen als ein simpler Weltindex. Im Check der Indexmacher müssen die Finanzprofis mit ihren Produkten einen zweistufigen Test überstehen: Einerseits zählt, ob die Fonds ihren Anlegern und Anlegerinnen eine bessere Rendite gebracht haben. Andererseits müssen die Fonds jedoch auch mehr als nur ein paar Jahre überleben. Viele Fondsgesellschaften stellen schlechte Produkte nämlich klammheimlich wieder ein, um deren maue Performance zu verschleiern.

Das verblüffende Ergebnis der Ratingleute: An einem Durchschnittsbarometer für globale Aktien beißen sich nahezu alle Fondsprofis die Zähne aus – trotz bester Ausbildung, großer Analyseabteilungen und riesiger Datenmodelle. Auf ein Jahr geblickt schafften es gerade einmal 20 Prozent der weltweit anlegenden Fonds an der Börse unter dem Strich einen Weltindex zu schlagen. Über fünf Jahre gelang es lediglich noch fünf Prozent der Weltaktienfonds, sich einerseits am Markt zu halten und obendrein besser abzuschneiden als der Index. Über zehn Jahre schnurrte diese Erfolgsquote wohlgemerkt auf weniger als zwei Prozent zusammen (siehe Tabelle rechts). Im Klartext: In 98 Prozent aller Fälle lieferte ein simpler Weltindex auf lange Sicht bessere Ergebnisse als studierte Fondsprofis. Da viele Privatleute im Laufe ihres Lebens sogar mehrere Dekaden an der Börse investieren, sind diese Ergebnisse dramatisch.

Ein Grund für die schwache Performance der aktiven Fonds sind ihre hohen Kosten. Bei weltweiten Aktienfonds verlangen die Anbieter pro Jahr gut und gerne 1,5 bis 2,0 Prozent laufende Gebühren, dazu kommen oft einmalig fünf Prozent Ausgabeaufschlag beim Kauf und im Zweifel noch Erfolgsgebühren, wenn der Fonds besonders gut läuft. Die Anlagehäuser müssen schließlich hoch bezahlte Geldverwalter beschäftigen, ein Heer an Aktienanalystinnen, Wertpapierhändlern und Marketingleuten. Wollen die Anlageprofis besser abschneiden als der Index, müssen sie die Gebühren aber erst wieder „hereinverdienen".

Zum Vergleich: ETF brauchen kaum menschliche Betreuung durch Mitarbeiterinnen und Mitarbeiter des Fondsanbieters und kosten daher weniger. Viele Aktien-ETF verlangen inzwischen bloß noch 0,2 Prozent der angelegten Summe pro Jahr, die günstigsten Papiere weisen nur noch Kosten von 0,03 Prozent aus, und selbst speziellere ETF kosten meist höchstens 0,7 Prozent pro Jahr. Unter

Viele Fondsmanager schneiden schlecht ab

So viele aktive Fonds mussten sich gegenüber ihrem Vergleichsindex geschlagen geben

		So oft war der Index besser		
Anlagefokus des Fonds	**Vergleichsindex**	**über 1 Jahr**	**über 5 Jahre**	**über 10 Jahre**
Globale Aktien	S&P Global 1200	79,41 %	85,71 %	98,03 %
Europäische Aktien	S&P Europe 350	86,67 %	91,19 %	89,70 %
US-Aktien	S&P 500	67,02 %	95,47 %	98,40 %
Deutsche Aktien	S&P Germany BMI	66,30 %	72,34 %	77,08 %

Quelle: S&P Dow Jones Indices Stand: 31.12.2022 Anmerkung: Die Fonds mussten den Zeitraum überleben und gleichzeitig den Index schlagen. Jeder Fonds ging mit gleichem Gewicht in die Analyse ein.

dem Strich klingt die Bilanz paradox: Zielen Anlegerinnen von vornherein auf das Mittelmaß der Börse, stehen sie am Ende oftmals besser da als ambitioniertere Naturen.

Suchen Sie nicht die Nadel, kaufen Sie den Heuhaufen.

John Bogle, US-Investor

Sicher liegt der Erfolg auch an der guten Streuung: Selbst im deutschen Leitindex Dax konnte eine vermeintlich kreuzsolide Aktie wie der Chemiekonzern Bayer um knapp 80 Prozent fallen, die Titel der einst erfolgsverwöhnten Sportartikelmarke Adidas zwischenzeitlich um mehr als 60 Prozent abstürzen. Von einem annähernden Totalverlust wie bei der insolventen Skandalfirma Wirecard übrigens ganz zu schweigen. Nur wer angesichts solcher Kapriolen auf eine hinreichend große Streuung setzte, konnte die dramatischen Verluste einzelner Titel zumindest etwas glätten.

Den Krisenfall kennen

Auch wenn manche Fans den Dreiklang ETF sogar mit dem griffigen Sprüchlein „einfach, transparent und fair" übersetzen, gehört ein Blick auf die Risiken unbedingt dazu. Im schlimmsten Fall der Börsenhistorie seit dem Jahr 1970 krachte nämlich auch ein Weltindex wie der MSCI World in Euro gerechnet um etwas mehr als 50 Prozent nach unten. Insgesamt hätten Anlegende mit ihrem Investment dann sogar rund 13 Jahre lang im Minus gelegen, bis sie zumindest die Nulllinie wieder erreicht hätten. Dieser schlimmste historische Fall aus den Rechnungen von Stiftung Warentest ist zwar eine gute Orientierung, aber ausdrücklich keine Garantie für die Zukunft, dass es nicht noch schlimmer kommen könnte.

Mehr zu Börsenrenditen ab Seite 12 und 34

Zumindest eine spezielle Sorge brauchen Anlegende im Falle einer Finanzkrise jedoch nicht zu haben: Selbst wenn der ETF-Anbieter in Schieflage gerät oder pleitegeht, müssten sie sich nicht vor übergriffigen Gläubigern fürchten. Denn die börsengehandelten Indexfonds sind juristisch gesehen Sondervermögen. Die Fondsgesellschaft muss die Vermögenswerte der Anlegerinnen und Anleger bei einer speziellen Depotbank buchstäblich „abgesondert" vom eigenen Unternehmensvermögen verwahren. Selbst in einer Krise des ETF-Anbieters können also weder Gläubiger noch der Anbieter selbst darauf zugreifen. Nur um Missverständnissen vorzubeugen: Die enthaltenen Wertpapiere im Fonds können natürlich trotzdem im Wert fallen, das Sondervermögen ist also keine Garantie, den Einsatz wieder herauszubekommen oder mit dem ETF gar Gewinne zu machen. Das Prinzip schützt jedoch davor, dass jemand mit den Wertpapieren im Fonds Schindluder treibt.

Alle Details zur ETF-Konstruktion ab Seite 249

Der ETF-Baukasten für Ihr Portfolio

Egal ob Großbetrag oder monatliche Raten, defensiv oder dynamisch: Schon zwei Bausteine reichen für eine gekonnte ETF-Strategie völlig aus. Das ist bequem – und gleichzeitig renditestark.

Wer hat als Kind nicht auch mit einem Chemiebaukasten experimentiert? Vielleicht funktioniert Geldanlage überraschend ähnlich wie die Experimentierversuche im Kinderzimmer. Wer gut überlegt mehrere Zutaten mischt, kann daraus überraschend viel machen. Wer aber unvorsichtig einfach drauflosmixt, sorgt für unangenehme Überraschungen. In der Geldanlage gilt daher wie im echten Leben: Der gekonnte Mix macht's.

Diese Erkenntnis hat Stiftung Warentest zum Kern der eigenen ETF-Strategie gemacht, die sich ganz simpel nachbauen lässt: das Pantoffel-Portfolio. Egal ob mit 50 Euro im Monat oder mit 50 000 Euro auf einen Schlag, egal ob Zocker oder Zauderer – das Pantoffel-Portfolio von Stiftung Warentest kann jeder oder jede Anlegende im Handumdrehen auf die eigenen Bedürfnisse zuschneiden. Ist das Portfolio einmal aufgebaut, können sich Anlegerinnen und Anleger mit den namensgebenden Pantoffeln entspannt zurücklehnen. Genauso gut können engagierte Privatleute aber auch aktiv werden, das eigene Portfolio verfeinern und es vielleicht noch ein Stück raffinierter machen.

Pantoffel-Portfolio: Zwei Bausteine für Ihr Vermögen

Das Pantoffel-Portfolio besteht aus zwei Bausteinen: Der erste soll die Rendite bringen, der zweite zumindest für ein Stück Sicherheit sorgen. Der Renditebaustein lässt sich dabei am besten mit einem weltweit anlegenden Aktien-ETF füllen, der das eigene Geld über Länder, Branchen und Firmen verteilt. Alle Details zu den Weltbarometern und ihren feinen Unterschieden gibt es ab Seite 63 kompakt.

Der Sicherheitsbaustein lässt sich wiederum einfach mit Zinsanlagen befüllen: Theoretisch kommen Tages- und Festgeld dafür genauso infrage wie recht sichere Euro-Anleihe-ETF. Mehr zu diesen Zinsanlagen, mit denen sich ein Teil des eigenen Geldes verhältnismäßig sicher parken lässt, gibt es ab Seite 188 und ab Seite 317 mit allen Details.

> **Wer gut essen will, kauft Aktien. Wer gut schlafen will, kauft Anleihen.**
>
> André Kostolany, Börsenlegende

Anlegerinnen und Anleger können sich unser Portfolio ganz auf den eigenen Leib schneidern: Wer als chancenorientierter Mensch vor allen Dingen die Rendite im Blick hat, kann stärker auf Aktien setzen. Wer sich erst an das Thema Börse herantasten will, startet mit einer geringeren Aktienquote – sodass kollabierende Aktienkurse im Ernstfall weniger durchschlagen. Wie Anlegerinnen und Anleger das Verhältnis zwischen Rendite und Risiko optimal mischen und austarieren, haben sie selbst in der Hand.

Zur schnellen Orientierung stellt Stiftung Warentest drei Musterportfolios vor: Die meisten Menschen dürften sich mit der simplen „Fifty-fifty-Strategie" besonders wohlfühlen. In dieser ausgewogenen Depotmischung setzen sie zu 50 Prozent auf Aktien-ETF und zu 50 Prozent auf Zinsanlagen. Wer als offensiver Zeitgenosse an der Börse in die Vollen gehen möchte, setzt zu 75 Prozent auf den Rendite-

Fünf starke Typen für Ihr Portfolio

So hätte eine Einmalanlage mit unserem Pantoffel-Portfolio über 30 Jahre abgeschnitten – je nach Risikotyp.

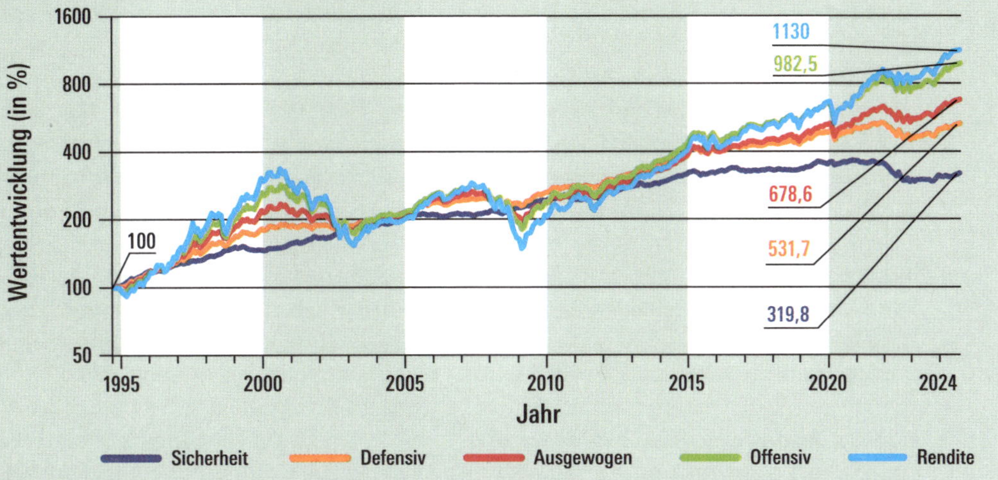

Anmerkung: Simulierte Einmalanlage mit Rebalancing über 30 Jahre
Zinsbaustein: Euro-Anleihen Renditebaustein: MSCI World

Quelle: LSEG, eigene Simulationen Zeitraum: 30.09.1994 – 30.09.2024

baustein und mit nur 25 Prozent auf Zinsanlagen. Vorsichtige Naturen können wiederum 75 Prozent ihres Geldes relativ sicher parken und den Aktienanteil auf 25 Prozent beschränken. Wer den eigenen Risikotyp festlegen will, kann das ab Seite 180 mit einem Fragebogen . Wer gar zum Portfolio-Profi werden will, findet ab Seite 190 Hinweise für Fortgeschrittene.

Starke Renditen für alle Typen

Obwohl die Strategie denkbar simpel ist, können sich die Renditen sehen lassen: Mit allen Varianten hätten Anlegerinnen und Anleger in den vergangenen 30 Jahren ihr Geld ordentlich mehren können. Wer monatlich 200 Euro unter das Kopfkissen steckte, stand am Ende mit 72 000 Euro da. Wer bloß 25 Prozent seiner monatlichen Sparsumme an die Börse geschoben hätte, wäre nach den drei Jahrzehnten mit 133 700 Euro im Besitz eines nahezu verdoppelten Depot gewesen (Stand: 06/23). Ausgewogene Börsennaturen hätten ihr Depot mit der 50/50-Mischung auf ungefähr 178 300 Euro wachsen lassen können. Wer als Offensivnatur 75 Prozent des Geldes am Parkett hätte arbeiten lassen, konnte nach 30 Jahren die Summe von rund 219 800 Euro im Depot leuchten sehen. Rechnerisch wäre das eine Rendite von 6,6 Prozent pro Jahr gewesen.

Wie stark diese Renditen sind, zeigt ein Vergleich mit Portfolios der „Marke Eigenbau“: In einer Untersuchung für Stiftung Warentest haben die Finanzprofessoren Andreas Hackethal und Steffen Meyer rund 40 000 Depots deutscher Privatanleger unter die Lupe genommen, zwischen 2005 und 2015. Setzten Anlegende ihr Depot vollkommen nach Belieben zusammen, schafften sie meist nur 3,1 Prozent Rendite pro Jahr, obwohl beim selben Risikolevel mit simplen Indizes im Schnitt 8,7 Prozent realistisch gewesen wären. Zum Vergleich: Selbst unsere defensive Portfoliovariante mit nur 25 Prozent Aktienanteil hätte als Sparplan über 30 Jahre immerhin 3,8 Prozent Ertrag gebracht – und die anderen Mischungsvarianten wohlgemerkt weitaus mehr.

Mit kleinen Summen einsteigen

Wer noch nicht an der Börse ist, hat dafür trotzdem oft viele Gründe. Immerhin 50 Prozent der „Börsenscheuen“ in Deutschland glauben zum Beispiel, dass am Parkett nur Reiche mitmischen können. Das lässt sich schnell als Mythos enttarnen: Mit dem Pantoffel-Portfolio reichen im Zweifelsfall schon 50 Euro im Monat, um am Parkett zu starten. Wer 25 Euro davon als Sicherheitsbaustein verwahrt, kann weitere 25 Euro einfach per Sparplan in einen Aktien-ETF stecken.

Inzwischen machen übrigens Millionen Menschen hierzulande mit: Laut Daten des Researchhauses Extra-ETF laufen allein bei Direktbanken in Deutschland im Jahr 2024 mehr als vier Millionen ETF-Sparpläne. Doch selbst, wer sich nicht dauerhaft verpflichten will, kann einfach loslegen. Wird es zwischenzeitlich finanziell enger, lässt sich die turnusmäßige Sparrate jederzeit heruntersetzen oder gar ganz stoppen. Nach einer Gehaltserhöhung können Sparerinnen und Sparer die monatliche Rate übrigens genauso nach oben setzen.

Wer mit einem Börseninvestment liebäugelt, sollte jedoch nicht von einer automatischen „Reichtumsmaschine“ träumen. Auch mit den Pantoffel-Portfolios ging es nicht schnurgerade nach oben, zwischendrin mussten Anlegende immer wieder herbe Verluste aussitzen. Zumindest zwischenzeitlich hätte es das eigene Depot in der offensiven Variante um 39 Prozent nach unten gerissen. Spätestens jedoch nach 13,5 Jahren kamen Anlegerinnen und Anleger zumindest in der Vergangenheit stets wieder ins Plus. Wer bloß mit einem Aktienanteil von 25 Prozent unterwegs war, verlor selbst in der Spitze auf dem Papier nur 16 Prozent. In jedem Fall sollten Interessierte für unseren Geld-Baukasten einen Zeithorizont von mindestens zehn Jahren mitbringen.

Der perfekte Start

Während viele mit kleinen Summen schnell loslegen, ist es mit einer großen Einmalinvestment von mehreren Zehntausend Euro psychologisch nicht ganz so einfach. Sind die Kurse gerade gefallen, sorgen sich viele Menschen vor einem weiteren Absturz. Sind die Notierungen hingegen gestiegen, sieht der Aktienmarkt oft korrekturanfällig aus. Im Ergebnis investieren manche Menschen nie – und ärgern sich später gern über verpasste Gewinne.

Stiftung Warentest hat genau nachgerechnet: Wäre es besser gewesen, eine größere Summe auf einmal zu investieren oder das Geld über ein Jahr verteilt in 12 Scheibchen ans Parkett zu schieben? Das Ergebnis wird manche Anlegerin und manchen Anleger überraschen, war doch in 67 Prozent aller Fälle die Variante „All in“ eindeutig besser. Strecken Privatleute ihr Investment über einen längeren Zeitraum, kann am Anfang schließlich nur wenig Geld an der Börse für sie arbeiten.

Umgekehrt gab es aber durchaus Fälle, an denen die Weltbörsen rasant in den Abgrund rauschten. Im schlimmsten Fall hätte sich die Anlagesumme kurz nach dem Investment binnen kurzer Zeit mehr als halbiert, wenn die Kurse ausgerechnet nach dem Börseneinstieg kollabierten. Dann dauerte es im schlimmsten Fall übrigens rund 13 Jahre, um aus dem Schlamassel wieder herauszukommen und mit den eigenen Anlagen zumindest wieder die Nulllinie zu erreichen. Solch dramatische Phasen sind in unserer Analyse seit 1970 jedoch die Ausnahme gewesen. Allerdings sollten Anlegerinnen und Anleger auf ihr Börsengeld auch vor dem Hintergrund solcher Erfahrungen mindestens zehn Jahre verzichten können.

Das Problem: Ob die Börsen kurzfristig steigen oder fallen, kann niemand vorher wissen. Wer sich daher streng an die mathematische Lehre halten will, investiert alles auf einmal – und schnitt in 67 Prozent der historischen Fälle damit besser ab. Wer sich das jedoch partout nicht traut, sollte lieber scheibchenweise vorgehen als gar nicht zu investieren. Wer auf diese Weise am Ende besser schläft, hat psychologisch und finanziell gewonnen. Denn wer jahrelang nur wartet, ließ zumindest in der Vergangenheit den Aufwärtslauf der Börsen einfach an sich vorbeiziehen.

Checkliste

In fünf Schritten zu unserem Pantoffel-Portfolio

- ☐ **Schritt 1: Risiko festlegen.** Überlegen Sie sich gut, welches Risiko Sie emotional eingehen wollen – und finanziell können. Daran bemisst sich, wie stark Sie auf Aktien-ETF oder Zinsanlagen setzen. Schielen Sie dabei nicht nur auf die Rendite, Sie müssen sich schließlich auch im Crash mit Ihrer Entscheidung noch wohlfühlen. Unser Einstufungstest auf Seite 183.
- ☐ **Schritt 2: Depot aufmachen.** Falls Sie noch kein Aktiendepot haben, suchen Sie sich eine günstige Bank. Einmalanlagen sind nahezu überall möglich, monatliches Sparen mit ETF-Sparplänen bieten jedoch nicht alle Institute an. Unsere Tipps zur Auswahl der richtigen Bank oder des passendsten Brokers gibt es ab Seite 342.
- ☐ **Schritt 3: Aktien-ETF auswählen.** Basisanlage sind ETF, die weltweiten Aktienindizes folgen. Als Index eignet sich vor allem der MSCI World. Wer auch Schwellenländer dabeihaben möchte, wählt den MSCI ACWI. Alle Details ab Seite 63.
- ☐ **Schritt 4: Sicherheitsbaustein befüllen.** Wer auf Nummer sicher gehen will, wählt Tages- oder Festgeld. Wer mehr herausholen will, kann über Anleihe-ETF nachdenken. Infos ab Seite 189 und Seite 317.
- ☐ **Schritt 5: Regelmäßig checken.** Prüfen Sie turnusmäßig, ob die ursprüngliche Aufteilung zwischen Aktien- und Zinsbaustein noch stimmt. Sonst heißt es: ausbalancieren. Wie das geht? Ab Seite 372.

Das Depot pflegen

Das Pantoffel-Portfolio ist übrigens nicht nur simpel aufzusetzen, sondern auch einfach zu pflegen: Schon eine Kontrolle im Jahr reicht aus. Sind die Börsen gut gelaufen und der prozentuale Aktienanteil zum Beispiel von 50 Prozent auf 60 Prozent angeschwollen, sollte man das Portfolio wieder ins Gleichgewicht bringen. Bei einem eigentlich defensiven Pantoffel sollten Anlegerinnen und Anleger einschreiten, wenn der Aktienanteil über 35 Prozent steigt. Bei der offensiven Portfoliovariante können Anlegerinnen und Anleger ihren Aktienanteil zurechtstutzen, wenn der Baustein plötzlich mehr als 85 Prozent des Gesamtportfolios ausmacht. Mehr zur Pflege des Pantoffel-Portfolios lesen Sie ab Seite 370.

Eine Garantie für Zusatzgewinne ist das Rebalancing übrigens nicht. In manchen Phasen brachte das Ausbalancieren leicht bessere Renditen, in anderen leicht schlechtere. Aus unserer Sicht sprechen vor allem zwei psychologische Fakten für die kontinuierliche Depotpflege: Anlegerinnen und Anleger verhindern so, dass das eigene Depot zu weit von der eigenen Wohlfühleinstellung abweicht. Würden Aktien statt geplanten 50 Prozent plötzlich 90 Prozent des Portfolios ausmachen, könnten manche nicht mehr ruhig schlafen.

Andererseits lässt sich so im besten Sinne antizyklisch handeln, also bei Börsenrücksetzern zusätzliche ETF-Anteile günstig einkaufen und von künftigen Kurserholungen anschließend umso mehr profitieren. Andersherum bringen Privatleute schon in guten Börsenzeiten regelmäßig einige Gewinne in Sicherheit und können sich freuen. Weil sich Privatleute damit an klare Regeln halten, wissen sie stets, was zu tun ist – und laufen nicht Gefahr, im Crash vor lauter Angst versehentlich alles zu verkaufen. Alle Details zum perfekten Rebalancing ab Seite 372.

Die Kurse – Trends erkennen und nutzen

Was die Kurse bewegt

Langfristig haben die Weltbörsen einen erstaunlichen Aufwärtstrend hingelegt. Kurzfristig schwanken die Kurse aber heftig. Was die Notierungen treibt? Von A wie Angst bis Z wie Zinsen ist alles dabei.

Das Börsenklima verstehen

Wer kaufen oder verkaufen will, feilscht an der Börse um den perfekten Preis. Aber was beeinflusst die Preisvorstellungen?

Für Millionen Menschen ist es beinahe ein Ritual, bereits wenige Minuten vor der Tagesschau um 20 Uhr den Fernseher einzuschalten. Haben die Wetterleute ihren Bericht von einem Frankfurter Hochhausdach beendet, geht es hinüber in den Handelssaal der Frankfurter Börse. Unweigerlich zoomt die Kamera gegen Ende des Börsenberichts auf die wohl bekannteste Anzeigetafel des Landes: Weiß auf schwarz lässt sich für einige Sekunden der Lauf des deutschen Leitindex Dax verfolgen. Mal macht die Indexlinie einen Satz nach oben, mal klettert sie etwas mühsam, um an anderen Tagen abzubröckeln.

Wie in einem Brennglas verdichten sich an der Börse ganz unterschiedliche Entwicklungen: Mal sorgen Unternehmen mit neuen Produkten für Aufsehen, mal verkünden Politiker eine wirtschaftspolitische Trendwende. Im nächsten Moment schwächelt die deutsche Konjunktur, weil im Riesenreich China eine Immobilienkrise tobt. Wenn die Notenbanken in Krisensituationen jedoch eingreifen, kann der Trend auch schnell wieder nach oben drehen – zumindest, solange keine Kriege und Krisen die Weltbevölkerung erschrecken.

Was auf den ersten Blick verwirrend wirken mag, ist zugleich Kern des Faszinosums Börse: Der Aktienhandel bringt Wirtschaftsdaten, Unternehmensergebnisse und politische Entscheidungen mit psychologischen Effekten zusammen. Doch keine Sorge: Schon mit solidem Basiswissen, etwas Erfahrung und ein wenig Fingerspitzengefühl lassen sich viele der Kursbewegungen zwar nicht zuverlässig vorhersagen – aber zumindest nachvollziehen.

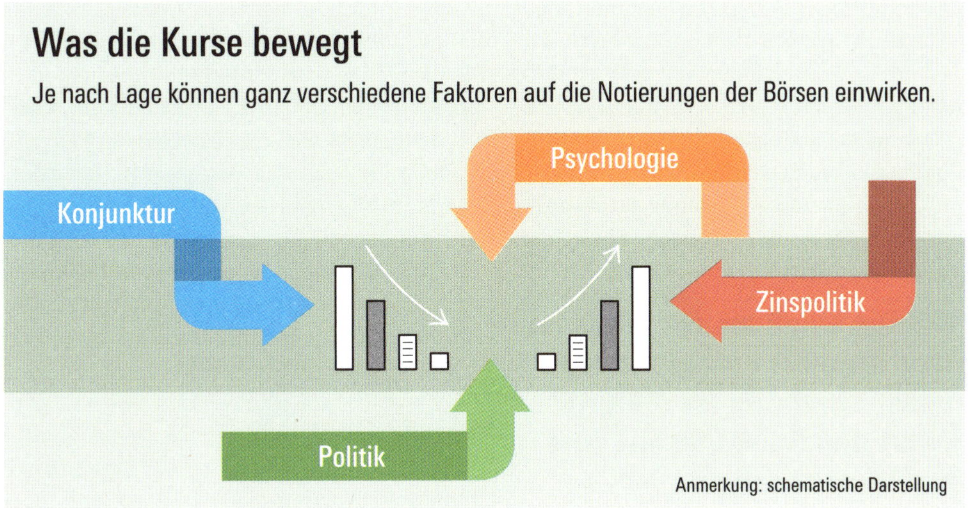

Was den Kurs einer Aktie bestimmt

In den Kurstrend der Aktien fließen einerseits wirtschaftliche Faktoren ein, sie bereiten schließlich den Boden für die Geschäftsentwicklung einzelner Unternehmen. Wie in einem Dominospiel beeinflusst die Konjunkturlage wiederum die Gewinne der Unternehmen, die die Aktienkurse entscheidend mitbestimmen. Wer die Perspektiven von Länderbörsen, Branchen oder Einzelunternehmen beurteilen will, muss am Anfang also grundlegend auf den Zustand von heimischer Konjunktur und Weltwirtschaft schauen.

Doch auch die Wirtschaftslage ist nie mechanisch, sondern von vielen Einzelfaktoren abhängig: Produktion, Löhne, Inflation, Wechselkurse, technische Innovationen oder der Konsum der Menschen – all diese Faktoren wirken auf den Konjunkturtrend ein. Zwar gibt es auch in der Welt der Wirtschaft grundlegende Mechanismen und Daumenregeln, am Ende sind einzelne Volkswirtschaften genauso wie die globale Ökonomie aber komplex.

Besonders gut zeigt sich das, wenn die Geldhüterinnen und Geldhüter der Zentralbanken ins Spiel kommen. Setzen sie die Leitzinsen nach oben, werden Kredite für Unternehmen und Privatleute im Handumdrehen teurer. Während Menschen und Firmen dann weniger ausgeben, kann es umgekehrt allerdings auch positive Effekte haben: Ist die Ausgabelust gedämpft, steigen die Preise nach einer Boomphase vielleicht nicht mehr so schnell und sorgen für mehr Planungssicherheit. Ändert sich also eine wirtschaftliche Stellschraube, greift das gleich in mehrere Rädchen – ganz wie bei einem komplexen Uhrwerk.

Oft kommt es anders als gedacht

Selbst wenn Anlegerinnen und Anleger die wirtschaftlichen Aussichten noch so detailliert analysiert haben, kommt es an der Börse oft anders als gedacht. Russlands Angriffskrieg gegen die Ukraine hatten noch wenige Wochen vor Kriegsbeginn am 24. Februar 2022 nur wenige Expertinnen und Experten kommen sehen, schon wenige Wochen später bedrohte er allerdings die gesamte europäische Energieversorgung.

Das Coronavirus spielten viele Anlegerinnen und Anleger wochenlang noch als „Schnupfen in China" herunter, bevor später ganze Fabriken stillstanden. Der Skandal beim Autobauer Volkswagen um Dieselmotoren im Herbst 2015 kam selbst für Autofachleute als Überraschung. Selbst die genaueste Börsenanalyse hilft am Parkett also nur begrenzt, da niemand die Zukunft vorausahnen kann.

Weil die Kurse an den Börsen immer wieder wild steigen oder rasant fallen, halten viele das Geschehen am Parkett für „verrückt". Doch das Auf und Ab der Kurse zeigt bloß, dass die Finanzmärkte im Sekundentakt neue Informationen aus Wirtschaft, Zinswelt, Politik und Psychologie verarbeiten. Ändern sich die Erwartungen, ändern sich auch die Kurse.

Die Logik an der Börse ist, dass man oft unlogisch sein muss – und das ist die große Kunst des Spekulierens und der Börsenanalyse.

André Kostolany, Börsenurgestein

Warum sich Kurse ändern

Häufig heißt es, dass Angebot und Nachfrage den Kurs von Aktien bestimmen. Gern heißt es in den Medien bei sinkenden Kursen, die Börsenleute seien „in Scharen zu den Ausgangstüren gerannt". Steigen die Kurse, ist wiederum von einem „Run auf die Aktien" die Rede. Das ist zwar nicht gänzlich falsch, aber auch nicht vollkommen richtig.

Damit eine Aktie an der Börse über den Tisch geht und ein neuer offizieller Kurs zustande kommen kann, braucht es schließlich immer zwei Parteien: Kaufinteressierte und Verkaufswillige. Verkauft ein Börsenprofi Aktien, muss sie jemand anderes kaufen – sonst käme schlicht kein Geschäft zustande. Während manche Anlegerinnen und Anleger bei fallenden Kursen vor lauter Angst schnellstmöglich verkaufen wollen, interessieren sich auf der anderen Seite mutige Naturen ganz offensichtlich für ein Schnäppchen – und kaufen die entsprechenden Titel.

Wie Profis Aktien bewerten, lesen Sie ab Seite 134.

Präziser lässt sich sagen, dass Anlegerinnen und Anleger mit Börsenkursen die Zukunft bewerten. Ändert sich ihre Perspektive auf die entsprechende Aktie, Branche oder den Gesamtmarkt, ändert sich auch der Kurs. Die Anlegerinnen und Anleger passen also aufgrund neuer Informationen ihre Erwartungen an die Börsenunternehmen an und verhalten sich entsprechend. Bei schlechten Nachrichten zu einer Firma wollen Kaufinteressierte wahrscheinlich weniger zahlen. Und Verkäuferinnen und Verkäufer wissen, dass sie keine Mondpreise mehr verlangen können. Umgekehrt lassen es sich Verkaufswillige bei guten Nachrichten mehr kosten, ihre Aktien an jemand anderen zu verkaufen – und Interessierte sind bereit, mehr dafür zu bezahlen.

Privatleute sollten das nicht missverstehen: Dass sich Kauf- und Verkaufseite mengenmäßig immer ausgleichen müssen, gilt nur für abgeschlossene Geschäfte. Mit Blick auf reine Interessenbekundungen kann es sein, dass mehr Aktien im Orderbuch zum Verkauf eingestellt sind als Kaufinteresse hinterlegt ist – oder umgekehrt. Im Fall eines Crashs können sogar enorme Unwuchten entstehen, zum Beispiel ein sogenannter „einseitiger Orderstrom" aus Verkaufsorders. Dann müssen je nach Handelsplatz und konkreten Börsenregeln teilweise spezielle Wertpapierhandelsbanken bis zu bestimmten Höchstgrenzen kaufen und sich auf die andere Seite stellen. Oft kommen irgendwann naturgemäß jedoch auch wieder Schnäppchenjäger in den Markt.

Die Kurseffekte verstehen

Das Fazit: Verändern sich die Erwartungen, verändern sich auch die Notierungen. Wer die Kurse an den Börsen verstehen will, muss daher viele Faktoren gleichzeitig im Blick behalten. In den folgenden Abschnitten lernen Sie die wichtigsten Mechanismen an der Börse ausführlich kennen: Konjunktur, Zinsen, Politik und Psychologie.

Nach den grundlegenden Mechanismen zeigen wir an konkreten Beispielen, wie sie wirken – und ob finanzwissenschaftliche Studien etwaige Daumenregeln tatsächlich belegen können. Nach der Lektüre können Sie den Lauf der Kurse ein wenig besser entschlüsseln – und verstehen, warum sich dennoch niemand vom Auf und Ab der Kurse kirre machen lassen muss.

Wie die Konjunktur die Kurse bewegt

Der Trend der Wirtschaft geht auf und ab, ganz ähnlich wie die Notierungen am Parkett. Doch wie groß ist der Zusammenhang zwischen Konjunktur und Kursen wirklich?

„Geh'n Sie mit der Konjunktur" – vielen Menschen ist dieser Cha-Cha-Schlager aus dem Jahr 1960 auch heute noch im Ohr. Im passenden Schwarzweiß-Film fährt das fünfköpfige Jazzensemble um Bandleader Hazy Osterwald im dreiteiligen Anzug, mit Melone und Aktentasche bei einem Abendempfang vor. „Für unsere Aktien ein paar Tipps", erhoffen sich die Männer dort, während sie mit der Hand einen Börsenkurs in die Luft malen und die Wirtschaftswunderzeiten karikieren. „Am Ende verkaufen Sie mit Konjunkturgewinn", so die fromme Hoffnung gegen Ende des Liedes. Wenn es denn nur immer so einfach wäre.

Die Konjunktur gilt als wichtigster Gradmesser einer Volkswirtschaft, denn sie bildet den Zustand der Wirtschaft ab. Langfristig betrachtet gibt es in den meisten entwickelten Ländern spätestens seit der Frühindustrialisierung einen zaghaften positiven Basistrend der Wirtschaftsleistung. Der Gesamtwert aller produzierten Güter wie Autos oder Möbel und aller erbrachten Dienstleistungen wie Hotelübernachtungen und Restaurantbesuche steigt zumindest in der langfristigen Tendenz moderat an.

Auf kurze Sicht schwankt die Wirtschaftslage allerdings, verläuft also in Schlangenlinien um ihren langfristigen Basistrend herum. In manchen Jahren wächst die Wirtschaft stark, in anderen kühlt sie sich ab oder schrumpft sogar merklich. Dass es mit der Konjunktur nicht wie an einer geraden Schnur nach oben geht, hat mit zahlreichen unvorhersehbaren Einflüssen zu tun: Wenn es beispielsweise in China nicht rundläuft, geraten auch deutsche Exportunternehmen in Schwierigkeiten. Beherrschen Nachrichten von Steuererhöhungen oder einer Erdölkrise die Schlagzeilen, zerschlagen sich selbst noch so akribische Kalkulationen der Unternehmen. Schnürt der Staat dann jedoch milliardenschwere Konjunkturpakete, kann die Wirtschaft schnell wieder auf Touren kommen.

Der Zusammenhang zwischen diesem Auf und Ab der Wirtschaft und den schwankenden Börsenkursen ist logisch: Schrumpft die Wirtschaft, schrumpfen schließlich auch die Gewinnaussichten vieler Unternehmen. Anlegerinnen und Anleger müssen ihre optimistischen Prognosen korrigieren, in der Folge sollten auch die Kurse der Aktien sinken.

Wächst die Konjunktur aus ihrem Tal heraus, lesen sich auch die Gewinnprognosen der Unternehmen wieder optimistischer. Weil Anlegerinnen und Anleger bei üppigeren Gewinnen im Schnitt auch mehr Gewinnausschüttungen in Form von Dividenden erwarten, dürften auch die Aktienkurse in der Breite wieder steigen.

Der Konjunkturzyklus

Wollen Anlegende den Lauf der Börse besser nachvollziehen, lohnt es sich, ein gutes Gespür für den Konjunkturzyklus zu entwickeln. Die Schwankungen der Kurse hängen schließlich zumindest teilweise mit den Schwankungen der Konjunktur zusammen – allerdings verlaufen die Börsenkurse in aller Regel nicht exakt parallel zur wirtschaftlichen Lage. Dreht die Konjunktur aus einer Rezession in die Aufschwungphase hoch, nehmen die Börsen das zumindest nach einer Daumenregel oft schon bei den ersten Anzeichen sechs bis neun

Der Zyklus von Konjunktur und Börse

Konjunktur und Börse bewegen sich in Wellen. Zyklische Branchen profitieren, wenn die Wirtschaft wächst. Antizyklische Sektoren legen zu, wenn die Konjunktur schrumpft.

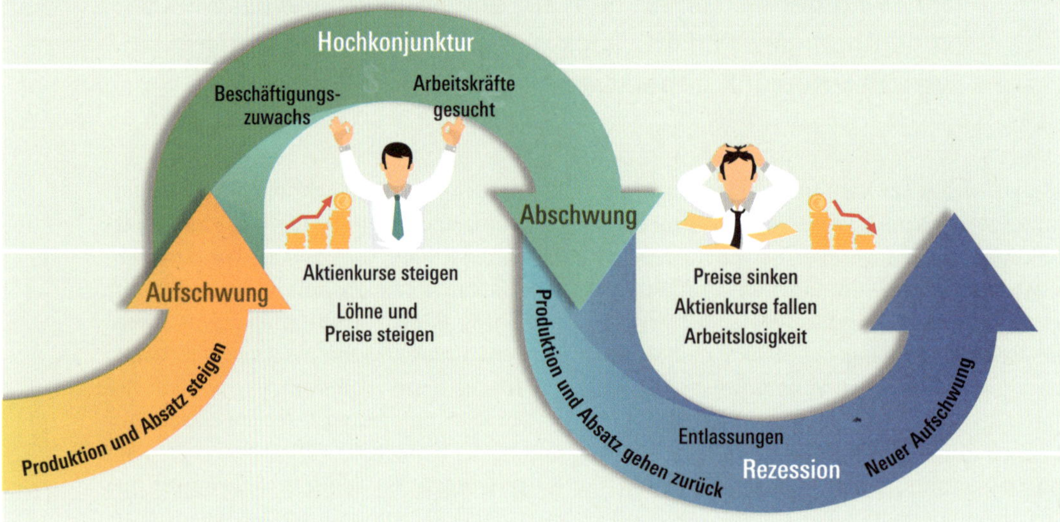

Monate vorher mit steigenden Kursen vorweg. Wer also weiß, wie die konjunkturelle Uhr grundsätzlich tickt, kann auch die Börse besser nachvollziehen. Vereinfacht läuft der Konjunkturzyklus in vier Phasen ab: Aufschwung, Hochkonjunktur, Abschwung und Rezession.

▸ Der Konjunkturaufschwung

In der Phase des Aufschwungs steigt die Nachfrage: Wollen Verbraucherinnen und Verbraucher mehr kaufen und Unternehmen mehr investieren, legt auch die Produktion zu. Weil zum Beispiel die bestehenden Fabriken dann einfach besser ausgelastet sind als zuvor, können Unternehmen mehr produzieren und die allgemeinen Fixkosten wie Miete, Verwaltung oder den eigenen Fuhrpark rechnerisch auf mehr produzierte Produkte umlegen (sinkende Stückkosten).

In dieser ersten Phase des Konjunkturzyklus sind die Löhne auch noch ziemlich stabil. Obendrein können Firmen die Preise ihrer Produkte relativ einfach steigern, weil die Menschen viel kaufen. Aus all diesen Gründen können die Gewinne der Unternehmen deutlich steigen – und damit auch die Börsenkurse.

▸ Die Hochkonjunktur

In Zeiten der Hochkonjunktur boomt die Wirtschaft: Dass die Unternehmen auf Hochtouren produzieren und Mitarbeiterschaft sowie Maschinen voll ausgelastet sind, ist das beste Kennzeichen dieser Phase. Die Krux: Um noch mehr Waren zu produzieren, müssten die Firmen neue Fabrikhallen bauen oder mehr Arbeitskräfte anheuern. Weil die Leute dann jedoch ihre Verhandlungsmacht nutzen, steigen oft die Löhne. Gleichzeitig kosten neue Investitionsvorhaben erst einmal Geld und belasten zumindest auf kurze Sicht die Unternehmenskasse. Oft wächst die Nachfrage zwar auch in Boomzeiten weiter, erhöht sich allerdings nicht mehr so schnell wie vorher. Im Effekt können Firmen ihre Preise nun oft nicht mehr so schnell heraufschrauben wie zuvor, die Unternehmensgewinne wachsen daher langsamer – und die Börsenkurse steigen oft auch nicht mehr so rasant wie im Aufschwung.

▸ Der Konjunkturabschwung

Ist der Boom ausgereizt, wendet sich das Blatt: Im wirtschaftlichen Abschwung sinkt zunächst die Nachfrage, Unternehmen erhalten also weniger Aufträge und produzieren weniger. Manchmal müssen Firmen sogar die Preise senken, um ihre Produkte noch abzusetzen – was die Ertragslage verschlechtert. Da sich viele Fixkosten wie Büromieten oder Löhne gar nicht so schnell reduzieren lassen, steigen rechnerisch die Stückkosten pro produziertem Produkt weiter. Einige Firmen können im Abschwung allerdings besonders lukrative Produkte „vorziehen", um die Gewinne nicht zu stark einbrechen zu lassen. Je weiter der Abschwung jedoch voranschreitet, desto weniger lassen sich Kurzarbeit oder Entlassungen vermeiden. Der Staat versucht in diesen Phasen häufig, mit Konjunkturprogrammen die Wirtschaft zu stützen.

▸ Die Rezession

In der Rezession erreicht der Konjunkturzyklus seinen Tiefpunkt: Die Lage am Arbeitsmarkt wird immer dramatischer, statt Gewinnen verbuchen mehr und mehr Firmen Verluste. Viele Unternehmen bauen Stellen ab, müssen Personal entlassen, manche Unternehmen melden schlussendlich gar Konkurs an. An der Börse sind Rezessionen oft Zeiten, in denen sich Firmen aufspalten, Konkurrenten übernehmen oder unattraktive Geschäftsteile einstellen. Neben den Unternehmen selbst handeln allerdings auch offizielle Stellen: Üblicherweise versuchen Staaten und Notenbanken inzwischen, die dramatischsten Folgen einer Rezession zu glätten. Insbesondere seit dem Zweiten Weltkrieg hat die Zahl der Wirtschaftskrisen deswegen deutlich abgenommen, so zeigen es historische Rechnungen der Deutschen Bank. Konkret senken die Notenbanken im Krisenfall oft die Leitzinsen, machen damit Kredite billiger und wollen mehr Geld in den Wirtschaftskreislauf bringen. Die Regierungen legen bei ihren milliardenschweren Konjunkturpaketen oft nochmals nach oder denken an Steuersenkungen.

Diese Daten zeigen den Konjunkturtrend

Die große Kunst besteht darin, die aktuelle und vor allem die künftige Konjunkturlage zu diagnostizieren. Selbst für Interessierte aus Wirtschaftswissenschaften, Bankentürmen und Unternehmen ist es aber schwierig, Konjunkturphasen zweifelsfrei zu beurteilen. Manchmal wird erst nach einigen Monaten klar, dass die Wirtschaft schon längst in die Rezession gerutscht ist. Nach der Finanzkrise 2007/2008 hatten selbst Fachleute wiederum kaum auf dem Schirm, wie schnell sich die Wirtschaft auch dank staatlicher Stützungsmaßnahmen wieder erholen würde.

Welche Konjunkturphase aktuell herrscht, wie lange sie dauert und wie stark sie ausfällt, ist also oft eine knifflige Fragestellung. Wie sich der Lauf der Wirtschaft in Zukunft entwickeln wird und wo die viel beachteten Wendepunkte zwischen den Konjunkturphasen liegen, ist noch schwieriger abzusehen. Einige Zahlen, Daten und Umfragen können Anlegerinnen und Anlegern jedoch zumindest Anhaltspunkte geben, wie es um die Wirtschaftslage bestellt ist.

▸ Das Bruttoinlandprodukt

Die gesamte Wirtschaft in einer Zahl: Um die Konjunkturentwicklung eines Landes zu beobachten, schauen Wirtschaftsleute im Kern auf das Wachstum des Bruttoinlandprodukts (BIP). Hinter diesem Fachbegriff für die Wirtschaftsleistung eines Landes verbirgt sich vereinfacht gesagt die Summe aller produzierten Waren und Dienstleistungen eines Landes innerhalb einer bestimmten Periode. Dabei interessiert an der Börse vor allem die Veränderung in Prozent zum Vorquartal oder zum Vorjahr, so lässt sich ein Trend erkennen.

In der Mehrzahl der Fälle wächst das Bruttoinlandprodukt von Quartal zu Quartal und von Jahr zu Jahr. Ein erster Anhaltspunkt für eigene Vergleiche kann dabei das „Trendwachstum" der heimischen Volkswirtschaft sein: Seit der Jahrtausendwende wuchs die deutsche Wirtschaft inflationsbereinigt um ein Prozent pro Jahr, zeigen Daten des Statistischen Bundesamtes. Das globale Wachstum laut Weltbank betrug im selben Zeitraum rechnerisch drei Prozent pro Jahr. Ab und an schrumpft die Wirtschaftsleistung aber auch, bei zwei Minusquartalen infolge sprechen Fachleute von einer „technischen Rezession".

Auch wenn das BIP in den Wirtschaftswissenschaften als wichtige Zahl gilt, genießt es an der Börse keinen guten Ruf: Das Statistische Bundesamt veröffentlicht die Wachstumsrate des abgelaufenen Quartals schließlich immer erst zur Mitte des Folgemonats. Zum Beispiel sind die Daten für Januar bis März erst ab Mitte April öffentlich. Weil der Indikator also die Vergangenheit spiegelt, hat er nach einer Auswertung der Analystin Maria Vieira vom Finanzdatendienst LSEG nur untergeordnete Bedeutung für die Börse, sie reagiert akut kaum darauf. Die Anlegerinnen und Anleger schauen lieber in die Zukunft.

Offizielle Konjunkturdaten unter:
destatis.de
imf.org, „Datamapper"

Frühindikatoren unter:
ifo.de
zew.de
pmi.spglobal.com
ismworld.org

Konsumklima unter:
nim.org
data.sca.isr.umich.edu

Jobdaten unter:
arbeitsagentur.de
bls.gov

▸ Die Frühindikatoren

Die Stimmung in den Unternehmen interessiert nicht nur das Personal, sondern auf etwas andere Weise auch die Börse: Aus regelmäßigen Befragungen unter Chefinnen und Chefs versuchen verschiedene Forschungsinstitute den Trend der Konjunktur zu erspüren. Das Münchener Wirtschaftsforschungsinstitut ifo befragt für seinen Geschäftsklimaindex monatlich zum Beispiel rund 9000 Unternehmerinnen und Unternehmer im ganzen Land. Darunter sind nicht nur Industrieunternehmen wie Maschinenbauer, sondern auch Groß- und Einzelhändler sowie Dienstleistungsfirmen wie Restaurants. Im Fragebogen beurteilen die Firmen einerseits ihre aktuelle „Lage", relevanter für die Börse ist jedoch andererseits der Unterindex für die „Geschäftserwartungen" der kommenden sechs Monate.

An der Börse hat der ifo-Index einen guten Ruf, weil Anlegerinnen und Anleger damit direkten Einblick in die Schaltzentralen der Unternehmen bekommen: Die Firmenbosse kennen den Umsatz oder die Gewinnsituation ihrer Firmen schließlich nahezu in Echtzeit. Unter dem Strich glauben viele an der Börse, dass der ifo-Index den Konjunkturtrend schon fünf bis sieben Monate vorher recht gut andeuten kann. Ein Trendwechsel in der Wirtschaftsstimmung gilt nach einer Daumenregel allerdings erst als belastbar, wenn sich die neue Lage drei Monate in Folge zeigt. Legt man ifo-Index und Dax übereinander, bietet sich allerdings ein gemischtes Bild: Mal drehte der ifo tatsächlich vor einem Abbruch des Dax nach unten, mal lief allerdings auch der Dax früher nach oben als das Umfragebarometer – und manchmal gibt es gar keinen erkennbaren Zusammenhang zwischen ifo und Leitindex.

Alternativ lässt sich auch ein Blick auf den ZEW-Index des Mannheimer Zentrums für Europäische Wirtschaftsforschung (ZEW) werfen. Das Institut befragt rund 250 Fachleute aus Banken und Anlagegesellschaften nach ihren Erwartungen für Gesamtkonjunktur, Einzelbranchen, Zinsen, Börsenkurse und Inflationsrate. Da die Bankleute jedoch nicht direkt in den Leitungsetagen der Unternehmen sitzen, gilt der ZEW-Index vielen nur als „zweite Wahl". Weil er jedoch früher als der ifo-Index veröffentlicht wird, reagieren die Börsen laut einer Untersuchung des Finanzprofessors Stefan Mittnik von der Ludwig-Maximilians-Universität München auf ihn zumindest ganz kurz nach der Veröffentlichung oft stärker – er enthält dann schließlich mehr „Neues".

Um die Lage in den Unternehmen besser abschätzen zu können, lohnt übrigens auch der Blick auf die sogenannten Einkaufsmanager-Indizes (auch: PMI, engl. Purchase Manager Index). Die Einkaufsteams in den Firmen besorgen Rohstoffe, Teile und Vorprodukte und müssen daher künftige Lage und Bedarf gut abschätzen können. Für Deutschland, viele andere Länder und Europa veröffentlicht die Ratingagentur S&P Global zusammen mit der Hamburg Commercial Bank jeweils den tonangebenden „Einkaufsmanagerindex", für China inzwischen die Caixin-Einkaufsmanagerindizes. In den Vereinigten Staaten sind wiederum der sogenannte ISM-Einkaufsmanagerindex und der Philly Fed Index einflussreich.

Der Konsum

Wie locker sitzen die Portemonnaies? Geben die Menschen mehr Geld aus und steigt damit der private Konsum, kann das auf die Wirtschaftsleistung durchschlagen. In Deutschland steht der Konsum schließlich für rund 50 Prozent der Wirtschaftsleistung, in den USA fällt er mit knapp 70 Prozent deutlich stärker ins Gewicht. Wer in die Zukunft schauen will, sollte sich daher den GfK-Konsumklimaindex der Gesellschaft für Konsumforschung (GfK) zusammen mit dem Nürnberger Institut für Marktentscheidungen (NIM) ansehen.

Interessant ist für die Börse vor allem die Komponente „Anschaffungsneigung“: Diese zeigt, ob Menschen größere Ausgaben für Autos oder Waschmaschinen derzeit für ratsam halten. Wer die Laune der Verbraucherinnen und Verbraucher in den USA abschätzen will, schaut auf den US-Konsumklimaindex der Uni Michigan. Doch Vorsicht: Nicht immer lassen die Privatleute ihren Worten Taten folgen.

Die Arbeitslosigkeit

Individuell ist die Arbeitslosenquote zwar interessant, am Parkett gilt sie aber als Nachläufer im Konjunkturzyklus. Erst wenn der Aufschwung relativ weit fortgeschritten ist, holen die Unternehmen neues Personal an Bord. Zu Entlassungen kommt es je nach Arbeitsgesetzen erst, wenn andere Mittel wie Kurzarbeit in der Krise ausgereizt sind. Sinkt die Arbeitslosenquote, gilt das am Parkett oft übrigens als Warnsignal. Weil Unternehmen im nächsten Schritt wegen des härteren Wettbewerbs um Fachkräfte oft höhere Löhne zahlen müssen, schlägt das auf die Gewinne.

In den USA beobachten Profis übrigens engmaschiger als hierzulande, wie viele Stellen Unternehmen neu schaffen. Das hat mehrere Gründe: Einerseits schlagen konjunkturelle Schwankungen aufgrund der laxeren Arbeitsgesetze dort schneller auf die Arbeitslosenzahlen durch. Andererseits soll die US-Notenbank Fed neben stabilen Preisen auch Vollbeschäftigung erreichen. In Europa ist das nicht als explizites Ziel der Europäischen

HÄTTEN SIE'S GEWUSST?

Die Börse kennt eine ganze Reihe ungewöhnlicher Konjunkturindikatoren:

Je mehr **Rekordhochhäuser** gebaut werden, desto absturzgefährdeter ist die Wirtschaft. Glauben zumindest Anhänger des Wolkenkratzer-Indikators, weil es vor den Finanzkrisen 1929 und 2007 so war.

Wie oft taucht das **R-Wort** in Zeitungen auf? Finanzprofis werten die Texte inzwischen jedenfalls vollautomatisch aus: Je häufiger die Blätter von einer Rezession schreiben, desto näher sei sie auch.

Wenn in Abschwüngen nur noch der kleine Luxus drin ist, verkaufen sich **Lippenstifte** besser als teure Parfums. Wer's glaubt, kann daher auf die Verkaufskurven schauen.

Der ehemalige US-Notenbankchef Alan Greenspan scherzte, Männer würden in einer extremen Wirtschaftskrise weniger Unterhosen kaufen – und schuf das **Boxershorts-Barometer**.

Welche Aktien für welche Konjunkturphase?

In jeder Konjunkturphase profitieren andere Branchen. Die Tabellen zeigen die drei besten Branchen je Phase.

Aufschwung

Branchen	langlebige Konsumgüter	Rohstoffe	Technologie
Rendite p. a. [1]	33,1	29,3	28,4
Besser als breiter Markt	86 % der Fälle	71 % der Fälle	71 % der Fälle

Boom

Branchen	langlebige Konsumgüter	Finanzwerte	Technologie
Rendite p. a. [1]	16,6	18,7	21
Besser als breiter Markt	73 % der Fälle	91 % der Fälle	82 % der Fälle

Abschwung

Branchen	Gesundheit	Basiskonsum	Industrie
Rendite p. a. [1]	15	14,6	11,9
Besser als breiter Markt	73 % der Fälle	73 % der Fälle	73 % der Fälle

Rezession

Branchen	Basiskonsum	Gesundheit	Versorger
Rendite p. a. [1]	1	-2,91	-1,6
Besser als breiter Markt	86 % der Fälle	86 % der Fälle	100 % der Fälle

Quelle: SPDR Americas Research Zeitraum: 1960–2019
Anmerkungen: Rechnung mit US-Börsendaten von Fama/French;
1) Renditedurchschnitt: bei Zeitraum > 1 Jahr: annualisierte Rendite; < 1 Jahr: kumulierte Rendite

Zentralbank (EZB) definiert. Weil die US-Leitzinsen global wichtig sind, schlagen die US-Arbeitslosendaten deutlicher auf die Börsen durch. Laut Datendienst LSEG beeinflussten Überraschungen bei den Arbeitsmarktdaten die US-Leitbörsen kurzfristig sogar am deutlichsten von allen Konjunkturdaten.

So reagiert die Börse auf die Konjunktur

In den unterschiedlichen Phasen des Konjunkturzyklus ist auch die Börse mit unterschiedlicher Geschwindigkeit unterwegs: Fachleute des Vermögensverwalters Fidelity haben für den weltweit tonangebenden US-Aktienmarkt mehr als ein halbes Jahrhundert konjunktureller Auf- und Abschwünge analysiert, von 1962 bis 2022. Dabei lieferte der besonders breit aufgestellte US-Börsenindex Russell 3000 in US-Dollar gerechnet rechnerisch pro Jahr im Schnitt folgende Renditen:

- **Aufschwung:** 20 Prozent pro Jahr,
- **Hochkonjunktur:** 14 Prozent pro Jahr,
- **Abschwung:** 5 Prozent pro Jahr,
- **Rezession:** –15 Prozent pro Jahr.

Ein breiter Börsenindex wie der US-amerikanische Russell 3000 bietet jedoch nur einen Blick aus der Vogelperspektive auf den Aktienmarkt, einzelne Branchen können sich je nach Konjunkturphase vollkommen unterschiedlich entwickeln. Das Fondshaus SPDR hat für den weltweit tonangebenden US-Aktienmarkt untersucht, welche Branchen sich seit 1960 am besten entwickelt haben – je nach Konjunkturphase (siehe Tabelle links). Solide Langfristzahlen für den deutschen Aktienmarkt oder gar die Weltbörsen gibt es leider nicht, weil belastbare Konjunktur- und Börsendaten hier oft nicht weit genug zurückreichen.

Zumindest in den USA profitierten in der Vergangenheit im heraufziehenden Aufschwung zinsabhängige Sektoren oft am schnellsten: In der Rezession hat die Notenbank idealtypisch ihre Zinsen gesenkt, Kredite sind billig, gleichzeitig steigt die Konsumlaune der Privatleute. Von dieser Mischung profitierten die Hersteller „langlebiger Konsumgüter" wie Autos oder Elektronikgeräte. Industrieaktien profitierten vom beginnenden Aufschwung, IT-Firmen von höheren Firmenausgaben für Software und Hardware.

Ging der Konjunkturzyklus in seine Boomphase über, profitierten vor allem Finanzwerte, Technologietitel und langlebige Konsumgüter relativ zuverlässig. Weil Firmen an ihre Kapazitätsgrenzen stoßen, nehmen sie mehr Kredite auf und beflügeln bei steigenden Zinsen die Erträge der Finanzfirmen. Gleichzeitig profitierten die Hersteller langlebiger Konsumgüter, weil auch Privatleute im Boom vielleicht besonders bereitwillig Kredite aufnehmen und Geld ausgeben.

Ist der Scheitelpunkt der Konjunktur überschritten, sorgte die Abschwungphase für gänzlich neue Gewinner am Parkett. Viele Anlagehäuser suchen sich nun weniger konjunkturabhängige Titel, sogenannte defensive Werte. Häufig profitierten dann die Hersteller von Basiskonsumgütern wie Lebensmitteln, Shampoos oder Pharmaaktien.

Stürzt die Wirtschaft schließlich in die Rezession, geht es taktischen Aktienprofis meist nicht mehr um üppige Gewinne. Stattdessen suchen sie Branchen, mit denen sie Verluste bestmöglich vermeiden können. Während Immobilienfirmen, Rohstoffunternehmen und Industriewerte in Rezessionsphasen oft zweistellig verloren, hielten sich Versorger, Basiskonsumgüter oder Gesundheitstitel zumindest in der Vergangenheit besser.

Investor-Info

Mit dem Konjunkturzyklus umgehen

Die Konjunktur ignorieren. Kurzfristig sorgt die Konjunktur für Auf und Ab bei den Kursen. Auf Jahrzehnte geblickt, gibt es finanzwissenschaftlich aber keinen Zusammenhang zwischen Konjunktur und Aktienindizes. Beruhigend: Langfristig stiegen die Weltbörsen trotz Auf und Ab, sodass niemand Konjunkturkapriolen überbewerten muss.

Rezessionen nicht fürchten. Zahlen des Anlagehauses Dimensional zeigen, dass selbst bei Rezessionen niemand in Panik verfallen muss. In drei Viertel aller Rezessionen in den USA standen die Kurse des Gesamtmarkts zwei Jahre nach Beginn der Wirtschaftsflaute höher als zu Beginn der Problemphase.

Antizyklisch handeln. Sind die Aktien im Boom der Konjunktur nach oben gelaufen, ließe sich ein kleiner Teil der Gewinne versilbern. Sind die Aktienkurse in einer Rezession abgesackt, ließe sich nachkaufen – und von der oftmals folgenden Erholung profitieren. Mehr über dieses Rebalancing ab Seite 372.

Konjunkturwetten einordnen. Manche Anlegende wollen in jeder Phase des Konjunkturzyklus auf passende Branchen setzen. Mit strategischem Vermögensaufbau haben solche Manöver jedoch nichts zu tun, eher mit Spekulation. Für Offensivspieler ist das völlig erlaubt – man sollte es jedoch inhaltlich klar trennen. Mehr dazu ab Seite 126.

Konjunkturwetten begrenzen. Wer unbedingt eine Wette wagen will, sollte nicht zu sehr ins Risiko gehen. Eine Möglichkeit: Zwei passenden Branchen-ETF jeweils fünf Prozent Gewicht im Risikobaustein des eigenen Portfolios einräumen. Das passt zu unserem Core-Satellite-Modell ab Seite 193.

Erfolgsfaktoren kennen. Für eine gelungene Wette müssten Anlegerinnen und Anleger nicht nur die passende Branche ausfindig machen. Auch der Einstiegszeitpunkt und obendrein der Verkaufstermin müssten stimmen. Das zeigt, dass solche Wetten in Wirklichkeit nicht eindimensional sind – sondern komplex.

Wie die Notenbanken die Kurse bewegen

Mit ihren Leitzinsen bestimmen die Zentralbanken nicht nur den Preis des Geldes. Was die Zentralbankräte entscheiden, treibt auch die Börsen.

Don't fight the Fed – so sagen es die Finanzprofis an der New Yorker Wall Street gerne. Anlegerinnen und Anleger sollten sich bei ihren Entscheidungen an der Börse nie gegen die Zinspolitik der US-Notenbank Federal Reserve (Fed) stellen. Wie eine Gezeitenkraft am Finanzmarkt setzten deren Zinsentscheidungen nämlich gigantische Geldströme in Gang, ganz wie Ebbe und Flut im Meer. Dabei gilt: Senkt die „Fed" die Zinsen und flutet den Finanzmarkt zumindest sprichwörtlich mit Geld, kann die große Aktieneuphorie beginnen. Erhöht die Notenbank die Leitzinsen, sollten Anlegerinnen und Anleger vorsichtig werden.

Das ist nicht nur ein nettes Sprüchlein: Neben den realwirtschaftlichen Daten sind die Zusammenhänge im Geldsystem der zweite wesentliche Entscheidungsfaktor für die Kurse. Aber warum sind Notenbanken wie die hiesige Europäische Zentralbank (EZB) oder die amerikanische Federal Reserve (Fed) überhaupt so mächtig? Wie schlagen Leitzinsen auf Börsenkurse durch? Die Grundüberlegungen sind einfach:

1. **Ist viel und billiges Geld am Markt,** konsumieren die Menschen, expandieren die Unternehmen und sucht sich das Geld mitunter auch direkt seinen Weg an die Börsen. All das treibt tendenziell die Kurse.
2. **Ist das Geld knapp und wegen hoher Zinsen teuer,** entsteht tendenziell Druck auf die Aktienkurse. Privatleute kaufen bei hohen Zinsen schließlich weniger auf Pump. Anlageprofis schichten Geld in Anleihen um, die nun besser verzinst werden. Beides belastet Aktien.

Stabile Preise als oberstes Ziel

Mit ihrer Zinspolitik wollen die großen Zentralbanken für stabile Preise sorgen, das ist in der Regel ihr oberstes Ziel. Würden die Preise allzu rasant klettern, könnten sich die Menschen von ihrem Geld weniger kaufen – und bei besonders gravierenden Inflationsraten vielleicht sogar das Vertrauen in die Währung verlieren. Die Europäische Zentralbank peilt daher eine Inflationsrate von zwei Prozent pro Jahr an, die streckenweise leicht überschritten oder unterschritten werden darf. Droht sich die Inflationsrate im Euroraum zu stark von diesem Ziel nach oben oder unten abzulösen, muss die Zentralbank einschreiten.

Dafür muss die Notenbank gewissermaßen Realwirtschaft und Geldwirtschaft miteinander vergleichen: Damit die Wirtschaft rundläuft, muss, einfach gesprochen, schließlich die Versorgung mit Geld stimmen. Sind aber zu wenige oder zu viele Geldmittel im Finanzkreislauf, kann das zu Problemen führen. Gibt es zu viel Kapital für zu wenige Güter, steigen tendenziell die Preise und es kommt zur Inflation – so hat es der bekannte Wirtschaftsprofessor Milton Friedman einst formuliert.

Wächst die Geldmenge angesichts eines bestimmten Wirtschaftswachstums umgekehrt nicht angemessen mit, kann die Wirtschaft nicht florieren und die Konjunktur leidet. Idealerweise sollten die Geldmittel in einer Volkswirtschaft also zur Produktionsmenge passen. Auch wenn manche Schlussfolgerungen Friedmans heute umstritten sind, haben viele Zentralbanken Preisstabilität als oberstes Ziel definiert und versuchen sie unter anderem über Geldmenge sowie Zinsen zu steuern.

So entwickelten sich die Leitzinsen

Mit ihren Leitzinsen wollen die Notenbanken die Inflation unter Kontrolle halten. An der Börse kann das für Euphorie sorgen – oder für Zinsschocks

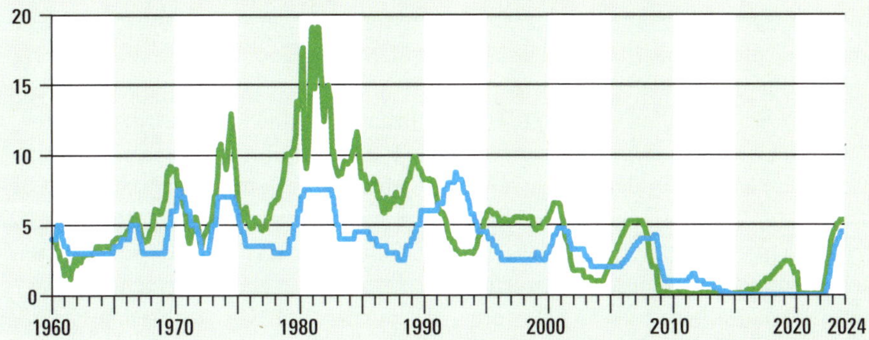

Quelle: Deutsche Bundesbank, St. Louis FED Anmerkung: bis 12/98 Diskontsatz der Deutschen Bundesbank, ab 1/99 Hauptrefinanzierungssatz der EZB; für USA: Effective FED Funds Rate

Geldmenge

Profis wissen, dass die Zentralbanken unter der Geldmenge nicht bloß alle Scheine und Münzen verstehen. Denn auch Geld auf Giro- und Tagesgeldkonten können Privatleute am Schalter oder Automaten schnell in Bargeld umwandeln. Auch bei Sparbüchern und Festgeldern mit bis zu zwei Jahren Laufzeit müssen die Geldhüter damit rechnen, dass Privatleute das Geld absehbar ausgeben. Wenn die Zentralbanken also von der Geldmenge sprechen, schauen sie nicht nur auf das Bargeld, sondern viel häufiger auf die breit definierte Geldmenge mit dem Fachnamen M3 (M wie Money, engl. Geld). Sie umfasst Bargeld, Einlagen auf Giro- oder Tagesgeldkonten, Spareinlagen wie Sparbücher, Termineinlagen wie Festgelder mit bis zu zwei Jahren Laufzeit sowie Geldmarktfonds – und bietet daher einen besonders breiten Blick auf die Geldbasis eines Wirtschaftsraums.

Laufen Geldmenge und Produktion zu weit auseinander, sollte sich das in den Preisen zeigen. Steigen die Preise in einer Inflationsphase rasant oder fallen sie in einer Deflation immer weiter, gerät das Gleichgewicht einer Volkswirtschaft aus dem Takt. Allzu ruckartige und deutliche Veränderungen der Konsumentenpreise sind daher Schreckgespenster für Notenbanken und Börsen zugleich:

▸ Inflation schadet der Wirtschaft

Bei einer Inflation steigen die Preise schneller als das Angebot an Waren. Das kann zum Beispiel passieren, wenn die Geldmenge angesichts des Wirtschaftswachstums zu schnell wächst, wenn der Staat mit Aufträgen die Wirtschaft anheizt oder Rohstoffkosten urplötzlich steigen. Sparerinnen und Sparer können sich in Inflationszeiten weniger von ihrem Geld kaufen, das heißt, die Kaufkraft des Geldes sinkt. Das ist nicht nur persönlich problematisch, sondern auch gesamtwirtschaftlich: Zwar können die Unternehmen anfänglich durchaus üppigere Gewinne schreiben, auf längere Sicht fällt ihnen aber die stabile Kalkulationsgrundlage weg. Firmen können also schlechter abschätzen, wie sich Löhne, Rohstoffpreise oder Lagerkosten entwickeln. Die Folge: Sie investieren wegen der Unsicherheit weniger, das normale Wirtschaftsleben gerät aus dem Gleichgewicht.

▸ Deflation führt zu Depression

Manchmal fallen die Preise in einer Volkswirtschaft sogar, was noch viel gravierendere Folgen hat. Gerade bei teureren Produkten wie Autos, Waschmaschinen oder Fernsehern schieben Kundinnen und Kunden ihre geplanten Käufe plötzlich auf, weil sie auf noch günstigere Preise in einigen Monaten hoffen. In der Folge kommt eine wirtschaftliche Abwärtsspirale in Gang, die sich zu einer Depression ausweiten kann. Unternehmen trifft diese Deflation übrigens gleich doppelt: Einerseits verkaufen sie weniger, andererseits können sie ihre Kosten aber nicht endlos senken. Löhne für die Verwaltung oder Mieten müssen die Firmen schließlich teilweise unabhängig vom tatsächlichen Output zahlen.

So funktioniert die Zinspolitik der EZB

Für Zentralbanken ist es also wichtig, die Preisentwicklung unter Kontrolle zu bringen. Das versuchen sie, indem sie Einfluss auf die Geldmenge nehmen, allen voran mit den Leitzinsen. Setzen sie diesen „Preis des Geldes" nach oben oder unten, wollen sie den Geschäftsbanken im Land Liquidität in Form von Zentralbankgeld zuführen oder entziehen.

Sind die Zinsen dafür niedrig, werden sich die Banken viel Geld bei der Zentralbank leihen. Im Normalfall versuchen die Geschäftsbanken dann, mit diesem überschüssigen Geld ertragreich zu wirtschaften. Entweder investieren sie es also in Wertpapiere oder sie reichen es als Kredite an Unternehmen oder Verbraucher aus und kassieren dafür Zinsen. Über den Kanal der Kredite kann das Geldangebot in der Wirtschaft steigen, an der Börse spricht man dann von einer expansiven oder lockeren Geldpolitik. Liegen die Zinssätze der Zentralbank hingegen hoch, werden sich die Banken mit ihrer Kreditaufnahme bei der Zentralbank zurückhalten. In diesen Fällen ist von einer orthodoxen oder straffen Geldpolitik die Rede. In der Regel bewegen die Geldhüterinnen und Geldhüter die Leitzinsen auf ihren Zinssitzungen in Schritten von 0,25 Prozentpunkten nach oben oder nach unten. Auch wenn Medien das oft nahelegen, gibt es nicht nur einen Leitzins der EZB – sondern in Wirklichkeit gleich drei wichtige Leitzinssätze:

1. **Hauptrefinanzierungssatz:** Das war stets der „eigentliche Leitzins": Mit dem Hauptrefinanzierungssatz bestimmt die Zentralbank, zu welchen Konditionen sich Banken bei einer wöchentlichen Auktion Geld von der EZB leihen können, wenn sie sichere Wertpapiere wie Staatsanleihen als Pfand hinterlegen.
2. **Spitzenrefinanzierungssatz:** Er gilt, wenn Banken dringend Geld brauchen: Wollen sich Institute über Nacht bei der EZB Geld leihen, wird der Spitzenrefinanzierungssatz fällig. Dieser Zins markiert de facto die Obergrenze am Geldmarkt, wo sich vor allem Finanzinstitute kurzfristig Geld leihen. Keine Bank würde einer anderen schließlich freiwillig mehr Zinsen zahlen als die EZB verlangt.
3. **Einlagesatz:** Diese Zinsen kassieren Banken: Parken Finanzinstitute bei der Zentralbank über Nacht Geld, bekommen sie den Einlagesatz als Zins. Bieten andere Banken bessere Zinsen, wandern viele Institute dorthin ab.

Wollten Banken die Zinskonditionen für ihre Kundschaft festlegen, starteten sie traditionell immer vom Hauptrefinanzierungssatz aus, zu dem sie sich selbst Geld bei der EZB leihen konnten. Weil die EZB den Instituten nach der Eurokrise aber Staatsanleihen in Billionenhöhe abkaufte, hatten die Banken in der Folge viel überschüssiges Geld. Dieses können sie bei der Zentralbank zum Einlagesatz parken. Geld an die eigene Kundschaft zu verleihen, ist für die Institute dann aber nur attraktiv, wenn sie von ihren Kundinnen und Kunden mehr als den Zinssatz zum Geldparken bei der EZB

Mehr zur Geldpolitik? Buch der Bundesbank: „Geld und Geldpolitik". Kostenlos bestellen: bundesbank.de/bildung

bekommen. Weil die Zinskonditionen der Banken damit faktisch den Einlagesatz als Ausgangspunkt haben, hat ihn die Zentralbank im Jahr 2024 offiziell zum tonangebenden Leitzins bestimmt.

So wirken Zinsen auf die Inflation

Nach der Finanzkrise 2008 senkten die großen Notenbanken ihre Leitzinsen beispielsweise deutlich. Damit wollten sie die Kreditvergabe der Geschäftsbanken ankurbeln, mehr geliehenes Geld unters Volk bringen, die Wirtschaft stützen und damit die Preise treiben. Umgekehrt setzten die Notenbanken die Zinssätze rasant nach oben, als infolge des russischen Angriffskriegs gegen die Ukraine erst die Preise für Energie und Nahrungsmittel rasant stiegen, dann aber auch in der Breite. Damit wollten sie Kredite verteuern und kreditfinanzierte Projekte abwürgen, sodass die gesamtwirtschaftliche Nachfrage abbröckelte und Unternehmen die Preise senken mussten.

Der Einfluss der Geldpolitik auf die Inflation ist jedoch nie mechanisch: Nicht immer können höhere Zinsen tatsächlich etwas gegen die Inflation ausrichten. 2022 stiegen die Rohstoffpreise, weil Öl und Gas teilweise physisch knapp waren – dagegen ist Geldpolitik machtlos. Umgekehrt kann auch eine Menge billiges Geld die Inflation nicht immer zuverlässig anheizen: Theoretisch machen niedrige Zinsen Kredite billig, die Unternehmen müssen sie allerdings auch haben wollen. In den Nullzinszeiten der 2010er-Jahre hielten sich viele Firmen mit Investitionen zurück, viel billiges Geld floss stattdessen an die Börsen.

30 SEKUNDEN FAKTEN

14 %
betrug das Zinsniveau laut Finanzhistorikern im Jahr 1400.

-0,5 %
verlangten manche heimische Banken in der EZB-Zinsflaute der 2010er-Jahre als sogenannte Negativzinsen.

RUND 2 %
sah der EZB-Chefvolkswirt 2024 als „neutralen Zins", der die Wirtschaft der Eurozone weder treibt noch belastet.

Quellen: Prof. Schmelzing, Stiftung Warentest, EZB Stand: 06/2024

Zinsen beeinflussen Aktienkäufe

Die Zinsen beeinflussen das Kursniveau an den Aktienbörsen so stark, weil sie über drei Kanäle gleichzeitig auf die Kurse wirken.

- **Erstens** machen höhere Zinsen natürlich Zinsanlagen im Vergleich zu Aktien attraktiver. Steigen die Zinsen, schichten manche Anlagehäuser ihr Geld oft verstärkt in Zinsanlagen, was die Aktienkurse zumindest tendenziell belastet.
- **Zweitens** belasten steigende Zinsen mit der Zeit die Unternehmensgewinne. Unternehmen müssen für neue Kredite oder Verlängerungen von auslaufenden Kreditlinien schließlich mehr zahlen. Das verursacht zusätzliche Zinskosten, die auf die Finanzen drücken.
- **Drittens** belasten steigende Zinsen auch schlicht den Konsum. Privatleute kaufen angesichts höherer Kreditzinsen oft weniger auf Pump und belasten damit die Nachfrage in der Gesamtwirtschaft.

So wirkt die Zinspolitik

Wenn die Zentralbank an den Leitzinsen schraubt, setzt sie in der Wirtschaft einen Dominoeffekt in Gang. Diese Grafik zeigt schematisch, wie das funktioniert.

Änderung der Leitzinsen durch die Zentralbank:	**↓ Senkung**	**↑ Erhöhung**
Refinanzierung der Banken:	↓ günstiger	↑ teurer
Zinsen für den Kunden:	↓ sinken	↑ steigen
Kreditnachfrage von Unternehmen und Verbrauchern:	↑ steigt	↓ sinkt
Nachfrage im Inland[1]:	↑ steigt	↓ sinkt
Preisniveau:	↑ steigt	↓ sinkt

1) Annahme: gleichbleibendes Angebot

All diese Wirkungsmechanismen lassen sich natürlich auch umdrehen: Sinken die Zinsen, schieben Anlageprofis eher mehr Geld in Aktien, Unternehmen können einfacher Kredite aufnehmen, Privatleute kaufen mehr auf Pump und kurbeln die Wirtschaft an. Dass die Börsenkurse in der Dekade ab dem Jahr 2010 so stark stiegen, war also kein Zufall: Während die Notenbanken ihre Leitzinssätze bis an die Nulllinie senkten und den Einlagesatz für die Banken sogar ins Negative drückten, konnten sich Aktionärinnen und Aktionäre freuen.

Dabei wirken die Leitzinsen der Zentralbanken am Finanzmarkt nicht wie ein Dekret, sondern indirekt. Erhöht die Zentralbank ihre Leitzinsen, müssen auch private Banken mehr zahlen, wenn sie sich dort Geld leihen. Das geben sie natürlich an ihre eigene Endkundschaft weiter, die dann auch mehr für Kredite zahlen muss. Anlegerinnen und Anleger sollten also zwischen den offiziellen Leitzinsen der Zentralbank und dem sogenannten allgemeinen Zinsniveau (auch: Marktzinsniveau) unterscheiden. Die Leitzinsen wirken zwar wie eine Art Anker, das allgemeine Zinsniveau am Finanzmarkt bildet sich aber frei. Besonders stark wirken die Leitzinsen auf das allgemeine Zinsniveau übrigens bei kurzen Laufzeiten, weil sich die Geschäfte der Zentralbank mit den Geschäftsbanken auf kurze Laufzeiten von wenigen Tagen bis Monaten beziehen. Bei längerfristigen Zinsen am Finanzmarkt sind die Leitzinsen nur ein gedanklicher Ausgangspunkt – hier spielen meist auch Risikoaufschläge zum Beispiel für lange Laufzeiten oder schlechte Schuldner noch eine Rolle.

Zinsprognosen unter:
reuters.com
cmegroup.com
federalreserve.gov

Diese Daten zeigen den Zinstrend

Wollen Anlegerinnen und Anleger die Zinspolitik beobachten, sollten sie sich die Zinssitzungen der Notenbanken im Kalender rot anstreichen. Wer sich bereits im Vorfeld ein Bild über die allgemeinen Erwartungen machen möchte, kann sich über die turnusmäßige Zinsumfrage der Nachrichtenagentur Reuters informieren: Rund eine Woche vor jeder Zinssitzung veröffentlicht die Nachrichtenagentur eine Befragung von 90 Bankleuten. Unter dem Suchschlagwort „Reuters ECB Poll Bengaluru“, lässt sie sich im Netz finden, da das dortige Reuters-Büro die Befragungen veröffentlicht.

Alternativ kann man das sogenannte „FED Watch Tool“ der Chicagoer Terminbörse CME kostenlos nutzen. Aus Zinswetten destilliert die Börse eine Wahrscheinlichkeit für Zinssenkungen oder -erhöhungen. Aber Achtung: Das Tool ist keine offizielle Projektion der Notenbank. Wer einen Einblick in die ureigenen Erwartungen der Zentralbankräte bekommen will, muss sich den „Fed Dot Plot“ ansehen. Dort prognostizieren die Notenbankoffiziellen, welche Zinsen sie im aktuellen, den beiden folgenden Jahren und für die längere Zukunft erwarten. Anlegerinnen und Anleger sollten die Daten aber nie für ausgemachte Sache halten, oft genug verändern sich die Zinserwartungen binnen Monaten rasant.

So reagiert die Börse auf die Zinsen

Ist das Mantra „Zinsen runter, Aktienkurse rauf“ tatsächlich mehr als eine grobe Daumenregel? Die drei Londoner Finanzprofessoren Dimson, Marsh und Staunton haben 2016 in einer umfangreichen Datenanalyse über mehr als ein Jahrhundert nachgerechnet: In Phasen fallender Leitzinsen erwirtschafteten die breiten US-Börsen eine Rendite von 9,3 Prozent pro Jahr, in Phasen steigender Leitzinsen nur von 2,3 Prozent pro Jahr.

Am Tag der Zinssitzungen ergaben sich geringere Effekte: Hob die tonangebende US-Notenbank Fed ihr Leitzinsniveau beispielsweise um einen Prozentpunkt, fielen die Kurse in den USA am selben Tag im Schnitt um 0,43 Prozent. Im Normalfall bewegt die Notenbank ihren Leitzins jedoch nicht um einen Prozentpunkt, sondern meist in Schritten von 0,25 Prozentpunkten – sodass der Effekt üblicherweise geringer ausfallen dürfte.

Entscheidender ist die Frage, wie viel davon vorher allgemein erwartet wurde und in den Kursen „eingepreist“ war. Etwas stärker reagierten die Kurse auf Zinsüberraschungen: Lag der Leitzins später 0,25 Prozentpunkte niedriger als erwartet, ließ das die Aktienkurse in den USA historisch im vergangenen halben Jahrhundert akut um rund ein Prozent steigen. Lag der Leitzins nach der Zinssitzung um 0,25 Prozentpunkte höher als erwartet, gab der breite Aktienmarkt um rund ein Prozent nach.

Investor-Info

Mit dem Zinstrend umgehen

Zinszyklen gelassen aussitzen. Wer langfristig anlegt, braucht sich um Leitzinsen nicht zu kümmern. Über Jahrzehnte gibt es immer mal steigende, mal fallende Zinsen. Langfristig stiegen die Weltbörsen.

Keine Angst vor Zinserhöhungen. Auch wenn Zinserhöhungen die Nachfrage belasten, zeigt eine Rechnung der Bank M.M. Warburg: Unternahm die US-Notenbank die erste ihrer Leitzinserhöhungen in einem Zyklus, lag der Aktienleitindex S&P 500 in sieben von neun Fällen nach drei Jahren wieder im Plus.

Zinssenkungen nutzen. Während sinkender US-Leitzinszyklen stieg der US-Aktienmarkt laut Credit Suisse im Schnitt um 9,3 Prozent pro Jahr, wohlgemerkt nach Inflation. Im Schnitt über alle Zinsphasen waren es „nur“ 6,6 Prozent. Sinken die Zinsen, könnte das ein guter Zeitpunkt zum Nachkaufen sein.

Auf den Zinstrend setzen. Ergebnisse der Kapitalmarkforscher Dimson, Marsh und Staunton von 1926 bis 2015 zeigen, dass manche Branchen stärker auf die Zinsen reagierten, zumindest über Jahrzehnte im Schnitt. Wer daher auf spezielle Branchen setzt, sollte das aber als Wette sehen.

Bei steigenden Zinsen handeln. Stiegen die Zinsen der US-Notenbank, schlugen sich Gesundheitstitel, Energietitel und Versorger tendenziell besser als der gesamte Aktienmarkt. Möglicher Grund: Die Nachfrage hängt dort nicht so sehr an der Konjunktur.

Bei sinkenden Zinsen handeln. Geht es mit den Leitzinsen nach unten, profitierten Handelsunternehmen, Hersteller von Basiskonsumgütern wie Shampoos und Hersteller von langlebigen Konsumgütern wie Autos. Mit günstigen Krediten steigt dort die Nachfrage.

Wie die Politik Kurse macht

Egal ob Konjunkturpakete, Handelskriege oder Präsidentschaftswahlen: Immer wieder beeinflusst das Geschehen auf der politischen Bühne auch das Börsenparkett. Anlegerinnen und Anleger können das nutzen.

Eigentlich hatte sich die Wall Street an diesem Dienstag auf einen sonnigen Herbsttag vorbereitet. Auf der New Yorker Fashion Week waren die Wände grellpink besprüht, auf ihrer Titelseite mokierte sich die New York Times über das Frühstücksfernsehen auf allen Kanälen. Im Börsensender CNBC scherzen die Moderatoren noch über igelige Gelfrisuren, bevor sich um 8.46 Uhr New Yorker Zeit die Zeitläufte veränderten.

Als der Sender an jenem 11. September 2001 ein Livebild des nördlichen World Trade Centers einblendet, umhüllt eine dichte Rauchwolke die oberen Etagen. „Wir haben eine Situation mit Feuer", sagt der Moderator etwas ungelenk. Die Indikationen für den S&P 500 bewegen sich zunächst nur wenige Punkte nach unten, dann wieder nach oben. Als rund 15 Minuten später ein zweites Flugzeug kurz vor dem regulären Börsenstart in den rechten Zwillingsturm steuert, wird die Handelssitzung zumindest in den Vereinigten Staaten abgesagt. In Deutschland fällt der Dax um rund neun Prozent, Luftfahrtaktien wie Lufthansa um mehr als 20 Prozent – bevor am frühen Abend auch die Frankfurter Wertpapierbörse das Parkett evakuieren muss.

So reagiert die Börse auf politische Schocks

Egal ob bei den Terroranschlägen am 11. September 2001, beim Atomreaktorunfall von Fukushima oder nach Russlands Angriff auf die Ukraine: Krisen, Kriege oder politische Revolten beherrschen oft nicht nur die Schlagzeilen, sondern auch die Börsenkurse. Während sich zum Beispiel der Geschäftsverlauf von Einzelunternehmen nur in ihren Kursen und der unmittelbaren Konkurrenz zeigt, sind politische Schocks am gesamten Markt zu spüren. Fachleute sprechen dann von „systematischem Risiko", dem sich nahezu keine Aktie entziehen kann.

Die Anlagegesellschaft Rockefeller Capital Management hat die 25 wichtigsten geopolitischen Krisen seit dem Zweiten Weltkrieg verglichen: Im Schnitt sank der US-Leitindex S&P 500 in einer ersten Panikreaktion um rund vier Prozent, erreichte rund zwei Wochen nach den tragischen Ereignissen seinen Tiefpunkt – um im Schnitt schon nach 33 Tagen wieder das Vorkrisenniveau zu erreichen. Dahinter steckt eine klare Logik: Weil viele Anlegerinnen und Anleger in der ersten Panik ihr Geld in Sicherheit bringen wollen, schichten sie in sichere Zinsanlagen um und verkaufen Aktien zu tieferen Kursen. Ist die erste Aufregung vorüber, sind die tatsächlichen Auswirkungen mit etwas Abstand analysiert, verlieren viele Ereignisse ihren Schrecken.

Welche Wirtschaftspolitik mag die Börse?

Nicht immer geht es aber um kurzfristige Schocks oder Krisenherde, die inhaltliche Ausrichtung der Wirtschaftspolitik hat zum Beispiel viel grundsätzlichere Auswirkungen auf die Kurse. Schließlich setzt Wirtschaftspolitik sprichwörtlich den ordnungspolitischen Rahmen, in dem Unternehmen, Beschäftigte sowie Verbraucherinnen und Verbraucher handeln. Egal ob Sicherheitsnormen für Produkte, Steuersätze oder Zölle auf ausländische Produkte, die Rechte von Arbeitnehmern oder das Kartellrecht: Der wirtschaftspolitische Kurs einer Regierung beeinflusst die Gewinne

So bewegten Kanzler und Kanzlerin die deutsche Börse

Kursverlauf deutscher Börsenbarometer je nach Kanzlerschaft – von Amtsbeginn bis Amtsende.

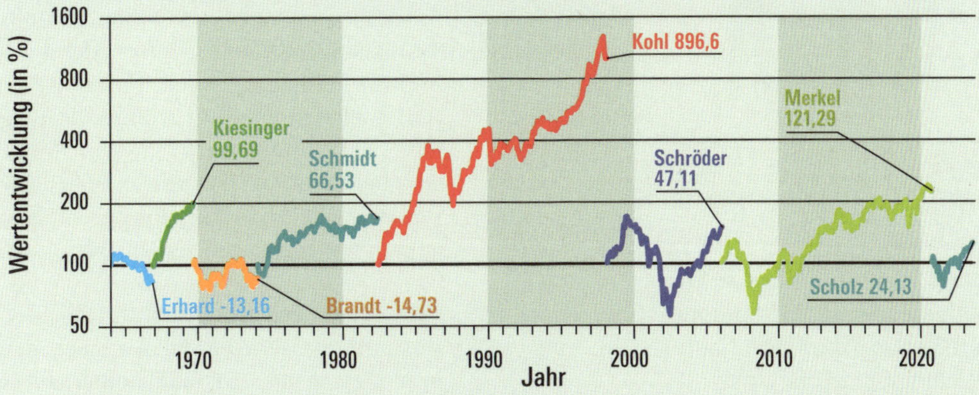

Anmerkungen: bis 12/69 Frankfurt-Topsegment-Serie (FTS), ab 01/70 MSCI Germany Gross; in DM/€; Rechnung mit Monatsendwerten; Beginn der Amtszeit = 100 Quelle: eigene Berechnungen, Stehle/Schmidt, MSCI, BIZ, Bundesregierung Zeitraum: 31.10.1963 – 30.09.2024

von Unternehmen mit, entscheidet über die Attraktivität des Standorts Deutschland. Er trifft damit einzelne Unternehmen, ganze Branchen und tangiert auch die Börsen.

Die Kernfrage lautet dabei, ob die aktuelle Regierung einen eher unternehmensfreundlichen oder arbeitnehmerfreundlichen Kurs einschlägt. Expertinnen und Experten sprechen auch davon, ob die Regierung vor allem Angebots- oder Nachfragepolitik betreibt. Angebotspolitik soll möglichst wenig in die Wirtschaft eingreifen, weil sonst Verzerrungen entstehen könnten. Der Staat solle seine Aufgabe darauf beschränken, den Unternehmen mit verkraftbaren Steuersätzen, gut ausgebildeten Fachkräften und einer guten Infrastruktur belastbare Rahmenbedingungen für ihre Tätigkeit aufzubauen. Allzu üppige Sozialleistungen, Umweltvorschriften oder gar staatliche Monopole lehnt diese Denkrichtung ab. In der Tat kann es die Lage von Unternehmen besonders schnell und direkt verändern, wenn gesetzliche Vorschriften laxer werden. Umgekehrt birgt zu viel Deregulierung auch Krisenpotenzial, wie sich unter anderem in der Finanzkrise ab 2007 gezeigt hat, als reihenweise Institute infolge laxer Bankregeln umkippten.

Nachfragepolitik hingegen soll vor allem die Arbeitnehmerinnen und Arbeitnehmer in den Blick nehmen. Ihr Kerngedanke: Hat die arbeitende Bevölkerung mehr Geld in der Tasche, kann sie auch mehr konsumieren und so das Geschäft der Unternehmen ankurbeln. Besonders in Krisen soll Nachfragepolitik mit üppigen Konjunkturpaketen eine allzu scharfe Rezession verhindern und den Konjunkturzyklus glätten. Der zweite Teil der Theorie wird in den Hauptstädten jedoch gern vergessen: In wirtschaftlichen Boomzeiten sollten die Regierungen mit höheren Steuern eine Rücklage für schlechtere Tage aufbauen.

Maßnahmen wie die Abwrackprämie für alte Autos nach der Finanzkrise 07/08 haben der Nachfragepolitik in Deutschland neuen Aufschwung verliehen und durchaus Erfolge gezeitigt. Umgekehrt können allzu üppige Staatsausgaben jedoch auch die Inflation anheizen. Zumindest manche Expertinnen und Experten sehen in den üppigen Inflationsraten nach der Coronakrise unter anderem eine Folge der Konjunkturprogramme vieler westlicher Staaten, die sich mit Milliardensummen gegen die Schockstarre ganzer Volkswirtschaften während der Lockdownphasen stemmten.

HÄTTEN SIE'S GEWUSST?

In den Wahlprogrammen zur Bundestagswahl 2021 betonte die SPD das Thema Wohlfahrt häufiger als die Linke.

Die Grünen sprachen den Begriff Nachhaltigkeit am häufigsten an, das Thema Freiheit aber seltener als alle anderen Parteien.

Die AfD betonte Wohlfahrt am seltensten, freie Marktwirtschaft dagegen am häufigsten.

Die CDU sprach über Technologie noch häufiger als die FDP.

Quelle: Manifesto Project
Stand: 09/2021

Wirtschaftspolitik ist inzwischen global

Inzwischen ist Wirtschaftspolitik jedoch immer häufiger auch Außenpolitik: Die Unternehmen im deutschen Leitindex Dax machen laut Rechnungen der Investmentbank Morgan Stanley rund 80 Prozent ihres Geschäfts außerhalb Deutschlands, entsprechend wichtig sind gute Beziehungen in andere Weltregionen. Die Daumenregel? Je mehr für offene Grenzen, freien Handel und niedrige Zölle spricht, desto eher zeigen sich die Börsen stabil. Werden allerdings plötzlich Strafzölle für ausländische Produkte verhängt, reagieren die Aktienmärkte empfindlich. Das zeigte sich unter anderem in der US-Politik: Als Donald Trump Strafzölle auf Stahl- und Aluminiumimporte verhängte, verschreckte das die Börsen über Monate. Als Trumps Nachfolger Joe Biden im Frühjahr 2023 europäische Autos von speziellen Steuernachlässen ausschließen wollte, gerieten die Aktien hiesiger Autobauer auf Schlingerkurs.

Wie die Börse bei Wahlen reagiert

An der Börse wetteten die Menschen schon immer gerne auf die Politik: Früher ließ sich an der Londoner Börse spezifisch auf Wahlergebnisse setzen, dann erließ die Börsenleitung in den 1930er-Jahren ein Verbot. Noch immer bewegen Hochrechnungen, Wahlergebnisse und Koalitionsverhandlungen jedoch die Kurse: Zahlreiche internationale Forschungsteams haben inzwischen für mehr als 30 Länder belegt, dass die Aktienkurse in den heißen Wahlkampfwochen unmittelbar vor dem Urnengang etwas deutlicher schwanken als sonst. Weicht die Unsicherheit über den weiteren wirtschaftspolitischen Kurs, weil der Umfragetrend klarer wird oder die Koalitionsverhandlungen voranschreiten, steigen in der Tendenz auch die Börsen.

Mittelfristig ist jedoch der wirtschaftspolitische Kurs entscheidend: Steuerreformen können die Wirtschaft ankurbeln, Konjunkturpakete Trendwenden einläuten und politische Entscheidungen ganze Sektoren für den Wettbewerb öffnen, wie es das Post- oder Telekommunikationswesen in den 1990er-Jahren in vielen Ländern erlebte.

Glaubt man einer beliebten Daumenregel am Parkett, mag die Börse wirtschaftsliberale Kräfte lieber als linke Regierungen. Eine Analyse der Frankfurter Fondsboutique PFP Advisory scheint diese Sicht zumindest für den deutschen Aktienmarkt zu bestätigen: Während der deutsche Aktienmarkt unter CDU-Kanzlerschaft im Schnitt um 14,4 Prozent pro Jahr zulegte, verlor er unter SPD-geführten Regierungen durchschnittlich um 0,3 Prozent pro Jahr.

Anlegerinnen und Anleger sollten solche Auswertungen jedoch nicht für bare Münze nehmen, denn eine Regel lässt sich daraus nicht ableiten: Erstens verhagelte der SPD vor allem der Dotcomcrash in der ersten Schröder-Amtszeit die Bilanz, für den sie aber wenig konnte. Zweitens sieht die Bilanz in den USA genau umgekehrt aus, wie Finanzprofessor Jeremy Siegel nachgerechnet hat: Während die eher marktliberalen Republikaner ab 1952 im Schnitt nur 5,24 Prozent Rendite pro Jahr im Leitindex S&P 500 zustande brachten, kamen die Demokraten auf 11,14 Prozent.

In einer Metastudie hat der Kölner Professor für Politische Ökonomie Michael M. Bechtel daher anhand von Dutzenden Studien anderer Forscherinnen und Forscher analysiert, wie die wirtschaftspolitische Programmatik von Parteien, Koalitionen und Kanzlerschaften auf die Kurse wirkt: Vor und um die Wahlen kann es die Aktienkurse treiben, wenn eine liberalkonservative Wirtschaftspolitik schrittweise wahrscheinlicher wird, so zeigen es zumindest Forschungen der Finanzprofessoren Leblang und Mukherjee für die USA und Großbritannien. Im deutschen Leitindex Dax schlagen sich die Parteieffekte jedoch nicht nieder – vielleicht, weil auf Deutschland nur etwas mehr als 20 Prozent des Umsatzes der 40 Firmen im Leitindex Dax entfallen. Allenfalls der SDax der kleinen Börsenfirmen reagierte in einer Einzelfallanalyse der Bundestagswahl 2002 positiv, wenn eine konservative Regierung in Umfragen wahrscheinlicher wurde – auch weil die kleinen Firmen stärker am Heimatmarkt hängen. Forschungsteams konnten

Investor-Info

Mit Politik im Portfolio umgehen

Politik nicht überbewerten. Generell sollten Anlegerinnen und Anleger einfach investiert bleiben, da Wahlen den breiten Aktienmarkt in der Tendenz höchstens kurzfristig beeinflussen. Oft ist der Börse Stabilität fast wichtiger als konkrete Ideologien.

Kleine Aktien reagieren deutlicher. Weil kleine Börsenfirmen mehr Geschäft im Heimatland machen, reagieren sie Untersuchungen zufolge stärker auf Wahlen vor Ort. Ein Nebenwerteindex könnte als Beimischung auch taugen, weil viele Weltindizes gar keine Small Caps umfassen. Der einzige SDax-ETF ist mit 0,7 Prozent jährlicher Kostenquote auch eher teuer (Stand: 06/24). Eine mögliche Überrendite könnte so zusammenschmelzen. Außerdem steigt mit Small Caps das Risiko.

Branchenwetten sind riskant. Wer offensiv unterwegs ist, kann politische Weichenstellungen auch mit Branchen-ETF abbilden: Will die Regierung erneuerbare Energien fördern, liegt ein spezieller ETF für Wind- und Sonnenkraft vermeintlich nahe. Der konkrete Fall zeigt allerdings, dass daraus schnell eine Bauchlandung werden kann. Obwohl Deutschland stärker auf regenerative Energien setzte, gerieten viele Windradfirmen wie Nordex oder Encavis spätestens ab 2021 deutlich unter Druck, weil die chinesische Konkurrenz immer stärker auf den Weltmarkt strebte. Mit einer langfristigen Vermögensstrategie haben solche Wetten eben nichts zu tun. Wer sie dennoch eingehen möchte, sollte mit Bedacht vorgehen – und höchstens Spielgeldbeträge einsetzen.

nicht erhärten, dass solche Parteieffekte über die Dauer der Legislaturperioden anhielten.

Dass politische Entscheidungen Auswirkungen auf gesamte Branchen oder Unternehmen haben können, ist wissenschaftlich aber mannigfach dokumentiert. Als es zum Beispiel bei der Bundestagswahl 1998 eine rot-grüne Mehrheit gab, sackten die Aktien von Energiekonzernen wie RWE, Veba und Viag (beide später Eon) ab. Zu groß war die Sorge der Anlegerinnen und Anleger vor einem Aus für die Atomenergie, eine Kernforderung der Grünen. Immer wieder veröffentlichen Investmentbanken vor Wahlen Listen mit möglichen Gewinnern und Verlierern der Politikstile. Aber Achtung: Dass Wahlen auf einzelne Branchen wirken, heißt aber nicht, dass sich der Einfluss im Vorhinein korrekt prognostizieren ließe.

Wie die Psychologie Kurse macht

Wenn Gier und Angst die Börsen bestimmen, sind Kursrausch und Crash nicht weit. Wer die Stimmung der Börsenleute lesen kann, wird die Kurse besser verstehen.

Auf den ersten Blick wirkt die Börse wie ein Spielfeld für kühle Zeitgenossen. An der Kurstafel reiht sich eine Zahl an die nächste, Nachkommastelle folgt auf Nachkommastelle. Aus dieser Perspektive wirkt das Börsengeschehen nüchtern, zahlenlastig und faktenbasiert.

Wer allerdings schon länger den Lauf der Kurse verfolgt, weiß, wie häufig große Emotionen die Lage am Parkett beeinflussen. Angst, Gier, Hoffnung und Ernüchterung kommen den Kursen vermeintlich immer wieder in die Quere. Wenn es um diese großen Emotionen geht, gilt es, zwei Effekte zu unterscheiden:

1. **Anleger als Individuen:** Wie Einzelpersonen finanzielle Entscheidungen treffen und welche psychologischen Fallstricke es dabei gibt.
2. **Anleger als kollektive Masse:** Wie Anlegerinnen und Anleger bei ihren Entscheidungen auf andere reagieren und die Kurse kollektiv beeinflussen können. Darum geht es in diesem Abschnitt.

Schon Börsenaltmeister André Kostolany war der Ansicht, dass die Kurse nur zu zehn Prozent aus Wirtschaftsmeldungen, Zinslage oder Politik bestünden. „Die Beurteilung einer Aktie hängt von der Psychologie der Börsenteilnehmer ab“, schrieb Kostolany. „Kurzfristig und mittelfristig macht sie 90 Prozent aus.“ Wenn die Kurse in der Euphorie scheinbar ins Unermessliche steigen, lassen viele Anlegerinnen und Anleger oft alle Vorsicht fahren. Taumeln die Kurse zu Boden, packt Investorinnen und Investoren gern die blanke Panik. Mit den zugrunde liegenden Gewinnaussichten, Umsatzerwartungen oder Dividendenversprechungen der Firmen haben die Kurse jedenfalls in solchen Extremsituationen manchmal kaum mehr etwas zu tun – zumindest gefühlt.

Inzwischen arbeitet mit der Verhaltensökonomie (Behavioural Finance) eine ganze Forschungsrichtung mit Teams aus Ökonomie, Psychologie und Neurowissenschaften daran, wie unser Gehirn beim Geldanlegen

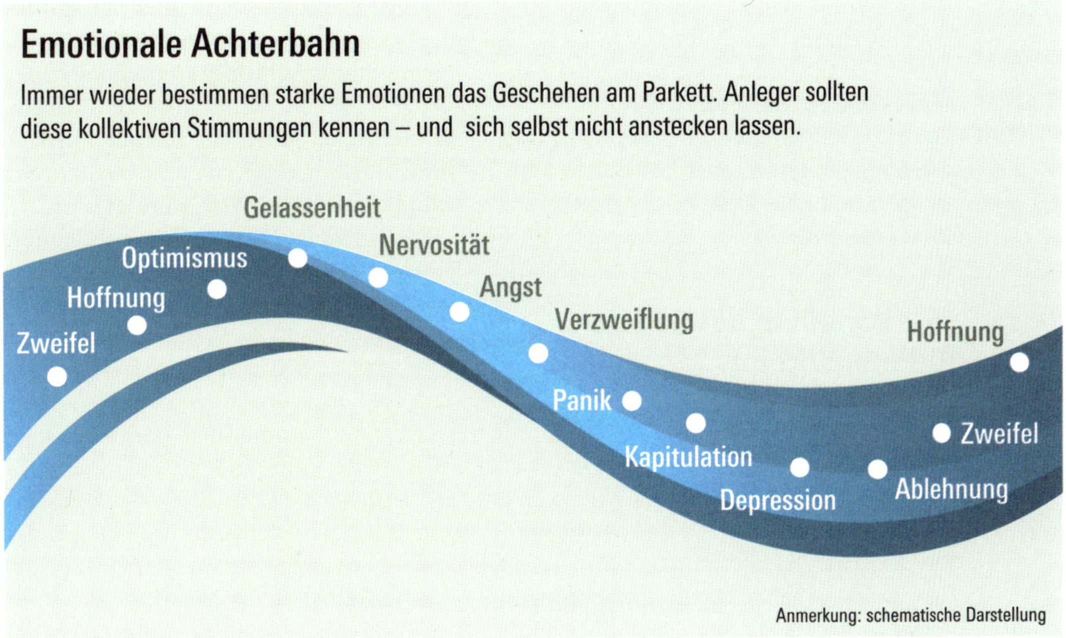

tickt. Wer den Lauf der Kurse verstehen will, kann also auch die Stimmung am Aktienmarkt verfolgen.

Emotionale Achterbahn

Fachleute für Börsenpsychologie haben aus der kollektiven Emotionslage der Anlegerinnen und Anleger einen idealtypischen Zyklus herausgearbeitet (siehe Grafik). Steigen die Kurse nach einer depressiven Phase wieder, keimt bei den Anlegerinnen und Anlegern stückweise die Hoffnung. Anfangs noch von Zweifeln begleitet, wird der Optimismus schrittweise größer. Die Kurse steigen, immer mehr Anlegerinnen und Anleger interessieren sich plötzlich für Aktien. „Die Hausse nährt die Hausse", heißt es über diesen kollektiven Dominoeffekt häufig. Denn der Begriff der Hausse steht schließlich für einen Kursaufschwung an der Börse.

Wächst sich der Aufschwung am Parkett schließlich zu einem Boom aus, können die Notierungen plötzlich rasant steigen. Sind Aktien und Börse plötzlich auch bei Grillpartys oder an der Supermarktkasse Thema, sprechen Expertinnen und Experten oft etwas abschätzig von einer „Milchmädchenhausse". Während die Kurse immer höher klettern, ignorieren viele Menschen vielleicht die ersten Warnsignale. Auf den ersten Blick steigen die Gewinne der Unternehmen zwar weiter, allerdings nicht mehr so schnell wie zuvor. Wer auf solche Zweifel hinweist, erntet zunächst nur Unverständnis.

Was genau hinter dem Begriff „Hausse" steckt siehe ab Seite 400

Können sich die Aktien dem Abwärtstaumel jedoch nicht mehr entziehen, rutschen sie schrittweise immer weiter. Unter den Anlegerinnen und Anlegern wächst nun die Nervosität, immer mehr Anlageleute verkaufen vorsorglich zu immer niedrigeren Notierungen. Ist die Stimmung vollends gekippt, greifen Angst und Panik um sich. Während die Kurse im Boom rasant stiegen, scheinen sie nun umgekehrt ins Bodenlose zu fallen. Erst wenn die Panik überwunden ist und die Menge an der Börse „kapituliert", wie es in der Parkettsprache heißt, ist der Boden erreicht. Es gibt weniger Gründe zum Verkaufen, vielen ist die Börse als Schauplatz dann schlicht egal. Diese nüchterne und neutrale Position ist der

Nährboden für den nächsten Aufschwung – und der Börsenzyklus beginnt von vorn. Die emotionale Achterbahn am Parkett ist wohlgemerkt keine exakte Wissenschaft im engeren Sinne: Die stilisierte Börsenachterbahn zeigt allerdings gut, dass oft auch Emotionen, Stimmungen und eine Prise Psychologie in die Kurse hineinspielen.

Vor allem besteht der Aktienmarkt aus Menschen.

Bernhard Baruch, US-amerikanischer Finanzier

Sind Kurse rational – oder irrational?

Was die Kurse wie in Wellen treibt, ist in den Finanzwissenschaften bereits seit Jahrzehnten immer wieder Thema. Zwei der klügsten Köpfe haben für ihre Forschungen zum Lauf der Kurse sogar den Wirtschaftsnobelpreis bekommen. Die höchste Auszeichnung in den Wirtschaftswissenschaften bekamen sie beide übrigens im Jahr 2013 – jedoch mit völlig verschiedenen Ergebnissen.

Schon seit den 1960er-Jahren beschäftigt sich Kapitalmarktprofessor Eugene Fama damit, wie Informationen in der Welt zu Kursen an der Börse werden. Fama meint, dass sich die Anlegerinnen und Anleger stets rational verhalten – ein beliebtes Menschenbild in der Ökonomie. In der Folge sind Informationen über Dividenden genauso schnell in den Kursen „eingepreist" wie Spekulationen über neue Firmenbosse. Expertinnen fassen diese Sichtweise unter das Schlagwort der Effizienzmarkthypothese, die Sie bereits ab Seite 26 kennengelernt haben.

Allerdings gibt es in Famas Modell keine Finanzblasen, wie zum Beispiel den Boom der Internetaktien zur Jahrtausendwende. Für den Finanzprofessor spiegeln die Kurse immer den aktuell richtigen Wert einer Aktie an der Börse wider. Nur gänzlich neue Informationen können den Aktienmarkt springen oder kollabieren lassen. Immerhin gestehen Forschungsteams heute zu, dass diese kühle Effizienz des Marktes in unterschiedlichen Winkeln an der Börse unterschiedlich gut funktioniert. Für Anlageprofis ist es manchmal zum Beispiel schwierig und teuer, auf fallende Kurse zu wetten. Im Zweifel können solche technischen Gründe für Fehlbewertungen sorgen.

Put/Call-Daten:
eurex.com
cboe.com

Der nicht minder bekannte Ökonom Robert Shiller wertete ebenfalls lange Zeitreihen an der Börse aus, kam jedoch zu einem ganz anderen Schluss. In seiner Theorie vom „irrationalen Überschwang" beschreibt er, wie stark die Kurse von der emotionalen Achterbahn der Anlegerinnen und Anleger abhängig seien. Während steigende Kurse die Gier weckten, verfielen die Investoren einem Herdenverhalten, das sie sich mit wohlklingenden Geschichten schönreden (engl. feedback loop).

Aus Angst, die besten Gewinne zu verpassen, lösen sich die Kurse aus Shillers Sicht von den eigentlichen Unternehmenszahlen ab und nähren immer wieder Blasen. Shiller hat diese massenpsychologischen Echokammern sogar an Zahlen festgemacht: In hochemotionalen Phasen schwankten die Aktienkurse angesichts der deutlich behäbigeren Fundamentaldaten viel zu stark.

Diese Daten beachten Börseninteressierte

Mit einer ganzen Reihe an Indikatoren versuchen Profis, der Börsenstimmung auf die Schliche zu kommen. Diese Sentimentindikatoren sollen die gefühlige Stimmung in messbare Zahlen übertragen und Anlageinteressierten idealerweise einen Wink geben, bevor mit der Stimmung an der Börse möglicherweise auch die Kurse drehen. Eine exakte Wissenschaft sind sie allerdings mitnichten.

▸ Put/Call-Ratio

Viele Anlegerinnen und Anleger schauen gern auf die Put/Call-Ratio, um das Gegeneinander von Optimismus und Pessimismus besser zu verstehen. Puts und Calls sind Finanzinstrumente, mit denen sich auf fallende oder steigende Kurse setzen lässt. Aus dem Verhältnis von Verkaufs- und Kaufoptionen lässt sich ablesen, wie optimistisch oder pessimistisch die Anleger und Anlegerinnen gestimmt sind. Gibt es genauso viele pessimistische Put-Optionen wie optimistische Call-Optionen, würde der Indikator 1 ergeben. Fällt die Put/Call-Ratio aufgrund überwiegend positiver Wetten unter den Wert 1, steigt der Optimismus. Da viele an der Börse aber notorisch optimistisch sind, gibt es meist etwas mehr Call-Optionen als Put-Optionen. Im Schnitt zeigt also ein Wert zwischen 0,7 und 1 eine normale Marktstimmung an. Sind die Anlegerinnen und Anleger überschwänglich und kaufen doppelt so viele Calls wie Puts, zeigt der Indikator mit einem Wert von 0,5 bereits deutlichen Optimismus an. Auf der Internetseite der Frankfurter Terminbörse Eurex bekommen Interessierte diesen Wert einmal täglich kostenlos, ebenso beim Chicagoer Börsenpendant CBOE.

▸ Umfrageindikatoren

Optimistisch, pessimistisch oder neutral? Diese Frage stellen unterschiedliche Umfrageinstitute den Anlegerinnen und Anlegern Woche für Woche. International viel beachtet ist ein Indikator des Anlegerverbandes „American Association of Individual Investors". In einer Grafik lässt sich im Handumdrehen erkennen, ob die Privatleute in den kommenden sechs Monaten an steigende Kurse, fallende Notierungen oder eine Seitwärtsbörse glauben. Milliardenschwere Fondsprofis befragt die Bank of America in einer monatlichen Umfrage, über die stets das Handelsblatt berichtet.

Wer die Stimmung hierzulande abschätzen will, kann den Daten des Sentimentexperten Joachim Goldberg im Netz folgen. Woche für Woche fragt er im Auftrag der Börse Frankfurt 300 Investmentprofis und 600 aktive Privatanlegende nach ihrer Meinung zur Zukunft des deutschen Leitindex Dax. Sind die Befragten neutral gestimmt, verharrt der Börse-Frankfurt-Sentiment-Index an der Nulllinie. Über null setzen die Anlegenden tendenziell auf steigende Kurse. Kippt der Index ins Negative, sind sie eher pessimistisch gestimmt.

30 SEKUNDEN FAKTEN

20-FACH
stiegen die Preise mancher Tulpenzwiebeln allein im Januar 1637 auf dem Höhepunkt der niederländischen Tulpenmanie.

5 BILLIONEN
US-Dollar Marktwert verpufften an der Technologiebörse Nasdaq, als die Dotcomblase der Internetaktien platzte.

15 000 %
stieg die Digitalwährung Dogecoin mit dem Maskottchen eines japanischen Hundes Anfang 2021 – und kollabierte dann wieder.

Quellen: Finanzprofessor Peter M. Garber, Los Angeles Times, Coinmarketcap

Verkehrte Welt bei der Auswertung

Aus all diesen Umfragen versuchen Interessierte nun Erkenntnisse für den Börsentrend herauszulesen. Ist die Stimmung an der Börse euphorisch, wird das viele eher aufschrecken. Unter Aktienprofis gilt eine besonders ausgelassene Stimmung nämlich als Warnsignal: Sind viele Anlegerinnen und Anleger euphorisch, muss der Aktienmarkt bereits hoch

Stimmungsumfragen unter:
aaii.com
joachim-goldberg.com

bewertet sein. Ist die Stimmung am Parkett beinahe depressiv, dürften die Bewertungen vielleicht zu stark heruntergeprügelt sein – und die Kurse irgendwann drehen.

Anlegerinnen und Anleger sollten aus den Stimmungsbarometern aber keine Wissenschaft machen, die Lehren gelten eher als Bauernregeln an der Börse. Dennoch haben auch Finanzwissenschaftler handfeste Belege gefunden, dass sich das globale Stimmungslevel an der Börse auf die Aktienrenditen auswirken kann. In einer Studie der Finanzprofessoren Malcolm Baker und Jeffrey Wurgler von der New York University (NYU) hatte immerhin ein selbst konstruierter Stimmungsindex klare Auswirkungen auf die Rendite, in den zum Beispiel einfließt, wie viele Börsengänge es in einem Jahr gibt: Stieg dieser Index von neutralem Niveau aus an und lag er am Ende in den rund 16 Prozent der höchsten erreichten Werte, lag die Rendite der Anlegerinnen und Anleger im Folgenden auf ein Jahr gerechnet um 3,5 Prozent tiefer.

Besonders stark schlugen Stimmungswechsel übrigens auf kleine Aktien, stark schwankende Titel oder Problemfirmen durch. Der Grund: Hier ist es für Investmentprofis besonders kompliziert oder teuer, auf fallende Kurse zu wetten. Im Umkehrschluss können sich Überbewertungen zunächst stärker aufblasen. Kippt irgendwann das Sentiment, trifft es diese Titel jedoch härter.

Investor-Info

Mit den Börsenstimmungen umgehen

Immer die Ruhe bewahren. Niemand muss sich von den Stimmungsdaten am Parkett verrückt machen lassen. Im Gegenteil: Eine gesunde Distanz zu den eigenen Börseninvestments schadet nie. Wer die eigenen Anlagen ohne große Emotionen führt, bleibt seiner langfristigen Strategie einfach treu.

Überschwang erkennen. Kommen Trendthemen auf, rauschen die Kurse in der ersten Euphorie oft enorm weit nach oben – um dann abzustürzen. Hier lassen sich die Psychoindikatoren nutzen, um Euphorie zu erkennen und sich nicht anstecken zu lassen. Oft hilft auch gesunder Menschenverstand.

Kein Timing betreiben. Viele Profis nutzen Stimmungsindikatoren als Kauf- oder Verkaufssignale. Ständig Aktien zu handeln, ist aus unserer Sicht aber reines Glücksspiel – auch auf Basis von Stimmungsbarometern.

In Panikzeiten kaufen. Ist die Börse nach einem Crash eingebrochen und die Stimmung getrübt, können offensive Naturen darin ein Signal für eine Umkehrwette sehen. Auswertungen zeigen: Im Schnitt steigen die breiten Börsen nach Crashs überdurchschnittlich stark an. Viele Privatleute warten mit neuerlichen Engagements aber, bis sie sich wieder „sicher fühlen" – in der Zwischenzeit laufen oft die Kurse davon. Unerschrockene können dann nachkaufen.

Mit Plan vorgehen. Auch mit unserem Rebalancing kaufen Anlegerinnen und Anleger in Crashphasen oft nach, um den Aktienanteil am Gesamtportfolio bei stark gefallenen Kursen konstant zu halten. Der Vorteil: Egal ob gerade Panik oder Euphorie herrscht, gehen Privatleute mit Plan vor. Eine Garantie für Überrendite ist das aber nicht: Alle Details zum Rebalancing ab Seite 372.

Auf Trends und Branchen setzen?

Wenn Anlegerinnen und Anleger die Treiber der Börse kennen, können sie die Kurse besser verstehen. Davon zu profitieren, ist aber gar nicht so einfach. Wir zeigen, was Privatleute wirklich wissen müssen.

Die Marktlage interpretieren

Egal ob Zinsen, Politik oder Konjunktur: Wer sich ein gesamtes Bild der Börsenlage verschaffen will, muss die Informationen wie ein Mosaik zusammensetzen. Das ist gar nicht so kompliziert.

Drei Wirtschaftsfachleute, fünf Meinungen – so spotten Börsenprofis gerne, wenn es um die fundamentalwirtschaftlichen Prognosen geht. Tatsächlich ist es selbst für Profis gar nicht so einfach, eine Vielzahl von wirtschaftlichen Daten und finanziellen Faktoren zu einem stimmigen Lagebild zusammenzusetzen. Manche vermeintliche Trendwende entpuppt sich später bloß als Einmaleffekt, mancher scheinbar plausible Wirkmechanismus versagt im konkreten Einzelfall. Und selbst bei genauestem Datenstudium lauert angesichts der sprichwörtlichen Zahlenflut umgekehrt stets die Gefahr, den Wald vor lauter Bäumen nicht mehr zu sehen. Privatleute fragen sich genauso regelmäßig wie Börsenprofis, wie sie Informationen sortieren und welchem Mosaiksteinchen sie welchen Stellenwert beimessen sollen. Pauschal lässt sich das leider nicht beantworten, konkret hängt es nämlich immer von der spezifischen Situation und der persönlichen Anlagestrategie ab. Dennoch gibt es einige Anhaltspunkte für Anlegerinnen und Anleger.

▸ Anlagetyp einbeziehen

Grundsätzlich können Anlegerinnen und Anleger das Auf und Ab der Kurse gelassen und mit Distanz betrachten: Zwar hilft es immer, die teilweise hektischen Bewegungen der Kurse inhaltlich nachvollziehen zu können. Haben Privatleute ihr Depot allerdings grundlegend gut, breit gestreut und langfristig aufgestellt, brauchen sie sich davon nicht verrückt machen zu lassen. Theoretisch reicht es dann, einmal im Jahr, zum Beispiel zu den ruhigen Tagen „zwischen den Jahren", im eigenen Depot nach dem Rechten zu sehen.

Es ist aus unserer Sicht unnötig, den Lauf der Börsen engmaschig zu beobachten. Wer wöchentlich Nachrichten, Konjunktur und Kurse verfolgt, kann zwar seine Strategien im Auge behalten, bei Enttäuschungen die Reißleine ziehen oder bei aussichtsreichen Investments noch einmal nachlegen. Allerdings bringt großer Aufwand an der Börse nicht automatisch bessere Ergebnisse. In der Vergangenheit stellten sich aktive Anlegerinnen und Anleger oft eher selbst ein Bein. So zeigten die Finanzprofessoren Brad M. Barber und Terrance Odean, dass die aktivsten Anlegenden mit ihren Depots dem Schnitt der Privatleute am Parkett deutlich hinterherliefen.

Drei Dinge treiben den Menschen zum Wahnsinn. Die Liebe, die Eifersucht und das Studium der Börsenkurse.

John Maynard Keynes,
britischer Ökonom

Auf das Wesentliche konzentrieren

Für alle, die die Kapitalmärkte gerne im Blick behalten, gilt: Sie können sich bei der Analyse der Aktienbörsen zunächst auf das Wesentliche konzentrieren. Dabei gilt es die Wirtschaftslage mit den Unternehmensgewinnen genauso im Blick zu behalten wie den Zinstrend der wichtigsten Zentralbanken. Mit dem Kurs einer Aktie versuchen Kauf- und Verkaufswillige schließlich, die zukünftige Entwicklung in einen heutigen Preis zu bannen. Dabei haben die künftige Gewinnsituation und der Zinstrend meist den größten Einfluss auf die Bewertung von Einzelaktien, Branchen oder der gesamten Weltbörsen.

Konjunkturprognosen unter:
diw.de
ifo.de
ifw-kiel.de
iwh-halle.de
rwi-essen.de
gemeinschaftsdiagnose.de

Anlegerinnen und Anleger sollten jedoch nicht den Fehler machen, nur auf die heimischen Daten zu schauen. Viele deutsche Unternehmen machen inzwischen den Löwenanteil ihres Geschäfts im Ausland, der Zinspolitik der US-Notenbank Fed kann sich keine Börse weltweit entziehen. Viele Länder sind in Zeiten der Globalisierung nicht nur realwirtschaftlich eng miteinander verbunden, auch die Finanzmärkte sind in Zeiten hochleistungsfähiger Finanzcomputer immer enger miteinander vernetzt. Eröffnet die Wall Street in New York mit einer freundlichen Tendenz, kann das auch der deutsche Leitindex Dax in Sekundenschnelle zu spüren bekommen.

Die Wirtschaftslage verstehen

Ein globaler Blick empfiehlt sich auch, wenn Anlegerinnen und Anleger den ökonomischen Trend anschauen. Weil die Statistikämter das Bruttoinlandsprodukt erst mit Verspätung veröffentlichen, ist es für die Zwecke der Börse oft schon veraltet. Wer ein Gefühl für den künftigen Trend bekommen will, sollte daher Frühindikatoren dazunehmen, die wir ab Seite 102 vorgestellt haben. Viele dieser Indikatoren sind allerdings schwankungsanfällig, sodass niemand schon beim kleinsten Plus oder Minus nervös werden muss.

Statt Anlageentscheidungen an einem einzelnen Datenpunkt festzumachen, sollten Anlegerinnen und Anleger lieber eine Gesamtschau vornehmen. Das gilt übrigens auch mit Blick auf die Weltregionen: Weil die meisten börsennotierten Firmen inzwischen global wirtschaften, sollte der Blick neben den deutschen Daten mindestens noch auf die US-Zahlen gehen oder besser gleich auf die internationale Wirtschaftsentwicklung – auch dafür gibt es inzwischen viele Datenpunkte im Netz.

Wollen Anlegerinnen und Anleger die Puzzleteile aus Inflation, Arbeitsmarkt und Industrieproduktion nicht selbst zusammensetzen, lohnen sich zusammenhängende Analysen. In Deutschland gibt es eine ganze Reihe an Wirtschaftsinstituten, die ihre Konjunkturanalysen kostenlos im Netz veröffentlichen: Um das große Konjunkturbild für Deutschland und die Welt besser zu verstehen, können Interessierte beim Münchener ifo-Institut, dem

Kieler Institut für Weltwirtschaft, beim IWH Halle, dem RWI Essen oder beim DIW Berlin vorbeischauen. Die meisten Institute veröffentlichen ihre Prognosen quartalsweise, beim Kieler Institut für Weltwirtschaft bekommen Interessierte sogar monatlich eine aktuelle Einordnung, dort auch zur internationalen Lage. Kleiner Tipp für Einsteiger: Oft sind die zusammenfassenden Pressemitteilungen verständlicher als die Originaldokumente.

▸ Die Unternehmensgewinne betrachten

Nicht immer folgen die Gewinne der börsennotierten Firmen dem konjunkturellen Trend eins zu eins. Natürlich bereitet der konjunkturelle Trend den Boden für die Unternehmensgewinne der Aktiengesellschaften. Allerdings machen beispielsweise die Unternehmen im deutschen Leitindex Dax nur rund 20 Prozent ihres Geschäfts im eigenen Land, den Rest jedoch im Ausland. Neben der heimischen Konjunktur wirken also auch Exporte, Währungseffekte oder Steuern auf die Gewinne der Börsenfirmen ein.

Privatleute können sich heutzutage im Handumdrehen einen Eindruck verschaffen: Beim Datenanbieter Factset gibt es detaillierte Gewinnschätzungen für den US-Leitindex S&P 500 unter dem Stichwort „Earnings Insight". Für den europäischen Leitindex Stoxx Europe 600, den deutschen Aktienmarkt und andere Länderbörsen finden Interessierte aufschlussreiche Daten beim Finanzdienst LSEG Lipper Alpha Insight im Netz frei verfügbar. Daten zu verschiedenen Weltregionen oder Einzelbranchen des US-Aktienmarktes liefert Yardeni Research auf seiner Internetseite kostenlos. Dabei greifen alle Datenanbieter auf die Schätzungen Dutzender Analystinnen und Analysten in Bankhäusern zurück und berechnen daraus einen Mittelwert.

▸ Den Zinstrend analysieren

Oft genug sind die Zinsen eine Überraschungskarte: Börsenprofis schauen auf Umfragen oder Zinsprognosen, mehr dazu ab Seite 110.

Einflussfaktoren auf die Kurse

Daumenregeln können ein erster Anhaltspunkt sein, um die Kurse zu verstehen – sind allerdings keine Naturgesetze.

Faktor	Trend	Aktientendenz
Konjunktur	Boomt Kühlt sich ab	↗ ↘
Unternehmensgewinne	Steigen Fallen	↗ ↘
Zinsen	Steigen Fallen	↘ ↗
Stimmung	Euphorisch Betrübt	↘ ↗
Wirtschaftspolitik	Liberal Links	↗ ↘
Weltlage	Stabil Krise	↗ ↘

Anmerkung: schematisierte Darstellung

Zusammenhängende Analysen veröffentlichen die Wirtschaftsinstitute ZEW und DIW als Statements. Ausführlichere Lagebilder gibt es kostenlos bei BVR Research vom Bundesverband der Volks- und Raiffeisenbanken und im „EZB-Kompass" der Sparkassen-Fondsgesellschaft Deka. Besonders aufschlussreich ist im Vorfeld von hiesigen Zinssitzungen übrigens das kostenlose „ECB Cheat Sheet" und für die USA das „FOMC Cheat Sheet" der Bank ING, in dem sie auf Englisch Szenarien für die jeweilige Zinspolitik darstellt – so können Privatleute am Ende ihre eigene Position finden.

Gewinnschätzungen unter:
factset.com
lipperalpha.refinitiv.com
yardeni.com

Zinsanalysen unter:
zew.de
diw.de
bvr.de
deka.de
think.ing.com

▸ Mit Augenmaß vorgehen

Anlegerinnen und Anleger sollten jedoch selbst bei sorgfältigen Analysen immer im Hinterkopf haben, dass niemand die Zukunft kennen kann – und der Prognosekonsens bereits heute in den Kursen steckt. Insofern helfen Analysen zwar, bestimmte Marktbewegungen nachvollziehen zu können. Sie zuverlässig vorherzusehen, ist allerdings unmöglich.

Aus dem Börsentrend eine Strategie formen

Wie Anlegerinnen und Anleger auf die Achterbahn der Kurse reagieren sollten, hängt ganz vom eigenen Anlagetyp ab. Drei Ansätze geben Orientierung.

Kennen Sie die Geschichte von Tim Schäfer? Der heute 49-Jährige ist im Zuge des Börsenbooms zur Jahrtausendwende nach New York ausgewandert und lebt dort als Finanzexperte. Inzwischen ist Schäfer nach eigenen Angaben zum Millionär avanciert, vor allem mit seinen langfristigen Börseninvestments. Schäfer praktiziert einen Ansatz, den Börsenprofis „Buy and Hold" nennen. Der New Yorker kauft also Aktien und hält sie dann langfristig. Der Börsenbegeisterte trieb die Idee sogar auf die Spitze: Er kaufte ein breites Aktiendepot zusammen und verkauft inzwischen nie mehr auch nur einen einzigen Titel. Mit anderen Worten: Augen zu und durch.

Mit dem Börsentrend umgehen

Schäfers Idee zeigt eindrücklich, wie Anlegerinnen und Anleger mit dem Auf und Ab an den Börsen umgehen können. Während sich manche davon verrückt machen lassen, sitzen andere die Schwankungen der Börsen einfach aus. Wieder andere versuchen, die Achterbahnfahrt am Parkett gewinnbringend für sich zu nutzen und den vermeintlich besten Anlagezeitpunkt abzupassen. Aber welche Strategie eignet sich für welchen Anlagetyp?

▸ Ganz grundlegend: Langfristig investieren

Breit gestreut, nie bereut: Mit diesen simplen vier Worten lässt sich die Kernempfehlung von Stiftung Warentest zusammenfassen. Wer sein Vermögen weltweit über Regionen, Länder und Branchen streut, hat den wichtigsten Grundstein für eine erfolgreiche Geldanlage gelegt. Egal ob Anlegerinnen mit 25 Prozent, 50 Prozent oder 75 Prozent ihres Gesamtinvestments einem Weltindex an der Börse folgen – langfristig hat sich diese Strategie bislang immer ausgezahlt. Der Clou? Anlegerinnen und Anleger müssen gar nicht auf das Auf und Ab der Kurse reagieren, sondern bleiben über Jahre und Jahrzehnte einfach investiert. In der Vergangenheit sind die Kurse in Crashs zwar immer wieder heftig gefallen, langfristig haben sich Weltindizes wie der MSCI World jedoch immer wieder erholt. Details zum Investieren mit ETF finden Sie ab Seite 85.

Auch wenn Anlegerinnen und Anleger mit dieser Strategie nur auf den Durchschnitt der Weltbörsen setzten, zeigte sich unter dem Strich ein Paradox: Meistens lagen die passiven Strategien mit ihrem vermeintlich stupiden Indexfolger-Ansatz am Ende vor den aktiveren Ideen. Wer mit seinem Geld einem weltweiten Aktienindex folgte, lag nach Rechnungen der Ratingagentur Morningstar auf Sicht von 15 oder 20 Jahren in rund 95 Prozent der Fälle sogar besser als Fondsprofis mit weltweit aufgestellten Aktienfonds (siehe Seite 89).

Selbst verglichen mit anderen Privatleuten landeten die weniger aktiven Börsennaturen am Ende weit vorn, wie eine Auswertung der Finanzprofessoren Andreas Hackethal und Steffen Meyer von der Goethe-Uni Frankfurt für Stiftung Warentest zeigt. In einer Studie durchleuchteten sie die Depots von rund 40 000 Privatanlegerinnen und Privatanlegern in Deutschland und förderten ein erstaunliches Ergebnis zutage (siehe Grafik rechts): Während die vermeintlich Langweiligsten ihr Depot kaum veränderten, fuhren sie im Schnitt eine Rendite von mehr als

Die meisten Depots bleiben unter der Messlatte

Die Grafik zeigt, welche Rendite fast 40 000 Depotbesitzer erzielt haben und welches Risiko sie dafür eingegangen sind. 86 Prozent der Depots lagen unterhalb der Messlatte .

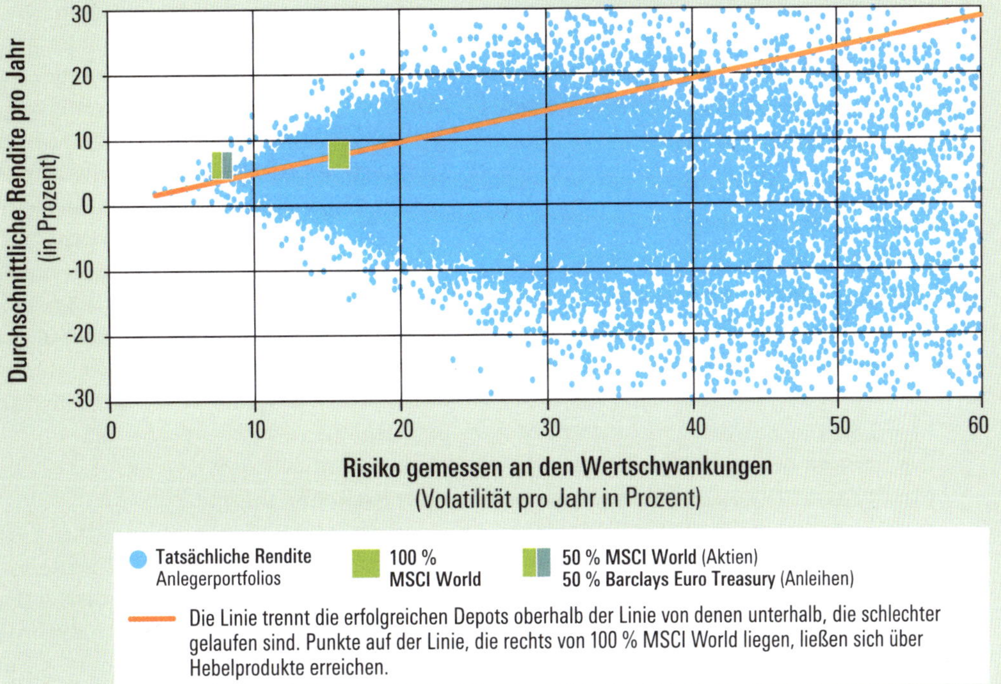

Zeitraum: 1. Januar 2005 – 31. Dezember 2015

Quelle: Berechnungen Hackethal und Meyer, Thomson Reuters

sieben Prozent pro Jahr ein. Die Aktivsten tauschten ihr Depot zweimal im Jahr vollständig aus, landeten mit gerade noch 2,5 Prozent Ertrag pro Jahr im Renditeranking aber auf den hinteren Plätzen. Weil sie ständig Ordergebühren an ihre Bank zahlten, rutschte ihre Rendite in einer ehrlichen Betrachtung nach Kosten sogar ins Negative. Die Bilanz: Weder Fondsprofis noch Privatleute konnten zuverlässig einen simplen Aktien-Weltindex schlagen. Das sind perfekte Gründe, sich vom Auf und Ab an den Börsen nicht kirre machen zu lassen.

▸ Oft vergessen: **Rebalancing**

Das Depot ins Lot bringen: Wer sich mit seinem Depot wohlfühlen will, sollte einmal im Jahr nach dem Rechten sehen. Während zum Beispiel ausgewogene Naturen zu 50 Prozent auf Aktien setzen wollen, parken sie die andere Hälfte ihres Anlagegeldes in Zinspapieren. Weil die Kurse an der Börse aber ständig schwanken, kann sich die Anlageaufteilung im Depot ungewollt verschieben. Sind die Kurse im laufenden Jahr wegen eines Konjunkturbooms rasant geklettert, liegt der Aktienanteil statt bei 50 Prozent vielleicht bereits bei 60 Prozent. Um das Depot nicht zu riskant werden zu lassen, können Sparerinnen und Sparer nachjustieren. Die Daumenregel von Stiftung Warentest: Sobald die Aktienquote zehn Prozentpunkte von der eigenen Wohlfühleinstellung abweicht, gilt es, aktiv zu werden. Machen die Aktien im Depot also bereits mehr als 60 Prozent aus, ließen sich Gewinne

Alle Details zum Rebalancing ab Seite 372

mitnehmen und das Depot wieder in Balance bringen. Kern des Modells ist übrigens der antizyklische Trick: Boomt die Konjunktur oder sinken die Zinsen, konnten Anleger im Falle üppiger Aktiengewinne einen Teil ihrer Erträge „vom Tisch nehmen". Sorgen umgekehrt politische Krisen oder wirtschaftliche Rezessionen für einen zwischenzeitlichen Kurskollaps, stocken Anleger ihren Aktienanteil antizyklisch sogar wieder auf. Wer Aktien oder ETF-Anteile zu günstigen Kursen einsammelt, könnte von einer folgenden Erholung schließlich besonders profitieren. Eine Garantie für ein Renditeplus gab es in der Vergangenheit allerdings nicht, dennoch schützen sich Anlegerinnen und Anleger mit dieser regelbasierten Strategie vor kopflosem Aktionismus.

▸ Für Fortgeschrittene: Die tieferen Börsenkräfte nutzen

Manche setzen bewusst auf kleine, verschmähte oder langweilige Aktien: Was kurios klingen mag, hat in der Finanzwissenschaft einen exzellenten Ruf. Finanzhistoriker haben in Daten aus mehr als 100 Jahren Börsengeschichte eine Handvoll Renditetreiber nachgewiesen, die sich sogar wissenschaftlich belegen lassen. Kleine Aktien, schwankungsarme Titel oder im Vergleich zur Unternehmenssubstanz unterbewertete Titel brachten zumindest auf sehr lange Sicht ein Renditeplus.

In der Börsenszene heißen diese speziellen Anlagetreiber „Faktoren", schließlich konnten sie zumindest in der Vergangenheit buchstäblich Faktoren eines Zusatzertrags am Parkett sein. Gerade die kleinen Aktien können ein breit aufgestelltes ETF-Depot besonders gut ergänzen, viele etablierte Weltindizes wie der MSCI World oder der MSCI All Country World setzen schließlich nur auf große und mittlere Börsenspieler (siehe Seite 63). Nehmen Anlegende etwa einen ETF auf den MSCI World Small Cap hinzu, würden sie den rund 1500 Firmen im etablierten Weltindex noch rund 4200 kleine Börsenfirmen hinzufügen. Mehr zu dieser Small-Cap-Strategie und den wichtigen anderen Faktorstrategien lesen Sie ab Seite 199. Mit Small Caps wäre das eigene Portfolio übrigens nicht nur breiter aufgestellt, mit den kleinen Aktien lässt sich auch besonders stark von Konjunkturschwankungen, Zinsänderungen oder politischen Ereignissen profitieren – also jene kursbewegenden Aspekte, die Sie ab Seite 96 kennengelernt haben. Studien zeigen immer wieder, dass Small Caps im konjunkturellen Aufschwung stärker profitieren als große Firmen, auch weil kleine Unternehmen häufiger in der konjunktursensiblen Industriebranche aktiv sind und in vielen Ländern tendenziell weiger global aufgestellt sind und stärker vom Heimatmarkt abhängen. Auch auf politische Trendwenden reagierten kleinere Firmen zumindest in Deutschland feinfühliger als Börsenschwergewichte – allerdings auch bei größerem Risiko.

▸ Für Risikoaffine: Auf Branchen wetten

Ein paar Farbtupfer in das eigene Depot bringen? Wer das weltweite Aktienportfolio zu langweilig findet, kann mit Länder- oder Branchenfonds eigene Akzente setzen. Wenn der technologische Fortschritt einen Sprung macht, glauben viele an eine goldene Zukunft zum Beispiel für die Hersteller von Elektronikchips oder die Entwickler von Künstlicher Intelligenz. Umgekehrt setzen andere auf solide Konsumaktien, wenn die Konjunktur stottert.

Wer will, kann bis zu sechs solcher „Anlageideen mit jeweils fünf Prozent im Risikobaustein des eigenen Depots verankern. Der Schwerpunkt der Risikoanlagen im Portfolio sollte mit 70 Prozent am besten weiterhin auf einen weltweiten Aktien-ETF als Basisanlage entfallen, damit das Depot ausreichend breit aufgestellt ist. Um diesen Kern der eigenen Anlagestrategie können jedoch einige Satelliten herumschwirren. Deswegen heißt dieser Ansatz auch Core-Satellite-Modell der Geldanlage, ab Seite 193 stellen wir es genauer vor.

Wer dabei einen Riecher für die richtigen Branchen, das perfekte Timing oder einfach Glück hat, kann das eigene Depot im besten Fall aufpeppen. Wer Ende 2021 zum Beispiel kurz vor Beginn des Ukrainekrieges angesichts der Verwerfungen am Strom- und Gasmarkt auf klassische Energiekonzerne setzte, wäre dem MSCI World in den Folgejahren davongelaufen.

Bei allen Trends gilt jedoch: Gute Argumente gibt es für vieles, sicher ist der Erfolg nie. Studien zeigen, dass Privatleute mit Branchenwetten oder Timingversuchen genauso wie Finanzprofis langfristig Rendite verschenken.

Etwas anderes sind Beimischungen, für die sich Privatleute aus strukturellen Gründen entscheiden. Die Sektoren Basiskonsum, Versorger und Gesundheit hatten historisch zum Beispiel einen vergleichsweise geringen Gleichlauf mit dem MSCI World. Wer diese Branchen hinzunahm, konnte im besten Fall das Chance-Risiko-Verhältnis des eigenen Portfolios ein wenig verbessern. Mehr Details dazu gibt es ab Seite 190.

Eigene Branchenideen umsetzen

Technologietitel, Stromkonzerne oder doch lieber Autobauer? Viele wollen mit speziellen Sektoren ein Renditeplus erzielen. Wir zeigen, wann das Sinn ergibt.

Vielleicht haben Sie auch schon erfahren, wie wichtig das Wörtchen „hätte“ an der Börse ist. Hätte man doch mal in die Aktien von E-Autobauern investiert, bevor sie durch die Decke gingen. In Technologiefirmen, bevor sie in den 2010er-Jahren ihren zweiten Frühling erlebten. Oder in Solaraktien, bevor sie wegen der Billigkonkurrenz aus China kollabierten. Immer wieder nagt das kleine Wörtchen am Ego von Anlegerinnen und Anlegern.

Häufig rankt sich das Bedauern um aussichtsreiche Branchen, innovative Sektoren und clevere Geschäftsmodelle. Viele Anlegerinnen und Anleger haben schließlich Freude daran, Innovationen genau unter die Lupe zu nehmen. Andere fachsimpeln gerne über die Lage in ihrer eigenen Branche, manche suchen schlicht einen Renditekick für ihr Depot. Wenn sie den Lauf von Konjunktur, Zinsen und der großen Weltpolitik beobachten, kommen vielen Anlegerinnen und Anlegern beinahe nebenbei spannende Investmentideen und Branchenstrategien in den Sinn.

Grundsätzlich gilt: Wer sein Geld weltweit mit Aktien-ETF breit über Länder und Branchen streut, braucht sich auch mit einem vermeintlich simpel gestrickten Depot nicht zu verstecken. Wer jedoch eigene Akzente setzen will, kann das machen. Nach dem Motto: Alles kann, nichts muss. Brancheninteressierte sollten sich allerdings klar machen, dass solche Investments immer nur eine Beimischung für ein weltweit aufgestelltes Depot sein sollten. Wer im Risikoteil des eigenen Portfolios zu 70 Prozent den breiten Weltbörsen folgt, kann mit maximal 30 Prozent des Risikobausteins auch auf Strategien nach Wunsch setzen.

Was steckt in Branchenindizes?

Bevor Anlegerinnen und Anleger allerdings blindlings einen vermeintlich passenden Branchen-ETF kaufen, sollten Sie zunächst den

Das sind die wichtigsten Branchen

Wenn Anleger spezielle Sektoren im Portfolio ins Scheinwerferlicht setzen wollen, kann diese Tabelle zur Orientierung helfen. Sie zeigt die wesentlichen Eckdaten der Branchen über die vergangenen 20 Jahre.

Branche	Größte Aktien der Branche (aus dem MSCI World)	Rendite (% p.a.)	Maximaler Verlust (in %)	Volatilität (p.a.)	Korrelation (zum MSCI World)
IT	Apple, Microsoft, Nvidia	15,2	-49,1	20,8	0,89
Gesundheit	Unitedhealth, Lilly, Johnson & Johnson	10,7	-34,9	14,6	0,83
Finanzen	JP Morgan, Bank of America, Wells Fargo	6,8	-75,8	20,1	0,89
Langlebige Konsumgüter	Amazon, Tesla, Home Depot	10,9	-56,1	17,2	0,92
Industrie	Caterpillar, Union Pacific, Boeing	10,1	-58,5	16,1	0,94
Basis-Konsumgüter	Procter & Gamble, Nestlé, Costco	9,7	-30,3	12,3	0,81
Kommunikation	Alphabet, Meta, Netflix	9,0	-41,8	16,3	0,83
Energie	Exxon, Chevron, Shell	7,3	-61,8	24,3	0,75
Rohstoffe	Linde, BHP Group, Air Liquide	8,4	-59,1	18,7	0,82
Versorger	Nextera Energy, Iberdrola, Southern Company	8,3	-40,1	14,7	0,74
Immobilien	Prologis, American Tower, Equinix	–	–	–	–

Quelle: LSEG, eigene Berechnungen Stand: 30.09.2004 – 30.09.2024 Anmerkungen: Sektorindizes des MSCI World; Reihenfolge in Tabelle nach Gewicht im MSCI World; größte Aktien: 30.06.2024; Immobiliensektor: Bei MSCI zu jung für Analyse über 20 Jahre

Zuschnitt verstehen: Der Indexanbieter MSCI unterteilt die Weltwirtschaft zum Beispiel in elf Sektoren von IT über Industrie bis hin zu Immobilien (siehe Grafik oben). Diese Megabranchen gliedern sich wiederum in insgesamt 25 feinere Industriegruppen, 74 Einzelindustrien und 163 Subindustrien. So schlüsselt sich die Finanzbranche zum Beispiel in Banken, Versicherungen und andere Finanzwerte auf.

Mehr zur Branchensystematik ab Seite 160

Meistens können die Anleger und Anlegerinnen mit Blick auf den hiesigen ETF-Markt jedoch nur in die eher groben Sektoren investieren. Je nach Sektor kann das eine eher krude Mischung sein: Hinter dem Oberbegriff langlebiger Konsumgüter (engl. consumer discretionary) verstecken sich zum Beispiel Firmen wie der Online-Händler Amazon, Autobauer wie Tesla oder die Baumarktkette Home Depot gleichermaßen. Wer etwas spezifischer investieren will, muss sich eher bei anderen Indexanbietern umsehen.

Die Indexanbieter S&P Dow Jones und Stoxx verwenden zwar ebenfalls Branchenklassifizierungen, die jedoch anders aufgebaut sind. Im Falle der Stoxx-Indizes gibt es mit 20 Supersektoren schon auf der ersten Ebene eine deutlich feingliedrigere Unterscheidung, die Anlegerinnen und Anleger beim Investieren nutzen können. So können Interessierte mit den Stoxx-Indizes europäischen Autobauern, Banken oder Öl- und Gasfirmen „sortenrein" folgen und nicht im Mix mit anderen Konsumfirmen, Börsenanbietern oder Erneuerbaren Energien. Wollen Anlegerinnen und Anleger einen Sektor- oder Branchenindex verstehen, sollten sie sich also immer das passende Datenblatt (engl. Factsheet) beim Indexanbieter herunterladen und die genaue Zusammensetzung prüfen. Sonst laufen sie Gefahr, neben den eigentlich gewünschten Firmen ein ganzes Sammelsurium mitzukaufen.

Die Branchen im Überblick

Techaktien verzeichnen seit etwa 2010 einen enormen Run, brachten auf lange Sicht mehr als eines halben Jahrhunderts aber keine besseren Renditen als der Gesamtmarkt. Neue Technologien locken oft die Konkurrenz an. Etablierte Megakonzerne verdienen aufgrund marktbeherrschender Stellungen viel Geld, bekommen es aber immer häufiger mit Kartellbehörden zu tun. Überraschend: Der Sektor leidet tendenziell unter hohen Zinsen, weil unsichere Dividenden in oft erst ferner Zukunft für Börsenprofis schlechter sind als sofort hohe Zinsen zu kassieren.

Gesundheitsaktien profitieren vom Trend der alternden Gesellschaften. Interessierte sollten aber prüfen, wie abhängig sie von einzelnen Präparaten sind. Oft machen auch hohe Forschungskosten oder Klagen einen Strich durch die Rechnung. Teilweise sind Gesundheitsfirmen auch halbe Chemiefirmen, hängen also stärker als gedacht an der Konjunktur.

Finanztitel sind oft verzwickt: Früher galten Bankaktien als Witwen- und Waiseninvestment, das ist seit der Finanzkrise vorbei. Boomt die Wirtschaft, fragen Unternehmen Kredite nach und steigen die Zinsen, machen Banken oft gute Geschäfte. Im Abschwung sorgen sie sich vor Kreditausfällen. Oft ist die Konkurrenz groß, die Regulierung scharf und Risiken in den Bilanzen nicht immer absehbar.

Langlebige Konsumgüter sind buchstäblich ein Gemischtwarenladen: Autofirmen, Möbelbauer, Hotels und Modefirmen sind hier vertreten. All diese Branchen hängen am Geldbeutel der Kundschaft: Ist wenig Geld im Portemonnaie, lassen sich Auto-, Möbel- und Klamottenkäufe leicht verschieben. Modetitel hängen stark an Marken und Trends. Autofirmen sind vom internationalen Markt abhängig und zunehmend von Umweltvorgaben.

Industriefirmen hängen oft an der Konjunktur: Kraftwerke, Turbinen oder Flugzeuge kaufen die Kunden oft lieber, wenn alles rundläuft. Konkret gibt es aber große Unterschiede: Während die Stahlbranche unter harter Konkurrenz ächzt, haben sich andere Industriefirmen inzwischen zu Vorreitern für die digitale Zukunft von Fabriken gewandelt.

Basiskonsumtitel wie Lebensmittel, Getränke oder Haushaltsprodukte gelten als stabil, weil sie auch in schwierigen Zeiten stets gebraucht werden. Der Sektor schwankt daher eher wenig und birgt wenige Totalausfälle. Dafür wächst er eher langsam.

Bei Kommunikation denken viele an Telekomtitel. Die verdienen zwar laufend viel Geld durch ihre Tarife, stehen allerdings in hartem Wettbewerb und müssen immer wieder Milliarden in ihre Netze investieren. Inzwischen gehören auch Digitalfirmen wie Google zum Kommunikationssektor.

Funktionieren Branchenstrategien?

Egal ob grüne Energieaktien, dynamische Techtitel oder vermeintlich solide Konsumwerte: Immer wieder stoßen Privatleute auf Branchentrends, die sie im Depot abbilden wollen. Sinken die Zinsen, scheinen laut Daumenregel auch die meist dividendenlosen Techtitel heller. Kracht es am Parkett, könnten sich die landläufig eher stabilen Konsumaktien anbieten. Und als die Regierungen die Energiewende befeuerten, setzten viele Anleger auf grüne Energieaktien. Aber lässt sich mit Branchenstrategien tatsächlich ein Renditeplus einfahren?

Für alle Sektorinvestments gilt: Bei glücklichem Timing sind üppige Gewinne möglich. Wer Pech hat, kann aber genauso ordentliche Verluste machen. Immer wieder werden es Anlegerinnen und Anleger schließlich mit der Branchenrotation zu tun bekommen: Oft haben Branchen einige Monate oder Jahre einen außergewöhnlichen Lauf, üblicherweise fallen sie dann aber irgendwann wieder zurück (siehe Grafik auf der folgenden Seite). Anlegerinnen und Anleger können also entweder

Kein Trend ist von Dauer

Jahresrenditen der Branchen im MSCI World, in Prozent

2010	2011	2012	2013	2014	2015	2016	2017	2018	2019	2020	2021	2022
Konsum, zyklisch 33,7	Gesundheit 13,9	Finanzen 28,1	Konsum, zyklisch 33,8	Immobilien 40,4	Gesundheit 19,3	Energie 31,4	IT 21,9	Gesundheit 8,2	IT 50,9	IT 32,4	Energie 52,5	Energie 57,3
Industrie 32,5	Konsum, Basis 13	Konsum, zyklisch 23	Gesundheit 31,1	Gesundheit 35,2	Konsum, Basis 19,3	Rohstoffe/ Material 26,7	Rohstoffe/ Material 13,7	Versorger 8,1	Industrie 30,9	Konsum, zyklisch 25,7	Immobilien 47,6	Immobilien 20,3
Rohstoffe/ Material 30,1	Immobilien 7,9	Immobilien 21,3	Industrie 27,1	IT 32,8	Konsum, zyklisch 18	Industrie 17	Industrie 10,6	IT 2,7	Kommunikation 30,3	Kommunikation 13,2	IT 40	Versorger 2,4
Immobilien 29,6	Kommunikation 5,3	Gesundheit 16,5	Kommunikation 26,7	Versorger 32,4	IT 17,2	Finanzen 16,6	Konsum, zyklisch 9,1	Immobilien 0,8	Immobilien 29,7	Rohstoffe/ Material 10,5	Finanzen 38,5	Gesundheit 1,3
Konsum, Basis 21,3	Energie 4,1	Industrie 14,9	IT 23,7	Konsum, Basis 23	Kommunikation 15,2	IT 15,3	Finanzen 8,4	Konsum, zyklisch -0,3	Konsum, zyklisch 29,5	Gesundheit 4,7	Gesundheit 29,5	Konsum, Basis 0,6
Energie 20,3	IT 1,1	Konsum, Basis 12,4	Finanzen 22,4	Konsum, zyklisch 18,9	Immobilien 15,1	Versorger 10,1	Gesundheit 5,8	Kommunikation -4,5	Finanzen 28,7	Industrie 2,9	Konsum, zyklisch 27,2	Finanzen -3,6
Kommunikation 19,2	Versorger 1	IT 12	Konsum, Basis 16,8	Finanzen 18,1	Industrie 9,7	Kommunikation 9,7	Konsum, Basis 3,5	Konsum, Basis -4,9	Rohstoffe/ Material 26,2	Konsum, Basis -0,4	Industrie 26	Rohstoffe/ Material -4,4
IT 18,5	Konsum, zyklisch -1,1	Rohstoffe/ Material 10,1	Energie 13,7	Industrie 15	Finanzen 8,2	Immobilien 8,1	Versorger 0,7	Industrie 9,8	Gesundheit 26,2	Versorger -3,1	Rohstoffe/ Material 25,7	Industrie -7
Finanzen 12,4	Industrie -4,6	Kommunikation 5,9	Versorger 8,8	Kommunikation 12,6	Versorger 4,9	Konsum, zyklisch 6,7	Immobilien -2,1	Energie -10,9	Konsum, Basis 25,9	Finanzen -10,2	Kommunikation 23,5	IT -26,1
Gesundheit 10,2	Finanzen -15,3	Versorger 1,3	Rohstoffe/ Material -0,6	Rohstoffe/ Material 8,6	Rohstoffe/ Material -5,2	Konsum, Basis 5,3	Kommunikation -6,2	Finanzen -12,3	Versorger 25,8	Immobilien -12,2	Konsum, Basis 22,4	Konsum, zyklisch -28,8
Versorger 7	Rohstoffe/ Material -16,9	Energie 0,9	Immobilien -3,7	Energie 1,3	Energie -13,3	Gesundheit -3,5	Energie -7,0	Rohstoffe/ Material -12,4	Energie 14,5	Energie -36,3	Versorger 19,2	Kommunikation -32,6

Quelle: Refinitiv, eigene Berechnungen Stand: 09/2023

aktuellen Trendfirmen folgen und hoffen, dass der Höhenflug am Parkett noch eine Weile anhält. Genauso gut könnten sie jedoch auch auf einen Favoritenwechsel wetten: Manche Hartgesottenen kaufen zum Beispiel mitten im Konjunkturtal abgebröckelte Industriewerte und spekulieren auf eine Trendumkehr (mehr zum Konjunkturzyklus ab Seite 99). Ob es so kommt wie erhofft, hat dann allerdings meist mehr mit Glück als mit Verstand zu tun.

Da breite Weltindizes wie der MSCI World bereits alle Wirtschaftssektoren abdecken, nutzen viele die zusätzlichen Brancheninvestments nicht als strategische Depotergänzung, sondern eher als kurz- und mittelfristige Spekulation. Im Klartext: Anlegerinnen und Anleger wollen günstig kaufen, teuer verkaufen – und das auch noch zum richtigen Zeitpunkt. Statistiken zeigen eindrücklich, dass das dieses „Timing" meist misslingt: Oft steigen Privatleute erst ein, wenn der Hype aufgrund vieler Zeitungsartikel, Youtube-Videos oder Diskussionen in Onlineforen bereits kurz vor dem Höhepunkt steht, manchmal laufen sie geradewegs in einen Kurskollaps hinein. Anlegerinnen und Anleger sollten sich außerdem klar machen, dass „gute Aussichten" als Argument für ein Brancheninvestment nicht ausreichen. Die Märkte preisen Informationen schließlich in Sekundenschnelle in die Kurse ein, wie Sie sicher bereits ab Seite 26 gelesen haben. Dass sich zum Beispiel Künstliche Intelligenz stark ausbreiten dürfte, war schnell bekannt und in den Kursen enthalten. Wer genau vorgeht, müsste eine korrekt formulierte Wette daher anders strukturieren: Die Anlegerinnen und Anleger müssten das Kursniveau der Branche für zu niedrig halten und die Aussichten optimistischer beurteilen als der Marktkonsens. Privatleute sollten sich also immer fragen, warum hochdekorierten Forschungsteams in den Banktürmen eine vermeintliche Fehlbewertung noch nicht aufgefallen sein sollte. Oftmals lassen große Anlagehäuser riesige Rechenmodelle genau dafür große Datenberge durchkämmen – für Privatmenschen ist das hingegen kaum machbar.

Dauerhafte Argumente finden

Im besten Fall haben Anlegerinnen und Anleger nicht nur taktische Argumente für ihr Brancheninvestment, sondern auch strategische. Selbst sehr spezielle Anlageideen können in überschaubarer Dosis zum Beispiel Sinn ergeben, wenn sie das Basisinvestment eines Weltindex gut ergänzen.

Zur Erinnerung: Der Industrieländer-Index MSCI umfasst keine Aktien aus Schwellenländern, nur große und mittelgroße Unternehmen und ist stark abhängig von den USA und der Techbranche. Je weniger ein Investment also mit der Entwicklung des Weltindex im Gleichschritt läuft, desto besser kann es das eigene Portfolio ergänzen.

Viele Anlegerinnen und Anleger setzen als Ergänzung zum Beispiel auf die Branche der Basiskonsumgüter: Dazu gehören zum Beispiel Supermarktketten wie Walmart, Shampooproduzenten wie Unilever, Getränkefirmen wie Coca-Cola oder Nahrungsmittelfirmen wie Nestlé. Gegessen wird selbst in der größten Krise, lautet die Daumenregel. Aber stimmt diese Börsenweisheit tatsächlich?

Stiftung Warentest hat nachgerechnet: In den vergangenen 20 Jahren schwankten die Konsumunternehmen tatsächlich deutlich weniger als der Weltindex insgesamt, selbst in der größten Krise fielen die Titel außerdem nur um 25 Prozent – und nicht um rund die Hälfte wie der Gesamtindex. Wie stark einzelne Branchen im Zweifel verloren und wie eng sie dem Lauf des MSCI World folgten, sehen Sie in der Grafik auf Seite 128 ganz übersichtlich.

Hype-Themen genau prüfen

Etwas anderes als Brancheninvestments sind jedoch Anlagen in viel enger gefasste Trendthemen wie Gaming, Cannabis oder Künstliche Intelligenz. Ob es sich nur um einen kurzen Hype, einen längerfristigen Trend oder einen tiefgreifenden Strukturbruch handelt, ist am Anfang oft gar nicht klar. Auch ETF-Häuser bringen dann gern sogenannte Themen-ETF auf den Markt und überbieten sich mit rosigen Zukunftsvisionen: Wer profitieren wolle, müsse früh dabei sein. Das ist jedoch ein Kurzschluss: Oft entsteht um neue Trends gerade am Anfang ein Hype. Weil aber viele Firmen auf diese aussichtsreichen Märkte streben, belastet danach teils ein jahrelanger Konkurrenzkampf die Trendbranche. In der Folge können die Kurse deswegen in den Keller rauschen, Firmen pleitegehen, bevor der Markt vielleicht erst nach Jahren ein erstes Gleichgewicht findet. Fondshäuser bringen die modischen Themen-ETF außerdem oft erst an den Markt, wenn der neue Trend längst die Titelseiten beherrscht und die spekulative Euphorie weit fortgeschritten ist. Läuft es nicht, schließen die Anbieter solche Trendfonds laut einer Studie des VZ Vermögenszentrums gerne. Mehr als die Hälfte aller Themenfonds hielt nicht einmal zehn Jahre durch. Und egal ob über drei, fünf oder zehn Jahre schnitten oft nicht einmal zehn Prozent der Trendfonds besser ab als der MSCI World (Stand: 09/24).

Wollen Anlegerinnen und Anleger dennoch in Hype-Themen investieren, sollten sie die Aussichten kritisch prüfen: Wurden sie nur von sensationsheischenden Berichten angelockt oder steht die Trend-Branche schon auf stabilen Beinen? Je weniger sie mit dem MSCI World zu tun hat, desto besser kann sich übrigens auch ein sehr riskantes Investment als kleine Beimischung im Portfolio eignen. Anlegerinnen und Anleger sollten außerdem gerade bei Themen-ETF genau prüfen, welche Firmen in den entsprechenden Trendindizes stecken – und wie viel sie wirklich mit dem namensgebenden Hype-Thema zu tun haben. Manchmal nämlich überraschend wenig.

Mehr zu Branchen ab Seite 160

Mehr zu Beimischungen ab Seite 190

Unsere Korrelationsmatrix auf Seite 197

Die Aktien – den Kurszettel verstehen

Grundwissen Aktie

Wer an der Börse auf Aktien setzt, kann schon mit kleinem Geld zum Firmenbesitzer werden – und gute Renditen kassieren. Statt wildem Spekulieren lohnt sich aber Anlegen mit Augenmaß.

Was sind Aktien?

Oft wirken Aktien wie reine Spekulationsobjekte. Das überdeckt den eigentlichen Sinn: Die Papiere sind Unternehmensbeteiligungen für jeden und jede.

Als es Robin Roten im beschaulichen Örtchen Bremgarten mit den Finanzprofis an der Wall Street aufnimmt, braucht er dazu nicht mehr als seinen Laptop. Schon seit Längerem handelt der Privatanleger ab und an mit Aktien, doch an diesem Tag im Januar 2021 kauft er nicht irgendeinen Titel. Roten wettet auf einen Kursboom beim strauchelnden Videospielehändler Gamestop, auf dessen Kursverfall einflussreiche Wall-Street-Größen Milliarden gesetzt haben. „Das ist ein Event", erzählt der Anleger damals dem Schweizer Fernsehsender SRF. Bremgarten gegen Börsenkapitale.

In diesen kalten Januartagen sitzen Anleger in Deutschland vor ihren Monitoren, in Großbritannien ordern Anlegerinnen mit ihren Smartphones, rund um den Globus drücken Privatleute auf „Kaufen". Tausende Privatleute weltweit verabreden sich auf Anregung im Internetforum „Wallstreetbets", die Titel des maladen Videospielehändlers zu kaufen. Nach einem kurzen Zuckerrausch an der Börse sackt der Aktienkurs von Gamestop allerdings in sich zusammen. Das Game, es war buchstäblich gestoppt.

In der Langweile während der Corona-Pandemie ab 2020 entdecken Millionen Menschen plötzlich die Börse für sich, simple Aktien-Apps auf dem Handy tun ihr Übriges. Schnell mal ein paar Hundert Euro hier, schnell mal ein Tausender dort. Vielen ist insgeheim klar, dass das mit solider und strategischer Vermögensanlage nichts zu tun hat. Statt Aktien als Spekulationsobjekt zu sehen, ist es schließlich sinnvoller, sie als Strategiebaustein einzusetzen. Dieses Kapitel gibt Anlegerinnen und Anlegern die nötigen Grundbegriffe an die Hand, um den Kursteil in der Zeitung oder Börsenportale im Netz zu verstehen und die Unternehmen in Kategorien einordnen zu können. Wer diese Grundlagen verstanden hat, kann darauf aufbauend in den Kapiteln 5 und 6 dann seine ganz persönliche Anlagestrategie finden.

30 SEKUNDEN FAKTEN

4,6 MILLIONEN
Menschen hierzulande besitzen Einzelaktien.

52,1 %
der Dax-Konzerne gehören nachweisbar ausländischen Investoren.

1756
standen erstmals Aktien auf dem Kurszettel einer deutschen Börse. Es waren die Titel der Asiatischen und der Bengalischen Handelskompanie an der Börse Berlin.

Quelle: DAI, EY, eigene Recherche

Was Aktien sind

Anders als der reine Spekulationshype um die Gamestop-Titel nahelegte, sind Aktien eigentlich Anteile an einem Unternehmen. Die Wertpapiere dokumentieren, dass der Anleger oder die Anlegerin einen Teil der Firma besitzt. Kauft jemand mehr Aktien des Unternehmens hinzu, wird auch der eigene Anteil am Unternehmen größer. Im Börsenjargon heißt es auch, dass Aktien das Miteigentum am Betrieb „verbriefen". Heute werden Aktien allerdings nicht mehr als kunstvoll gestaltete Papierurkunden herausgegeben, sondern existieren in der Regel nur noch digital. Alternativ ist statt von Aktien häufig auch von „Anteilsscheinen" oder etwas allgemeiner von „Papieren" oder „Titeln" die Rede.

Warum Anlegerinnen und Anleger überhaupt Anteile an einer Firma halten wollen? Wer Aktien besitzt, bekommt neben dem Anteil an der Firma obendrein einige interessante Rechte: Einerseits werden Anlegerinnen und Anleger damit zu Miteigentümern der Gesellschaft, fachlich formuliert bekommen sie einen „Anteil am Grundkapital der Gesellschaft". Faktisch besitzen sie dann ein kleines Stück des Unternehmens und können an seiner wirtschaftlichen Entwicklung teilhaben.

Was sich eher abstrakt anhört, kann lukrativ sein: Wenn die Unternehmen erfolgreich wirtschaften, können sie Gewinn schreiben. Genau an diesen Überschüssen können die Anlegerinnen und Anleger dann beteiligt werden, wenn es gut läuft. Zahlt das Unternehmen eine Gewinnausschüttung, fließt mit dieser sogenannten Dividende schließlich ein Scherflein des gesamten Unternehmensgewinns an den einzelnen Anleger oder die einzelne Anlegerin. Außerdem lässt sich mit den Aktien einer Firma im Unternehmen mitbestimmen und Rechenschaft vom Management verlangen.

Wer sich an einem Unternehmen beteiligt hat, muss übrigens nicht ewig dabeibleiben. Stattdessen lassen sich die Firmenanteile schnell und einfach wieder verkaufen, wenn sie an einer Börse notiert sind. Allerdings schwanken die Kurse der Aktien dort im Sekundentakt: Verbessern sich die Aussichten, steigt in der Regel auch der Kurs einer Aktie. Gerät das Unternehmen auf Schlingerkurs, kann die Dividende aber auch ausfallen und obendrein der Kurs in sich zusammensacken. Ein Investment in Aktien birgt also Risiken, bringt aber auch Chancen.

Wie Profis Aktien bewerten

Wollen Anlageprofis dem Wert ihrer Aktien einen Preis geben, hat sich dabei in der Praxis vor allem ein Modell herauskristallisiert: Anlegerinnen und Anleger überlegen, welche zukünftigen Geldströme sie erwarten können, wenn sie eine bestimmte Aktie kaufen.

Ein Beispiel: Versicherungsunternehmen wie die Allianz versprechen ihren Anlegern gerne jährliche Gewinnausschüttungen in Form von Dividenden. Kaufen Anleger diese Aktien, gehört ihnen ein Teil der Firma. Schüttet die Firma einen Teil ihres Gewinns aus, profitieren sie in Euro und Cent davon – am besten Jahr für Jahr. Je höher die Dividende ausfällt, desto besser für die Anlegenden. Und je schneller die erste Dividende fließt, desto eher lässt sich über das Geld verfügen.

Auf diesen Grundannahmen haben Experten das sogenannte Discounted-Cashflow-Modell (DCF) aufgebaut. Sie versuchen, alle künftigen Zahlungsströme einer Aktie an ihre Anlegerinnen und Anleger in einen heutigen Wert zu verdichten. Dabei dürfen sie nicht einfach alle künftigen Dividenden bloß addieren, sondern müssen methodisch feiner vorgehen: Sie müssen den Wert der künftigen Zahlungen „abdiskontieren", also auf einen heutigen Wert herunterrechnen. Wer heute beispielsweise 1000 Euro in Tesla-Aktien investiert, aber erst in einigen Jahren mit Dividenden rechnet, könnte sein Geld ja sonst auf ein Konto legen und Zinsen dafür bekommen. Stark vereinfacht gesagt müssen Anleger von den künftigen Zahlungen also Zins, Zinseszins und einen Risikoaufschlag für Aktien abziehen, um künftige Geldströme in einen heutigen Wert zu verdichten. Keine Sorge, keine Privatanlegerin und kein Privatanleger muss so etwas selbst rechnen können. Wer allerdings das Grundprinzip verstanden hat, kann dem Auf und Ab der Kurse deutlich besser folgen.

Was Dividenden bringen

Die Rendite von Aktien setzt sich, wie gesagt, aus zwei Teilen zusammen: den Dividenden und dem Kursgewinn. Die Dividende ist der Anteil des Unternehmensgewinns, den die Firma an die Anlegerinnen und Anleger ausschüttet. In der Regel wird die Dividende in Euro oder Cent je Aktie angegeben. Je mehr Aktien ein Anleger oder eine Anlegerin besitzt, desto mehr gibt es auch von der gesamten Dividendensumme des Unternehmens. Wie hoch die Zahlung ausfällt, steht im Vorhinein allerdings nicht fest. In der Regel schickt der Vorstand jährlich einen Vorschlag an die Aktionärsversammlung, die darüber abstimmt.

Wirtschaftet ein Unternehmen gut, kann es zumindest auf mittlere Sicht oft bessere Dividenden zahlen. Sind Firmen mit Schwierigkeiten konfrontiert, können sie die Dividende aber auch kürzen oder ganz zusammenstreichen. Manche Unternehmen geben sich in Sachen Dividende auch betont verlässlich: Teilweise haben sie in einer sogenannten Dividendenpolitik festgelegt, dass sie möglichst jedes Jahr eine stabile Dividende zahlen wollen. Garantiert ist das aber natürlich nicht.

Die Euro- und Centbeträge können sich läppern: Nach Rechnung des Vermögensverwalters Janus Henderson haben die weltweiten Aktienunternehmen im Jahr 2023 zum Beispiel umgerechnet 1,5 Billionen Euro an die Anlagecommunity ausgeschüttet, eine Zahl mit 13 Stellen. Mehr zur Dividende lesen Sie ab Seite 236, alles zur Besteuerung ab Seite 385.

Was Kursgewinne bringen

Wie viel Gewinn eine Firma macht und wie viel sie davon an die Anlegerinnen und Anleger auskehrt, bestimmt für die Anlageprofis auf lange Sicht wesentlich den Wert der Aktien. Schüttet ein Unternehmen jedes Jahr hohe

Was die Aktienrenditen wirklich treibt

So zerlegen Finanzprofis die Aktienrenditen

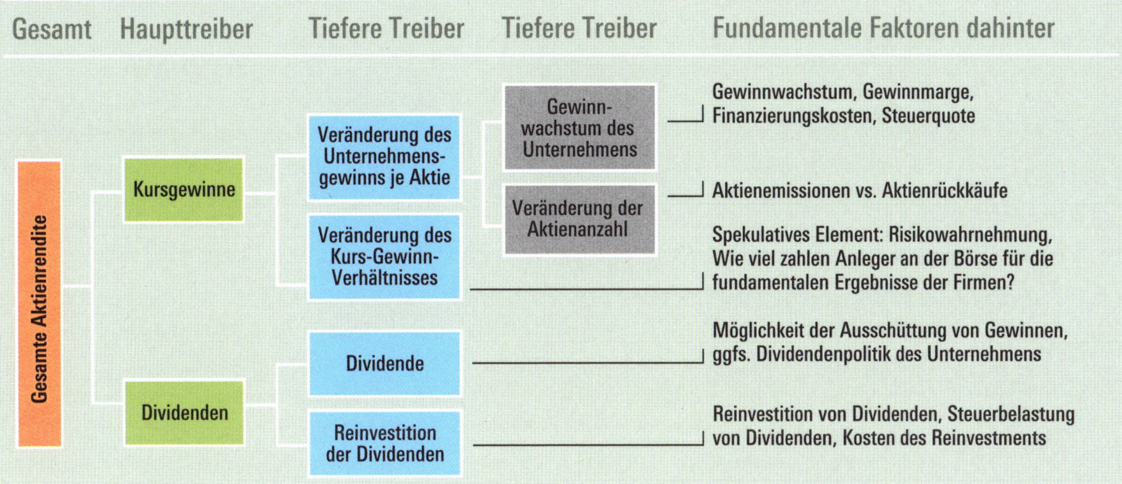

Anmerkung: vereinfachte Darstellung Quelle: eigene Recherche

Dividenden aus, ist das akut wie gesagt besser als ein Unternehmen, das erst in ferner Zukunft Dividenden zahlt. Gleichzeitig weiß niemand, wie viel Gewinn ein Unternehmen in einem Jahr machen wird, geschweige denn in zehn Jahren. Genau deswegen schwanken die Kurse von Aktientiteln an der Börse: Werden bessere Gewinne und in der Folge auch üppigere Dividenden wahrscheinlicher, steigen die Notierungen tendenziell. Geht es dem Unternehmen schlechter, können die Kurse sinken – im schlimmsten Fall sogar auf nahe Null.

Stehen die Aussichten für eine Firma gut, werden viele aktuelle Anteilseigner ihre Titel nicht ohne Not an der Börse hergeben. Die Folge: Interessierte müssen einen höheren Preis bieten, damit ihnen jemand die Aktien überhaupt verkauft. Verschlechtern sich die Gewinnaussichten einer Firma, müssen die bisherigen Anlegerinnen und Anleger wohl oder übel mit ihren Preisvorstellungen heruntergehen, damit Kaufwillige ihr Interesse an den Titeln bekunden – so verändern sich die Kurse am Parkett im Sekundentakt.

Was langfristig die Rendite treibt

Viele fragen sich, ob Kursgewinne oder Dividenden wichtiger für ihre Rendite sind. Kurzfristig ist es in der Tat wichtiger, dass die Kurse nach oben rauschen, ein paar Euro Dividende sind dann kaum entscheidend. Langfristig wendet sich das Blatt aber, wie die Finanzprofessoren Samuel Hatzmark und David Solomon vom Boston College in einer Studie nachwiesen: Hätte jemand im Jahr 1926 einen Dollar in den US-Aktienmarkt investiert, wären daraus rein mit Kursgewinnen bis zum Jahr 2015 rund 150 US-Dollar geworden, wenn man die Dividenden komplett außen vor ließ. Wer neben den Kursgewinnen Dividenden bekam, aber sie nur unters Kopfkissen legte, hätte mit beinahe 200 US-Dollar dagestanden. Wer aber die Dividenden wieder in den Aktienmarkt reinvestierte, hätte am Ende rund 5 000 US-Dollar im Depot gehabt – vor allem wegen des Wiederanlageeffekts. Pragmatisch formuliert: Für den langfristigen Vermögensaufbau müssen Kursgewinne, Dividenden und vor allem der Wiederanlageeffekt zusammenkommen.

Mehr zur Wiederanlage ab Seite 23

Welche Rechte Aktien bringen

Einmal im Jahr können Aktionärinnen und Aktionäre mitbestimmen: Auf der Hauptversammlung können sie reden, abstimmen und für ihre Rechte eintreten.

Aus Geldmangel an die Börse gehen? Im Grunde war genau das der Punkt, warum Aktiengesellschaften überhaupt entstanden sind. Nicht jede junge Firma hat schließlich das nötige Geld, um teure Investitionen zu stemmen und das eigene Unternehmen auszubauen. Wer den Aktienmarkt um Geld bittet, kann dort als Aktiengesellschaft schließlich Anteilsscheine gegen Geld verkaufen.

In den USA ist das völlig normal, Aktiengesellschaften gehören dort zum guten Ton der Volkswirtschaft. Auch in der Schweiz sind Aktiengesellschaften an der Tagesordnung, jede fünfte Firma trägt dort laut eidgenössischem Bundesamt für Statistik den Titel „AG“, auch wenn nicht alle davon an der Börse sind. In Deutschland sind dagegen laut Statistischem Bundesamt nur 0,2 Prozent der Firmen Aktiengesellschaften: Während Firmengründer für eine GmbH nur 25 000 Euro hinterlegen müssen, braucht es für eine Aktiengesellschaft bereits ein Grundkapital von 50 000 Euro.

Dazu kommt ein historischer Aspekt: Jahrzehntelang finanzierten sich Firmen in Deutschland am liebsten selbst, ansonsten höchstens über Kredite ihrer Hausbanken. Sich von der Börsenöffentlichkeit turnusmäßig in die Bücher schauen zu lassen, blieb vielen als Konzept fremd. Dazu kam die wenig aktienorientierte Stimmung in der Bevölkerung.

So ist eine AG aufgebaut

Vor allem Großkonzerne sind heute aber häufig als Aktiengesellschaften aufgebaut. Ähnlich wie in einem politischen System gibt es auch in den Unternehmen verschiedene Organe und Gewalten: Während der Vorstand das Unternehmen wie eine Art Bundesregierung leitet, ist die Hauptversammlung gewissermaßen das Parlament der Inhaberinnen und Inhaber. Außerdem gibt es auch in Unternehmen ein Kontrollorgan, nämlich den Aufsichtsrat.

▸ Der Vorstand

Im laufenden Geschäft eines Unternehmens bestimmt der Vorstand, wo es langgeht. In dem Gremium gibt es neben dem Chef oder der Chefin auch weitere Vorstandsmitglieder, die oft für spezielle Ressorts zuständig sind. So haben die meisten Firmen einen Vorstandsposten für Finanzen, der auf die Zahlen schaut. Häufig gibt es auch einen Vorstandssitz für Vertriebsthemen, der sich um die Kontakte zur Kundschaft kümmert. Oft ist außerdem ein Vorstandsposten für Personalthemen reserviert, der für Angestellte, Löhne und Gewerkschaften zuständig ist. Der Vorstand als Gremium leitet die laufenden Geschäfte eines Unternehmens im Grunde selbstständig, nur bei besonders wichtigen Entscheidungen wie einer Fusion muss er explizit die Zustimmung der Anlegerinnen und Anleger einholen.

▸ Der Aufsichtsrat

Der Aufsichtsrat ist ein Kontrollorgan und soll den Vorstand des Unternehmens überwachen. In Deutschland wählen die Anteilseigner einen Teil der Vertreterinnen und Vertreter in den Aufsichtsrat, die restlichen Posten werden von der Arbeitnehmerseite besetzt. Als Daumenregel gilt: Hat eine Aktiengesellschaft mehr als 2000 Mitarbeitende, sind in der Regel die Hälfte der Plätze von der Arbeitnehmerseite besetzt, die andere Hälfte durch die Anteilseigner. Werden sich beide Parteien mal nicht handelseinig, kann der oder die Vorsitzende des Aufsichtsrates entscheiden.

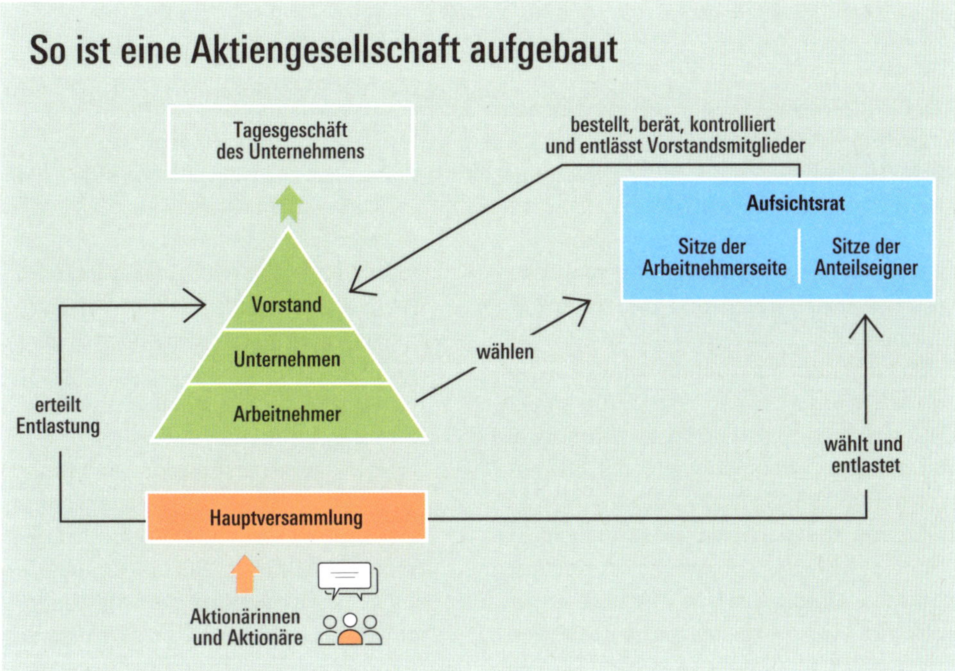

Dabei bestellt der Aufsichtsrat nicht nur den Vorstand eines Unternehmens, sondern soll das Topmanagement der Firma auch beraten und kontrollieren. Nicht immer hat das in der Vergangenheit gut geklappt: In Deutschland galten Aufsichtsratsposten in der Nachkriegszeit kulturell eher als Repräsentationstitel für Honoratioren denn als Ausweis besonders kritischer Kontrolle. Internationale Beobachterinnen und Beobachter kritisieren auch heute noch, dass viele Aufsichtsratsgremien in Deutschland zu wenige kompetente Mitglieder hätten – und die auch noch zu lange an ihren eigenen Stühlen klebten.

▸ Die Hauptversammlung

Die Hauptversammlung ist das oberste Organ der Aktiengesellschaft, zu der die Aktionärinnen und Aktionäre als Eigentümer des Unternehmens zusammentreffen können. In der Regel findet die Hauptversammlung (HV) einmal im Jahr statt, bei Krisen, Übernahmen, Fusionen oder anderen außerordentlichen Umständen auch häufiger. Die Einladung muss der Vorstand des Unternehmens ganz förmlich ausstellen und den Aktionärinnen und Aktionären zuschicken oder über deren depotführende Bank zustellen lassen. Spätestens acht Monate nach dem Ende eines jeden Geschäftsjahres muss die Unternehmensleitung ihre Eigentümer zusammenrufen und dafür vorher eine Tagesordnung aufsetzen. Gut zu wissen: In der Regel sind Kalenderjahre und Geschäftsjahre der Unternehmen nicht deckungsgleich.

Auch wenn viele Privatleute vor allem wegen des leckeren Buffets zur Hauptversammlung fahren, ist die Veranstaltung weder Klamaukbühne noch Kaffeefahrt. Die Hauptversammlung ist ähnlich wie ein Parlament schließlich das wichtigste Entscheidungsgremium eines Unternehmens. Es kann Vorstand und Aufsichtsrat entlasten, über die weitere Verwendung des Firmengewinns entscheiden und auch bei Fusionen und Übernahmen ein Wörtchen mitsprechen. Welche Rechte Sie als Anlegerin oder Anleger konkret wahrnehmen können, lesen Sie übrigens auf Seite 140.

Diese Rechte gibt es mit nur einer Aktie

Auf der Hauptversammlung berichten Vorstand und Aufsichtsrat am Anfang, wie das vergangene Geschäftsjahr lief, wie die Aussichten für die kommenden Monate stehen und welche Pläne das Management hat. Jeder Aktionär und jede Aktionärin hat bei diesen Versammlungen das Recht, den Vorstand zum Unternehmen, dessen Lage und Strategie zu befragen.

Oft steht das Management dabei übrigens ganz schön unter Druck, hinter der Bühne sitzt meist ein ganzer Stab von Juristinnen, Juristen und anderen Mitarbeitenden, die die entsprechenden Fakten heraussuchen und dem Management rechtssichere Antworten einflüstern. Würde dem Unternehmen eine Antwort schaden, kann es sich übrigens auf ein Recht zur Auskunftsverweigerung beziehen. Wollen Anlegende dagegen vorgehen, können sie Widerspruch einlegen und vor dem Landgericht ein Auskunftsverfahren anstrengen.

Theoretisch können Anlegerinnen und Anleger auch selbst das Wort ergreifen. Manche Privatleute lesen dem Vorstand die Leviten, andere äußern sich schlicht als Fans. Damit die Debatten nicht ausufern, kann die Versammlungsleitung der Hauptversammlung die Redezeit der Versammelten aber auch begrenzen. Wie das Management mit dem Gesagten umgeht, hängt übrigens ganz von der einzelnen Firma ab: Während manche Vorständinnen und Vorstände die Redebeiträge durchaus genau verfolgen, lassen sie andere eher regungslos oder gar gelangweilt über sich ergehen. Inzwischen sind neben physischen Hauptversammlungen auch virtuelle Formate zugelassen, rein am Bildschirm.

Worüber auch Privatleute abstimmen dürfen

Gleich mehrfach heißt es bei einer Hauptversammlung übrigens „Hände hoch“. Beispielsweise bei folgenden wichtigen Tagesordnungspunkten können Anlegerinnen und Anleger mitstimmen – und mitbestimmen:

❶ **Entscheidung über Bilanzgewinn:** Auf diesen Abstimmungspunkt freuen sich viele Anlegerinnen und Anleger besonders: Auf der Hauptversammlung dürfen sie abstimmen, wie das Unternehmen seinen Gewinn verwenden soll. Der Vorstand macht dazu einen Vorschlag, wie viel des Gewinns als Dividende an die Aktiengemeinde fließen soll. Die Hälfte des Bilanzgewinns darf das Management vorher aber schon in die Rücklagen schieben, dann dürfen die Anteilseigner nur über den Rest abstimmen.

❷ **Entscheidung über Entlastung:** Wenn das Management und der Aufsichtsrat ihre Aufgaben gut erfüllt haben, können sie entlastet werden. Haben die Anlegerinnen und Anleger nichts Gravierendes zu beanstanden, stimmen sie hier oft einfach zu. Ist in der Firma allerdings ein Skandal ans Licht gekommen oder geht die Geschäftsstrategie nicht mehr auf, verweigern sie teilweise die Entlastung. Das ist eine Art öffentlicher Vertrauensentzug, aber keine Entlassung. Vorstände muss der Aufsichtsrat abberufen, den wiederum die Anlegenden und die Arbeitnehmendenseite besetzen.

❸ **Wahl des Aufsichtsrats:** Bedeutend ist auch, dass die Mitglieder der Hauptversammlung jenen Teil des Aufsichtsrats wählen können, der nicht durch die Mitarbeitenden und Gewerkschaften bestimmt wird – also die Vertretung der Anteilseigner in diesem Gremium. Meistens setzen dabei die großen Anlagehäuser wie zum Beispiel Fondsgesellschaften ihre Besetzungsvorschläge durch, die entsprechenden Personen können dann in der Regel vier Jahre im Amt sein. Damit bekommen sie weitgehenden Einfluss, schließlich kann der Aufsichtsrat den gesamten Vorstand ernennen und abberufen. Wer sich also ausreichend Macht im Aufsichtsrat sichert, kann zumindest mittelbar in die Firma hineinregieren und manche Weiche stellen.

❹ **Entscheidung über Kapitalveränderungen:** Will der Vorstand zum Beispiel im Gegenzug für frisches Geld neue Aktien ausgeben, braucht er dafür die Zustimmung der Hauptversammlung. Weil sich mit vielen neuen Aktien aber der Anteil der bisherigen Aktionärinnen und Aktionäre verringert, müssen sie zustimmen und im Regelfall ein sogenanntes Bezugsrecht bekommen, eine Art Vorkaufsrecht für die neuen Aktien. Mehr zu Ihren Rechten bei Kapitalveränderungen lesen Sie ab Seite 149.

❺ **Weitere Rechte:** Sind Anlegerinnen und Anleger mit der Linie des Managements nicht einverstanden, können sie Gegenanträge zu Tagesordnungspunkten auf der Hauptversammlung verfassen. In speziellen Fällen lässt sich auch eine Sonderprüfung beantragen. Wenn das Unternehmen liquidiert wird, haben die Anlegerinnen und Anleger außerdem ein Recht auf den Erlös an der Firma, in der Regel gemäß ihres prozentualen Anteils am Unternehmen.

Warum sich der HV-Besuch lohnt

Halten Anlegerinnen und Anleger viele unterschiedliche Aktien, ist es kaum möglich, jede einzelne Gesellschaft zu besuchen. Dennoch lohnt es sich, zumindest einmal im Leben eine Hauptversammlung gesehen zu haben. Oft bieten die Tagungen neben den faktischen Informationen auch einen subjektiven Eindruck vom Management: Alle Leute vor Ort oder an den Bildschirmen können sehen, ob die Chefinnen und Chefs bei ihren Antworten ins Schwimmen geraten, ob sie Kritik aufmerksam zur Kenntnis nehmen oder entnervt abbügeln. Außerdem melden sich auf jeder Hauptversammlung auch Rednerinnen und Redner aus Fondsgesellschaften und Aktionärsvertretungen, die die Unternehmen oft schon seit Jahren kritisch begleiten.

Seit der Corona-Pandemie gibt es jedoch immer mehr virtuelle Hauptversammlungen. Laut dem Fachdienst Going Public setzten im Jahr 2023 bereits mehr als 40 Prozent der Firmen im deutschen Börsensegment Prime Standard auf diese Variante. Anlegerverbände kritisieren, dass teilweise die Technik streikte und manche Firmen nur eine bestimmte Zahl an Fragen zuließen. Fazit: Will sich das Management wegducken, geht das nun einfacher.

Investor-Info

So können Privatleute Einfluss nehmen. Wer mitstimmen mag, muss nicht vor Ort sein. Inzwischen können Aktionärinnen und Aktionäre häufig online oder per Briefwahl abstimmen. Theoretisch lässt sich auch der eigenen Depotbank eine Vollmacht ausstellen – zudem mit konkreten Weisungen zu den einzelnen Punkten.

Aktionärsvertretungen beauftragen. Wer will, kann seine Stimmrechte einer Aktionärsvereinigung übertragen. Diese Organisationen bündeln die Stimmen von Privatleuten. Meistens fragen sie bei Hauptversammlungen kritisch nach, zum Beispiel mit Blick auf Vorstandsvergütung oder Dividende. Neben der „Deutschen Schutzvereinigung für Wertpapierbesitz" (DSW) und der „Schutzgemeinschaft der Kapitalanleger" (SdK) gibt es den „Dachverband Kritische Aktionärinnen und Aktionäre". Diese Vereinigung verlangt von den Unternehmen zum Beispiel weniger Rüstungsprojekte. Zum ganzen Bild gehört jedoch ein Blick zurück: Einzelne Aktionärsschützer hatten in der Vergangenheit Insiderinformationen für eigene Aktiengeschäfte genutzt. Seit 2013 gab es keine Vorwürfe mehr.

Diese Arten von Aktien gibt es

Aktie ist nicht gleich Aktie: Sieben unterschiedliche Arten verwirren Börseninteressierte gern. Unsere Übersicht bringt den Durchblick.

Mehr als 50 000 Aktienunternehmen – so viele Unternehmen gibt es allein an den wichtigsten Börsen weltweit, wie der Weltbörsenverband meldet. Schon diese Vielfalt an Unternehmen erscheint vielen Börseninteressierten ziemlich verwirrend. Fast schwieriger fällt es oft allerdings, nur sieben juristische Aktienarten auseinanderzuhalten. Teilweise sind die verschiedenen Aktienarten schließlich mit unterschiedlichen Rechten ausgestattet: Manche bekommen mehr Dividende, andere lassen sich nur unter Vorbehalt verkaufen. Anlegerinnen und Anleger sind also gut beraten, die rechtlichen Aktienkategorien zu kennen.

▸ Inhaberaktien

Die meisten Aktien in Deutschland sind Inhaberaktien. Auf den Aktien ist nicht der genaue Name ihres aktuellen Eigentümers aufgedruckt, stattdessen sind sie gewissermaßen anonyme Papiere. Sie gehören immer der Person, die sie gerade besitzt. Die Unternehmen haben damit gleich mehrere Nachteile: Sie können ihre Aktionärinnen und Aktionäre nicht direkt kontaktieren, um ihnen beispielsweise Jahresberichte zuzuschicken. Stattdessen müssen sie Mitteilungen immer über die Depotbanken an die Anlegerinnen und Anleger geben. Wichtiger ist allerdings, dass die Firmen so nicht exakt wissen, wem die Aktien der eigenen Firma genau gehören. Wollen Konkurrenten eine feindliche Übernahme wagen, kann das mit Inhaberaktien also eine Zeit lang unentdeckt bleiben.

▸ Namensaktien

Bei Namensaktien steckt schon im Wort, dass sie auf den Namen des Eigentümers oder der Eigentümerin ausgestellt sind. Im sogenannten Aktienbuch der Gesellschaft findet sich dann ein kompletter Datensatz mit Geburtsdatum, Name und Anschrift der Aktienhalter sowie der passenden Stückzahl. Solche Aktien zu kaufen und zu verkaufen, war früher komplizierter als bei den mehr oder minder anonymen Inhaberaktien. Mit jedem Kauf oder Verkauf musste das Aktienbuch der Gesellschaft schließlich umgeschrieben werden.

Seit Ende der 1990er-Jahre geht das aber vollkommen digital in Sekundenschnelle, damals stellten viele Unternehmen von Inhaber- auf Namensaktien um. Laut AfU Research und Going Public Research sind inzwischen 75 Prozent aller deutschen Aktien schlichte Inhaberaktien, im deutschen Leitindex Dax haben mit Namen wie Allianz, BASF oder Infineon jedoch noch 19 der 40 Mitgliedsunternehmen Namensaktien (Stand: 04/24). Anlegerinnen und Anleger bekommen die Einladung zur Hauptversammlung dann direkt vom Unternehmen. Die Firmen erhalten dabei einen genauen Überblick, wem ihre Aktien gehören.

▸ Vinkulierte Namensaktien

Echte Hürden beim Verkauf gibt es nur noch bei vinkulierten Namensaktien. Hier können Anlegerinnen und Anleger ihre Papiere nicht einfach so an der Börse losschlagen, stattdessen braucht es im Zweifel die Zustimmung der Aktiengesellschaft. Unternehmen können damit die Kontrolle behalten, wem die eigenen Aktien gehören. Theoretisch lassen sich feindliche Übernahmen so verhindern. Eine bekannte vinkulierte Namensaktie ist die Deutsche Lufthansa: Wegen Luftfahrtgesetzen müssen mehr als 50 Prozent der Airline in deutscher Hand sein. Außerdem geben Familienunternehmen gern vinkulierte Namensaktien aus, wenn sie nicht zu viel Kontrolle über die „eigene“ Firma abgeben wollen.

▶ Stammaktien

Stammaktien sind die verbreitetste Aktienart in Deutschland: Die Titel bringen ihren Halterinnen und Haltern schlicht alle gängigen Aktionärsrechte. Mit diesen Aktien lässt sich also zum Beispiel auf der Hauptversammlung abstimmen oder Dividende kassieren. Stammaktien heißen im Börsendeutsch häufig einfach „Stämme", oft kürzen Kursportale im Netz den Begriff auch mit „St." ab.

▶ Vorzugsaktien

Vorzugsaktien bringen Vorrechte mit sich: Meistens stehen die Halterinnen und Halter dieser Aktiengattung bei der Gewinnausschüttung besonders gut da. Mal bekommen Vorzugsaktien ein kleines Plus bei der Dividende im Vergleich zu den Stammaktien, die sogenannte Mehrdividende. Oder Vorzugsaktien bekommen selbst bei schlechter Geschäftslage eine gewisse Garantiedividende, die sogenannte Mindestdividende. Andere Firmen setzen die Dividende in schlechten Jahren zwar insgesamt aus, zahlen die ausgefallene Ausschüttung bei Vorzugsaktien später aber „nach", eine sogenannte kumulative Dividende. Wie diese Vorrechte konkret ausgestaltet sind, unterscheidet sich von Firma zu Firma. Anlegerinnen und Anleger haben aber nicht nur Vorteile: Meistens haben sie bei Vorzugsaktien kein Stimmrecht, können also nicht auf der Hauptversammlung mitbestimmen. Ihre Hand heben dürfen sie oft nur, solange die Gesellschaft die Dividende schuldig bleibt.

▶ Nennwertaktien

In welcher Höhe ein Anleger oder eine Anlegerin am Geschäftserfolg des Unternehmens beteiligt wird, hängt vom persönlichen Anteil am Unternehmen ab. Genauer gesagt ist ausschlaggebend, wie viel Prozent des Grundkapitals der Aktiengesellschaft im eigenen Besitz sind. Dieses Grundkapital ist eine rein rechnerische Größe und umfasst jene Geldsumme, die beispielsweise ganz am Anfang unter anderem für Haftungszwecke hinterlegt wurde. Der Nennwert einer Aktie gibt also an, mit welchem Eurobetrag jede Aktie an diesem Grundkapital der Gesellschaft beteiligt ist, zum Beispiel mit einem Euro. Beträgt das Grundkapital also eine Million Euro und eine Aktie verbrieft daran als Nennwert einen Euro Anteil, gehört dem Inhaber oder der Inhaberin mit einer Aktie ein Millionstel der Firma – und darauf kommt es an.

Der wirkliche Wert der Aktien ergibt sich jedoch nicht aus dem Nennwert, der eher eine theoretische Größe ist. Den aktuellen Marktwert einer Aktie spiegelt immer der Börsenkurs des Papiers, der meistens viel höher liegt als der Nennwert. Das mag auf den ersten Blick verwirrend wirken, ist aber logisch: In den Marktwert rechnen die Anlegenden schließlich nicht nur das Grundkapital der Gesell-

Das unterscheidet die Aktientypen

Überblick über die wichtigsten juristischen Aktiengattungen in Deutschland

Unterscheidung nach Übertragbarkeit	
Inhaberaktien	Gehören dem aktuellen Besitzer oder der Besitzerin. Eigentumswechsel stets möglich.
Namensaktien	Besitzer oder Besitzerin im Aktionärsregister der Firma eingetragen. Aktie kann jederzeit verkauft werden, wird dann auf neuen Namen umgeschrieben.
Vinkulierte Namensaktien	Besitzer oder Besitzerin im Aktionärsregister der Firma eingetragen. Verkauf im Zweifel nur mit Erlaubnis des Unternehmens.
Unterscheidung nach Rechten	
Stammaktien	Aktionärinnen und Aktionäre haben alle gängigen gesetzlichen Rechte.
Vorzugsaktien	Papiere bringen meist bessere Dividende, im Gegenzug meist Verzicht auf Stimmrechte.
Unterscheidung nach Beteiligung am Grundkapital	
Nennwertaktien	Die Aktien beteiligen mit einem fixen Eurobetrag am Grundkapital der Aktiengesellschaft.
Stückaktien	Die Aktien beteiligen im Effekt mit einem prozentualen Anteil am Grundkapital der Aktiengesellschaft.

Quelle: eigene Darstellung Stand: 06/2024

Investor-Info

Wichtig ist nur der Anteil. Ob man Stückaktien oder Nennwertaktien kauft, ist egal – es zählt nur der prozentuale Anteil. Weder auf den Kurs noch auf die Dividende hat es Einfluss, zumal sich jedes Unternehmen für eine Aktienart entscheiden muss.

Namensaktien können Probleme machen. Ob relativ anonyme Inhaberaktien oder personalisierte Namensaktien, macht keinen gravierenden Unterschied. In zwei Fällen sollten Interessierte aber aufpassen:
Bei vinkulierten Namensaktien immer prüfen, unter welchen Bedingungen das Unternehmen den Weiterverkauf erlaubt. Und bei Aktiensparplänen für Einzelaktien können für Namensaktien bei einigen Brokern Zusatzgebühren entstehen, weil die Kontaktdetails ins Aktienregister eingetragen werden. Mitunter kostet das ein bis zwei Euro pro Ausführung, kleine Sparsummen sind dann unwirtschaftlich.

Vorzugsaktien – ein zweischneidiges Schwert. Meistens bringen Vorzugsaktien ein bisschen mehr Dividende, aber kein Stimmrecht. Seit dem Dax-Start 1988 brachten deutsche Vorzugsaktien vor Steuern im Schnitt rund zwei Prozentpunkte mehr Rendite pro Jahr, hat Kapitalmarktforscher Stefan Daske im Jahr 2019 an der HU Berlin ermittelt. Wollen Konkurrenten eine Firma übernehmen und legen ein lukratives Übernahmeangebot vor, sind Vorzugsaktien aber außen vor. Weil diese Aktien in der Regel kein Stimmrecht haben, sind sie dann uninteressant.

schaft ein, sondern auch das Anlagevermögen mit Maschinen und Fabriken, Rechten, Patenten und die Geschäftsaussichten einer Firma.

▸ Stückaktien

Bei nennwertlosen Stückaktien wird die Beteiligung der Anlegenden nicht in Euro und Cent formuliert, sondern in Stücken. Mit wie viel Prozent jemand an einem Aktienunternehmen beteiligt ist, entscheidet sich an der Anzahl der eigenen Aktien im Verhältnis zu allen Aktien der Firma. Hat eine Firma eine Million Aktien herausgegeben, stünden 100 000 Aktien für genau zehn Prozent des Unternehmens. Ungefähr seit der Jahrtausendwende sind in Deutschland diese nennwertlosen Stückaktien tonangebend. Der Hintergrund: Noch bis 1998 waren in Deutschland nur Nennwertaktien zugelassen, im Zuge der Währungsunion hätten die Firmen sie aber alle von D-Mark auf Euro umschreiben müssen. Viele Unternehmen entschieden sich, auf die einfacheren Stückaktien umzusteigen: Hier müssen die Firmen weder bei Währungsreformen etwas korrigieren noch, wenn sie irgendwann einmal zusätzliche Aktien herausgeben wollen.

Weitere Papierarten

Wer sich für Auslandsbörsen interessiert, stolpert oft über die Begriffe ADR oder GDR. Diese Kürzel stehen für Hinterlegungsscheine (engl. American Depositary Receipts und Global Depositary Receipts). Dabei hinterlegen große US-Banken wie BNY Mellon oder Citibank die Titel und lassen dann bloß ein Zertifikat handeln, das dem Aktienkurs eins zu eins folgen soll. Viele ADR sind auch an deutschen Börsen im Freiverkehr gelistet.

Das Problem: Viele chinesische Firmen lassen zum Beispiel ADR in den USA listen und müssen dann weniger Zahlen offenlegen als bei einem normalen Aktienlisting. Auch viele russische Aktien wurden international traditionell als ADR gehandelt. Nach dem Angriff Russlands auf die Ukraine kamen Privatleute aber gar nicht oder nur unter erheblichen Schwierigkeiten an die hinterlegten Aktien.

Was im Aktienleben passieren kann

Manchmal brauchen Unternehmen frisches Geld, manchmal wollen sie Firmen schlucken, manchmal die eigenen Aktien teilen. Wie Anlegerinnen und Anleger richtig reagieren.

Eigentlich konnte von einem Börsengang keine Rede sein, als Ulrich Schumacher in jenem März 2000 den Kapitalmarkt anzapfte. Genau genommen ging Schumacher nämlich nicht an die Börse, der damalige Chef des Halbleiterherstellers Infineon fuhr vor. Ach was, er raste. Mit einem silberglänzenden Porsche düste er auf den Frankfurter Börsenplatz, nicht einmal den Rennhelm hatte er vergessen. Der Unternehmenslenker schuf damit das wohl bekannteste Fotomotiv zur wilden Börsenzeit.

Während das Leben einer Aktie mit dem – oft etwas unspektakuläreren – Börsengang beginnt, gibt es auch im weiteren Verlauf wichtige Wegmarken. Wenn im echten Leben Konfirmation, Heirat oder Nachwuchs den Ton angeben, gibt es im Börsenleben von Firmen ganz ähnliche Ereignisse. Mal bekommen Aktien Nachwuchs, mal verschwinden sie plötzlich vom Kurszettel. In diesem Abschnitt erfahren Sie, was in solchen Situationen wichtig ist.

Börsengang

Auch wenn die Börse für viele Menschen den Ruf eines Zockertempels hat, ist sie in Wirklichkeit für die Volkswirtschaft wichtig. Firmen können sich nämlich über die Börse Geld besorgen, wenn sie kostspielige Ideen umsetzen wollen. Ohne die Börse wäre die Finanzierung der Eisenbahnen im 19. Jahrhundert ebenso wenig denkbar gewesen wie der Erfolg mancher US-amerikanischer Großkonzerne. Sie alle verkauften im Rahmen eines Börsengangs Aktien und warben im Gegenzug Geld ein.

Beim Börsengang sprechen Profis auch in Deutschland vom „IPO". Diese englische Abkürzung steht für „initial public offering", was so viel wie öffentliches Erstangebot bedeutet. Entweder schafft das Unternehmen für seinen Börsengang tatsächlich neue Aktien, die es verkauft. Alternativ können auch bisherige Anteilseigner Anteile an einer bislang noch nicht börsennotierten Aktiengesellschaft verkaufen – und das Unternehmen in diesem Zuge an die Börse bringen.

Im Vorfeld des Börsengangs beauftragen die Unternehmen ein Konsortium mehrerer Investmentbanken, die eine „Roadshow" organisieren und bei Profiinvestoren mit den Titeln hausieren gehen. Meistens sind das große, internationale Investmentbanken wie JP Morgan, Deutsche Bank oder Privatbanken wie Hauck Aufhäuser Lampe. Dabei werben sie für die Titel, klopfen das Interesse ab und starten ein Bieterverfahren. Dieses Verfahren verwaltet meist ein Konsortium mehrerer Banken.

In Deutschland hat sich dafür das sogenannte Bookbuilding-Verfahren durchgesetzt: Innerhalb einer festgelegten Preisspanne können Interessierte sogenannte Zeichnungsgebote abgeben. Große Investmentgesellschaften hinterlegen ihr Interesse bei den Investmentbanken, Privatleute machen das über die eigene Hausbank. Gibt es besonders viel oder wenig Zulauf, passen die Konsortialbanken die Preisspanne teilweise noch einmal an.

Am Vorabend des Börsengangs legen die Banken dann den sogenannten „Ausgabepreis" fest, der auch Emissionskurs genannt wird. Dabei richten sie sich nach Angebot und Nachfrage, sprechen mit der Firmenleitung und versuchen, einen passenden Preis zu finden. Zu diesem Preis werden die Aktien an Investorinnen und Investoren zugeteilt, die vorher „in der

Zeichnung" ihr Interesse signalisiert hatten. Bei dieser „Zuteilung der Aktien" kann nur zum Zuge kommen, wer vorher mindestens den Zuteilungspreis geboten hat.

Viele Emissionen sind übrigens „überzeichnet", es gibt oft also mehr Interesse an der Firma als überhaupt Aktien zur Verfügung stehen. Als Konsequenz müssen die beteiligten Investmentbanken Titel rationieren, können also nicht jedes Gebot bedienen. Meistens werden heutzutage Gruppen gebildet: Es steht also fest, wie viel Prozent der Titel an Großinvestoren gehen, wie viele an normale Privatleute, teilweise gibt es sogar eine eigene Gruppe für Freunde und Familie.

Erfahrungsgemäß ist es laut Deutscher Schutzvereinigung für Wertpapierbesitz so, dass die Banken innerhalb des Emissionskonsortiums ihre eigene Kundschaft vorrangig zum Zuge kommen lassen. Mit anderen Worten: Wer über seine Regionalbank um die Ecke einen Börsengang zeichnet, kommt nur im Ausnahmefall an mehr als eine Handvoll Papiere. Im Boom um die Jahrtausendwende haben viele Kundinnen und Kunden daher mehrere Depots bei unterschiedlichen Banken eröffnet, um ihre Zuteilungschance zu erhöhen.

Handel per Erscheinen

Wer unbedingt beim Börsengang mit dabei sein will, kann sich Aktien bereits vorher über Wertpapierhandelshäuser sichern. Dieser „Handel per Erscheinen" ist ein außerbörslicher Markt, auf dem vorab Kurse für spätere Börsenfirmen gestellt werden. In Deutschland bietet zum Beispiel das Wertpapierhandelshaus Tradegate solche Geschäfte an. Das darf man jedoch nicht mit der als Börsenplatz regulierten „Tradegate Exchange" verwechseln. Außerdem lassen sich die Kurse in diesem spekulativen Vorab-Handel kaum seriös kontrollieren. Nur Börsenprofis sollten sich an dieses Segment wagen und ihre Orders unbedingt limitieren.

Haben die Investmentbanken die Aktien des Unternehmens am Vorabend des Börsengangs erfolgreich an die Investorinnen und Investoren verkauft, ist die sogenannte Emission im engeren Sinne abgeschlossen. Schon vor dem eigentlichen öffentlichen Börsengang ist also das Geschäft zwischen der Aktiengesellschaft und den ersten Anlegerinnen und Anlegern gemacht. Fachleute sprechen deswegen auch davon, dass es sich bei der eigentlichen Emission einer Aktie mithilfe der Investmentbanken um den „Primärmarkt" handelt.

Kaum jemand würde jedoch Aktien kaufen, wenn sie sie nicht auch später an einer Börse handeln ließen. Nur wenn das möglich ist, kann man die Titel schließlich in kurzer Zeit an andere Handelsinteressierte weiterverkaufen. Deswegen führen die Aktienunternehmen ihre Firma in einem zweiten Schritt an der Börse ein. Börsenprofis nennen dieses normale laufende Handelsgeschehen einer Aktie daher auch „Sekundärmarkt". Dort kaufen Anlegerinnen und Anleger die Titel also in der Regel nicht von der Firma selbst, sondern schlicht von irgendwelchen Vorbesitzerinnen und Vorbesitzern im regulären Börsenhandel.

Am Morgen des Börsengangs laufen dafür die Kauf- und Verkaufsgebote ein, aus denen der Spezialist einer beauftragten Wertpapierhandelsbank wie Oddo BHF oder Baader Bank live im Handelssaal der Frankfurter Börse einen ersten Kurs errechnet. Üblicherweise gegen 9.15 Uhr ruft der Aktienhändler dann den ersten Kurs in den Saal, danach läuten die Firmenbosse mit großem Pomp die Börsenglocke auf dem Frankfurter Parkett.

Meist sind die im Rahmen des Börsengangs beauftragten Investmentbanken übrigens damit betraut, noch über einige Tage oder Wochen den Kurs zu pflegen. Manchmal sollen sie den Kurs ein wenig hochkaufen. In anderen Fällen sollen sie allzu krassen und wenig nachhaltigen Preissprüngen vorbeugen. Das geht mit einer zusätzlichen Aktienreserve: Diese sogenannte „Mehrzuteilung" (engl. Greenshoe) wird in der Regel direkt bei der Emission am Vorabend des Börsengangs zum Ausgabe-

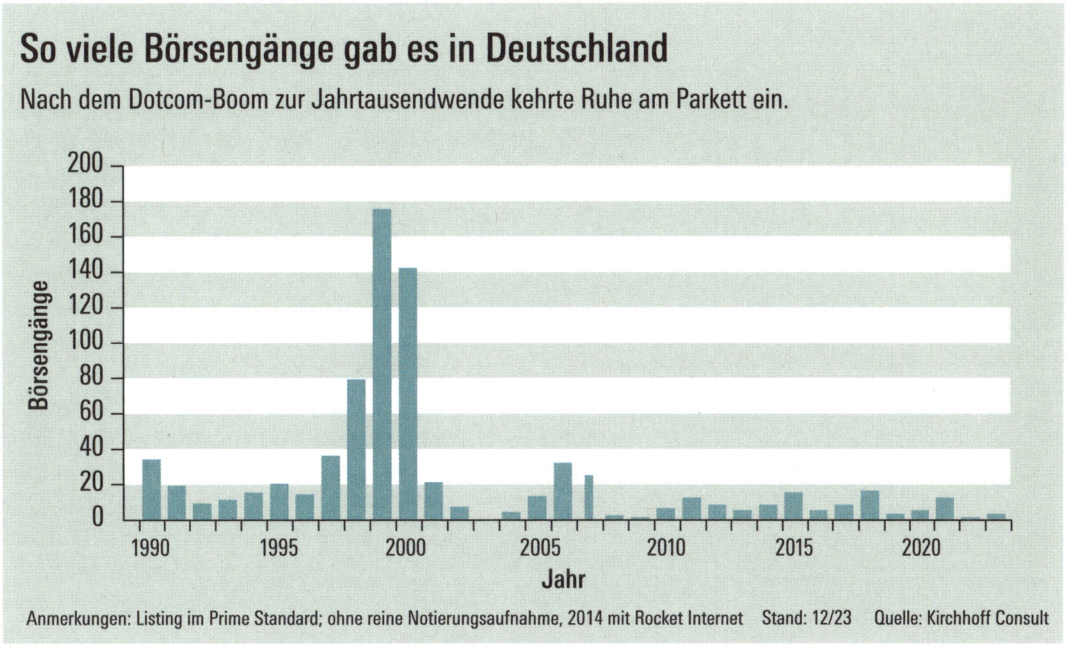

preis mit in den Markt gegeben, um die oft große Nachfrage zu befriedigen – bei vielen Börsengängen gibt es schließlich mehr Nachfrage als zu Verfügung stehende Aktien.

Sinkt der Kurs einer neuen Aktie jedoch im Laufe der ersten Handelstage unter den Ausgabepreis, können die Banken diese Zusatzaktien zurückkaufen, mit dem künstlichen Kaufinteresse im besten Falle den Kurs etwas stabilisieren und die Papiere aus dieser sogenannten Mehrzuteilung am Ende an die Altaktionäre zurückgeben. Im Regelfall halten sich die Investmentbanken rund 30 Tage für diese sogenannte Kurspflege bereit, danach muss die Aktie auf eigenen Beinen stehen.

Bringt der Börsengang den Kurssprung?

Besonders großes Augenmerk legen viele Profis bei Börsengängen darauf, ob der „erste Kurs" einer Aktie im laufenden Handel über dem „Ausgabekurs" der Investmentbanken vom Vorabend liegt – oder darunter. Auch wenn viele Medien viel Wind um diese erste Kursreaktion machen, lässt sich daraus nicht ablesen, wie eine Aktie langfristig abschneiden dürfte. Laut US-Finanzprofessor Jay Ritter legten die Kurse bei US-Börsengängen seit 1980 von der Emission am Vorabend bis zum Schlusskurs des ersten Börsentages einen Sprung von im Schnitt rund 19 Prozent aufs Parkett, für deutsche Börsengänge lag der Wert noch leicht höher. Das soll jedoch explizit kein Anreiz zur Spekulation sein. Rechnet man den Börsengangsboom zu Dotcom-Zeiten kurz vor der Jahrtausendwende aus der Statistik heraus, fällt dieser Preissprung im Schnitt deutlich magerer aus. Viele Privatkunden bekommen in der Zeichnung außerdem gar keine oder kaum Aktien zugeteilt.

Wer die Aktien wie die allermeisten Menschen am ersten Handelstag zum Schlusskurs kaufte, bekam es in der Folge mit deutlich bescheideneren Renditen zu tun. Im ersten Jahr nach dem Börsengang blieben die neuen Börsentitel in der Rechnung von Finanzprofessor Ritter im Schnitt 13,2 Prozentpunkte hinter herkömmlichen Titeln jeweils vergleichbarer Größe, im zweiten Jahr hinkten sie im Schnitt um rund 7 Prozentpunkte hinterher. Doch

Investor-Info

Bei Börsengängen die richtigen Fragen stellen. Anlegende sollten bei Börsengängen genau hinsehen. Unsere Frageliste kann helfen: Ist das Unternehmen einfach nur bekannt und im Trend – oder sind auch die Finanzen in Ordnung? Handelt es sich um eine spekulative lotterieartige Aktie mit hohen Schulden und vager Geschäftsidee? Wollen Alteigentümer einfach nur Kasse machen und Aktien loswerden? Warum sollten dann Privatleute kaufen? Oder bleiben Großaktionäre langfristig an Bord? Kann es sein, dass sie nach Auslaufen einer Verkaufs-Sperrfrist von sechs oder zwölf Monaten trotzdem massenhaft verkaufen? Zahlt die Firma mit dem Geld aus dem Börsengang nur Schulden ab oder investiert sie auch in Innovation und Expansion? Liegen ausreichend Informationen wie Emissionsprospekt, Analysen, kritische Medienberichte vor? Ist der Titel so klein, dass der Handel an der Börse schnell illiquide werden kann?

auch wenn die Börsengangs-Titel im dritten und vierten Jahr isoliert betrachtet ganz leicht vor den alteingesessenen Titeln landeten, lagen die neuen Börsentitel auf fünf Jahre gerechnet deutlich hinten. Kleinere Börsenneulinge schnitten noch schlechter ab.

Dass die neuen Aktien nach ihrem Börsengang oft in eine Dürrephase übergehen, hat mehrere Gründe: Manche Forschende meinen, dass sich die Unternehmen meist nur in besonders guten Phasen an die Börse wagen. Sind Anlegerinnen und Anleger dann überschwänglich und zahlen im Vergleich zu den Fundamentaldaten der Firma vielleicht besonders viel für deren Aktien, können später die Stimmung und der Kurs leichter drehen. Andere Fachleute meinen, dass sich in der Emission und dem Handelsgeschehen am ersten Börsentag vor allem das Kaufinteresse der Optimisten spiegele. Skeptische Naturen lassen die Aktie schließlich einfach links liegen. Auch das kann die ersten Börsenkurse in unrealistische Höhen bugsieren und danach in eine Schwächephase münden: Erst wenn mit der Zeit aus manchen Optimisten vielleicht Pessimisten werden und spezielle Verkaufs-Sperrfristen von Großinvestoren ablaufen, könne sich das Bild ändern und der Aktienkurs wie bei anderen Titeln von Optimisten und Pessimisten zugleich bestimmt sein – und dann dem breiten Markt hinterherhinken. Diese schlechte Bilanz von Börsengängen sollten sich Anlegerinnen und Anleger also stets vor Augen halten.

Aktiensplit

Für viele Anlegende klang es völlig überraschend, dass der Chef des E-Autobauers Tesla den Kurs seiner Aktie so richtig nach unten treiben wollte. Statt bei 900 US-Dollar sollte der Kurs aus Sicht von Autoboss Elon Musk lieber bei 300 US-Dollar liegen. Die Tesla-Fans hatten sich nicht verhört, denn Musk wollte auf einen Börsentrick setzen: Aus einer Aktie zu rund 900 US-Dollar wollte er drei Aktien zu je 300 US-Dollar machen. Profis sprechen dabei von einem Aktiensplit, eine Aktie wird also schlicht aufgeteilt wie ein Kuchen.

Gerade bei deutlich gestiegenen Kursen greifen Unternehmen gern zu Aktiensplits, weil die Einzeltitel sonst zu teuer werden für Privatleute. Kostet eine Aktie 300 US-Dollar, greifen vielleicht mehr Leute zu als bei einem Kurs von 900 US-Dollar. Bei einem begrenzten Budget ist es für Privatleute mit geringeren Kurswerten außerdem einfacher, ein breit gestreutes Portfolio aufzubauen. Auch Großanleger und Vermögensverwalterinnen sind bei Aktiensplits oft dankbar: Ist eine Aktie im Depot zu teuer, lässt sich das Verhältnis zu anderen Titeln nicht mehr so einfach steuern.

Teilweise lässt sich anlässlich von Aktiensplits beobachten, dass der Kurs der entsprechenden Aktie im Vorfeld anzieht. Faktisch ist das nicht zu erklären, psychologisch aber vielleicht nachvollziehbar: Weil die Aktien nun für eine breitere Anlegerschaft erschwinglich sind, kaufen sie die Kurse nach oben. Möglicherweise spekulieren sie auch schlicht auf genau diesen Kurseffekt, der wissenschaftlich übrigens nicht bewiesen ist.

Manchmal gibt es auch einen sogenannten Reverse Split. Dann wird aus vielen Aktien zu Centwerten eine Aktie mit einem etwas stattlicheren Kurswert. Ist ein herabgekrachter Titel also nur noch fünf Cent wert, könnte die Firma je 20 Aktien zu einem Titel von immerhin einem Euro Kurswert zusammenfassen. Firmen können so verhindern, dass ihre Titel zumindest allzu offensichtlich zum „Pennystock" mutieren. Meist ist der Reverse Split allerdings eher eine Verzweiflungstat als eine strategische Maßnahme.

Investor-Info

Beim Aktiensplit gelassen bleiben. Teilt ein Unternehmen seine Aktien, müssen Anlegerinnen und Anleger nichts tun. Splittet sich eine Aktie in drei Teile, werden die neuen Titel meist nach rund zwei Tagen ins Depot eingebucht.

Bankfehler jagen bei Aktiensplits oft Schreck ein. Manchmal verschlafen die Banken allerdings, den Aktiensplit in der Depotansicht sofort korrekt abzubilden. Ein paar Stunden lang kann es so aussehen, als wäre die Aktie rapide gefallen, doch solche Fehler korrigieren Banken schnell.

Teilweise tagelang Handelsprobleme. Am Tag des Aktiensplits lässt sicht nur der eigene Altbestand an Aktien verkaufen – und zwar zum neuen, geringeren Kurs. Bis die anderen Aktien tatsächlich im digitalen Depot eingeliefert werden, kann es ein paar Tage dauern. Wer keine Probleme riskieren will, sollte abwarten.

Kapitalerhöhung

Wenn Unternehmen wachsen und gedeihen, kommen sie irgendwann verlässlich auf Ideen: Mal wollen sie eine teure Gigafabrik bauen, mal eine andere Firma schlucken oder gleich einen ganzen Markt im Ausland aufrollen. Wenn Kredite nicht das Mittel der Wahl sein sollten, können sich Firmen auch nach einem Börsengang am Parkett noch Geld besorgen, das sie obendrein nicht zurückzahlen müssen.

Aktiengesellschaften haben schließlich die Möglichkeit, eine sogenannte Kapitalerhöhung anzusteuern. Dafür schaffen und verkaufen sie im Regelfall neue Aktien, im Gegenzug fließt frisches Geld in die Firmenkasse. Formell erhöht die Firma damit ihr Eigenkapital. Diesem Vorhaben müssen immer die Aktionärinnen und Aktionäre des Unternehmens auf der Hauptversammlung zustimmen. Dabei gibt es einen Unterschied zwischen einer „effektiven Kapitalerhöhung", bei der Geld von außen kommt, und einer „nominellen Kapitalerhöhung", bei der die Börsenkonzerne bloß intern Geld umbuchen. Im Detail lässt sich das wie folgt unterscheiden: Bei einer effektiven Kapitalerhöhung gibt das Unternehmen neue Aktien heraus und erhöht damit ihr Eigenkapital. Meist fließt im Gegenzug Bargeld in die Kasse. Die neuen Aktien heißen im Fachjargon „junge Aktien", ihr Ausgabepreis darf zum Ausgabetermin maximal auf dem Niveau der Altaktie liegen. Oft bieten die Firmen ihre „jungen Aktien" aber etwas günstiger an, um potenzielle Finanziers anzulocken. Wie bei einem Börsengang gehen Investmentbanken vorher mit den Papieren bei großen Anlagegesellschaften hausieren. Das Problem für bisherige Anlegerinnen und Anleger: Bringt das

Unternehmen weitere Aktien unters Volk, sinkt ungewollt der eigene prozentuale Anteil an der Firma. Aktienprofis sprechen davon, dass das Gewicht einer einzelnen Aktie am Gesamtunternehmen „verwässert" wird, wenn neue Anteile dazukommen. In der Regel haben die bisherigen Anlegerinnen und Anleger deswegen das Recht auf eine Art Vorkaufsrecht für die neuen Aktien, das sogenannte Bezugsrecht. Wer dieses Recht ausübt, dem Unternehmen Geld gibt und im Gegenzug dann sogenannte junge Aktien bekommt, kann seinen prozentualen Anteil am Unternehmen konstant halten. Nur wenn das Bezugsrecht vorher explizit ausgeschlossen wurde, darf die Kapitalerhöhung den Anteil der bisherigen Besitzerinnen und Besitzer um bis zu maximal zehn Prozent verwässern.

Ein Beispiel: Eine Firma hat bislang eine Million Aktien in Umlauf und möchte weitere 200 000 Titel herausgeben. Auf fünf bisherige Aktien kommt also ein neuer Titel, im Fachsprech ergibt sich also ein Bezugsverhältnis von 5:1. Oder anders formuliert: Ein Anleger oder eine Anlegerin kann sich mit fünf Bezugsrechten eine Aktie erkaufen. Dafür gibt es die Frist von mindestens zwei Wochen, die jeder und jede dafür Zeit hat.

Jeder Anleger und jede Anlegerin muss also nach dem Bezugsangebot mindestens zwei Wochen Zeit bekommen, um zu reagieren. Am ersten Tag dieser Bezugsfrist werden die Bezugsrechte von der zugehörigen Aktie abgetrennt und dann als eigenständige Wertpapiere an der Börse gehandelt. Wer die eigenen Bezugsrechte also nicht „ausüben" will, kann sie am Parkett verkaufen. Weil die Bezugsrechte dafür von der Aktie getrennt werden müssen, sinkt in der Regel der Kurs der alten Aktien, weil mit dem eigenen Anteil auch der Anteil einer Aktie am Firmengewinn verwässert wird. Die Papiere werden dann „ex Bezugsrecht" („ex Bez") gehandelt, wie es im Börsenjargon heißt. Innerhalb der mindestens zweiwöchigen Bezugsfrist werden die Papiere eigenständig gehandelt. Danach werden aus den Bezugsrechten bei Ausübung echte Aktien.

Kapitalerhöhung aus Rücklagen

Manchmal kommt es auch zu einer Kapitalerhöhung, wenn das Unternehmen eigentlich gar kein Geld braucht. Liefen die Geschäfte in der Vergangenheit gut, haben manche Firmen schnell üppige Gewinnrücklagen angesammelt. Manchmal wollen die Firmen dieses Geld in sogenanntes Grundkapital umwandeln. Im Grunde schiebt das Unternehmen dann einfach eine Eurosumme in seiner Bilanz hin und her. Trotzdem kann es dafür einen guten Grund geben: Wollen Unternehmen auf der Bank einen Kredit beantragen, zählt das harte Grundkapital mehr als die Gewinnrücklagen. Die Rücklagen lassen sich im Zweifel nämlich einfach zum Beispiel als Dividende ausschütten, während das Grundkapital kaum angetastet werden darf.

Wenn die Firma nur Geld aus den Gewinnrücklagen ins Grundkapital umbucht, ist das formell auch eine Kapitalerhöhung, da sich das Grundkapital der Firma erhöht. Passender ist allerdings das Wort „Kapitalberichtigung". Die bestehenden Aktionärinnen und Aktionäre erhalten in diesem Zuge neue Aktien, ohne dass sie etwas tun oder zahlen müssten. Am Ende haben die Anlegerinnen und Anleger also etwas mehr Aktien, die aber einzeln betrachtet etwas weniger wert sind – unter dem Strich verändert sich eigentlich gar nichts. Meistens heißen diese Aktien „Berichtigungsaktien", teilweise laufen sie unter dem etwas missverständlichen Titel „Gratisaktien".

Delisting

Immer wieder kommt es vor, dass Aktiengesellschaften vom Kurszettel verschwinden und irgendwann nicht mehr an einer Börse handelbar sind. Anlageprofis sprechen dann von einem Delisting, was so viel wie Börsenrückzug bedeutet. Anlegerinnen und Anleger besitzen dann zwar weiter Anteile an der Firma, können sie aber nicht mehr wie bisher am Parkett handeln. Besonders verbreitet ist das „freiwillige Delisting", wenn Unternehmen ihren Börsenrückzug selbst anstreben. Oft wollen sie damit Kosten sparen, sie müssen keine Gebühren mehr für ihre Börsennotiz zahlen und oft keine Quartalsberichte mehr veröffentlichen. Teilweise wollen auch Aufkaufgesellschaften in den Firmen den Ton angeben und die Anlegenden mit einem Delisting drängen, ihre Aktien zu verkaufen. Die Anlegerinnen und Anleger müssen vor dem Delisting schließlich nicht gefragt werden. Rechtlich reicht es, wenn Vorstand und Aufsichtsrat einer Firma die Maßnahme beschließen. In diesem Zuge müssen die Anlegerinnen und Anleger allerdings ein Abfindungsangebot bekommen, zu dem sie die Aktien loswerden könnten, mindestens zum Durchschnittskurs der vergangenen sechs Monate. Wenn vor dem Delisting wochenlang kaum Papiere gehandelt wurden, kann eine Gutachterfirma den Wert bestimmen. Anders läuft es, wenn die Börsenverwaltungen selbst zur Tat schreiten und eine Firma vom Kurszettel streichen. Dieses „Delisting von Amts wegen" gab es zum Beispiel nach der Insolvenz des Zahlungsdienstleisters Wirecard. Als die Firma keinen gesetzlichen Vertreter mehr nennen konnte, setzte die Deutsche Börse sie vor die Tür. In einigen Fällen lassen sich Aktien trotz Börsenrückzugs übrigens im Freiverkehr der Börse Hamburg handeln, weil die dortige Wertpapierhandelsfirma MWB Fairtrade das beantragen kann – einen Anspruch darauf gibt es aber nicht.

Investor-Info

Beim Delisting richtig handeln

Einfache Lösung. Wer keine Scherereien will, kann die Papiere schnell vor dem Delisting an der Börse verkaufen. Wie eine Analyse der „Verbraucherzentrale für Kapitalanleger" von 54 heimischen Delistings zeigt, entwickelten sich solche Titel allerdings nicht erst nach dem Delisting schlechter als der breite Aktienmarkt – sondern bereits nach der reinen Ankündigung. Wer also keinen Stress will, sollte die Titel eher schnell veräußern.

Nicht vorschnell verkaufen. Wenn sich bei Aktien ein Delisting andeutet, sind viele Anlegerinnen und Anleger aufgeschmissen. Grundsätzlich gilt: Niemand muss seine Aktien vorschnell verkaufen, nur weil ein Börsenrückzug droht. Sind die Titel nicht mehr an der Börse handelbar, werden sie schließlich nicht wertlos. Anlegende sind weiter an der Firma beteiligt, haben ein Recht auf mögliche Dividenden, können die Papiere allerdings nicht mehr so simpel verkaufen wie zuvor.

Abfindung prüfen. Erst einmal gilt es, die Höhe des Abfindungsangebots zu prüfen. Oft versuchen die Firmen, nur den gesetzlich nötigen Minimalpreis zu zahlen. Manchmal liegen die Abfindungsangebote sogar unter dem aktuellen Börsenkurs. Sachdienliche Hinweise geben in solchen Fällen Anlegerschutzvereinigungen wie SdK und DSW.

Firmenperspektiven prüfen. Wer nicht verkaufen will, sollte ergründen, wie es um die Firma steht. Würden Anlegerinnen und Anleger ohne das Delisting an steigende Kurse glauben, könnten sie es darauf ankommen lassen. Manche Delisting-Titel werden trotz des Börsenrückzugs an der Frankfurter Börse später im Freiverkehr der Börse Hamburg oder über das außerbörsliche Handelshaus Valora Effektenhandel weiter gehandelt – dort ließe sich auf Kursgewinne setzen. Teilweise sind dort aber hohe Handelskosten fällig, oft lassen sich nur geringe Stückzahlen handeln.

Aktien einordnen und verstehen

Wer auf Einzelaktien setzen will, sollte den Kursteil lesen können: Wenn Interessierte die wichtigsten Kennzahlen kennen und Kursverläufe einordnen, können sie Börsendynamiken zumindest besser nachvollziehen.

Die Aktienwelt durchforsten

An den wichtigsten Börsen weltweit notieren mehr als 50 000 Aktien. Wer sie sortieren will, braucht einen Plan.

Wahrscheinlich hätte im Jahr 1994 kaum jemand geahnt, dass ein Röhrenmonitor, zwei Handvoll verstreuter Klebezettel und ein Faxgerät einmal die Grundlage für ein Milliardenunternehmen legen würden. Als Amazon-Chef Jeff Bezos Bücher online verkaufen wollte, hatte er in seinem ersten Büro nicht einmal genug Strom für alle Elektrogeräte und musste von außen zusätzliche Stromkabel in die kleine Garage ziehen. Viele verspotteten Bezos damals sogar: Im Zeitalter des Internets ausgerechnet mit Büchern Geschäfte machen zu wollen, sei geradezu hinterwäldlerisch.

Wer zum Börsengang im Jahr 1997 nichts auf die Unkenrufe der Expertinnen und Experten gab, hätte heute ausgesorgt. Notierte die Amazon-Aktie am Ende des ersten Handelstages um Aktiensplits bereinigt bei neun Dollarcent, ist sie inzwischen mehr als 190 US-Dollar wert (Stand: 06/24). Solche Erfolgsgeschichten sind wohl der Traum vieler Anlegerinnen und Anleger: Heute schon erkennen, wer sich in Zukunft als richtiger Kauf herausstellt? Ein ziemlich hoffnungsloses Unterfangen.

Einzelaktien sind keine Wissenschaft

Immer wieder gibt es zwar aufsehenerregende Geschichten von Menschen, die mit Einzelaktien zu einem stattlichen Vermögen gekommen sind, wenn nicht gar zu großem Reichtum. Solche Einzelfälle sind jedoch kein Beweis für eine funktionierende Anlagestrategie, die alle anderen eins zu eins kopieren könnten.

Die klare Empfehlung von Stiftung Warentest lautet deswegen: Wer beim Vermögensaufbau auf breit gestreute Weltaktien-ETF setzt, macht vieles richtig und hat es gleichzeitig einfach. Denn mit passenden Indexfolgern verteilen Anlegerinnen und Anleger ihr Geld nicht nur breit über Branchen und Kontinente, sondern sparen auch noch Kosten.

Im Umkehrschluss bedeutet das aber nicht, dass Einzelaktien Teufelszeug wären. Vielen Menschen macht es einfach Freude, sich mit der Börse zu beschäftigen: Wie in einem Brennglas verdichtet sie schließlich Trends, politische Ereignisse, wirtschaftliche Zyklen und das Schicksal einzelner Unternehmen in ziemlich aufregende Kurskurven. Für manche wird es sogar zum Hobby, Zahlen zu analysieren und in Bilanzen zu stöbern. Wer den richtigen Riecher und eine Prise Glück hat, kann immer wieder mal auch einen „Treffer" landen.

Gleichzeitig gehört zum ganzen Bild dazu, dass das keineswegs garantiert ist. Im ersten Kapitel haben Sie bereits gelernt, dass in den allermeisten Fällen alle verfügbaren Informationen schon längst in den Kursen stecken. Dass sich die Künstliche Intelligenz verbreiten wird, ist also bereits in den Kursen eingepreist. Aktien haben nach diesem „Modell vom effizienten Kapitalmarkt" nur dann Aufwärtschancen, wenn die tatsächliche Entwicklung viel positiver oder rasanter ausfallen sollte als der Schnitt der Anlegerinnen und Anleger derzeit glaubt.

Immer wieder zeigen Studien, dass es Privatleuten mit ihren Börsenengagements nicht systematisch gelingt, einen simplen Aktienweltindex zu schlagen. Für Stiftung Warentest haben die Finanzprofessoren Andreas Hackethal und Steffen Meyer von der Goethe-Universität in Frankfurt am Main die Depots von rund 40 000 Privatleuten zwischen 2005 und 2015 unter die Lupe genommen: Mit einer jährlichen Rendite von 3,1 Prozent im Schnitt blieben sie weit hinter den 8,1 Prozent Rendite zurück, die im selben Zeitraum bei vergleichbarem Risiko mit einer simplen Indexmischung realistisch waren.

Nicht einmal Fondsprofis kriegen es besser hin: Die Ratingagentur Morningstar prüfte über 15 Jahre, wie viele aktive Weltaktienfonds den Zeitraum überlebten und zugleich den Schnitt vergleichbarer Welt-ETF schlugen. Beides zugleich gelang wohlgemerkt gerade einmal drei Prozent der aktiven Weltaktienfonds (Stand: 12/23). Zusammengenommen geben alle diese Studien kein besonders ermutigendes Bild ab, dass sich „Stockpicking" für Privatleute systematisch lohnen würde.

Mehr zu ETF ab Seite 60, 85 und 178

Mehr zur Rolle von Einzelaktien im Portfolio ab Seite 206

Diese Analysemethoden gibt es

Dennoch kann es natürlich Freude bereiten, sich mit Aktien, Börse und Charts zu beschäftigen. Das eigene ETF-Depot beispielsweise mit einigen Einzeltiteln zu umranken, ist völlig legitim. Anlegerinnen und Anleger sollten dafür aber nur Geld einsetzen, dass sie im Fall der Fälle auch komplett abschreiben können. Am Ende ist schließlich selbst bei erfolgreichen Börsenleuten mehr Glück dabei, als sie sich angesichts komplizierter Analysemethoden selbst gerne eingestehen.

Im Wesentlichen haben sich dabei zwei große Ansätze entwickelt, vermeintlich „interessante" Titel aufzuspüren: die Fundamentalanalyse und die technische Analyse. Die Fundamentalanalyse schaut auf die wirtschaftliche Situation eines Unternehmens, die Aussichten der Branche und die konjunkturellen, monetären und politischen Rahmenbedingungen. Die Idee: Wer eine Aktie besonders detailliert unter die Lupe nimmt, kann einen „fairen Wert" des Unternehmens bestimmen. Liegt dieser Wert über dem aktuellen Börsenkurs, könnte der Titel „ein Kauf" sein, wie es im Parkettjargon heißt. Dafür ist gründliches Bilanzstudium angesagt, der Blick auf die wichtigsten Börsenkennziffern und eine detaillierte Branchenanalyse. Das Ganze fußt allerdings auf der Annahme, dass die Börse den „fairen Wert" eines Unternehmens zunächst unterschätzt – die Kurse auf lange Sicht aber doch einsichtig sind und steigen. Zum Beispiel die sogenannte Value-Strategie fußt auf dieser Annahme, mehr dazu ab Seite 231.

Die technische Analyse schert sich um das eigentliche Geschäft der Unternehmen wiederum nicht. Die Anhängerinnen und Anhänger dieser Methode versuchen stattdessen, rein aus den bisherigen Kursverläufen von Aktien Rückschlüsse auf die Zukunft zu ziehen und zum Beispiel bestimmte Wendepunkte im Vorhinein ausfindig zu machen. Die Chartinteressierten schauen also zum Beispiel darauf, wann Kurse über alte Hochpunkte steigen oder daran abprallen.

Gerne verteidigen beide Denkschulen ihre Ansätze mit religiöser Inbrunst. Schon das macht deutlich: Obwohl beide Wege der Aktienanalyse sehr aufwendig und facettenreich sind, stecken dahinter keine wissenschaftlichen Verfahren. Auch wenn Stiftung Warentest nicht ausdrücklich zu einer der Methoden rät, kann es natürlich trotzdem nicht schaden, die Grundprinzipien dieser sehr verbreiteten Ansätze zu kennen.

Bottom-up oder Top-down

Wollen Anlegerinnen und Anleger das Universum an Titeln für sich einmal grob sortieren, ist das gar nicht so einfach. Alleine an den verschiedenen deutschen Börsenplätzen gibt es rund 800 heimische Aktien, weltweit sind laut Statistik des Weltbörsenverbandes sogar mehr als 50 000 Titel an den wichtigsten Handelsplätzen notiert. Wer dieses Dickicht filtern will, kann sich der passenden Aktie auf zwei Arten nähern: von oben oder von unten.

Beim „Top-down-Ansatz" schauen Anlegerinnen und Anleger von oben nach unten. Erst beschäftigen sie sich mit der wirtschaftlichen Lage der wichtigsten Weltregionen. Haben sie eine aussichtsreiche Region ausfindig gemacht, schauen sie anschließend auf einzelne Länder. Haben sie die aus ihrer Sicht aussichtsreichsten Destinationen gefunden, nehmen sie dort die wichtigsten Branchen unter die Lupe. Sobald auch hier eine Entscheidung gefallen ist, sezieren Interessierte die unterschiedlichen Firmen entsprechenden Zuschnitts. Dieser Ansatz ist für viele Börsenneulinge sicherlich am einfachsten nachzuvollziehen.

Beim „Bottom-up-Ansatz" geht es in die entgegengesetzte Richtung: Stößt jemand beim Stöbern, beim Zeitunglesen oder im Alltag auf ein spezielles Produkt oder ein interessantes Unternehmen, lässt sich erst die Firma analysieren, dann die Konkurrenz vergleichen. Erst wenn das geschehen ist, schauen Anlegerinnen und Anleger auf die Gesamtwetterlage in der Branche, dem Land oder der Weltregion. Alternativ können Anlegerinnen und Anleger dabei auch mit sogenannten Kennzahlen-Filtern eine Masse von Aktien durchsuchen. Wer bei diesem Siebeprozess am Ende übrig bleibt, wird einzeln untersucht.

Drei Analysestufen

Egal, ob sich Anlegerinnen und Anleger der Sache von oben oder von unten nähern: Dazwischen gibt es im Wesentlichen drei Analyseebenen:

1. **Globalanalyse/Gesamtmarktanalyse**
2. **Branchenanalyse,**
3. **Einzelwertanalyse.**

Bei der Globalanalyse rücken die wirtschaftlichen Rahmenbedingungen in den Fokus. In Kapitel 3 ab Seite 94 haben Sie bereits gelesen, wie Konjunktur, Zinsen, Politik und Psychologie auf die Kurse wirken. Eine gesunde Wirtschaft kann schließlich Vertrauen geben, sein Geld zu investieren. Anlegerinnen und Anleger sollten sich jedoch immer vergegenwärtigen, dass die konjunkturelle Gesamtlage nicht der einzige Faktor für den Erfolg von Unternehmen ist, geschweige denn für die Aktienrenditen gesamter Märkte. Die Unternehmensgewinne hängen schließlich auch an der Zinsentwicklung, Lohnhöhe und Sozialgesetzgebung oder den Steuerregeln. Wie sich all diese Mosaiksteinchen zu einem Gesamtbild zusammenfügen lassen, haben Sie ab Seite 121 erfahren.

Auf der nächsten Ebene können Anlegerinnen und Anleger interessante Branchen unter die Lupe nehmen. Dass einzelne Sektoren auf das Auf und Ab der Konjunktur unterschiedlich reagieren, können Sie ab Seite 104 lesen.

Während Autofirmen stark vom Wohl und Wehe der Konjunktur abhängen, haben die meisten Getränkeproduzenten ein stabileres Geschäft. Gleichzeitig gibt es Branchen, die in der Wirtschaft mit neuen Technologien den Trend vorgeben. Andere Branchen ringen stattdessen seit Jahren und Jahrzehnten im globalen Wettbewerb um ihre Existenz, während manche seit Dekaden ein unverändertes Erfolgsmodell fahren können. Warum die Einordnung in Branchen weit weniger wichtig ist als viele meinen und trotzdem gleichzeitig wichtiger wird, lesen Sie ab Seite 159.

Der dritte Aspekt ist schließlich die Einzelwertanalyse: Dabei schauen Anlegerinnen und Anleger auf alles, was das spezifische Unternehmen betrifft. Die wichtigsten Börsenkennziffern wie das Kurs-Gewinn-Verhältnis lernen Sie mit allen Vor- und Nachteilen ab Seite 166 kennen. Damit sind Sie am Ende dieses Kapitels in der Lage, den Kursteil einer Zeitung zu entschlüsseln oder Kursportale im Netz zu verstehen – und Aktien zunächst einmal ganz grob in Schubladen einzuteilen.

Wie Sie aufbauend auf diesem groben Verständnis Ihr Portfolio einmal ganz grundsätzlich strukturieren und gewichten, thematisieren wir in Kapitel 5 ab Seite 178 ausführlich. Wie Sie als ambitionierter Anleger oder chancenorientierte Anlegerin nach dieser „Pflicht“ zur Portfoliokonstruktion auch die „Kür“ mit Einzelaktien in Angriff nehmen können und dabei mit einem soliden Plan vorgehen, erfahren Sie in Kapitel 6 ab Seite 206.

Den Kurszettel sortieren

Groß oder klein, konjunktursensibel oder stabil, innovativ oder etabliert: Wer die wichtigsten Aktienkategorien kennt, kann die Börsenlandschaft besser verstehen.

Wer Spaß an einem kleinen Gedankenspiel hat, kann sich einmal kurz in das Jahr 1957 zurückversetzen. Als sich Elvis Presley wochenlang in den Charts hielt, US-Präsident Eisenhower die markanten Highways durchs ganze Land teeren ließ und im Finanzzentrum an der Wall Street Aktienanalyst Lew Schellbach 35 Finanzjournalisten lud, um ihnen im Lawyer's Club zwischen Hauptgang und Kaffee einen neuen Index der Ratingagentur S&P näherzubringen. Schellbachs Börsenkreation sollte später weltberühmt werden und den Namen S&P 500 tragen.

Hätten Sie damals also lieber Geld in die Titel des althergebrachten Chemiekonzerns Dupont gesetzt oder in die Aktien des Kameraherstellers Eastman Kodak investiert, der gerade seine nagelneue Schnappschuss-Kamera im Miniformat auf den Markt brachte? Der Clou: Mit Stand 2022 hätten Anlegerinnen und Anleger nach Rechnungen des Börsenprofessors Jeremy Siegel in US-Dollar rechnerisch rund 7,5 Prozent Rendite pro Jahr erwirtschaftet, und zwar mit jeder der beiden Aktien.

Das soll nicht dazu animieren, alle Aktien über einen Kamm zu scheren, sondern sie vielmehr im Vorfeld sauber zu analysieren. Wer die Titel verstehen und sortieren will, kann sie zunächst nach einigen Kriterien sortieren: Mal geht es dabei um Größe, mal um das Geschäftsmodell, mal um den Glamourfaktor der Aktie. Wenn Privatleute mitreden wollen, sollten sie diese wichtigsten Aktienkategorien der Börsenprofis kennen.

Kriterium 1: Filtern nach Größe

Wer Aktien grob einsortieren will, kann sie erst einmal nach Größe ordnen. Über die Ertragschancen sagt das zwar wenig aus, hilfreich ist es trotzdem. Während größere Aktien an der Börse zum Beispiel viel häufiger und reibungsloser gehandelt werden, bringen kleine Titel gegebenenfalls ein gewisses Renditeplus.

▸ Standardwerte (Large Caps)

In der ersten Börsenliga finden sich die sogenannten Standardwerte, damit sind die größten und wichtigsten Aktien der Weltbörsen oder einer Länderbörse gemeint. Meist sind das weltweit aufgestellte Großkonzerne, die sich seit Jahren oder Jahrzehnten in der Realwirtschaft und an der Börse etabliert haben. In Deutschland zählen vor allem die Titel aus dem hiesigen Leitindex Dax zu den Standardwerten, also Aktien wie der Versicherungskonzern Allianz, der Chemieriese BASF, die Deutsche Telekom oder der Industriegigant Siemens. In den USA geht es wiederum vor allem um die Titel aus dem Index S&P 500 wie zum Beispiel den Techkonzern Apple, Coca-Cola, die Großbank JP Morgan oder den Telekomkonzern Verizon. Oft heißen die Standardwerte im Börsenjargon übrigens auch „Large Caps“, was die englische Kurzform von „large capitalization“ ist und schlicht für großen Börsenwert steht. Etwas bunter ist der Begriff „Blue Chips“, der sich von den besonders wertvollen blauen Casino-Chips ableitet.

Aber was heißt eigentlich groß und wichtig? In der Regel bekommen Aktien den Titel als Standardaktie gemessen an ihrem Börsenwert verliehen, also des aufsummierten Werts der frei handelbaren Aktien. Auch wenn es keine klaren Vorgaben in Euro und Cent gibt, bringt die kleinste Aktie im Dax rund sieben Milliarden Euro Börsenwert auf die Waage, die größte rund 200 Milliarden Euro – dazwischen spannt sich das Feld der heimischen

Die Hierarchie der Aktienwelt

Segment	Börsenwert[1]	Indizes	Handelbarkeit	Volatilität[1]
Standardwerte (Large Caps)	ab 2 Milliarden US-Dollar	MSCI World Large Caps, Dax, S&P 500	reibungsloser Handel mit großen Umsätzen	14,79
Mittelgroße Werte (Mid Caps)	ab 1,2 Milliarden US-Dollar	MSCI World Mid Caps, MDax, S&P MidCap 400	mit einigen Ausnahmen reger Handel	16,47
Kleine Werte (Small Caps)	ab 2 Millionen US-Dollar	MSCI World Small Caps, SDax, Russell 2000	Gefahr, dass Orders nicht ausgeführt werden können	17,78

Standardwerte auf. Im Indexuniversum des Anbieters MSCI bringen speziell die großen Industrieländeraktien im Mittel etwa 16 Milliarden Dollar auf die Börsenwaage (Stand: 04/24).

Viele dieser Standardwerte sind also namhafte Unternehmen mit Milliardenumsätzen, die global erfolgreich sind. Innerhalb ihrer Branche sind sie oft bereits etabliert, teilweise haben sie über Jahrzehnte starke und bekannte Markennamen aufgebaut. Im Umkehrschluss haben sie teilweise gute Marktmacht und können die Preise ihrer Produkte ordentlich nach oben setzen, ohne dass die Nachfrage deutlich leidet. Dass sie teils Jahrzehnte überlebt haben, spricht zumindest für eine gewisse Krisenfestigkeit der Unternehmen. Weil sie oft global aufgestellt sind, hängen sie obendrein nicht nur an einem Land mit dessen Wirtschaftslage und sind bei Kriegen oder lokalen Naturkatastrophen nicht so stark betroffen wie fokussierte Firmen.

Anders als häufig suggeriert, sind Standardwerte allerdings keine Erfolgsgaranten: So standen im April 2024 zum Beispiel 23 der 40 Dax-Werte ohne eingerechnete Dividenden mehr als 30 Prozent unter ihrem einstigen Rekordniveau. Selbst der einst als stabil gepriesene Chemiekonzern Bayer verschluckte sich 2014 an der Übernahme des US-Saatgutherstellers Monsanto und hat im Kurs seit seinem Börsenrekord rund 80 Prozent an Wert verloren. Zwischenzeitlich notierten sogar die Titel des Skandalkonzerns Wirecard im deutschen Leitindex. Als der Zahlungsdienstleister großes Wachstum vortäuschte, rauschten die Aktien steil nach oben. Als das Unternehmen später in die Insolvenz rutschte, bescherte es manchen Anlegerinnen und Anlegern nahezu einen Totalverlust. Großer Börsenwert *muss* also nicht automatisch mit großer Solidität einhergehen, *kann* es im besten Fall aber durchaus.

Mehr zum Börsenwert ab Seite 158

Eindeutiger wirkt sich der Größenvorteil beim Börsenhandel der Papiere aus: Tendenziell haben solch große Firmen viele Aktien herausgegeben, außerdem handeln die Anlegerinnen und Anleger rege damit. Wer Papiere solcher Unternehmen selbst in Krisensituationen verkaufen will, wird also stets eine Gegenpartei finden. Das ist bei kleinen Aktien anders, wo in kritischen Situationen teilweise gar keine kaufwilligen Akteure am Markt sind. Fachlich ausgedrückt sorgt das rege Handelsgeschehen bei den Standardwerten dafür, dass der Abstand zwischen Kauf- und Verkaufskursen (Handelsspanne, engl. Spread) sehr gering ist. Selbst große Kauf- oder Verkaufsorders lösen vereinfacht gesagt also nur geringen Druck auf den Kurs aus, egal ob nach oben oder nach unten. Zahlen der Deutschen Börse zeigen: Wer beispielsweise für 10 000 Euro RWE-Aktien kauft, würde den Kurs damit nur homöopathisch verschieben. Unter dem Strich würde der Kurseffekt bei dem fünfstelligen Ordervolumen bloß drei Euro ausmachen, also kaum ins Gewicht fallen. Zumindest für Dax-Werte und ETF am Börsenplatz Xetra lässt sich dieser „XLM-Wert“ online einsehen.

Liquidität prüfen: xetra.com unter „XLM“; Aktien richtig handeln ab Seite 352

Fakt ist außerdem, dass es zu vielen Standardwerten sehr viele öffentlich verfügbare Informationen gibt. Die Firmen selbst berichten mit umfänglichen Jahres- und Quartalsberichten, in Zeitungen oder Onlinemedien gibt es viele Artikel zu den Konzernen, und in den Banken beobachten vergleichsweise viele Analystinnen und Analysten die großen Unternehmen. Während auf jedes Dax-Unternehmen im Mittel 25 Analysten kommen, sind es im SDax der kleinen Werte gerade noch sieben Bankleute, wie der Deutsche Investor-Relations-Verband DIRK ausgewertet hat. Mit mehr Informationen können sich Anlegerinnen und Anleger einerseits ein genaueres Bild der Firmen machen. Andererseits gibt es kaum Informationen, die andere nicht auch schon gesehen hätten. Tatsächliche Informationsvorteile gibt es bei großen Aktien also kaum.

Mehr zur Informationseffizienz der Börsen ab Seite 26

Marktkapitalisierung

Die Marktkapitalisierung ist der Begriff für den Börsenwert eines Unternehmens. Er ergibt sich, wenn man den Aktienkurs mit der Zahl der frei handelbaren Aktien multipliziert. Das sind alle Aktien, die nicht fest in der Hand von großen Langfristinvestoren wie reichen Familien oder Staatsfonds liegen.
Hat ein Unternehmen eine Million handelbare Aktien zu je 10 Euro, läge die Marktkapitalisierung der Firma bei 10 Millionen Euro.

▸ Mid Caps

In der „zweiten Reihe" der Börse rangieren die Mid Caps, also die mittelgroßen Aktien. Das können Unternehmen sein, die sich vom Status der kleinen Aktien an die richtig großen Titel heranrobben. Der Softwareriese SAP stieg von einer kleinen Aktie seit den 1980er-Jahren immer weiter auf und ist regelmäßig die wertvollste heimische Aktie (Stand: 04/24). Genauso gut gibt es aber auch zahlreiche ehemals große und bedeutende Firmen, die inzwischen an Strahlkraft verloren haben. Drittens finden sich unter den mittleren Aktien oft auch Unternehmen, die seit Jahren konstant laufen, aber wegen ihres begrenzten Geschäftsmodells wohl kaum zu den ganz großen Titeln aufschließen dürften. Im MDax der 50 mittelgroßen Werte an der Deutschen Börse sind beispielsweise Titel wie die Ticketfirma CTS Eventim, der Flughafenbetreiber Fraport oder der deutsche Windradbauer Nordex notiert (Stand: 04/24).

Mittelgroße Aktien bieten die Chance auf größeres Wachstum, das Schwankungsrisiko ist aber noch nicht so deutlich erhöht wie bei ganz kleinen Titeln. Während der MDax der mittelgroßen Firmen seit dem rechnerischen Startpunkt der Dax-Indizes 1988 pro Jahr durchschnittlich um 9,6 Prozent stieg, legte der Dax nach Rechnungen der Fondsgesellschaft Deka im selben Zeitraum nur um rund acht Prozent pro Jahr zu (Stand: 04/24).

▸ Small Caps

Die Kleinsten sind die meisten: Während es an den Börsen hierzulande rund 570 heimische kleine Aktien gibt, bringen sie im Vergleich zu den Großkonzernen naturgemäß kaum Gewicht auf die Waage. Wer in Small Caps investiert, hofft darauf, dass sich die Firmen weiterentwickeln, expandieren und von der breiten Investmentgemeinde entdeckt werden. Oft werden auch andere Firmen auf die kleinen Aktienunternehmen aufmerksam und machen den Anlegerinnen und Anlegern ein lukratives Übernahmeangebot. Im SDax der kleinen Börsenfirmen notieren zum Beispiel Titel wie der Broker Flatexdegiro, Südzucker oder die Wasserstoff-Firma ThyssenKrupp Nucera (Stand: 04/24). Genauso gut gibt es neben neuen und aufstrebenden Titeln aber auch viele kleine Aktien, die ein Schattendasein fristen oder gar jahrelange Problemfälle sind.

Den größeren Chancen bei kleinen Titeln stehen naturgemäß größere Risiken gegenüber: Viele Firmen sind auf ein spezielles Geschäftsmodell fokussiert und hängen hierzulande meist stärker am Heimatmarkt Deutschland. Ein Flop bei einer neuen Produktlinie, ein überraschender Angriff der Konkurrenz oder ein Konjunktureinbruch können für kleinere Börsenfirmen schnell einmal die Existenz bedrohen. Dennoch haben manche Kapitalmarktprofis errechnet, dass ausgerechnet die kleinen Börsentitel strukturell überlegene Renditen bringen sollen – zumindest auf sehr, sehr lange Sicht. Ob Privatleute davon profitieren können, lesen Sie ab Seite 199.

Für eine Beimischung kleiner Aktien gibt es auch sonst gute Argumente, im MSCI World sind schließlich nur große und mittelgroße Börsenwerte vertreten. Auch Einzelaktien-Interessierte finden bei kleinen Aktien tendenziell Titel, die nicht wirklich „informationseffizient" sind. Weil sich kaum Anlageprofis damit beschäftigen, könnten auch Privatleute bei sehr tiefem Research Informationsvorteile erlangen und ausbeuten. Das ist jedoch eine eher theoretische Sichtweise, Stiftung Warentest warnt ausdrücklich vor dem größeren Risiko der kleineren Papiere (siehe Seite 214).

Fakt ist nämlich obendrein, dass die kleinen Aktien an der Börse oft sehr illiquide sind. Weil die Titel mitunter kaum gehandelt werden, kann ein Weiterverkauf im schlechtesten Falle schwierig werden. Entweder lassen sich dann nur wenige Titel sofort verkaufen oder Anlegerinnen und Anleger müssen mit dem Preis sehr weit heruntergehen, um überhaupt Kaufwillige anzulocken. Wer kleine Aktien handelt, sollte bei seiner Aktienorder daher mit sogenannten Limits immer einen Maximalpreis beim Kauf oder einen Minimalpreis beim Verkauf vorgeben, um unangenehme Überraschungen zu vermeiden. Wie fortgeschrittene Anlegerinnen und Anleger kleine Aktien handeln können, erfahren Sie ab Seite 352.

30 SEKUNDEN FAKTEN

71 %
der Deutschen kennen den Leitindex Dax mit den 40 wichtigsten Aktienwerten.

24 %
von ihnen kennen den MDax-Index der mittelgroßen Börsenwerte.

15 %
kennen den SDax-Index der kleineren Unternehmen am Parkett.

Quelle: Marktforschungsgesellschaft Dr. Doeblin

Kriterium 2: Zyklische oder defensive Titel?

Mehr noch als für die Größe der Firmen oder ihr Stammland interessieren sich viele Anlegerinnen und Anleger für die Branche, in der die Unternehmen tätig sind. Branchen bergen schließlich spannende Geschichten: Wie die Stahlindustrie abstieg, wie die deutschen Autohersteller in ein Wettrennen mit der chinesischen Konkurrenz gerieten und sich verschachtelte Industriekonglomerate aufspalteten. Gleichzeitig reagieren große Sektoren und kleinere Branchen unterschiedlich auf das Auf und Ab der Konjunktur: Hängen einzelne Sektoren sehr stark an den Wellenbewegungen der Gesamtwirtschaft, ist an der Börse von „Zyklikern" die Rede. Reagieren Titel nur schwach auf die Kapriolen der Konjunktur, heißen sie „Non-Zykliker" oder „defensive Werte". Zu welcher Kategorie die einzelnen Sektoren und Branchen gehören, hängt unter anderem mit den jeweiligen Produkten und den Geschäftsmodellen zusammen.

Welche Branchen ticken wie?

Ob ein Wirtschaftssektor empfindlich auf die Konjunktur reagiert oder eher gedämpft, hat der Indexanbieter MSCI für alle elf Sektoren aus der GICS-Klassifizierung ermittelt. Dazu hat er geprüft, wie sensibel Aktienkurse der elf Sektoren auf das Auf und Ab eines Konjunktur-Frühindikators des Industrieländerklubs OECD reagierten. MSCI trifft daher folgende Sektoreinteilung (Stand: 06/24):

1. **Zyklische Sektoren:** Finanzen, langlebige Konsumgüter, Immobilien, Industrie, IT, Rohstoffe, Kommunikation.
2. **Defensive Sektoren:** Basiskonsum, Energie, Gesundheit, Versorger.

Diese Zuordnungen sind jedoch nicht in Stein gemeißelt, sondern können sich über Zeit verändern. Ein Beispiel: Der Tech-Sektor ist im Regelfall ein eher zyklischer Sektor, viele Firmenkunden bestellen beispielsweise nur neue Laptops, wenn das eigene Geschäft rundläuft. Zwischen 2020 und 2022 wurde in der Coronakrise aus dem zyklischen Sektor in den Augen mancher Profis ein eher defensiver Sektor, als Technologielösungen wie Videokonferenzen angesichts der Lockdowns gefragt waren – und entgegengesetzt zum negativen Konjunkturtrend der Coronazeit liefen.

Über den Daumen gepeilt lässt sich sagen, dass defensive Sektoren in Aufwärtsphasen an der Börse weniger mitzogen, dafür aber weniger schwankten als der Gesamtmarkt und die Einzeltitel aus diesen Sektoren auch seltener heftige Verluste erlitten. Zyklische Sektoren zogen hingegen stärker mit, schwankten aber mehr und wiesen größere Verlustraten auf.

Um sich das Rendite-Risiko-Profil von zyklischen und defensiven Sektoren besser vorstellen zu können, lohnt ein kurzfristiger und ein langfristiger Blick. Lag der US-Leitindex S&P 500 kurzfristig auf Dreimonatssicht im Minus, hielten sich die defensiven Sektoren Gesundheit, Versorger und Basiskonsum in den USA im Schnitt drei bis fünf Prozentpunkte besser als der Leitindex. Umgekehrt zogen zyklische Sektoren wie IT, langlebiger Konsum und Finanzen rund ein bis zwei Prozentpunkte stärker nach oben, wenn der S&P 500 auf Dreimonatssicht positiv performte. Für diese Ergebnisse hat der Indexanbieter S&P Dow Jones Indices alle Dreimonatszeiträume seit der Jahrtausendwende analysiert (Stand: 12/23).

Auch auf lange Sicht zeigt sich das größere Risiko der zyklischen Werte: In der Analyse des Indexanbieters schwankten alle zyklischen Branchen auf lange Sicht stärker als der US-Leitindex S&P 500. Bei den defensiven Sektoren war die Tendenz weniger eindeutig: Die Sektoren Gesundheit und Basiskonsum schwankten weniger (Volatilität 18 bzw. 15) als der US-Leitindex S&P 500 (Volatilität 20). Die ebenfalls als defensiv deklarierte Versorgerbranche kam aber auf dieselbe Schwankungsintensität wie der Leitindex, Energieaktien schwankten sogar stärker (Volatilität 28).

Ein ähnliches Risikobild zeigte sich auch, wenn Privatleute nicht auf die zusammenfassenden Sektorindizes schauten, sondern auf die Einzeltitel innerhalb der Sektoren: Eine Analyse der US-Investmentbank JP Morgan über rund 13 000 US-Aktien zwischen 1990 und 2014 zeigte, dass bei den defensiven Branchen Basiskonsum und Versorger nur 26 bzw. 13 Prozent der Einzelaktien irgendwann über diesen langen Zeitraum einen Verlust von mehr als 70 Prozent erlitten und sich danach kaum mehr erholten. Bei zyklischen Branchen lag dieser Anteil deutlich höher, unter den Firmen erlitten zum Beispiel 57 Prozent aller Firmen irgendwann einen solchen Kollaps.

Branchen professionell vergleichen

Wer einzelne Firmen einer Branchenschublade zuordnen will, kann auf zwei offizielle Klassifizierungen zurückgreifen. Darin teilen Indexanbieter den Aktienmarkt in große Sektoren, viele Branchen und sogar Sub-Branchen ein – wie ein Baum mit seinen Verästelungen. So gehört die Sub-Branche der „Zeitungsunternehmen“ zur Branche der „Medienkonzerne“, die ihrerseits zur Branchengruppe „Medien und Unterhaltung“ gehört, die wiederum in den Obersektor „Kommunikationsdienstleis-

Diese Branchen sind an der Börse wichtig

Klassifikation der Sektoren und Branchen nach dem GICS-Schema

Sektor	Branchengruppen	Beispiele
Energie	– Energie	– Förderung, Raffinieren von Öl und Gas, Kohle
Rohstoffe	– Rohstoffe	– Chemie, Baustoffe, Verpackung, Metalle, Bergbau
Industrie	– Anlagegüter – Betriebliche Dienstleistungen – Transport	– Raumfahrt, Verteidigung, Industriekonglomerate – Druckfirmen, Bürodienstleister, Sicherheitsfirmen – Luftfahrt, Logistik, Bahnfirmen, Hafenbetreiber
Langlebige Konsumgüter	– Autoindustrie und Zulieferer – Langlebige Konsumgüter – Dienstleistungen – Handel mit langlebigen Konsumgütern	– Autoteile, Autoproduzenten, Reifenhersteller – Elektronik, Möbel, Gartengeräte, Spielzeug, Mode – Hotels, Restaurants, Freizeitparks – Breite Handelsketten, spezielle Handelsketten
Basiskonsum	– Handel mit Basiskonsumgütern – Essen, Getränke und Tabak – Haushaltswaren und Drogerieartikel	– Supermärkte, Onlinehandel, Mode-, Elektrohändler – Getränke, Essen, Tabak – Drogerieartikel, Kosmetik
Gesundheit	– Gesundheitswaren und -dienstleistungen – Pharma, Biotech	– Diagnosegeräte, Medizinprodukte, Laborcenter – Pharma, Biotech
Finanzen	– Banken – Finanzdienstleistungen – Versicherungen	– Großbanken, Regionalbanken – Zahlungsdienstleister, Börsen, Vermögensverwaltung – Lebensversicherer, Gebäudeversicherer, Rückversicherer
IT	– IT-Dienstleistungen – Software & Dienstleistungen – Hardware & Ausrüstung – Halbleiter und Halbleiter-Ausrüster	– Datenzentren, IT-Beratungsfirmen – Softwarefirmen, App-Produzenten – PC-Hersteller, Bildschirmproduzenten, Kabelhersteller – Halbleiter, Halbleiter-Ausrüster
Kommunikationsdienstleistungen	– Telekomdienstleistungen – Medien & Unterhaltung	– Telekomfirmen, Mobilfunkfirmen – Rundfunk, Verlage, Film, Spiele, Suchmaschinen, digitale Plattformen
Versorger	– Versorger	– Stromversorger, Gasversorger, Wasserversorger, Stromproduzenten
Immobilien	– Immobilien-Kapitalgesellschaften (REIT) – Immobilienentwicklung und -management	– Büroimmobilien, Wohnimmobilien, Handelsimmobilien – Betreiben, Projektieren oder Makeln von Immobilien

Quelle: MSCI Stand: 30.06.2024

tungen“ eingebettet ist. Für viele der Sektoren oder der Industrien gibt es passende ETF. Wollen sich Anlegerinnen und Anleger im Detail mit einem gesamten Sektor oder einer spezifischen Branche befassen, kann ein Blick auf eine solche Branchenmatrix hilfreich sein.

Die Indexanbieter MSCI und S&P Dow Jones Indices verwenden für ihre Aktienindizes den sogenannten Global Industry Classification Standard (GICS), die Konkurrenten Stoxx und FTSE nutzen die Industry Classification Benchmark (ICB). Die wichtigsten Sektoren und Branchengruppen aus den zwei obersten Ebenen des GICS-Baumdiagramms zeigen wir in der Tabelle oben. Wollen Anlegerinnen und Anleger wissen, in welcher Branche aus der Branchenmatrix eine konkrete Firma tätig ist, können sie die Aktie beim Finanzdienst Chartmill im Netz suchen und im Aktienprofil den entsprechenden Hinweis finden.

Die komplette GICS-Liste unter msci.com/gics
Branchenzuordnung nach GICS für Aktien unter chartmill.com

Wie wichtig sind Branchen?

Phasenweise trägt es einzelne Industrien deutlich stärker nach oben als andere, manchmal bleiben andere Branchen vernehmlich zurück. Das Problem für Anlegerinnen und Anleger ist jedoch simpel: Ein solches Renditeplus lässt sich im Vorhinein nicht sicher bestimmen, sondern immer erst hinterher. Wer passend zum Konjunkturzyklus also auf vermeintliche Gewinnerbranchen setzt, geht statt eines strategischen Investments eine Wette ein. Klar ist einzig und allein, dass es auch künftig Gewinnerbranchen geben wird. Unklar ist, welche.

Neben dieser Kurzfristperspektive gibt es außerdem keine Belege, dass einzelne Branchen auf mittlere oder auf lange Sicht vorhersehbar besser abschneiden würden als andere. Betonung auf: vorhersehbar. Innovative Techaktien brachten beispielsweise nicht verlässlich bessere Langfristrenditen als vermeintlich überkommene Branchen. Auch wenn vielen Anlegern der Erfolg einiger großer Techaktien seit den 2010er-Jahren sehr präsent im Gedächtnis ist, zeigt sich seit dem Jahr 1970 für die US-Börsen im Langfristschnitt ein anderes Bild: In den 50 Jahren ab diesem Zeitpunkt wären Techaktien nur im Mittelfeld gelandet.

Umgekehrt hätte es ebenfalls nichts gebracht, vermeintlich überkommene Branchen zu meiden: In den mehr als 100 Jahren Kapitalmarktgeschichte seit dem Jahr 1900 haben ausgerechnet die heute eher antiquierten Eisenbahnaktien überdurchschnittliche Renditen liefern, so zeigen es Rechnungen des Londoner Kapitalmarktprofessors Elroy Dimson.

Für diese paradoxen Ergebnisse gibt es gute Gründe: Auch wenn gern über Branchen gesprochen wird, ist das faktische Geschäfts-

Investor-Info

Branchen im Portfolio gekonnt einsetzen

Branchen bringen Streuung. Das eigene Aktienvermögen breit über Branchen zu diversifizieren ist sinnvoll. Am besten darauf achten, nicht nur auf zyklische Branchen zu setzen, sondern auch defensive Werte im Depot zu haben. ETF auf Aktien-Weltindizes bringen automatisch alle Branchen ins Depot. Wer sich an ein eigenes Einzelwert-Portfolio wagt, sollte auch auf die Branchenbalance achten.

Branchen als Beimischung. Wollen Fortgeschrittene neben Weltaktien-ETF zwei Beimischungen ins Depot nehmen, dürfen sie durchaus ein oder zwei Branchen mit je fünf Prozent beimischen, sie stellen ja nur einen kleinen Teil des Portfolios dar. Wer sich erst herantasten will, fühlt sich mit defensiven Sektoren zunächst vielleicht wohler.

Branchenspekulation ist heikel. Viele Chancenorientierte wollen im Konjunkturkarussell mitspielen: Aktien einer Branche auf dem Tiefpunkt kaufen – und später kurz vor ihrem konjunkturellen Zenit verkaufen. Dieses vermeintliche „Timing" von Marktphasen ist problematisch: Erstens können selbst Profis die Konjunkturphasen erst im Nachhinein sauber abgrenzen, und zweitens handelt die Börse obendrein Erwartungen. Wenn in der Zeitung über eine Rezession gesprochen wird, haben die Kurse längst reagiert. Natürlich laufen manche Branchen in speziellen Phasen besser als andere. Das heißt aber nicht, dass sich dieses Renditeplus zuverlässig im Vorhinein bestimmen ließe. Ständig durch Branchen „zu rotieren", kostet Handelsgebühren und ist eine klare Wette mit unklarem Ausgang.

modell der Firmen oft nicht der tatsächliche Treiber der Renditen. In einer Analyse des Norwegischen Staatsfonds beeinflusste die Branchenzugehörigkeit bei einer großen Auswahl an Aktien die Renditeunterschiede zwischen den Titeln statistisch nur in geringem Maße.

Dennoch sollten Anlegerinnen und Anleger die Rolle von Branchen für ihr Portfolio auch nicht unterschätzen. Seit der Jahrtausendwende stieg die Bedeutung der Branchenzugehörigkeit für die Aktienrenditen auf niedrigem Niveau zumindest leicht an. Der Grund: Weil Globalisierung und europäische Einigung die Welt näher aneinanderrücken ließen, ebneten sich Unterschiede zwischen einzelnen Ländern leicht ein. Während die Länderzugehörigkeit eines Unternehmens also unwichtiger wurde, erklärten sich Renditeunterschiede laut der Studie des Staatsfonds stärker als früher aus der Branchenzugehörigkeit. Ob das in Zeiten zunehmender Abschottungstendenzen allerdings so bleibt, kann niemand sagen.

Trotzdem haben Branchen ihre Berechtigung. Eindeutig ist nämlich, dass das Denken in Branchen beim Streuen eines Portfolios hilft: Verteilen Anlegerinnen und Anleger ihr Geld über Länder und Branchen gleichzeitig, streuen sie ihr Geld der Studie zufolge effektiver, als wenn sie nur auf ein Land mit verschiedenen Branchen oder auf eine Branche in verschiedenen Ländern setzten.

Kriterium 3: Substanz- oder Wachstumsaktien?

Die dritte Unterscheidung ist eine Stilfrage an der Börse: Während manche ihr Geld besonders gerne in etablierte Unternehmen mit jahrzehntelang funktionierendem Geschäftsmodell stecken, sind andere eher auf der Suche nach dem nächsten Zukunftstitel. Mit Blick auf die Balance im Portfolio ist es nicht ratsam, ein ganzes Portfolio nach nur einem dieser Investmentstile auszurichten. Um einzelne Aktien oder Anlagestrategien aber einordnen zu können, hilft ein solides Verständnis. Profis unterscheiden Aktien schließlich in sogenannte Substanz- und in Wachstumstitel.

▸ Wachstumsaktien

Wenn marktschreierisch von potenziellen Verzehnfacher-Titeln die Rede ist, geht es klar um Wachstumsaktien. Das sind schließlich Titel, denen die Anlegerinnen in den kommenden Jahren enormes Potenzial zutrauen. Die Hoffnung: Firmen mit innovativen Ideen, fortschrittlichen Produkten und völlig neuen Diensten könnten einschlagen, andere Länder erobern und im besten Fall sogar den weltweiten Markt aufrollen. Häufig handelt es sich dabei um Aktien mit einem gewissen Hype- oder Glamourfaktor, die im Netz und in den Medien schnell dauerpräsent sind. Anlageprofis sprechen manchmal auch von „Growth“-Aktien, was auf Englisch schlicht „Wachstum“ bedeutet.

Bei Wachstumstiteln kann es sich einerseits um Unternehmen handeln, die schon einen guten Marktanteil erobert haben, aber in einem stark wachsenden Markt tätig sind. Teilweise handelt es sich aber auch um Titel, die noch gar keinen Gewinn abwerfen und regelmäßig Geldspritzen von Kapitalgebern brauchen. Dann beruht die Hoffnung darauf, dass ihre Geschäftsidee einschlagen wird und sie auf Dauer eine marktbeherrschende Stellung aufbauen können. Häufig kommen solche Wachstumstitel aus der Tech-Branche mit Megathemen wie zum Beispiel E-Commerce oder Künstlicher Intelligenz. Allerdings können die Titel auch anderen Sektoren angehören: Auch Pharmaaktien oder Biotechwerte können Wachstumsaktien sein, wenn die Investmentgemeinde zum Beispiel auf den Erfolg eines speziellen Präparats spekuliert.

Betriebswirtschaftliche Besonderheit dieser Firmen ist meist, dass sie keine Dividende ausschütten. Viele der Wachstumsunternehmen stecken ihre gesamten Unternehmensgewinne wieder in die eigene Firma und finanzieren damit aussichtsreiche Produkte, die Expansion in neue Länder oder teure Forschung. Der Handelsriese Amazon hat beispielsweise jahrelang keine Dividende gezahlt und stattdessen mit dem Geld das rasante Wachstum der eigenen Firma noch vorangetrieben.

DIE 3 TOP GROWTH-ZEICHEN

1 Umsatzwachstum. Wachstumstitel weisen meist ein Umsatzwachstum von mehr als 20 Prozent pro Jahr aus. Gleichzeitig sollten Banken und Analysehäuser in ihren Gewinnschätzungen für die kommenden Jahre einen deutlichen Positivtrend sehen.

2 Forschung. Die Firmen investieren viel Geld in Forschung, entwickeln neue Produkte und erarbeiten sich eine robuste Stellung mit hohen Gewinnmargen auf einem zukunftsfähigen Sektor.

3 Kursrelation. Teilweise sind solche Aktien an der Börse nicht mehr billig, viele der Titel haben ein hohes Kurs-Gewinn-Verhältnis (KGV). Einerseits sind die Kurse also hoch, die Gewinne aber im Vergleich eher gering. Mehr zum KGV ab Seite 166.

Haben Anlegerinnen und Anleger den richtigen Riecher, können sie mit diesen Aktien rasante Wachstumsraten erzielen und sind in den zukunftsweisenden Ecken des Kapitalmarkts mit dabei. Gleichzeitig sind sie davon abhängig, dass die Idee auch tatsächlich zündet, das Unternehmen finanziell durchhält und nicht plötzlich unter beinharter Konkurrenz auf Schlingerkurs gerät. Außerdem ist es in innovativen Sektoren besonders spekulativ, künftige Wachstumsraten vorhersagen zu wollen. Häufig reagieren Wachstumstitel obendrein äußerst empfindlich, wenn Unternehmen die Wachstumsziele auch nur leicht verfehlen. Als der Streamingdienst Netflix im Jahr 2023 wachsende Nutzerzahlen präsentierte, sackten die Titel zeitweise dennoch um mehr als 20 Prozent nach unten, weil Börsenprofis mit noch mehr gerechnet hatten.

Mehr zur Wachstumsstrategie ab Seite 234

Außerdem reagieren die Titel oft sensibel auf das Zinsniveau: Bei niedrigen Zinsen können die Wachstumsaktien reüssieren, weil Investoren die fehlenden Dividenden nicht so wichtig sind. Gibt es auch auf dem Konto oder bei Anleihen keine oder kaum Zinsen, stellen dividendenlose Aktien keinen gravierenden Nachteil dar. Umgekehrt werden hohe Zinsen tendenziell zum Nachteil für Wachstumstitel: Die Bewertungsmodelle vieler Aktienprofis prognostizieren nämlich die Unternehmensgewinne auf zehn Jahre und mehr in die Zukunft. Im zweiten Schritt überlegen sie, wie viele Zinsen es am Finanzmarkt für eine relativ sichere Anlage geben würde – also zum Beispiel für zehnjährige Bundesanleihen. Je mehr Zinsen dort mit Zins und Zinseszins zusammenkämen, desto üppiger müssen die Gewinne der Techfirmen ausfallen, um dagegen ankommen zu können. Steigt also das Zinsniveau, sind Techaktien selbst bei gleichbleibenden Gewinnen im Vergleich zu sicheren Anlagen gewissermaßen „weniger wert“. Im Fachsprech heißen solche Rechenmodelle „Discounted-Cashflow-Modelle“, in denen die prognostizierten Gewinne mit dem unterstellten Zinsniveau „abdiskontiert“ werden.

▸ Substanzaktien

Wer im echten Leben gerne Schnäppchen jagt, sollte die Value-Strategie kennen: Hier versuchen Anlegerinnen und Anleger, werthaltige Firmen zu günstigen Kursen zu kaufen. Dabei geht es um Unternehmen, die gute Vermögenswerte in der Bilanz stehen haben, eine solide Marktposition mit einem stabilen Geschäftsmodell aufweisen und gute Umsatzrenditen erwirtschaften – was die Börse in der Breite allerdings trotzdem unterschätzt. Anlageprofis sprechen davon, dass solche Aktien „unterbewertet“ sind. Der Kurs einer Aktie ist aus ihrer Sicht zu niedrig, zumindest im

Vergleich mit dem fundamentalen Wert der Firma. Auch hierzulande heißen die Aktien oft „Value"-Titel, was übersetzt „Wert" bedeutet.

Um passende Unternehmen aufzustöbern, müssen sich Interessierte über Zahlen der Firma beugen. Kern dieser Kennzahlenanalyse ist zum Beispiel das Kurs-Buchwert-Verhältnis: Ist der Wert einer Firma an der Börse niedriger als alle Maschinen und Immobilien des Unternehmens, kann das auf eine Unterbewertung hindeuten. Gleichzeitig schauen Value-Interessierte häufig auf weitere Kennzahlen, die Sie ab Seite 166 und 227 genauer kennenlernen werden: Das Kurs-Gewinn-Verhältnis, das Kurs-Cashflow-Verhältnis und das Kurs-Umsatz-Verhältnis sind für Zahlenfüchse genauso interessant wie Details zum Unternehmen: Hat es eine solide Marktposition? Ist das Geschäft schwankungsarm? Hat die Firma starke Marken, bei denen sie mit Preiserhöhungen die Gewinne steigern kann? Eine Gewinngarantie ist jedoch auch die Valuestrategie nicht. Wer sich auf Valueaktien spezialisiert, kann sich bei eingehender Analyse zwar relativ sicher sein, dass seiner Aktie ein tatsächlicher, realer Wert gegenübersteht. Ob die Börse den inneren Wert der Titel auch mit steigenden Kursen honoriert, steht aber auf einem anderen Blatt.

DIE 3 TOP VALUE-ZEICHEN

1 **Marktstellung.** Mit einem bekannten Markennamen haben sich die Firmen oft einen üppigen Marktanteil erobert. Teilweise sind sie auf monopolartigen Märkten aktiv oder mit nur wenigen Konkurrenten.

2 **Gewinnmarge.** Klassische Value-Firmen haben häufig kein rasantes Wachstum mehr. Stattdessen sind sie oft in Branchen mit guten Gewinnmargen tätig, sodass das Geschäft auch bei einem flacheren Aufwärtstrend lukrativ ist.

3 **Cashflow.** Meist müssen diese Unternehmen nicht viel investieren, weil die Firma auch ohne große Innovationen läuft. Betriebswirtschaftlich sorgt das für einen guten sogenannten „freien Cashflow" und ermöglicht eine üppige und konstante Dividende.

Nicht immer trennscharf

Häufig werden Value und Growth als unversöhnliche Lager an der Börse dargestellt. Nicht immer ist der Gegensatz von Wachstums- und Substanzaktien allerdings so ausgeprägt, wie es auf den ersten Blick scheint. Eine Aktie wie Microsoft galt noch vor der Jahrtausendwende als klare Wachstumsaktie, die vom Computerboom der 1990er-Jahre profitierte. Später sahen Anlageprofis den Titel Ende der 2010er-Jahre teilweise als Value-Aktie, weil Microsoft mit seinem Abogeschäft für Clouddienste und Office-Programme fast langweilig geworden war. Dann investierte das Unternehmen in den 2020ern aber in die Firma OpenAI, einen Vorreiter in Sachen Künstlicher Intelligenz – und viele Börsenleute nahmen die Firma wieder etwas stärker als Wachstumstitel wahr.

Genauso unklar ist, ob Growth- oder Valuetitel an der Börse riskanter sind. Manche Fachleute vermuten, dass Growth-Titel aufgrund der hohen Bewertungen und der teils mangelnden Substanz ab und an zu krassen Crashs neigen und daher riskanter sind. Andere unterstellen, dass die Valueaktien mit oft traditionelleren Geschäftsmodellen stärker am Konjunkturzyklus hängen und häufiger Schwächephasen durchleiden. Vermutlich liegt die Wahrheit basierend auf der heutigen akademischen Studienlage in der Mitte: Beide Aktienstile bergen gewichtige Risiken, die bloß jeweils etwas anders gelagert sind.

Mit Kennziffern auf Kurs

Ist eine Aktie ihren Preis auch wert? Das wollen Anlegerinnen und Anleger mit einer Reihe von Kennziffern herausfinden. In unserem Überblick zeigt sich: Gar nicht so einfach.

Vielleicht klingt es in den Ohren mancher Anlegerinnen und Anleger verrückt, dass es auf den Preis an der Börse überhaupt nicht ankommen soll. Ob eine Aktie zehn Euro oder 1000 Euro kostet, ist schließlich ein gewaltiger Unterschied. Sie werden es natürlich wissen: Manch eine Aktie stellt sich hinterher selbst für 1000 Euro noch als „billiger" Kauf heraus, weil sie sich prächtig entwickelt hat. Eine andere Aktie erweist sich selbst für zehn Euro später als völlig überteuert, weil sie nur noch abbröckelt.

Investmentlegende Warren Buffett hat diesen Gedanken in einen legendären Satz verdichtet: „Fragen Sie nicht nach dem Preis, den Sie für ein Unternehmen zahlen", sagte er einmal, „sondern nach dem Wert, den sie für Ihr Geld bekommen." Tausende Anlegerinnen und Anleger folgen seither Buffetts Ratschlag und versuchen mit speziellen Kennziffern den Kurs einer Aktie ins Verhältnis zu den Fundamentaldaten des Unternehmens zu setzen. Daraus können Anlegerinnen und Anleger in der Tat eine Menge lernen, allerdings auch viele Fehlschlüsse ziehen. Die wichtigsten Kennziffern zeigen wir daher mit ihren Vor- und Nachteilen in dieser Übersicht.

Kennziffer 1: Kurs-Gewinn-Verhältnis (KGV)

Was günstig oder teuer ist, messen wir im normalen Leben häufig am Preis in Euro und Cent. An der Börse kann das jedoch schnell in die Irre führen: Kennen Anlegerinnen und Anleger nur den Eurobetrag, wissen sie lediglich, was sie zahlen müssen – nicht aber, was sie für ihr Geld bekommen. Genau hier kann das Kurs-Gewinn-Verhältnis helfen, sich weiterführende Gedanken zu machen.

KGV im Netz bei boerse-frankfurt.de
Rollierendes KGV im Netz bei reuters.com
Erwartetes KGV im Netz bei yahoo.de/finance

Das Kurs-Gewinn-Verhältnis (KGV) setzt den Unternehmensgewinn einer Firma im Verhältnis zum Börsenwert des Unternehmens. Genauer gesagt, teilen Profis den Kurs einer Aktie durch den Unternehmensgewinn je Aktie.

$$\frac{\text{Kurs}}{\text{Gewinn je Aktie}} = \text{KGV}$$

Liegt der Kurs einer Aktie also bei 100 Euro und auf einen einzelnen Titel entfallen sieben Euro des gesamten Unternehmensgewinns, liegt das KGV bei einem Wert von rund 14. Im Klartext: Der aktuelle Kurs an der Börse beträgt also das 14-Fache des Gewinns je Aktie. Das Unternehmen müsste 14-mal in Folge den aktuellen Unternehmensgewinn erwirtschaften, um damit rein rechnerisch den aktuellen Börsenwert aufzuwiegen. Je höher also das KGV ausfällt, desto größer sind die Erwartungen der Börse an das Unternehmen. Formell gesprochen, gibt das Kurs-Gewinn-Verhältnis den Faktor an, mit dem der Unternehmensgewinn einer Firma an der Börse bewertet wird.

Wenn Anlegerinnen und Anleger die Kurs-Gewinn-Verhältnisse verschiedener Firmen vergleichen, werden sie dabei eklatante Unterschiede feststellen: Während der Autoriese VW nur auf ein KGV von 3,8 kommt, liegt der Wert für den Softwarekonzern SAP bei 56 (Stand: 05/24). Das liegt weniger an den Unternehmen selbst, sondern an den völlig unterschiedlichen Wachstumsaussichten der beiden Branchen. Besonders zukunftsträchtige Branchen haben oft hohe KGV-Werte, während eher stabile Branchen niedrige Zahlen aufweisen. Ein Techunternehmen ist eben kein Getränkehersteller, und wer beides nebeneinanderhält, vergleicht Äpfel mit Birnen. Wirklich aussagekräftig ist das KGV also nur, wenn Anlegerinnen und Anleger eine Aktie mit Konkurrenten aus derselben Branche vergleichen.

Wer an der Börse investiert, sollte beim KGV also immer genau hinschauen. Auch weil es eigentlich mehrere Spielarten des Kurs-Gewinn-Verhältnisses gibt: In der klassischen Form setzt es nämlich den aktuellsten Jahresgewinn mit dem aktuellen Kurs ins Verhältnis. Das Problem? Ist der „aktuellste" Jahresbericht schon ein knappes Jahr alt, sind die Werte im Grunde kalter Kaffee und die Lage der Firma kann längst eine andere sein.

Deswegen hat sich vor allem in den USA ein alternatives KGV durchgesetzt, das den Unternehmensgewinn der vergangenen vier Quartalsberichte für die Rechnung zusammenrechnet. Mit diesem sogenannten „nachlaufenden KGV" sind Interessierte immer auf dem aktuellsten Stand, im Netz heißt es auf Englisch übrigens meistens „Trailing 12-Months PE" oder trägt den Zusatz „TTM" (für Trailing Twelve Months). So halten sich Anlegerinnen und Anleger an offizielle Zahlen, kommen aber näher an den aktuellen Stand.

In Europa hat sich wiederum eine Spielart des KGV durchgesetzt, die in die Zukunft schaut. Statt auf die Unternehmensgewinne der Vergangenheit zu schauen, rechnen die Kapitalmarktprofis hierzulande gern mit den erwarteten Unternehmensgewinnen einer Firma für die kommenden 12 Monate. Dieser Indikator heißt auf Deutsch oft „erwartetes KGV", meist wird aber der deutsch-englische Mischbegriff „12-Monats-Forward-KGV" verwendet. Manchmal finden Anlegerinnen und Anleger den Indikator im Netz auch unter dem Kürzel KGV(e), wobei das kleine „e" schlicht für „erwartet" steht. Diese Spielart hat den Vorteil, dass sie – wie die Börse insgesamt – in die Zukunft schaut. Allerdings sind selbst die seriösesten Gewinnprognosen für die Zukunft natürlich Makulatur, wenn plötzlich unvorhergesehene Krisen die Rechnungen durchkreuzen.

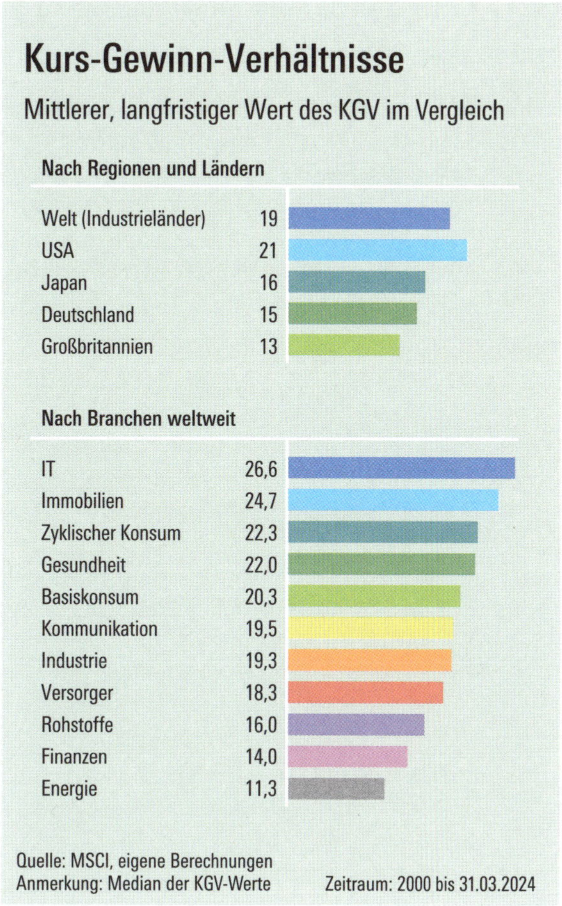

Probleme des KGV

Viele Anlegerinnen und Anleger sehen ein niedriges KGV als Zeichen, dass eine Aktie „billig" sei. Das ist zwar nicht gänzlich falsch, leitet aber in die Irre. Denn über den tatsächlichen Kursverlauf eines Papiers in der Zukunft sagt das KGV nichts aus. Selbst, wenn eine Aktie gemessen an ihren möglicherweise tatsächlich üppigen Gewinnen in der Zukunft derzeit vergleichsweise günstig bewertet ist, heißt das nicht, dass die Kurse auch wie ein Naturgesetz anziehen.

Eine vermeintlich unterbewertete Aktie kann über Wochen, Monate und sogar Jahre unterbewertet bleiben. Teilweise ist ein niedriges KGV nämlich Ausdruck von strukturellen Problemen: Viele Autofirmen bekamen

PEG-Ratio für Einzeljahre unter onvista.de
5-Jahresprognose unter yahoo.de/finance

spätestens ab 2020 extrem niedrige KGV-Levels, weil die Investorinnen und Investoren die Wende hin zur E-Mobilität als kritisch einstuften. Andere Firmen haben niedrige Kurs-Gewinn-Verhältnisse, weil Klagen gegen sie anhängig sind, die im Zweifel zu Milliardenstrafen führen könnten. Dann will niemand „zu viel" für die Aktie zahlen. Ein niedriges KGV ist also nicht immer ein gutes Omen.

Investor-Info

Aktie wegen KGV kaufen? Das Kurs-Gewinn-Verhältnis gilt als beliebteste Kennziffer. Dennoch sollte es für ambitionierte Anlageinteressierte immer nur ein Startpunkt für die eigene Recherche sein. Am besten vergleichen Interessierte das „erwartete KGV" einer Firma mit dem KGV-Niveau der entsprechenden Branche und dem Durchschnitt des jeweiligen Landes. So lässt sich eine Aussage treffen, wie die Börse die jeweilige Aktie relativ zur Konkurrenz bewertet.

Nicht blind zugreifen. Wer eine Aktie mit niedrigem KGV entdeckt, sollte weiter recherchieren. Insbesondere sollten Interessierte Faktoren wie Klagen oder maue Geschäftsaussichten vorher prüfen. Selbst wenn keine gravierenden Probleme erkennbar sind, braucht es teilweise trotzdem viel Zeit, bis der Markt eine vermeintliche Unterbewertung auflöst und der Kurs anzieht. Manchmal passiert dies zum Beispiel, wenn neue, nicht im Kurs eingepreiste Nachrichten wie Übernahmespekulationen, Großaufträge oder neue Innovationen publik werden und den Kurs „wachküssen".

Kennziffer 2: PEG-Ratio

Viele Techfirmen oder Hypetitel bringen an der Börse hohe Kurs-Gewinn-Verhältnisse mit sich. Trotzdem können selbst die gerechtfertigt sein, wenn die Firmen in den Folgejahren tatsächlich rasant wachsen sollten. Um das abzuprüfen, nutzen Börsenleute gerne die sogenannte PEG-Ratio. Diese Kennziffer setzt das Kurs-Gewinn-Verhältnis einer Firma mit ihrem Gewinnwachstum ins Verhältnis. Auf Englisch heißt das „Price/Earnings-to-Growth"-Ratio, auf Deutsch würde das „Kurs-Gewinn-Wachstums-Verhältnis" bedeuten.

$$\frac{\text{Kurs-Gewinn-Verhältnis}}{\text{erwartetes Gewinnwachstum pro Jahr in \%}} = \text{PEG-Ratio}$$

Hinter der PEG-Ratio steht die Idee, dass ein hohes KGV durch hohes Gewinnwachstum gedeckt sein kann. Wenn ein Wachstumsunternehmen also tatsächlich liefert und „in seine Bewertung hineinwächst", könnte selbst eine hohe Bewertung in Ordnung sein. Einer Daumenregel zufolge soll das prozentuale Gewinnwachstum pro Jahr schließlich immer ungefähr so hoch sein wie das KGV. Hat eine Firma also ein KGV von 25, soll sie auch um mindestens 25 Prozent pro Jahr wachsen – ein ordentliches Tempo. Liegt die PEG-Ratio also bei 1, gelten Unternehmen als fair bewertet. Liegt der Indikator unter 1, ist eine Firma mit Blick auf ihre Wachstumserwartungen unterbewertet. Liegt der Wert hingegen über 1, ist die Firma im Vergleich zu ihrem Wachstumstempo eher teuer.

Ein Beispiel: Konkret hatte die Facebook-Mutter „Meta" Mitte 2024 ein KGV von rund 25 und war damit im Vergleich zum Gesamtmarkt etwas sportlicher bewertet. Gleichzeitig sollte das Unternehmen laut Analysen der Banken in den folgenden fünf Jahren um ebenfalls rund 25 Prozent pro Jahr wachsen. Glaubte man dem Indikator, wäre Meta an der Börse damit also fair bewertet gewesen.

Aufschlussreich wird der Indikator beim Vergleich zweier Aktien: So wiesen sowohl die

Aktie des Softwareriesen Microsoft als auch die Chipfirma Intel beide ein KGV von rund 30 aus. Während Microsoft jedoch eher moderates Wachstum unterstellt wurde, glaubten die Analysehäuser bei Intel wegen eines Chipbooms an Wachstumsraten von mehr als 30 Prozent im Jahr. Die Folge: Während Microsoft eine hohe PEG-Ratio von rund 2 aufwies, zeigte Intel einen Wert von unter 1. Anlegerinnen und Anleger können daraus erkennen, dass beide Trendaktien zwar im Vergleich zu ihren aktuellen Gewinnen ähnlich bewertet waren. Mit Blick auf die zukünftigen Wachstumsraten unterschieden sich beide Firmen jedoch deutlich.

Der Vorteil dieser Kennziffer ist gleichzeitig ihr Nachteil: Dass Anlegerinnen und Anleger damit anders als mit vielen anderen Kennziffern in die Zukunft schauen, ist sinnvoll. Andererseits sind die Schätzungen der Analysehäuser ziemlich unsicher, auch die Aktienprofis haben schließlich keine Glaskugel. Intel aus dem obigen Beispiel musste später seine Prognosen korrigieren. Der Autobauer Tesla gab lange eine Wachstumsrate von 50 Prozent pro Jahr als Ziel vor, musste sie dann aber öffentlichkeitswirksam kassieren. Auf die PEG-Ratio hat das gravierende Auswirkungen: Während die Tesla-Aktie mit einem KGV von rund 45 bei einer Wachstumsrate von 50 Prozent fair bepreist gewesen wäre, erschienen die Titel bei Prognosen von nur noch 15 Prozent Wachstum im Jahr eher überbewertet (Stand: 05/24).

Kennziffer 3: **Kurs-Buchwert-Verhältnis (KBV)**

Während die bisherigen Kennziffern auf die Ertragslage von Unternehmen geschaut haben, setzt das Kurs-Buchwert-Verhältnis die Substanz einer Firma ins Verhältnis zu ihrem Börsenkurs. Denn der Buchwert eines Unternehmens ergibt sich aus ihren Vermögenswerten abzüglich der Verbindlichkeiten. Einfach gesprochen, gibt der Buchwert also an, was Maschinen, Möbel, Fabriken und Barvermögen einer Firma zusammen wert sind, wenn man die Schulden abzieht. Das Kurs-Buchwert-Verhältnis gibt an, das Wievielfache des Buchwerts Anlegerinnen und Anleger für eine Aktie zahlen müssen. Im Netz wird der Indikator auch als „Price to book“ oder kurz „P/B“ bezeichnet.

KBV im Netz unter de.marketscreener.com Branchenvergleich unter investing.com

$$\frac{\text{Kurs}}{\text{Buchwert je Aktie}} = \text{KBV}$$

Besonders leicht lässt sich der Buchwert übrigens mit einem Gedankenspiel vorstellen: Würden die Aktionärinnen und Aktionäre „ihr“ Unternehmen liquidieren und alle Einzelteile verkaufen, würden sie dann mehr oder weniger als den Börsenwert der Firma erlösen? Bei einem KBV von weniger als 1 läge der Preis aller Aktien niedriger als der Substanzwert des Unternehmens. Wer die Aktie für 80 Cent kauft, würde vielleicht einen Euro Substanzwert erhalten. Genau genommen ist das aber ein wenig gemogelt, weil Firmen im Ernstfall einer Liquidation vielleicht nicht jede Maschine zu einem guten Preis verkaufen können, sondern mit Abstrichen leben müssten.

Doch selbst ohne existenzbedrohende Krise haben Unternehmen einigen Spielraum dabei, wie sie den Buchwert berechnen. So lässt sich ein und dieselbe Immobilie basierend auf unterschiedlichen Methoden zu völlig verschiedenen Werten in der Bilanz ansetzen. Wenn Unternehmen andere Firmen schlucken, stehen die Firmen auch Jahre später manchmal noch mit dem ursprünglichen Wert in der Bilanz. Gerade bei Immobilienfirmen oder Beteiligungsgesellschaften ist das KBV also mit Vorsicht zu bewerten.

Außerdem sind immaterielle Vermögen von Unternehmen wie Patente oder Daten grundsätzlich nicht Teil des Buchwerts, stellen aber gerade in modernen Zeiten oft einen wichtigen Teil des Unternehmens dar. Klassische Industriefirmen wie Autobauer oder Stromkonzerne benötigen oft teure Anlagen, Fabriken oder Maschinen, um zu wirtschaften. Manche Digitalfirmen brauchen nicht viel mehr als ein paar angemietete Kellerräume

Der Dax prallte am Buchwert ab

Mehr Anekdote als Regel: Näherte sich der Dax dem einfachen Buchwert, drehte er nach oben ab.

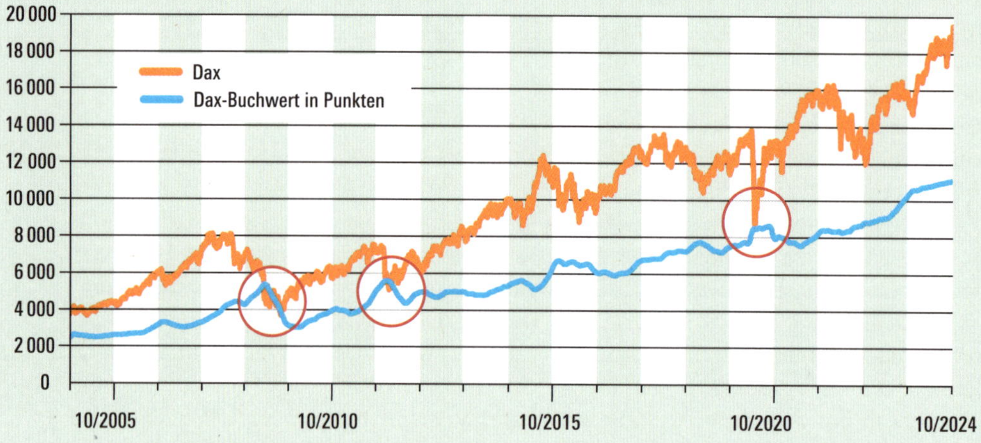

Quelle: LSEG, eigene Berechnungen Zeitraum: 30.09.2004 – 30.09.2024 Anmerkungen: 6-Monatsschnitt des Dax-Buchwerts in Punkten

und eine gute Idee. Wer eine Firma wie beispielsweise Apple nur anhand ihrer Anlagen und Immobilien bewertet, würde also einen wichtigen Teil wie die starke Marke einfach außen vor lassen.

Teilt sich ein Aktienkurs wie bei vielen Firmen der „Old Economy" also durch einen großen Buchwert, ergeben sich in der Tendenz eher niedrige KBV-Werte. Bei Techfirmen ohne große Buchwerte ergeben sich allein deswegen meist höhere KBV-Levels. Das zeigt: Anlegerinnen und Anleger sollten das Kurs-Buchwert-Verhältnis immer nur innerhalb einer Branche vergleichen. Ganz grob gesprochen liegen die KBV-Werte laut der Vermögensverwaltung Profitlich Schmidlin bei großen US-Aktien bei rund drei Prozent der Firmen unter 1, die meisten Firmen pendeln zwischen 1 und 5.

Ein geringes KBV kann ein Hinweis auf eine attraktive Aktie sein, muss es aber nicht. Viele zyklische Firmen wie Autobauer oder Chemiewerte sinken in Konjunkturkrisen unter das KBV-Level von 1: Der Buchwert bleibt oft ziemlich konstant, während der Kurs immer weiter abbröckelt. In solchen Fällen ist das niedrige KBV eher ein Hinweis, dass die Anlegerinnen und Anleger die Aussichten des Unternehmens sehr skeptisch beurteilen. Gelänge der Firma später allerdings doch der Turnaround, könnten spekulative Naturen möglicherweise einen attraktiven Einstiegszeitpunkt ausmachen.

Bedeutung hat das Kurs-Buchwert-Verhältnis vor allem mit Blick auf den breiten Aktienmarkt erhalten. Seit der Jahrtausendwende fanden heftige Crashs im deutschen Leitindex Dax oft ihren Boden, wenn der Index nur noch mit einem Kurs-Buchwert-Verhältnis von etwa 1 bewertet war. Im Klartext: Der Index war in der Finanzkrise, der Eurokrise oder der Coronakrise stellenweise nicht mehr wert als die Möbel, Fabriken und Barvermögen der Firmen zusammengerechnet (siehe Grafik oben). Anders formuliert preisten die Händlerinnen und Händler keinerlei Zukunftshoffnungen mehr ein. Sobald am Ende des Tunnels wieder etwas Licht erkennbar war, stiegen auch die Notierungen des Dax wieder. Ein Gesetz ist das am Kapitalmarkt zwar nicht, aber doch eine interessante Beobachtung.

Kennziffer 4: Kurs-Cashflow-Verhältnis (KCV)

Wenn sprichwörtlich das Bargeld fließt, schauen Anlegerinnen und Anleger natürlich hin: Nicht nur deswegen ist für sie das Kurs-Cashflow-Verhältnis interessant. Der Cashflow (engl. für Geldfluss, Mittelzufluss) gibt nämlich an, wie viel bei einem Unternehmen tatsächlich am Jahresende übrig bleibt. Mit diesen Mitteln kann das Unternehmen dann Kredite zurückzahlen, Dividenden ausschütten, Konkurrenten aufkaufen oder investieren.

Hat eine Firma also einen hohen Cashflow, macht sie vermutlich gute Geschäfte. Gleichzeitig können die Unternehmen den Cashflow anders als andere Bilanzkennziffern nicht so einfach schönrechnen. Gerade bei sogenannten Abschreibungen und Rückstellungen haben Firmen beim Bilanzieren sonst nämlich größere Spielräume.

Ein Beispiel: Schiebt ein Unternehmen wegen eines Rechtsstreits 20 Millionen Euro vorsorglich zur Seite, würde diese Rückstellung den Gewinn belasten. Im Cashflow wäre sie aber nicht ersichtlich, weil das Geld nur umgetopft wurde und faktisch noch gar nicht aus dem Unternehmen herausgeflossen ist.

Zweites Beispiel: Baut ein Unternehmen eine Fabrikhalle für 20 Millionen Euro, drückt das den Cashflow sofort. Im Gewinn macht es sich aber nicht sofort bemerkbar: Dort wird die Fabrik nämlich erst mal auch als Gegenwert angesehen. Weil sich die Halle erst über Jahre abnutzt, werden die Kosten für die Investition meist zum Beispiel über zehn Jahre „abgeschrieben". Dieser Wertverlust der abgenutzten Fabrik drückt den Gewinn dann auf Dauer jedes Jahr ein wenig – und nicht auf einen Schlag am Anfang.

Genau bei solchen Abschreibungen haben Firmen zum Beispiel Spielräume, wie schnell und über wie viele Jahre sie Investitionen abschreiben. Beim Cashflow gibt es dafür weniger Raum: Geld rein, Geld raus. Im Cashflow wird also sofort im Jahr des Baus ersichtlich, dass Geld aus der Firma geflossen ist. Während der Cashflow also einer privaten Kontoübersicht am ähnlichsten ist, werden Umsatz und Gewinn immer erst verbucht, wenn eine Leistung erbracht wurde.

KCV im Netz unter onvista.de und finanzen100.de

Anlegerinnen und Anleger können den Cashflow mit dem Kurs-Cashflow-Verhältnis (KCV) wiederum ins Verhältnis zum aktuellen Börsenkurs setzen.

$$\frac{\text{Kurs in €}}{\text{Cashflow je Aktie in €}} = \text{KCV}$$

Je niedriger das Kurs-Cashflow-Verhältnis liegt, desto mehr Ertrags- und Investitionskraft sichern sich Anlegerinnen und Anleger also mit ihrem Geld an der Börse. Ein Kurs-Cashflow-Verhältnis von 1 bedeutet, dass dem Unternehmen in einem Jahr unter dem Strich genauso viel Geld zufließt, wie es an der Börse wert ist. Fließt ihm mit einem KCV von weniger als 1 mehr Geld zu, als es insgesamt an der Börse wert ist, wäre es aus Sicht vieler Börsenprofis interessant. Ein hohes KCV mit Werten von über 15 deutet wiederum darauf hin, dass das Unternehmen an der Börse verhältnismäßig teuer ist, das aber nicht von besonders viel Cashflow „unterlegt" ist.

Wie beim Kurs-Gewinn-Verhältnis (KGV) sollte ein Vergleich immer nur innerhalb einer Branche stattfinden. Denn die Zahlungsströme unterschiedlicher Sektoren können sich gravierend unterscheiden: Während manche Wohnungsfirmen mit laufenden Mieten vielleicht ein eher stabiles Geschäft haben, können die Cashflows von Maschinenbauern zusammen mit der Auftragslage in konjunkturellen Flautejahren stärker schwanken.

Mehr zur Cashflow-Rechnung ab Seite 225

Daher sollten Interessierte stets das Kurs-Cashflow-Verhältnis im Schnitt mehrerer Jahre anschauen, um solchen Ausreißern beizukommen. Das Problem: Die Daten zum Cashflow stammen meist aus der Vergangenheit. Ergibt sich mit dem Wert aus dem vergangenen Geschäftsbericht ein vermeintliches Schnäppchen, kann das auf Basis der nächsten Zahlen bereits ganz anders aussehen. Manche Onlineportale zeigen jedoch auch Prognosewerte.

KUV im Netz unter yahoo.de/finance und investing.com

Kennziffer 5: Kurs-Umsatz-Verhältnis (KUV)

Langfristig sind sie der Anfang von allem: Bevor Unternehmen Gewinn schreiben können, müssen sie erst einmal Umsätze machen. Die Kundschaft muss also Produkte kaufen und dafür Geld bezahlen. Das Kurs-Umsatz-Verhältnis (KUV) stellt diesen Umsatz ins Verhältnis zum Börsenwert der Firma: Das KUV gibt also an, mit wie viel Euro die Anlegerinnen und Anleger an der Börse einen Euro Umsatz des Unternehmens bewerten. Auf Englisch ist bei dieser Kennziffer manchmal auch von „Price to Sales" oder „P/S" die Rede.

$$\frac{\text{Kurs}}{\text{Umsatz je Aktie}} = \text{KUV}$$

Je niedriger das KUV, desto preiswerter erscheint eine Aktie. Als Daumenregel gilt: Rund zwei Drittel aller Aktien in den USA liegen laut der Anlagegesellschaft Profitlich Schmidlin mit dem KUV irgendwo unter 4, die meisten liegen bei 2 oder 3. Die rar gesäten Firmen mit Werten unter 1 können unterbewertet sein.

Schätzungen von Factset bei finanzen.net und onvista.de

Schätzungen von LSEG bei reuters.com und yahoo.de/finance

Schätzungen von S&P Capital IQ bei de.marketscreener.com

Der Vorteil des KUV: Anders als der Unternehmensgewinn lässt sich der Umsatz kaum manipulieren. Besonders interessant ist das KUV bei verhältnismäßig jungen Techfirmen, die noch Verluste fabrizieren und für die sich deswegen kein sinnvolles Kurs-Gewinn-Verhältnis berechnen lässt. Der Streamingdienst Spotify hing 2023 beispielsweise noch in den roten Zahlen, fuhr aber mehr als 13 Milliarden US-Dollar Umsatz ein. Wer solche Firmen vergleicht, kann auf das Kurs-Umsatz-Verhältnis schauen. Das offensichtliche Problem: Die besten Umsätze helfen nichts, wenn daraus nicht irgendwann Gewinne werden.

Interessant ist das KUV vor allem bei zyklischen Aktien, die stark am Lauf der Welt- oder ihrer Branchenkonjunktur hängen. Chemiefirmen zum Beispiel fahren mal Gewinne ein, in Rezessionsphasen aber oft auch Verluste. Bei „negativen Gewinnen" produziert das Kurs-Gewinn-Verhältnis mathematisch einen negativen Wert, der sich nicht interpretieren lässt. Statt dann auf das KGV zu schauen, lässt sich das KUV analysieren. Der Blick sollte in diesem Fall erst einmal rein über den Umsatz der vergangenen Jahre gleiten, um zu sehen, ob es langfristig trotz Schwankungen einen positiven Trend gab. Der Blick auf die KUV-Kennziffern der vergangenen Jahre verrät dann, ob die Aktie vielleicht stärker gefallen ist als der Umsatz des Unternehmens. Oder ob der Umsatztrend stärker zunahm als der Aktienkurs.

Parallel zum KUV sollte Börseninteressierte auch kümmern, wie gut das Unternehmen seinen Umsatz in Profite ummünzen kann. Die kleine Schwester des Kurs-Umsatz-Verhältnisses ist daher die „Umsatzrendite": Je mehr Umsatzrendite ein Unternehmen macht, desto mehr bleibt von seinem Umsatz prozentual als Gewinn hängen. Hat eine Firma also ein hohes KUV, zahlen Anlegerinnen und Anleger tendenziell bereits viel für eine Aktie. Das sollte dann mit einer guten Umsatzrendite einhergehen. Mehr zu dieser Kennziffer finden Sie übrigens in Kapitel 6 ab Seite 228.

Analysekonsensus

Prognosen zu Gewinn, Umsatz und Co. kommen aus den Analyseabteilungen der großen Banken. Einzelne Schätzungen liegen aber naturgemäß oft daneben. Deswegen sammeln Datenfirmen wie Factset, LSEG I/B/E/S und S&P Capital IQ die Schätzungen und berechnen einen Mittelwert für jedes einzelne Unternehmen, den sogenannten Konsensus. Liegen einzelne Analyseleute daneben, schlägt das auf den Konsensus nicht so stark durch. Je nachdem, wie viele und welche Analysehäuser die Datendienste abfragen, können sich jedoch selbst die Mittelwerte unterscheiden. Vorsicht ist bei kleinen Aktien geboten: Wenn eine Firma nur bei drei Analysefirmen auf dem Zettel steht, ist selbst der Konsensus nicht wirklich aussagekräftig.

Was Charts verraten

Manche Anlegerinnen und Anleger glauben, dass Kursverläufe Hinweise auf den Kurstrend geben. Das ist zwar kein Gesetz, aber manchmal eine selbsterfüllende Prophezeiung.

Für eine Kursvorhersage brauchten manche Anlegerinnen und Anleger früher nicht mehr als einen Bleistift und etwas Millimeterpapier. Noch in den 1970er- und 1980er-Jahren zeichneten manche Börsenprofis tatsächlich per Hand Linien in Kursgraphen, um aus den Zuckungen der Börsenkurse etwas für die Zukunft abzuleiten. Was damals optisch an die Arbeit von Architekturbüros erinnerte, geht heute digital in Sekundenschnelle: Immer wieder stolpern Anlegerinnen und Anleger auf Kursseiten im Netz über aufwendige Linien, Muster und Striche in Kursdiagrammen – die Arbeitsmittel der Chartanalyse.

Die Chartanalyse oder auch technische Analyse versucht allein anhand optischer Verläufe von Kursen eine Vorhersage über den künftigen Trend zu treffen. Dahinter steht die Idee, dass alle fundamentalen Fakten bereits im Kurs eingepreist sind. Um Verkaufszahlen, Umsätze, Gewinne oder Branchentrends kümmern sich die „Chartisten" also überhaupt nicht, stattdessen nehmen sie rein die Kursverläufe in den Blick.

Der Grundansatz dieser Denkschule: Bestimmte Muster zeigen sich in den Kursen immer wieder, weil die Kurse von Emotionen wie Angst und Gier getrieben sind. Aus Sicht der Charttechniker sind alle faktischen Informationen schließlich bereits im Kurs eingepreist, weswegen sie rein auf den psychologischen Aspekt abstellen. Ein Trend entsteht aus ihrer Sicht zum Beispiel dann, wenn sich die Entwicklung einer Aktie verfestigt und immer mehr Anlegerinnen und Anleger danach handeln.

Auch wenn die Methode beinahe wissenschaftlich wirkt, gibt es keine akademischen Belege für die charttechnischen Modelle. Auf anekdotischer Basis wiederholen sich bestimmte Formationen in der Tat immer wieder. Daraus aber ein Gesetz abzuleiten, gibt die Wissenschaft nicht her. Stiftung Warentest steht der Charttechnik daher kritisch gegenüber, trotzdem können sich Anlegerinnen und Anleger einmal grob damit beschäftigen. In vielen Zeitungen, Kursportalen oder Börsenvideos im Netz kommt die Sprache nämlich immer wieder auf Durchschnittslinien, Schulter-Kopf-Schulter-Formationen oder spezielle Balken. Für ein grobes Verständnis skizzieren wir hier die wichtigsten Muster der Charttechnik.

Charts als Grundlage

Grundlage der technischen Analyse sind sogenannte Charts, also die grafische Darstellung des Kursverlaufs einer Aktie. Auf der waagerechten Achse des Diagramms schreitet die Zeit voran, auf der senkrechten Achse zeigt sich die Kursveränderung nach oben oder unten. Die verbreitetste Chartform ist der sogenannte Linienchart, bei dem zum Beispiel die Tagesschlusskurse einer Aktie aufgetragen und verbunden werden. Betrachten Anlegerinnen und Anleger nur einen kleineren Zeitausschnitt, lassen sich genauso gut auch minütliche oder sekündliche Kurse miteinander verbinden.

In der Chartanalyse sind aber auch speziellere Darstellungsformen verbreitet wie beispielsweise Balkencharts. Dabei werden zum Beispiel bei einer täglichen Betrachtung jeweils der Eröffnungskurs einer Börsensitzung, der Höchst- und Tiefstkurs sowie der Schlusskurs angezeigt. Das obere Ende des Balkens gibt den Höchstkurs des Wertpapiers während der Handelssitzung an, das untere Ende markiert den Tiefstkurs. Ein kleiner Strich links des Balkens

Die Kurs-Optiken verstehen

Die Charttechnik kennt unterschiedlichste Darstellungsformen von Kursen. So lassen sie sich lesen.

Linienchart

Ein Linienchart verbindet die Kursnotierungen zu einer laufenden Linie. Diagramme, die zum Beispiel über ein Jahr blicken, verbinden die Tagesschlusskurse. Diagramme, die nur einen Tag abbilden, verbinden in der Regel minutengenaue Kurse. Diagramme, die über 20 Jahre und mehr schauen, verbinden oft Monatsschlusskurse.

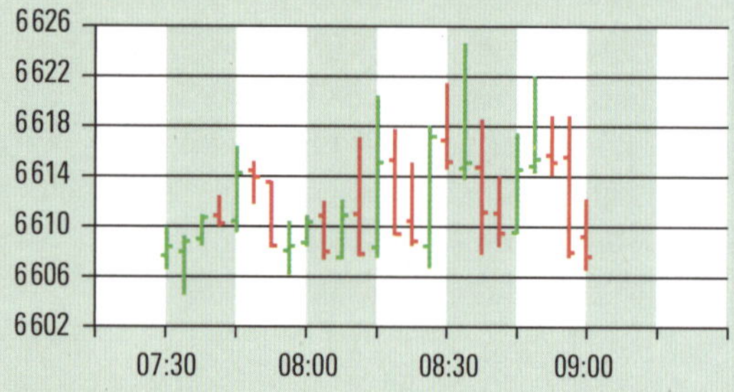

Balkenchart

Balkencharts stellen einen Zeitabschnitt als Balken dar. Das obere Ende ist das Hoch, das untere Ende das Tief. Der Strich links markiert den Anfangskurs, der Strich rechts den Endkurs.

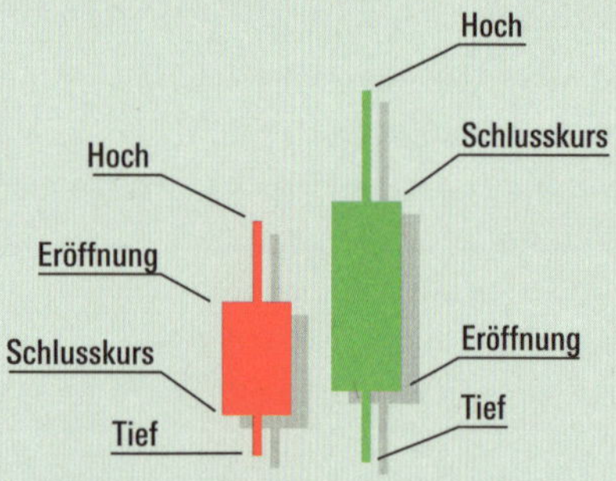

Kerzenchart

Kerzencharts zeigen Tagesanfang und -ende als ausgefüllte Kerze. Die Dochte zeigen den untertägigen Tief- und Hochpunkt an. Ist die Kerze grün, lag der Schlusskurs höher als der Eröffnungskurs.

Volumenanalyse

Im oberen Teil des Diagramms sehen Anlegende den Aktienkurs. Unten wird mit dem täglichen Handelsvolumen gezeigt, wie viele Papiere in einem Titel pro Tag gehandelt wurden (Volumen). Steigt der Kurs bei sinkendem Volumen, gilt das als schlechtes Zeichen.

Nach diesen Mustern schaut die Charttechnik

Hier finden Sie eine Handvoll Muster, nach denen Chartprofis gerne Ausschau halten.

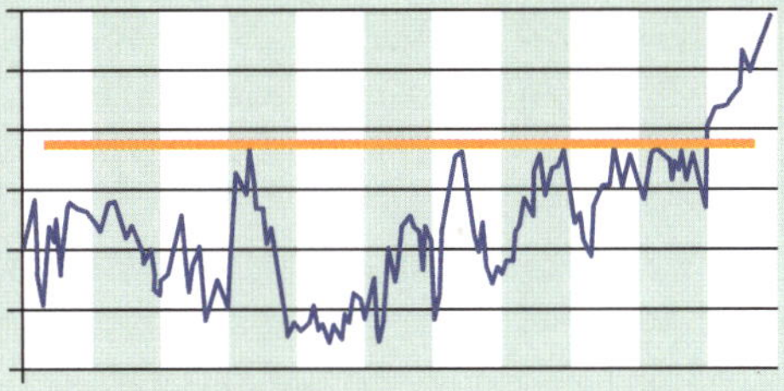

Widerstand

Manchmal prallt ein Kurs bei seinem Anstieg immer wieder an derselben Marke wie an einer unsichtbaren Wand ab. In der Charttechnik spricht man dann von einem „Widerstand", der dem weiteren Kursanstieg im Wege ist. Wenn es der Aktie gelingt, diesen Widerstand zu durchbrechen und zu überwinden, gilt das als Kaufsignal.

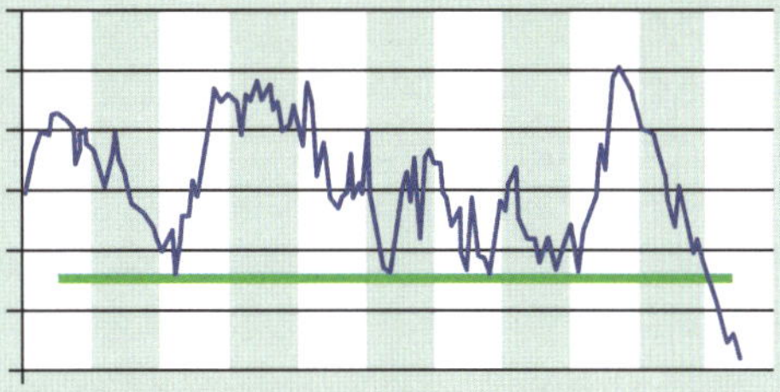

Unterstützung

Das gleiche Muster gibt es auch andersherum: Stoppt eine unsichtbare Mauer immer wieder den Fall einer Aktie, liegt eine sogenannte Unterstützung vor. Solange die Unterstützung hält, ist alles gut. Erst, wenn die Aktie sie durchbricht, gilt das als Verkaufssignal. Anhand der Unterstützungslinien aus der Vergangenheit versuchen Experten in der Krise auch abzuschätzen, wie weit der Markt oder eine Aktie noch fallen könnte.

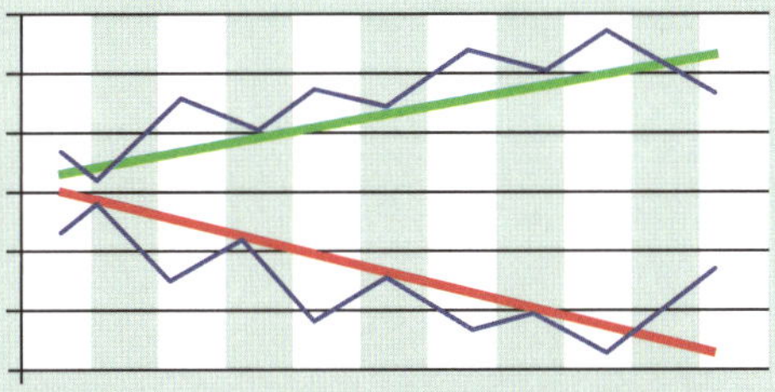

Abwärts-/Aufwärtstrend

Bei Aufwärtstrends beziehungsweise Abwärtstrends bewegt sich die Aktie im Zickzack an einer Linie entlang nach rechts oben (Aufwärtstrend) oder nach rechts unten (Abwärtstrend). Fällt das Papier durch den Aufwärtstrend, wird ein charttechnisches Verkaufssignal gesendet. Ein Ausbruch durch den Abwärtstrend nach oben gilt als Kaufsignal.

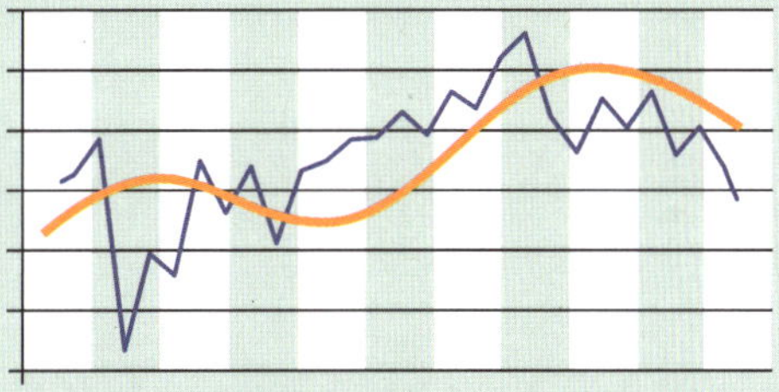

200-Tage-Linie

Die 200-Tage-Linie sieht aus wie eine Welle. Ihr Verlauf ergibt sich aus den Durchschnitten der jeweils 200 vorherigen Schlusskurse (gleitender Durchschnitt). Auf vielen Börsenwebseiten lässt sich diese Linie einblenden. Fällt die Aktie unter diese Marke, gilt das als Verkaufssignal. Durchstößt das Papier die 200-Tage-Linie von unten, wird ein Kaufsignal gesendet.

deutet den Eröffnungskurs an, ein kleiner Strich rechts entsprechend den Schlusskurs. Liegt der Schlusskurs unter dem Eröffnungskurs, leuchtet der Balken rot. Konnte das Wertpapier zum Ende der Handelssitzung steigen, ist der Balken grün.

Auch sogenannte Kerzendiagramme haben Börseninteressierte vielleicht schon einmal gesehen: Bei diesen „Candlestick-Charts" zeigt der Körper der Kerze die Spannweite zwischen Eröffnungs- und Schlusskurs, die kleinen Dochte darüber und darunter zeigen den Abstand bis zum Tageshoch oder Tagestief an. Auch hier ist die farbliche Markierung wieder einleuchtend: Sehen Anlegerinnen und Anleger eine grüne Kerze, lag der Schlusskurs über dem Eröffnungskurs. Ist die Kerze rot gefärbt, liegt der Schlusskurs unter dem Startniveau am selben Tag.

Trends und Trendlinien

Dreh- und Angelpunkt für die Charttechnik ist es, aus den Kursverläufen Trends abzulesen. Um den Kursverlauf einer Aktie grundlegend zu analysieren, verbinden die Verfechter beispielsweise alle Tiefpunkte oder Hochpunkte mit einer geraden Linie (siehe Grafik auf Seite 175). Solange der Aktienkurs diese Trendlinie nicht nach unten schneidet, gilt der Aufwärtstrend als „intakt". Kreuzt der Kurs die Linie allerdings nach unten, lesen viele Chartprofis das als Verkaufssignal. Umgekehrt gilt es als Kaufsignal, wenn ein Kurs von unten eine fallende Trendlinie durchkreuzt und eine Wende „markiert". Eine Gesetzmäßigkeit sind die Muster allerdings nicht. Selbst wenn sie zufällig stimmen sollten: Theoretisch kann der Kurs schon nach kurzer Zeit wieder kehrt machen und in die umgekehrte Richtung laufen.

Häufig zeichnen Chartanalyse-Programme auch zwei parallele Linien in das Koordinatensystem ein, die auf der einen Seite alle Hochpunkte des Charts und auf der anderen alle Tiefpunkte verbinden. Bewegt sich die Aktie in einem solchen „Trendkanal", gilt das in der Welt der technischen Analyse zumindest auf anekdotischer Basis als abgesicherter Trend.

Begrenzungslinien

Immer wieder fällt Anlegerinnen und Anlegern auf, dass sich der Kurs einer Aktie an einem speziellen Kursniveau geradezu abarbeitet. Tagelang hoffen Privatleute, dass der Kurs endlich über die entscheidende Marke springt – aber das Unterfangen misslingt immer wieder. Chartanalysen sehen in solchen Fällen eine Widerstandslinie am Werk, an der der Kurs immer wieder „abprallt". Gelingt es dem Kurs irgendwann allerdings, die Widerstandslinie von unten zu durchbrechen, gilt das als ausgesprochen gutes Signal.

Umgekehrt gibt es das Phänomen übrigens auch: Bei einer Aktie im Seitwärtsgang ist manchmal auf wundersame Weise eine „Unterstützungslinie" am Werk, die die Kurse hält. Bricht die Notierung dann allerdings von oben nach unten durch die vermeintliche Haltelinie, gilt das als schlechtes Omen. Teilweise liegen diese Linien übrigens bei runden Kursmarken oder ehemaligen Hoch- oder Tiefpunkten: Viele Anlegende orientieren sich daran und hinterlegen beispielsweise automatische Kauf- oder Verkaufsorders bei ihrem Broker.

Gleitende Durchschnitte

Häufig ist das Auf und Ab an der Börse aufregend, verstellt aber die Sicht auf die grundsätzlichen Tendenzen. Mit einer speziellen Analyseart versucht die Charttechnik deswegen, Kursverläufe optisch zu glätten, um vielleicht etwas klarer zu sehen. Dabei handelt es sich um sogenannte „gleitende Durchschnitte", die den Durchschnittskurs einer Aktie zum Beispiel über die vergangenen 200 Tage ausrechnen. Je nach Zeitraum gibt es zum Beispiel 30-Tage-Linien, 100-Tage-Linien oder eben die 200-Tage-Linie. Für jeden Tag wird auf dem Diagramm also der Durchschnittskurs der vergangenen 200 Tage angezeigt. Am folgenden Tag fällt jeweils der älteste Wert aus der Zeitreihe heraus und der neueste kommt hinzu: Das Zeitfenster, aus dem der Durchschnitt gezogen wird, schiebt sich also Tag für Tag immer mit. Auf vielen Kursportalen im Internet können Interessierte diese Linien einblenden lassen.

Im Ergebnis erhalten Anlegerinnen und Anleger eine geglättete Variante des Kursverlaufs, der optisch über den tatsächlichen Kursverlauf gelegt wird. Wenn der eigentliche Aktienkurs die Durchschnittslinie von unten nach oben durchbricht, gilt das als positives Zeichen. Stürzt der Kurs wiederum von oben nach unten durch die Durchschnittslinie, gilt das als schlechtes Omen. Weil sich viele Privatanleger und Privatanlegerinnen an diesen Linien orientieren, kann daraus manchmal eine selbsterfüllende Prophezeiung werden. Schon die Worte vom Omen und der Prophezeiung machen allerdings klar: Um wissenschaftliche Gesetzmäßigkeiten handelt es sich nicht.

▸ Handelsvolumen

Wenn die Chartanalyse ihre Signale prüfen will, schaut sie mit dem zweiten Blick auf die Handelsvolumina an der Börse. Die Idee: Geht an der Börse in einer Aktie an einem Tag nur wenig Geld über den Tisch, könnte die Kursbewegung nicht belastbar sein. Je mehr Menschen sich allerdings mit viel Geld engagieren, desto besser könnte der Trend unterfüttert sein – egal ob nach oben oder nach unten. Anlegerinnen und Anleger sollten dabei die Begriffe „Volumen" und „Umsatz" unterscheiden: Das „Volumen" gibt an, wie viele Titel gehandelt wurden (engl. volume). Der „Umsatz" rechnet wiederum vor, um wie viele Euro, Franken oder US-Dollar es dabei ging (engl. turnover).

Steigt eine Aktie bei steigenden Umsätzen, ist das für Chartinteressierte ein positives Zeichen. Steigen die Kurse bei fallenden Umsätzen, könnte der Trend nicht so belastbar sein. Bei fallenden Kursen ist die Interpretation hingegen nicht so simpel: Tendenziell könnten fallende Kurse bei geringem Umsatz zeigen, dass der Abwärtsdruck abnimmt. Allerdings können fallende Kurse bei einem stark steigendem Umsatz wiederum auf eine Art ruckhaften Ausverkauf hindeuten, bei dem viele Marktakteure das Handtuch werfen und hinterher weniger Abwärtsdruck herrscht. Die Betonung liegt bei derartigen Überlegungen jedoch eindeutig auf dem Wort: könnte.

Investor-Info

Charts nicht überbewerten. Positive Zeichen, schlechte Omen: Schon diese Formulierungen zeigen, dass die Überlegungen der Charttechnik immer auch ein gehöriges Maß an Mutmaßungen, Interpretationen und Spekulationen beinhalten. Auch gekonnte Chartleserinnen und Chartleser können am Ende nicht in die Zukunft schauen. Stiftung Warentest sieht die Charttechnik daher kritisch, Privatleute sollten die vermeintlichen Signale nicht überbewerten. Umgekehrt kann es aber nie schaden, sich vor einer Aktienorder mit etwas Ruhe den Kursverlauf der Aktie anzusehen.

▸ Advance-Decline-Linie

Was verbirgt sich unter der Motorhaube eines Aktienindex? Dieser Frage soll die Advance-Decline-Linie (A/D-Linie) beantworten, also die Gewinner-Verlierer-Linie. Dazu schauen sich Profis an, wie viele Aktien in einem Index auf Tagessicht gestiegen und wie viele gefallen sind. Die Idee: Gibt es an einem positiven Indextag mehr Gewinner- als Verliereraktien, trägt die Breite der Werte den Trend. Skeptisch wird die Charttechnik, wenn der Index steigt – jedoch nur wenige Titel die Bewegung tragen. Das kann sein, wenn wenige Schwergewichte steigen, während viele kleinere Titel sinken.

Genau gesagt, zieht die A/D-Linie von der Zahl der Gewinnertitel die Zahl der Verlierertitel ab. Das Ergebnis wird dann zum Vortageswert hinzugerechnet. So ergibt sich eine laufende Linie, die sich mit dem normalen Indexverlauf untereinanderlegen lässt. Steigen beide, steht der Trend auf breiten Füßen. Steigt die Indexlinie, während die A/D-Linie fällt, machen sich Chartleute Sorgen. Wissenschaftlich bewiesen ist das jedoch nicht.

Charttechnische Formen einzeichnen unter boerse-frankfurt.de unter „Chartanalyse"

Den optimalen Anlagemix finden

Einfach anlegen

Der wichtigste Stellhebel für den eigenen Anlageerfolg ist ein guter Portfoliomix. Mit dem Pantoffel-Portfolio von Stiftung Warentest gelingt das einfach und entspannt.

Die eigene Börsen-Balance finden

Wer am Parkett loslegt, sollte erst einmal über sich selbst nachdenken, damit die eigenen Anlagen zu persönlicher Psyche, privatem Geldbeutel und eigenen Wünschen passen.

Werfen Sie am Morgen als Erstes einen Blick auf Ihr Handy, um zu sehen, in welche Richtung der japanische Aktienindex Nikkei tendiert? Oder gehen Sie es entspannt an und sehen nur alle halbe Jahre wiederkehrend auf Ihrem Girokonto nach dem Rechten? In Sachen Geldanlage gibt es unzählige Typen von A bis Z: von Angespannten über Entscheidungsfreudige, Dagoberts und Defensivnaturen bis hin zu Zauder- und Zockertypen.

Was ein wenig nach dem Psychotest in einer Illustrierten klingt, ist allerdings tatsächlich eine der wichtigsten Weichenstellungen für das eigene Depot. Alleinerziehende werden finanziell ganz anders planen, weil viele von ihnen jeden Cent zweimal umdrehen müssen. Gutverdienende Paare ohne Kinder mit zwei Vollzeitstellen wissen hingegen manchmal gar nicht, wohin mit ihrem ganzen Geld. Die Beispiele zeigen: Wie das „perfekte" Portfolio aussieht, muss jeder Mensch ganz für sich selbst festlegen.

Der Mix macht's

Auch wenn viele Anlegerinnen und Anleger also gerne glauben, dass besonders clever ausgewählte Einzeltitel die Renditebringer in den Portfolios sind, ist der gelungene Anlagemix viel wichtiger. In einem Bild gesprochen: Architekturbüros ringen auch nicht erst stundenlang über die Inneneinrichtung mit den schönsten Möbeln, sondern kümmern sich erst einmal um Fundament, Statik und Grundriss eines Hauses.

Was nach einer Binsenweisheit klingt, hat in Wirklichkeit jedoch ungeahnte Konsequenzen: Studien von Kapitalmarktforschern wie Roger Ibbotson zeigen, dass die Aufteilung

Drei Anlagetypen im Vergleich

Wenn Privatleute ihr Portfolio strukturieren, sollten sie vor allem auf sich selbst schauen.

eines Fonds auf Anlageklassen gleich aus drei verschiedenen Blickwinkeln wesentlich für seinen Anlageerfolg war. Vergleicht man das laufende Auf und Ab der Renditen eines Fonds mit anderen Fonds, kann der konkrete Anlagemix immerhin knapp die Hälfte der Renditeunterschiede erklären. Schaut man isoliert auf einen einzelnen Fonds, sind sogar mehr als 80 Prozent des Aufs und Abs der Renditen davon abhängig, wie gut der Markt läuft und wie der Fonds sein Geld auf die einzelnen Anlageklassen verteilte. Schaute man nicht monatlich immer wieder nach, sondern nur einmal – etwa nach beispielsweise zehn Jahren – war sogar fast alles vom Anlagemix abhängig, weil viele Fonds durch hohe Gebühren selbst gute Ergebnisse stets zunichtemachten.

Privatleute sollten also vor allem darüber nachdenken, wie viel Gewicht sie den wesentlichen Anlageklassen in ihrem Portfolio zugestehen. Sollen Aktien 50 oder 75 Prozent ausmachen? Soll eine kleine Rohstoffbeimischung ins Portfolio? Und wie sieht es eigentlich mit Schwellenländeraktien aus? Profis sprechen von der „Asset Allocation", was nichts anderes als Anlageaufteilung bedeutet. Dafür müssen Anlegerinnen und Anleger nicht Finanzwissenschaften studiert haben, sondern bloß von ihrer eigenen Lebenssituation ausgehen. Dabei gilt es gleich fünf Aspekte zu bedenken, die die eigene Portfoliostruktur erheblich bestimmen:

▸ Emotionale Risikotoleranz

Wie stark kann das Portfolio im Wert abrauschen, bevor das erste Bauchgrimmen einsetzt? Während manche bereits bei zehn Prozent Minus wackelige Knie bekommen, packt Hartgesottene vielleicht erst bei 50 Prozent Minus die Angst. Die eigene psychologische Risikotoleranz ist schließlich eine ganz individuelle Sache und hängt von der generellen Risikopersönlichkeit, der Erziehung und den eigenen Anlageerfahrungen ab. Aber zum Beispiel auch davon, ob es kürzlich an der Börse gekracht hat und die Erinnerungen daran noch frisch sind.

Wer rein aus Panik ausgerechnet mitten in einem Kurscrash verkauft, loggt damit schließlich hohe Verluste ein, die später teilweise kaum mehr aufzuholen sind. Anlegerinnen und Anleger sollten heftige Kurskapriolen daher von Vornherein einmal gedanklich durchspielen, damit sie ihre Anlagestrategie am Parkett auch durchhalten. Wer will, kann den Ernstfall eines Aktiencrashs für das eigene Geld simulieren: Statt an den Weltbörsen also den maximalen Verlust mit 56 Prozent anzuschauen, sollten Sparerinnen und Sparer in Euro und Cent rechnen: Wollen sie beispiels-

Investor-Info

Die Perspektiven zusammenführen. Mit der Risikoeinstufung in unserer Checkliste auf Seite 183 lässt sich feststellen, wer eher zu den ausgewogenen, vorsichtigen oder offensiven Naturen gehört – und ob die private Finanzsituation dieses Anlageverhalten auch „hergibt". Auch die offensivste Herangehensweise bringt schließlich nichts, wenn die eigene Finanzlage auf wackeligen Füßen steht. Umgekehrt bringt eine sehr stabile finanzielle Situation nichts, wenn Anlegerinnen und Anleger schon bei jeder kleinsten Kurskapriole am liebsten die Reißleine ziehen würden. Liegen Risikotragfähigkeit und Risikoneigung nicht auf einer Stufe, sollten sich Börseninteressierte also immer für die niedrigere der beiden Einstufungen entscheiden.

weise 100000 Euro am Parkett investieren, hätte das eigene Depot im schlimmsten Fall nur noch 44000 Euro angezeigt, zumindest zwischenzeitlich. Wer stattdessen nur die Hälfte an der Börse investierte, hätte mit Blick auf das gesamte Depot nur rund 26 Prozent Minus gesehen und eine Depotanzeige von 74000 Euro.

Mehr zum Risiko ab Seite 33

Monatliche Einnahmen

Hand aufs Herz: Viele Menschen wissen gar nicht genau, wie viel sie jeden Monat auf die Seite legen könnten. Im Durchschnitt sparen die Menschen hierzulande übrigens rund elf Prozent ihres verfügbaren Nettoeinkommens, so hat es das Statistische Bundesamt ermittelt. Wer eifrig sparen und an der Börse investieren will, kann jedoch durchaus 20 Prozent Sparquote und mehr anpeilen.

Die eigenen Ausgaben checken? Mit unserem Spar-Set: test.de/spar-set

Wer zum Beispiel über drei Monate ein Haushaltsbuch führt, sollte neben dem eigenen Erwerbseinkommen auf der Einnahmeseite auch Stipendien, Zahlungen wie Elterngeld oder Zweitjobs nicht vergessen. Auf der Ausgabenseite übersehen viele Menschen Zahlungen, die nur alle Jubeljahre anfallen: Autokauf, Reparaturen, Beiträge fürs Fitnessstudio oder Versicherungsbeiträge.

Oft lassen sich schon nach drei Monaten mit dem Haushaltsbuch einige Geldfresser ausmachen, die schnell einmal 100 Euro oder mehr im Monat bringen können. Wer das ungenutzte Abo kündigt, in einen günstigeren Mobilfunkvertrag wechselt und vielleicht auch auf einen „Coffee to go" pro Woche verzichtet, kann mehr Geld an die Börse geben.

Gesamtes Vermögen

Viele Menschen sitzen im Laufe ihres Lebens schon auf einem ordentlichen Berg an Geld: Deswegen lohnt es sich, mit dem Start an der Börse auch eine persönliche Vermögensbilanz aufzustellen. Neben Guthaben auf Giro-, Tages- und Festgeldkonten sollten dort auch Zinsanlagen wie Anleihen, Sparbriefe, Bausparverträge oder Anleihefonds aufgeführt sein. Viele Menschen haben außerdem Gold oder andere Rohstoffanlagen, manchmal auch alte Beteiligungen an Schifffonds, Bürgerwindrädern oder Genossenschaften.

Wer eine Immobilie als Geldanlage besitzt – und nicht zur Selbstnutzung –, kann auf Immobilienportalen den groben Wert anhand von Vergleichsinseraten abschätzen. Wer wiederum eine Kapitallebensversicherung oder eine private Rentenversicherung hat, bekommt einmal im Jahr den sogenannten Rückkaufwert. Wer das alles aufsummiert und dann die Prozentanteile der einzelnen Anlagen am Gesamtvermögen berechnet, bekommt zumindest ein Gefühl dafür, wie riskant die bestehenden Anlagen bereits sind.

Das kann so manchem die Augen öffnen: Wer bislang hauptsächlich auf Zinsanlagen und Versicherungen setzt, kann vielleicht auch an der Börse etwas offensiver vorgehen als ursprünglich gedacht. Wer hingegen monatlich Schulden abstottern muss, wird wohl oder übel vorsichtiger vorgehen.

Risikoabsicherung

Das Wort vom Notgroschen klingt antiquiert, ist aber immens wichtig: Anlegerinnen und Anleger sollten zwischen drei und sechs Nettomonatsgehältern auf die hohe Kante legen. Geht der Kühlschrank kaputt, bleibt das Auto liegen oder brechen wie in den Corona-Lockdowns plötzlich die eigenen Einnahmen mehrere Monate lang weg, soll schließlich niemand seine Börseninvestments aus reiner Geldnot verkaufen müssen.

Wer für solche akuten Fälle eine hinreichende Summe auf einem Tagesgeldkonto parkt, kann diese Notvorsorge schließlich jederzeit ohne Kursverluste antasten. Außerdem gehört ein gut gepflegter Versicherungsordner in jedes Wohnzimmerregal: Krankenversicherung, Privathaftpflicht und Berufsunfähigkeitsversicherung sind die elementarsten Versicherungen. Sonst können zum Beispiel Krankheiten, fahrlässige Schäden oder tiefe Depressionen schnell einen Strich durch die eigene Börsenrechnung machen.

Die eigenen Versicherungen checken? Mit unserem Versicherungs-Set: test.de/versicherungsset

Anlageziele

Wer über den Vermögensaufbau nachdenkt, sollte ganz am Anfang bereits ans Ausgeben denken: Wer im Ruhestand ein Ferienhäuschen kaufen will, kann im Ernstfall auch darauf verzichten und muss an der Börse nicht mit mehreren Sicherheitsgurten unterwegs sein. Wer sich als Freiberufler an der Börse wiederum eine kleine Zusatzrente ersparen will, ist hingegen ab dem Renteneintritt auf

Checkliste

Welches Risiko passt zu Ihnen?

Ihre Risikotragfähigkeit

- ☐ **Wie stark** sind Sie über vorhandenes Vermögen, ein Erbe oder auskömmliche Rentenansprüche bereits finanziell abgesichert?
- ☐ **Wie hoch** und wie planbar sind Ihr Einkommen und Ihre berufliche Situation?
- ☐ **Wie flexibel** sind Sie, wenn Ihr Arbeitsplatz wegfallen sollte?
- ☐ **Haben Sie größere Verpflichtungen** wie einen Hauskredit oder die Verantwortung für Familie und Kinder?
- ☐ **Müssen Sie Ihr Vermögensziel** a) unbedingt, b) auf den Euro genau und c) zu einem bestimmten Termin erreichen?

Ihre Risikoneigung

- ☐ **Schauen Sie** bei möglichen Anlagen zuerst auf deren Chance oder auf das Risiko?
- ☐ **Haben Sie** bereits schlechte Erfahrungen gemacht mit Anlagen an der Börse? Oder mit Tipps von Freunden oder Finanzverkäufern?
- ☐ **Ab wie viel Prozent** Verlust würden Sie Bauchgrimmen bekommen? Rechnen Sie den Betrag auch in Euro und Cent aus.
- ☐ **Was wäre Ihnen lieber:** Eine Anlage mit sieben Prozent Rendite im Jahr, die in manchen Jahren um 50 Prozent fallen kann. Oder eine Anlage, die kaum im Wert schwankt, dafür aber auch einen eher mageren Ertrag bringt. Oder eine Mischung?

die ersten Raten angewiesen. Und wer seinen Kindern das Studium finanzieren will, braucht das Geld zu einem ganz bestimmten Zeitpunkt. Auch die persönlichen Anlageziele beeinflussen also den passenden Anlagemix.

Generell gilt: Je mehr Zeit Anlegerinnen und Anleger am Parkett haben, je verzichtbarer das Anlageziel ist und je weniger es an einem ganz genauen Tag hängt, desto offensiver lässt sich das eigene Portfolio aufstellen. Völlig unabhängig vom Anlageziel sollten sich Anlegerinnen und Anleger übrigens nur an den Aktienmarkt wagen, wenn sie mindestens zehn Jahre oder besser 15 Jahre Zeit mitbringen – und im Idealfall noch weitaus mehr. Historisch war über solche Zeiträume die Verlustwahrscheinlichkeit zumindest bei einem weltweit gestreuten Investment gering.

Das Portfolio für alle

Einfach, transparent und renditestark: Mit unserem Pantoffel-Portfolio reichen für Privatleute schon zwei Bausteine, um sich an der Börse gut aufzustellen.

Wollen Anlegerinnen und Anleger das perfekte Portfolio finden, sind sie im Grunde schon auf dem Holzweg. Denn „das eine Portfolio für alle" gibt es in Wirklichkeit gar nicht, auch wenn Hunderte Zeitungsartikel, Videos im Netz und Newsletter das Gegenteil nahelegen. Statt eines optimalen Portfolios für alle gibt es immer nur ein passendes Portfolio für jeden und jede von uns. Schon, dass die Menschen hierzulande eher ungern über Geld reden, zeigt: Es ist eben eine individuelle, ja, persönliche Angelegenheit.

Um das Ganze nicht zu kompliziert zu machen, hat Stiftung Warentest das Pantoffel-Portfolio aus der Taufe gehoben. Mit diesem Baukastenmodell der Geldanlage können Anlegerinnen und Anleger zwei Bausteine miteinander kombinieren, es basiert schließlich auf einem Risikobaustein für die Rendite und einem Zinsbaustein für die persönliche Beruhigung. Wer beide Elemente im eigenen Portfolio vereint, kombiniert gesunde Vorsicht mit guten Chancen. Frei nach dem Motto: Auf einem Bein allein lässt sich schlecht stehen.

Die drei Portfoliotypen

Wie Anlegerinnen und Anleger die Balance zwischen Aktien und dem Zinsbaustein aus Anleihen oder Kontoanlagen austarieren, liegt ganz in ihrer eigenen Hand. Ganz grob unterscheiden wir folgende drei Portfoliotypen:

- **Das defensive Pantoffel-Portfolio:** Vorsichtige Naturen setzen zu 25 Prozent auf Aktien-ETF, zu 75 Prozent auf eher sichere Zinsanlagen.
- **Das ausgewogene Pantoffel-Portfolio:** Wer balanciert anlegen will, setzt zu 50 Prozent auf Aktien-ETF, mit der anderen Hälfte auf Zinsanlagen.
- **Das offensive Pantoffel-Portfolio:** Ambitionierte Anlegerinnen und Anleger setzen zu 75 Prozent auf Aktien-ETF und zu 25 Prozent auf Zinsanlagen.

Konkret bedeutet das: Wer beispielsweise 10 000 Euro mit der offensiven Pantoffelvariante anlegen will, müsste 7 500 Euro in einen weltweiten Aktien-ETF schieben und würde sich damit eine ordentliche Renditechance sichern.

So wählen Sie die richtige Mischung

Um das passende Portfolio zu wählen, sollten Anlegerinnen und Anleger Rendite und Risiko gemeinsam betrachten.

Wie viel Risiko halten Sie aus?						
Maximaler Verlust (%)	0	-20	-16	-26	-39	-56
Längste Verlustphase (Jahre)	0	3,8[1]	2,8	5,0	6,7	13,4
Welche Rendite streben Sie an?						
Durchschnittsrendite (% p .a.)	2,0	3,9	5,7	6,6	7,9	8,4
Endvermögen (in €)	183 700	319 800	531 700	678 600	982 500	1 130 000
Dann ist das die richtige Mischung						
Portfoliotyp	Nur Tagesgeld	Nur Anleihen	Defensiv	Ausgewogen	Offensiv	Nur Aktienanlage
Aktienanteil (%)	0	0	25	50	75	100

Quelle: LSEG, eigene Simulationen Zeitraum: 30.09.1994–30.09.2024 Anmerkungen: 1) Verlustphase dauert noch an; Tagesgeld: Dreimonats-Fibor/Euribor; defensiv, ausgewogen, offensiv: MSCI World + Euro-Anleihen; Aktienanlage: MSCI World; nominal, nach Kosten, mit Rebalancing, Investition von 100 000 Euro.

Die restlichen 2500 Euro würden als Sicherheitspuffer in Zinsanlagen fließen, also in einen sogenannten Euro-Anleihe-ETF oder auf ein Tagesgeldkonto.

Die Grundlagen für die persönliche Balance

Grundsätzlich gilt: Je größer der Aktienanteil im Portfolio ausfällt, desto mehr Renditechancen wollen sich Anlegerinnen und Anleger sichern. Allerdings ist dann auch das Risiko größer, weil die Wertschwankungen heftiger ausfallen. Diese Gleichung von Chancen und Risiken sollte jedoch niemand missverstehen: Renditechance bedeutet lediglich, dass Anlegerinnen und Anleger auf Basis der historischen Langzeitauswertungen eine höhere Rendite erwarten könnten. Fachleute sprechen von der „erwarteten Rendite". Ob Aktien just über die kommenden zehn oder zwanzig Jahre tatsächlich die Nase vorn haben und wie viel Rendite sie einspielen, kann niemand wissen. Oder einfacher formuliert: Es handelt sich um eine Chance auf Rendite, nicht um eine Gewissheit. Etwas anders verhält es sich dagegen mit den Schwankungen im eigenen Depot: Während die Renditen von Aktien als Anlageklasse in einzelnen Anlagezeiträumen auch mal hinter Anleihen lagen, waren die deutlicheren Schwankungen am Aktienmarkt viel konstanter feststellbar. Dass das eigene Portfolio mit einem üppigeren Aktienanteil heftiger schwankt, ist also nahezu ausgemachte Sache.

So finden Sie den perfekten Mix

Daher gilt es an der Börse, Rendite und Risiko bestmöglich auszubalancieren. Mit der Kombination aus Rendite- und Sicherheitsbaustein sollen Anlegerinnen und Anleger einerseits ihre finanziellen Ziele erreichen, andererseits auch gut schlafen. Mit unserem Einstufungstest auf Seite 183 lässt sich schnell herausfinden, welches Risikolevel angesichts der eigenen Nerven, der persönlichen Finanzsituation und der privaten Anlageziele angemessen ist.

In unserer Tabelle oben auf dieser Seite lassen sich all diese Facetten dann zusammennehmen und zu einem passenden Depotmix verdichten. Dabei sollten Anlegerinnen und Anleger nicht nur auf die historisch erzielten Durchschnittsrenditen schielen, sondern sich vor allem mit dem Risiko konfrontieren.

Mehr zu historischen Langzeitrenditen ab Seite 12 und 33

Feintuning für Ihr Depot

Zusätzlich zu den drei Pantoffelvarianten lassen sich auch andere Abstufungen wählen.

Mischung Aktien / Anleihen	**Rendite** (% pro Jahr)	**Maximaler Verlust** (%)	**Längste Verlust-phase** (Jahre)	**Endwert** bei Anlage von 100 €
0/100	5,6	-21	3,8	2001
10/90	6,0	-19	2,8	2431
20/80	6,3	-18	2,8	2914
30/70	6,7	-17	3,1	3447
40/60	7,0	-21	4,3	4027
50/50	7,2	-27	4,8	4635
60/40	7,5	-32	5,3	5268
70/30	7,7	-37	7,1	5906
80/20	7,9	-43	11,8	6532
90/10	8,1	-49	12,4	7125
100/0	8,2	-54	13,0	7665

Quelle: LSEG, eigene Simulationen Stand: 30.09.2024
Anmerkungen: Aktien: MSCI World, Anleihen: Bloomberg Euro Treasury; Einmalanlage über 30 Jahre, monatliches Rebalancing.

Privatleute sollten Kurskapriolen daher von Vornherein mit einplanen, damit sie ihre Anlagestrategie am Parkett auch durchhalten. Wer ausgerechnet mitten in einem Kurscrash rein aus Panik verkauft, loggt damit schließlich große Verluste ein, die später teilweise kaum mehr aufzuholen sind.

In Zahlen bedeutet das: Wer voll und ganz auf Aktien setzte, hätte im schlimmsten Fall ein zwischenzeitliches Minus von 56 Prozent ertragen müssen. Ein voll in Welt-Aktien investiertes Depot mit 100 000 Euro Fassungsvermögen wäre dann zumindest auf dem Papier zwischenzeitlich auf 44 000 Euro zusammengeschnurrt. Dagegen wären im ausgewogenen 50:50-Pantoffel aus Welt-Aktien und Euro-Anleihen selbst im schlimmsten historischen Fall nur 26 Prozent Minus aufgelaufen, die Depotanzeige hätte in dieser Variante also selbst im heftigsten historischen Crash seit dem Jahr 1970 minimal 74 000 Euro betragen. Um sich persönlich einzuordnen, kann jeder und jede schlicht in sich hineinhorchen: Welche Variante würde ich faktisch finanziell und emotional ohne größeres Bauchgrimmen durchstehen?

Den Renditebaustein füllen

Den Renditebaustein sollten Anlegerinnen und Anleger mit einem breit streuenden Aktien-ETF füllen, der das eigene Geld über Branchen, Kontinente und Länder gut verteilt. Als Standardvariante der Geldanlage hat sich inzwischen der Industrieländer-Index MSCI World herauskristallisiert, der rund 1500 Aktien aus 23 Industrieländern umfasst. Weitere Weltbarometer anderer Indexanbieter gibt es zusammen mit allen Details in unserem Kapitel zu Weltbarometern ab Seite 63.

Den Zinsbaustein füllen

Wer seinen Sicherheitsbaustein befüllen will, muss sich vor allem zwischen Euro-Anleihe-ETF und Tagesgeld entscheiden. Mit Anleihe-ETF können Anlegerinnen und Anleger beispielsweise einem Index aus europäischen Staatsanleihen folgen oder einem gemischten Barometer aus vernünftigen Staatstiteln und soliden Unternehmensanleihen. Der Vorteil: In vielen (aber nicht in allen) Börsenkrisen stiegen diese Anleihe-ETF zumindest etwas, wenn Aktien abrauschten. Der Nachteil: Die

Kurse von Anleihe-ETF können schwanken und zwischenzeitlich auch fallen. Wer das nicht will, sollte auf Tagesgeld setzen. Mehr zu den Zinsanlagen im Detail ab Seite 189 und 317.

Immer schön ausbalancieren

Der clevere Dreh unseres Pantoffel-Konzepts: Anlegerinnen und Anleger lassen ihre favorisierte Mischung nicht einfach laufen, sondern kontrollieren die eigenen Anlagen ab und an. Sind die Börsen bombig gelaufen, ist der Risikoteil im eigenen Depot vielleicht schon weit über die eigene Zielmarke von 25, 50 oder 75 Prozent emporgeklettert. Damit das Portfolio weiter im Einklang mit der eigenen Psyche bleibt, lässt sich die ursprünglich angepeilte Anlageaufteilung wiederherstellen. Wie das geht und ob dieses antizyklische Rebalancing am Ende auch ein Renditeplus bringt, erklären wir ab Seite 372 im Detail.

Das Weltportfolio mit Varianten

Wer sein Pantoffel-Portfolio aufbauen will, muss nicht automatisch auf den MSCI World setzen. Stattdessen gibt es schon in der Standardvariante einige Stellschrauben.

Vielleicht zeugt es von der Kraft der ETF-Anlage, dass ausgerechnet ein kompliziertes Kürzel wie „MSCI World" inzwischen mit Markennamen wie Tempo, Uhu oder Persil mithalten kann. Der Industrieländerindex mit rund 1500 Aktien aus 23 Ländern ist beinahe zum Synonym für globale Börsenbarometer geworden. Wer es vor allem einfach haben will, macht mit dem Standardindex vieles richtig. Wer sich aber etwas intensiver mit seinen Börseninvestments befassen will, kann selbst mit unserem Pantoffel-Portfolio bereits an einigen Stellschrauben drehen und beispielsweise kleine Aktien oder Schwellenländertitel hinzunehmen, ohne dabei allzu stark ins Risiko zu gehen und den grundlegenden Charakter des Portfolios deutlich zu verändern.

Weltweite Renditebausteine

Von Tokio über London bis New York: An allen wichtigen Börsenplätzen ein bisschen mitzumischen, ist mit weltweiten Aktien-ETF kein Problem. Doch das Wort vom Weltbarometer ist kein geschützter Begriff, deswegen haben sich in den vergangenen Jahren leicht unterschiedliche weltweite Aktienindizes herausgebildet. Sie lassen sich aus unserer Sicht alle als Basisanlage für die Geldanlage einsetzen, Anlegerinnen und Anleger sollten einfach die Details kennen und sich dann entscheiden.

▸ Besonders breite Weltindizes

Wer auf den MSCI All Country World (ACWI) oder den FTSE All World setzt, fügt zu den Industrieländeraktien auch noch Schwellenländertitel hinzu. Anlegerinnen und Anleger sollten sich davon aber nicht zu viel erwarten: Im MSCI ACWI stehen die Industrieländer nur für rund zehn Prozent des Indexgewichts. Wer auf diesen Index setzt, hat die Titel also mit dabei, falls sie sich deutlich besser entwickeln sollten als die Industrieländeraktien. Sollten sich die aufstrebenden Länder geopolitisch und wirtschaftlich stärker vom Westen absetzen, könnten auch ihre Börsenkurse wieder mehr Eigenständigkeit gewinnen. Zumindest in den

So liefen die alternativen Basisinvestments

Selbst bei den Basisinvestments haben Anlegerinnen und Anleger Wahlmöglichkeiten. Hier zeigen wir die Ergebnisse für den ausgewogenen 50/50-Pantoffel.

Portfolio-Modell	**Renditebaustein** (50 %)	**Sicherheitsbaustein** (50 %)	**Rendite 30 Jahre** (% pro Jahr)	**Maximaler Verlust** (%)	**Längste Verlustphase** (Jahre)
Unterschiedliche Renditebausteine					
Der klassische Welt-Pantoffel	Aktien Industrieländer (MSCI World)	Euro-Staats- und Unternehmensanleihen	6,6	-26	5,0
Der Ganze-Welt-Pantoffel	Aktien Industrie- und Schwellenländer (MSCI ACWI)	Euro-Staats- und Unternehmensanleihen	6,5	-25	5,0
Unterschiedliche Zinsbausteine					
Welt-Pantoffel mit Staatsanleihen	Aktien Industrieländer (MSCI World)	Euro-Staatsanleihen	6,6	-24	5,0
Welt-Pantoffel mit Euro-Anleihen	Aktien Industrieländer (MSCI World)	Euro-Staats- und Unternehmensanleihen	6,6	-26	5,0
Welt-Pantoffel mit Tagesgeld	Aktien Industrieländer (MSCI World)	Tagesgeld (Dreimonatszins am Geldmarkt)	5,9	-26	6,1

Quellen: LSEG, eigene Simulationen Stand: 30.09.1994 – 30.09.2024
Mehr zur Methodik unter: test.de/pantoffel-beimischung

vergangenen Jahren hätte sich die Wahl des breiteren Weltindex jedoch kaum ausgewirkt: Rendite und maximaler Verlust lagen bis auf die Nachkommastelle sehr nah beieinander, wie unsere Tabelle oben auf dieser Seite zeigt.

Außerdem gibt es den noch breiteren MSCI All Country World Investable Market Index (ACWI IMI) , der neben großen und mittleren Aktien auch kleine Börsenwerte enthält und rund 9 000 Titel umfasst. Derzeit gibt es allerdings nur ein einziges ETF-Produkt vom Anbieter SPDR auf diesen Index, das gewisse Spezifika hat (Stand: 06/24). Statt alle 9 000 Titel eins zu eins zu hinterlegen, lässt der ETF nur eine repräsentative Stichprobe von rund 3 000 Titeln kaufen, in der Vergangenheit war sie noch kleiner („Optimiertes Sampling"). In einzelnen Jahren löste sich der ETF daher teilweise etwas vom zugrunde liegenden Index ab. Da der ETF-Anbieter SPDR 2023 nachgebessert hat, muss das nicht so bleiben.

Nachhaltige ETF im Test unter test.de/ nachhaltige-fonds

Mehr zu ETF-Konstruktionsmethoden ab Seite 249

▶ Nachhaltige Weltindizes

Manche Anlegerinnen und Anleger wollen mit gutem Gewissen investieren und zum Beispiel Kohlefirmen, Alkohol- oder Rüstungsproduzenten ausschließen. Wer mit dem eigenen Moralkompass anlegen will, findet dafür inzwischen Dutzende Indizes. Viele dieser nachhaltigen Börsenbarometer stellten sich in unserem Test als eher mittelgrün heraus, selbst die besten erzielten in unserem Test nur drei von fünf Punkten in Sachen Nachhaltigkeit – zum Beispiel der „MSCI World SRI S-Series PAB 5% Capped". Mehr Indizes ab Seite 400.

Bislang entwickelten sich die nachhaltigen Indizes übrigens recht ähnlich wie der Mutterindex MSCI World: So lieferte auch der genannte Nachhaltigkeits-Index in den ersten rund zehn Jahren seit seinem Start beinahe dieselbe Rendite wie der MSCI World und schwankte nur unwesentlich stärker. Auch sein Maximalverlust lag nah beim Minus des konventionellen Barometers. Fakt ist jedoch: Rund zehn Jahre Historie sind zu wenig, um zu beurteilen, ob das in Zukunft so bleiben wird.

Theoretisch können sich Nachhaltigkeitsbarometer vom Standardindex ablösen. Als nach dem Ende der Coronakrise Öl plötzlich gefragt war und Russland die Ukraine angriff, trieben beispielsweise konventionelle Energietitel die herkömmlichen Indizes, während die Nachhaltigkeitsbarometer zeitweise hinterherhinkten. Umgekehrt könnten Nachhaltigkeitsindizes stärker profitieren, wenn die herkömmlichen Konzerne umweltpolitisch deutlicher unter Druck kämen.

Unabhängig von der Rendite sollte allerdings klar sein, dass der genannte Index anders als der klassische MSCI World statt rund 1500 Firmen nur rund 340 Unternehmen enthält, damit etwas weniger diversifiziert ist und langfristig leicht stärker schwanken dürfte.

Unterschiedliche Zinsbausteine, unterschiedliche Risiken

Gerade beim Zinsbaustein im Portfolio wollen viele Menschen nichts falsch machen, schließlich soll er für Sicherheit sorgen. Ob sich Anlegerinnen und Anleger für Tagesgeld oder Euro-Anleihe-ETF entscheiden, ist Typfrage. Beide Anlagen bergen nur geringe Risiken, die sich im Detail aber ein wenig unterscheiden.

▶ Anleihe-ETF

Anleihe-ETF boten bei guter Sicherheit unter dem Strich etwas mehr Chancen: Läuft es gut, können zu den turnusmäßigen Zinserträgen dort auch Kursgewinne kommen. Zudem haben Aktien und Anleihen zumindest die Chance, sich in Krisen gegenläufig zu entwickeln. Im besten Fall können die Kursverläufe Minusepisoden am Aktienmarkt etwas abpuffern, in ungünstigen Konstellationen können sie das Minus allerdings auch verschärfen. In der Regel sind die Kursbewegungen bei Anleihen allerdings moderater als am Aktienmarkt und lassen sich bereits vorher in Szenariorechnungen überschlagen. Gerade bei großen Beträgen oberhalb der Einlagensicherung von normalerweise 100 000 Euro hängen Anlegerinnen und Anleger mit Euro-Anleihe-ETF außerdem nicht nur an einer Bank, sondern streuen ihr Geld über viele Einzeltitel, Staaten und Unternehmen.

Mehr zu Euro-Anleihe-ETF ab Seite 317

▶ Tagesgeld

Wer auf Tagesgeld setzt, muss keine Schwankungen für sein Geld erdulden. Umgekehrt sollte niemand mehr als 100 000 Euro auf ein einziges Tagesgeldkonto legen, weil dann im Regelfall die gesetzliche Einlagensicherung endet. Ein weiterer Nachteil: Weil es auf dem Tagesgeldkonto vergleichsweise wenig Zinsen gibt, erholt sich das Portfolio nach Aktiencrashs meist langsamer als mit Anleihe-ETF, die in der Regel mehr bringen. Während das ausgewogene Pantoffel-Portfolio mit Euro-Staatsanleihen maximal rund fünf Jahre unter Wasser lag, kamen Anlegerinnen und Anleger mit dem ausgewogenen Pantoffel und Tagesgeld im schlimmsten Fall erst nach mehr als sechs Jahren wieder ins Plus.

Die besten Tagesgelder unter test.de/tagesgeld

Investor-Info

Tagesgeld oder Anleihe-ETF?
Wer die Chance haben will, dass sich Börsenverluste und Anleihegewinne gegenseitig etwas abpuffern können, kann auf Euro-Anleihe-ETF setzen. In schlechten Fällen können die Kurse eines Anleihe-ETF allerdings auch fallen. Mehr dazu ab Seite 317. Wer partout keine Verluste duldet, sollte hingegen auf Tagesgeld setzen. Wer sich unsicher ist oder sein Depot ganz bewusst breit aufstellen will, kann den Sicherheitsbaustein auch splitten und zur Hälfte mit einem Anleihe-ETF und zur Hälfte mit Tagesgeld füllen.

Zum Portfolio-Profi werden

Engagierte Börsenprofis können ausgefeiltere Portfolios bauen. Von superstabil bis richtig renditestark ist alles möglich.

Die wichtigsten Portfolio-Kniffe

Interessante Ergänzungen für das eigene Portfolio gibt es theoretisch wie Sand am Meer. Mit nur wenigen Kniffen lässt sich die Spreu vom Weizen trennen.

Wer glaubt, dass die Händlerinnen und Händler an der Frankfurter Börse jeden Tag in teuren Restaurants speisen, irrt. Für viele gibt es sogar ein nahezu kostenloses Mittagsessen: In Tupperdosen bringen sie sich oft etwas Vorgekochtes mit und schieben es in die Mikrowellen neben dem Handelssaal. Das kostenlose Mittagsessen ist in der Finanzszene übrigens auch im übertragenen Sinne zu einiger Prominenz gekommen: Diversifikation sei nämlich das einzige kostenlose Mittagessen an der Börse, sagte der Wirtschaftsnobelpreisträger Harry Markowitz einmal. Oder auf Englisch: der einzige „free lunch". Während gelungene Streuung die Rendite nämlich nicht zwingend drücken muss, verringert sie in der Regel die Schwankungen des Gesamtdepots sehr wohl. Das meinen Börsenprofis also, wenn sie vom kostenlosen Mittagessen sprechen – und davon können auch Privatleute profitieren.

Wie das Pantoffel-Portfolio das Geld streut

Auch unser Pantoffel-Portfolio basiert mit seinem Mix aus Aktien- und Zinsanlagen auf dem Ansatz der Diversifikation: Wer einem Aktienindex wie dem MSCI World folgt, streut sein Geld schließlich über rund 1500 Aktienunternehmen vom halben Globus. Ob bei Firma A ein Skandal ans Licht kommt, bei Firma B die Führungsspitze wechselt oder bei Unternehmen C die Geschäfte stottern, ist für den Index als Ganzes meistens völlig irrelevant.

Wer gut streut, kann das sogenannte Einzeltitel-Risiko also „wegdiversifizieren". Auch das Branchenrisiko, dass einzelne Wirtschaftssektoren unter die Räder geraten, lässt sich bei guter Streuung über viele Industriezweige weitgehend eliminieren. Einzig das Marktrisiko, dass Naturkatastrophen, Kriege oder breite Finanz- und Wirtschaftskrisen die meisten Sektoren und Länder gleichzeitig herunterziehen, lässt sich auch durch noch so gute Diversifikation nicht umgehen.

Anlegerinnen und Anleger diversifizieren mit unserem Konzept allerdings nicht nur innerhalb der Anlageklasse Aktien, sondern auch über unterschiedliche Anlageklassen hinweg: Im Normalfall entwickeln sich die Anleihen der Eurozone nämlich nicht sehr ähnlich zum weltweiten Aktienmarkt. Im besten Fall ergeben sich eher unterschiedliche Kursverläufe, die das Depot insgesamt betrachtet stabilisieren können – weil die beiden Anlagen im Regelfall eben nicht in ein und dieselbe Richtung laufen. Doch neben dem Ausmaß der Schwankungen ist für Anlegerinnen und Anleger natürlich auch die Rendite relevant.

Rendite und Risiko gemeinsam optimieren

Wer ein besonders stabiles Portfolio aufbauen will, sollte Rendite und Risiko daher immer gemeinsam betrachten. Fachleute sagen, dass Anlegerinnen und Anleger mit gelungener Streuung im eigenen Portfolio idealerweise „je Renditeeinheit durch Streuung weniger Risiko eingehen“. Was etwas abstrakt klingt, lässt sich auf unterschiedliche Arten verstehen: In vielen Fällen wird bei Streuung über unterschiedliche Anlageklassen die Rendite etwas niedriger ausfallen, die Schwankungsbreite aber umso stärker sinken. Genauso gut gibt es aber auch Fälle, wo die Rendite konstant bleibt, sich das Risiko jedoch drücken ließ. Theoretisch gibt es auch steigende Renditen, bei denen das Risiko nicht im selben Maße mit steigt. Und mit etwas Glück konnten Anlegerinnen und Anleger in seltenen Fällen die Rendite sogar erhöhen und das Risiko gleichzeitig senken. Das hat auch damit zu tun, dass die Schwankungsbreite von Anlagen über die Jahre und Jahrzehnte deutlich konstanter ist als die eher flatterhaften Renditen. Kommen also die üblichen Schwankungen über einen Zeitraum von zehn oder 15 Jahren zufälligerweise mit ungewöhnlich üppigen Renditen zusammen, kann sich ein doppelt positiver Effekt ergeben.

Die Chance-Risiko-Zahl

Wer Rendite und Risiko gemeinsam betrachten will, kann sie zu einer einzigen Kennzahl verdichten. Stiftung Warentest vergleicht das Rendite-Risiko-Profil von Portfolios mit der sogenannten Chance-Risiko-Zahl. Liegt die Zahl über 100, hat ein Portfolio Chancen und Risiken besser ins Verhältnis gebracht als eine Vergleichs-Messlatte (engl. Benchmark). Ein ausgewogenes Portfolio mit rund 50 Prozent Aktienquote würden wir zum Beispiel mit einem Vergleichsbarometer aus 50 Prozent MSCI World und 50 Prozent Euro-Anleiheindex vergleichen. Liegt unsere Chance-Risiko-Zahl über 100, brachte das Portfolio Chancen und Risiken besser miteinander ins Verhältnis als die Vergleichs-Messlatte. Chance-Risiko-Zahlen für Pantoffel-Varianten, ETF und Fonds gibt es auf test.de/fonds. Hinter der Chance-Risiko-Zahl steht fachlich das „Omega-Ratio“ aus drei Rechenschritten: Zunächst schauen wir, ob ein Portfolio eine Mindestrendite übertroffen oder verfehlt hat. Diese Mindestrendite ist bei uns im Kern der Geldmarktzins für sehr kurzfristige Zinsanlagen. Für jeden Monat schauen wir, ob ein Portfolio besser oder schlechter als die Mindestrendite abschnitt – und um wie viel. Im zweiten Schritt rechnen wir alle monatlichen Überrenditen zusammen und teilen sie durch die Anzahl der Monate im Betrachtungszeitraum (genauso mit allen Unterrenditen). Das ergibt die „wahrscheinlichkeitsgewichtete Überrendite“ und die „wahrscheinlichkeitsgewichtete Unterrendite“. Teilt man beide Werte im dritten Schritt, erhält man das Omega-Ratio eines Portfolios. Fachlich: das „Verhältnis wahrscheinlichkeitsgewichteter Über- und Unterrenditen“. Etwas vereinfacht: das Rendite-Risiko-Verhältnis.

Mehr zum Risiko an der Börse ab Seite 33

So kann Streuung das Rendite-Risiko-Verhältnis verbessern

Kategorie	Depotmodell: 50 % Aktien – 50 % Anleihen	Depotmodell: 40 % Aktien – 50 % Anleihen – 10 % Gold
Durchschnittsrendite (% pro Jahr)	6,6	6,9
Maximaler Verlust (%)	-26	-15
Chance-Risiko-Zahl	97	100

Quelle: LSEG, eigene Simulationen Zeitraum: 30.09.1994 – 30.09.2024
Anmerkungen: simulierte Einmalanlage nach Kosten, mit Rebalancing.

Auf die Korrelation schauen

Wer die Risikostreuung im eigenen Portfolio auf die Spitze treiben will, sollte vor allem auf die Korrelationen, sprich: die Wechselwirkungen der einzelnen Anlageklassen im Portfolio schauen. Schließlich streuen zusätzliche Anlagen im Portfolio besser, je unabhängiger sie sich von den bisherigen Depotinhalten entwickeln. Fachlich gesprochen: Je weniger zwei Anlagen miteinander korrelieren, desto größer ist auch der Diversifikationseffekt. Wie Sie schon in Kapitel 1 ab Seite 40 gelesen haben, lassen sich mit dem Korrelationskoeffizienten unterschiedliche Zusammenhänge angeben:

- **Korrelation von +1:** Steigt die eine Anlage, steigt auch die andere.
- **Korrelation von 0:** Beide Anlagen entwickeln sich völlig unabhängig voneinander.
- **Korrelation von –1:** Steigt die eine Anlage, sinkt die andere.

Mehr zu börsengehandeltem Gold ab Seite 327

Als Daumenregel gilt: Weisen zwei Anlagen eine Korrelation von mehr als 0,75 auf, laufen sie tendenziell sehr häufig in dieselbe Richtung. Alle Korrelationen von weniger als 0,75 können im eigenen Depot schon einen kleinen Vorteil bringen. Deutlich erkennbar wird der Effekt vor allem bei Korrelationen unter 0,3. Anlagen mit einer Korrelation um 0 eignen sich idealtypisch, um das eigene Depot auf breitere Beine zu stellen. Negative Korrelationen sind seltener, bringen aber häufig einen Puffereffekt.

Wann clevere Kombination wirkt

Engagierte Anlegerinnen und Anleger sind also gut beraten, einen Blick auf die Korrelationen ihrer Anlagen zu werfen. Solche Korrelationsanalysen sollten beispielsweise zehn Jahre umfassen. Wer einem Welt-Aktienindex US-Techwerte beimischen will, erkennt schnell, dass das nur „mehr vom Gleichen" wäre.

Was jedoch im Positiven passieren kann, wenn Anlegerinnen und Anleger auf die Korrelationen schauen, wird schon mit der einfachen Kombination aus Aktien und Anleihen deutlich. Wer dem eigenen Portfolio allerdings noch zehn Prozent Gold beimischte, konnte das Rendite-Risiko-Profil der eigenen Anlagen im Zweifel noch ein Stück verbessern. Während Anlegerinnen und Anleger mit der klassischen Anleihe-Aktien-Kombination über 30 Jahre im Schnitt eine Rendite von 6,6 Prozent pro Jahr einfuhren, waren es mit der kleinen Gold-Beimischung 6,9 Prozent. Obendrein sank das Risiko des Portfolios aber viel deutlicher: Der maximale Verlust betrug statt 26 Prozent beim herkömmlichen Pantoffel nur noch 15 Prozent in der Variante mit Goldbeimischung.

Besonders kurios: Während Gold für sich genommen mit einem Volatilitätswert von 17 historisch stärker schwankte als herkömmliche Weltaktienindizes mit Volatilitätswerten um 14,5, konnte es aufgrund der äußerst schwachen Korrelation zum Weltaktienmarkt von im Grunde null das Auf und Ab des Gesamtportfolios im Langfristschnitt trotzdem etwas glätten.

Die Knackpunkte der Korrelation

Anlegerinnen und Anleger sollten allerdings vier wichtige Einschränkungen kennen, wenn sie sich die Korrelationen anschauen. Erstens sagt eine Korrelation nicht, dass zwischen zwei Dingen ein ursächlicher Zusammenhang besteht. Zweitens könnten eng korrelierte Anlagen zwar häufig in dieselbe Richtung schwanken, aber in unterschiedlich starkem Ausmaß. Drittens können sich Korrelationen über Zeit hinweg laufend verändern. Problematisch ist vor allem der vierte Aspekt: In Crashs nehmen die Korrelationen selbst zwischen sonst eher unabhängigen Anlageklassen zum Teil zumindest zeitweise zu. Im Klartext: Wenn Aktien abrauschen, kommen manchmal auch Anleihen, Bitcoin oder Gold unter die Räder. Das kann passieren, wenn Anlagegesellschaften im Crash sogenannte Nachschussforderungen bekommen. Dann müssen sie zum Beispiel für Spekulationen auf Kredit plötzlich mehr Sicherheiten hinterlegen (engl. Margin Call). Im Zweifel verkaufen die Anlageprofis daher wahllos Anlagen ab, um das Geld als Sicherheit hinterlegen zu können. Wenn dann an der Börse scheinbar nahezu alles auf einmal fällt, steigen die Korrelationen. Auch wenn es zum Beispiel während der Coronakrise bereits zu solchen breit angelegten Abverkäufen kam, lassen sie sich nicht vorhersagen.

Die Korrelationen für rund 70 Anlagen auf Seite 197

Die besten Beimischungen

Engagierte Anlagenaturen können auch auf mehr als zwei Anlagen setzen – und im besten Fall ein besonders stabiles Portfolio aufbauen.

Während Indexfolger seit 2010 immer populärer wurden, haben sie einen pikanten Spitznamen bekommen: Die Kombination aus einem simplen Weltaktienindex und einem Zinsbaustein sei „das Maggifix der Geldanlage", heißt es im Netz manchmal. Für viele Privatleute klingt das positiv: So kann sich jeder und jede schon mit kleinen Beträgen ein gut gestreutes und renditestarkes Portfolio aufbauen. Auch Stiftung Warentest meint: ETF haben die Geldanlage an der Börse demokratisiert.

Andere stören sich allerdings am Maggifix-Konzept, das ihnen zu sehr nach Massengeschmack aussieht und vielleicht zu holzschnittartig wirkt. Wir finden: Auch mit Maggifix muss sich in Sachen Geldanlage niemand verstecken, reiner Fleiß bringt an der Börse – anders als oft im normalen Leben – nicht per se mehr Ertrag. Anlegerinnen und Anleger, die ihre eigene Geldanlage dennoch engagierter angehen wollen, bekommen dafür auf den kommenden Seiten alle wichtigen Hinweise.

Das Core-Satellite-Portfolio

Wer seine Basisinvestments mit ein paar Farbtupfern aufhübschen will, kann sich am Core-Satellite-Modell orientieren: Dabei teilt sich das Gesamtportfolio wie gehabt in einen Renditebaustein und einen Sicherheitsanker. Allerdings teilt sich der Renditebaustein in diesem Modell weiter auf, nämlich in einen Kernbestandteil und einen oder mehrere umschwirrende „Satelliten". Der Kernbestandteil mit dem englischen Namen „Core" soll mindestens 70 Prozent des Renditebausteins und damit weiterhin den Löwenanteil ausmachen. Im Klartext: Die renditetreibende Basisanlage sollte aus einem weltweit gestreuten Aktienindex wie dem MSCI World bestehen.

Zum Start können Anlegerinnen und Anleger die restlichen 30 Prozent des Risikoteils im Portfolio jedoch mit einigen Satelliten bestücken. Dafür eignen sich zum Beispiel spezielle Branchen, Regionen, Länder, Einzeltitel oder Rohstoffe wie Gold. Wer beispielsweise grund-

Der Core-Satellite-Ansatz

Beim Core-Satellite-Ansatz versuchen Anleger, den Erfolg ihrer Basisanlagen durch Beimischen spezieller Anlageideen aufzupeppen.

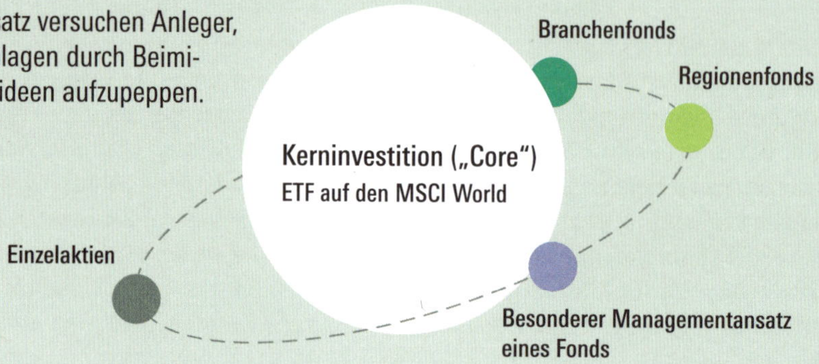

sätzlich auf das ausgewogene Pantoffel-Modell setzt und 50 000 Euro investieren will, würde 25 000 Euro in Zinsanlagen stecken und mit 20 000 Euro einem Weltaktien-ETF folgen. Die restlichen 5 000 Euro könnten dann beispielsweise in ein oder mehrere Satelliteninvestments fließen.

Egal ob Anleger oder Anlegerinnen bestimmte Branchen oder Länder etwas aufwerten wollen, mit geringkorrelierten Anlagen ein besonders stabiles Portfolio anstreben oder nebenbei einen riskanten Zock wagen wollen – all das lässt sich mit diesem aufgepeppten Portfoliomodell umsetzen. Der Clou: Privatleute investieren im Kern weiterhin breit gestreut, müssen sich aber nicht mit vorkonfektionierten Weltindizes zufriedengeben. Dabei können unterschiedliche Anlagetypen gemessen an den Gewichten des Gesamtportfolios unterschiedlich viele Satelliten beimischen:

- **Vorsichtiger Typ:** 75 Prozent Zinsanlagen, 20 Prozent Weltaktien, 5 Prozent Satellit;
- **Ausgewogener Typ:** 50 Prozent Zinsanlagen, 40 Prozent Weltaktien, 10 Prozent Satellit (oder zwei Satelliten mit je 5 Prozent);
- **Offensiver Typ:** 25 Prozent Zinsanlagen, 60 Prozent Weltaktien, 15 Prozent Satellit (oder zwei Satelliten mit je 7,5 Prozent; oder drei Satelliten mit je 5 Prozent).

Aus dieser Anlageportionierung lässt sich erkennen: Deutlich mehr als 15 Prozent des Gesamtportfolios sollte eine einzelne Satellitenposition nicht ausmachen, weil dann die Risikostreuung leidet. Gerade, wenn Anlegerinnen und Anleger sehr riskante Beimischungen hinzufügen, könnten deren Kapriolen zu stark auf das Gesamtportfolio durchschlagen. Zum Vergleich: Fondsprofis dürfen einzelnen Aktien in Europa normalerweise maximal zehn Prozent des Gesamtportfolios zugestehen, dann sind sie bereits „all in". Selbst die gewichtigste Aktie im US-Leitindex S&P 500 kommt „nur" auf rund sieben Prozent Gewicht und ist damit in den Augen vieler Börsenleute schon relativ dominant (Stand: 06/24).

Umgekehrt sollte eine Beimischung prozentual auch nicht zu gering bemessen sein, weil das eigene Depot dann vielleicht zu unübersichtlich wird. Damit sich ein Zweiprozenter oder Dreiprozenter im Gesamtportfolio überhaupt als nennenswerter Ertragstreiber entpuppt, müsste die Beimischung außerdem märchenhafte Renditen liefern. Obendrein riskieren Anlegerinnen und Anleger mit zu vielen Beimischungen, ein wildes Sammelsurium an Anlagen anzuhäufen, obwohl es ihnen ursprünglich um ein wohlstrukturiertes Portfolio ging. Auch bei den Beimischungen gilt also: Der gekonnte Mix macht's.

Diese Beimischungen gibt es

Ganz ähnlich wie echte Satelliten sollten auch Börseninteressierte die Beimischungen in dieser Portfoliovariante nicht über einen Kamm scheren. Während manche Satelliten im Weltraum langfristig installiert sind, sollen andere nur zeitweise ihren Dienst tun. Während manche elementar für spezielle Navigationsprogramme sind, übertragen andere bloß Unterhaltungsfernsehen. Ein bisschen so ist es auch mit den ganz unterschiedlichen Beimischungen, die das eigene Portfolio aufhübschen sollen.

▶ Regionen und Länder

Egal ob Deutschland, Ägypten oder China: Manchen Privatleuten missfällt die vorgegebene Länderaufteilung im Industrieländer-Index MSCI World. Bereits seit den 2010er-Jahren standen die USA für mehr als 50 Prozent des Indexgewichts, 2024 stieg der Anteil sogar auf rund 70 Prozent an. Daher wollen manche Menschen bestimmte Länder oder Regionen als Satelliten beimischen.

Dagegen ist nichts einzuwenden: Wer seine Geldanlagen anders gewichten will, kann beispielsweise einen Europa-ETF oder einen Schwellenländer-ETF mit 20 Prozent beimischen. Auch kleinere Beimischungen einzelner Länderbörsen können Sinn ergeben, wenn sie als strukturelle Beigaben gedacht sind: Börsen wie Hongkong oder Portugal hatten zum Beispiel verhältnismäßig wenig Gleichlauf mit dem MSCI World. Über ihre Renditechancen sagt das allerdings nicht aus.

Manche Profis setzen für eine Beimischung sogar auf China. Weil das Land keinen vollkommen freien Kapitalverkehr ermöglicht, drückt der Indexanbieter MSCI zumindest chinesische Festlandaktien in vielen seiner Indizes im Gewicht (Stand: 06/24). Wer trotzdem interessiert ist, könnte daraus ein Argument konstruieren. Das China-Gewicht im herkömmlichen Index ist eben geringer, als es der Börsenwert hergeben würde. Ob sich Menschen mit dem Investment in eine Autokratie aber wohlfühlen, müssen sie selbst beurteilen.

▶ Branchen

Wer Branchen beimischen will, sollte aufpassen: Viele Anlegerinnen und Anleger mischen aus dem Bauch heraus Tech-Titel bei, die als gewichtigste Branche allerdings bereits rund ein Viertel des gesamten MSCI World ausmachen (Stand: 06/24). Wer einen solchen Branchenindex beimischt, würde sein Gesamtportfolio noch „kopflastiger" machen und schlechter diversifizieren.

Unsere Korrelationsmatrix auf Seite 197 zeigt hingegen, dass vor allem die Branchen Basiskonsum, Versorger und Gesundheit in der Vergangenheit nur einen mäßigen Gleichlauf mit dem Weltindex hatten. Vermutlich auch, weil sie zu den nicht so konjunktursensiblen Sektoren gehören, die selbst in Krisen gefragt sind. Wer auf sie setzte, konnte das Rendite-Risiko-Verhältnis des eigenen Depots im besten Falle etwas verbessern. Mehr Details zu Brancheninvestments ab Seite 127 und 160.

▶ Trendthemen

Egal ob E-Mobilität, Cannabis oder Künstliche Intelligenz: Immer wieder machen an der Börse Trends von sich reden, auf die auch Privatleute aufspringen wollen. Das Problem: In der Finanzgeschichte zeigte sich an der Börse oft dasselbe Schema. Egal ob bei der Eisenbahneuphorie Mitte des 19. Jahrhunderts, während des Radiobooms in den 1920er-Jahren oder bei der Dotcom-Blase zur Jahrtausendwende – immer wollten experimentelle Firmen ganze Märkte aufrollen, kamen dann jedoch oft unter die Räder der immer schärferen Konkurrenzsituation.

Gute Argumente gibt es also für vieles, sie garantieren allerdings keine überlegenen Renditen an der Börse. Meistens ist der Kursrausch längst in vollem Gange, wenn Anlagegesellschaften passende Themen-ETF auf den Markt bringen. Anlegerinnen und Anleger sollten spitze Trendindizes daher nicht mit den viel breiteren Branchenbarometern verwechseln. Wer trotzdem auf Trends setzen will, sollte das von vornherein als Wette abbuchen und nur Spielgeld einsetzen. Mehr dazu auf Seite 131.

Faktoren

Wer die tieferen Erfolgsfaktoren der Börse verstehen will, darf nicht auf Branchen oder Länder schauen. Stattdessen haben finanzwissenschaftliche Forschungsteams aus den Kursdaten der vergangenen Jahrzehnte einige tiefere Renditetreiber destilliert. Sie sollen wahlweise die Rendite treiben, das Risiko minimieren – und am besten beides gleichzeitig. So konnten zum Beispiel kleine Aktien, unterbewertete Titel oder schwankungsarme Aktien das Rendite-Risiko-Profil von Anlagen verbessern.

Unter dem Namen „Faktor-Investieren" ist daraus ein Trend bei engagierten Anlegerinnen und Anlegern geworden. Auch wenn renommierte Professoren mit ihren Namen für die Strategien einstehen, sind sie unter Profis umstritten: Manchmal verpuffen die Effekte nämlich, sobald sie der breiten Öffentlichkeit bekannt werden. Alle Details dazu ab Seite 198.

Riskantere Anleihen

Im Volksmund gelten Anleihen oft pauschal als eher sichere Geldanlage. Einen ganz anderen Blick auf die Papiere können Anlegerinnen und Anleger jedoch bekommen, wenn sie die Staatsanleihen von Schwellenländern oder die Hochzinsanleihen von Problemfirmen in den Blick nehmen. Was auf den ersten Blick nach Anlagen für Hasardeure klingt, kann im besten Fall erstaunlicherweise jedoch das Portfolio stabilisieren.

Studien zufolge sollen beide Anleihearten vergleichsweise auskömmliche Renditen bei geringeren Schwankungen als am Aktienmarkt aufweisen, zumindest im Langfristschnitt. Erste Analysen aus den Finanzwissenschaften haben solche Effekte zwar detailliert über Jahrzehnte und teilweise gar Jahrhunderte nachgewiesen, ehrlicherweise gibt es dazu aber anders als am Aktienmarkt noch keine Vielzahl von unabhängigen Analysen. Solche Investments sind also nur etwas für chancenorientierte und vor allem versierte Anlegerinnen und Anleger. Alle Details zu Schwellenländeranleihen ab Seite 288, die Hintergründe zu Hochzinsanleihen gibt es ab Seite 297.

Mehr zum Rebalancing ab Seite 372

Rohstoffe

Silber, Palladium oder Schweinebäuche: Manche Anleger setzen auf die Anlageklasse Rohstoffe, um ihr Portfolio breiter aufzustellen. Neben Energierohstoffen wie Öl oder Industriemetallen wie Kupfer und Edelmetallen wie Silber fallen darunter auch Agrarrohstoffe wie Weizen. Der Teufel steckt allerdings im Detail: Die bekanntesten Rohstoffindizes bilden nicht die eigentlichen Rohstoffpreise nach, sondern einfach gesprochen Kontrakte auf Preise in der Zukunft (sogenannte Futures).

Kurz zusammengefasst: Die meisten Rohstoffindizes schwanken leicht stärker als der weltweite Aktienmarkt, die Renditen lagen im Langfristschnitt niedriger (siehe Seite 34). Im Gegenzug ließ sich die Schwankungsbreite eines Gesamtportfolios aber etwas senken, wenn Privatleute den Aktienanteil drückten und Rohstoffe beimischten. Die Anlageklasse ist daher eine Kann-Option im Portfolio, aber kein Muss. Mehr ab Seite 330.

Gold

Wohl kaum ein Investment umranken so viele Mythen wie Gold: Das Edelmetall soll Werte bewahren, zuverlässig vor der Inflation schützen, Krisenanker sein und obendrein Portfolios ausbalancieren. Viele dieser Zuschreibungen halten einem Test kaum stand. Fest steht: Gold schwankte auf lange Sicht stärker als der weltweite Aktienmarkt und lag zum Beispiel in den 1980er- und 1990er-Jahren auch länger unter Wasser als die Weltbörsen.

Dennoch kann sich das Edelmetall im Portfolio lohnen: In den vergangenen 30 Jahren hätte eine Goldbeimischung von zehn Prozent am Risikobaustein des Portfolios der Rendite nicht wirklich geschadet, gleichzeitig konnten Privatleute ihr Portfolio damit stabiler aufstellen und die Schwankungen etwas glätten. Sogar Kaufen und Verkaufen ist heutzutage unkompliziert möglich, weil sich dem Goldpreis mit börsengehandelten Papieren folgen lässt, sogenannten Gold-ETC. Mehr zu den Rendite- und Risikoeigenschaften von Gold und passenden Anlagevehikeln ab Seite 322.

Korrelationsanalyse: So sind die Anlagemärkte verbunden

Das Baumdiagramm zeigt, wie stark welche Märkte miteinander korrelieren.

Im Dendrogramm sind Anlagemärkte über „Äste" und „Knoten" miteinander verknüpft. Je weiter oben der Knoten, also je kürzer die Äste, desto höher die Korrelation. Je weiter unten ein Knoten, also je länger die Äste, desto geringer ist die Korrelation. Märkte, deren durchschnittliche Korrelation zueinander bei mindestens 0,7 liegt, haben eine Farbe. Märkte mit unterschiedlichen Farben liefen eher unterschiedlich. Als Beimischung zu Weltaktien-ETF (ganz oben) sind spezielle oder exotische Märkte (unten) also durchaus okay. Rechts neben jedem Markt zeigen wir die Korrelation zum MSCI World auch als Zahl.

Quelle: LSEG, eigene Berechnungen
Untersuchungszeitraum:
30.09.2014 – 30.09.2024

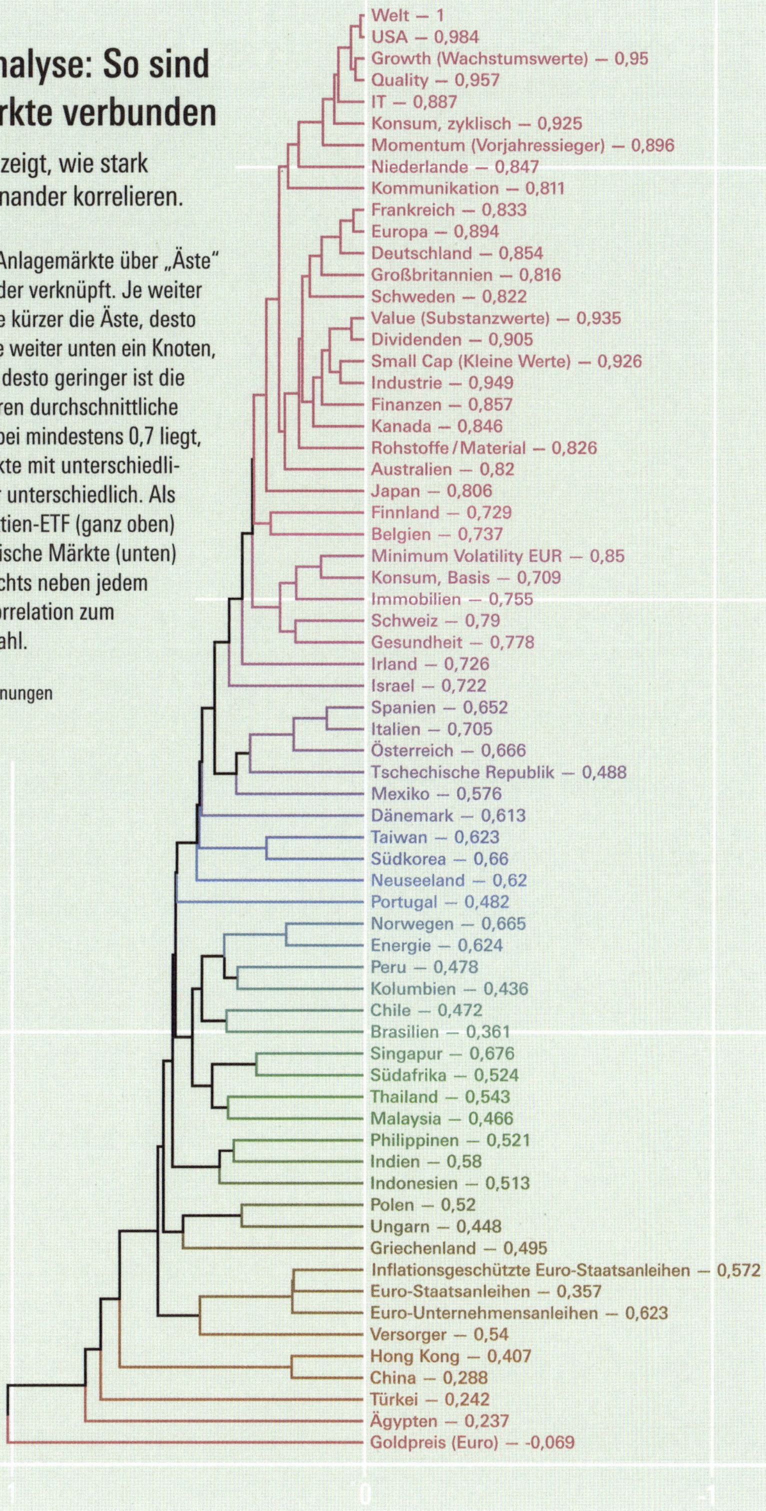

Die Faktorstrategien für ein Renditeplus

Aktien mit speziellen Eigenschaften versprechen höhere Erträge, das ist sogar wissenschaftlich belegt. Doch selbst die schönste Theorie kann in der Praxis deutliche Tücken bergen.

Wer will nicht die tieferen Erfolgsfaktoren der Börse kennen? Um das zu ergründen, haben ganze Forschungsteams umfangreiche Finanzdaten vieler Jahrzehnte ausgewertet und darin erstaunliche Muster ausgemacht. Diese buchstäblichen Faktoren eines besonderen Börsenerfolgs sind unter dem Begriff „Faktor-Investieren" inzwischen zum Trend unter engagierten Anlegerinnen und Anlegern geworden. Salopp gesagt: Ausgerechnet kleine Aktien, Langweilertitel und verschmähte Werte sollen Anlegerinnen und Anlegern eine hübsche Zusatzrendite bringen können.

Was sind Faktoren?

Seit den 1970er-Jahren haben unterschiedlichste Finanzwissenschaftler und Finanzwissenschaftlerinnen immer wieder nach speziellen Aktienstrategien gesucht, die auf lange Sicht systematisch höhere Renditen bringen als der breite Aktienmarkt. Wie Sie in diesem Buch sicher schon gelesen haben, liefern einzelne Branchen oder Länder immer mal wieder zufällig bessere Renditen als der Gesamtmarkt, aber eben nicht systematisch. Daher durchleuchteten die Forschungsteams den Aktienmarkt und versuchten, alle tatsächlichen Faktoren auszumachen, die auf lange Sicht und in vielen Ländern unabhängig voneinander die Rendite trieben – ohne dass das Risiko im gleichen Maße stieg.

So fanden die Forschenden zum Beispiel heraus, dass kleine Aktien im Langfristschnitt fast überall bessere Renditen brachten als der breite Welt-Aktienmarkt. Das zeigt: Das Wort von den Faktoren meint spezielle Eigenschaften von Aktien, nach denen sich entsprechende Titel aus der Masse herausfiltern und dann zusammenfassen lassen. Meist reicht dafür ein Screening des Aktienmarkts, in dem professionelle Computeranwendungen zum Beispiel die 15 Prozent der kleinsten Firmen heraussuchen und zusammenfassen. Konkret sind vor allem folgende Faktoren verbreitet:

1. **Geringe Größe (Small Cap):** kleine Aktien mit geringem Börsenwert
2. **Günstige Bewertung (Value):** Aktien, deren Kurs im Verhältnis zur Unternehmenssubstanz niedrig ist
3. **Gute Kursentwicklung (Momentum):** Aktien, die seit einiger Zeit besser als der breite Markt laufen
4. **Geringe Schwankung (Low Vola):** schwankungsarme Aktien mit geringer Volatilität
5. **Gute Bilanzqualität (Quality):** Firmen mit soliden Bilanzzahlen wie üppiger Marge und geringem Schuldenlevel
6. **Hohe Dividenden (High Dividend):** Unternehmen, die zuverlässig auskömmliche Dividenden zahlen

Was können Faktoren bringen?

Flott formuliert, sollen Faktoren einen Schnaps mehr Rendite bringen: Dabei geht es nicht um astronomische Überrenditen, sondern nach Forschungslage und unseren Auswertungen vielleicht um etwas mehr als einen Prozentpunkt Renditeplus pro Jahr. Setzen Anlegende die Faktorstrategien zum Beispiel in einem ausgewogenen Portfolio bloß als Zehn-Prozent-Beimischung ein, schmolz dieser Effekt naturgemäß dahin. Dem simplen Fifty-fifty-Pantoffel aus Aktien und Anleihen

So performten Faktor-Portfolios

Die Wissenschaft glaubt an ein Renditeplus für bestimmte Aktientypen. Über 30 Jahre lohnte sich die Beimischung selten.

Ausgewogener Pantoffel	Rendite über 30 Jahre (Prozent pro Jahr)	Risiko (über 30 Jahre)		Chance-Risiko-Zahl (über 10 Jahre)
		Max. Verlust (Prozent)	Längste Verlustphase (Jahre)	
Welt + Quality	7,3	-22	4,8	100
Welt + Momentum	7,2	-23	4,8	99
Welt + Geringe Schwankung	6,6	-25	4,8	98
Welt + Dividenden	6,8	-24	4,6	97
Welt	6,6	-26	5,0	97
Welt + Value	6,7	-23	4,8	95
Welt + Kleine Werte	6,5	-24	4,8	94

Quelle: LSEG, eigene Simulationen Zeitraum: 30.09.1994 – 30.09.2024 Anmerkungen: Simulierte Einmalanlage über 30 Jahre. Aktien: MSCI World plus Beimischung, Anleihen: Euro-Anleihen, Beimischung: Start mit 10 Prozent am Gesamtportfolio; Methodikdetails unter: test.de/pantoffel-beimischung

waren die Portfolios mit Faktorbeimischung renditemäßig im besten Fall um 0,1 bis 0,3 Prozentpunkte pro Jahr voraus – wenn überhaupt.

Anlegerinnen und Anleger sollten außerdem wissen, dass diese sogenannten Faktorprämien keine Garantie sind. Zwar ließen sie sich in den historischen Datenreihen über ganz lange Zeiträume belegen, versagten in manchen Zeitabschnitten aber deutlich. Immer wieder bekommen es Interessierte bei den Faktoren mit Hinkephasen von teilweise 15 oder 20 Jahren zu tun, in denen ein simples Investment in den MSCI World mehr gebracht hätte. So laufen die vermeintlich unterbewerteten Value-Aktien dem herkömmlichen Industrieländerbarometer bereits seit 2007 hinterher (Stand: 06/24). Im Zweifel brauchen Anlegerinnen und Anleger also einen ziemlich langen Atem über mehrere Jahrzehnte, bis sich das erhoffte Renditeplus wirklich zeigt.

Die Faktoren in der Übersicht

Solide Faktoren erkennen Anlegerinnen und Anleger daran, dass sie sich erstens auf lange Sicht zeigten, zweitens in vielen unterschiedlichen Ländern nachweisbar sind, dass das Renditeplus drittens auch bei leichten methodischen Veränderungen bestehen bleibt und es viertens gute Gründe für die langfristige Existenz der Faktoreffekte gibt. Manche Faktoren sind in der Finanzwissenschaft dennoch umstritten. Im Folgenden zeigen wir eine Übersicht über die wichtigsten Faktoren und den aktuellen Forschungsstand:

▸ Kleine Aktien (Small Caps)

An der Börse sind die Kleinen ganz groß: Im Langfristschnitt zeigten kleine Aktien bessere Renditen als die größeren Firmen am Parkett. Dabei ist „klein“ an der Börse relativ, im Weltaktien-Universum des Indexanbieters MSCI kommen die kleinen Firmen im Mittel immerhin auf rund eine Milliarde US-Dollar Börsenwert. In einer Analyse der Londoner Finanzprofessoren Dimson, Marsh und Staunton lieferten die kleinen Aktien zum Beispiel in den USA auf lange Sicht eine Rendite von 11,8 Prozent pro Jahr, während ein breiter US-Index im selben Zeitraum Rechnungen des Börsenprofessors Jeremy Siegel zufolge 10,2 Prozent eingebracht hätte. Immer wieder lahmte die Strategie jedoch jahrelang, beispielsweise seit 2010 beinahe durchgängig (Stand: 06/24).

Die Erklärung für das Renditeplus im Langfristschnitt? Kleine Unternehmen sind oft riskanter, weil sie teilweise nur von wenigen Produkten oder Märkten abhängen. Dieses größere Risiko zeigt sich einerseits in etwas ausgeprägteren Schwankungen der kleinen Titel, andererseits in etwas heftigeren Reaktionen auf Marktcrashs. Denkbar ist auch ein Finanzierungseffekt: Kleine Firmen müssen oft mehr für Kredite zahlen und können auch beim Börsengang im Gegenzug für ihre Aktien nicht so viel Geld einwerben. Auf lange Sicht kann aus dieser anfänglichen Unterbewertung ein Renditeplus werden, wenn der Markt das wirkliche Potenzial „erkennen" sollte.

In der Wissenschaft gilt der Small-Cap-Faktor jedoch als vergleichsweise schwacher Faktor. Er könnte renditemäßig verwässert sein, weil sich unter den kleinsten Firmen am Parkett als Beifang ungewollt auch allerlei lotterieartige Aktien mit schlechter Bilanzqualität finden, die oft mies abschneiden. Dennoch gibt es völlig unabhängig von der Rendite gute Gründe für kleine Aktien im Portfolio: Da im MSCI World nur große und mittelgroße Aktienwerte stecken, sind kleine Titel zumindest konzeptionell eine gute Ergänzung.

▸ Günstige Bewertung (Value)

Ausgerechnet verschmähte Aktien können an der Börse groß herauskommen: Sogenannte Value-Aktien sind im Vergleich zur Masse aller Titel „günstig bewertet". Das bedeutet keineswegs, dass sie einen niedrigen Preis in Euro und Cent haben. Stattdessen muss der Kurs im Verhältnis zum Unternehmensgewinn niedrig liegen (Kurs-Gewinn-Verhältnis). Häufig wird er auch ins Verhältnis zum Buchwert gesetzt, der zum Beispiel Maschinen, Immobilien und Cash als „Substanz" der Firmen zusammenrechnet (Kurs-Buchwert-Verhältnis). Seit die Finanzprofessoren Fama und French den Faktor in einer Studie 1992 aufgriffen, ist er an der Börse auch in der Breite bekannt geworden.

Noch mehr zu Value-Aktien ab Seite 231

Zumindest auf lange Sicht konnten sich engagierte Börsenleute über eine „Value-Prämie" freuen. In einer Studie haben die drei Londoner Finanzprofessoren Dimson, Marsh und Staunton die Aktienrenditen dieser Titel über beinahe 50 Jahre ab 1975 nachverfolgt: Im weltweiten Schnitt brachten Aktien mit einem niedrigen Kurs im Verhältnis zu ihrem Buchwert pro Jahr rund 1,4 Prozentpunkte mehr Rendite als hochbewertete Titel. Noch ausgeprägter war der Effekt bei kleinen Value-Titeln, also Small Caps mit Value-Eigenschaften.

Eine relativ anerkannte Erklärung für die Überrendite: Um die unterbewerteten Value-Aktien wird nicht so viel Getöse gemacht wie um trendige Wachstumstitel, weswegen Anlegerinnen und Anleger sie nicht so stark „hochkaufen". Erkennt der Markt dann aber den wahren Wert der Titel, können sie zu einer Rally ansetzen. Das Problem: Während die Strategie ab 1975 auf lange Sicht deutlich besser lief als der breite Aktienmarkt, performte der normale Industrieländerindex MSCI World ab dem Jahr 2006 besser (Stand: 06/24). Die Value-Prämie schien also über beinahe 20 Jahre passé, eine ganz schön lange Zeit. Anlegerinnen und Anleger brauchen für eine Value-Beimischung im Zweifel also ein großes Maß an Überzeugung und angesichts der Durststrecken auch viel Durchhaltevermögen.

Das entscheidende Argument des Pro-Lagers: In vielen (aber nicht allen) Studien zeigte sich, dass unterschiedlichste Aktiengattungen im Wechsel historisch immer mal schlechter liefen als ihr langfristiger Mittelwert, dann aber immer wieder dorthin zurückkehren (sogenannte Rückkehr zum Mittelwert, engl. Mean Reversion). Für Value-Titel würde das bedeuten, dass sie irgendwann wieder aufholen könnten. Die Frage ist nur: wann.

▸ Geringe Schwankung (Low Vola)

Diese Strategie scheint mit allen Erkenntnissen der Finanzwissenschaft zu brechen: Geht es nach Dutzenden Forschungsteams, brachten ausgerechnet Aktien mit besonders zaghaften Schwankungen langfristig deutlich üppigere Renditen als der breite Aktienmarkt. Genau formuliert handelt es sich bei diesen Low-Volatility-Titeln um Aktien, bei denen beispielsweise die Jahresrenditen im Vergleich zu anderen Aktien weniger stark um ihren langfristigen Mittelwert schwanken.

Auf lange Sicht brachte diese Strategie Anlegerinnen und Anlegern tatsächlich ein Renditeplus. Allerdings hinkten die besonders ruhigen Titel in Boomphasen an der Börse gerne hinterher, zum Beispiel im Internetboom in den 1990ern oder als die großen US-Techkonzerne spätestens ab 2016 den Kursturbo einschalteten. Umgekehrt konnten Anlegerinnen und Anleger im Crashjahrzehnt der Nullerjahre mit den schwankungsarmen Titeln der breiten Börsenwelt deutlich vorauslaufen.

Der Grund: Das Low-Vola-Forscherteam um Pim van Vliet bei der Anlagegesellschaft Robeco geht davon aus, dass sich Privatleute wie Fondsprofis zu riskanteren, teilweise gar lotterieartigen Aktien hingezogen fühlen, die üppige Gewinne zu versprechen scheinen. Titel, die sich in Krisen besser halten als der Gesamtmarkt, stehen hingegen nicht so sehr auf ihrer Agenda. Im Effekt sind die schwankungsreichen Titel teuer und haben in der Logik der Finanzwissenschaften auf mittlere und Sicht dann weniger Ertragschancen als schwankungsarme Titel, die im Vergleich dazu nicht so „hochgekauft" sind.

Die schwankungsarme Strategie eignet sich daher als Beimischung für konservative Naturen, die generell etwas weniger Kapriolen im Depot wünschen. Da die Kurse der „Low-Vola-Aktien" nicht so häufig mit dem MSCI World „im Tandem laufen", ist die Korrelation niedriger als bei allen anderen „Faktoren". In Krisenzeiten verloren die Low-Vola-Titel außerdem etwas weniger als der breite Markt.

Nicht alle Forschungsteams sind allerdings überzeugt: Finanzprofessor Richard Novy-Marx von der Universität Rochester meint, dass sich unter den Low-Vola-Titeln in Wirklichkeit einfach viele Value-Unternehmen fänden. Also vermeintlich langweilige Börsenfirmen wie die US-Handelskette Walmart, die stabile Geschäftsmodelle haben. Dann wären nicht die geringeren Schwankungen der Titel der wahre Grund für die bessere Rendite, sondern ihre Eigenschaft als Value-Aktien.

Mehr zur Volatilität ab Seite 35

DIE 4 WICHTIGSTEN PROBLEME

1 Verpuffen Effekte? Manche fürchten, dass die Faktor-Effekte verpuffen könnten, wenn ihnen bereits zu viele Anlegerinnen und Anleger folgen – und die Kurse deswegen gewissermaßen bereits hochgekauft sind.

2 Praxis ist nicht Theorie. In der Wissenschaft simuliert man den Kauf der Faktor-Aktien (z.B. kleine Aktien) und gleichzeitig eine Wette auf fallende Kurse beim Gegenteil (z.B. große Aktien). ETF können nur die Faktor-Aktien kaufen und keine Kontra-Wetten ansetzen. Das schwächt den Effekt.

3 Handelskosten ignoriert. Für manche Faktorstrategien müssen die ETF-Anbieter viel hin und her handeln. Bei „Momentum" muss das Aktienportfolio meist mehr als einmal pro Jahr vollkommen ausgetauscht werden. Das führt zu indirekten Kosten.

4 Nicht unumstritten. Für viele Faktoren gibt es gute Argumente, aber nicht annähernd einen wissenschaftlichen Konsens. Oft ist zum Beispiel umstritten, ob die Effekte in paradoxer Massenpsychologie an der Börse gründen oder schlicht an größerem Risiko der Faktor-Aktien liegen.

Investor-Info

Faktoren sinnvoll einsetzen. Faktorstrategien sollten aus unserer Sicht nur eine Beimischung für ein breit gestreutes Portfolio sein. Da viele der Strategien wissenschaftlich immer noch umstritten sind und teils jahrzehntelange Hinkephasen hatten, sollten sie keine tragende Säule der privaten Geldanlage sein. Wer im Renditebaustein aber zu 70 Prozent auf einen klassischen Weltindex setzt, kann mit maximal 30 Prozent auf Faktoren setzen. Passende ETF gibt es im Netz unter test.de/fonds.

Faktoren kombinieren. Wer mehrere Faktor-ETF kauft, streut sein Risiko, dass einzelne Faktoren auf Jahre nicht gut funktionieren. Im Zweifel enthalten mehrere Faktor-ETF allerdings dieselben Aktien, weil zum Beispiel die Handelskette Walmart sowohl Value- als auch Low-Vola-Aktie ist. Andere Aktien sind wiederum nur Valueaktien oder nur schwankungsarm. Sauberer sind manche Multi-Faktor-ETF, die mehrere Filter übereinanderlegen und zum Beispiel nur wenig schwankende Valueaktien aufnehmen. Wissenschaftliche Indizien gibt es zum Beispiel für den Doppelfilter aus Small-Caps mit Value-Eigenschaften. Allerdings zeigt eine Studie des Finanzprofessors Javier Estrada der IESE Business School, dass 9 von 15 untersuchten Welt-Multifaktor-ETF normalen Welt-ETF hinterherhinkten. Pikant: Die Überrendite der erfolgreichen Multifaktor-ETF war geringer als die Unterrendite der erfolglosen. Weil die Produkte recht neu sind, ist das nur eine erste Tendenz (Stand: 06/24).

▸ Momentum

Wer an der Börse auf der Welle surfen will, kann den Momentum-Faktor nutzen: Aktien, die bereits einige Zeit überdurchschnittlich laufen, könnten ihre Erfolgssträhne schließlich noch ein paar Monate fortsetzen. Normalerweise sammeln Finanzprofis dafür alle Aktientitel in einem Korb, die im Verhältnis zu den restlichen Titeln über die vergangenen sechs oder zwölf Monate am besten performt haben und halten sie für weitere sechs oder zwölf Monate.

Seitdem die US-Forscher Sheridan Titman und Narasimhan Jegadeesh den Ansatz im Jahr 1993 nachgewiesen haben, bestätigten Dutzende Studien den Effekt: Inzwischen ist er in Industrieländern genauso wie Schwellenländern nachgewiesen worden, in 40 einzelnen Aktienmärkten und bei großen genauso wie bei kleinen Aktien. Im langfristigen Schnitt brachte die Momentum-Strategie bei weltweiten Industrieländeraktien nach unserer Rechnung ein äußerst üppiges Renditeplus von 2,3 Prozentpunkten pro Jahr.

In einer Analyse liefert Finanzprofessor Tobias Moskowitz von der Uni Chicago ganz unterschiedliche Erklärungsansätze für das auffällige Abschneiden der Titel: Gerade am Anfang eines Trends kann es vorkommen, dass Anlegerinnen und Anleger gute Unternehmenszahlen nicht angemessen würdigen. Sind sie sich zum Beispiel nicht sicher, ob die Zahlen nur ein einmaliger Ausreißer oder tatsächlich ein Trend sind, warten sie auf weitere Datenpunkte. Weil sie daher oft nur peu à peu auf neue Daten reagieren, kann sich ein Trend herausbilden. Ist der Trend einmal im Gange, jagen Fondsprofis den Gewinneraktien an der Börse hinterher. Springen über die Zeit immer mehr Börsenleute auf Trends auf, kann buchstäblich eine Welle entstehen.

Trotz der markigen Rendite sollten Anlegerinnen und Anleger nicht ihr ganzes Geld auf Momentum-ETF setzen, sondern sie nur als Beimischung betrachten. Ein Grund: Die Strategie ist anfällig dafür, völlig gegen die Wand zu fahren, wenn an der Börse der Wind dreht.

Hat ein Börsencrash wie in der Coronakrise 2020 irgendwann seinen Tiefpunkt erreicht, drehen die Kurse manchmal binnen Wochen wieder besonders rasant nach oben, während die Momentum-Strategie noch eisern an den längst veralteten Aktienlieblingen aus der Crashphase festhält. Diese sogenannten Momentum-Crashs zeigten sich laut Forschungsergebnissen beispielsweise in den Jahren 1975, 2000, 2003, 2009 und 2020. Genau diese Kursverläufe machen die Strategie auf ihre Art riskant: In sowieso schon schlechten Zeiten an der Börse kann die Momentum-Strategie im Zweifel noch schlechtere Renditen bringen.

Die Portfolios der Börsenlegenden

Neben unserem Pantoffel-Portfolio, Beimischungen oder Faktoren lassen sich Portfolios auch anders konstruieren. Billionenschwere Staatsfonds, Ökonomiegrößen und Börsenstars machen es vor.

Vielleicht kommen sich manche Anlegerinnen und Anleger beim Planen ihres eigenen Portfolios ein bisschen wie im Architekturstudium vor: Einerseits muss das Fundament sitzen, die Statik funktionieren und obendrein auch noch der Schnitt der Räume harmonisch sein.

Wie in der Architekturszene gibt es allerdings auch an der Börse Portfolioprofis, die alles ein bisschen anders machen. So wie der Künstler Friedensreich Hundertwasser bei seinen Häusern radikal auf Ecken und Kanten verzichtete und vor allem auf geschwungene Linien setzte, können auch Anlegerinnen und Anleger vollkommen andersartige Portfolios zusammensetzen. Auch diese ungewöhnlicheren Portfoliokonstruktionen lassen sich oft logisch herleiten und sachlich verargumentieren, sind aber komplexer, teurer oder nicht ganz so gut wissenschaftlich fundiert wie die simple Methode von Stiftung Warentest. Dennoch zeigen wir in diesem Abschnitt drei beispielhafte Alternativansätze, um die Vielfalt der Portfolioansätze sichtbar zu machen – mit allen Vor- und Nachteilen.

Harry Browne:
Das Ewigkeits-Portfolio

Etwas für die Ewigkeit schaffen – das klingt nach einem hehren Wunsch von Komponisten oder Malerinnen. Auf seine Weise hat das allerdings auch der Publizist und Tausendsassa Harry Browne mit seinem sogenannten Ewigkeits-Portfolio geschafft: Browne, den Sie bereits im ersten Kapitel auf Seite 41 kurz kennengelernt haben, wollte bereits vor Jahrzehnten ein simples Portfolio für alle schaffen. Sein Ansatz: Statt Anlegerinnen und Anleger zum ständigen Kaufen und Verkaufen zu verleiten, sollten sie einmal ein stabiles Depot aufbauen und dann dabeibleiben.

Sein Ansatz? 25 Prozent des Portfolios sollten in Aktien fließen, 25 Prozent in langlaufende Anleihen, 25 Prozent in Gold und 25 Prozent in Cash. Hinter diesem Modell aus vier Vierteln steckte eine ganz eigene Portfolio-Philosophie: In jeder Konjunkturphase sollten einzelne Portfolio-Bausteine ihre Stärken ausspielen. Brownes Spieler für den Aufschwung waren breit aufgestellte Aktien.

Wenn dann die Konjunktur stärker brummt und die Preise vielleicht stärker steigen, setzte er auf Gold. Zumindest in hochinflationären Phasen zeigte das Metall in der Vergangenheit schließlich oft Stärke. Für einen Abschwung sollten sich die Anlegenden wiederum mit Cash wappnen. Und für schwere Rezessionen setzte Browne auf sehr langlaufende Anleihen. Der Hintergrund: In Wirtschaftskrisen könnten Notenbanken die Zinsen drücken. Alte Anleihen mit langen Restlaufzeiten steigen dann besonders im Kurs, weil sie die bisherigen üppigen Zinsen noch für viele Jahre festgeschrieben haben. Mehr zu diesem Effekt ab Seite 274.

Das Portfolio ist in seiner Struktur nicht vollkommen abwegig. Uns erscheint der Goldanteil allerdings etwas üppig und der Aktienanteil vergleichsweise gering. Generell stellt der Ansatz recht stark auf Risikovermeidung ab und nimmt die historisch gut belegten Chancen am Aktienmarkt zu wenig mit. Mit der üppigen Position in Anleihen mit rund 30 Jahren Laufzeit setzt Browne die Anlegerinnen und Anleger außerdem einer massiven Zinswette aus, ohne dass das allen klar wäre. Langlaufende Anleihen reagieren nämlich besonders empfindlich auf ein steigendes oder fallendes Zinsniveau, wie wir ab Seite 306 genau erklären. Mit einer sicheren Anlage haben die *langlaufenden* Anleihen oft nicht mehr viel zu tun. Positiv ist hingegen, dass Harry Browne vier Anlagen kombinierte, die auf lange Sicht fast gar nicht miteinander korrelierten. Im Klartext jagten die Kursverläufe also selten alle in ein und dieselbe Richtung.

▸ Staatsfonds:
Das Norweger-Portfolio

Es war genau einen Tag vor Heiligabend, als Norwegens Regierung im Jahr 1969 klar wurde, dass Ingenieure vor der eigenen Küste auf Öl gestoßen waren. Genauer gesagt: auf viel Öl. Seit Ende der 1990er-Jahre legt das Land Erträge aus dem eigenen Ölgeschäft im Ausland an, um sich künftig unabhängiger von den Schwankungen des Ölpreises zu machen. Inzwischen verwaltet dieser Norwegische Staatsfonds die unvorstellbare Summe von rund 1,6 Billionen US-Dollar (Stand: 06/24).

Die Fondsprofis des Staatsfonds setzen vor allem auf ein altbekanntes Grundgesetz der Geldanlage: Diversifikation. Rund 70 Prozent der Anlagen sind breit gestreut am weltweiten Aktienmarkt investiert, der Fonds investiert in rund 9 000 Firmen weltweit. Dabei bilden die Fondsleute nicht einfach den MSCI All Country World ab, sondern gewichten anders: Nur rund 50 Prozent des Aktienanteils liegen in Nordamerika, rund 10 Prozent in Schwellenländern, Europa kommt auf ungefähr 30 Prozent und Ozeanien zusammen mit Südostasien auf rund zehn Prozent. Der Rest des Portfolios entfällt zu rund 20 Prozent auf Staats- und zu rund sieben Prozent auf Unternehmensanleihen. Dazu kommen noch zwei Prozent Immobilienanlagen und 0,1 Prozent Investitionen in Erneuerbare Energien. Das Portfolio ist damit vergleichsweise offensiv und aufgrund der vielen Einzelbestandteile aufwendig in der Pflege, wenn Privatleute die Anteile regelmäßig rebalancieren wollen.

Keine Empfehlung Die hier dargestellten Portfolios sind ausdrücklich keine Empfehlungen von Stiftung Warentest. Dennoch zeigen sie, dass sich breit aufgestellte Portfolios am Kapitalmarkt ganz unterschiedlich konstruieren lassen. Eine Zusatzrendite garantieren die gezeigten Profi-Portfolios allerdings nicht. Unter Garantie sind sie aber aufwendiger zu verwalten. Wer Spaß an den Themen Börse, Geldanlage und eine Affinität für Zahlen hat, kann sich gern mit Profi-Portfolios beschäftigen. Wichtig ist aber: Auch mit unserem vermeintlich simplen Pantoffel-Portfolio muss sich niemand verstecken.

So strukturieren Profis ihre Portfolios

Besonders versierte Anlegerinnen und Anleger können sich zur Inspiration auch Profi-Portfolios anschauen. So gewichten sie (in Prozent):

Staatsfonds: Das Norweger-Portfolio

Aktien Nordamerika	35 %
Aktien Europa	20 %
Aktien Schwellenländer	7 %
Aktien Ozeanien + Asian	6 %
Staats- und Unternehmensanleihen	30 %
Immobilienanlagen	2 %

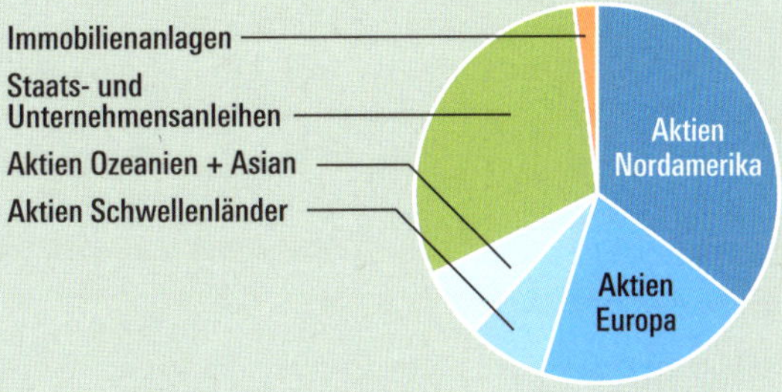

Browne: Das Ewigkeits-Portfolio

Aktien	25 %	Anleihen (langlaufend)	25 %
Gold	25 %	Cash	25 %

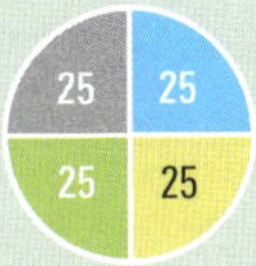

El-Erian: Das neutrale Portfolio

Aktien USA	15 %
Aktien Industrieländer ohne USA	15 %
Aktien Schwellenländer	12 %
Staats- und Unternehmensanleihen Welt	15 %
Immobilien	7 %
Rohstoffe	11 %
Hochrisikoanlagen	23 %

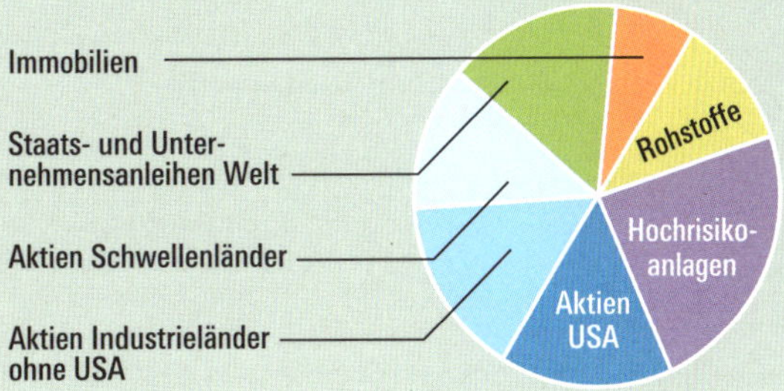

Quelle: eigene Recherche, Browne, NBIM, El-Erian
Anmerkung: teilweise leicht vereinfacht und Näherungswerte

Stand: 06/24

▸ Mohamed El-Erian:

Das neutrale Portfolio

An den Börsen ist Mohamed El-Erian eine Größe: Lange hat der Ökonom für den Internationalen Währungsfonds gearbeitet, den Stiftungsfonds der Uni Harvard und eine Tochtergesellschaft der Allianz geleitet. 2008 skizzierte El-Erian in einem Buch seine Portfolioidee für Privatleute, die das Geld über viele Anlageklassen streut. Dabei setzt El-Erian zu rund 50 Prozent auf international gestreute Aktien, zu rund 20 Prozent auf Anleihen, zu sechs Prozent auf Immobilien, mit elf Prozent auf Rohstoffe, die restlichen etwas mehr als zehn Prozent fließen in riskantere Investments wie Infrastrukturanlagen. Das Besondere: El-Erian meint, dass auch Privatleute Anlageklassen wie Immobilien und Rohstoffe im Portfolio haben sollten. Faktisch steht dass Portfolio damit auf vielen Beinen, was sinnvoll klingt. Unter dem Strich ist es aber relativ offensiv, weil der Risikoanteil mit Aktien, Rohstoffen, Immobilien und hochriskanten Anlagen für rund 80 Prozent des Anlagemix steht. An ein solches Portfolio sollten sich nur absolute Offensiv-Profis wagen, die genau wissen, was sie tun.

Was ETF mit anderer Gewichtung bringen? test.de/etf-gewichtung

Einzelaktien mit Strategie

Auf Einzeltitel setzen

Auf Einzeltitel zu setzen ist verlockend und riskant zugleich. Aber ein kleines Spielgeld-Depot kann nicht nur Spaß machen, sondern auch ETF-Portfolios trefflich ergänzen – wenn Anlegerinnen und Anleger es richtig angehen.

Einzelaktien gekonnt einsetzen

Viele Privatleute wollen die „besten" Aktien kaufen. Doch was das heißt, ist immer individuell. Und obendrein vom persönlichen Portfoliomix abhängig.

Wenn Menschen hierzulande Aktien ordern, kaufen sie mitunter einfach drauflos. Einer Umfrage des Meinungsforschungsinstituts Yougov zufolge vertrauen jeweils rund 25 Prozent der Befragten in Finanzangelegenheiten dem Fernsehen, Tipps aus Familie und Freundeskreis sowie den Mitarbeiterinnen und Mitarbeitern der Bank. Ob der vermeintlich todsichere Tipp aus dem Freundeskreis oder die hochgejubelte Aktie aus dem Börsenfernsehen jedoch stets die beste Option ist, steht auf einem anderen Blatt.

Die ETF-Einführung ab Seite 85
Portfoliovarianten mit ETF ab Seite 180
Alle ETF-Details ab Seite 249

Stattdessen sind Anlegerinnen und Anleger gut beraten, ihr eigenes Blatt anzulegen und den Einstieg in Einzelaktien gut zu planen. Grundsätzlich gilt: Unsere klare Empfehlung lautet, beim Vermögensaufbau den Schwerpunkt auf weltweit investierende ETF zu setzen. Mit nur wenigen Klicks und zu überschaubaren Gebühren holen sich Privatleute mit diesen Indexfolgern nahezu die ganzen Weltbörsen ins Portfolio und folgen ihnen eins zu eins. Wer einerseits eine angemessene Rendite erzielen will, andererseits aber das Risiko bestmöglich unter Kontrolle halten will, ist mit den raffinierten Indexfolgern gut beraten.

Einzeltitel realistisch angehen

Trotzdem ist es völlig in Ordnung, wenn Privatleute auch auf Einzeltitel setzen. Schließlich macht es interessierten Menschen Freude, sich mit den cleveren Geschäftsmodellen einzelner Firmen, mit talentierten Managementpersönlichkeiten oder dem Auf- und Abstieg ganzer Branchen auseinanderzusetzen. In der eigenen Freizeit die Kennzahlen von Firmen zu sezieren oder mit Bekannten über Aktien zu fachsimpeln – das ist einfach spannend.

Gleichzeitig sollten Anlegerinnen und Anleger von Vornherein realistische Vorstellungen haben: Bislang hat noch niemand eine überlegene Strategie für Einzelaktien gefunden, die den breiten Markt dauerhaft und zuverlässig übertrifft – ohne das Risiko zu erhöhen. Ganz im Gegenteil: Selbst wenn Fondsprofis über einige Jahre oder auch mal ein ganzes Jahrzehnt überlegene Renditen liefern, lässt sich selbst Studien zufolge nur schwer differenzieren, ob das an besonderem Können lag oder schlicht eine Glückssträhne war. Obendrein ist es bei den meisten Banken mit Blick auf die Orderkosten teurer, auf Dutzende Einzeltitel zu setzen als einfach ein, zwei oder drei ETF zu kaufen.

Einzeltitel ins Portfolio einpassen

Wenn Anlegerinnen und Anleger an der Börse loslegen, wollen sie oft die „besten" Aktien kaufen. Auch wenn das griffig klingt, ist es in Wirklichkeit natürlich komplexer. Welche Einzelaktie in Zukunft besonders gut abschneiden wird, lässt sich im Vorhinein sowieso nicht sagen. Warum das an der besonderen Effizienz der Kurse liegt, haben Sie ab Seite 26 bereits erfahren. Und die üppigsten Renditen sind in Wirklichkeit nur ein Ziel von vielen: Auch mit einzelnen Papieren lassen sich ganz unterschiedliche Zwecke im Portfolio verfolgen, die Privatleute stets gut trennen sollten. Am Anfang steht also die Frage: Warum Einzelaktien?

▸ Das Portfolio anspitzen

Wer ein breit gestreutes Weltportfolio leicht in Richtung einer speziellen Anlagephilosophie drehen will, kann mit dem Core-Satellite-Modell beispielsweise mit 70 Prozent des Risikobausteins auf einen breiten Weltaktien-ETF setzen und dann theoretisch einige interes-

30 SEKUNDEN FAKTEN

784

heimische Unternehmen waren zum Jahresende 2023 an einer Börse notiert.

3,5 POSITIONEN

halten die Menschen hierzulande im Mittel in ihren Depots.

5 000 000 PROZENT

Plus an der Börse erreichten über ihre gesamte Lebensdauer am Parkett nur 17 von knapp 30 000 US-Aktien. Zur Veranschaulichung: Bei so viel Plus wären aus einem US-Dollar mehr als 50 000 US-Dollar geworden.

0,3 PROZENT

der Kundendepots einer deutschen Direktbank beinhalteten 2008 Apple-Aktien. Nur 120 von rund 40 000 Privatleuten hatten damals tatsächlich bereits den richtigen Riecher.

Quellen: Going Public/AfU Research, Initiative pro Aktie, Hendrik Bessembinder, Uni Mannheim

Checkliste

Auf Einzelaktien setzen?

- [ ] **Wie viel Aufwand soll es sein?** Wer nicht viel Zeit in seine Geldanlage investieren will, sollte bei passiven ETF bleiben. Einzelne Aktien seriös zu durchleuchten kostet viel Zeit, Durchhaltevermögen – und im Zweifel auch Geld.
- [ ] **Wie viel Schwankung ist in Ordnung?** Schon die breiten Weltbörsen leiden immer wieder unter Crashs und Zitteranfällen. Dort investieren Privatleute ihr Geld aber breit gestreut und glätten die Effekte. Einzelaktien werden stärker schwanken als breite ETF und im Zweifelsfall heftiger einkrachen. Daten des Indexanbieters S&P Dow Jones zufolge kam der US-Leitindex S&P 500 langfristig auf einen Volatilitätswert von 15, während die einzelnen Mitgliedsaktien im Schnitt bei 28 lagen. Mehr zur Interpretation ab Seite 35.
- [ ] **Viele Einzelaktien besser?** Theoretisch lassen sich breit gestreute Portfolios aus Einzeltiteln bauen, praktisch ist es kompliziert und teuer. Wer sein Risiko ideal drücken will, sollte bei breiten ETF bleiben.
- [ ] **Welche Funktion sollen Einzelaktien haben?** Manche wollen das eigene Portfolio bewusst in Richtung von Wachstumswerten oder Valuetiteln drehen. Andere wollen einfach ihr Glück versuchen und auf ein paar vermeintliche Kursraketen setzen. Dritte wollen ein breites Einzelwertportfolio aufbauen. All das ist erlaubt, es sind aber völlig verschiedene Ansätze.
- [ ] **Investieren, spekulieren oder zocken?** Manche Anlegerinnen und Anleger kaufen Aktien nur, wenn sie bei ausreichend Geld gedanklich auch das ganze Unternehmen kaufen würden („investieren"). Andere kaufen, weil sie zeitweise auf einen bestimmten Trend setzen („spekulieren"). Andere kaufen ohne klar umrissenen Plan eher lotterieartig („zocken"). Um es klar zu sagen: Keiner dieser Ansätze ist wissenschaftlich unumstritten. Wer aber überlegt investiert, kann zumindest aufgeblasene Titel mit völlig unsoliden Geschäftsmodellen weitgehend umschiffen. Dass die Kurse der restlichen Titel steigen, garantiert jedoch selbst akribischste Recherche keinesfalls.

sante Einzeltitel beimischen. Sogenannte Value-Profis suchen stabile, hochprofitable Geschäftsmodelle, die an der Börse aus ihrer Sicht unterbewertet sein könnten. Growth-Fans suchen hingegen Firmen mit cleveren Geschäftsideen, deren große Zukunft noch bevorstehen könnte. Wer seine Satelliten auf die entsprechende Strategie trimmt, spitzt damit auch sein Gesamtportfolio entsprechend an.

Unser Fazit: In manchen Phasen können solche Portfolios besser laufen als der breite Markt, in anderen schlechter – Garantien gibt es jedoch eindeutig nicht.

▸ Ein kleines Spielgeld-Depot

Manche Anlegerinnen und Anleger betrachten ihre ETF und Einzeltitel nicht als integriertes Portfolio, sondern trennen sie gedanklich komplett voneinander. Der ETF soll die breiten Weltbörsen abbilden und der seriöse Teil der renditeorientierten Geldanlage sein. Wer aber einfach zum Spaß mit ein paar Euro sein Glück bei Einzelaktien versuchen will, kann sich ein getrenntes Spielgeld-Depot leisten.

Unser Fazit: Bitte nur mit überschaubaren Beträgen hantieren und mit Geld, das im Zweifel auch komplett futsch sein darf.

Ein breites Depot mit Einzelaktien

Manche Anlegerinnen und Anleger bauen sich ein breit aufgestelltes Portfolio nicht mit ETF, sondern aus Einzelaktien. In der Theorie lässt sich ein solches Portfolio durchaus konstruieren: Schon 40 Aktien reichen, um innerhalb der Anlageklasse Aktien ein gutes Maß an Diversifikation abzugreifen. Der modernen Finanzwissenschaft zufolge fällt nämlich spätestens ab 40 Aktien der Diversifikationsvorteil jeder weiteren Aktie verschwindend gering aus. Allerdings nur, wenn Anlegerinnen und Anleger wirklich breit über Regionen, Länder, Sektoren und Branchen streuen.

In der Praxis ist das einfacher gesagt als getan: Wer beispielsweise nicht mehr als 20 Prozent seines Aktiendepots in den Top-10-Titeln vereinigen will, bräuchte bei einem gleichgewichteten Depot schon 50 Aktien. Selbst dort können aufrauschende Titel mit der Zeit aber übermächtig werden. Um nicht ständig an der Gewichtung herumschrauben zu müssen, bräuchte es schon etwa 80 bis 100 Titel.

Dazu kommen praktische Hindernisse: Je nach Depotmodell können die Kaufkosten für Dutzende Einzeltitel stärker ins Geld gehen als der Kauf eines einzelnen, marktbreiten ETF. Dass zumindest bei günstigen Neobrokern inzwischen kaum direkte Kaufkosten anfallen, entkräftet das Kostenargument nicht. Um ein breites Depot zusammenzukaufen, müssen Anlegerinnen und Anleger schließlich auch auf Auslandswerte setzen. Auch wenn an der Börse Frankfurt rund 13 000 Auslandswerte gelistet sind, ist aber nur ein Teil davon liquide handelbar. Gerade bei Auslandstiteln aus der zweiten Reihe können schnell üppige Spannen zwischen Kauf- und Verkaufskursen liegen, die mittelbar zulasten der eigenen Rendite gehen.

Unser Fazit: Ein breites Einzelwertdepot lässt sich in der Theorie durchaus konstruieren. Im Regelfall dürfen Privatleute damit jedoch nicht mehr Rendite erwarten, müssen sich aber auf höhere Kosten gefasst machen als mit einem weltweiten Aktien-ETF. Aus unserer Sicht ist das keine gute Gleichung.

Wie riskant sind Einzelaktien?

Viele Menschen wollen auf die besten Aktien setzen. Doch wer mit Einzeltiteln spekuliert, sollte die Gewinnchancen kennen.

Vielleicht lassen genau solche Zahlen bei vielen Menschen das Wasser im Munde zusammenlaufen: Wenn man Ende 1925 am Börsenparkett nur einen US-Dollar in den Titel der Tabakfirma Philip Morris investiert hätte, mit wie viel Geld hätten Anlegerinnen und Anleger Ende 2023 dagestanden?

Der US-Börsenprofessor Hendrik Bessembinder von der Arizona State University hat ganz genau nachgerechnet, alle Kursgewinne analysiert und jegliche Dividenden rechnerisch direkt wieder in die Aktie reinvestiert: Wer so vorging, hätte am Ende des Zeitraums nach 98 Jahren die unvorstellbare Summe von 2,65 Millionen US-Dollar im Depot leuchten sehen. Inzwischen hat sich der Konzern übrigens umbenannt und hört nun auf den Namen Altria.

Dass solche Traumrenditen die absolute Ausnahme sind, ist vielen Menschen klar. Dennoch wollen sie immer wieder ihr Glück versuchen und auf einzelne Titel setzen. Dabei geht es teilweise gar nicht um rasante Spekulationen, sondern, wie bereits erwähnt, einfach um das alte Motto von Börsenlegende André Kostolany: Eine größere Anzahl internationaler Aktien kaufen, Schlaftabletten nehmen und erst nach Jahren oder Jahrzehnten wieder ins Depot schauen.

Mehr zu Kostolany auf Seite 37

Die Aktienbilanz ist dramatisch

Was sich als Rezept denkbar simpel anhört, erweist sich bei wissenschaftlicher Prüfung allerdings als kompliziert. Aktienprofessor Bessembinder hat die Wertentwicklung von 63785 Aktien aus 42 Ländern weltweit zwischen 1990 und Dezember 2020 untersucht. Die Ergebnisse dürften vielen den Atem rauben: Im Mittel hielten sich Unternehmen überhaupt nur 8,5 Jahre an der Börse; oft wurden sie dann übernommen, wieder vom Kurszettel gestrichen oder schlitterten im schlimmsten Fall sogar in die Insolvenz.

Über ihre gesamte Lebensdauer am Parkett spielten nur 48,2 Prozent aller Titel überhaupt einen positiven Ertrag ein, 51,8 Prozent dagegen ein negatives Ergebnis. Anders formuliert: Wer völlig willkürlich eine Aktie auswählte und von Anfang bis Ende dabeiblieb, machte eher Verlust als Gewinn.

Und wie schnitt eine ganz normale, mittlere Aktie ab? Dazu teilte der Börsenprofessor alle Aktien in zwei Hälften – in eine bessere und in eine schlechtere Hälfte. Die Aktie genau in der Mitte (sogenannter Median) spielte über ihre gesamte Lebensdauer sogar einen kleinen Verlust von insgesamt 6,78 Prozent ein.

Bei deutschen Aktien fiel die Bilanz des Börsenprofessors noch schlechter aus. Nur 42,9 Prozent der Aktien schnitten über ihre Lebensdauer positiv ab, während rund 57 Prozent ein Minus einfuhren. Teilte man die Börsenwelt wieder in zwei Hälften und pickte sich genau die mittlere Aktie heraus, brachte sie über den Gesamtzeitraum ein Minus von knapp 32 Prozent. Kurz gesagt: Diese Zahlen zeigen, dass die Gewinnchancen bei Einzelaktien eher ungleich verteilt sind und „Stockpicking“ kein ganz einfaches Unterfangen ist.

Diese Erkenntnisse sind wohlgemerkt nicht nur die Einzelmeinung eines Finanzprofessors, sondern inzwischen in dieser oder ähnlicher Form mannigfach bestätigt. Laut Indexanbieter S&P Dow Jones Indices lieferte der US-Leitindex S&P 500 seit dem Beginn des neuen Jahrtausends bis Ende 2023 in US-Dollar gerechnet eine Performance von insgesamt rund 410 Prozent über den Gesamtzeitraum, die mittlere Aktie im Index kam jedoch gerade einmal auf rund 55 Prozent Kursplus. Laut Investmentbank JP Morgan schafften es wiederum 66 Prozent aller US-Aktien nicht, über ihre gesamte Lebensdauer zwischen 1980 und 2020 besser abzuschneiden als der noch breitere US-Aktienindex Russell 3000. Und rund 44 Prozent aller Aktien in der Untersuchung der Investmentbank erlitten irgendwann einen katastrophalen Crash von mehr als 70 Prozent, von dem sie sich – das hat die Bank kontrolliert – anschließend auch nicht mehr nennenswert erholten.

Warum schneiden Indizes dann so gut ab?

Dass viele Einzelaktien auf ihre gesamte Lebenszeit betrachtet Verlierer waren, mag Interessierte überraschen. Viele denken schließlich, dass die Wahrscheinlichkeit für Gewinn und Verlust an der Börse wie beim Münzwurf genau 50/50 ist. Oder dass 50 Prozent der Aktien besser als der Index und 50 Prozent schlechter als der Index abschneiden würden. Die Studie über zehntausende Aktien weltweit ergibt ein gänzlich anderes Bild: Mit einer Aktie über ihre gesamte Lebensdauer einen Verlust zu machen ist leicht wahrscheinlicher, als einen Gewinn einzufahren. Und auf lange Sicht schaffte es zum Beispiel im US-Leitindex S&P 500 nach Berechnungen des Indexanbieters nur jede dritte Aktie, die üppige Performance des breiten Aktienindex zu schlagen.

Der Grund für diese erstaunliche Unterperformance vieler Einzelaktien liegt darin, dass die Renditen am Aktienmarkt auf längere Sicht asymmetrisch verteilt sind. Nach ungefähr zehn Jahren bildet sich ein Bauch am

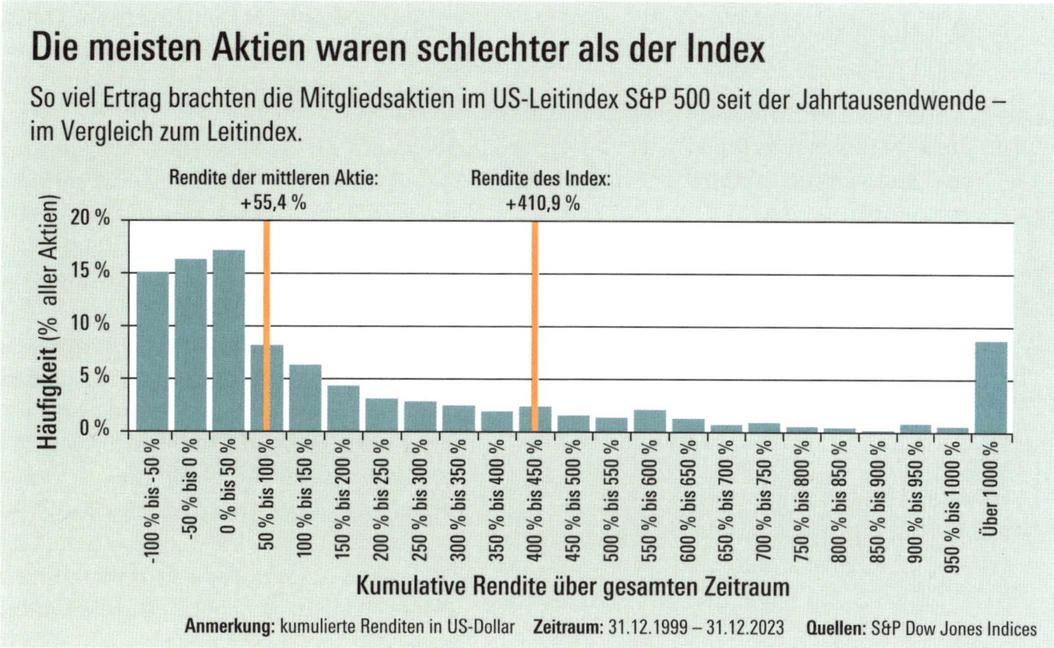

unteren Ende der Verteilung: Viele Aktien fahren auf Sicht von einer Dekade und mehr schließlich Verluste von 50, 60, 70 oder gar 100 Prozent ein. Umgekehrt gibt es ganz am anderen Ende der Verteilung aber auch einige glückliche Gewinner, die sagenhafte Renditen von insgesamt 500 oder gar 1000 Prozent und mehr einfahren.

Während die schlechten Aktien maximal um 100 Prozent fallen können (Totalverlust), können die Gewinnertitel aber um 200, 300 oder 500 Prozent steigen. Mathematisch gesprochen ziehen die wenigen Glücksaktien deswegen den gesamten Durchschnitt nach oben. In einem breiten Aktienportfolio werden in der Regel also häufige Verluste vieler Aktien von den atemberaubenden Gewinnen einiger weniger Titel gewissermaßen überkompensiert. Fachleute sprechen auch davon, dass die Aktienrenditen eine „schiefe Verteilung“ haben (engl. skew).

In vielen Aktienindizes bekommt dieses Prinzip sogar zusätzliche Schärfe, weil Verlierertitel irgendwann aus dem Index herausfallen, wenn sie zu klein geworden sind („Small Caps“). Gleichzeitig sind Gewinnertitel als Aufsteiger irgendwann nahezu automatisch in breiten Aktienindizes vertreten – und das im Zuge ihres Erfolgs auch mit zunehmender Gewichtung. Denn wie Sie bereits auf Seite 22 gelesen haben, geben die meisten Aktienindizes ihren Mitgliedern nicht allen denselben Prozentanteil am Index, sondern sprechen Aktien mit großem Börsenwert mehr Gewicht zu.

Also die Gewinner suchen?

Manche Privatleute wollen sich auf Basis dieser Daten „nur die Gewinnertitel“ ins Portfolio holen. Im Vorhinein sind die großen Überperformer aber kaum sicher zu identifizieren. Auch wenn sich viele heutige Gewinnertitel in der Rückschau wie Selbstläufer anhören, sind sie in Wirklichkeit keine: Mit der Facebook-Aktie mussten Anlegerinnen und Anleger in US-Dollar durch einen Crash von mehr als 70 Prozent gehen, einen weiteren von mehr als 40 Prozent ertragen und einen von mehr als 30 Prozent. Selbst für manche Titel, die auf lange Sicht enorme Erträge lieferten, brauchte es bis dahin also Nerven wie Drahtseile.

HÄTTEN SIE'S GEWUSST?

Mit dem Tabakkonzern Philip Morris (heute Altria) hätten Anlegende aus einem einzigen US-Dollar rund **2,7 Millionen Dollar** gemacht – wohlgemerkt im Lauf von 98 Jahren. Diese Aktie brachte also am meisten Vermögenszuwachs.

Schaut man auf die jährliche Rendite, lag die Chipfirma Nvidia vorn. Zumindest unter allen Firmen, die mehr als 20 Jahre an der Börse bestanden haben. Nvidia lieferte im Schnitt **33 Prozent Rendite** pro Jahr. Da Nvidia aber erst seit dem Jahr 1999 an der Börse ist, wurden aus einem US-Dollar zu Börsenstart bislang „erst" 1316 Dollar.

In Deutschland schuf die **Softwarefirma SAP** auf lange Sicht am meisten Wert an der Börse. Aus gutem Grund ist sie die gewichtigste Aktie hierzulande.

Quelle: Prof. Hendrik Bessembinder
Stand: Ende 2020

Interessant: Statistisch wurde laut Investmentbank JP Morgan nur aus jeder zehnten Aktie im breiten US-Index Russell 3000 über ihre Lebensdauer ein extremer Gewinner, die dem Index auf lange Sicht insgesamt um mehr als 500 Prozent vorauslief. Um allerdings annähernd sicher zu sein, auch nur einen einzigen solchen Gewinnertitel im Depot zu haben, müssten Anlegerinnen und Anleger schon extrem viele Aktien kaufen – und hätten dann mit einem simplen, marktbreiten ETF weniger Arbeit und geringere Kosten. Lohnender könnte beim „Stockpicking" daher umgekehrt der Versuch sein, bei der eigenen Aktienanlage unsolide Aktien oder Titel ohne jede Substanz von vornherein auszusortieren.

Ist bei kleinen Aktien die Gewinnwahrscheinlichkeit höher?

Oft heißt es unter Börsenfans, dass bei kleinen Aktien die Möglichkeit für positive Renditen größer sei. Große Aktien werden schließlich so engmaschig durchleuchtet, dass inzwischen binnen Sekunden alle wesentlichen Informationen „im Kurs stecken". Mehr dazu haben Sie bereits ab Seite 26 gelesen, im Abschnitt über die Informationseffizienz der Märkte. Bei kleinen Aktientiteln mit geringem Börsenwert (Small Caps) unterstellen viele Profis hingegen, dass gar nicht so viele Informationen in die Kurse einfließen. Während auf jedes Dax-Unternehmen im Mittel 25 Analyseleute kommen, sind es im SDax der kleinen Werte gerade sieben Bankleute, wie der Deutsche Investor-Relations-Verband DIRK ausgewertet hat.

Auf den ersten Blick mag dieser Ansatz plausibel scheinen: Wenn der Kapitalmarkt bei kleinen Aktien Informationen nicht in Sekundenschnelle einpreist, könnten sich Fehlbewertungen bilden. Die Kurse könnten die tatsächliche Unternehmenslage nicht korrekt widerspiegeln und vielleicht zu niedrig liegen. Wer dann mit viel Recherche und Detailkenntnis den „wahren Wert" einer Aktie genauer festlegen kann, könnte sich Chancen sichern.

Konzeptuell hat diese Argumentation allerdings Schwächen: Denn dass eine Aktie fehlbewertet ist, heißt nicht automatisch, dass sie unterbewertet ist. Genauso gut könnte sie auch überbewertet sein, der aktuelle Kurs angesichts der fundamentalen Daten also „zu hoch" liegen. Laut Fachleuten ist es sogar wahrscheinlicher, dass der Kurs einer kleinen Aktie zu hoch liegt. Denn zu niedrige Kurse lassen sich relativ simpel „beseitigen", bei zu hohe Kursen ist das hingegen schwieriger.

Wer der Meinung ist, dass eine Aktie zu günstig ist, kauft sie schließlich einfach und wartet, bis die Masse den „wahren Wert“ erkennt, die Kurse steigen und sich ein Gewinn machen lässt. Das sorgt dafür, dass clevere Akteure am Kapitalmarkt Unterbewertungen an der Börse relativ gut beseitigen können. Von überhöhten Kursen kann man das nicht ohne Weiteres sagen. Halten Börsenprofis die Kurse von kleinen Aktien für überteuert, müssten sie zunächst ihre Bestände abverkaufen. Ist alles verkauft oder hatten sie zuvor gar keine Aktien der Firma im Bestand, müssten sie auf fallende Kurse wetten. Das ist für Privatleute meist gar nicht machbar, sondern nur für Profis. Und zweitens müssen selbst die für solche Wetten auf fallende Kurse gerade bei kleinen Aktien oft stattlichere Gebühren zahlen als bei großen Titeln, was solche Spekulationen von vornherein weniger rentabel macht. Die Folge: Bei kleinen Aktien könnten Überbewertungen häufiger sein als Unterbewertungen – und nur Unterbewertungen würden Privatinvestoren auf lange Sicht etwas bringen. Und das auch nur, wenn die breite Masse an der Börse irgendwann den vermeintlich wahren Wert der Titel „erkennt“.

Mehr zu Small Caps ab Seite 158, 199 und 214

Und jetzt?

Natürlich ist es völlig legitim, an der Börse auch auf einzelne Aktien zu setzen. Niemand soll sich die Freude an Aktien durch solche Zahlen madig machen lassen, ganz im Gegenteil. Stattdessen plädieren wir für einen informierten Umgang mit Aktien: Wer Spaß an den Themen Wirtschaft und Börse hat, kann selbstverständlich hier und da auch Einzeltitel kaufen. Die Daten in diesem Abschnitt unterstreichen jedoch eindrucksvoll, dass der Kern des eigenen Risikobausteins zu mindestens 70 Prozent immer breit gestreut sein sollte – am besten mit einem weltweiten Aktien-ETF. Wer darüber hinaus einige Einzelaktien als Satelliten um den eigenen Portfoliokern kreisen lassen will, bekommt auf den kommenden Seiten alle wichtigen Informationen.

Mehr zum Core-Satellite-Portfolio ab Seite 193

Mit Checklisten zum Erfolg

Noch ist keine magische Formel für die Börse gefunden worden. Bis dahin müssen sich Privatleute bei der Aktienauswahl mit Checklisten helfen.

Investieren, spekulieren und zocken – vielleicht gibt es an der Börse im Grunde nur diese drei Anlagearten. Manche Menschen kaufen Aktien eben nur, wenn sie gedanklich auch das ganze Unternehmen kaufen würden („investieren“). Andere kaufen, weil sie mit guten Gründen auf eine mittelfristige Kursbewegung setzen („spekulieren“). Andere schlagen lotterieartig zu, reagieren auf Empfehlungen aus dem Freundeskreis und verfolgen gar keinen Plan („zocken“).

Um es klar zu sagen: Keiner dieser Ansätze ist wissenschaftlich besser oder schlechter. In anekdotischen Tests schnitten zum Beispiel Tiere bei der Aktienauswahl nicht zwingend schlechter ab als hochbezahlte Fondsprofis.

Trotzdem halten wir es aber allemal für sinnvoller, die einzelnen Unternehmen gründlich zu prüfen, anstatt Kaufentscheidungen vom kurzfristigen Auf und Ab der Kurse oder gar einer blanken Wette abhängig zu machen.

Wer überlegt investiert, kann aufgeblasene Titel mit völlig unsoliden Geschäftsmodellen vielleicht schon im Vorhinein umschiffen – und erspart sich zumindest manche Bauchlandung. Dass die Kurse der restlichen Titel allerdings automatisch steigen, garantiert jedoch selbst akribischste Recherche nicht.

Wer trotzdem auf einzelne Aktien setzen will, sollte seine Ärmel hochkrempeln und sich an die Arbeit machen. An der Börse gibt es durchaus gute Möglichkeiten, solide Unternehmen mit funktionierenden oder gar prächtigen Geschäftsmodellen ausfindig zu machen, die obendrein auch noch moderat bewertet sind. Bei der Suche nach passenden Aktien können sich Privatleute zum Beispiel an folgenden Schritten orientieren:

1. **Geschäftsmodell verstehen:** Anlegerinnen und Anleger sollten das Geschäft des Unternehmens so gut wie möglich analysieren: Welche Unternehmenssparten gibt es, wer sind die wichtigsten Kunden, ist die Firma von einem spezifischen Produkt abhängig? Ab Seite 218 gibt es alle Tipps, wie sich Privatleute mit Geschäftsberichten, Research-Publikationen und der Wirtschaftspresse schlau machen können.
2. **Wettbewerbsvorteile analysieren:** In vielen Branchen ist der Wettbewerb beinhart: Fährt eine Firma überlegene Gewinne ein, greift die Konkurrenz zuverlässig an und will Marktanteile abhaben. Allerdings gibt es Firmen, die eine Art Burggraben aufgebaut haben. Diesen Geschäftsmodellen ist aus unterschiedlichsten Gründen nur schwer beizukommen, im Idealfall können sie über längere Zeit üppige Gewinne liefern und überdurchschnittlich profitabel sein. Ab Seite 221 zeigen wir fünf Varianten, wie das gehen kann. Selbst wenn sich Privatleute am Ende für andere Aktien entscheiden, können sie die Konkurrenzstruktur in der Branche auf diese Weise vernünftig analysieren – und das schadet nie.
3. **Die Zahlen analysieren:** Mehr als Gewinn und Verlust: Mit „Bilanz“, „Gewinn- und Verlustrechnung“ sowie „Kapitalflussrechnung“ veröffentlichen Unternehmen gleich drei wichtige Zahlenwerke. Eine Einführung dazu gibt es ab Seite 223. Aufbauend können Anlegerinnen und Anleger mit einem kleinen Einmaleins der Kennzahlen Wachstum, Profitabilität, Effizienz und Schuldenlage einer Firma prüfen. Mehr dazu ab Seite 227.
4. **Die Bewertung prüfen:** Die Fundamentaldaten sind das eine, die Börsenbewertung das andere: Manche Börsenfirmen sind dreimal so viel wert wie ihr aktueller Jahresgewinn, andere dreißigmal so viel. Wie Anlegerinnen und Anleger solche Zahlen ins Verhältnis zum Gesamtmarkt, der jeweiligen Branche und der langfristigen Firmenhistorie setzen, können Sie ab Seite 166 nachlesen.
5. **Aktientagebuch führen:** Wer alle Analyseschritte durchlaufen hat, muss die Mosaiksteinchen zusammensetzen: Mit einem Börsentagebuch legen Anlegerinnen und Anleger klare Kaufgründe fest, schließen einige ärgerliche Fehler aus – und prüfen, ob die Aktie wirklich in den Gesamtkontext ihres Portfolios passt. Gute Gründe für einen Verkauf legen sie direkt mit fest. Mehr dazu ab Seite 239.

Selbst, wenn Anlegerinnen und Anleger mit solch einem Plan vorgehen, sollten sie sich klarmachen, dass auch solide Firmen bei moderaten Bewertungen keine Selbstläufer an der Börse sind. Dass die Kurse wie eine Art Naturgesetz nach oben ziehen, ist nicht gesagt – auch wenn Finfluencer das im Netz nahelegen.

Aus unserer Sicht wird umgekehrt ein Schuh daraus: Wer Firmen durchleuchtet, kann unseriöse oder überbewertete Firmen im besten Fall aussortieren. Außerdem vermeiden Privatleute mit einem Fokus auf Geschäftsmodelle, Bilanzen und Bewertungen, sich vom ständigen Auf und Ab der Kurse ins Bockshorn jagen zu lassen. Strich drunter: Wer Einzelak-

tien analysiert, kann nie mit absoluter Sicherheit die langfristigen Gewinner herausfiltern – aber im besten Fall zumindest einige Fehlgriffe umschiffen.

Den ersten Aktienkauf angehen

Wer den ersten eigenen Aktienkauf angehen will, sollte einige wichtige Daumenregeln beachten. Wie Sie nun bereits wissen: Grundlage des eigenen Depots sollte ein breit gestreuter Aktien-ETF sein, Einzelaktien sind neben dieser „Pflicht" immer nur die „Kür" im Depot. Wer sich an Einzeltitel herantrauen will, sollte das Geld nicht benötigen und gedanklich vielleicht sogar von vornherein abschreiben.

Bei der ersten Aktienorder ergibt es dann Sinn, sich erst einmal heranzutasten: Kleiner als 500 Euro sollte der erste „Kauf" nicht sein, weil sonst die Orderkosten zu stark ins Gewicht fallen können. Viel mehr als 5 000 Euro sollte der erste Kauf aber auch nicht betragen. Um nicht direkt auf die Nase zu fliegen, sollten Anlegerinnen und Anleger außerdem erst einmal bei großen Titeln (Large Caps) aus soliden Industrieländern bleiben. Direkt zu Beginn auf Schwellenländeraktien, kleine Titel (Small Caps) oder volatile Hypewerte zu setzen, ist zu viel des Guten. Zwar bergen große Industrieländerwerte wissenschaftlich gesehen keine überlegenen Gewinnchancen, lassen sich aber besser analysieren und an der Börse auch effizienter handeln. Für speziellere Titel braucht es schon mehr Fingerspitzengefühl. Im kommenden Abschnitt erfahren Privatleute daher, wie sie die einzelnen Analyseschritte vor dem ersten Kauf konkret durchlaufen können.

Mehr zur Orderaufgabe ab Seite 352

Firmen unter die Lupe nehmen

Umsatz, Gewinne, Cashflow oder Strategie: Wer ein Unternehmen verstehen will, muss dessen Berichte lesen. So ordnen Privatleute die Texte und Zahlen richtig ein.

Das Unternehmen verstehen

Wer eine Firma durchleuchten will, sollte ihr Geschäftsmodell durchdringen. Schon mit ein paar Tipps und Tricks lässt sich durchblicken.

Hand aufs Herz: Hätten Sie gewusst, dass die Deutsche Post kaum Geld mit Paketen und Briefen hierzulande verdient? Oder dass Coca-Cola nur rund 40 Prozent des eigenen Geschäfts mit fertig abgefüllten Coladosen oder Sprite-Flaschen macht? Beide Fälle zeigen, dass Anlegerinnen und Anleger selbst bei bekannten Unternehmen das Geschäftsmodell immer genau recherchieren sollten. Womit die beiden Firmen ihr Geld in Wirklichkeit verdienen, verraten wir natürlich noch.

Übersicht über Segmente eines Unternehmens: finchat.io unter „Segments and KPIs" Visualisierung unter: aktie.traderfox.com unter „Gewinnflussdiagramm"

Geschäftsbereiche verstehen

Egal ob Interessierte eine Firma aus dem Alltag kennen oder nicht: Am Anfang sollten sie immer einen Blick in den aktuellen Geschäftsbericht der Firma werfen und die einzelnen Geschäftsaktivitäten herausfiltern. Dabei könnten zum Beispiel folgende Fragen wichtig sein:

- **Was sind die einzelnen** Geschäftsbereiche?
- **Welche Produkte** bietet die Firma an?
- **Woher kommt der Umsatz,** woher der Gewinn?
- **In welchen Ländern** oder Weltregionen macht das Unternehmen sein Geschäft?

Erste Anlaufstelle dafür sind die Geschäftsberichte auf der Unternehmenswebsite unter dem Reiter „Investor Relations". Wer es sich einfach machen will, kann sich die Segmentdaten auch bei kostenlosen Onlineportalen für Aktien auswerfen lassen.

Einige Beispiele: Im Geschäftsbericht sehen Interessierte, dass die Deutsche Post (DHL) nur rund 20 Prozent ihres Umsatzes mit Paketen und Briefen im Inland erwirtschaftet und abseits dessen vor allem ein internationaler Lo-

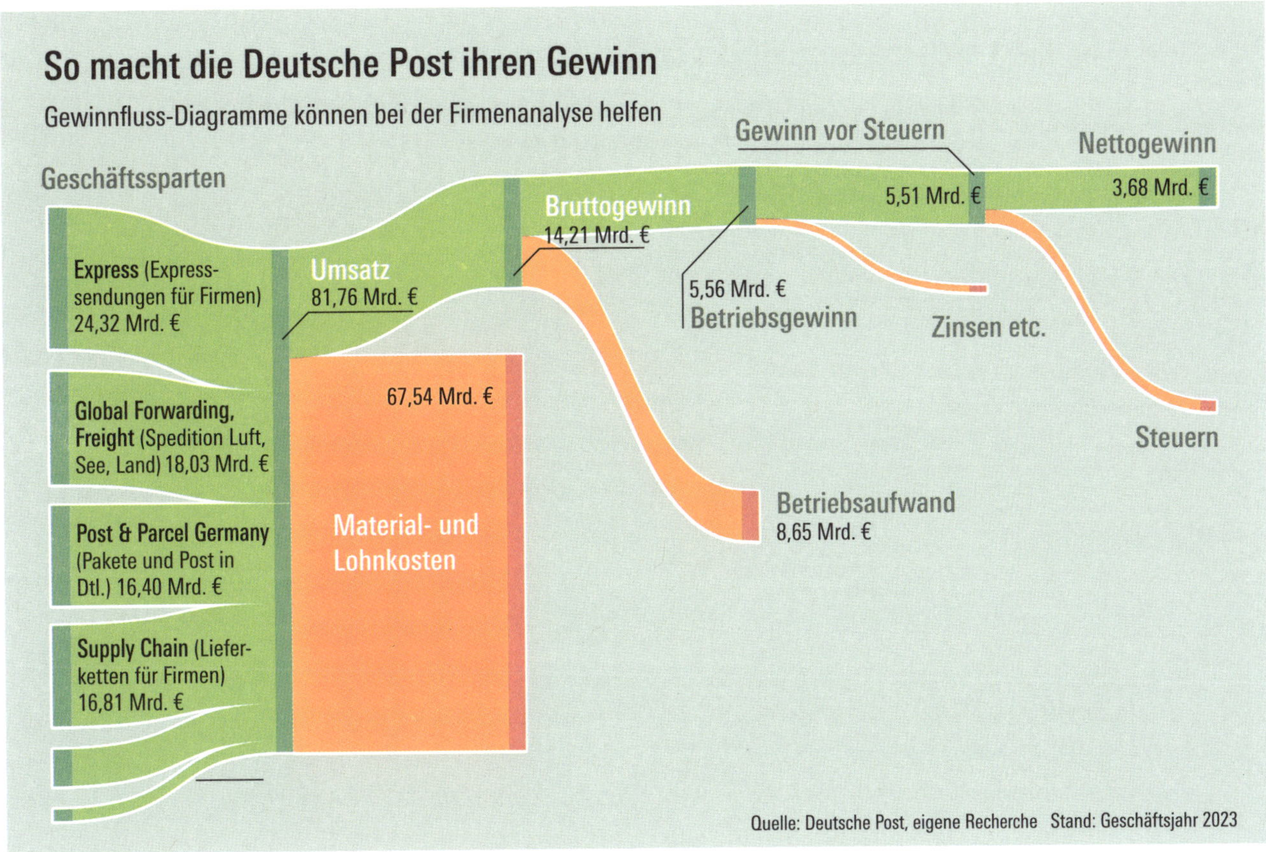

gistikriese für Unternehmenskunden ist (siehe Grafik). Coca-Cola wiederum macht rund 60 Prozent seines Geschäfts vor allem mit Sirupverkäufen an spezielle Abfüllfirmen, die den Sirup dann im Auftrag der Marke zu fertigen Getränken mischen. Amazon macht wiederum mehr Umsatz mit dem Onlinehandel, zieht den meisten Gewinn aber aus seinem Cloudgeschäft mit digitalen Datenzentren.

Strategie verstehen

Wer mit einer Aktie liebäugelt, sollte obendrein die Strategie der Firma unter die Lupe nehmen: Dabei sollten sich Privatleute nicht zu sehr von den kurzfristigen Prognosen des Managements für die kommenden zwei oder drei Quartale kirre machen lassen, sondern stattdessen auf die langen Linien über mehrere Jahre schauen: Welche Geschäftsteile will die Firma ausbauen, welche vielleicht abspalten? Wird das Unternehmen zu einem Strategieschwenk genötigt – und wie erfolgreich dürfte er sein?

Ein paar Beispiele: Viele Großkonzerne wie Siemens spalteten in den vergangenen Jahren Sparten ab, damit der Fokus des Unternehmens klarer erkennbar ist. Der Modehändler Zalando wollte nach mauen Geschäften nicht nur eigene Kleidung verkaufen, sondern auch Lager und Logistik als Dienstleistung für Drittunternehmen anbieten. Und während Volkswagen ab 2018 deutlich auf E-Mobilität setzte, wollte BMW unterschiedliche alternative Antriebsformen entwickeln. Anlegerinnen und Anleger sollten solche Entwicklungen auf dem Schirm haben und für sich bewerten.

Eine ausführliche Darstellung der Strategie finden Privatleute im Jahresbericht und den

So lässt sich ein Geschäftsmodell analysieren

Mit etwas Recherche und einer cleveren Visualisierung können Privatleute die Geschäftsmodelle von Unternehmen durchdringen. Zum Beispiel mit dieser Vorlage.

Partner
Wer sind die wesentlichen Geschäftspartner? Wer sind wichtige Zulieferer?

Wie abhängig ist man von solchen Geschäftsbeziehungen?

Zentrale Aktivitäten
Welche Unternehmensbereiche sind wichtig? Wie läuft die Produktion? Wie läuft die Forschung?

Zentrale Ressourcen
Welche zentralen Ressourcen braucht ein Unternehmen für sein Produkt? Rohstoffe? Fachkräfte? Produktionsstätten? Patente?

Wertschöpfung
Welchen Mehrwert liefert das Unternehmen der Kundschaft? Welches Problem der Kundschaft löst es?

Verkauft das Unternehmen einzelne Produkte oder Pakete?

Welche Rolle spielt das Unternehmen in der gesamten Branche oder in einem Ökosystem an Firmen?

Kundenbeziehungen
Wie bekommt das Unternehmen Kunden? Wie hält es sie? Wie kommen neue dazu? Wie wichtig ist der Kundenstamm?

Kanäle
Über welche Kanäle lässt sich die Kundschaft erreichen? Wie macht die Konkurrenz das? Was kostet das?

Kunden
Wer sind die wichtigsten Kunden? Welchen Typ Kunde sprechen die Produkte an?

Für wen schaffen die Produkte wirklich einen Mehrwert?

Kosten
Was sind die wichtigsten Kosten des Geschäftsmodells? Welche Güter und Rohstoffe sind besonders teuer? Welche Geschäftsaktivitäten sind besonders teuer? Wie personalintensiv ist das Geschäft?

Einnahmen
Wofür bezahlt die Kundschaft wirklich? Was zahlen sie aktuell bei der Konkurrenz? Welches Umsatzmodell? Abo, Einzelverkauf, technisches Gerät einmalig plus laufend Serviceeinnahmen?

Unternehmensnachrichten von dpa-AFX: boerse-frankfurt.de Aktie suchen, „News“

Quartalsberichten der Firmen – allerdings aus Unternehmenssicht. Die wichtigsten aktuellen Nachrichten zu einer Firma aus unabhängiger Perspektive bringen spezialisierte Wirtschaftsnachrichtenagenturen wie dpa-AFX, Reuters und Bloomberg, hintergründige Einordnungen eher investigative Wirtschaftsmagazine wie Manager Magazin und Wirtschaftswoche.

Konkurrenz und Branche analysieren

Kein Unternehmen wirtschaftet für sich allein, Anlegerinnen und Anleger sollten sich also immer auch mit dem Konkurrenzumfeld der Unternehmen beschäftigen. Während sich das Geld in manchen Branchen gewissermaßen drucken lässt, gibt in anderen Krisenstimmung den Ton an. Um ein grobes Gefühl für die Dynamik einer Branche zu entwickeln, können Privatleute neben dem Schema oben konkret folgende Fragen prüfen:

- **Steigt der Umsatz** in der Gesamtbranche oder sinkt er?
- **Sind die Firmen** immer profitabel oder haben sie ein zyklisches Geschäft, bei dem Gewinn- und Verlustjahre wechseln?
- **Dominieren einige** große Firmen die gesamte Branche?
- **Wie hart** ist der Konkurrenzkampf?
- **Wie profitabel** ist eine durchschnittliche Firma?

Konkret hilft bei Letzterem die Nettogewinnmarge: Ist sie niedrig (unter acht Prozent), im auskömmlichen Bereich (10 bis 20 Prozent) oder üppig (über 20 oder 30 Prozent)? Am besten nicht nur auf den Branchenschnitt schauen, sondern eine interessante Aktie immer auch mit konkreten anderen Werten aus derselben Branche vergleichen (engl. peers).

Wer sich einer Branche nähern will und die wichtigsten Herausforderungen und Chancen verstehen will, findet Hinweise meist nur in Tausende Euro teuren Reports von Marktforschern wie Euromonitor, Mintel, Gartner oder Ibis. Löbliche Ausnahme: Die Kreditversicherer Coface und Allianz Trade bieten im Netz auf Englisch zu rund 20 einzelnen Sektoren kurze Risikoprofile mit den wichtigsten Punkten. Wer tiefer eintauchen will, findet ausführliche Branchenanalysen hierzulande einzig bei der gewerkschaftsnahen Hans-Böckler-Stiftung kostenlos.

Umsatzentwicklung, operative Marge oder das Gewinnwachstum einer Branche gibt es wiederum bei Bilanzprofessor Aswath Damodaran von der New York University für unterschiedliche Weltregionen als Excel-Dateien auf Englisch frei verfügbar. Wer ein Unternehmen obendrein mit den wichtigsten Konkurrenzfirmen vergleichen will, kann das ohne Abo online im Kursportal der Finanzzeitung Financial Times tun. Dort könnten Interessierte also beispielsweise die Deutsche Post (DHL) mit UPS, FedEx oder der Poste Italiane ins Verhältnis setzen.

Burggraben analysieren

Viele Anlegerinnen und Anleger setzen auf Firmen, die mit faszinierenden Geschäftsmodellen glänzen. Üppige Profite, tolle Gewinnmargen und viel Cash locken viele Privatleute. Allein: Nicht nur Privatanlegerinnen und Privatanleger bekommen schnell Wind von überlegenen Geschäftsmodellen, auch Konkurrenzunternehmen wollen ihr Stück vom Kuchen abhaben. Selbst clevere Geschäftsmodelle können schnell unter Druck geraten: Nachdem sich der E-Autobauer Tesla auf dem chinesischen Markt breitmachte, griffen rund 90 chinesische E-Autofirmen an und zwangen die gesamte Branche in einen teils ruinösen Preiswettbewerb.

Manche fundamental orientierte Anlegerinnen und Anleger versuchen daher, sogenannte „Burggräben" zu identifizieren (engl. moats). Solche unüberwindbaren Hürden rund um das eigene Geschäftsmodell sollen verhindern, dass die Konkurrenz mit Angriffen auf überlegene Firmen wirklich erfolgreich ist. Bei Unternehmen mit effektiven Burggräben können Konkurrenten dem Unternehmen zum Beispiel gar nicht so einfach die Kunden abjagen. Die Ratingagentur Morningstar unterscheidet zum Beispiel fünf unterschiedliche Arten von Burggräben:

1. **Faktische Produktdifferenzierung:** Wenn es eine Firma besser kann: Manche Unternehmen haben schlicht bessere Produkte als die Konkurrenz. In der Konsequenz beschränken Qualitätsführer jedoch ihr Marktpotenzial, weil vielleicht gar nicht alle zwingend das allerbeste Produkt brauchen. Außerdem kann es schwierig sein, der Konkurrenz auch dauerhaft eine Nasenlänge voraus zu sein. Solche Unternehmen müssen oft viel Geld in Forschung und Entwicklung stecken – und werden teilweise trotzdem von völlig neuen Trends überholt. Die beste Analogkamera nutzte niemandem mehr etwas, als Digitalkameras den Markt aufrollten.
2. **Wahrgenommene Produkt-Differenzierung:** Manchmal reicht schon ein guter Ruf: Egal ob das Produkt wirklich besser ist, kann eine renommierte Marke bisweilen ausreichen, damit die Kundschaft mehr zahlt. Im Geschmackstest von Stiftung Warentest schnitt beispielsweise Coca-Cola im Jahr 2016 genauso gut ab wie Pepsi, lag preislich aber beinahe 70 Prozent höher. Die Kernfrage lautet also: Zahlt die Kundschaft für ein vergleichbares Produkt mehr als bei der Konkurrenz? Wie teuer ist es, die Marke über Werbung bekanntzumachen und beliebt zu halten? Lohnt sich das Markenspektakel auch noch abzüglich der teuren Werbeausgaben?

Sektoranalysen unter: allianz-trade.com unter „Sector Reports" coface.com unter „Sector Risk Dashboard" boeckler.de unter „Branchenanalysen"

Branchen-Kennziffern unter: pages.stern.nyu.edu/~adamodar unter „Data"

Vergleich mit Konkurrenzunternehmen: markets.ft.com unter „Peer Analysis"

3. **Kostenvorteile:** Wer die Kosten drückt, kann überzeugen: Schaffen es Firmen, ihre Konkurrenz in der Produktion und im Verkauf zu unterbieten, können sie ihnen oft Marktanteile abjagen. Dennoch sollten Anlegerinnen und Anleger genau hinschauen: Günstige Produktionsmethoden können andere Hersteller oft schnell nachahmen, sie schützen also nicht zuverlässig gegen Konkurrenz. Besser sind sogenannte Skaleneffekte: Je mehr Fahrzeuge ein Autobauer produzieren kann und je besser die Fabriken ausgelastet sind, desto besser verteilen sich die Kosten für die Verwaltung, Miete oder Forschung auf viele Produkte. Bei digitalen Geschäftsmodellen ist das noch offenkundiger: Eine Software digital an fünf weitere Kunden zu verkaufen, kostet kaum zusätzliches Geld.
4. **Hohe Wechselkosten:** Bei manchen Firmen sitzt die Kundschaft im goldenen Käfig: Einfach das Produkt zu wechseln, ist dann gar nicht so einfach möglich. Bestes Beispiel: Wer Apple-Produkte nutzt, kann nicht so einfach auf andere Betriebssysteme wechseln. Und wer im Unternehmen auf eine spezielle Buchhaltungssoftware setzt, müsste erst ganze Abteilungen umschulen lassen. Hohe Wechselkosten lassen sich an unterschiedlichen Faktoren erkennen: Braucht es erst lange Umschulungen, verbraucht ein Produktwechsel Nerven und Zeit. Gibt es lange Abolaufzeiten, lässt sich gar nicht so einfach wechseln. Und ist ein Produkt wie eine spezielle Drittanbieter-Software sogar Grundlage für das eigene Geschäftsmodell, kann ein Wechsel beinahe unmöglich sein.
5. **Hohe Eintrittsbarrieren:** Patente, Lizenzen und Gesetze können Vorteile sein: Wer als Unternehmen von solchen Akten geschützt wird, hat teilweise eine Barriere gegenüber der Konkurrenz. In manchen Branchen wie dem Glücksspiel dürfen sich privatwirtschaftliche Anbieter kaum breitmachen. In forschungsintensiven Feldern haben Firmen mit Patenten die Nase vorn, müssen aber stets mit juristischen Angriffen rechnen. Bestes Beispiel: Die Impfstoff-Firmen Biontech und Curevac streiten sich vor Gericht um Patente im Zusammenhang mit der mRNA-Impfmethode, die hinter vielen Coronaimpfungen stand. Hängen Firmen nur von einem Wirkstoff oder Patent ab, kann es dann problematisch werden. Eine andere Spielart von Eintrittsbarrieren sind Netzwerkeffekte: Je mehr Nutzerinnen und Nutzer sich zum Beispiel in einem Netzwerk tummeln, desto schlechter kann es angegriffen werden. Das zeigt zum Beispiel das weitverzweigte Netz der Zahlungsdienstleister Visa und Mastercard.

Burggräben sind keine Garantien

Auch wenn viele Börsenprofis und Finfluencer im Netz es so nahelegen, sind Burggräben keine Garantie für die Ewigkeit. Zwei Beispiele können das trefflich illustrieren: Lange hatten zum Beispiel die US-Zahlungskonzerne Mastercard und Visa das dichteste Netz an Akzeptanzstellen, laut Analysehaus RBR Research im globalen Westen von 96 Prozent. Dennoch strebt der chinesische Dienst Unionpay in viele Schwellenmärkte, und westeuropäische Staaten wollen das Duopol der US-Konzerne am Kreditkartenmarkt regulatorisch angreifen. Noch krasser ist die Geschichte des Handyherstellers Nokia: Anfang des Jahrtausends galt ausgerechnet dieses Unternehmen als Inhaber eines recht guten Burggrabens – bis 2007 das iPhone kam und Nokia in der Bedeutungslosigkeit verschwand.

Firmen und ihre Geschäftsmodelle zu durchleuchten ist also selbst bei gewissenhafter Recherche keine Garantie für Gewinne an der Börse. Wer sich bei seiner Börsenstrategie jedoch nicht nur auf pures Glück verlassen will, sollte die Strukturen einer Branche für eine fundierte Entscheidung dennoch genau prüfen und gut verstehen.

Die Unternehmenszahlen lesen

Da Unternehmen gleich drei wichtige Zahlenwerke veröffentlichen, herrscht bei Privatleuten oft Verwirrung. Ein Grundkurs fürs Bilanzenlesen.

Neben Worten sind an der Börse vor allem Zahlen interessant: Was für Privatleute ohne BWL-Studium oft wie ein Buch mit sieben Siegeln wirkt, ist in Wirklichkeit aber gar nicht so kompliziert. Konkret müssen Interessierte die „Bilanz", die „Gewinn- und Verlustrechnung" sowie die „Kapitalflussrechnung" einer Firma kennen. Wer die Vorlagen auf den folgenden Seiten nutzt, kann den Geschäftsbericht einer Firma zumindest grundlegend verstehen.

Die Bilanz

Die Grundidee einer Bilanz ist einfach zu verstehen: Dieses Zahlenwerk soll zeigen, wo das Geld eines Unternehmens herkommt – und wo es nun steckt. Eine Bilanz ist also eine Aufstellung aller Vermögenswerte eines Unternehmens und ihrer Herkunft (engl. balance sheet). Dabei schauen die Zahlenprofis nicht über einen bestimmten Zeitraum, sondern erheben die Daten zu einem Stichtag, zum Beispiel zum 31.12. eines Jahres. Ein grobes Schema finden Sie in unserer Grafik auf Seite 224.

▶ Die Aktiv-Seite

Auf der linken Seite einer Bilanz steht alles, was das Unternehmen besitzt: Alles, was dauerhaft für den Unternehmensbetrieb nötig ist und sich nicht im Handumdrehen verkaufen lässt, fällt in die Kategorie des „Anlagevermögens". Darunter fallen Sachanlagen wie Maschinen, Grundstücke oder Gebäude. Dazu kommen sogenannte „immaterielle Vermögenswerte" wie Lizenzen oder Patente. Sie können enormen Wert haben, sind manchmal aber umstritten, weil sich zum Beispiel der Wert einer Marke nur schätzen lässt. Zudem finden sich in der Liste des Anlagevermögens auch Beteiligungen an anderen Firmen.

Alles, was früher oder später verbraucht oder verkauft wird (und nicht langfristig im Unternehmen bleibt), taucht auf der Aktivseite der Bilanz unter „Umlaufvermögen" auf. Dazu gehören zum Beispiel Vorräte wie Rohstoffe oder Produkte, die noch unverkauft auf Lager liegen. Obendrein kommen finanzielle Forderungen an die Kundschaft dazu, wenn beispielsweise Autos bereits ausgeliefert, aber noch nicht bezahlt wurden. Ganz unten sortieren sich dann auch noch „Zahlungsmittel und Zahlungsmittel-Äquivalente" ein, also beispielsweise Barvermögen, Kontoguthaben oder Anlagen in sehr kurzlaufenden Anleihen mit bloß einigen Monaten Restlaufzeit.

Geschäftsberichte der Firmen: Firmen-Internetseite unter „Investor Relations"

Von oben nach unten folgt die Auflistung sogar einer Ordnungssystematik: Je einfacher und schneller sich die Vermögenswerte im Zweifel veräußern lassen, desto weiter unten stehen sie auf der linken Seite der Bilanz. Profis nennen diese Seite übrigens auch „Aktiv-Seite", die dort aufgeschlüsselten Vermögenswerte heißen „Aktiva".

▶ Die Passiv-Seite

Die Passiv-Seite einer Bilanz zeigt, wo die Geldmittel zur Finanzierung des ganzen Vermögens auf der linken Seite hergekommen sind. Das meint zum Beispiel das gezeichnete Kapital, also den Nennwert aller Aktien. Dazu kommen „Kapitalrücklagen" – etwa wenn Anlegerinnen und Anleger bei der ursprünglichen Ausgabe von Aktien mehr als den Nennwert bezahlt haben. Ebenfalls zum Eigenkapital zählt der Teil der Gewinne eines Unternehmens, den die Firma nicht als Dividende an die Anlegerinnen und Anleger ausgeschüttet hat.

Dazu kommt auf der Passiv-Seite das Fremdkapital des Unternehmens, also seine

Mehr zu Anleihen ab Seite 274

So hängen die drei Finanzberichte der Unternehmen zusammen

Mit diesen Mustern können Interessierte die Finanzberichte der Unternehmen verstehen.

Gewinn- und Verlustrechnung (Zeitraum)

Umsatz

– Herstellungskosten der Güter
= **Bruttogewinn**

– Vertriebs- und Verwaltungskosten
= **Operativer Gewinn**

± sonstige betriebliche Erträge oder Aufwendungen (z. B. Währungsgeschäfte, Rückstellungen)
= **Gewinn vor Zinsen und Steuern (EBIT)**

– Finanzaufwendungen (z. B. Kreditzinsen)
+ Finanzerträge (z. B. Zinserträge)
= **Gewinn vor Steuern (EBT)**

– Steuern
= **Nettogewinn**

/ Aktien
= **Ergebnis je Aktie (EPS)**

Kapitalflussrechnung (Zeitraum)

Nettogewinn

± Nicht-liquiditätswirksame Aufwendungen (+) / Erträge (–), (z. B. Abschreibungen (+), Auflösung Rückstellungen (–))
± Veränderungen des Nettoumlaufvermögens (z. B. Forderungen oder Verbindlichkeiten aus Lieferungen/Leistungen)
= **Cashflow aus betrieblicher Tätigkeit (CB)**

– Investitionen tätigen
– Käufe von Unternehmen
+ Verkäufe von Vermögenswerten (Maschinen, Patente)
± Verkäufe/Käufe von Wertpapieren o. Ä.
= **Cashflow aus Investitionstätigkeit (CI)**

± Schulden aufnehmen/zurückzahlen
± Aktien ausgeben/zurückkaufen
– Dividenden zahlen
= **Cashflow aus Finanzierung (CF)**

Cash und Cashäquivalente zu Beginn des Zeitraums
± Veränderung der liquiden Mittel (CB + CI+ CF)
= **Cash und Cashäquivalente zum Ende des Zeitraums**

Bilanz (Stichtag)

Aktivseite	Passivseite
Langfristige Vermögenswerte Sachanlagen (Gebäude, Maschinen etc.) Immaterielle Vermögenswerte (Patente etc.) Finanzanlagen (z. B. Beteiligungen)	**Eigenkapital** Gezeichnetes Kapital Kapitalrücklagen Gewinnrücklagen Gewinn-/Verlustvortrag aus Vorjahr Aktueller Jahresüberschuss/Jahresfehlbetrag
Kurzfristige Vermögenswerte Vorräte (z. B. Rohstoffe, Vorprodukte) Forderungen (z. B. gegen Kunden) Sonstige Vermögenswerte Zahlungsmittel (z. B. Cash, Bankguthaben)	**Verbindlichkeiten** Langfristige Verbindlichkeiten (z. B. Bankdarlehen) Langfristige Rückstellungen (z. B. für Pensionen) Kurzfristige Verbindlichkeiten (z. B. Dispokredite) Kurzfristige Rückstellungen (z. B. für akute Verfahren)
Summe Aktiva	**Summe Passiva**

Anmerkung: vereinfachte Darstellung

Verbindlichkeiten. Egal ob sich eine Firma über Anleihen Geld geliehen oder bei der Bank einen Kredit aufgenommen hat, findet sich das hier wieder. Dabei unterscheiden Bilanzprofis zwischen langfristigen Verbindlichkeiten mit mehr als einem Jahr Laufzeit und kurzfristigen Verbindlichkeiten, die in weniger als einem Jahr fällig werden. Außerdem sortieren die Unternehmen auch sogenannte Rückstellungen beim Fremdkapital ein, wenn die Bosse also bereits vorsorglich eine Finanzreserve etwa für teure Gerichtsverfahren bilden. Dieser Puffer wird übrigens beim Fremdkapital eingruppiert, weil man das Geld zumindest gedanklich Anwaltskanzleien oder Geschädigten schuldet – zumindest, sofern das entsprechende Urteil negativ ausfallen sollte.

Die Gewinn- und Verlustrechnung

Eines interessiert Anlegerinnen und Anleger brennend: Wie viel Gewinn oder Verlust hat ein Unternehmen gemacht? Für ein Quartal oder ein ganzes Geschäftsjahr beantwortet die Gewinn- und Verlustrechnung diese Frage (GuV). Auf Englisch heißt sie auch income statement, profit and loss statement oder kurz P&L.

Wie in unserer Grafik auf der linken Seite müssen Interessierte einfach von oben nach unten lesen: Was die Kundinnen und Kunden für die Produkte in einem Quartal oder Geschäftsjahr gezahlt haben, steht ganz oben unter „Umsatz“. Natürlich hat ein Unternehmen auch Kosten: Am Anfang zieht die Firma erst einmal alle Kosten ab, die unmittelbar für die Herstellung der Produkte nötig sind (sogenannte Umsatzkosten). Was vom Umsatz danach übrig bleibt, heißt Bruttogewinn (auch: Bruttoergebnis, Rohergebnis).

Obendrein müssen Unternehmen Verwaltungskosten für Buchhaltung, IT-Dienste, Marketingausgaben, Forschungsausgaben oder Mieten stemmen. Ziehen sie diese Kosten auch noch ab, landet man beim Operativen Gewinn (engl.: Earnings before Interest and Taxes, EBIT). Das ist der Gewinn, den das Unternehmen aus seiner Geschäftstätigkeit im eigentlichen Sinne erwirtschaftet.

Allerdings gibt es zum Beispiel auch noch Einnahmen oder Ausgaben aus Finanzgeschäften: Muss ein Unternehmen Zinsen zahlen, schlägt das zu Buche. Genauso gut kann eine Firma aber auch Dividenden aus Beteiligungen an anderen Unternehmen kassieren. Rechnet man solche positiven und negativen Finanzströme zum sogenannten Finanzergebnis auf, kann man das auch noch mit dem Operativen Gewinn verrechnen – und erhält den Vorsteuer-Gewinn (auch: Vorsteuer-Ergebnis; engl. Earnings before Taxes, EBT). Wer zum Schluss noch die Steuerlast eines Unternehmens abzieht, kommt am Ende dieser Gewinntreppe beim Reingewinn an (auch: Nettogewinn, Jahresüberschuss, engl. net income).

Mehr zum Nennwert ab Seite 143

Mehr zu Börsengängen ab Seite 145

Die wichtigste Erkenntnis: *Den* Gewinn einer Firma gibt es nicht, stattdessen müssen Anlegerinnen und Anleger immer die unterschiedlichen Stufen ansehen. Wollen sie vor allem prüfen, wie es unter dem Strich aussieht, sollten sie auf den Reingewinn ganz am Ende schauen. Allerdings haben auch die anderen Gewinngrößen ihre Berechtigung: Wer Unternehmen international vergleichen will und die teilweise sehr unterschiedlichen Steuersätze außen vor lassen will, kann auf den Vorsteuergewinn blicken. Wer einzelne Sparten desselben Unternehmens miteinander in Bezug setzen oder Sondereffekte wie einen großen Firmenkauf ausklammern will, ist oft mit dem Operativen Gewinn gut beraten, der im Grunde nur die Produktions- und Verwaltungskosten der Güter oder Dienstleistungen abzieht.

Die Kapitalflussrechnung

Die sogenannte Kapitalflussrechnung ist das unbekannteste Zahlenwerk eines Unternehmens, für Fachleute aber das wichtigste: Etwas vereinfacht gesagt, verrechnen Unternehmen bei dieser Kapitalflussrechnung einfach alle Einzahlungen und Auszahlungen miteinander. Aus dem Saldo ergibt sich dann der sogenannte Kapitalfluss (engl. cashflow), der je nach Lage des Unternehmens positiv oder negativ ausfallen kann. Die Kapitalflussrechnung betrachtet also nicht einen Stichtag, sondern saldiert die Zahlungsflüsse über einen Zeitraum – üblicherweise über ein Geschäftsjahr.

Die Idee: Gibt ein Unternehmen weniger aus, als es einnimmt, liegt ein positiver Cashflow vor. Mit diesem überschüssigen Geld kann die Firma dann Schulden zurückzahlen oder in neue Projekte investieren. Ist der Cashflow ordentlich, steigt natürlich auch die Wahrscheinlichkeit für eine Dividendenzahlung an die Anlegerinnen und Anleger.

Gewinn und Cashflow sind übrigens nicht dasselbe: In der Gewinn- und Verlustrechnung werden angeschaffte Maschinen wegen ihres Verschleißes zum Beispiel über mehrere Jahre „abgeschrieben", jedes Jahr wird also ein Teil des Wertes abgezogen. Der Gewinn der Firma wird also jedes Jahr ein bisschen gedrückt, weil die Maschinen weniger wert sind. In der Kapitalflussrechnung wird der Anschaffungspreis der Maschine hingegen sofort vollständig abgezogen, sobald sie bezahlt ist. Viele Börsenprofis meinen, dass die Kapitalflussrechnung daher einen besseren Blick auf die Zahlen bietet. Profis unterteilen die Cashflowrechnung in drei wichtige Zwischenergebnisse:

▸ Cashflow aus betrieblicher Tätigkeit

Der operative Cashflow zeigt, was übrig bleibt, wenn von den Einnahmen die Aufwendungen für Personal oder Produktionskosten abgezogen werden. Kosten für Investitionen oder Finanzierungen bleiben hier erst mal außen vor. Der operative Cashflow sagt also aus, ob ein Unternehmen den laufenden Geschäftsbetrieb stemmen kann – und wie viel theoretisch für Schuldentilgung oder Investitionen übrig bleibt.

▸ Kapitalfluss aus Investitionstätigkeit

Der Cashflow aus Investitionstätigkeit zieht dann die Kosten für Investitionen und Käufe anderer Firmen ab. Bei der Interpretation sollten Anlegerinnen und Anleger jedoch die Vorzeichen genau beachten: Dieser Cashflow ist gerne mal negativ, weil solche Investitionen natürlich viele Mittel verschlingen und damit Geld aus dem Unternehmen herausfließt.

Reader der Beratungsgesellschaft KPMG „Geschäftsberichte lesen und verstehen" kostenlos im Netz

▸ Kapitalfluss aus Finanzierungstätigkeit

Am Ende sagt der Cashflow aus Finanzierungstätigkeiten, ob sich das Unternehmen per Saldo Geld besorgt oder zurückgezahlt hat. Stottert eine Firma viele Schulden ab und zahlt obendrein noch eine Dividende, kann der Wert negativ sein. Leiht sich eine Firma viel Geld, wird dieser Cashflow positiv, weil ihr von den Geldgebern ja erst mal Geld zufließt. Bei der Interpretation ist also Augenmaß geboten.

▸ Freier Kapitalfluss

Der wohl wichtigste Cashflow-Wert taucht in der Kapitalflussrechnung gar nicht auf: Viele Börsenprofis schauen auf den freien Kapitalfluss (free cashflow, FCF). Dazu nehmen sie den Cashflow aus der betrieblichen Tätigkeit – was also am Ende einer Periode nach allen unmittelbaren Geschäftsausgaben übrig geblieben ist – und ziehen noch die Investitionen in Sachanlagen wie etwa Maschinen ab. Übrig bleibt als freier Kapitalfluss, was das Unternehmen theoretisch in Form von Dividenden oder Schuldentilgung an die Anlegenden oder Gläubigergemeinschaft zurückgeben könnte – und das interessiert besonders.

Die Finanzberichte auswerten

Mit diesem groben Schema wird natürlich niemand zum Zahlenforensiker, dennoch können diese Seiten Interessierten helfen, die Zahlenwerke einer Firma grundlegend zu verstehen. Bei Unklarheiten hilft übrigens oft der Anhang im Geschäftsbericht, wo die meisten Fachbegriffe genau definiert und einzelne Posten aufgeschlüsselt sind.

Statt die drei Zahlenwerke eines Unternehmens nur von oben nach unten zu lesen, ist die Interpretation ungleich interessanter: Ist das Wachstum so stark, dass der Titel als Wachstumsaktie durchgeht? Oder ist eine Firma bei moderatem Wachstum hochprofitabel, sodass sie vielleicht ein prädestinierter Value-Titel wäre? Mit welchen Kennziffern Privatleute die Charakteristika einer Firma einschätzen können, zeigt der nächste Abschnitt.

Firmen mit Kennziffern einschätzen

Wer die Zahlenwerke einer Firma nutzen will, kann die Kennziffern mit verschiedenen Brillen anschauen. So wird klar, welche Firmen wachsen, profitabel wirtschaften und finanziell auf solidem Fundament stehen.

Tatsächlich arbeiten selbst Börsenprofis gerne mit Spickzetteln: Wer die unzähligen Seiten eines Geschäftsberichts effizient durchleuchten will, muss die wesentlichen Kennziffern kennen. Auf den kommenden Seiten erhalten Anlegerinnen und Anleger einen solchen Spickzettel, der das Zahlenwirrwarr etwas herunterdampft. Statt die Zahlenwerke der Unternehmen wie im vorangegangenen Abschnitt von oben nach unten durchzugehen, steht nun die Perspektive der Anlegerinnen und Anleger im Fokus. Wollen sie die Zahlen einer Firma durchleuchten, sollten sie sich vier Aspekte besonders genau anschauen:

- **Wachstum:** Wie stark ist eine Firma gewachsen? Wie stark wird sie künftig wachsen?
- **Profitabilität:** Wie viel Gewinn erzielt eine Firma mit ihrem Geschäft? Wie hoch ist die Gewinnmarge?
- **Rentabilität:** Wie gut nutzt eine Firma das Geld von Investorinnen und Investoren, um daraus Wachstum und Gewinne für das Unternehmen zu erzeugen?
- **Finanzielle Gesundheit:** Wie sehr fallen die Verbindlichkeiten einer Firma ins Gewicht? Kann sie zumindest die Zinsen ohne Probleme zahlen?

Das Wachstum messen

Viele Anlegerinnen und Anleger interessieren sich für spannende Wachstumsgeschichten. Kann eine Firma in nur wenigen Jahren gigantisch viel größer werden, scheint zumindest auf den ersten Blick der Boden für steigende Aktienkurse gelegt. In Wirklichkeit sieht die Sache jedoch weniger aufregend aus: In den zehn Jahren ab 2014 konnten die Firmen im US-Leitindex S&P 500 ihren Umsatz im Schnitt laut Datenanbieter Factset nur um 5,1 Prozent pro Jahr steigern. Und selbst wenn Firmen in manchen Jahren kräftig wachsen, ist das selten von langer Dauer. Irgendwann will schließlich auch die Konkurrenz ihren Anteil vom wachsenden Kuchen abhaben.

Anlegerinnen und Anleger sind daher gut beraten, immer auf die Ursachen des Wachstums zu schauen: Verkauft das Unternehmen tatsächlich mehr von seinen Waren und Dienstleistungen? Oder konnte es erfolgreich die Preise erhöhen, hat aber kaum mehr verkauft? Hat es vielleicht neue Produkte an den Start gebracht und erschließt neue Märkte? Oder hat die Firma schlicht andere Firmen gekauft und weist deswegen plötzlich einen viel größeren Umsatz aus?

Umsatztrend unter:
onvista.de
bei „Kennzahlen"
yahoo.de/finance
unter „Analysen"

Die Profitabilität messen

Wer Unternehmen analysiert, will natürlich auch wissen, was am Ende von Umsatz hängen bleibt: Auch deswegen sollten sich Interessierte immer damit beschäftigen, wie profitabel ein Unternehmen ist. Die Kernfrage dabei: Wie viel Gewinn macht eine Firma mit Blick auf bestimmte Vergleichsgrößen? Je größer der Gewinn, desto attraktiver scheint schließlich auch das Geschäftsmodell.

Die Gewinnmargen

Theoretisch gibt es gleich mehrere Margen, je nachdem, welchen Gewinn sich Anlegerinnen und Anleger anschauen. Wer den Bruttogewinn eines Unternehmens mit dem Umsatz vergleicht, schaut sich die „Bruttomarge" an: Je höher sie liegt, desto mehr kann ein Unternehmen zum Beispiel in Forschung oder Marketing investieren oder als Dividende ausschütten. Wäre schon die Bruttomarge negativ, könnte eine Firma nicht einmal ihre Produkte kostendeckend herstellen.

Die sogenannte „operative Marge" legt den Gewinn zugrunde, bei dem neben Herstellungskosten auch Verwaltungs-, Forschungs- und Marketingausgaben abgezogen sind. Im Vergleich können Anlegerinnen und Anleger erkennen, wie effizient ein Unternehmen ist und wie gut es seine Kosten im Griff hat. Wäre diese Marge negativ, könnte die Firma immerhin in der Verwaltung reduzieren oder vorübergehend das Marketing zurückfahren. Die „Nettomarge" verrät wiederum, wie viel vom Umsatz nach Abzug aller Faktoren übrig bleibt. Sie ist also die ehrlichste Betrachtung, kann aber manchmal auch durch Sondereffekte wie zum Beispiel eine üppige Steuer-Rückerstattung verzerrt sein.

Gewinnmarge berechnen:

$$\frac{\text{Gewinn}}{\text{Umsatz}} \times 100 = \text{Marge (in \%)}$$

Gewinnmargen: markets.wsj.com bei „Financials" seekingalpha.com bei „Profitability"

Grundsätzlich sollten Anlegerinnen und Anleger darauf achten, Firmen nur innerhalb ihrer Branche zu vergleichen. Die Margen im Handel sind beispielsweise traditionell gering, während sie in manchen Digitalgeschäftsmodellen mehr als 40 Prozent betragen können. Als Daumenregel gilt: Nettomargen unter sechs Prozent sind mager, bis 15 Prozent normal, alles darüber ist relativ auskömmlich oder gar üppig.

▸ Die Cashflow-Marge

Cashflow-Marge unter onvista.de unter „Kennzahlen"

Wer mit seinem Geschäft Jahr für Jahr aufs Neue Cash generiert, scheint etwas richtig zu machen. Viele Börsenprofis schauen daher gerne, wie viel „freier Cashflow" nach Ausgaben und Investitionen gemessen am Umsatz einer Firma hängen bleibt. Mehr zu diesem Cashflow haben Sie bereits ab Seite 226 erfahren. Ist der Wert deutlich positiv und steigt er gar noch, könnte das ein Indiz für gelungene Unternehmensführung sein.

Free-Cashflow-Marge berechnen

$$\frac{\text{Freier Cashflow}}{\text{Umsatz}} \times 100 = \text{Cashflow-Marge (in \%)}$$

Die Free-Cashflow-Marge gibt also an, wie viel Prozent des Umsatzes dem Unternehmen nach allen Kosten und Investitionen zur Verfügung steht. Mit diesem Betrag kann eine Firma theoretisch schließlich Schulden zurückzahlen, in neue Projekte investieren oder – für Anlegerinnen und Anleger besonders wichtig – Dividenden ausschütten. Laut der Anlagegesellschaft Pacer Advisors liegt die Free-Cashflow-Marge bei US-Aktien im Schnitt bei zehn Prozent, in anderen Industrieländern bei rund sieben Prozent (Stand: 03/24). Laut Daumenregel gelten Cashflowmargen ab 15 Prozent als besonders auskömmlich.

Die Rentabilität messen

Manche Anlegerinnen und Anleger stellen sich auch die Frage, wie effizient und rentabel das Unternehmen sein ganzes Geld nutzt und in Profite ummünzt. Dabei steht nicht im Fokus, wie viel vom Umsatz am Ende übrig bleibt. Stattdessen schauen Finanzprofis auf die Wertschöpfung: Welche Rendite erzielt die Firma unternehmerisch mit dem Geld, das einst von Investorinnen und Investoren kam?

Im Grunde ähnelt ein Unternehmen schließlich einem Fondsprofi: Die Firma sammelt Geld am Kapitalmarkt ein und investiert es statt in Aktien gewissermaßen in die eigenen Geschäftsaktivitäten, also neue Fabriken oder die Expansion in weitere Länder. Börsenprofis wollen fachlich gesprochen also wissen, wie viel Rendite Unternehmen im Rahmen ihrer operativen Tätigkeit mit der jeweiligen Kapitalbasis machen. Um diese Rentabilität zu messen, gibt es mehrere Kennziffern.

▸ Eigenkapitalrendite

Die vielleicht intuitivste Variante ist die sogenannte Eigenkapitalrendite (engl. Return on Equity, ROE). Sie setzt den Nettogewinn der Firma aus einem Jahr mit dem Eigenkapital der Firma ins Verhältnis. Anlegerinnen und Anleger erfahren damit also, wie viel Reingewinn das Unternehmen pro Euro Eigenkapital erwirtschaftet hat. Hat das Unternehmen sein Eigenkapital gut genutzt, kann das ein Indiz für gelungenes Management sein.

Eigenkapitalrendite berechnen

$$\frac{\text{Reingewinn}}{\text{Eigenkapital}} \times 100 = \text{Eigenkapitalrendite (in \%)}$$

Laut Citibank lag die Eigenkapitalrendite im Schnitt der Industrieländeraktien seit den 70er-Jahren bei 12 Prozent. In einer Untersuchung des New Yorker Bilanzprofessors Aswath Damodaran zeigten sich jedoch gravierende Unterschiede je nach Branchen: Sektoren mit kapitalintensiven Geschäftsmodellen wie Wasserversorger, Stahl- oder Chemiefirmen erzielen im Vergleich zu ihrem Eigenkapital oft nur geringe Renditen, während Computer- oder Halbleiterfirmen teilweise üppig zweistellige Eigenkapitalrenditen erzielten. Doch selbst das ist keine Regel, sondern bloß eine grobe Tendenz.

Gut ist es im Regelfall, wenn die Eigenkapitalrendite bei mehr als 20 Prozent liegt – und zwar mehrere Jahre in Folge. Bei geringen und besonders hohen Eigenkapitalrenditen sollten Interessierte aber vorsichtig werden: Geringe Prozentwerte deuten oft auf kriselnde Firmen hin, die eben kaum etwas erwirtschaften. Optisch hohe Werte über 40 sind streckenweise jedoch auch mit Vorsicht zu genießen: Teilweise treten sie auf, wenn sich der Gewinn des Unternehmens auf wenig Eigenkapital verteilt. Das ist manchmal zum Beispiel der Fall, wenn die Bilanz eines Unternehmens kaum aus Eigenkapital besteht, sondern zu 70 oder 80 Prozent mit Schulden vollgeladen ist.

▸ Gesamtkapitalrendite

Etwas anders funktioniert die Gesamtkapitalrendite: Dabei schauen sich Interessierte den Jahresgewinn des Unternehmens und die Zinskosten an. Die Idee: Eine Firma erwirtschaftet mit ihrem Geschäft im Grunde beides – den Nettogewinn genauso wie die Zinszahlungen. Diese Kennziffer sagt also, wie gut ein Unternehmen das Geld aus seinen unterschiedlichen Finanzierungsquellen gewinnbringend ummünzt.

Gesamtkapitalrendite berechnen

$$\frac{\text{Reingewinn + Zinslast}}{\text{Gesamtkapital}} \times 100 = \text{Gesamtkapitalrendite (in \%)}$$

Je höher die Gesamtkapitalrendite liegt, desto mehr erwirtschaftet eine Firma im Vergleich zum eingesetzten Kapital. Im langfristigen globalen Schnitt lag diese Kennziffer übrigens bei rund 2,5 Prozent. Ab Werten von 5 gilt die Gesamtkapitalrendite als ordentlich, Werte über 10 gelten als richtig satt.

Eigenkapitalrendite und Gesamtkapitalrendite:
onvista.de
bei „Kennzahlen"
boerse-frankfurt.de
bei „Kennzahlen"

Finanzielle Gesundheit

Anders als für Privatleute sind Schulden für Unternehmen völlig normal: Große Firmen nehmen für so ziemlich alles Kredite auf oder besorgen sich Geld am Anleihemarkt. Arbeiten die Unternehmen neben ihrem eigenen Geld auch mit fremden Mitteln, können sie schlicht ein größeres Rad drehen. Solange sie glauben, dass ihre Geschäftsidee mehr Rendite einbringt als sie an Zinsen zahlen müssen, ist das auch völlig in Ordnung.

Problematisch werden allzu hohe Schulden, wenn sie überbordend werden. In guten Zeiten hilft das zusätzliche Geld den Unternehmen, mit weniger Eigenkapitaleinsatz mehr Geschäft zu machen. Das ist im Grunde nicht anders als bei Privatleuten, die beim Hauskauf auch nur einen Teil des Hauses mit Eigenkapital bestreiten und sich den Rest leihen. Problematisch wird es für Firmen jedoch in schlechten Geschäftsjahren, weil sie dann nicht nur maue Gewinne schreiben, sondern bei großer Schuldenlast durch die vielen Zinsen auch noch hohe Fixkosten stemmen müssen. Dabei lassen sich die Schulden aus mehreren Perspektiven betrachten:

▸ Verschuldungsgrad

Was wiegt mehr – Schulden oder Eigenkapital einer Firma? Genau das messen Anlageprofis mit dem Verschuldungsgrad (engl. leverage ratio oder gearing ratio). Er sagt, ob die Schulden einer Firma 20, 50 oder gar 90 Prozent so groß sind wie das Eigenkapital. Am besten vergleichen Anleger diesen Wert nur innerhalb einer Branche: Während Immobilienunternehmen oft hohe Schuldenquoten von 120 oder 150 Prozent haben, ist der Wert für viele Softwarefirmen bereits ab 60 Prozent recht hoch. Als Daumenregel sollten Interessierte ab einem Verschuldungsgrad von 70 Prozent genauer hinschauen. Verschluckt sich eine Firma an ihren Schulden, muss das Unternehmen Anlegerinnen und Anleger bei einer Kapitalerhöhung im Zweifel nämlich um mehr Geld bitten.

Verschuldungsgrad berechnen

$$\frac{\text{Gesamtschulden}}{\text{Eigenkapital}} \times 100 = \text{Verschuldungsgrad (in \%)}$$

Verschuldungsgrad: reuters.com bei „Key Metrics" gurufocus.com bei „Summary"

Im Detail berechnen die großen Finanzdatendienste die Kennziffer leicht unterschiedlich: Manche betrachten kurz- und langfristige Schulden zusammen, andere zum Beispiel nur die Langfristschulden eines Unternehmens. Interessierte sollten unterschiedliche Firmen also immer nur aus derselben Datenquelle vergleichen.

Solide geht das zum Beispiel im Kursportal der Nachrichtenagentur Reuters im Netz, die die Daten des anerkannten Finanzdatendienstes LSEG nutzt. Dazu am besten die Aktie und den Begriff Reuters zusammen googeln und dann auf „Key Metrics" klicken. Ein Branchenvergleich lässt sich besonders gut beim Portal Gurufocus ziehen.

Nettoschuldenquote: de.marketscreener.com bei „Finanzkennzahlen" koyfin.com bei „Rank"

▸ Nettoschuldenquote

Viele Anlegerinnen und Anleger interessiert eine etwas praktischere Herangehensweise: Wie viele Jahre würde es dauern, wenn das Unternehmen ab jetzt immer mit seinen kompletten Jahresgewinnen die eigenen Schulden tilgen würde? Die Antwort darauf liefert die Nettoverschuldungsquote (engl. net debt to EBITDA ratio). Genau genommen betrachten Profis dabei nicht alle Schulden einer Firma, sondern ziehen von den gesamten Schulden die Cashmittel des Unternehmens ab, mit denen es ja theoretisch direkt einen Teil der Schulden begleichen könnte. Diese „Nettoschulden" setzt die Quote dann ins Verhältnis zum Gewinn vor Zinsen, Steuern und Abschreibungen (EBITDA).

Nettoschuldenquote berechnen

Gesamtverschuldung
– Cash und Cashäquivalente
= Nettoverschuldung

$$\frac{\text{Nettoverschuldung}}{\text{Gewinn vor Zinsen, Steuern und Abschreibungen (EBITDA)}} \times 100 = \text{Nettoschuldenquote (in \%)}$$

Das Ergebnis sagt, wie viele Jahre das Unternehmen theoretisch fürs Abstottern bräuchte. Etwas vereinfachend unterstellt man dabei, dass die Schuldenlast konstant bleibt und der Gewinn in jedem Jahr gleich ist. Als Daumenregel gilt es, bei Werten über 3 genau hinzuschauen und dass Firmen bei Quoten über 6 in der Regel ein Schuldenproblem haben.

Die Kennzahlen zusammennehmen

Mit dieser Liste an Kennziffern können sich Anlegerinnen und Anleger grundlegend ein rundes Bild einer Firma machen. Wer Spaß am Bilanzenlesen hat, kann in Fachbüchern noch weit komplexere Kennziffern entdecken. Welche der Kennziffern bei welchem Anlagestil übrigens am wichtigsten sind, erfahren Sie in den kommenden Abschnitten.

Eine Strategie finden und umsetzen

Growth oder Dividende: Wer sich mit Einzelaktien an die bekannten Anlagestrategien herantrauen will, sollte ein paar Daumenregeln kennen. Und auch die Nachteile verstehen.

Die Value-Strategie

Wer anlegen will wie Börsenlegende Warren Buffett, sollte die Value-Strategie kennen. Auch wenn damit nur wenige so reich geworden sind wie der Investmentstar.

Viele Menschen hierzulande lieben es, auf Schnäppchenjagd zu gehen: Sie wollen solide Produkte kaufen und obendrein nicht zu viel dafür zahlen. Am Aktienmarkt ist das nicht anders: Anhängerinnen und Anhänger der Value-Strategie versuchen, das Schnäppchenjagd-Prinzip auf die Börse zu übertragen und vermeintlich unterbewertete Titel ausfindig zu machen. Die Value-Fans kaufen eine Aktie also immer dann, wenn der Kurs eines Unternehmens aus ihrer Sicht unter dem „eigentlich fairen" Wert dieses Anteils liegt.

Unter den Value-Anhängern finden sich einige der bekanntesten Investoren der Geschichte: Der Investor Benjamin Graham gilt als einer der Urväter dieses Anlagestils, Börsenlegende Warren Buffett hat dem Value-Investing weltweit zur Bekanntheit verholfen, und auch der ehemalige Fondsmanager Peter Lynch hat am Parkett immer noch viele Anhängerinnen und Anhänger. Ein starres Regelgerüst gibt es beim Value-Investieren wohlgemerkt nicht, allerdings prägt alle Fans dieses Anlagestils dieselbe geistige Grundhaltung.

Statt Aktien rein als Spekulationswerte zu sehen, nimmt diese Denkschule die Unternehmen hinter den Titeln in den Fokus. Dabei unterstellen sie, anders als große Teile der Finanzwissenschaft, dass viele Aktienkurse eher nicht effizient sind und viele Unternehmen falsch bepreist sind. Stattdessen diagnostizieren sie, dass es an den Börsen zum Beispiel aufgrund von Angst und Gier immer wieder zu starken Übertreibungen oder Untertreibungen komme. Und die ließen sich nutzen. In einem Crash könnten manche Aktien beispielsweise unter ihren „inneren Wert" fallen, dann wären sie an der Börse weniger wert als der fundamentale Wert der Unternehmen.

Mehr zum freien Cashflow ab Seite 226

Graham schaut auf die Substanz

Was den inneren Wert einer Firma genau ausmacht, haben unterschiedliche Investmentlegenden jeweils unterschiedlich definiert. Value-Vorreiter Benjamin Graham verstand unter dem inneren Wert vor allem die Grundstücke, Maschinen oder Barvermögen einer Firma. Seine Idee: Notiert eine Firma unter ihrem Buchwert, könnten Aktionäre sie komplett kaufen und dann die Einzelteile losschlagen. Die Folge: Immer wieder kaufte Graham auch Firmen, deren Geschäftsmodell eigentlich bereits halbtot war. Kritiker nannten diese Unternehmen später „Zigarrenstummel", weil sie im Grunde ausgebrannt waren, aber doch noch ein letztes bisschen Tabak in ihnen steckte. Wer solche Unternehmen kaufte, musste darauf spekulieren, dass die Kurse der Firmen recht schnell zu ihrem „inneren Wert" aufschlossen, bevor sie in allzu arge Probleme gerieten. Das ist zum Beispiel möglich, wenn sich bei Unternehmen Übernahmen, Sonderdividenden oder Abspaltungen andeuten, ausgemachte Sache ist es jedoch nicht.

Mehr zum Buchwert ab Seite 169

Buffett schaut auf die Geschäftsmodelle

Warren Buffett entwickelte die Value-Strategie daher weiter, vor allem unter dem Einfluss seines Geschäftspartners Charlie Munger: Statt schlechte Unternehmen zu sensationell günstigen Preisen zu kaufen, fokussierte er sich auf hervorragende Firmen zu moderaten Preisen. Buffett hielt also Ausschau nach stabilen Unternehmen mit etablierten Geschäftsmodellen, die verlässlich einen üppigen „freien Cashflow" ablieferten. Auf Deutsch: Durch ihre Geschäftstätigkeit sollte also einerseits viel Geld hereinkommen, andererseits aufgrund der etablierten Geschäftsmodelle nicht mehr viel Geld für Forschung oder Innovationen draufgehen. In der Konsequenz bliebe dann viel Geld übrig, das die Firmen als Dividende an die Anlegerinnen und Anleger ausschütten könnten.

Manche brauchen keine Dividenden

Anderen Investorinnen und Investoren reicht es hingegen, wenn Firmen einfach nur gute Gewinne schreiben und nicht so viel Geld als Dividende ausschütten. Sogenannte „Compounder"-Unternehmen können Gewinne schließlich auch intern im Unternehmen investieren – zum Beispiel in neue Projekte oder Expansion – und damit im Idealfall ihre Gewinne, Umsatzrenditen und Kapitalrenditen weiter steigern. Weil Anlegerinnen und Anleger bei solchen Firmen jedoch weniger auf üppige Dividenden hoffen können, sind sie umso mehr darauf angewiesen, dass die Börse das Wachstum der Unternehmen irgendwann „erkennt" und in Form steigender Kurse honoriert.

Value ist kein Selbstläufer

Auch wenn die Value-Strategie oft im Gewand einer Wissenschaft daherkommt, sollten Anlegerinnen und Anleger auch die Nachteile kennen: Wer nach dieser Methode investiert, muss zuallererst viel Zeit für Recherche und Bilanzlektüre aufwenden. Zweitens sind im gesamten Value-Universum zum Beispiel Techfirmen nur halb so stark vertreten wie im klassischen Industrieländerindex MSCI World. Laufen Techaktien über Jahre und Jahrzehnte dem breiten Markt davon wie nach 2010, kann eine Valuestrategie im Zweifel hinken. Gleichzeitig kann es sein, dass inzwischen so viele

Checkliste

Diese Punkte sind bei Value-Aktien wichtig

Mit diesen Kriterien lassen sich Aktien mit Value-Charakteristik herausfiltern und analysieren:

- ☐ **Ist das Geschäftsmodell** des Unternehmens verständlich? Bei komplizierten Branchen wie Biotech oder Banken lassen Value-Fans Vorsicht walten.
- ☐ **Gibt es einen Burggraben** rund um das Geschäftsmodell der Firma? Kann das Unternehmen „einfach so" seine Preise erhöhen? Wie schnell könnte die Konkurrenz Marktanteile und Gewinne angreifen?
- ☐ **Lässt sich das Geschäft** auch betreiben, ohne große Summen zu investieren? Oder muss die Firma laufend Millionensummen in neue Produktionsmethoden, Infrastruktur oder Forschung stecken?
- ☐ **Wie integer** ist das Management der Firma? Orientiert es sich an langfristigen Zielen? Verzettelt es sich mit zu vielen oder unabsehbaren Firmenkäufen?
- ☐ **Wachsen die Gewinne der Firma** mehr oder minder stetig über die vergangenen zehn Jahre und sind höchstens vielleicht in zwei Jahren leicht gesunken?
- ☐ **Wie konstant ist die Dividende** des Unternehmens? Hat es sie mindestens fünf Jahre lang nicht gekürzt? Und in Krisen?
- ☐ **Sind die Schulden** des Unternehmens zu drückend? Sind die Verbindlichkeiten höher als 70 Prozent des Eigenkapitals, ist das zu prüfen. Mehr dazu ab Seite 229.
- ☐ **Wie profitabel** ist das Geschäftsmodell? Nettomargen von mehr als 20 Prozent gelten als üppig. Mehr ab Seite 227.
- ☐ **Wie rentabel** setzen Firmen das Eigenkapital ein? Eigenkapitalrenditen ab 15 gelten als gut, ab 20 hoch. Siehe Seite 228.
- ☐ **Wie teuer ist die Aktie** an der Börse? Kurs-Gewinn-Verhältnisse um 15 gelten als okay, unter 10 als niedrig. Kurs-Buchwert-Verhältnisse unter 1 gelten global als niedrig, in Industrieländern unter 2. Kurs-free-Cashflow-Verhältnisse unter 5 gelten als niedrig, über 15 als teuer.
- ☐ **Kennziffern nur innerhalb** derselben Branche vergleichen. Die Werte in dieser Checkliste sind bloß die Durchschnitte für den globalen Gesamtmarkt. Links für Branchenvergleiche ab Seite 166 und 227.

Menschen nach dem Schnittmuster und den Kennzahlen von Valuestrategien investieren, dass kaum noch Aktien überhaupt rasant unterbewertet sind. Viertens ist es möglich, dass sich vermeintlich günstig bewertete Aktien als sogenannte „Value-Fallen" erweisen: Nicht jede günstige Aktie zieht im Kurs schließlich automatisch nach oben, manche Aktien sind an der Börse vielleicht aufgrund von Skandalen oder schlechter Perspektiven völlig zurecht gering bewertet – das gilt es vorher zu prüfen.

Die Checkliste nutzen

Wer das Aktienuniversum nach Valueaktien filtern will, kann als Ansatzpunkt die obige Checkliste nutzen. Sie greift die wichtigsten Kennzeichen von Valueaktien auf. Je nach genauer Value-Spielart unterscheiden sich die Akzente aber deutlich, im Netz veröffentlichen viele Value-Profis ihre individuellen Checklisten. Wer Firmenanalyse zu anstrengend findet oder generell lieber auf ETF setzt, kann auch Value-ETF prüfen. Mehr dazu ab Seite 200.

Die Growth-Strategie

Wenn Privatleute das „nächste große Ding" suchen, wollen sie Growth-Werten auf die Spur kommen. Große Gewinne und horrende Verluste liegen dort aber besonders nah beieinander.

Aus dem Keller durch die Decke – vielleicht lässt sich die Growth-Strategie schon mit diesen sechs Worten zusammenfassen. Viele heutige Riesenkonzerne begannen schließlich einmal in einer Garage oder in einem kleinen Kellerzimmer, später dann jagten ihre Kurse unfassbar weit nach oben. Neben Techkonzernen wie der Facebook-Mutter Meta, dem Google-Konzern Alphabet oder Apple gilt das auch für manche Biotechfirmen wie den Impfstoffhersteller Biontech, aber auch für E-Autopioniere wie Tesla. Grob haben Sie einige Charakteristika bereits ab Seite 163 kennengelernt.

Auch wenn sich die Growth-Aktien auf den ersten Blick ähnlich anhören, gibt es deutliche Unterschiede zwischen den Titeln: Viele Menschen denken bei Wachstumsaktien vor allem an Start-ups, die kaum ein paar Jahre existieren, noch viel Geld verbrennen, aber an einem vielversprechenden Produkt tüfteln. Die Münchener Flugtaxi-Tüftler von Lilium zum Beispiel werkeln an mehreren senkrechtstartenden Luftfahrttaxis, deren Markteinführung auch rund zehn Jahre nach dem Start noch bevorstand (Stand: 06/24).

Growth sind auch Giganten

Etwas völlig anderes sind große Techkonzerne, die gemessen an ihrem Börsenwert zu Milliarden- oder gar Billionenkonzernen angewachsen sind. Firmen wie Apple, Microsoft oder Amazon haben längst funktionierende Geschäftsmodelle mit enormen Wachstumsraten und hohen Gewinnmargen aufgebaut. Dazu kommen Aktien aus ganz anderen Branchen: Auch Autobauer wie Tesla oder Lieferdienste wie Delivery Hero galten oder gelten als Wachstumstitel, die konventionelle Branchen aufrollen wollen (Stand: 06/24).

Bei Hoffnungstiteln realistisch sein

In der Praxis ist es allerdings knifflig, passende Growth-Titel herauszufiltern. Viele vermeintliche Wachstumstitel sind in Wirklichkeit reine Hoffnungswerte: Teilweise haben die Firmen noch nicht einmal ein marktreifes Produkt haben oder warten noch auf offizielle Zulassungen. Wenn Anlegerinnen und Anleger wirklich ehrlich mit sich sind, dürften sich nur die wenigsten zutrauen, Entwicklungen in hochspeziellen Bereichen der Biotechnologie, der Softwareentwicklung oder des Autobaus wirklich tiefgehend beurteilen zu können. Selbst wenn die Firmen bereits ein neuartiges Produkt entwickelt haben, locken neue Ideen oft bloß die Konkurrenz an. Für Anlegerinnen und Anleger ist es daher unerlässlich, die Aussichten und vor allem auch die möglichen Problemkonstellationen solcher Geschäftsmodelle tiefgehend zu recherchieren.

Aus der finanzwissenschaftlichen Forschung ist außerdem eine interessante Erkenntnis bekannt: Hinterher glaubt man gern, alles bereits vorher gewusst zu haben. So sind viele Anlegende zum Beispiel vollkommen überzeugt davon, dass der Aufstieg des Technologiegiganten Apple absehbar gewesen sei. Eine Analyse der Uni Mannheim über mehr als 40 000 Depots deutscher Privatleute zeichnet jedoch ein anderes Bild: Anfang 2007 – als der iPod wohlgemerkt bereits in Mode war – lag die Apple-Aktie gerade einmal in 118 der 40 000 Depots. Stattdessen setzten Privatleute ihre Hoffnungen damals überdurchschnittlich stark auf Solaraktien wie Solarworld, Q-Cells oder Conergy, die seitdem nahezu wertlos wurden (Stand: 06/24). Diese Ergebnisse zeigen deutlich, dass sich die Gewinner von morgen gar nicht so einfach finden lassen.

Checkliste

Diese Punkte sind bei Growth-Aktien wichtig

Mit diesen Kriterien lassen sich Aktien mit Growth-Charakteristik herausfiltern und analysieren:

- ☐ **Sind Sie sich der Risiken** von Growth-Aktien bewusst? Sollen die Titel einfach eine Wette im Spielgeld-Depot sein? Oder sollen die Aktien ein ETF-Depot ergänzen? Wie viele Growth-Titel sind bereits in Ihrem Portfolio?
- ☐ **Welche Art von Growth-Aktien** haben Sie im Blick? Kleine Growth-Werte ohne nachgewiesenes Geschäftsmodell oder etablierte Wachstumsriesen mit etablierter Gewinnhistorie?
- ☐ **Bei neuen Geschäftsideen:** Kann das Produkt funktionieren? Oder gibt es die Idee bislang nur in Simulationen, nicht aber in der Realität? Bekommt es die nötigen Lizenzen?
- ☐ **Wie stark wächst der Umsatz?** Gibt es seit fünf Jahren stark wachsende Umsätze von mindestens 20 Prozent Plus im Jahr? Mehr dazu ab Seite 227.
- ☐ **Steigen die Kosten stark,** wenn das Produkt irgendwann zum Massengut wird und neue Fabriken gebaut werden müssen?
- ☐ **Wenn die Firma noch** keinen oder kaum Umsatz macht: Wie realistisch sind die vollmundigen Prognosen wirklich?
- ☐ **Wie ist die Firma an der Börse bewertet?** Schreibt sie noch keinen Gewinn, lässt sich das Kurs-Umsatz-Verhältnis anschauen. Deutlich über 3 sollte es nicht liegen. Mehr dazu auf Seite 172. Im Fall von Gewinnen: Liegt das Gewinnwachstum mehr als 20 Prozent pro Jahr?
- ☐ **Sind hohe Bewertungen gerechtfertigt?** Bei vielen Growth-Werten liegt das Kurs-Gewinn-Verhältnis üppig, zum Beispiel weit über 20. In diesem Fall sollten zumindest Prognosen auf üppige Gewinnsteigerungen in der Zukunft deuten. Eine PEG-Ratio nicht deutlich über 1 würde genau das anzeigen. Mehr zu dieser Kennziffer finden Sie ab Seite 168.

Wer tatsächlich den Anspruch hat, mögliche Kursraketen ausfindig zu machen, sollte das Risiko immer im Blick haben. Wer eine Niete erwischt, kann gerade bei unsoliden Start-up-Titeln schnell sein komplettes Geld in den Sand setzen. Deswegen sollten hochriskante Einzeltitel höchstens ein kleiner Farbtupfer im eigenen Depot sein, die als kleine Satelliten mit maximal fünf Prozent Portfoliogewicht um den breit gestreuten ETF-Kern des Portfolios schwirren.

Vielleicht ist es sogar noch übersichtlicher, solche Zockerwerte komplett von der langfristigen Geldanlage zu trennen und für solche Titel ein eigenes Spielgeld-Depot aufzumachen. Auch dabei sollten Anlegerinnen und Anleger übrigens diszipliniert vorgehen. Setzen die Anlegenden fünf Mal 1000 Euro auf unterschiedliche Hoffnungswerte und landen mit allen im Graben, sollten sie das Abenteuer danach für beendet erklären und den Flops nicht noch neues Geld hinterherwerfen.

Etwas anderes sind hingegen erwachsenere Wachstumstitel: Viele Internetkonzerne sind heutzutage alles andere als unsolide Start-up-Buden, sondern ausgewachsene Milliardenkonzerne. Sie sind allerdings auch in den weltweiten Aktien-ETF bereits stark vertreten.

Mehr zu Welt-ETF ab Seite 63

Die Dividenden-Strategie

Dividendentitel locken mit turnusmäßigen Ausschüttungen. Doch oft genug können sie eine optische Täuschung sein.

Ein kleines bisschen von den Milliardengewinnen der Großkonzerne abbekommen? Wer in Aktien investiert, kann das selbst mit kleinem Vermögen erreichen. Hierzulande zahlen viele Aktiengesellschaften schließlich einmal im Jahr eine Dividende, schütten also einen Teil des Unternehmensgewinns an die Anlegerinnen und Anleger aus. Eine kleine Einführung dazu haben Sie bereits ab Seite 135 gelesen. Alleine im deutschen Leitindex Dax haben die Unternehmen laut Analyse der FOM Hochschule im Jahr 2023 mehr als 50 Milliarden Euro ausgeschüttet, global waren es nach Rechnung des Vermögensverwalters Janus Henderson gar 1,66 Billionen US-Dollar. Viele Anlegerinnen und Anleger fragen sich, wie sie sich einen Teil dieses Kuchens sichern können.

Wer in Dividendenaktien investieren will, muss zunächst den Ablauf verstehen:

1. **Dividendenvorschlag:** Zunächst muss das Management einen Dividendenvorschlag veröffentlichen. Daraus geht hervor, wie hoch die Dividende für das ablaufende Geschäftsjahr sein soll. Auf dem aktuellen Stand sind Interessierte zum Beispiel mit der Internetseite Dividendenchecker. Hierzulande zahlen die meisten Firmen ihre Dividende übrigens einmal im Jahr zur Hauptversammlung, in den USA oder Großbritannien zahlen die Unternehmen quartalsweise überschaubarere Beträge.
2. **Hauptversammlung:** Bei der alljährlichen Aktionärsversammlung dürfen die Anlegerinnen und Anleger über den Dividendenvorschlag des Vorstands abstimmen. Wer eine Unternehmensaktie an diesem Stichtag besitzt, hat ein Recht auf die Dividende. Interessierte müssen die Aktie also nicht schon monatelang im Portfolio gehabt haben. Wer allerdings auf der Hauptversammlung über die Höhe der Dividende mit abstimmen will, muss das Papier in der Praxis vieler Unternehmen bereits zu einem Stichtag 21 Tage vor der Hauptversammlung besessen haben.
3. **Tag nach der Hauptversammlung:** An diesem Tag wird die beschlossene Dividende vom Kurs abgeschlagen, im Börsenjargon handeln die Aktien dann „ex-Dividende“ (exD). Das hat einen simplen Grund: Das Geld ist nun nicht mehr Teil der Unternehmensbilanz, sondern fließt an die Anlegerinnen und Anleger. Wollen sie den neuen Wert des Unternehmens am Parkett ermessen, müssen sie natürlich berücksichtigen, wenn mit der Dividende eine Millionen- oder gar Milliardensumme aus dem Unternehmen fließt.
4. **Geldzahlung:** Bei den meisten Banken kommen die Dividenden etwa zwei bis drei Tage nach der Hauptversammlung auf dem Konto der Anlegerinnen und Anleger an. Einige Anbieter haben sogar eine Art Dividendenalarm: Dann bekommen besonders Interessierte eine Nachricht aufs Handy, wenn die Gewinnausschüttung auf dem Konto angekommen ist.

Übersicht über deutsche Dividenden: dividendenchecker.de

Die Dividendenrendite ist trügerisch

Bei der Suche nach den vermeintlich „besten“ Dividenden schauen viele Anlegerinnen und Anleger auf die Dividendenrendite: Diese Kennziffer sagt, wie viel Prozent des aktuellen Börsenkurses die erwartete Dividende eines Unternehmens ausmacht (engl. dividend yield). Zwei Euro Dividende wären bei einem Unternehmen mit einem Aktienkurs von 25 Euro in Wirklichkeit schließlich mehr als bei einem Unternehmen mit 50 Euro Aktienkurs. Sinngemäß könnten Anlegerinnen und Anleger das Anrecht auf die zwei Euro Dividende beim ersten Unternehmen schließlich günstiger „einkaufen".

Dividendenrendite berechnen

$$\frac{\text{Erwartete Dividende je Aktie in €}}{\text{aktueller Börsenkurs in €}} \times 100 = \text{Dividendenrendite (in \%)}$$

Wer will, kann die Dividendenrendite zum tagesaktuellen Kurs auf Börsenportalen im Netz abrufen. Haben die Firmen ihre Dividendenvorschläge veröffentlicht, basieren die Daten meist auf diesen Zahlen. Gibt es noch keine offizielle Äußerung vom Management, schätzen Banken und Analysehäuser die Dividenden. Das Kursportal Yahoo Finance zieht dazu die Prognosen der Ratingagentur Morningstar heran, Onvista zeigt den Analystenkonsens vom spezialisierten Datenanbieter Factset.

Bis die Dividende offiziell beschlossen ist, handelt es sich dabei erst einmal um bloße Schätzungen: Anlegerinnen und Anleger sollten daher am besten immer die Werte aus mehreren Portalen abgleichen. Übrigens: Die Dividende wird in jedem Jahr immer für das abgelaufene Geschäftsjahr gezahlt, im Jahr 2025 also für das Geschäftsjahr 2024. Im Netz müssen Interessierte also immer genau schauen, ob die Seiten das Geschäftsjahr oder das Auszahlungsjahr einer Dividende meinen.

Gleich aus mehreren Gründen ist die Dividendenrendite allerdings eine Anlagefalle: Einerseits sind die Dividenden bis zur offiziellen Hauptversammlung noch nicht beschlossene Sache. Laufen die Geschäfte unerwartet schlecht, kürzen manche Firmen ihren eigenen Dividendenvorschlag auf den letzten Metern noch einmal zusammen. Auch die Schätzungen der Analysehäuser sind oft nur über den Daumen gepeilt: Manchmal setzen sie nur den Wert des Vorjahres an oder schreiben bloß das langfristige Dividendenwachstum in die Zukunft fort. Anlegerinnen und Anleger sollten die Herkunft der Daten also genau verstehen und immer kritisch mit ihnen umgehen.

30 SEKUNDEN FAKTEN

25-MAL

hintereinander heben manche Unternehmen die Dividende an und dürfen sich dann „Dividendenaristokraten" nennen.

1610

zahlte die wohl älteste Aktiengesellschaft der Welt erstmals eine Dividende. Es handelte sich um die Vereinigte Ostindienkompanie.

VIER KILOGRAMM

Schokolade enthält ein Koffer, den manche Lindt-Aktionäre und -Aktionärinnen als Naturaldividende erhalten können.

52 %

der deutschen Börsenunternehmen zahlten 2024 eine Dividende.

Quellen: S&P Global, Prof. Gelderblom, Lindt & Sprüngli, DSW

Dividendenrendite:
yahoo.de/finance
bei „Statistiken"
onvista.de
unter „Kennzahlen"

Checkliste

Diese Punkte sind bei Dividendenaktien wichtig

Mit diesen Kriterien lassen sich Dividendenaktien herausfiltern und analysieren:

- ☐ **Hält die Firma ihre Dividende immer mindestens stabil?** Oder musste sie die Beträge von einem aufs andere Jahr schon mal kürzen? Steigert die Firma ihre Dividende im besten Fall gar von Jahr zu Jahr?
- ☐ **Hat die Firma ein stabiles Geschäftsmodell?** Oder ist es sehr konjunktursensibel? Hängt das Unternehmen am Lauf der Weltwirtschaft, könnten die Dividenden in Krisenzeiten stärker schwanken.
- ☐ **Hat das Unternehmen gute Fundamentaldaten?** Steigt der freie Cashflow der Firma stetig schön an? Und wie viel Eigenkapitalrendite erzielt sie? Mehr zu diesen Kennziffern ab Seite 227.
- ☐ **Seit wie vielen Jahren** zahlt das Unternehmen unentwegt eine Dividende? Ist die Zahlung in Krisen ausgefallen?
- ☐ **Wie hoch ist die Dividendenrendite?** Haben Anleger bei hohen Ausschüttungen im Verhältnis zum Kurs geprüft, ob vorher bloß der Kurs in den Keller gerauscht ist? Falls ja: Trauen sie der Firma wirklich den Turnaround zu? Oder ist das nicht doch zu riskant?
- ☐ **Wie viel Prozent des Gewinns je Aktie schüttet die Firma als Dividende aus?** Eine Ausschüttungsquote von weniger als 40 Prozent beteiligt die Anlegerinnen und Anleger nicht so stark am Gewinn. Schüttet die Firma hingegen mehr als 70 Prozent aus, kann sie unter Umständen zu wenig Puffer für Krisenzeiten aufbauen.
- ☐ **Falls Interessierte mehrere Dividendentitel kaufen wollen:** Wird ihr Portfolio damit zu abhängig von traditionellen Branchen wie Öl oder Tabak oder vermeintlich stabilen Sektoren wie Versicherungen oder Telekomwerten?

Die Dividendenrendite ist trügerisch

Manchmal ist die Dividendenrendite jedoch auch eine optische Täuschung: Denn die Kennziffer fällt nicht nur dann üppig aus, wenn das Unternehmen eine tolle Dividende zahlt. Auch wenn der Aktienkurs eines Konzerns rapide gefallen ist, wirkt die Gewinnausschüttung im Vergleich dazu natürlich bombastisch. Im Jahr 2023 war das zum Beispiel beim Immobilienkonzern Vonovia der Fall: Weil der Aktienkurs in den vorangegangenen 12 Monaten um mehr als 40 Prozent eingekracht war, ergaben selbst magere 85 Cent Gewinnausschüttung je Aktie optisch eine üppige Dividendenrendite von rund fünf Prozent. Einfach nur die Aktien aus den Listen der höchsten Dividendenrenditen „herunterzukaufen" ist alleine also keine erfolgversprechende Strategie. Einerseits wird die Dividende am Tag nach der Hauptversammlung schließlich vom Kurs abgeschlagen, sodass Anlegerinnen und Anleger unmittelbar keine zusätzliche Rendite erwirtschaften. Nur wenn das Unternehmen auch in den Folgejahren seine Dividende mindestens konstant hält und der Kurs nicht abbröckelt, würden Anlegerinnen und Anleger tatsächlich Rendite machen.

Dividendenhistorie unter: boerse.de, Aktie, „Dividenden"

Außerdem sind gerade unter den Firmen mit hohen Dividendenrenditen spezielle Branchen oft stark vertreten: Versicherungen, Ölfirmen, Telekomtitel und Tabakkonzerne sind unter den Hochdividenden-Werten überrepräsentiert, weil sie entweder relativ planbare Geschäftsmodelle haben oder umstritten sind und Interessierte mit den Dividenden unverhohlen anlocken wollen. Wer sich auf Basis vermeintlicher Bestenlisten nur solche Branchen ins Depot legt, erhält unter dem Strich ein schlecht diversifiziertes Portfolio.

Die Dividendenhistorie beachten

Auch wenn die Dividendenrendite griffig ist, schauen viele Ausschüttungsfans inzwischen etwas tiefer. Statt die Prognosen für ein einzelnes Geschäftsjahr zur Grundlage des eigenen Investments zu machen, analysieren sie die längerfristige Dividendenhistorie: Seit wie vielen Jahren zahlt das Unternehmen unentwegt eine Dividende? Hat die Firma die Ausschüttungssumme je Aktie in schlechten Jahren auch mal gekürzt? Oder war es besonders vorbildlich und hat von Jahr zu Jahr immer noch einige Cent bei der Ausschüttung drauf gelegt?

Zahlt ein Unternehmen schon seit Jahrzehnten zuverlässig stabile oder steigende Dividenden, kann das ein Indiz für ein stabiles Geschäftsmodell sein. Manche Unternehmen formulieren sogar eine Dividendenpolitik, in der sie anpeilen, die Dividende zum Beispiel jedes Jahr um ein paar Cent zu erhöhen. Unternehmen, die in den USA ihre Dividende seit 25 Jahren nach oben setzen, heißen übrigens „Dividendenaristokraten“. In Europa ist dieser Ehrentitel weniger anspruchsvoll und auch nicht einheitlich definiert: In Deutschland haben beispielsweise nur elf Firmen ihre Dividende seit mehr als zehn Jahren kontinuierlich erhöht, so hat es die FOM Hochschule ausgewertet. Doch auch wenn eine solide Historie vertrauenswürdig wirkt, eine Garantie ist sie nicht: Der Medizintechnikkonzern Fresenius zahlte über 25 Jahre steigende Dividenden, konnte sie im Jahr 2023 „nur“ stabil halten und musste sie in 2024 sogar ganz streichen.

Ein Börsentagebuch führen

Häufig sind Tagebücher eine emotionale Angelegenheit. Doch auch an der Börse sollte jeder und jede Buch führen – um besonders kühl zu investieren.

Auch wenn sich Tagebuchschreiben für manche vielleicht ein wenig nach Grundschule anhört, ist es an der Börse enorm hilfreich. Keine Sorge, niemand muss börsentäglich seine Stimmungen und Gedanken zusammenfassen. Stattdessen geht es gerade beim Thema Einzelaktien darum, Kauf- und Verkaufsentscheidungen gut zu begründen – und sich hinterher auch noch genau daran zu erinnern. Nur wer Käufe auch mit Argumenten unterfüttern kann, wird Kurshochs oder bröckelnde Notierungen fachlich beurteilen können. Wer sich also auf das Abenteuer einzelner Aktien einlassen will, sollte in einer Art Entscheidungsmatrix oder Aktientagebuch das Für und Wider immer sauber aufführen.

Gleichzeitig sollten sich Anlegerinnen und Anleger stets überlegen, aufgrund welcher Strategie sie eine Aktie kaufen. Wer dem eigenen Portfolio mit drei bis sechs Satelliten einen gewissen „Dreh“ geben will, könnte beispielsweise mehrere Value-Titel oder Growth-Aktien heraussuchen. Soll der Titel einfach eine kleine Wette sein, ließe sich relativ freihändig auswählen und kaufen. Sollen die Aktien hingegen Bestandteil eines diversifizierten Depots aus rund 80 bis 100 Einzeltiteln sein, müssten Privatleute gleichzeitig auf die Länder- und Branchenharmonie achten. Genauer haben wir diese unterschiedlichen Fälle bereits ab Seite 208 dargestellt.

Die Kopfzeile ausfüllen

Wer sich für eine Aktie entschieden hat, sollte alle Gedanken noch einmal stichpunktartig aufführen. Dabei sollten Kaufwillige in der Kopfzeile des Börsentagebuchs zunächst einige faktische Punkte notieren:

- **Name der Aktie** (mit Isin/WKN)
- **Sektor** und konkrete Branche
- **Aktueller Kurs** je Aktie
- **Stil der Aktie:** Value oder Growth?
- **Größe der Aktie:** Large Cap, Mid Cap oder Small Cap?

Profilangaben zu Aktien unter: morningstar.de unter „Profil"

Pro und Contra skizzieren

Wer die Pflichtangaben ausgefüllt hat, kann nun die eigene Argumentationslinie festhalten. Am besten mit einigen Spiegelstrichen festhalten, warum die Aktie ein „Kauf" sein könnte und sie obendrein gut ins eigene Portfolio passt. Die Gründe dafür sind so vielfältig wie die Aktienlandschaft: Manche setzen aufgrund einer schon lange Jahre starken Marktposition auf einen Value-Titel, andere erhoffen sich aufgrund von Innovationen einen kräftigen Kursschub. Vielleicht geben ja auch bestimmte Kennzahlen-Kombinationen grünes Licht: Vielleicht ist eine Aktie zwar kräftig bewertet, überzeugt aber durch üppigste Wachstumsprognosen. Oder eine Aktie wird mit Blick auf ein niedriges Kurs-Gewinn-Verhältnis gewissermaßen günstig gehandelt – man selbst stellt sich aber gegen die Masse an der Börse und wettet auf einen Turnaround.

- **Aspekte des Geschäftsmodells**
- **Wachstumsaussichten**
- **Umsatz- und Gewinnentwicklung**
- **Bewertungsindikatoren** wie KGV, KUV, KCV

Solche Überlegungen sollten Anlegerinnen und Anleger gut festhalten, um sie später nachhalten zu können. Gleichzeitig sollten sie neben Pro-Argumenten immer direkt auch Contra-Punkte fixieren. Das sind Risiken, die Anlegerinnen und Anleger bereits absehen können, idealerweise als gering betrachten oder im Zweifelsfall gar kalkuliert eingehen. Im Risikoteil des Geschäftsbericht gibt es dazu meist zahlreiche Denkanstöße, in der Wirtschaftspresse ebenfalls.

Horizont definieren

Gleichzeitig sollten alle Kaufwilligen direkt beim Kauf auch ihre Zielvorstellungen abtragen: Gibt es ein spezielles Kursziel, bei dem sich Anlegerinnen und Anleger wieder von der Position trennen wollen? Dieses Vorgehen ist zum Beispiel bei riskanteren Wachstumsaktien sinnvoll, die irgendwann genug geliefert haben. Genauso gut könnten Anlegerinnen und Anleger mit speziellen Titeln jedoch auch durch dick und dünn gehen, weil sie das Geschäftsmodell für zeitlos halten oder jahrelang auf zuverlässige Dividenden abstellen wollen – auch das ließe sich vermerken.

Verkaufsgründe festlegen

Neben Kaufargumenten vergessen viele, mögliche Verkaufsgründe zu notieren: Kommen die gesamten Weltbörsen in einem Crash ins Rutschen, sollten Anlegerinnen und Anleger nicht in Panik geraten, sondern sachliche Kriterien an der Hand haben. Umso wichtiger ist es, bereits im Vorfeld einige Kriterien festzulegen, wann ein Titel aus dem Depot fliegen soll. So könnte eine Aktie weichen, wenn das Unternehme bestimmte hochgesteckte Wachstumszahlen öffentlichkeitswirksam kassieren muss, ein Skandal ans Licht kommt oder eine angekündigte Innovation doch nicht die Marktreife erreicht. Genauso gut ließe sich die Reißleine ziehen, wenn vorher gute Unternehmenszahlen plötzlich nachhaltig schlechter ausfallen – oder wenn man schlicht ein qualitativ vermeintlich besseres oder aussichtsreicheres Investment im Auge hat.

Mein Börsentagebuch

Manche Anlegerinnen und Anleger wollen ihrem Portfolio auch Einzelaktien beimischen. Das sollte immer mit Augenmaß passieren – und mit klaren Argumenten. Unser Beispiel zeigt, dass das immer eine ganz persönliche Abwägung ist.

KOPFFELD

Wertpapierart	Name	ISIN/WKN	Stil	Größe
Aktie	Traditionsbank AG	DE000BNK1234	Value	Mid Cap

TRANSAKTIONSDETAILS

Kauf am 28.06.2024	Kurs 64,27 €	Stück 22	Gesamt 1413,94 €
Verkauf am	Kurs	Stück	Gesamt

WARUM KAUFE ICH?

Mögliche Aspekte: Geschäftsmodell / Wettbewerb / Geschäftslage / Kennzahlen / Bewertung

PRO	CONTRA
+ steigende Zinsen erhöhen Zinsmarge	– bei sinkenden Zinsen sinkt auch Zinsmarge wieder
+ Bank mit niedrigem KGV „günstig" bewertet	– Bank in der Vermögensverwaltung nicht gut aufgestellt
...	...

WIE INFORMIERE ICH MICH?

1) Ich verfolge Medienberichte zur Bank, v. a. kritische Einordnungen und halte mich mit Fachnewslettern auf dem Laufenden.
2) Im Geschäftsbericht interessiert micht vor allem das Zinsergebnis, die Entwicklung der Vermögensverwaltung und das Verhältnis zwischen Aufwand und Ertrag (Cost/Income-Ratio).
3) Ich verfolge die Zinspolitik der Notenbanken genau und die Bankenregulierung auf europäischer und nationaler Ebene.
4) ...

WANN VERKAUFE ICH?

1) Sinken die Zinsen überraschend deutlich, ziehe ich die Reißleine
2) Läuft das Sparprogramm schleppend, prüfe ich einen Verkauf.
3) Tendiert die Aktie stabil und zahlt die Bank verlässlich Dividende, bleibe ich erst mal dabei – prüfe aber regelmäßig.

...

VERKAUF

PRO	CONTRA
(noch nicht verkauft)	

Mit ETF und Fonds anlegen

Das Fonds-prinzip

Wer seine Geldanlage nicht bis ins Detail selbst gestalten will, ist mit Fonds gut beraten. Schon kleine Beträge lassen sich in unterschiedlichsten Winkeln der Kapitalmärkte investieren. Neben aktiven Fonds sind vor allem ETF-Indexfolger zum Erfolgsmodell geworden.

So funktionieren Fonds

Investmentfonds bündeln die Anlagesummen vieler Menschen und investieren sie am Kapitalmarkt. Ein echtes Erfolgsmodell – mit gewissen Tücken.

Kennen Sie dieses Gefühl? Bei allem Auf und Ab an den Kapitalmärkten stets den Durchblick zu behalten, ist manchmal gar nicht so einfach. Nicht jeder Anleger und jede Anlegerin hat Lust, sich durch Dutzende Unternehmensbilanzen zu wühlen oder zwischen den Zeilen der Notenbankstatements zu lesen. Wer dennoch auf lange Sicht und ohne ständige Arbeit vom Lauf der Kapitalmärkte profitieren will, findet in Investmentfonds eine bequeme Möglichkeit.

Die Grundidee der Fonds ist einfach und zugleich äußerst charmant: Viele Menschen zahlen größere oder kleinere Summen in einen Topf und lassen dieses Geld dann verwalten. In der Praxis machen das Fondsgesellschaften: Diese Unternehmen legen Fonds auf, für die sie jeweils einen bestimmten Anlageschwerpunkt festlegen. Fonds können je nach Ausrichtung zum Beispiel in Aktien, Immobilien, Rohstoffe oder Anleihen investieren.

Im Gegenzug für ihr Geld bekommen die Anlegerinnen und Anleger sogenannte Anteile am jeweiligen Fonds. Die Fondsprofis wiederum bündeln das Geld der Investorinnen und Investoren zu einem großen Fondsvermögen und investieren diese Summe dann entlang der eigenen Richtlinien. Was die

So funktioniert ein Fonds

Hinter den gemeinschaftlichen Anlageprodukten steckt eine ausgeklügelte Konstruktion.

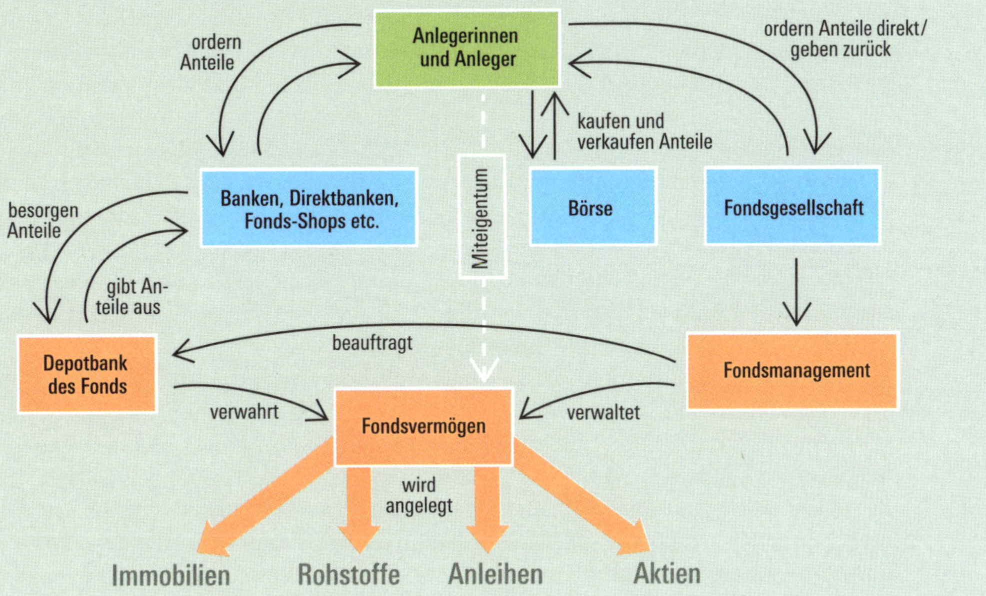

Anmerkung: vereinfachte Darstellung

Richtlinien vorgeben, hängt ganz vom jeweiligen Fonds ab: Weltweite Aktienfonds können das Geld beispielsweise rund um den Globus investieren, während Aktienfonds mit Deutschland-Schwerpunkt das Geld ausschließlich oder vorwiegend auf heimische Titel verteilen.

Fonds können streuen

Im Unterschied zu Investments in einzelne Aktien bieten Fonds gleich mehrere Vorteile auf einmal: Selbst wenn Privatleute nur kleine Beträge anlegen, können die Anlagegesellschaften das Geld der Sparerinnen und Sparer zusammengenommen investieren und auf viele unterschiedliche Titel verteilen. Das folgt dem Erfolgsprinzip der Streuung, mehr zu dessen Wirkung ab Seite 38. Salopp gesagt: Wer nicht all sein Geld auf eine oder bloß wenige Karten setzt, kann das Risiko für das eigene Portfolio besser in Schach halten.

Klar, große Börsencrashs treffen oft alle Länderbörsen und die meisten Aktientitel gleichermaßen. Das sogenannte Marktrisiko lässt sich also auch mit Fonds nicht ausschalten. Dass aber einige wenige Verlierertitel gleich die komplette Bilanz verhageln, ist bei vernünftigen Fonds eher unwahrscheinlich.

Das liegt vor allem an den gesetzlichen Vorgaben für aktive Investmentfonds: Nach der sogenannten 5-10-40-Regel müssen die Anlagehäuser das Geld der Anlegerinnen und Anleger breit investieren. Konkret dürfen die meisten aktiven Fonds nicht mehr als zehn Prozent des Vermögens eines Fonds in Wertpapiere ein und desselben Herausgebers investieren. Gleichzeitig dürfen alle Positionen von mehr als fünf Prozent Gewicht insgesamt nicht mehr als 40 Prozent des Fondsvolumens ausmachen. Im Klartext bedeutet dieser Dreiklang: Ein handelsüblicher Fonds muss im Normalfall mindestens 16 Papiere enthalten

(4 x 10 Prozent plus 12 x 5 Prozent). In Wirklichkeit enthalten zum Beispiel die meisten Aktienfonds aber weit mehr als 16 Positionen. In der Fondspraxis gelten Fonds mit zwischen 20 und 40 Positionen noch als eher konzentriert, normale Aktienfonds enthalten oft weit mehr als 80 oder 100 Einzeltitel.

Aktive Fonds

Grundsätzlich müssen Anlegerinnen und Anleger zwei unterschiedliche Fondsarten unterscheiden: Bei sogenannten aktiven Fonds sind Fondsleute aus Fleisch und Blut dafür zuständig, das Geld im Fonds möglichst gewinnbringend zu verwalten. Die Geldprofis recherchieren, beobachten Unternehmen, sprechen teilweise mit dem Firmenmanagement, arbeiten sich durch Bilanzkennzahlen oder entwickeln komplexe mathematische Modelle, die ihnen die vermeintlich aussichtsreichsten Aktien auswerfen sollen. Oft können die Fondsleute auf einen ganzen Stab von Branchen- oder Länderfachleuten zugreifen und Trends am Kapitalmarkt einordnen.

Mehr zu passiven ETF ab Seite 249

Gleichzeitig verlangen viele aktive Fonds unterschiedlichste Gebühren, die den faktischen Ertrag der Anlegerinnen und Anleger drücken. Häufig müssen Privatleute bei aktiven Aktienfonds zum Beispiel fünf Prozent der Investitionssumme ganz am Anfang bereits als Ausgabeaufschlag zahlen. Dazu kommen laufende Gebühren von oft 1,5 Prozent des Anlagevolumens pro Jahr. Manche Fonds verlangen sogar Erfolgsgebühren, wenn sie besonders gut abschneiden. Diese Kosten müssen Fonds gewissermaßen erst einmal hereinspielen, bevor die Privatleute einen einzigen Cent Gewinn machen. Wann aktive Fonds trotzdem Sinn ergeben und wie Privatleute vernünftige Produkte finden, lesen Sie ab Seite 262.

Mehr zu aktiven Fonds ab Seite 262

Passive Fonds

Neben den aktiv gemanagten Fonds gibt es sogenannte passive Fonds, die selbst keine aktive Anlageentscheidung treffen. Stattdessen folgen sie schlicht eins zu eins einem vorgefertigten Index. Das können zum Beispiel bekannte Aktienindizes wie das Industrieländerbarometer MSCI World sein oder der europäische Stoxx Europe 600. Ebenso gibt es Anleiheindizes wie den Bloomberg Euro Aggregate, der zum Beispiel europäische Staats- und Unternehmensanleihen in eine Indexkurve bündelt. Solche passiven Indexfolger brauchen keinen großen Stab an Verwaltungsleuten, daher sind sie in der Regel günstiger als aktive Aktienfonds und landen deshalb auch renditemäßig meist vorne. Warum Stiftung Warentest diese Produkte zum Kernbaustein des privaten Vermögensaufbaus empfiehlt und wie sie im Detail funktionieren, steht ab Seite 249.

Mehr zu Depotkonditionen ab Seite 342
Mehr zu Sparplan-Konditionen ab Seite 349

Fonds auch für kleine Geldbeutel

Fonds sind also gerade bei kleinerem Vermögen eine pragmatische Lösung. Wer ein Aktienportfolio der Marke Eigenbau konstruieren will, bräuchte nicht nur viel Börseninteresse, sondern in der Praxis auch rund 80 bis 100 Titel, damit Bewegungen bei einzelnen Titeln nicht zu stark auf das Gesamtportfolio durchschlagen. Sollen die Kaufkosten an der Börse nicht zu deutlich die Performance belasten, müsste allein das Aktiendepot rund 100 000 Euro umfassen, der Zinsbaustein des Portfolios wäre nicht einmal eingerechnet.

Fonds bieten dagegen die Möglichkeit, schon mit kleinem Geld Dutzenden, Hunderten oder Tausenden Aktien auf einmal zu folgen und sie „im Paket" zu kaufen. Viele aktive Fonds lassen sich als Einmalinvestment ab Summen von 250 Euro kaufen, weitere Anteile können Anlegende jederzeit dazukaufen.

Für kleine Geldbeutel eignen sich vor allem Sparpläne: Dabei können alle Menschen bei den meisten Banken bereits ab 25 Euro im Monat in den Fonds sparen. Teilweise sind Fondssparpläne auch bereits ab einem Euro oder zehn Euro pro Ausführung möglich. Bei solch kleinen Sparplansummen sollten Privatleute unbedingt prüfen, dass eventuelle Sparplankosten nicht zu viel des Geldes wegfressen. Insbesondere dann, wenn die Banken für Sparpläne nicht nur prozentuale, sondern auch fixe Gebühren abziehen.

Anlageform mit Regeln

Wer Geld in einen Fonds einzahlt, bekommt dafür im Gegenzug Anteilsscheine. Wie eine Urkunde verbriefen diese Papiere, dass die Anlegerin oder der Anleger Mitinhaber am gemeinschaftlichen Fondsvermögen ist. Rechtlich gesehen ist man dann nicht Aktionär, weil man ja nicht in der Fondsgesellschaft mitbestimmen kann. Genauso wenig sind die Käuferinnen und Käufer Gläubiger, die Geld bloß leihen. Stattdessen spricht man rechtlich gesehen davon, dass Fondskundschaft Miteigentum am Fondsvermögen erwirbt. Wer 1000 Euro investiert, dessen Vermögensanteil am Fonds ist also zehnmal größer der eines Anteilsbesitzers im Wert von nur 100 Euro.

Im Grunde macht es bei Fonds aber keinen Unterschied, ob jemand 1000 Euro oder 100000 Euro investiert. Von der Wertentwicklung profitieren alle Käuferinnen und Käufer im Grunde im selben Maße. Steigt der Wert des Fonds beispielsweise um acht Prozent, steigen die Fondsanteile aller Beteiligten prozentual gesehen im gleichen Maße. Einzige Ausnahme: Fondsgesellschaften bieten oft günstigere Tranchen für institutionelle Anlagekunden an, die größere Beträge investieren. Seltener können auch Privatleute diese Tranchen kaufen.

30 SEKUNDEN FAKTEN

8 %

der Aktien deutscher Firmen besitzen hiesige Fondsgesellschaften.

24 053

Fonds haben hiesige Anlegerinnen und Anleger zur Auswahl.

1950

ging der erste deutsche Fonds mit dem Namen Fondra an den Start, heute gehört er zu Allianz Global Investors.

MEHR ALS 30 %

des in Fonds investierten Geldes hierzulande liegt inzwischen in ETF.

Quelle: BVI, Stiftung Warentest

Schutz für Anlagegeld

Die Investmentgesellschaften dürfen mit dem Geld der Anlegerinnen und Anleger natürlich nicht machen, was sie wollen. Rechtlich gesehen müssen sie das Anlagegeld im Fonds unabhängig vom Unternehmensvermögen der Fondsgesellschaft verwahren. Das investierte Geld der Anlegerinnen und Anleger lagern sie bei einer unabhängigen Depotbank, auf das entsprechende Geld haben sie persönlich keinen Zugriff. Das Geld und die Wertpapiere im Fonds bilden aus rechtlicher Sicht übrigens ein „Sondervermögen“, weil es buchstäblich gesondert aufbewahrt wird. Dadurch lassen sich viele potenzielle Probleme von vornherein ausschließen: Im Falle einer Insolvenz der Fondsgesellschaft dürfen die Geldprofis das Anlagevermögen der Kundschaft nicht antasten. Auch Gläubiger der Fondsgesellschaft dürfen nicht auf das Geld der Anlegerinnen und Anleger zugreifen. Genauso wenig dürfen sich einzelne Fondsleute aus dem Geld der Käuferinnen und Käufer bedienen. Und: Geld von gut laufenden Fonds in magerere Produkte zu schieben, ist ebenfalls verboten.

So sind Fonds aufgebaut

Das Fondsvermögen müssen die Anlagehäuser also bei einer unabhängigen Depotbank verwahren lassen (auch: Verwahrstelle). Die Fondsgesellschaft muss dabei sowohl rechtlich als auch personell unabhängig von der Verwahrstelle sein. Doch die Verwahrstellen sind nicht bloß reine Parkplätze für das Fondsvermögen. Die Verwahrstellen sind auch dafür zuständig, das Anlagevermögen zu überwachen. Sie müssen also prüfen, ob die Fondsleute mit ihrer Anlagestrategie die gesetzlichen Gewichtungsgrenzen einhalten und nicht außerhalb des vorgegebenen Anlageuniversums wildern. Außerdem soll sie prüfen, ob die Käufe und Verkäufe der Fondsgesellschaft zu marktüblichen Kursen erfolgt sind.

Mehr zum Börsenhandel von aktiven Fonds auf Seite 273

Ganz grundlegend geben sie auch technisch die neuen Anteilsscheine für einen Fonds aus oder nehmen Anteile von Verkaufswilligen zurück. Dazu ermitteln sie einmal am Tag den Ausgabe- und Rücknahmepreis eines Fonds (auch: Nettoinventarwert). Dieser Anteilspreis für einen Fonds richtet sich übrigens nicht nach Angebot und Nachfrage, wie es sonst oft in der Finanzwelt üblich ist. Stattdessen ermittelt die Depotbank einmal täglich zu einer bestimmten Uhrzeit den Wert aller Vermögenswerte im Fonds, rechnet das Barvermögen des Fonds dazu und zieht bestimmte Kosten wie Depotgebühren des Fonds ab. Teilt man dann dieses Gesamtvermögen des Fonds dann durch die Zahl aller ausgegebenen Anteile, ergibt sich der Preis eines Fondsanteils.

Wert eines Fondsanteils berechnen
Wert aller Vermögenswerte im Fonds[1]
+ Summe der liquiden Mittel[2]
– Verbindlichkeiten des Fonds[3]
= Nettoinventarwert des Fonds
/ Anzahl der ausgegebenen Anteilsscheine
= Rücknahmepreis je Fondsanteil

1 Bewertung d. Wertpapiere zum Tageskurs, Immobilien zum Ertragswert, 2 z. B. Barvermögen, 3 z. B. Managementkosten, Depotbankgebühren, Handelskosten im Fonds

Wird dieser Preis zum Beispiel um 13 Uhr berechnet, gilt er oft für alle Aufträge, die bis 10 Uhr bei der Fondsgesellschaft eingegangen sind. Faktisch ist es inzwischen jedoch auch möglich, Fonds an der Börse zu handeln: Bei ETF ist der Börsenhandel der normale Weg für Käufe und Verkäufe, die Details zum Kaufen gibt es ab Seite 255 und 352. Auch für aktiv gemanagte Fonds hat sich nach der Jahrtausendwende in Deutschland ein reger Börsenhandel etabliert, mehr dazu ab Seite 272.

Alles unter Aufsicht

Die Richtlinien für Fonds gibt inzwischen übrigens Brüssel vor: Die sogenannten OGAW-Richtlinien regeln „Organismen für gemeinsame Anlagen in Wertpapiere" (engl. UCITS). Diese Regeln geben Fonds zum Beispiel vor, wie sie ihre Anlageleitlinien formulieren müssen, welche Informationspapiere sie Anlegerinnen und Anlegern an die Hand geben müssen und welche Vorgaben es für die Risikostreuung gibt. Finanzprodukte, die den OGAW-Regeln folgen, bekommen übrigens automatisch einen Europa-Pass und lassen sich europaweit vertreiben. Als Aufsichtsbehörde ist stets die jeweilige Finanzaufsicht des Stammlandes zuständig. Neben einem ausführlichen Fondsprospekt und einem etwas übersichtlicheren Basisinformationsblatt müssen die Fondshäuser zum Beispiel einmal pro Jahr einen Jahresbericht und auf halber Strecke einen Halbjahresbericht veröffentlichen. Spätestens in diesen beiden Berichten müssen sie alle Anlagepositionen des Fonds offenlegen.

ETF veröffentlichen diese Daten auf freiwilliger Basis meist täglich, auch wenn sie das rechtlich nicht müssen. Hilfreich ist für Anlegerinnen und Anleger oft auch das ebenfalls freiwillige Datenblatt (engl. Factsheet) vieler aktiver wie passiver Fonds, in dem sie auf ein bis drei Seiten die wesentlichen Eckdaten wie Länderaufteilung, Branchensplit oder die Top-10-Positionen im Fonds sowie weitere Informationen präsentieren. All diese Dokumente finden Nutzerinnen und Nutzer übrigens auf den Internetseiten der Anbieter.

ETF – einfach und erfolgreich

Nach der Weltfinanzkrise wurden ETF zum Verkaufsschlager. Denn die meist passiven Fonds schneiden besser ab als aktive Produkte. ETF sind schließlich nicht nur transparenter, sondern vor allem günstiger.

ETF – im Detail erklärt

Inzwischen sind ETF der Topseller in der Börsenwelt geworden. Doch wie die Produkte genau funktionieren, wissen nur die wenigsten.

Manche Fans haben für das Kürzel ETF eine eingängige Übersetzung gefunden. Die Abkürzung ETF stehe für die Worte einfach, transparent und fair. Vermutlich ahnen Sie bereits, dass das nicht ganz stimmen kann. In Wirklichkeit steht der Buchstaben-Dreiklang schließlich für den englischen Begriff Exchange Traded Funds (ETF), was so viel wie „börsengehandelte Fonds“ bedeutet.

Im Grunde liegen aber auch die ETF-Fans mit ihrer Interpretation nicht falsch: ETF sind einfach zu verstehen, weil sie in der Regel eins zu eins einem Börsenindex folgen. Die Papiere sind obendrein transparent, weil sich die Zusammensetzung der meisten Börsenbarometer im Netz schnell nachvollziehen lässt. Und fair sind ETF allemal, weil sie schlicht weniger kosten als aktiv gemanagte Fonds. Aus all diesen Gründen empfiehlt Stiftung Warentest die Papiere als Kerninvestment für den privaten Vermögensaufbau.

Einfach auf den Markt setzen

Wer in ETF investiert, will im Grunde einfach einem gesamten Anlagemarkt folgen oder einem Ausschnitt davon. Am bekanntesten sind sicher ETF auf weltweit aufgestellte Aktienindizes wie den MSCI World. Genauso gut gibt es aber auch Aktienindizes, die nur auf bestimmte Weltregionen wie Schwellenländer, europäische Aktien oder gar allein auf die Papiere eines einzelnen Landes setzen. Neben Aktienindizes sind auch Anleiheindizes wichtig, die zum Beispiel Staats- und Unternehmensanleihen aus der Eurozone bündeln. Genauso gut gibt es inzwischen auch Spezial-ETF, die ausschließlich dividendenstarke Aktien oder Titel rund um das Modethema Künstliche Intelligenz umfassen.

Auch wenn die Indexfolger in aller Regel passiv ihrem Index folgen, müssen die Anlegerinnen und Anleger in Wirklichkeit eine aktive Entscheidung treffen: Es ist etwas völlig anderes, auf einen weltweit aufgestellten Aktienindex zu setzen, als auf ein sehr enges Modethema wie E-Mobilität oder Künstliche Intelligenz.

Eine Übersicht über die wichtigsten Aktienindizes ab Seite 60

Wie ETF den Index nachbauen

Eigentlich klingt es nach einer simplen Angelegenheit, den Lauf eines Börsenindex eins zu eins nachzuzeichnen. In der Praxis ist es für die ETF-Häuser aber gar nicht so einfach, den Verlauf der Kurskurven immer möglichst exakt nachzubilden. Beim deutschen Leitindex Dax mit seinen bloß 40 Titeln mag das noch überschaubar sein, beim weltweit aufgestellten FTSE All World mit mehr als 4300 Titeln ist es allerdings eine Herkulesaufgabe. Konkret haben sich die Anlagehäuser deswegen drei unterschiedliche Methoden ausgedacht, wie sie einen Index als ETF nachzeichnen können. Manchmal kaufen sie tatsächlich eins zu eins alle Papiere, in anderen Fällen haben sie sich einige Kniffe einfallen lassen. Kurz vorweg: Aus Sicht von Stiftung Warentest macht es für Privatleute keinen entscheidenden Unterschied, welcher Konstruktionsmethode der eigene ETF folgt.

▸ Vollreplizierende Nachbildung

Hier ist drin, was draufsteht: Wenn ETF alle Aktien des zugrunde liegenden Index eins zu eins einkaufen lassen, handelt es sich um sogenannte „vollreplizierende ETF". Manchmal nennen Fachleute diese Methode auch „full replication" oder „physische Vollreplikation". Will das ETF-Haus damit einen Index abbilden, kauft es einfach die Indextitel entsprechend ihrer Gewichtung von oben nach unten herunter. Machen Titel des deutschen Softwarehauses SAP zum Beispiel knapp 15 Prozent des deutschen Leitindex aus, würde der ETF-Anbieter bei Auflage des Produkts entsprechend einkaufen. Fliegen jedoch einzelne Titel mit der Zeit aus dem Index hinaus und kommen stattdessen Aufsteiger neu hinzu, muss der ETF die Papiere der Absteiger aktiv abverkaufen und die Papiere der neuen Indexmitglieder hinzukaufen.

Für Privatleute ist diese Konstruktionsmethode besonders intuitiv zu verstehen. Weil der ETF tatsächlich alle Werte eins zu eins im Sondervermögen des Fonds hält, gehört den Käuferinnen und Käufern als Miteigentümern am Fondsvermögen ein Anrecht auf ihren Teil am Gesamtvermögen. Gleichzeitig entstehen bei den regelmäßigen Käufen und Verkäufen im Rahmen von Indexrochaden auch für die Fonds Orderkosten, die die faktische Performance des ETF etwas vom Index ablösen können. Die Anbieter physisch vollreplizierender ETF versuchen daher, zum Beispiel die Steuerlast auf Dividenden im Ausland möglichst gering zu halten oder vielleicht einige Wertpapiere im Fonds gegen eine Gebühr an Kapitalmarktprofis zu verleihen. Mit solchen Kniffen können sie den Performancenachteil oft wieder wettmachen.

▸ Teilreplizierende Nachbildung

Wer größere Indizes nachbauen will, kann sich mit einem Trick weiterhelfen: Statt alle Aktien eins zu eins einzukaufen, können die ETF-Anbieter auch bloß eine repräsentative Stichprobe kaufen. Gerade bei größeren Indizes mit mehreren Hundert oder gar Tausenden Titeln kommen die kleinsten Aktien gerade noch auf ein Gewicht von weit weniger als 0,1 Prozent. Viele der Titel sind also so unbedeutend, dass sie den Lauf der Indexkurve ohnehin kaum beeinflussen würden und daher auch weggelassen werden können.

Ein Beispiel: Obwohl der Schwellenländerindex MSCI Emerging Markets in Wirklichkeit rund 1330 Titel umfasst, beinhaltet ein entsprechender ETF des Anbieters iShares nur rund 1240 Positionen (Stand: 08/24).

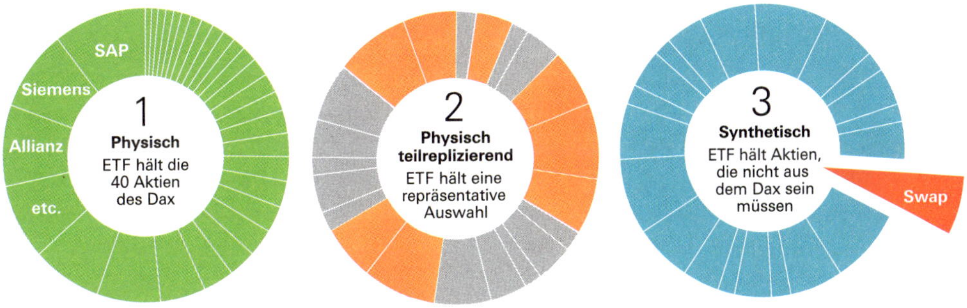

Denn gerade bei etwas exotischeren Indizes würden den ETF-Häusern bei ihren Orders sonst vergleichsweise hohe Kosten entstehen: An vielen Schwellenländerbörsen ist der Aktienmarkt weniger liquide. Kleine Titel für große Summen zu kaufen kann also kompliziert und teuer sein. Lässt der ETF solche Titel einfach weg, spart er sich Kaufkosten. Für Anlegerinnen und Anleger kann das am Ende besser sein, als wenn das Anlagehaus alle Titel des Index eins zu eins kaufen würde. Von den rund 2300 ETF an der tonangebenden Computerbörse Xetra bilden übrigens genau 700 ihren Index nach dieser optimierten Methode ab (Stand: 08/24).

▶ Synthetische Nachbildung

Mit der dritten Methode können Fondsgesellschaften ihre ETF ziemlich freihändig konstruieren: Der Anbieter investiert das Geld der Anlegerinnen und Anleger dabei in ein Wertpapierpaket, das überhaupt nicht dem zugrunde liegenden Index entsprechen muss. Will ein ETF-Haus zum Beispiel einen Aktienindex aus sogenannten Frontier Markets wie Panama, Marokko oder Oman nachbilden, kauft es bei der synthetischen Nachbildung in Wirklichkeit nur große Titel der US-Börsen zusammen. Im Klartext: In solchen ETF steckt nicht drin, was draufsteht.

Damit sich der ETF trotzdem genauso entwickelt wie der Index, schließt das ETF-Haus ein Tauschgeschäft mit einem anderen Finanzakteur ab. Meistens ist der „Swap"-Kontrahent eine internationale Großbank oder Investmentbank. Läuft der zusammengekaufte Wertpapierkorb (auch: Trägerportfolio) schlechter als der eigentliche Index, gleicht der Geschäftspartner die Differenz aus. Läuft der Wertpapierkorb besser als der Index, zahlt der ETF den Unterschied an den Kontrahenten. Fachleute nennen dieses Finanzgeschäft einen „Swap", also auf Deutsch schlicht einen Tausch.

Auch wenn das Verfahren auf den ersten Blick fragwürdig erscheinen mag, hat es seine Berechtigung: Gerade bei Aktienindizes aus exotischen Ländern sind manchmal gar nicht alle Einzeltitel für ausländische Investmenthäuser frei handelbar. Hier lassen sich die entsprechenden Börsenbarometer überhaupt nur über Swap-Konstruktionen abbilden. Selbst bei weltweiten Standard-ETF greifen Anlagehäuser jedoch zu dieser Methode.

Die mögliche Sollbruchstelle dieser Swap-ETF: Würde ein Geschäftspartner hinter den Swaps in Schieflage geraten, stünde auch der Wert des Swaps auf dem Spiel. Die Einzelwerte im Trägerportfolio des ETF sind als Sondervermögen vor einer Insolvenz geschützt, der Swap als Zahlungsanspruch aber natürlich nicht. Rechtlich darf das Swap-Risiko jedoch maximal zehn Prozent des Fondsvermögens ausmachen, so hat es die Europäische Union festgelegt.

Zumindest manche der Swaps sind jedoch auch besichert, dann hinterlegen die Swap-Partner Wertpapiere als Sicherheiten für den Fall einer Pleite. Im Falle einer Pleite des Swap-Partners würden diese Sicherheiten sofort abverkauft, um den Ausfall des Swaps ausgleichen zu können. Die Europäische Zentralbank beschreibt in einem Papier zumindest

Investor-Info

Welche Nachbildungsmethode ist am besten? Egal ob direkte Nachbildung, Stichprobe oder künstliches Tauschgeschäft: Im Grunde ist es für Anlegerinnen und Anleger eine Geschmacksfrage, welche Nachbildungsmethode sie bevorzugen. Wer es einfach und transparent mag, wird auf die vollreplizierende Nachbildung setzen. Exotische und große Indizes lassen sich damit aber oft gar nicht konstruieren. Außerdem können auf lange Sicht die Handelskosten in kleinen Aktientiteln die Performance belasten.

Stichprobe ist Vertrauenssache. Bei der teilreplizierenden Nachbildung mit dem Leitgedanken der repräsentativen Stichprobe kann sich der ETF im Zweifel leicht vom Index ablösen. Gleichzeitig spart das ETF-Haus im Normalfall Orderkosten bei den weggelassenen Titeln, was zugunsten der Performance geht. Unserer Erfahrung nach schneiden teilreplizierende ETF nicht systematisch anders ab als der zugrunde liegende Index.

Swaps sind kein Grund zur Angst. Bei Swap-ETF besteht faktisch das Risiko, dass der Kontrahent des Swaps in die Pleite schlittert. Anlegerinnen und Anleger sollten das nicht überdramatisieren: Viele ETF und Swap-Firmen tauschen die Wertentwicklung täglich, manche Swaps sind obendrein mit Sicherheiten hinterlegt. Und: In der inzwischen fast 35-jährigen Historie der ETF ist noch nie ein Swap ausgefallen. Viele Swap-ETF schaffen es sogar, ihren Index besonders exakt abzubilden. Dass die breiten Börsen die Biege machen und sich ein Crash zusammenbraut, ist aus unserer Sicht viel wahrscheinlicher als der Ausfall eines Swap-Kontrahenten.

das theoretische Risiko, dass die vermeintlichen Sicherheiten in einem Crash stark an Wert verlieren könnten. In der Praxis tauschen viele ETF-Häuser und ihre Swap-Kontrahenten die Wertentwicklung zwischen Index und Trägerportfolio aber sogar täglich aus, um mögliche Risiken gering zu halten.

Wertpapierleihe

Viele Anlegerinnen und Anleger wissen gar nicht, dass die ETF-Häuser nicht immer alle Einzelaktien tatsächlich im Fonds parken: Viele ETF verleihen Aktien aus dem Fondsvermögen nämlich an andere Spieler am Finanzmarkt und kassieren dafür eine kleine Leihgebühr. Entleihen sich Hedgefonds, Investmentbanken oder Wertpapier-Handelshäuser Aktien, können sie damit zum Beispiel auf fallende Kurse spekulieren. Am Ende bringt die Wertpapierleihe wiederum einen kleinen Zusatzertrag, den die ETF-Häuser meist nur teilweise an die Anlegerinnen und Anleger weitergeben.

Manchmal bringt die Wertpapierleihe übrigens einen doppelten Effekt: Ab und an halten beide Leihparteien fest, dass die Entleiher Dividenden von den geliehenen Aktien nicht an den ETF eins zu eins weiterleiten, sondern stattdessen eine höhere Leihgebühr entrichten. Der Clou? Auf diese Leihgebühren sind meist weniger Steuern fällig als auf die Dividendenzahlungen.

Die Wertpapierleihe birgt im Gegenzug das Risiko, dass der Entleiher die Papiere im Falle einer Krise nicht zurückgeben kann. Deshalb hinterlegen die Entleiher andere Aktien oder Anleihen als Sicherheiten, die das ETF-Haus im Zweifel zu Geld machen dürfte. Akzeptabel sind als Sicherheiten meist übrigens nur Aktien aus entwickelten Ländern sowie Anleihen mit sehr guter bis guter Bonität. Für in Europa zugelassene ETF muss der Marktwert dieser Sicherheiten nicht nur höher als der Wert der entliehenen Papiere sein, sondern auch täglich neu bewertet werden. Würden die Sicherheiten zu stark im Wert fallen, müssen die Entleiher im Zweifel neue Sicherheiten nachlegen.

Laut Bundesbank könnten die Sicherheiten im Falle eines breiten Marktcrashs theoretisch jedoch stark im Kurs fallen und im Zweifel gegebenenfalls nicht ausreichen. Die Historie zeichnet jedoch ein anderes Bild: Beim Anbieter Blackrock beispielsweise sind seit 1981 bloß dreimal Wertpapierleihen schiefgegangen, in allen Fällen konnte der Anbieter die Verluste jedoch mit den Verkäufen der hinterlegten Sicherheiten ohne Probleme auffangen. Manche ETF-Anbieter versprechen sogar, im Fall der Fälle Verluste aus Wertpapierleihen aus ihrem eigenen Unternehmensvermögen auszugleichen. In ihren Jahres- und Halbjahresberichten weisen die Fonds übrigens transparent aus, wie viele Aktien sie verleihen, wie viel sie damit verdienen und wie viel sie an die Anlegerinnen und Anleger weitergeben.

Problematisch wird die Wertpapierleihe manchmal an ganz anderer Stelle: Herkömmliche ETF können nämlich bei der Steuer von einer sogenannten Teilfreistellung profitieren. Dann stellt der Fiskus 30 Prozent der Erträge steuerfrei. Die Vorbedingung dafür ist jedoch, dass die ETF zu mehr als 50 Prozent aus Aktien bestehen. Haben sie jedoch zu viele Papiere an andere Kapitalmarktakteure verliehen, ist das mitunter nicht mehr der Fall. Alle Details zur Besteuerung von ETF finden Sie übrigens ab Seite 385.

Was passiert mit den Dividenden?

Gerade die kleinen Kleckerbeträge haben es vielen heimischen Anlegerinnen und Anlegern besonders angetan: Auf Zinsen oder Dividenden schauen viele Menschen hierzulande ganz genau. ETF bieten zwei unterschiedliche Arten an, wie sie mit diesen unterjährigen Erträgen umgehen können: Entweder schütten die Anlagehäuser solche Erträge an die Investorinnen und Investoren aus. Alternativ können sie die Erträge aber auch direkt wieder in den ETF anlegen, sodass sie sich in der Folge mit vermehren können. Viele Menschen sind angesichts dieser Optionen verunsichert, welche Variante sich für sie eher eignet. Auf der kommenden Seite erklären wir alle Details.

Investor-Info

Keine Panik wegen Wertpapierleihe. In der Theorie birgt die Wertpapierleihe in der Tat Risiken, die vielen nicht schmecken. Faktisch haben die Finanzaufsichten rund um den Globus aber Sicherheitsnetze aufgespannt: Bei in Europa zugelassenen ETF müssen die Entleiher beispielsweise mehr Sicherheiten hinterlegen als sie entleihen. Zumindest in den vergangenen 40 Jahren hat es in der Praxis mit Wertpapierleihe keine Probleme gegeben. Im Zweifel können Anlegende schauen, dass ein ETF festgelegt hat, nicht mehr als 25 Prozent der Wertpapiere im Fonds zu verleihen – regulatorisch sind bis zu 100 Prozent möglich.

Oft kein Ertragsbringer. Anlegerinnen und Anleger sollten Leiherträge nicht überschätzen: Analysen von S&P Global Market Intelligence zufolge fahren die Fonds bei weltweiten Indizes rund 0,01 Prozent Zusatzrendite damit ein, bei Schwellenländerindizes bis zu 0,08 Prozent pro Jahr. Das deckt sich mit Zahlen des Fondshauses Vanguard und des Researchhauses Morningstar. Die Erträge sind so gering, weil laut Nichtregierungsorganisation Better Finance manche ETF-Häuser nur rund 60 Prozent der Leiherträge weiterleiten und einen Teil selbst kassieren.

Wenn man trotzdem vorsichtig sein will. Wer physische Replikation ohne Wertpapierleihe wünscht, hat im Falle des MSCI World kaum Optionen. Der ETF von Amundi nutzt faktisch keine Wertpapierleihe, dürfte es theoretisch aber (WKN: A3DH0A). Beim MSCI-World-ETF der Deka ist es genauso (WKN: ETFL50). Manche ETF machen von diesem Recht irgendwann Gebrauch. Der MSCI-World-ETF des Anbieters SPDR verlieh lange keine Wertpapiere, begann aber im Jahr 2023 damit (WKN: A2N6CW).

Mehr zur Dividendenrendite ab Seite 236

▸ Ausschüttende ETF

Ausschüttende ETF bereiten regelmäßig Freude: Wer auf Ausschütter setzt, bekommt turnusmäßig Zinsen oder Dividenden auf das eigene Konto. Manche Menschen motivieren diese Beteiligungen, der Börse langfristig die Treue zu halten. Andere wollen sich mit solchen Ausschüttungen sogar eine kleine Zusatzrente genehmigen. Ausschüttende Fonds erkennen Anlegerinnen und Anleger übrigens an Namenzusätzen wie „ausschüttend", „aus." oder dem englischen „distributing", „dist." oder schlicht „D". Wie viel beispielsweise als Dividende unterjährig auf dem eigenen Konto ankommt, hängt ganz vom jeweiligen ETF ab. Beim Industrieländerindex MSCI World waren es im Jahr 2024 zum Beispiel rund 1,8 Prozent des aktuellen Kurswerts, beim europäischen Leitindex Stoxx Europe 600 rund drei Prozent (sogenannte Dividendenrendite).

▸ Thesaurierende ETF

Weil nicht alle Menschen die Ausschüttungen verfrühstücken wollen, legen andere ETF die Dividenden und Zinsen wieder in den ETF an. Die Idee: Packen Anlegerinnen und Anleger die Beträge direkt wieder in den Fonds, können sich die Ausschüttungen auf lange Sicht dort mit vermehren. Das kann mit Blick auf Jahre und Jahrzehnte für einen Schneeballeffekt bei der Geldanlage sorgen, ab Seite 23 und 137 haben Sie dieses Erfolgsgeheimnis bereits kennengelernt. Auf lange Sicht kann es Sparerinnen und Sparern mehr als 1,5 Prozentpunkte Mehrrendite pro Jahr bringen, wenn sie die Dividenden nicht ignorieren, sondern wieder anlegen. Wer auf solche ETF setzen will, kann nach den Namenszusätzen „thes." für thesaurierend suchen, „acc." und „akk." für akkumulierend oder „C" für „capitalisation" – alle diese Kürzel meinen dasselbe.

Investor-Info

Ausschütten oder wieder anlegen?

Wiederanlage spart Mühe. Wer die Erträge des eigenen ETF mit thesaurierenden Produkten automatisch wieder anlegt, nutzt auf lange Sicht gewissermaßen die Kraft des Zinseszinses. Selbst wenn Sparerinnen und Sparer die Dividenden nicht verfrühstücken, sondern bloß auf dem Konto horten, würde ihnen auf lange Sicht ohne den Wiederanlage-Effekt ein wesentlicher Ertragstreiber wegfallen. Mehr dazu ab Seite 23 und 137. Wer also viel herausholen und es gleichzeitig einfach haben will, sollte auf akkumulierende Produkte setzen. Zumindest ETF auf weltweite Indizes gibt es immer in beiden Varianten. Im Fondsfinder auf test.de können Sie ETF im Reiter „Weitere Filter" sogar von Vornherein unter dem Menüpunkt „Ertragsverwendung" filtern.

Ausschütten für Profis. Engagierte Naturen setzen manchmal trotzdem auf ausschüttende ETF. Ihr Kalkül: Haben sie neben dem ETF keine weiteren Kapitaleinkünfte, können sie mit den Ausschüttungen ihren steuerlichen Freibetrag von 1 000 Euro pro Person und Jahr auslasten. Bei ETF lassen sich aufgrund der sogenannten Teilfreistellung in der Regel sogar 1 428 Euro steuerfrei kassieren (Stand: 06/24). Faktisch ließe sich beispielsweise beim MSCI World bei einer Dividendenrendite von 1,8 Prozent bis zu einer Anlagesumme von rund 80 000 Euro auf Ausschütter setzen und die Dividenden ohne heimischen Steuerabzug kassieren, erst darüber hinaus würden solche Naturen auf ETF mit automatischer Wiederanlage setzen.

Der Börsenhandel von ETF

ETF sollen eins zu eins ihrem Index folgen. Dahinter steht ein ausgeklügelter Mechanismus – der manchmal aber auch Probleme macht. Was Privatleute wissen müssen.

Eigentlich klingt das Prinzip bestechend einfach: Mit ETF können Privatleute eins zu eins einem Börsenindex folgen, ohne selbst großen Aufwand zu betreiben. Doch auch wenn die Idee einleuchtend wirkt, steht dahinter im Detail eine Menge Arbeit. Wie kommt es zum Beispiel, dass der Börsenpreis eines ETF meistens ziemlich genau dem Wert der enthaltenen Titel entspricht?

So kommen ETF in die große Börsenwelt

Damit die ETF-Anteile ihren Weg vom ETF-Haus an die Börse finden, müssen sie erst einmal herausgegeben werden. Dieser initiale Handel von ETF findet nicht zwischen dem Fondshaus und Privatleuten statt. Stattdessen kaufen spezielle Wertpapierhandelsbanken dem ETF-Haus Anteile an dem ETF ab, weil sie sie später zum Beispiel an Privatleute an der Börse weiterverkaufen wollen.

Bei einem Dax-ETF würden die Wertpapierhandelshäuser also dem ETF-Anbieter schlicht alle 40 Aktien aus dem Leitindex gemäß ihrer Gewichtung im Index liefern und im Gegenzug neu geschaffene ETF-Anteile erhalten. Das ETF-Haus steckt die erhaltenen Titel dann natürlich direkt ins Fondsvermögen, das es bei einer Depotbank verwahrt (siehe Seite 244).

Dieser rein bilaterale Markt zwischen Fondsgesellschaft und Wertpapierhandelsbanken heißt auch Primärmarkt. In der ETF-Welt nennen sich die Wertpapierhandelsbanken in dieser konkreten Funktion auch Autorisierte Teilnehmer (engl. Authorized Participants, APs). Sie sind also „autorisiert", weil die ETF-Häuser vorher mit ihnen Verträge geschlossen haben. Teilweise sind die APs in den Fondsprospekten der Anbieter genannt.

So handeln ETF an der Börse

Anders als bei klassischen Investmentfonds kaufen Privatleute ihre ETF-Anteile nicht direkt von der Fondsgesellschaft, sondern ordern sie an der Börse. Dort handelt aber nicht der ETF-Anbieter selbst mit den ETF-Anteilen. Stattdessen kaufen interessierte Privatleute ihre ETF-Anteile schlicht von anderen Privatleuten, Vermögensverwaltungen oder Wertpapierhandelsbanken. Fachleute sprechen bei diesem normalen Börsenhandel auch vom „Sekundärmarkt". Die Börsenkurse richten sich dabei nicht nach dem Marktwert aller Papiere im Index (Nettoinventarwert), sondern nach Angebot und Nachfrage.

Mehr zum Nettoinventarwert ab Seite 248

Im Klartext: Will die Masse der Anlegerinnen und Anleger gerade um jeden Preis einen speziellen ETF kaufen, kann dessen Börsenkurs auch über den Nettoinventarwert steigen – also teurer sein als der Marktwert aller Papiere im Fonds. Will die Masse an der Börse den ETF um jeden Preis loswerden, kann der Börsenkurs auch unter den Nettoinventarwert sinken. Privatleute brauchen sich jedoch keine Sorgen zu machen: Im Normalfall weicht der Börsenkurs zumindest bei großen ETF, zum Beispiel auf den Industrieländer-Index MSCI World, fast überhaupt nicht vom Wert der zugrunde liegenden Indexbestandteile ab.

So folgen die Börsenpreise dem Index

Kommt es trotzdem einmal dazu, dass der Börsenkurs eines ETF vom zugrunde liegenden Index abweicht, gibt es an der Börse praktisch einen Selbstheilungsmechanismus. Die zugelassenen Wertpapierhandelshäuser (AP) können bei großer Nachfrage nämlich zusätzliche ETF-Anteile vom ETF-Haus bekommen

So kommt der ETF wieder auf Kurs

Mit dieser Handelsstrategie soll der ETF stets seinem inneren Wert folgen.

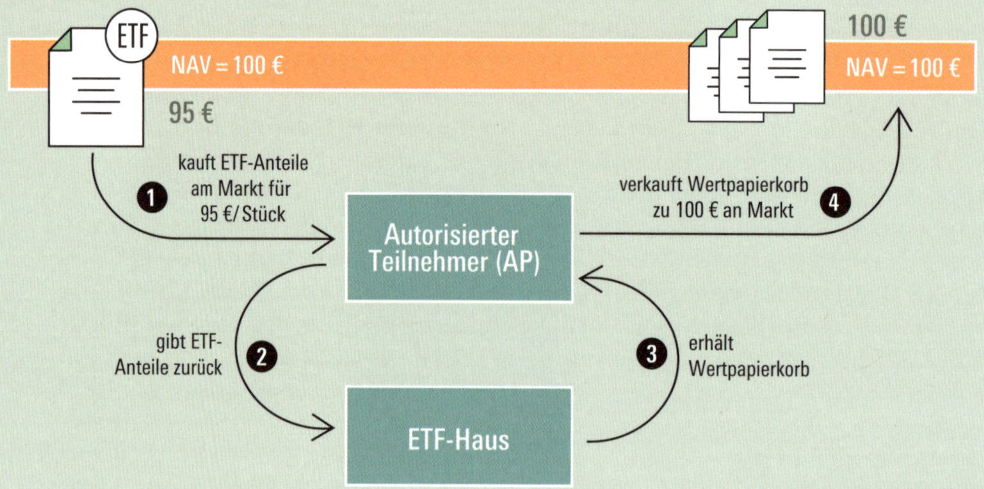

Anmerkung: vereinfachte Darstellung

und damit das Angebot vergrößern. Umgekehrt können sie auch ETF-Anteile an die Fondsgesellschaft zurückgeben, damit also das Angebot verknappen und die Preise treiben. Wie dieser sogenannte Kreation-Rückgabe-Mechanismus funktioniert, lässt sich an einem Beispiel ganz simpel nachvollziehen (engl. Creation/Redemption Mechanism).

Ein fiktives Beispiel: Angenommen, der Kurs eines ETF notiert an der Börse bei 97 Euro, während der Marktwert aller Papiere im ETF eigentlich bei 100 Euro liegt. Fachleute würden dann sagen, dass der ETF mit einem Abschlag von drei Euro zum Nettoinventarwert handelt (engl. discount to NAV). Wie lässt sich der Kurs des ETF nun wieder in Richtung des eigentlichen Werts schubsen?

Dazu können die vom ETF-Anbieter autorisierten Wertpapierhandelshäuser (AP) in großem Stil selbst Anteile am ETF über die Börse erwerben – für um die 97 Euro je Anteil. Aufgrund des Vertrags mit dem ETF-Haus darf der Wertpapierhändler die ETF-Anteile direkt an den Anbieter zurückgeben und bekommt dafür im Gegenzug die entsprechenden Einzelpapiere des jeweiligen Index ausgehändigt, zum Beispiel alle 40 Dax-Titel. Verkauft das Wertpapierhandelshaus diese Papiere nun direkt an der Börse, könnte es dafür auf einen der ETF-Anteile heruntergerechnet, etwas vereinfacht gesagt, rund 100 Euro einspielen. Im Klartext: Das clevere Wertpapierhandelshaus hätte auf nur einen ETF-Anteil gerechnet rund drei Euro Gewinn gemacht (siehe Grafik oben).

Ganz nebenbei sorgen solche sogenannten Arbitrage-Geschäfte auch dafür, dass sich ETF-Kurse an den Börsen und die Kurse der Indexbestandteile nicht zu weit voneinander entfernen. Für seine Handelsstrategie muss das Wertpapierhandelshaus schließlich ETF kaufen (was den Kurs treiben kann) und gleichzeitig die Index-Bestandteile verkaufen (was deren Kurse leicht drücken kann). Auch wenn der Mechanismus hier leicht vereinfacht dargestellt wurde, sorgt dieses Prinzip dafür, dass die Börsenkurse der ETF im Regelfall stets nah am „inneren Wert“ der ETF liegen, also ihrem Nettoinventarwert.

Wenn der Marktmechanismus versagt

In Extremsituationen an der Börse kann dieser Arbitragemechanismus versagen. Während des Coronacrashs 2020 fiel zum Beispiel der Preis mancher Anleihe-ETF unter den Nettoinventarwert der Fonds. Das kann vor allem in zwei Konstellationen passieren: Teilweise lassen sich die Papiere im ETF in Krisen nicht ohne Weiteres handeln. Bei weltweiten Aktien-ETF ist das in der Regel kein Problem, bei Anleihen kann es im Krisenfall aber ruckeln.

Krachen die Kurse in einem Crash nach unten, wissen selbst die Wertpapierhandelsbanken teilweise nicht genau, wie belastbar die Kurse am Anleihemarkt sind. Im Coronacrash 2020 konnten selbst Handelsabteilungen von Banken tagelang keine Unternehmensanleihen der Deutschen Lufthansa handeln, weil sie im Grunde niemand kaufen wollte. Selbst indikative Kurse auf Handelsplattformen verschwanden, sobald Händler ordern wollten.

Die Konsequenz: Als Wertpapierhandelsbank den ETF kaufen, bei der Fondsgesellschaft gegen den Wertpapierkorb tauschen und die Papiere dann einzeln abverkaufen, ist mitunter nicht mehr möglich. Das kann vor allem in exotischen Segmenten wie Unternehmensanleihen oder Hochzinsanleihen zum Problem werden. In einigen Fällen haben sich in der Vergangenheit autorisierte Wertpapierhandelshäuser (AP) für gewisse Zeit vom Markt zurückgezogen. Auch wenn sie offiziell bestellt sind, haben sie keine Verpflichtung, ETF nah am „inneren Wert“ zu halten.

Zweite Schutzhülle auf Xetra

Haben sich die von den ETF-Häusern autorisierten Wertpapierhandelshäuser vom Markt zurückgezogen, gibt es auf der Computerbörse Xetra noch eine weitere Verteidigungslinie für ETF. Dort gibt es nämlich auch Handelshäuser, die laufend Kauf- und Verkaufskurse für ETF stellen und im Regelfall bis zu bestimmten Maximalsummen tatsächlich zu diesen Kursen handeln müssen. Im Fachsprech heißen die Wertpapierhandelshäuser in dieser Funktion Official Liquidity Provider (OLP), an der deutschlandweit tonangebenden Computerbörse Xetra laufen sie unter dem Begriff „Designated Sponsors“. Im Klartext: Falls an der Börse niemand sonst einen spezifischen ETF kaufen oder verkaufen will, müssen sie bis zu bestimmten Summen einspringen.

Was viele Anlegerinnen und Anleger verwirrt: Häufig handelt es sich bei den Offiziellen Liquiditätsanbietern (OLP) um dieselben Wertpapierhandelshäuser wie bei den Autorisierten Teilnehmern (AP). Der Unterschied ist jedoch, dass die Offiziellen Liquiditätsanbieter im Zweifel in einem gewissen Rahmen Kurse stellen *müssen*, während die Autorisierten Teilnehmer keinerlei Verpflichtungen haben.

Auch die von den Börsen beauftragten offiziellen Liquiditätsanbieter sind an der Börse nicht selbstlos unterwegs. Üblicherweise verdienen sie unter anderem daran, ETF etwas günstiger zu kaufen und leicht teurer zu verkaufen (sogenannte Handelsspanne, engl. Spread). In Krisenzeiten ist es normal, dass die Liquiditätsanbieter diese Handelsspannen auseinanderziehen. Haben sie viele ETF „auf ihrem Buch“, stehen sie schließlich im Risiko. Würden sie in einem Crash Privatleuten massenhaft ETF abkaufen und mangels Abnehmern am Markt nicht weiterverkaufen können, könnten sie selbst Verlust machen.

Mehr zur Handelsspanne ab Seite 353

Daher sichern sich Wertpapierhandelshäuser mit speziellen Transaktionen gegen fallende Kurse ab. Ausgerechnet diese Absicherungen werden in wilden Börsenzeiten aber teurer. In der Konsequenz rechnen die Handelshäuser die Kosten für ihre Absicherung dann in die Kurse für Kauf und Verkauf mit ein. Im Klartext: Privatleute müssen für ETF-Käufe mehr zahlen und bekommen für ETF-Verkäufe zugleich weniger. Die Handelsspanne wird breiter, die Kurse werden also „schlechter“. In heftigen Fällen kann die Börse gar einen „Fast Market“ ausrufen, dann gibt sie keine Maximalgrenzen mehr für die Handelsspannen der Wertpapierhandelshäuser vor. In der Folge können Privatleute in solchen Situationen theoretisch sehr ungünstige Kurse erwischen.

Mehr zur Auktion im Xetra-Handel ab Seite 355

In der Vergangenheit kam es bei ETF bereits einige Male zu sogenannten Flash Crashs. Dann sacken die Kurse des ETF plötzlich für einige Minuten in die Tiefe, um nur wenige Minuten später wieder das alte Niveau zu erreichen. Bei einem MSCI-World-ETF der Marke iShares passierte genau das am 5. April 2024. Um 14.30 Uhr sackte der ETF auf der Computerbörse Xetra um rund fünf Prozent ab. Die Deutsche Börse gab später zu Protokoll, einige Wertpapierhandelshäuser hätten sich für wenige Minuten aus der Kursbetreuung des ETF zurückgezogen. Eingehende Verkaufsorders hätten spezielle Kursmarken gerissen, bei denen andere Akteure automatische Verkaufsorders voreingestellt hatten. Als der ETF fünf Prozent im Minus lag, wurde ein Schutzmechanismus ausgelöst: Die Börse unterbrach den fortlaufenden Handel des ETF und setzte eine mehrminütige Auktion an, um das Handelsgeschehen zu beruhigen („Volatilitätsunterbrechung"). Wenige Minuten später war der Spuk vorbei. Die Bundesbank konstatierte bereits 2018, solche plötzlichen Rückzüge von Wertpapierhandelsbanken könnten ein Problem sein. Bei bisherigen Flash Crashs hätten die Volatilitätsunterbrechungen jedoch gut funktioniert und die Kurse schnell stabilisiert.

Investor-Info

ETF gekonnt an der Börse ordern

ETF immer mit Limit. Auch wenn die ETF-Kurse in aller Regel nah dem zugrunde liegenden Index folgen, sollten Privatleute immer mit Limit ordern. Wenn sie kaufen, geben sie damit einen maximalen Kaufpreis vor. Wenn sie verkaufen, markiert das Limit ihre preisliche Untergrenze. Beträgt der Kurs eines ETF gerade 75,22 Euro, ließe sich das Kauflimit zum Beispiel auf 75,25 Euro setzen. Mehr zur perfekten Wertpapierorder ab Seite 360.

In Krisen den inneren Wert prüfen. Ob sich ein ETF zum Beispiel bei Börsenturbulenzen vom Wert der zugrunde liegenden Papiere abgelöst hat, lässt sich online prüfen. Auf boerse-frankfurt.de veröffentlicht die Börse zumindest für viele ETF den indikativen Nettoinventarwert (iNAV), der mindestens einmal pro Minute neu berechnet wird. Dieser Wert sagt, wie viel die Papiere im Fonds wert sind – heruntergerechnet auf einen Anteilsschein. Liegt der Börsenkurs des ETF über diesem iNAV, kauft man unter Umständen zu teuer.

Den iNAV korrekt interpretieren. Das Problem: Gerade bei Welt-ETF fließen in den iNAV teils alte Kurse ein. Wollen Privatleute nachmittags kaufen, haben die japanischen Börsen längst geschlossen. Dann ist nicht direkt ersichtlich, ob der iNAV anteilig veraltet ist und der Börsenkurs des ETF vielleicht die realistischeren Marktkonditionen abbildet.

Zahl der Handelshäuser. Im Netz auf boerse-frankfurt.de lässt sich für jeden dort gehandelten ETF unter „Designated Sponsors" ablesen, wie viele Wertpapierhandelshäuser sich als Liquiditätsspender verpflichtet haben. Diese Official Liquidity Providers (OLP) müssen bis zu einer dort einsehbaren Maximalsumme kaufen und verkaufen. Das Problem: Die OLP haben keine Verpflichtung, die Kurse des ETF nah am Index zu halten. In Krisenzeiten hebt die Börse selbst die Kauf- und Verkaufsverpflichtung teilweise auf. Solche Turbulenzen sind aber selten und kommen in normalen Handelslagen so gut wie nie vor.

Diese ETF-Kategorien gibt es

Viele Privatleute wollen mit ETF einfach nur weltweit aufgestellten Aktienindizes folgen. Doch inzwischen gibt es einen ganzen Produktdschungel.

Dass unaussprechliche Kürzel einen Siegeszug um den gesamten Globus antreten, ist relativ selten. Der PC als Kürzel für den Personalcomputer ist ein Beispiel, die KI als Akronym für die Künstliche Intelligenz ein anderes. Auch das Kürzel ETF ist inzwischen weltweit bekannt. Und so beliebt, dass Anlagegesellschaften bei börsengehandelten Indexfonds inzwischen einen regelrechten Produktdschungel konstruiert haben – und in manchen ETF auch fragwürdige Inhalte verpacken. Ein Überblick.

Aktien-ETF

Wer einem Aktienindex eins zu eins folgen will, ist mit Aktien-ETF gut beraten. Am bekanntesten ist sicher der ETF auf den Industrieländerindex MSCI World mit rund 1400 Aktien aus 23 Ländern, den auch Stiftung Warentest zur Basisanlage der renditeorientierten Geldanlage erkoren hat. Genauso gut passen alternative Weltindizes wie der MSCI All Country World oder der FTSE All World, die Sie ab Seite 63 bereits kennengelernt haben.

Darüber hinaus gibt es inzwischen Aktien-ETF für fast jeden Winkel des Finanzsystems: Beliebt sind beispielsweise Regionen-ETF, die die Wertentwicklung der Schwellenländer, der asiatischen Staaten oder der lateinamerikanischen Länder nachzeichnen. Der Fantasie sind dabei kaum noch Grenzen gesetzt: Inzwischen gibt es sogar Indizes, die „alle Industrieländer außer den USA" abbilden oder „alle Schwellenländer außer China".

Es gibt aber auch ETF auf einzelne Länderindizes wie Deutschland, Taiwan, Hongkong oder Brasilien. Wer auf spezielle Branchen setzen will, kann inzwischen den wichtigsten Aktiensektoren wie Energie, Basiskonsum oder Technologie folgen. Davon sollten Privatleute sogenannte Trendindizes unterscheiden, die nur auf eng gefasste Modethemen wie E-Mobilität oder Robotik setzen.

Obendrein gibt es noch sogenannte Faktor-ETF, die Aktien mit bestimmten Eigenschaften wie schwankungsarme Titel oder Titel mit besonderer Werthaltigkeit (Value-Titel) vereinen. Generell gilt: Als Basisanlage eignen sich nur weltweit aufgestellte Indizes, die Sie ab Seite 63 ausführlich kennengelernt haben. Mehr zu Branchen- und Trendindizes finden Sie ab Seite 126 und 160. Die wesentlichen Arten von Faktor-ETF haben wir ab Seite 198 zusammengetragen. Wie sich ganz unterschiedliche Beimischungen sinnvoll ins Portfolio einbinden lassen, steht ab Seite 190.

Anleihefonds (Rentenfonds)

Auch Anleiheindizes können Privatleute inzwischen ohne Probleme folgen. Die Kurskörbe bannen den Verlauf von unterschiedlichsten Anleihen in eine Kurve. Dabei lassen sich die Papiere entlang vier wesentlicher Merkmale unterscheiden:

- **Anleihetyp:** Beinhaltet der Index Staatsanleihen, Unternehmensanleihen oder einen Mix?
- **Währung:** Welche Währung haben die Anleihen?
- **Restlaufzeit:** Wie lange laufen die Anleihen im Index?
- **Bonität:** Wie stabil sind die Emittenten finanziell aufgestellt?

Für den Sicherheitsbaustein empfiehlt Stiftung Warentest vor allem Anleihe-ETF auf europäische Staatsanleihen in der Währung Euro mit guten oder sehr guten Bonitäten und einer breiten Laufzeitverteilung, zum Beispiel zwischen 1 und 30 Jahren. Dass die Anleihen in Euro notieren ist wichtig, weil bei Fremdwährungen schon kleinere Schwankungen im Wechselkurs die oft eher überschaubaren Zinsen auffressen könnten. Wer will, kann aber auch über einen Mix aus Staats- und Unternehmensanleihen nachdenken – dafür gibt es entsprechende gemischte Produkte. Die Anleihe-ETF im Sicherheitsbaustein sollten entweder ein breites Laufzeitband abdecken (1 bis 30 Jahre) oder ein eher kurzes (1–3 oder 3 bis 7 Jahre). Anleihe-ETF auf langlaufende Anleihen (> 10 Jahre) reagieren sehr empfindlich auf kleinste Zinsveränderungen und eignen sich daher nicht für den Sicherheitsbaustein. Alle Details zu Anleihe-ETF finden Sie ab Seite 317.

Wer zu spekulativen Zwecken im Risikobaustein des eigenen Portfolios ebenfalls auf Anleihen setzen will, kann über ETF auf Unternehmensanleihen, Schwellenländeranleihen oder Hochzinsanleihen nachdenken. Solche Beimischungen sind jedoch nur etwas für Erfahrene. Mehr zu diesen Investments finden Sie ab Seite 288 beziehungsweise Seite 297.

Short-ETF

Wer auf fallende Kurse setzen will, denkt schnell an Short-ETF. Diese ETF spiegeln die Entwicklung des zugrunde liegenden Index in die umgekehrte Richtung. Steigt der deutsche Leitindex Dax an einem Tag um zwei Prozent, sollte der entsprechende Short-ETF um zwei Prozent fallen. Wetten auf fallende Kurse heißen auf Englisch in der Finanzszene übrigens „Shorts“, so erklärt sich der Name der Produkte. Das große Problem: Diese Spiegelung der Indexentwicklung gilt nur auf Tagesbasis und nicht auf längere Sicht. Steigt der zugrunde liegende Index von einem Kurs bei 100 an einem Tag um zehn Prozent auf 110 und fällt am nächsten Tag wieder auf 100 (-9,1 Prozent), dann würde der Short-Index spiegelbildlich auf 90 nachgeben (minus 10 Prozent), um dann wieder auf 98,2 zu steigen (+9,1 Prozent). Während der Aktienindex wieder genau auf seinem Ausgangsniveau von 100 Punkten stünde, läge der Short-ETF unter seinem Ausgangkurs – eben nur noch bei 98,2 Punkten und hätte also an Wert verloren. Stiftung Warentest rät Privatleuten daher dringend von Short-ETF ab. Haben sie das Gefühl, sich gegen fallende Kurse absichern zu müssen, ist meist eher die eigene Aktienquote zu üppig gewählt. Wer sie richtig justieren will, findet ab Seite 180 dazu einen Einstufungstest. Allenfalls versierte Naturen können im Zweifel zu Short-ETF greifen, wenn sie ein Portfolio etwa kurzfristig gegen einen Crash absichern wollen.

Hebel-ETF

Wer seinen Einsatz hebelt, profitiert mehrfach: Mit sogenannten Hebel-ETF können Anlegerinnen und Anleger die Kursentwicklung eines zugrunde liegenden Index zum Beispiel verdoppeln. Steigt ein Börsenindex an einem Tag um zwei Prozent, würde ein ETF mit zweifachem Hebel zum Beispiel um vier Prozent steigen. Nach unten gilt das allerdings genauso: Fällt der Index, würde der ETF auf Tagessicht doppelt so stark fallen.

Ähnlich wie bei den Short-ETF gilt dieser Hebel jedoch nur auf Tagesbasis. Steigt ein Index längere Zeit unentwegt nach oben, zeigen Hebel-ETF ihre Kraft. Wechseln sich jedoch gute und maue Phasen in einer Kursachterbahn ständig ab, ist der Hebeleffekt oft nicht mehr genau nachvollziehbar. Während ein normaler Dax-ETF von Amundi in den fünf Jahren ab Mitte 2019 insgesamt um rund 48 Prozent stieg, legte der Dax-ETF mit doppeltem Hebel nicht knapp 100 Prozent zu, sondern bloß rund 65 Prozent. Im Grunde eignen sich solche Hebel-ETF nur für Kurzfristspekulationen, von denen Stiftung Warentest abrät.

Aktive ETF

Eigentlich sollten ETF passive Börsenvehikel sein, doch nun werden manche aktiv: Bei „aktiven ETF“ bildet das Produkt nicht mehr eins zu eins einen Börsenindex nach, stattdessen bekommt das Fondsmanagement gewisse Freiheiten. Mal können die Fondsleute das Gewicht der Aktien im Index aktiv erhöhen oder senken, mal können sie die Ländergewichtungen bestimmter Indizes anpassen, mal suchen Computer nach bestimmten Kennzahlen die vermeintlich aussichtsreichsten Titel aus einem bestimmten Indexuniversum. Laut Auswertung der Ratingagentur Scope ist der Großteil dieser aktiven ETF jedoch nach dem Jahr 2019 auf den Markt gekommen, sodass sich in den meisten Fällen noch keine längerfristige Wertentwicklung absehen lässt (Stand: 06/24).

Anlegerinnen und Anleger müssten sich also sehr sicher sein, dass ihr aktiver ETF tatsächlich eine Überrendite einspielt und das Indexkonzept genau verstehen. Ein Manko: Die Anlagestrategien der aktiven ETF sind mitunter aktiver als die der passiven ETF, sie müssen also häufiger Aktien austauschen. Dabei entstehen an der Börse Handelsgebühren, die die Rendite unter dem Strich belasten.

Rohstoff-ETF und ETC

Egal ob Gold, Öl oder Seltene Erden: Mit ETF können Anlegerinnen und Anleger sogar auf breite Rohstoffkörbe setzen. Der Bloomberg Commodity Index fasst zum Beispiel die Entwicklung von 23 unterschiedlichen Rohstoffen in eine Kurskurve. Dabei folgen die Indizes jedoch nicht den sogenannten Spotpreisen am Rohstoffmarkt, zu denen sich Rohstoffe sofort kaufen lassen. Stattdessen setzen sie auf die sogenannten Futures-Preise, die den Preis für eine theoretische Lieferung beispielsweise im kommenden Monat abbilden. Dadurch ist die Entwicklung von Rohstoffindizes für Privatleute oft nicht ganz einfach nachzuvollziehen.

Einzelne Rohstoffe lassen sich in Europa nicht mit ETF abbilden, weil diese Vehikel nach europäischen Grundsätzen nicht nur in einen einzigen Vermögenswert investieren dürfen. Deswegen ist an der Börse ein Segment für Exchange Traded Commodities (ETC) entstanden. Diese Papiere lassen sich wie ETF auch über die Börse handeln, sind aber nicht wie Investmentfonds als Sondervermögen konstruiert, sondern Schuldverschreibungen. Mehr zu Rohstoff-ETF, Rohstoff-ETC und wie sie sich in den Portfoliokontext einbauen lassen, steht ab Seite 330.

HÄTTEN SIE'S GEWUSST?

Indexfonds und ETF sind nicht dasselbe. Gemein ist beiden Vehikeln, dass sie in der Regel einen Index eins zu eins abbilden. ETF lassen sich jedoch ständig über die Börse kaufen, während sich Indexfonds nur einmal täglich mit der Fondsgesellschaft handeln lassen – und es hierzulande vor allem ein Geschäft unter großen Anlagegesellschaften ist.

Nicht alle ETF sind tatsächlich passiv. Sogenannte **aktive ETF** folgen nicht eins zu eins einem Index, sondern lassen den Fondsleuten Beinfreiheit bei der Gewichtung oder Auswahl der Titel. Statt einen klassischen Fonds aufzulegen, setzen die Anlagehäuser auf den Dreiklang ETF, weil er sich gut vermarkten lässt. Solche Produkte machen aber nur einen kleinen Teil des ETF-Marktes aus.

Auch wenn ETF übersetzt für **börsengehandelte Fonds** steht, kann das verwirren. Hierzulande gibt es seit 2002 auch einen Börsenhandel für aktiv gemanagte Fonds, der mit ETF aber nichts zu tun hat. Normalerweise lassen sich aktive Fonds einmal am Tag mit der Fondsgesellschaft handeln, an manchen deutschen Börsen lassen sich rund 4 000 aktive Fonds aber auch sekündlich handeln.

Quelle: eigene Recherche

Diese ETF-Kategorien gibt es

Aktive Fonds

Statt mit ETF auf den Börsenschnitt zu setzen, buhlen auch Fondsprofis aus Fleisch und Blut um das Geld der Privatleute. Können sie es wirklich besser?

Fonds in allen Varianten

Inzwischen werben Tausende aktive Fonds um die Gunst der Anlegerinnen und Anleger. Wer sich besser zurechtfinden will, muss die Anlagekonzepte unterscheiden.

Selbst wenn sie sich gut informiert haben, schrecken viele Menschen davor zurück, ihre Wertpapiere in Eigenregie auszuwählen. Nicht alle haben Lust, sich in die Details von ETF einzuarbeiten, für andere wirken die vielen Kennzahlen bei Aktien bloß verwirrend. Wie schön wäre es da, die Verantwortung für das eigene Geld an vermeintliche Finanzprofis abtreten zu können. Genau das ist für viele Menschen der Grund, sich am Ende doch für einen aktiv gemanagten Fonds mit einem Leitungsteam, das aus real existierenden Menschen besteht, zu entscheiden.

Sie ahnen schon, dass es in Wirklichkeit natürlich nicht so einfach ist. Analysen der Ratingagentur Morningstar zeigen immer wieder, dass mit Blick auf 10 oder 15 Jahre in den meisten Kategorien nicht einmal zehn Prozent der aktiven Fonds erstens überleben und zweitens zugleich einen Schnitt vergleichbarer ETF schlagen. Dennoch kann es Fälle geben, in denen aktive Fonds Sinn ergeben: Für manche Länder gibt es keine ETF, die hierzulande in der Breite erhältlich sind. In speziellen Bereichen konnten aktive Manager überzeugen – und auch als riskante Beimischung gibt es durchaus spannende Fondskonzepte.

Diese aktiven Fondsarten gibt es

In Deutschland gibt es inzwischen eine unüberschaubare Vielfalt aktiver Fonds, die für Privatleute erhältlich sind. Von Aktienfonds über offene Immobilienfonds gibt es inzwischen kaum einen Winkel des Kapitalmarkts, für den es keinen passenden Fonds gäbe. In der Praxis sollten Anlegerinnen und Anleger die Fonds grob auf zwei Ebenen unterscheiden: einerseits nach ihrer Anlageklasse, andererseits nach dem Grad ihrer Spezialisierung.

Auch wenn Privatleute auf speziellen Fondsseiten im Netz mit Dutzenden Fondskategorien konfrontiert sind, lassen sich ganz grob

Welche Fonds für welchen Zweck?

Wer statt ETF auf aktive Fonds setzen will, sollte sie richtig dosieren – und die passenden Fragen stellen.

Fondstyp	Anlageschwerpunkt	Geeignet als …	Bitte beachten …
Anleihefonds			
Geldmarktfonds	Kurzfristige Schuldverschreibungen, Anleihen, Verbriefungen	relativ sicherer Geldparkplatz	Will ich zugunsten der Sicherheit auf Renditechancen verzichten? Mischt der Fonds als Spurenelemente riskantere Papiere bei – und will ich das?
Anleihefonds Euro	Euro-Anleihen (Staatsanleihen oder Mix mit Unternehmensanleihen)	als Basisanlage für den Zinsbaustein des Portfolios	Wie stark kann der Fonds fallen, wenn die Zinsen steigen? Kann ich sieben bis zehn Jahre investiert bleiben, um eventuelle Rücksetzer auszusitzen?
Unternehmensanleihen Euro	Euro-Unternehmensanleihen	größere oder kleinere Beimischung im Risikoteil des Portfolios	Wie stark kann der Fonds fallen, wenn die Zinsen steigen? Wie solide ist die Bonität?
Hochzinsanleihefonds	Hochzinsanleihen	spekulative Beimischung	Wie ist die genaue Bonitätsverteilung der Papiere? Gibt es ein Währungsrisiko?
Aktienfonds			
Aktienfonds Welt	internationale Aktien	Basisanlage, sofern ETF nicht gewünscht	Kann der aktive Fonds wirklich mehr liefern als ein vergleichbarer ETF? Wie indexnah investiert er?
Aktienfonds Europa	europäische Aktien	größere oder kleinere Beimischung	Europa ist auch in Weltinvestments vorhanden. Wie sehr will ich es übergewichten? Wie indexnah investieren die Fondsleute?
Aktienfonds Schwellenländer	Aktien aus Schwellenländern	größere oder kleinere Beimischung	Wie breit ist das Geld über Schwellenländer gestreut? Wie wohl fühlt man sich mit Autokratien?
Aktienfonds Einzelland	Aktien ausschließlich aus einem Land	kleinere Beimischung	Wie groß ist der Gleichlauf des Landes mit dem Rest des eigenen Portfolios? Hat das Land einen Schwerpunkt bei einer bestimmten Branche?
Branchenfonds	Aktien aus nur einer Branche	kleinere Beimischung	Wie solide oder schwankungsanfällig ist die Branche? Wie stark hängt sie an der Konjunktur?
Mischfonds			
Mischfonds defensiv/ausgewogen/offensiv	v. a. Aktien, Anleihen	Basisanlage oder große Beimischung	Wie hoch ist die Aktienquote des Fonds genau? Wie hoch ist die Kostenlast?
Mischfonds flexibel	v. a. Aktien, Anleihen	größere oder kleinere Beimischung	Können die Fondsleute Marktphasen wirklich timen? Wie marktnah agiert der Fonds? Oder wie ungewöhnlich ist das Konzept?

vor allem vier Großkategorien unterscheiden: Besonders prominent sind auch in den Medien die Aktienfonds, viele Privatleute schätzen aber auch Rentenfonds (Anleihefonds), in Deutschland sind außerdem sogenannte Mischfonds lange Kassenschlager im Fondsvertrieb gewesen, und viele Menschen haben vor Jahren ebenfalls gern zu sogenannten offenen Immobilienfonds gegriffen. Unsere Übersicht auf den kommenden Seiten.

Mehr zu Schwellenländern ab Seite 75

Aktienfonds

Aktienfonds gibt es in den unterschiedlichsten Schattierungen: Grundsätzlich sollten Anlegerinnen und Anleger breit aufgestellte Standardfonds von Spezialitäten unterscheiden. Standardfonds versuchen ähnlich wie breite Aktien-ETF ein weltweit breit über Branchen, Regionen und Länder aufgestelltes Portfolio aufzubauen. Im Fachsprech heißen solche Fonds übrigens „Global Large Cap Blend Equity", also global aufgestellte, breite Aktienfonds. Statt dabei alle Aktien eines Index eins zu eins zu übernehmen, filtern die Managerinnen und Manager die Aktienwelt nach ihren eigenen Kriterien.

Fakt ist jedoch, dass gerade große, weltweite Standardwerte-Aktien oft so „informationseffizient" sind, dass Fondsleute selbst mit akribischer Recherche keinen wirklichen Informationsvorteil haben. Außerdem weisen die aktiven Produkte höhere Kosten auf als entsprechende ETF und haben daher einen Startnachteil. Theoretisch eignen sich breit aufgestellte, aktiv gemanagte Aktienfonds natürlich auch als Basisanlage, faktisch ließen Privatleute damit allerdings Rendite liegen. In den 20 Jahren ab 2004 schnitten laut Ratingagentur Morningstar nur 4,2 Prozent der weltweit aufgestellten, aktiv gemanagten Aktienfonds besser ab als der Schnitt vergleichbarer Weltaktien-ETF (Stand: 12/23).

Mehr zu Branchen- und Themeninvestments ab Seite 127

Etwas spezieller sind Aktienfonds, die nur auf einzelne Regionen setzen. Das können Schwellenländerfonds sein, die in viele Schwellenländer gleichzeitig investieren. Genauso gut gibt es aber auch Regionenfonds, die beispielsweise nur in Asien, nur in Lateinamerika, nur in Osteuropa oder zusammengewürfelte Ländergruppen wie die sogenannten Tiger-Staaten (Südkorea, Taiwan, Singapur, Hongkong) investieren. Bei Regionenfonds sollten Privatleute im Factsheet des Fonds immer prüfen, ob die Fondsprofis in Wirklichkeit einige wenige Länder besonders stark gewichten. Viele Osteuropafonds waren lange zum Beispiel stark von Russland abhängig.

Mehr zu Anleihen ab Seite 274
Mehr zur Bonität ab Seite 302
Mehr zu Rentenfonds unter test.de/rentenfonds

Andere Fonds konzentrieren sich auf einzelne Länder, investieren also zum Beispiel nur in schweizerische Aktien oder in indische Titel. Dafür gibt es zumindest in einigen Fällen valide Argumente: Nach Analyse der Ratingagentur Morningstar konnten sich aktive Fonds bei kleinen und mittleren Titeln aus der Schweiz, bei indischen Aktien sowie bei norwegischen Titeln immerhin zu 40 bis 50 Prozent 15 Jahre lang am Markt halten und entsprechende ETF schlagen. Bei chinesischen Aktien gelang dies immerhin rund einem Drittel der aktiven Fonds. Bei anderen Einzelländern sahen die Erfolgsquoten weit schlechter aus (Stand: 12/23).

Andere Aktienfonds setzen auf einzelne Branchen wie zum Beispiel Techaktien, Immobilientitel oder Konsumaktien. Privatleute sollten wissen, dass einzelne Branchen immer mal besser oder schlechter laufen als der breite Markt, sie mit solchen Fonds aber obendrein den richtigen Ein- und Ausstiegszeitpunkt erwischen müssten – und dieses Timing meist misslingt.

Noch riskanter sind Themenfonds, die auf Modethemen wie E-Mobilität, Künstliche Intelligenz oder Cannabis setzen. Einer Studie des VZ Vermögenszentrums zufolge haben sie gleich mehrere Nachteile auf einmal: Über zehn Jahre liefen rund 90 Prozent der Themenfonds schlechter als der MSCI World, was auch an ihren erhöhten Gebühren lag. Fast alle Themenfonds wiesen außerdem größere Schwankungen als der Weltindex auf. Diese eng gefassten Vehikel sind also nur als kleine Beimischung im Portfolio mit klarem Wettcharakter sinnvoll.

Anleihefonds (Rentenfonds)

Bei Anleihefonds können die Managerinnen und Manager in Staats- und Unternehmensanleihen investieren, genauso gut aber auch in Pfandbriefe oder in die Papiere von staatsnahen Institutionen wie Förderbanken oder riskanten Hochzinstiteln. Dabei speisen sich die Erträge für Privatleute aus den turnusmäßigen Zinsen der Anleihen und aus Kursgewinnen oder -verlusten während der Haltezeit der Papiere. Euro-Staatsanleihen eignen sich als Zinsbaustein im Portfolio, auch ein Mix aus Staats- und Unternehmenstiteln ist dafür denkbar. Reine Unternehmensanleihe-Fonds sollten eher Beimischung sein.

Für die Zinsen kommt es entscheidend darauf an, wie es um die Bonität der Emittenten bestellt ist. Je unsolider die Firmen im Schnitt finanziell aufgestellt sind, desto höher die Zinsen. Im Factsheet können Privatleute in der Regel die gewichtete Bonität der Anleihen im Fonds ablesen. Dabei lohnt jedoch ein Blick ins Detail: Manche Fonds streuen das Geld breit über unterschiedliche Ratingstufen, andere setzen nur auf besonders solvente Emittenten oder flankieren einen Schwerpunkt bei sehr soliden Titeln mit einem kleinen, kalkulierten Engagement bei etwas riskanteren Titeln.

Außerdem sollten Privatleute stets prüfen, welchem Kursrisiko sie sich bei den enthaltenen Anleihen theoretisch aussetzen. Steigt das allgemeine Zinsniveau, sinken die älteren, schlechter verzinsten Papiere in den Fonds im Kurs. Wie stark dieser Effekt wirkt, lässt sich mit der „modifizierten Duration" prüfen, die wir auf Seite 308 noch genauer vorstellen werden. Tendenziell wirken die Kurseffekte stärker, je länger die Restlaufzeit der Anleihen im Fonds ist. Fonds mit vielen Langläufern mit mehr als zehn Jahren Laufzeit bergen oft ein erhebliches Kursrisiko, wenn die Fondsleute bei steigenden Leitzinsen den richtigen Verkaufszeitpunkt verpassen.

Fonds mit sehr kurzen Laufzeiten von einem bis drei Jahren reagieren wiederum kaum auf Änderungen im allgemeinen Zinsniveau, bringen aber auch nur wenige Zinsen. Wer sich nicht allzu intensiv mit dem Auf und Ab der Leitzinsen beschäftigen will, kann auf Fonds mit mittlerer Laufzeit (zwischen drei und sieben Jahren oder breites Laufzeitband von 1 bis 30 Jahren) setzen. Dabei sollten Privatleute neben der durchschnittlichen Restlaufzeit der Papiere im Factsheet des Fonds immer auch die genaue Verteilung über die verschiedenen Laufzeitkategorien prüfen.

HÄTTEN SIE'S GEWUSST?

Dachfonds legen das Geld nicht in Einzeltitel an, sondern wiederum in Fonds. Das Problem: Es entstehen doppelte Kosten. Einerseits verlangt der Dachfonds Gebühren, andererseits wollen die sogenannten Zielfonds natürlich auch etwas verdienen. Meistens ist das kein gutes Geschäft.

Absolute-Return-Fonds wollen die Quadratur des Kreises: Immer positive Renditen erzielen, egal wie schlimm es an der Börse läuft. Dazu sichern sie sich beispielsweise gegen fallende Kurse ab. Meistens performten die Fonds auf längere Sicht jedoch eher unterdurchschnittlich.

Geldmarktfonds investieren in sehr sichere Zinspapiere, die nur noch wenige Monate laufen. Theoretisch sind diese Fonds eine Art Tagesgeldersatz. Theoretisch kommen sie für Menschen infrage, die bei Tagesgeld nicht ständig den Topangeboten hinterherjagen wollen. Aber nicht alle Geldmarktfonds sind für Privatleute ohne Vorwissen gut zu durchschauen.

Hedgefonds sind nur etwas für Profis. Diese Fonds setzen oft auf riskante Strategien: Teilweise wetten sie auf fallende Kurse, teilweise spekulieren sie auf Kredit. Für Privatleute sind sie in aller Regel nicht erhältlich – aus gutem Grund.

Laut Ratingagentur Morningstar gelang es über 15 Jahre nur rund sechs Prozent der gemischten Anleihefonds, mit Staats- und Unternehmensanleihen in Euro entsprechende ETF zu schlagen. Manchmal kann das zum Beispiel klappen, wenn die Fondsleute ein paar riskantere Papiere als Spurenelemente beimischen. Alternativ sparen manche Fondsprofis die allerhöchsten Ratingstufen (AAA und AA+) aus, die am wenigsten Zinsen bringen. Stattdessen setzen sie den Schwerpunkt auf der Ratingskala eher bei AA oder AA- an, wo die Ausfallrisiken immer noch verschwindend gering sind. Höhere Erträge wären dann aber der Ausgleich für leicht höheres Risiko. Ob Privatleute das im Zinsbaustein ihres Portfolios wünschen, ist eine individuelle Entscheidung.

Mischfonds

Sie versprechen das Beste aus allen Welten: Bei Mischfonds dürfen Fondsprofis das Geld der Anlegerinnen und Anleger sowohl in Aktien, Anleihen als auch Rohstoffen oder Geldmarkttiteln investieren. Die Idee? In Aufschwüngen wollen die Fondsprofis den Lauf des Aktienmarkts gut mitnehmen, in schwierigen Phasen dagegen Schutz bieten. Viele Anlegerinnen und Anleger wollen mit solchen Fonds den Managerinnen und Managern der Fonds die Entscheidung über die passende prozentuale Anlageaufteilung überlassen.

Während konservative Mischfonds oft eine Aktienquote von bis maximal 30 Prozent anpeilen, liegen ausgewogene Mischfonds bei rund 50 Prozent. Offensive Mischfonds setzen

Investor-Info

Bei Immobilienfonds genau hinsehen

Als Beimischung kann es passen. Offene Immobilienfonds ergeben vor allem für Menschen Sinn, die eine gewisse Immobilienbeimischung im eigenen Portfolio wünschen, selbst aber kein Immobilieneigentum haben. Wer will, kann Immobilienfonds als Satellit im eigenen Portfolio mit maximal 20 Prozent am eigenen Risikobaustein beimischen. Wer bereits Immobilien hat, muss keine Immobilienfonds obendrauf satteln.

Immobilien brachten Streuung. Laut einer Analyse des Anlagehauses Invesco wies ein Schnitt von 100 globalen Immobilienfonds eine Korrelation von rund 0,6 zum Weltaktienmarkt auf, damit bieten die Produkte einen mittleren Streueffekt. Mehr zur Korrelation ab Seite 190. Aus unserer Sicht sind die Fonds für Privatleute aber eher eine Kann-Option als ein absolutes Muss.

Fragen vorher klären. Wer investieren will, sollte die Fonds mit fünf Leitfragen durchleuchten. Erstens: Auf wie viele Objekte setzen die Fonds? Manche Immobilienfonds halten kaum eine Handvoll Immobilien, große Fonds jedoch mehr als 100 Projekte. Zweitens: Kommen die Mieter alle aus einer Branche? Je ausgewogener das Branchenverhältnis, desto besser. Drittens: Wie hoch liegt die Vermietungsquote? Die nach Immobilienwert gewichtete Vermietungsquote sollte deutlich über 90 Prozent liegen, idealerweise über 95 Prozent. Viertens: Wie viele Mietverträge laufen aus? Laufen weit mehr als 30 Prozent im laufenden oder kommenden Jahr aus, kann der Fonds empfindlicher auf schwankende Marktlagen am Mietmarkt reagieren. Fünftens: Wie entwickelt sich die Marktlage? Je mehr Bürogebäude nachgefragt sind, desto besser üblicherweise die Mieten der Fonds.

die Aktienquote eher bei 70 bis 80 Prozent an. Flexible Mischfonds lassen den Managerinnen und Managern hingegen völlige Beinfreiheit, wie sie die einzelnen Anlageklassen gewichten und ob sie das mit der Zeit vielleicht aus taktischen Gründen verändern.

Für Kundinnen und Kunden ist das eher ein Problem als eine Lösung: Eine Auswertung des Fonds-Analysehauses Envestor Research zeigt, dass die Mischfonds-Profis in der Regel zu spät auf einen fahrenden Zug aufsprangen. Nach der Finanzkrise oder der Coronakrise fuhren sie die Aktienquote erst wieder hoch, als die Rallye längst am Laufen war und hielten sie dann auf eher mäßigen Niveaus. Auf lange Sicht ließen sie so Rendite liegen, wie auch eine Studie der Ratingagentur Scope attestiert. Gleichzeitig belasteten die hohen laufenden Kostenquoten der flexiblen Mischfonds mit 1,94 Prozent pro Jahr die Rendite laut Envestor deutlich. Rechnet man Erfolgsgebühren und die Handelskosten der Fonds noch hinzu, waren es sogar 2,29 Prozent Kosten pro Jahr.

▸ Offene Immobilienfonds

Offene Immobilienfonds investieren das Geld der Anlegerinnen und Anleger gestreut in unterschiedliche Immobilien. Die Fonds erzielen ihre Rendite dann einerseits aus den turnusmäßigen Mieteinnahmen der Objekte, andererseits aus Verkäufen von Immobilien. Laut einer Statistik des Fondsverbandes BVI stecken mehr als die Hälfte des Geldes der Fonds in Büroimmobilien, etwa 20 Prozent in Shoppingcenter oder Handelsimmobilien und nur rund fünf Prozent in Wohngebäuden. Üblicherweise stecken die Geldverwalter ihre Mittel in einen Strauß unterschiedlicher Projekte, oft in unterschiedlichen Ländern. Ob die Fondsgesellschaften es eher auf schicke Bürogebäude in Toplagen abgesehen haben oder teilweise auch Mietskasernen in Kleinstädten kaufen, hängt an Anlagephilosophie und Markteinschätzung der Fondsleute.

Anlegerinnen und Anleger, die in offene Immobilienfonds investieren wollen, sollten aber mehrere Spezifika kennen: Anders als an der Börse gibt es für Immobilienpreise natürlich keine sekündlichen Kurskurven. Stattdessen bewerten Gutachterinnen und Gutachter vierteljährlich den Wert der Gebäude. Auf dieser Grundlage und mit Blick auf die erzielbaren Mieten kalkulieren die Fondsgesellschaften dann den Nettoinventarwert der Fonds, also den Wert eines Fondsanteils. Im besten Fall verlaufen die Preiskurven der offenen Immobilienfonds daher glatter als die Notierungen von Aktienfonds und schwanken nicht so stark. Ändert sich die Marktlage am Immobilienmarkt jedoch abrupt, führt das manchmal zu drastischen Abwertungen auf einen Schlag. Wollen sich Interessierte über die Marktlage für Büroimmobilien informieren, gibt es kostenlose Kurzanalysen bei Immobilienvermarktern wie CBRE, Savills oder Colliers im Netz.

Research zu Büroimmobilien:
cbre.de/insights
colliers.de/research
savills.de/research
Mehr zu offenen Immobilienfonds unter test.de/immobilienfonds

> **Immobilien sind das Gold des kleinen Mannes.**
>
> John Stuart Mill, britischer Ökonom

Dazu kommt, dass Immobilienfonds nie ihr ganzes Geld in Immobilien investieren dürfen, sondern immer mindestens fünf Prozent als Liquiditätsreserve halten müssen. Da sich gerade große Immobilienkomplexe im Zweifel nicht auf Anhieb zu Geld machen lassen, brauchen die Fonds eine solche Cashreserve, mit der sie im Zweifel Anlegerinnen und Anleger auszahlen können. Im Schnitt halten die Fonds rund 15 Prozent an Cash, so hat es die Ratingagentur Scope ermittelt (Stand: 04/24). Wird dieses Geld schlecht verzinst, kann nicht das komplette Kapital arbeiten.

Außerdem lassen sich Fondsanteile nicht flexibel an die Fondsgesellschaft zurückgeben. Zumindest, wer einen offenen Immobilienfonds nach dem 22. Juli 2013 gekauft hat, muss ihn mindestens 24 Monate halten und zwölf Monate vor Rückgabe kündigen (beide Fristen können parallel laufen). An der Börse gelten diese Fristen nicht, dort lassen sich Anteile jederzeit verkaufen – teilweise zu Abschlägen.

Was aktive Fonds kosten

Bei Investmentfonds zahlen Anlegerinnen und Anleger eine Menge Gebühren. Manche davon sind auf den ersten Blick nicht einmal zu erkennen.

Vielleicht erfasst kein Witz besser als dieser, wie abgezockt es an der Börse bisweilen zugeht: Ein Börsenhändler zeigt einem Bekannten den Hafen von Miami, deutet auf die Yachten und fachsimpelt, welches der Schiffe welchem Kollegen gehört. Daraufhin fragt der Bekannte: „Und wo sind die Yachten der Kunden?" Der Witz unterstellt, dass viele Finanzhäuser besser darin sind, Gebühren vom Geld der Kunden abzuziehen, als es zu mehren. Auch wenn das ziemlich zugespitzt ist, Fakt ist: Bei der Geldanlage in aktiven Fonds gibt es eine Menge Gebühren zu beachten. Wir zeigen, was Privatleute im Blick haben sollten.

Ausgabeaufschlag

Direkt beim Kauf muss die Kundschaft oft zahlen: Der Ausgabeaufschlag fällt beim Kauf eines Fonds als Einmalgebühr an und soll einen Teil der Vertriebskosten decken. Wollen Anlegerinnen und Anleger beispielsweise 10 000 Euro investieren, landet gar nicht die gesamte Summe im Fonds. Für Geldmarktfonds liegt der Ausgabeaufschlag oft zwischen null und einem Prozent, bei Anleihefonds um die drei Prozent. Bei Aktienfonds hat sich die Marke von fünf Prozent durchgesetzt, in seltenen Fällen werden bis zu sieben Prozent fällig. Manchmal heißt der Ausgabeaufschlag auch „Agio" oder „Load".

Manchmal sorgt es für Irritationen, dass verschiedene Fondshäuser den Ausgabeaufschlag unterschiedlich berechnen: Manche Fondshäuser schauen zuerst darauf, dass sie Kaufwilligen zum Beispiel für 9 500 Euro Anteile übergeben und schlagen dann fünf Prozent obendrauf (5 % von 9 500 Euro = 475 Euro Ausgabeaufschlag). Mit dieser sogenannten Nettomethode müssten Privatleute dann im konkreten Fall insgesamt 9 975 Euro überweisen (9 975 = 1,05). Andere Anlagegesellschaften rechnen etwas anders und ziehen vom Anlagebetrag der Kundinnen und Kunden einfach fünf Prozent ab. Bei einem angepeilten Investment von 10 000 Euro würde das Fondshaus einfach fünf Prozent (500 Euro Ausgabeaufschlag) herunterrechnen und am Ende nur für 9 500 Euro Fondsanteile ausreichen (sogenannte Bruttomethode).

Das Problem: Der Ausgabeaufschlag zehrt an der Rendite, bevor das Geld überhaupt investiert ist. Manche Direktbanken oder Fondsdiscounter verzichten allerdings auf den Ausgabeaufschlag. Und wer einen Fonds an der Börse kauft, kommt um die Gebühr ebenfalls herum. Mehr zu den unterschiedlichen Kaufvarianten von aktiven Fonds ab Seite 272 .

Verwaltungsgebühren

Auch die Fondsleute wollen gerne Geld für ihre Arbeit bekommen: Mit den Verwaltungsgebühren bezahlt das Fondshaus das Gehalt der Fondsleute, aber auch Kosten für Werbung, die Publikation der Jahresberichte und Rückvergütungen an Beratungsleute zum Beispiel in Bankfilialen („Kickbacks"). In der Regel liegen die Verwaltungsgebühren bei aktiven Aktienfonds zwischen ein und zwei Prozent pro Jahr. Anleihefonds verlangen im Schnitt rund ein Prozent. Diese laufenden Gebühren entnimmt die Fondsgesellschaft einfach über das Jahr aus dem Fondsvermögen. Auch wenn sich diese laufenden Gebühren erst einmal gering anhören, sind sie auf Dauer für Privatleute viel relevanter als der Ausgabeaufschlag. Einmalig zu Beginn fünf Prozent zu verlieren ist eben etwas anderes als über 10 oder 20 Jahre Haltedauer jedes Jahr zwei Prozent zu verlieren.

Depotbankkosten

Jede Fondsgesellschaft muss die Wertpapiere des Fonds bei einer speziellen Depotbank lagern, damit sie vom Unternehmensvermögen der Fondsgesellschaft getrennt sind. Die Depotbanken verlangen rund 0,1 bis 0,3 Prozent Gebühren für ihre Dienste, die aus dem Fondsvermögen abgezogen werden. Anlegerinnen und Anleger sollten diese Depotbank des Fonds nicht mit ihrer persönlichen Depotbank oder ihrem Broker verwechseln, wo sie privat Wertpapiere kaufen. Mehr zur Depotbank des Fonds auf Seite 244.

Transaktionskosten auf Fondsebene

Diese Kosten sind gewissermaßen versteckt: Wenn das Fondsmanagement Papiere kauft oder verkauft, muss es natürlich Handelsgebühren zahlen. Da Fondsgesellschaften als Großanleger auftreten, sind diese Gebühren zwar günstiger als die Orderkosten für Privatleute, können sich aber dennoch läppern. Gerade Fonds, die ständig kaufen und verkaufen, erzeugen hohe Handelskosten. Das können zum Beispiel faktische Ordergebühren sein, aber auch indirekte Kosten, wenn der Fonds mit einer ungeschickt platzierten Großorder versehentlich den Kurs einer Aktie „hochkauft". Laut einer Analyse des Anlagehauses Schroders belaufen sich die Handelskosten bei europäischen Aktienfonds im Mittel auf rund 0,2 Prozent des Fondsvolumens pro Jahr, können aber auch mehrere Prozent ausmachen.

Erfolgsgebühren

Manche Fondsgesellschaften halten doppelt die Hand auf: Läuft der Fonds gut, kassieren sie zu den normalen Gebühren noch eine Erfolgsgebühr (engl. Performance Fee). Früher war das eigentlich nur bei Hedgefonds üblich, dann haben manche Aktien- und Mischfonds das Prinzip übernommen. Woran die Fonds eine Erfolgsgebühr festmachen und wie hoch sie liegt, hängt am konkreten Fonds: Manche langen zu, wenn der Fonds eine Zeit lang besser läuft als ein Vergleichsindex. Andere verlangen Geld, sobald der Fonds seine bisherige Bestmarke übersteigt. Aus Sicht der Stiftung Warentest sind Erfolgsgebühren fragwürdig: Teilweise wählen Fonds unpassende Vergleichsindizes, die sich simpel übertreffen lassen. Privatleute sollten bei Erfolgsgebühren grundsätzlich stutzig werden und sie nur zahlen, wenn ein Fonds tatsächlich eine besonders überzeugende Anlagestrategie vorlegt.

30 SEKUNDEN FAKTEN

1,52 %

laufende Kosten verlangen Aktienfonds im Mittel, die in Deutschland erhältlich sind.

20 %

niedriger liegen die Kosten von großen Fonds im Vergleich zu kleinen Fonds, weil sich Kosten für Personal bei kleinen Fonds schlechter verteilen.

EIN VIERTEL

der günstigsten aktiven Weltaktienfonds konnten sich zehn Jahre am Markt halten und obendrein zugleich vergleichbare ETF schlagen. Bei den teuersten aktiven Weltaktienfonds gelang das keinem.

Quelle: Morningstar, Esma

Aktive Fonds analysieren

Wer passende Fonds von ungeeigneten Produkten unterscheiden will, muss die Produkte durchleuchten können. Ein Leitfaden.

Sind die Fonds mit den besten Renditen automatisch die besten Fonds? Viele Privatleute wählen ihre Fonds nach Vergangenheitsperformance aus und fallen damit schnell auf die Nase. Auswertungen des Indexanbieters S&P Dow Jones zeigen einen erstaunlichen Radrenneffekt bei aktiven Fonds: Landeten Produkte über fünf Jahre auf den Spitzenplätzen, konnten sie dieses Kunststück oft nicht wiederholen. Wer dennoch auf aktive Fonds setzen will, sollte die Produkte durchleuchten.

In was investiert der Fonds?

Am besten nicht Äpfel mit Birnen gleichsetzen: Wer Fonds vergleichen will, sollte das innerhalb des passenden Segments tun. Weltaktienfonds also neben Schwellenländerprodukte zu halten, ergibt keinen Sinn. Stattdessen ist es wichtig, sich einen Überblick über die Anlagen des Fonds zu verschaffen. Besonders simpel geht das im Fondsfinder auf test.de, theoretisch lassen sich die Angaben auch in den Jahres- und Halbjahresberichten der Fonds oder auf den monatlichen Factsheets finden.

- **In welche Anlageklasse(n) investiert der Fonds?** Aktienfonds sind etwas anderes als Rentenfonds oder Rohstofffonds.
- **Welcher Fondsgruppe ist der Fonds zugeordnet?** So lässt sich genauer sehen, ob es sich um einen „Mischfonds ausgewogen Welt" oder um einen Fonds für „Staatsanleihen Deutschland" handelt.
- **In welche Segmente investiert der Fonds?** Streut der Fonds breit? Oder nimmt er nur wenige Branchen in den Fokus? Ein Land – oder viele? Bei Immobilienfonds auf die Immobiliensegmente schauen, bei Anleihefonds auf Laufzeiten und Emittenten. Hinweise für jeden Fondstyp ab Seite 262.

Die Strategie verstehen

Interessieren sich Privatleute für aktive Fonds, sollten sie die Strategie des Fondsmanagements verstehen. Teilweise geben die Fondsleute freiwillig ein paar Zeilen in turnusmäßigen Lageberichten von sich, manchmal geben sie der Presse auch Interviews. Im Regelfall müssen sich Privatleute aber an den Factsheets oder unserem Fondsfinder orientieren:

- **Wie viele Positionen hat der Fonds?** Manche Fondsleute setzen mit 30 bis 40 Titeln auf wenige Wetten, andere streuen das Geld über mehr als 100 Positionen.
- **Wie sind die Positionen gewichtet?** Manche Fondsleute halten alle Positionen eher klein, andere fahren manche Positionen bewusst an die Maximalgrenze von zehn Prozent heran. Laut Studien machen große Wetten eine Überrendite von Fonds allerdings nicht wahrscheinlicher.
- **Wie marktnah ist der Fonds?** Die Kennziffer in unserem Fondsfinder auf test.de zeigt, zu wie viel Prozent die Schwankungen des Fonds mit dem Vergleichsindex übereinstimmen. Fonds mit großer Marktnähe kleben oft am Index. Fonds mit geringer Marktnähe fahren Sonderkonzepte.

Die Rendite analysieren

Wie viel Ertrag hat ein Fonds gebracht? Das wollen viele Privatleute wissen, selbst wenn vergangene Renditen künftige Erträge kaum seriös vorhersagen können. In ihrer Renditerechnung ziehen Fonds nach der Methode des Fondsverbands BVI alle Kosten auf Fondsebene ab: Die Vergütung der Manager, Werbekosten oder Kaufkosten für die Wertpapiere im Fonds sind in der Rendite bereits abgezogen. Diese Fragen können bei der Analyse helfen:

- **Wie viel Rendite hat der Fonds gebracht?** Besser nicht nur auf das vergangene Jahr schauen, sondern auf die Renditen über mindestens fünf oder zehn Jahre.
- **Hat der Fonds den Index geschlagen?** Lief der Fonds besser oder schlechter als der Index langfristig? Lag das an einem Spezialereignis oder war er stabil besser?
- **Schlug der Fonds seine Peergroup?** Wie gut lief der Fonds im Vergleich zu ähnlichen, aktiven Fonds?
- **Wie gut liegt die Chance-Zahl?** Die Chance-Zahl von Stiftung Warentest zeigt Interessierten, was passiert wäre, wenn sie nur in guten Monaten investiert hätten und gibt diese Zahl als „im Schnitt pro Jahr" an (annualisiert). Wir zeigen online auch, ob der Fonds in guten Phasen mehr gewann als ein vergleichbarer Index.

Das Risiko kennen

Jede Chance birgt auch ein Risiko: Wollen Anlegerinnen und Anleger Fonds durchleuchten, sollten sie sich auch mit schlechten Szenarien konfrontieren. Dafür gibt es in der Finanzmathematik inzwischen viele unterschiedliche Risikomaße, einige griffige Indikatoren zeigen wir hier im Überblick:

- **Wie hoch war der maximale Verlust?** Interessierte können so sehen, was im schlimmsten Fall passiert wäre. Wer zum Höchstkurs kaufte und zum Tiefststand verkaufte, hätte sich diesen Verlust eingehandelt. Praktisch dürfte das selten vorkommen, trotzdem ist es anschaulich.
- **Wo liegt die Risiko-Zahl?** Die Risiko-Zahl von Stiftung Warentest zeigt Interessierten online, was passiert wäre, wenn sie nur in schlechten Monaten investiert hät-

Investor-Info

Wann aktive Fonds Sinn ergeben

Fonds für Bequeme. Wer sich wenig kümmern und solide anlegen will, sollte auf Weltaktien-ETF setzen und das mit Zinsanlagen kombinieren. In aller Regel ist das besser als aktive Fonds. Mehr ab Seite 85.

Fonds für die Renditejagd. Manche aktive Fonds bringen Rendite und Risiko optimal ins Verhältnis – sogar besser als der Index. Wir zeichnen solche Fonds als Fünf-Punkte-Fonds aus. Offensivnaturen können darauf setzen, solange die Fonds fünf Punkte haben. Steigen sie ab, heißt es: unbedingt wechseln und dabei auf die Kosten achten. In unserer Rückrechnung brachte das bei Welt-, Schwellenländer- und Europa-Aktien mehr als Vergleichsindizes. Garantiert ist das keinesfalls. Mehr zu dieser Strategie unter: test.de/5ps.

Wo aktive Fonds besser sind. In manchen Nischen wie „Aktien Indien" performten aktive Fonds häufiger besser als ETF. Manche Länder-ETF sind außerdem sehr konzentriert. Da bieten aktive Fonds teilweise mehr Streuung. Außerdem haben aktiv gemanagte, nachhaltige Aktienfonds oft strengere Regeln als nachhaltige ETF, zumindest, wenn die aktiven Fonds gut konzipiert sind. Die Besten im Test: test.de/nachhaltige-fonds.

Fonds für Filialkunden. Manche wollen ihrer Hausbank treu bleiben, auch bei Fonds. Für solche Naturen haben wir die Kategorie „stabile Fonds" eingeführt. Sie sollen ein akzeptables Chance-Risiko-Verhältnis aufweisen und ähnlich zum MSCI World laufen. Den Index übertrafen sie auf lange Sicht jedoch nicht.

Der monatlich aktualisierten Fondstest von rund 20 000 Fonds gibt es auf: test.de/fondsfinder

ten und gibt diese Zahl als „im Schnitt pro Jahr" aus (annualisiert). Diese Zahl kann die Abwärtsphasen des Fonds also isoliert darstellen – das wollen viele besonders genau wissen. Wir zeigen online auch, ob der Fonds in schlechten Phasen weniger verlor als ein vergleichbarer Index.

Chance und Risiko auf einen Blick

Chance und Risiko sind zwei Seiten einer Medaille: Fonds, die extrem ins Risiko gehen, können leichter höhere Renditen einspielen als konservative Produkte – aber auch leichter Kapital vernichten. Unsere Fondsbewertung macht das Verhältnis aus Chance und Risiko mit einfachen Kennzahlen greifbar. Das ist keine Garantie für den künftigen Lauf des Fonds, aber eine interessante Perspektive. Folgende Angaben auf test.de/fonds helfen weiter:

- **Wo liegt die Chance-Risiko-Zahl?** Wollen Privatleute beide Aspekte zusammennehmen, hilft unsere Chance-Risiko-Zahl. Liegt die Zahl über 100, hat der Fonds Chance und Risiko besser ins Verhältnis gebracht als ein passender Vergleichsindex. Der Vergleichsindex ist dabei natürlich nicht überall derselbe, sondern unterscheidet sich je nach Fondsart. Alle Details zur Chance-Risiko-Zahl ab Seite 191.
- **Wie viele Punkte hat der Fonds?** Mit einer Chance-Risiko-Zahl über 100 kann sich ein Fonds für fünf von fünf Punkten in unserer Fondsbewertung qualifizieren. Obendrein muss dann aber auch der Trend der Chance-Risiko-Zahl positiv sein. Und der Fonds muss besser sein als die Benchmark, wenn man Risiko und Chance einzeln betrachtet.

Aktive Fonds kaufen

Wer aktive Fonds kaufen will, hat hierzulande eine Handvoll Möglichkeiten. Wer dabei clever handelt, kann eine Menge Geld sparen.

Wenn es an den Fondskauf geht, sind viele Anlegerinnen und Anleger verwirrt: Theoretisch könnten sie zur Fondsgesellschaft gehen, genauso aber auch über die eigene Hausbank kaufen, einen Fondsvermittler befragen oder an der Börse ordern. Wie genau Sparerinnen und Sparer kaufen, sollte ihnen nicht egal sein: Im Zweifel geht es für sie um Hunderte oder gar Tausende Euro mehr oder weniger. Die wichtigsten Verkaufskanäle im Überblick.

- **Kauf bei Filialbank**

Wer bei der eigenen Hausbank kauft, bekommt oft nur Hausmannskost: Die Banken vermarkten schließlich gerne die Produkte aus dem eigenen Universum. So wird die Deutsche Bank besonders gerne die Fondsprodukte ihrer Tochtergesellschaft DWS anpreisen, die Sparkassen mit Vorliebe Deka-Fonds, und in Volks- und Raiffeisenbanken sind die Fonds von der genossenschaftlichen Fondsgesellschaft Union Investment an der Tagesordnung. Bekommen Kundinnen und Kunden deswegen vielleicht nicht das beste Produkt, tragen sie einen Schaden davon.

Davon abgesehen fällt beim Kauf über die Bank meist der volle Ausgabeaufschlag an, bei Aktienfonds häufig zum Beispiel fünf Prozent vorneweg. Viele Filialbanken lassen da nur ungern mit sich reden, Anlegerinnen und Anleger mit richtig großen Vermögen haben manchmal aber Verhandlungsspielraum. Theoretisch können Privatleute die Mitarbeiterinnen und Mitarbeiter der Bank explizit anweisen, den Fonds nicht bei der Fondsgesellschaft direkt zu kaufen, sondern über die Börse zu erwerben. Die meisten handelsüblichen Fonds sind zumindest an einer der heimischen Börsen notiert. Beim Kauf über die Börse fällt, wohlgemerkt, kein Ausgabeaufschlag an, dafür gibt es andere Dinge zu beachten – mehr dazu unten auf dieser Seite.

Kauf bei Direktbanken

Viele Direktbanken im Netz werben mit Rabatten für bestimmte Fonds: Häufig versprechen sie, den Ausgabeaufschlag zu erlassen oder zu halbieren. Ein Fonds mit fünf Prozent Ausgabeaufschlag ließe sich dann zum Beispiel für 2,5 Prozent kaufen. Oft ist aber selbst der halbe Ausgabeaufschlag noch ein schlechtes Geschäft: Bei einer Anlage von 10 000 Euro würden normalerweise rund 500 Euro Ausgabeaufschlag fällig, mit der Rabattaktion wären es noch etwa 250 Euro. Würden Interessierte den Fonds über die Börse kaufen, wären aber nur rund 50 Euro fällig.

Kauf über eine Börse

Immer häufiger kaufen Privatleute auch aktive Fonds an der Börse. An der Börse Frankfurt oder der Börse Berlin lassen sich beispielsweise rund 2300 aktive Fonds handeln, an der Börse München etwas mehr als 4000 aktive Produkte, an der Börse Stuttgart rund 1700. Wer einen Fonds an der Börse kaufen will, muss allerdings unterschiedliche Kaufkosten überschlagen: Neben den Kaufgebühren der eigenen Bank kommen teilweise Kosten für den jeweiligen Börsenplatz dazu. Wer einen relativ günstigen Broker hat, kann insgesamt mit zehn bis 20 Euro hinkommen.

Gerade bei größeren Ordersummen sollten Anlegerinnen und Anleger auf die Handelsspanne achten, also die Lücke zwischen Kauf- und Verkaufskurs: Bei großen Fonds liegt sie oft unter einem Prozent, bei spezielleren Produkten kann sie auch mal zwei Prozent betragen. Wer unterschiedliche Börsenplätze vergleicht, sollte außerdem immer schauen, wie viele Fondsanteile zum entsprechenden Kurs angeboten werden. Meistens halten die Wertpapierhandelsbanken Fondsanteile im Wert von mindestens 10 000 Euro vor. Ordern Anlegerinnen und Anleger mehr, könnte der Kurs wegen ihrer großen Nachfrage „nach oben springen". Die simple Lösung: Wer sich für den Börsenkauf interessiert, sollte per Limit-Order immer einen Maximalpreis vorgeben, zu dem man die Anteile gerade noch erstehen würde. Wie das geht, steht ab Seite 360 ausführlich.

Alles zu korrekten Börsenorders ab Seite 360

An manchen Börsen lässt sich von der kursstellenden Wertpapierhandelsbank per Abfrage ein Kursangebot bekommen (Quote-Request-Verfahren). Konkret geht das an den Digitalbörsen Quotrix, Gettex und LS Exchange. Dabei sollte man immer überprüfen, wie groß die Handelsspanne ist und ob der Kurs schlechter als anderswo liegt.

Fondsvermittler

Statt Fonds über die Hausbank zu kaufen, lässt sich auch über Fondsvermittler kaufen. Diese Fondsshops wie „Fonds4You", „AAV Fondsvermittlung" oder „Fonds-Supermarkt" bieten aktive Fonds ohne Ausgabeaufschlag an. Sie bekommen von Fondshäusern spezielle Provisionen, die für den Betrieb dieser kleinen Vermittlerfirmen ausreichen. Manche Anbieter erstatten gar einen Teil dieser Provisionen zurück, zum Beispiel „Rentablo" und „Envestor".

Die Fondsshops selbst händeln übrigens kein Geld: Um Einzahlungen in die Fonds zu schieben, arbeiten sie mit speziellen Fondsbanken wie FNZ Bank oder FIL Fondsbank. Da die Fondsshops Zugang zu mehreren Fondsbanken anbieten, sollten Interessierte vorab prüfen, ob die Fondsbank den gewünschten Fonds führt. Meistens kostet das Depot bei einer der Banken zwischen 20 und 40 Euro im Jahr, das sollten Interessierte gegenrechnen. Meist lohnt es sich für Menschen, die häufiger ihre Fonds wechseln und sonst immer wieder Ausgabeaufschlag zahlen müssten.

Fondsshop-Vergleich unter: test.de/fondsvermittler

Anleihen

Grundwissen Anleihen

Während Aktien als aufregend gelten, stehen Anleihen häufig im Schatten. Dabei stellen sie den viel wichtigeren Teil des Kapitalmarkts. Anlegerinnen und Anlegern bieten die Papiere wahlweise Sicherheit oder Chancen – ganz nach Wunsch.

Was sind Anleihen?

Feste Zinsen, ausgemachte Laufzeit, planbare Rendite: Viele Anleger halten Anleihen für ein todsicheres Geschäft. Doch bei genauerem Hinsehen bergen auch sie eine ordentliche Prise Börsendynamik.

Vielleicht transportierte kaum etwas das Bild von Anleihen so gut wie der Rentensaal in der Frankfurter Börse. Hier, bei den Anleihehändlern im ersten Stock der Börse, schienen die Uhren langsamer zu gehen, vielleicht sogar im vergangenen Jahrtausend stehen geblieben zu sein. In diesem holzvertäfelten Raum hatten die klobigen Computer vergangener Tage mit ihren gewölbten Bildschirmen noch bis ins Jahr 2019 überlebt, die weinroten Plastikverkleidungen ebenfalls.

Verschlafen, langweilig, gemächlich: Diese Vorstellung prägt auch das öffentliche Bild von Anleihen. Dabei übersehen selbst Expertinnen und Experten gern, dass der Anleihemarkt weitaus größer ist als der Aktienmarkt. Kommt der Aktienmarkt global auf eine Größe von rund 100 Billionen US-Dollar, umfasst der Anleihemarkt nach Angaben des US-Bankenverbandes Sifma sogar rund 130 Billionen Dollar. Dabei geht es um ein sehr traditionelles Geschäft: Geld leihen und Zinsen bekommen.

Nicht nur der Staat, sondern auch Banken und andere Unternehmen können sich am Kapitalmarkt auf diese Weise Geld beschaffen. Brauchen sie Geld für laufende Ausgaben oder eine Investitionsidee, können sie sich mit Anleihen frische Mittel beschaffen – allerdings nur geliehen. Dazu teilen sie die gewünschte Summe in kleinere Beträge auf, vermerken sie jeweils auf einer Urkunde und werben im Gegenzug das Geld ein. So können sich Schuld-

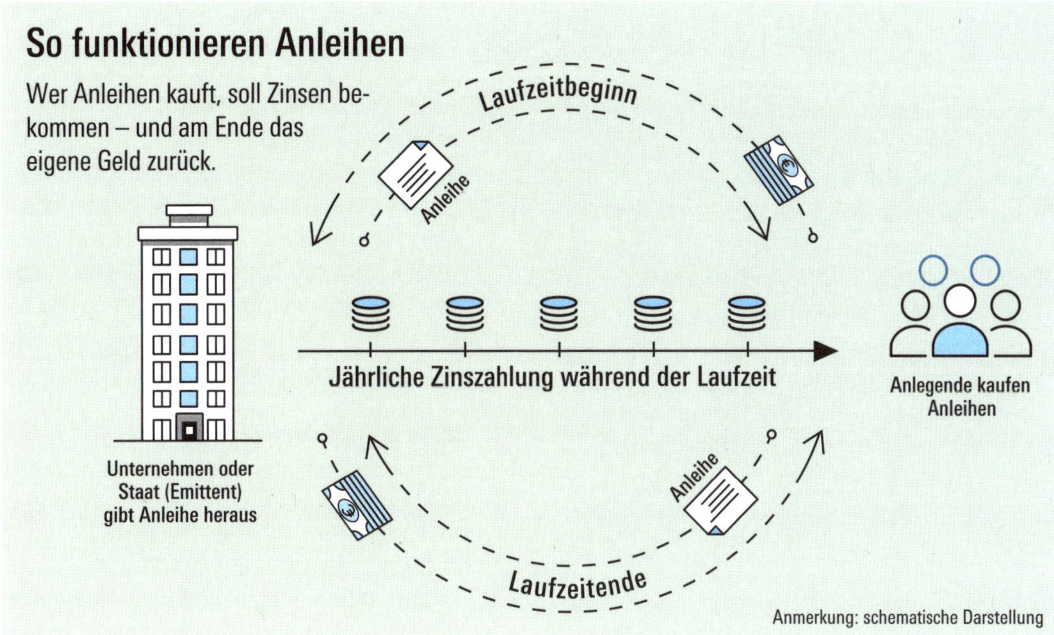

ner von einer Vielzahl an Geldgebern weit größere Summen leihen, als ihnen ein Bankenkonsortium borgen würde. Im Fachdeutsch ist von einer „Emission der Anleihe" die Rede, der Herausgeber heißt „Emittent".

Wenn Anleger und Anlegerinnen ihr Geld auf diese Art leihweise zur Verfügung stellen, erwerben sie, anders als bei Aktien, keinen Besitz am Unternehmen. Stattdessen sind sie Gläubigerinnen und Gläubiger, bekommen mit der Anleihe also einen Schuldschein des Schuldners. Dafür gibt es im Gegenzug:

1. **Rückzahlungsversprechen:** Der Schuldner verpflichtet sich, das Geld zu einem bestimmten Zeitpunkt wieder vollständig zurückzuzahlen, zum Beispiel in fünf Jahren. Wie weit dieser Termin in der Zukunft liegt, unterscheidet sich von Anleihe zu Anleihe.
2. **Zinszahlungen:** Als Gegenleistung für die Leihe des Geldes zahlt der Schuldner einen Zins an die Anlegerinnen und Anleger, zum Beispiel zwei Prozent pro Jahr. In der Regel ist die Höhe im Vorhinein festgelegt.

Anleihen heißen deswegen oft auch „festverzinsliche" Wertpapiere. Alternativ sprechen die Finanzprofis gern von Obligationen, Bonds, Schuldverschreibungen oder Rentenpapieren. Diese Begriffe haben übrigens weder etwas mit dem Actionhelden James Bond noch mit dem eigenen Ruhestand zu tun: „Bond" ist schlicht der englische Begriff für Anleihe, und unter „Renten" versteht man am Kapitalmarkt wiederkehrende Zahlungen, ganz so wie die turnusmäßigen Zinsen bei den allermeisten Anleihen. Heute meint der Begriff „Renten" jedoch die Anleihen insgesamt und nicht nur deren Zinsen.

Hat das Unternehmen seine Anleihen mithilfe von Investmentbanken einmal am sogenannten Primärmarkt an die ersten Finanziers verkauft, werden die Anleihen oft an der Börse notiert: Dort können dann nicht nur die ersten Käuferinnen und Käufer untereinander mit den Papieren handeln, sondern alle Interessierten. Im Fachjargon ist dann vom „Sekundärmarkt" die Rede: Wer im laufenden Börsenhandel eine Anleihe kauft, gibt das Geld also nicht an das Unternehmen – son-

Investor-Info

Anleihen als Sicherheitsbaustein. Wer neben Aktienanlagen auch Anleihen in seinem Portfolio einsetzt, nutzt sie in der Regel als Sicherheitsbaustein. Wer das will, kann rund zehn Staatsanleihen bester Kreditwürdigkeit und kurzer Laufzeit in Euro kaufen und sie bis zur Endfälligkeit halten. Mehr dazu ab Seite 312. Viel einfacher ist es, per ETF einem soliden Index mit vielen Euro-Staatsanleihen zu folgen. Wie diese Papiere genau funktionieren und was es zu beachten gibt, steht ab Seite 284.

Anleihen zur Spekulation. Niemand muss Anleihen bis zur Endfälligkeit halten, stattdessen lassen sich die Papiere auch während der Laufzeit aktiv handeln. Hartgesottene können so im besten Fall von Kursschwankungen profitieren. Warum man dafür jedoch eine Menge Wissen und Glück braucht, zeigen wir ab Seite 306.

Riskante Anleihen beimischen. Nicht alle Anleihen gehören gedanklich in den sicheren Teil des Portfolios. Theoretisch können Anlegerinnen und Anleger ihrem Depot auch riskante Anleihen wie Schwellenländertitel per spezialisiertem Anleihe-ETF beimischen. Wenn sich die Exotenpapiere völlig anders als die klassischen Weltaktienmärkte entwickeln, können sie den Kursverlauf des Gesamtdepots ein wenig glätten. Wieso das trotzdem riskant ist, steht ab Seite 288. Klar gesagt: Mit Anleihen als Sicherheitsanker hat das nichts zu tun. Gleiches gilt übrigens für sogenannte Hochzinsanleihen.

dern schlicht an den Vorbesitzer des Papiers. Neben großen Banken, Investmentfonds oder Versicherungen können an der Börse auch Privatanlegerinnen und Privatanleger laufend Anleihen kaufen und verkaufen. Faktisch handeln viele Anlageprofis jedoch immer stärker abseits der klassischen Börsen mit Anleihen, über spezielle Computersysteme wie Tradeweb betreiben Banken und Anlagegesellschaften einen regen Handel untereinander. An den klassischen Börsen tummeln sich dann eher die Orders der Privatleute.

Wer Anleihen ausgibt

Egal ob Staaten oder Unternehmen: Anleihen können von ganz unterschiedlichen Schuldnern stammen. Dabei lässt sich im Wesentlichen zwischen staatlichen Schuldnern und Unternehmen wählen. In Wirklichkeit gibt es jedoch viel feingliedrigere Unterscheidungen zwischen unterschiedlichen Anleihetypen:

- **Staatsanleihen:** zum Beispiel Bundesanleihen
- **Substaatliche Anleihen:** Bundesland- oder Kommunalanleihen
- **Supranationale Anleihen:** zum Beispiel Anleihen der EU
- **Staatsnahe Anleihen:** zum Beispiel von Staatsagenturen, Staatsbanken
- **Unternehmensanleihen:** Anleihen von Unternehmen
- **Bankschuldverschreibungen:** Anleihen von Banken
- **Pfandbriefe:** besicherte Anleihen

Die Anleihen der öffentlichen Hand stammen hierzulande zumeist vom Bund, seine Anleihen gelten sogar international als Messlatte: Der Handel mit Bundesanleihen ist so rege, dass sich die Papiere während ihrer Laufzeit selbst in turbulenten Situationen über die Börse gut kaufen und verkaufen lassen. Gleichzeitig steht die Bundesrepublik Deutschland international im Ruf, ein exzellenter und vertrauenswürdiger Schuldner zu sein. Das macht die Bundesanleihen so sicher, dass manche Finanzprofis sie sogar als „risikofreie Anlage"

Anleihen und Aktien im Vergleich

Kategorie	Anleihe	Aktie
Rechtliche Stellung des Anlegers	Anleger/-in ist Gläubiger des Unternehmens. Er hat Anspruch auf Rückzahlung des Kapitals und die vereinbarte Verzinsung, aber kein Stimmrecht im Unternehmen.	Anleger/-in ist Miteigentümer am Unternehmen. Er soll am Gewinn beteiligt werden und hat Stimmrechte auf der Hauptversammlung.
Laufzeit	Die Laufzeit wird bei der Emission vereinbart. Am Ende der Laufzeit soll der Anleger das Geld zurückbekommen.	Aktien haben keine Laufzeit. Unternehmen ziehen jedoch teilweise ihre Aktien von der Börse zurück. Anleger müssen ihre Aktien verkaufen, wenn sie aussteigen wollen.
Form der Erträge	Regelmäßige und in der Regel feste Verzinsung des investierten Kapitals.	Gewinnausschüttung in Form von Dividenden. Ob und in welcher Höhe, hängt vom Unternehmenserfolg ab.
Chancen	Die Zinsen sind vorher bekannt. Dazu Chance auf Kursgewinne bei Verkauf vor Laufzeitende.	Kursgewinne und steigende Dividenden bei wirtschaftlichem Erfolg des Unternehmens.
Risiken	Zahlungsausfall von Zinsen und/oder Rückzahlung. Ansprüche gehen denen von Aktionären in der Regel vor.	Kursverluste sind bis zum Totalverlust möglich, wenn das Unternehmen insolvent wird.

bezeichnen. Da aber nichts vollkommen ohne Risiko ist, sollte man lieber von einer „sehr risikoarmen" Anlage sprechen. Oft werden Staatsanleihen sogar pauschal als sichere Häfen bezeichnet: Schon die Turbulenzen um die griechischen Staatsschulden oder die wiederholten Staatspleiten Argentiniens machen allerdings klar, dass das nicht für alle Staaten gleichermaßen gilt.

Neben Staatsanleihen handeln viele Privatleute auch mit Unternehmensanleihen. Nicht nur Industriekonzerne wie Siemens oder Chemieriesen wie Bayer besorgen sich auf diese Weise Geld, sondern zum Beispiel auch die Finanzsparten von Autokonzernen wie VW oder BMW. Bringen Banken Anleihen auf den Markt, ist hingegen von Bank-Schuldverschreibungen die Rede. Mehr zu den unterschiedlichen Anleiheformen ab Seite 284.

Aktien versus Anleihen

Vielen Privatanlegerinnen und Privatanlegern ist nicht bis ins Letzte klar, wie sich Aktien und Anleihen genau unterscheiden. Auch wenn sich beide Papierarten an der Börse kaufen lassen und mit A anfangen, gibt es mehr Unterschiede als Gemeinsamkeiten: Während Aktien das Miteigentum an einer Firma verbriefen, bringen Anleihen nur einen Gläubigerstatus. Auch deswegen lassen sich Aktien theoretisch unbegrenzt lange halten, während die Laufzeit einer Anleihe in aller Regel begrenzt ist. Und mit den Zinsen können Anlegerinnen und Anleger bei Anleihen normalerweise bereits im Vorhinein genau rechnen, da sie schon vor dem Start der Anlage bekannt sind. Bei Aktien ist hingegen unklar, wie viel Dividende das Unternehmen in Zukunft ausschüttet, ob die Gewinnausschüttung sogar ausfällt und der Aktienkurs zusammenfällt.

Gerät der Schuldner von Anleihen in Probleme, droht hingegen eine Zahlungsstörung: Entweder kann er Zinsen nicht mehr zahlen, möglicherweise müssen die Käuferinnen und Käufer sogar um ihr verliehenes Geld bangen. Im Vergleich braucht es am Anleihemarkt normalerweise allerdings nicht so starke Nerven wie am Aktienmarkt. Gerät der Schuldner auf Schlingerkurs, gehen die Ansprüche der Anleihehalter in aller Regel vor. Selbst im Falle einer Zahlungsunfähigkeit bleibt für die Besitzerinnen und Besitzer von Anleihen oft zumindest ein Teilbetrag übrig, während viele Aktien dann nahezu vollkommen wertlos werden.

Die Kennzahlen verstehen

Renditen, Zinsen und Kurse: Bei Anleihen schwirrt selbst Börsenprofis schnell der Kopf. Was die wichtigsten Eckdaten bedeuten – und wie sie zusammenhängen.

Wenn Privatleute am Finanzmarkt Geld verleihen möchten, müssen sie keinen individuellen Vertrag zwischen Schuldner und Gläubiger aushandeln. Bei Anleihen sind die genauen Vertragsbedingungen im sogenannten Emissionsprospekt zusammengefasst, also in einer Art Beipackzettel. Wer interessante Anleihen wirklich gut verstehen will, sollte daher die Bedingungen kennen, auf die er oder sie sich einlässt.

Die wesentlichen Punkte lassen sich bereits ohne langwieriges Aktenstudium ganz einfach im Kursteil der Zeitung oder auf Informationsportalen im Netz herauslesen. Wer mit einem Investment liebäugelt, sollte die sogenannten Ausstattungsmerkmale einer Anleihe prüfen: Wichtig sind neben dem Nennwert der Anleihe vor allem ihre Verzinsung, die Währung des Papiers sowie die Laufzeit der Anleihe. Aus diesen Eckdaten ergibt sich in einem zweiten Schritt die besonders interessante Rendite der Papiere. Was es mit all diesen Begriffen auf sich hat, erklären wir hier Schritt für Schritt.

▸ Nennwert

Da sich Staaten oder Unternehmen mit Anleihen oft Millionensummen oder gar Milliardenbeträge besorgen, stückeln sie die gesamte Anleiheemission wie einen Kuchen in viele Teile. Wirbt eine Firma zum Beispiel zehn Millionen Euro ein, könnte sie zum Beispiel 10 000 Anleihen zu je 1 000 Euro herausgeben. Jeder dieser Kleinteile des gesamten Volumens ist mit einer Anleihe verbrieft, auf der der anteilige Schuldbetrag vermerkt ist. Dieser sogenannte „Nennwert" gibt also den Betrag an, den Anlegerinnen und Anleger am Ende der Laufzeit der Anleihe vom Gläubiger zurückbekommen sollen und der laufend verzinst wird. Ein Beispiel: Hat eine Anleihe einen Nennwert von 1 000 Euro, sollen Käuferinnen und Käufer am Ende genau diesen Betrag zurückerhalten. Bekommen sie für ihre Geldleihe jedes Jahr zum Beispiel zwei Prozent Zinsen, berechnen sich diese ebenfalls anteilig am Nennwert. Im konkreten Fall würde die Anleihe mit 1000 Euro Nennwert und zwei Prozent Zinsen jedes Jahr 20 Euro bringen.

Üblicherweise wird die Anleihe in viele gleich große Teile dividiert, die Fachleute nennen das „Stückelung". Üblich sind Stückelungen von 1 Cent, 1 Euro, 100 Euro, 500 Euro, 1 000 Euro oder 5 000 Euro. Es gibt aber auch Stückelungen über 10 000 Euro oder sogar 100 000 Euro. Interessierte sollten auf jeden Fall auf diese Stückelung schauen, bevor sie eine Anleihe kaufen: Liegt der Nennwert einer Anleihe bei 1 000 Euro, können sie nur diesen Betrag oder ein Vielfaches davon kaufen. Anlegerinnen und Anleger könnten also für 1 000 Euro, 2 000 Euro, 3 000 Euro kaufen – in der Regel aber nicht für zum Beispiel 3 500 Euro.

▸ Laufzeit

In den Anleihebedingungen ist meist auch ein Termin festgelegt, wann der Schuldner den Nennwert der Anleihe an die Geldgeber zurückzahlen muss. Der Zeitraum zwischen der Ausgabe der Anleihe und ihrer Fälligkeit am Ende ist die Laufzeit einer Anleihe, der noch verbleibende Teil dieser Zeitspanne ist die sogenannte Restlaufzeit. Fachleute unterteilen die gesamte Welt der Anleihen dabei grob in folgende drei unterschiedliche Laufzeitkategorien. Ihnen begegnen Anlegerinnen und Anleger immer wieder, weil sie unterschiedlich riskant sind und daher gern abgegrenzt werden:

1. **Kurzläufer:** Kurzlaufende Anleihen werden in weniger als drei Jahren fällig.
2. **Mittelfristige Papiere:** Diese Papiere haben eine Laufzeit von drei bis sieben Jahren.
3. **Langläufer:** Anleihen mit weit in der Zukunft liegenden Fälligkeiten laufen in der Regel mehr als sieben Jahre. Üblich sind Laufzeiten zwischen 10 und 30 Jahren, vereinzelt sogar länger.

In normalen Zeiten gibt es mehr Zinsen, je länger Anlegerinnen und Anleger ihr Geld verleihen, schließlich kann dann auch mehr dazwischenkommen. Um dieses Risiko erträglicher zu machen, gibt es bei langen Laufzeiten normalerweise mehr Zinsen. Bringt eine zweijährige Anleihe beispielsweise zwei Prozent Zinsen, könnte eine 30-jährige Anleihe vielleicht 3,5 Prozent Zinsen bringen. Wie viel besser die langlaufenden Anleihen verzinst werden, folgt jedoch keinem Gesetz. Je nachdem, ob Anlegerinnen und Anleger mit steigenden oder sinkenden Zinsen rechnen, liegt dieser Aufschlag für lange Zeiträume in manchen Zeiten etwas höher oder auch niedriger.

In Wirklichkeit hat auch nicht jede Anleihe einen festen Rückzahlungstermin. Bei Annuitätenanleihen zahlen die Schuldner zusammen mit den Zinsen jedes Jahr auch schon einen Teil ihrer Schuld zurück und tilgen den Betrag nicht erst auf einen Schlag am Ende, sondern tranchenweise.

Häufiger kommen allerdings Anleihen vor, die der Schuldner vorzeitig kündigen kann. Meist sind dafür in den Anleihebedingungen konkrete Termine genannt, an denen das möglich ist (sogenannte Call-Termine). Für die Schuldner kann das Sinn ergeben, wenn die Zinsen in der Zwischenzeit gesunken sind und sie sich am Kapitalmarkt nun theoretisch zu viel niedrigeren Zinskonditionen verschulden könnten. Endlos laufende Anleihen haben wiederum gar keinen festen Endzeitpunkt, allerdings hat der Emittent hier in der Regel ein vertragliches Kündigungsrecht, in dessen Rahmen er die Anleihe zurückzahlen kann.

▶ Währung

Anlegerinnen und Anleger sollten nicht glauben, dass Unternehmen oder selbst Staaten die Anleihen stets in ihrer Heimatwährung auf den Markt bringen. Natürlich wählen deutsche Unternehmen als Währung häufig den Euro, viele geben aber beispielsweise auch Papiere in US-Dollar aus. Nicht einmal bei Staaten ist das anders: Polen zum Beispiel hat sich nicht nur in der eigenen Landeswährung Zloty verschuldet, sondern in der Vergangenheit zum Beispiel auch Schuldpapiere in der chinesischen Landeswährung Renminbi herausgegeben.

Theoretisch können Anlegerinnen und Anleger davon profitieren, wenn es im fremden Währungsraum höhere Zinsen gibt. Neben dem möglichen Zinsplus lassen sie sich aber auch auf ein ordentliches Fremdwährungsrisiko ein. Entwickelt sich die Währung des fremden Landes im Verhältnis zum Euro ungünstig, können selbst ordentliche Zinserträge schnell aufgefressen sein. Da Währungskurse sogar für Profis kaum zu prognostizieren sind, sollten Privatleute bei Fremdwährungsanleihen grundsätzlich äußerst vorsichtig sein. Einfacher verständlich und besser kalkulierbar ist es in jedem Fall, nur auf Anleihen in Euro zu setzen.

▶ Zinsen

Für jede Anleihe ist in den Bedingungen ein Zins festgelegt, den des im Gegenzug für die Geldleihe gibt. Dabei wird der Zinssatz nicht in Euro und Cent angegeben, sondern in Prozent des Nennwerts. So könnte eine Anleihe beispielsweise einen Zins von zwei Prozent pro Jahr bringen. Beträgt der Nennwert einer Anleihe zum Beispiel 1000 Euro, gäbe es dann wie bereits gesagt 20 Euro Zins pro Jahr.

Üblicherweise zahlen die Schuldner ihre Zinsen entweder jährlich, halbjährlich oder vierteljährlich oder erst gesammelt am Ende der Gesamtlaufzeit. Egal, wie häufig Anlegerinnen und Anleger die kleinen Beträge kassieren, wird der Zins immer auf ein Jahr hochgerechnet und als „Zins pro Jahr“ angegeben, damit sich die Werte einfach vergleichen lassen.

Zinskupon

Oft ist bei Anleihen vom Zinskupon die Rede – ein Begriff aus vergangenen Zeiten. Früher wurde mit der Anleihe tatsächlich ein Bogen voller Zinskupons übergeben, die sich abtrennen ließen. Zum Zinszahlungstermin konnten Anlegerinnen und Anleger diesen Kupon dann bei der Bank einlösen und den Zins ausgezahlt bekommen. Heute geschieht das alles automatisch, die Zinsen wandern elektronisch auf das eigene Konto. Der Begriff vom Zinskupon hat sich jedoch gehalten und meint nun schlicht den Zinssatz einer Anleihe.

Auch wenn Anleihen oft „festverzinsliche Wertpapiere" genannt werden, ist das streng genommen nicht ganz richtig: Denn nicht bei jeder Anleihe ist der Zins tatsächlich in jedem Jahr identisch. Anleihen mit konstantem Zins (sogenannte normale Anleihen) kommen zwar in der Tat am häufigsten vor, sind aber nicht die einzigen Anleihearten. Daneben gibt es Stufenzinsanleihen, deren Zins Stück für Stück steigt, je länger Anlegerinnen und Anleger die Papiere halten. Bei Floating Rate Notes (FRN) sind die Zinsen wiederum variabel, können sich also mit dem allgemeinen Zinsniveau am Kapitalmarkt verändern.

Mehr zu spezielleren Anleihearten lesen Sie ab Seite 299

▸ Kurs

Üblicherweise werden die meisten Anleihen nach ihrer Ausgabe zumindest in Europa an einer öffentlichen Börse notiert und dort gehandelt. Anlegerinnen und Anleger müssen die Titel also nicht zwingend bis zum Ende der Laufzeit halten. Wollen sie vorzeitig an das Geld oder doch lieber andere Papiere kaufen, können sie die Anleihen zumindest in der Theorie jederzeit über die Börse verkaufen. Der Anleihekurs richtet sich im Wesentlichen danach, wie Kauf- und Verkaufsseite das Papier bewerten. Faktisch läuft der Handel allerdings nur bei den wichtigsten Staatsanleihen relativ reibungslos, bei Unternehmensanleihen kann der Markt gerade in Krisensituationen wie Crashs schnell einmal stillstehen.

Anders als bei Aktien wird der Kurs von Anleihen nicht in Euro und Cent notiert, sondern in Prozent. Das zeigt an, wie viel Prozent des Nennwertes für die Anleihe aktuell zu zahlen sind. Notiert das Papier genau auf dem Niveau des Nennwerts, würde der Kurs 100 Prozent betragen. Fachleute sprechen dann davon, dass das Papier „pari" notiert. Es wird also gerade an der Börse genau zu dem Kurs gehandelt, zu dem der Emittent es am Ende der Laufzeit auch zurückzahlen soll. Notieren die Kurse unter 100 Prozent, ist von einem Kurs „unter pari" die Rede.

Ein Beispiel: Kursportale im Netz zeigen, dass der Kurs einer Anleihe gerade bei 95 Prozent notiert. Hat das Papier einen Nennwert von 1000 Euro, müssten Privatleute also 950 Euro dafür ausgeben. Genauso gut können die Kurse einer Anleihe „über pari" steigen, also über 100 Prozent notieren.

In Krisenzeiten stehen besonders sichere Staatsanleihen wie etwa deutsche Bundesanleihen oft hoch im Kurs. Umgekehrt müssen Unternehmensanleihen an der Börse dann oft Abschläge hinnehmen: Als sich im Frühjahr 2020 die ganze Welt vor einem dauerhaften Stillstand der Luftfahrt sorgte, stürzten Anleihen der Lufthansa zwischenzeitlich von einem Kurs bei 100,6 auf 76 Prozent ab.

Wenn an der Börse gerade keine Panik angesagt ist, werden die Anleihekurse im Regelfall vor allem durch das allgemeine Zinsniveau bewegt. Der Mechanismus dahinter verwirrt viele Menschen, ist aber ganz einfach zu verstehen: Die Anleihekurse steigen nämlich, wenn das allgemeine Zinsniveau sinkt. Der Grund: Sinken die Leitzinsen der Notenbanken, sinken in der Folge auch die Zinsen der neuen Staats- oder Unternehmensanleihen. Statt für neue Anleihen mit geringeren Zinsen interessieren sich viele Finanzprofis dann eher für alte Papiere mit den noch üppigeren Zinsen. Die Konsequenz? Die Kurse dieser Altanleihen steigen. Umgekehrt funktioniert der Mechanismus natürlich auch: Steigt mit Leit-

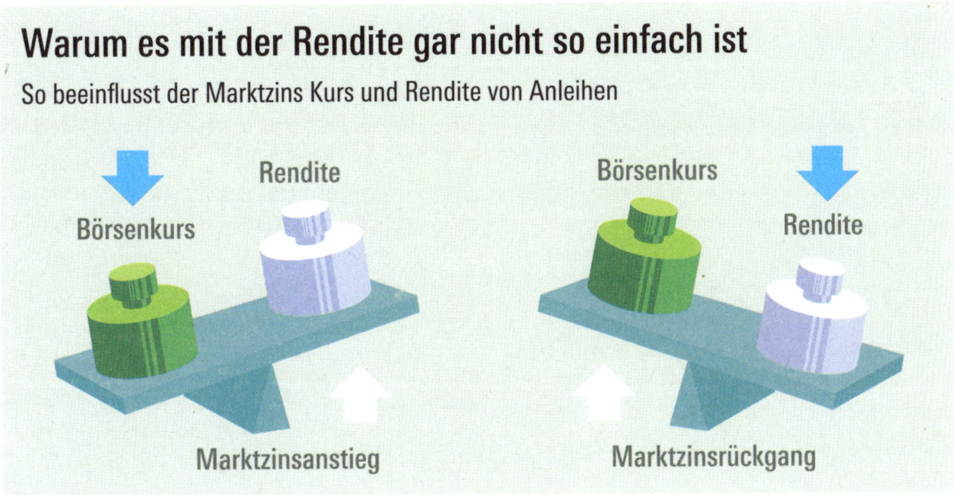

zinserhöhungen der Notenbanken das Zinsniveau am Finanzmarkt, sinken die Anleihekurse der Altanleihen. Bei neuen Anleihen winken die Staaten oder Firmen schließlich mit üppigeren Zinsen, was attraktiver wirkt. Wer jetzt seine alten Anleihen verkaufen will, muss mit dem Kurs also so weit runter, bis das mäßiger verzinste, alte Papier mit den üppigen Zinsen der neuen Anleihen mithalten kann.

Rendite

Wenn sich Interessierte verschiedene Anleihen anschauen, ist die Rendite besonders interessant. Diese Zahl gibt an, mit welcher Rate sich das eingesetzte Kapital pro Jahr vermehrt, wenn man die Anleihe ab dem Kaufzeitpunkt bis zur Fälligkeit hält. So kann eine Anleihe zum Beispiel eine Rendite von 3,5 Prozent pro Jahr bringen. Interessierte sollten diese Prozentzahl jedoch nicht mit dem Zins der Anleihe verwechseln, denn die turnusmäßigen Zinsen sind nur ein Faktor der gesamten Rendite.

Entscheidend ist auch, zu welchem Kurs Anlegerinnen und Anleger die Anleihe kaufen. Notiert der Kurs der Anleihe beim Kauf zum Beispiel bei 85 Prozent, könnten Sparerinnen und Sparer neben den turnusmäßigen Zinsen schließlich auch noch einen Kursgewinn verbuchen. Wenn sie die Anleihe bis zur Endfälligkeit halten, bekommen sie am Schluss 100 Prozent zurück. Die Rendite einer Anleihe berechnet sich also einerseits aus den Zinszahlungen, andererseits auch aus eventuellen Kursgewinnen oder -verlusten. Genau genommen kommen bei Fremdwährungsanleihen mögliche Währungsveränderungen dazu.

Nur, wenn Anlegerinnen und Anleger ihre Anleihen genau zum Nennwert bei 100 Prozent kaufen, entspricht die Rendite ziemlich genau dem jährlich versprochenen Zins. Notiert ein Papier mit Kursen „über pari", liegt die Rendite in der Regel unter dem Kuponzins. Kaufwillige zahlen so schließlich mehr für die Anleihe, als sie am Ende zurückbekommen. Liegen die Kurse einer Anleihe wiederum „unter pari", liegt die Rendite über dem Kuponzins. Die Anleihe lässt sich schließlich für weniger Geld kaufen, als sie am Ende zurückgibt.

Aussagekräftig ist die Rendite daher nur, wenn Anlegende ihre Papiere bis Endfälligkeit halten wollen. Wollen sie die Anleihen aber während der Laufzeit wieder veräußern, ist die Rendite keine hilfreiche Kennziffer: Schließlich kennt man zwar den Zins und den aktuellen Kurs, aber im Vorhinein nicht den konkreten Börsenpreis beim Verkauf während der Laufzeit. Anders als der Rückzahlungskurs zu 100 Prozent ganz am Ende der Laufzeit stehen die variablen Börsenkurse im Vorfeld schließlich nicht eindeutig fest.

Welche Anleihen gibt es?

Von Staaten und Privaten: Am Anleihemarkt gibt es unterschiedlichste Anleihetypen. Manche sind äußerst sicher, andere winken mit üppigen Renditen. So behalten Anlegerinnen und Anleger den Überblick.

Staatsanleihen

Wer sich beim Geldanlegen an den Staat halten will, kann das auch als Privatmensch tun: Staatsanleihen versprechen planbare Erträge und größte Sicherheit. Was die Papiere können.

Es war an einem späten Augusttag im Finanzkrisenjahr 2008, als die Bronzestatuen Bulle und Bär vor der Frankfurter Börse Zuwachs bekamen. Zu den bekannten Börsenmaskottchen gesellte sich für genau zwei Tage eine 150 Kilogramm schwere Styropor-Schildkröte. Mit ihr wollte der deutsche Staat für seine Anleihen werben. Ausgerechnet wenige Tage, bevor weltweit Banken wankten, konnte die Schildkröte auf dem Börsenplatz nur grinsen: „Ich komme immer an meine Kröten", diesen Spruch hatten die Öffentlichkeitsleute der Finanzagentur des Bundes ihrem auffälligen Maskottchen für Fernsehspots angedichtet.

Ruhig, gemächlich und panzersicher – so sollten die Bundeswertpapiere in der Werbeaktion daherkommen. Jeder Staat der Welt braucht schließlich laufend Geld, ob für das Militär, den Lohn der Staatsbediensteten oder für neue Brücken. Da die Steuereinnahmen meist nicht ausreichen, brauchen die Regierungen weitere Wege, um ihre Staatshaushalte zu finanzieren. Legt ein Land deswegen eine Staatsanleihe auf, kann es bei Investorinnen und Investoren Geld einsammeln. Das können institutionelle Großanleger wie Versicherungen, große Banken oder Investmentgesellschaften sein, bei manchen Staaten auch ganz normale Privatleute. Dabei gibt es Papiere mit nur wenigen Monaten Laufzeit, aber auch Anleihen mit Laufzeiten von 10 oder 30 Jahren – und sogar noch länger.

Geht es speziell um Deutschland, heißen die Staatsanleihen „Bundeswertpapiere". Neben Nationalstaaten geben übrigens auch Länder, Städte und Gemeinden öffentliche Anleihen aus. Wertpapiere der Bundesrepublik Deutschland gehören dabei zu den sichersten Geldanlagen weltweit. Hinter dem Zahlungsversprechen stehen schließlich der deutsche Fiskus und damit indirekt alle Steuerzahlerinnen und Steuerzahler. Dieser international renommierte Status der Papiere sorgt übrigens für einen äußerst liquiden Börsenhandel – dafür also, dass sich die Papiere jederzeit relativ problemlos kaufen und verkaufen lassen. Völlig risikolos sind die Titel allerdings nicht: Auch wenn Anlegerinnen und Anleger am Ende der Laufzeit relativ sicher ihr Geld zurückbekommen, können die Kurse der Anleihen während der Laufzeit mit dem Trend des allgemeinen Zinsniveaus schwanken.

Diese Bundeswertpapiere gibt es

Der Bund bietet gleich einen ganzen Strauß von unterschiedlichen Wertpapieren an, die Anlegerinnen und Anleger kaufen können. Früher verkaufte der Bund manche Papiere direkt an Privatleute, heute können Privatpersonen sie nur über die Börse ordern. Umgangssprachlich nennen selbst Fachleute alle diese Papiere schlicht „Bundesanleihen". Faktisch gibt es aber mehrere unterschiedliche Typen deutscher Staatspapiere, der korrekte Oberbegriff lautet daher „Bundeswertpapiere":

- **Unverzinsliche Schatzanweisungen:** Laufzeit von maximal 12 Monaten,
- **Bundesschatzanweisungen:** Laufzeit von bis zu 2 Jahren,
- **Bundesobligationen:** Laufzeit von bis zu 5 Jahren,
- **Bundesanleihen:** Laufzeiten von bis zu 7, 10, 15 und 30 Jahren,
- **Grüne Bundesanleihen:** Laufzeiten 10 oder 30 Jahre.

30 SEKUNDEN FAKTEN

5 JAHRE

lang warb die Finanzagentur des Bundes mit einer Schildkröte namens „Günter Schild" für die bei Privatleuten so beliebten Bundesschatzbriefe.

51 411

So lautet der Handelsregistereintrag der „Bundesrepublik Deutschland – Finanzagentur GmbH". Für radikale Reichsbürger ein vermeintlicher Beweis, dass die Bundesrepublik ein Unternehmen und kein Staat sei.

1,8 BILLIONEN EURO

hat sich der Bund mit Stand 2024 bei Gläubigern geliehen.

Quellen: Zum Goldenen Hirschen, LPB BW, Finanzagentur des Bundes; Stand: 03/24

▸ Bundesanleihen

Sie sind die wichtigsten Staatspapiere: Mehr als die Hälfte der gesamten Schulden des Bundes hat der Staat mit Bundesanleihen gemacht, die eher lange Laufzeiten abdecken. Insgesamt sind Bundesanleihen im Volumen von rund 1,2 Billionen Euro im Umlauf (Stand: 03/24).

So viel Rendite brachten Bundesanleihen

Endfälligkeitsrendite 10-jähriger Bundesanleihen, in % pro Jahr

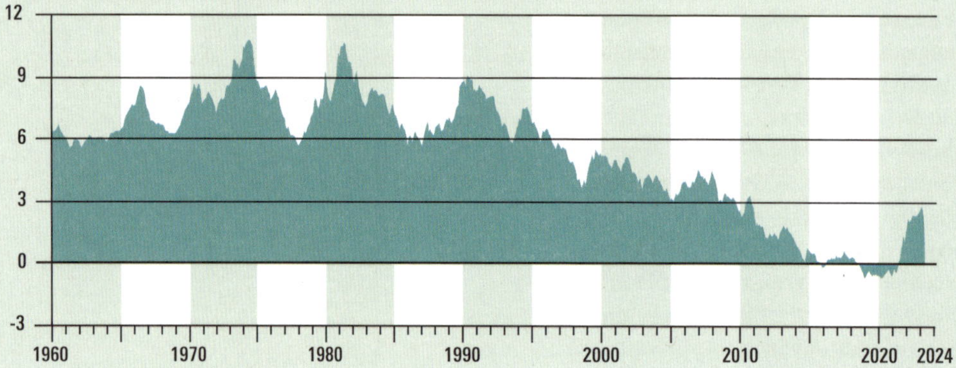

Quelle: OECD Stand: 31.12.2023

Traditionell gibt es 10-jährige und 30-jährige Bundesanleihen, seit der Coronakrise im Jahr 2020 sind auch 7-jährige und 15-jährige Schuldtitel des Bundes hinzugekommen. Besonders wichtig am Kapitalmarkt sind übrigens die 10-jährigen Bundesanleihen, ihre Rendite gilt in der gesamten europäischen Finanzwelt als Messlatte für den Ertrag einer äußerst risikoarmen Anlage.

Aktuelle Renditen deutscher Staatstitel: deutsche-finanzagentur.de

Bundesanleihen versprechen einen festen Zinssatz pro Jahr, am Ende der Laufzeit zahlt der Staat den Nennwert der Anleihe zurück. Dass die Bundesanleihen am Kapitalmarkt als sehr sichere Papiere gelten, hat jedoch auch seinen Preis: Weil das Ausfallrisiko des deutschen Staates so gering ist, muss er Anlegerinnen und Anlegern keine besonders hohen Zinsen zahlen, damit sie ihm Geld leihen. Bundesanleihen bringen im Vergleich zu anderen Anlagen am Kapitalmarkt also nur eine äußerst überschaubare Rendite.

Zwischen 2019 und 2022 nahm das beinahe kuriose Züge an: Die Renditen der zehnjährigen Bundesanleihen sanken sogar in den negativen Bereich. Anlegerinnen und Anleger mussten teilweise also dafür bezahlen, wenn sie dem Bund Geld leihen wollten. Der Grund: Die Europäische Zentralbank hatte einen ihrer wesentlichen Zinssätze ins Negative gedrückt. Weil damit das allgemeine Zinsniveau in den Minusbereich gerutscht war, gab es auch bei Bundesanleihen plötzlich negative Renditen. Infolge der Inflation nach Russlands Angriff auf die Ukraine hob die EZB ihre Leitzinsen als Gegenmittel wiederum rasant an, im Laufe des Jahres 2022 sprang auch die Rendite der zehnjährigen Bundesanleihen wieder in den positiven Bereich.

Die Bundesanleihen sind in der Finanzwelt sogar als Messlatte wichtig, als sogenannte „Benchmark". Alle anderen europäischen Staaten müssen für ihre Staatsanleihen schließlich mit üppigeren Erträgen locken. Auch am heimischen Kapitalmarkt vergleichen Anleiheprofis gerne, wie viel Renditeplus Unternehmensanleihen im Vergleich zu den kreuzsoliden Staatsanleihen selber Laufzeit bringen („Credit Spread"). Selbst bei anderen Anlagen wie Aktien betrachten Kapitalmarktprofis gern, wie ertragreich die Alternative zehnjähriger Bundesanleihen wäre. Als Geldanlage eignen sich Bundesanleihen vor allem für konservative Naturen, die Geld für einige Jahre sehr risikoarm parken wollen. Wer die Papiere bis zur Endfälligkeit halten will, kann sich im Grunde schon vorher den Ertrag ausrechnen.

Bundesobligationen
Bundesobligationen haben eine Laufzeit von fünf Jahren. Damit stehen die Papiere zwischen den langlaufenden Bundesanleihen und den kurzlaufenden Schatzanweisungen. Die Papiere sind mit einem jährlichen festen Zins ausgestattet und werden bei Laufzeitende zum Nennwert zurückgezahlt. Bundesobligationen sind daher für Privatleute sinnvoll, die Geld über einige Jahre parken wollen oder sich in einiger Zeit einen Konsumwunsch erfüllen möchten. Alternativ lassen sie sich auch im Rahmen einer sogenannten Zinstreppe einsetzen, wenn das Geld im Sicherheitsbaustein des Portfolios auf verschiedene Laufzeiten verteilt werden soll (mehr dazu ab Seite 315). Sparerinnen und Sparer sollten jedoch prüfen, ob sie für ein fünfjähriges Festgeld nicht bessere Konditionen bekommen. Der Vorteil der Bundesobligationen gegenüber Festgeld: Im Notfall kommt man an das Geld schon während der Laufzeit wieder heran.

Bundesschatzanweisungen
Sie sind zumindest buchstäblich Schätze: Bundesschatzanweisungen laufen zwei Jahre und haben damit unter den börsennotierten Staatspapieren die kürzeste Laufzeit. Verändert sich das allgemeine Zinsniveau, reagieren die Börsenkurse der Kurzläufer darauf deutlich verhaltener als bei längerlaufenden Papieren. Wollen Interessierte die Papiere sowieso bis zum Laufzeitende halten, brauchen sie sich darum jedoch nicht zu kümmern. Auch wenn die Namen übrigens ähnlich klingen, sollte man die zweijährigen Bundesschatzanweisungen nicht mit den noch kürzer laufenden „unverzinslichen Schatzanweisungen" des Bundes verwechseln.

Theoretisch können Sparerinnen und Sparer die zweijährigen Papiere als Geldparkplatz auf Sicht einsetzen oder im Rahmen eines Anleihedepots mit verschiedenen Laufzeiten. Praktisch können je nach Anlagebetrag jedoch die Kaufgebühren des eigenen Brokers für Anleihen an den Erträgen knabbern. Je nach Zinskonditionen kann es also rentabler sein, bei einer Bank ein kostenloses zweijähriges Festgeld abzuschließen. Auch hier gilt: Anders als beim klassischen Festgeld können Sparerinnen und Sparer die Staatspapiere jedoch bereits während der Laufzeit jederzeit wieder über die Börse veräußern, zum Beispiel in Notfällen – sind also etwas flexibler mit ihrem Geld.

Investor-Info

Für wen Bundeswertpapiere sinnvoll sind. Deutsche Staatspapiere eignen sich vor allem für Vorsichtige, die keinen Verlust erleiden möchten und dafür weniger Rendite in Kauf nehmen. Wer die Papiere bis zur Endfälligkeit hält, macht ein relativ sicheres Geschäft. Nicht immer lohnt sich das: Mitunter können Privatleute auf dem Festgeld mehr Ertrag erzielen und sich die Ordergebühren an der Börse sparen.

Einzelne Bundesanleihen ins Portfolio einpassen. Neben dem Risikobaustein mit Aktien lassen sich Bundesanleihen als Sicherheitsanker im Portfolio einsetzen. Anlegerinnen und Anleger könnten dazu den Sicherheitsbaustein ihres Portfolios mit heimischen Staatspapieren unterschiedlicher Laufzeiten füllen (Seite 315).

Bundesanleihen im Paket kaufen. Neben Einzeltiteln gibt es auch Anleihe-ETF auf Bundeswertpapiere. Sie eignen sich gut für den Zinsbaustein des eigenen Portfolios, bergen aber auch leichte Kursrisiken. Wer mit Bundesanleihen auf keinen Fall Verlust machen will, sollte die Konstruktion dieser Anleihe-ETF genau verstehen. Alles Wichtige ab Seite 317.

Laufend aktualisierter Zinsvergleich unter: test.de/festgeld

Unverzinsliche Schatzanweisungen

Keine Zinsen, trotzdem gesucht: Jährlich vermarktet der Bund unverzinsliche Schatzanweisungen in Milliardenhöhe. Diese Papiere haben Restlaufzeiten von drei bis zwölf Monaten, sind also extreme Kurzläufer. Anders als bei anderen Bundeswertpapieren zahlt der Staat für diese Papiere keinen Zins. Für Anleger kann es dennoch interessant sein, wenn sie die Papiere zu einem günstigeren Kaufpreis erwerben können und am Ende den vollen Nennwert zurückbekommen.

Anders als andere Bundeswertpapiere sind unverzinsliche Schatzanweisungen übrigens nicht an der Börse notiert. Meistens handeln Investmentgesellschaften die Papiere im elektronischen Direkthandel miteinander. Für Privatanlegerinnen und Privatanleger bietet es sich im Normalfall nicht an, mit diesen Papieren zu handeln. Wer für Zeiträume bis zu einem Jahr Geld anlegen möchte, sollte über sechs- oder zwölfmonatige Festgelder nachdenken. Alternativ gibt es Anleihe-ETF, die deutsche Staatstitel mit extrem kurzen Restlaufzeiten bündeln (mehr dazu ab Seite 317).

So begibt der Bund seine Anleihen

Will der Bund seine Anleihen verkaufen, macht er das über die Finanzagentur. Dieser Prozess heißt „Begebung" oder „Emission". Konkret passiert das in einer Art Auktion, dem Tenderverfahren. An Auktionstagen kann ein ausgewählter Kreis von 32 Kreditinstituten zwischen 8 Uhr und 11.30 Uhr Gebote für die neuen Anleihen abgeben. Diese Banken wie zum Beispiel die Deutsche Bank, Commerzbank oder die Citigroup teilen über ein elektronisches System mit, für wie viele Millionen Euro sie ordern möchten und zu welchen Kursen sie kaufen würden. Am Ende berechnet die Finanzagentur, zu welchen Kursen sie die Anleihen begeben und welcher Bieter wie viele Anleihen erhält. Direkt nach der Auktion startet dann der Börsenhandel mit den Papieren.

Ausländische Staatsanleihen

Weil Bundesanleihen kaum Rendite bringen, suchen Anlegerinnen und Anleger nach Alternativen. Die gibt es im Ausland: wahlweise kreuzsolide oder mit Kapriolen.

Das Meer im Hafen von Kastelorizo glitzert, die Fähnchen an den blank geputzten Segeljachten flattern im Wind, während ein olivgrünes Fischerboot einsame Runden in der Bucht dreht. Wohl kaum ein Ort der Welt wirkt den Zeitläufen so entrückt wie dieses 300-Seelen-Örtchen am östlichsten Zipfel Griechenlands, das nur einmal am Tag eine Fähre überhaupt anfährt. Ausgerechnet in diesem weltgewordenen Paradies hatte der damalige griechische Ministerpräsident Giorgos Papandreou der Welt an diesem Apriltag im Jahr 2010 eine folgenschwere Mitteilung zu machen: „Wir sind auf einer neuen Odyssee."

Die epischen Worte vor malerischer Kulisse glichen in Wirklichkeit einem Offenbarungseid: Griechenland kann seine Schulden nicht mehr bezahlen, braucht 45 Milliarden Euro von Europäischer Union und Internationalem Währungsfonds. Fünf Jahre lang sollte das Land fortan die Schlagzeilen beherrschen, die Politszene auf Nachtsitzungen wachhalten –

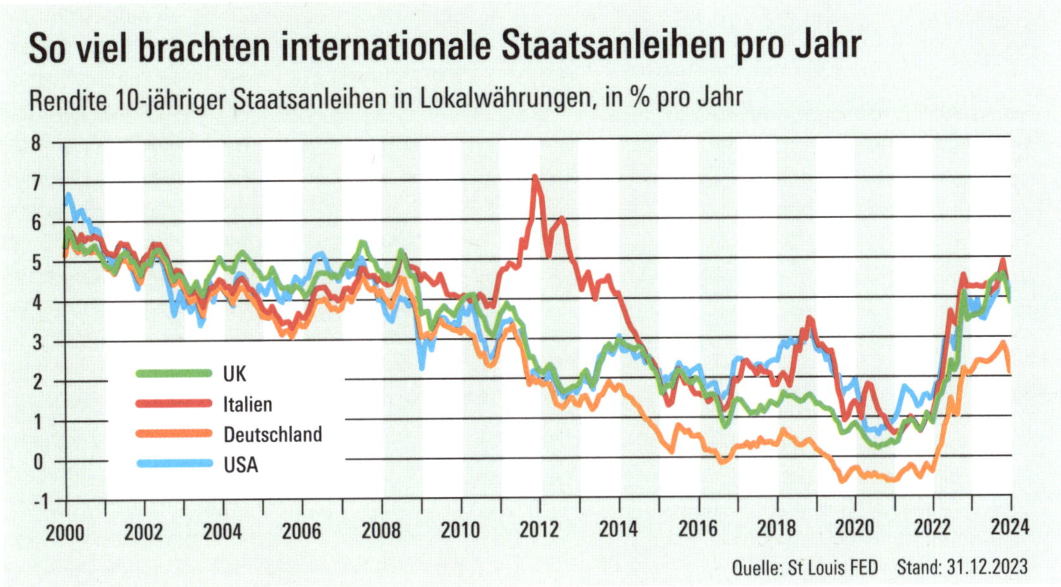

und den Ruf ausländischer Staatsanleihen in Deutschland nachhaltig ankratzen.

Auch wenn Staatsanleihen zuvor gern als „sichere Geldanlage" bezeichnet wurden, lässt sich das derart eindeutig nicht sagen: Per se sind Staatsanleihen weder sicher noch unsicher, schließlich ist das Risiko vom jeweiligen Land abhängig. Deutschland gilt mit seinen Bundeswertpapieren als exzellenter Schuldner, Italien steht mit seinem Schuldenberg schon wackeliger da, Griechenland zahlte auch Privatleuten in der Schuldenkrise teilweise nur rund die Hälfte des geliehenen Geldes zurück.

Für Privatleute ist es also gar nicht so einfach, die Bonität von Staaten selbst zu beurteilen. Dafür gibt es spezielle Ratingagenturen wie Standard & Poor's, Moody's, Fitch, DBRS und Scope, die die wirtschaftliche Stabilität vieler Länder unter die Lupe nehmen und mit Noten bewerten. Je besser die Länder bei diesem Rating abschneiden und je solider sie folglich dastehen, desto weniger Zinsen müssen sie in der Regel auf ihre Anleihen zahlen.

Bei diesen Analysen prüfen die Ratingagenturen zum Beispiel, wie groß die Schuldenlast eines Landes im Verhältnis zur jährlichen Wirtschaftsleistung ist. Wichtig ist auch, ob der aktuelle Staatshaushalt ausgeglichen ist. Ist es um das Wirtschaftswachstum gut bestellt, gibt das ebenfalls Pluspunkte. Länder mit gutem Wachstum können meistens schließlich gute Steuereinnahmen verbuchen. Außerdem prüfen die Ratingagenturen, wie solide die Länder politisch aufgestellt sind. Droht sich ein Land mit autokratischer Staatsführung zum Beispiel in halsbrecherische und teure Militärmanöver zu verwickeln, könnte das dem Rating schaden.

Für Privatanlegerinnen und Privatanleger kommen vor allem die Anleihen solider Staaten infrage. Die beste Bonitätsnote AAA von der Ratingagentur Standard & Poor's dürfen im Euroraum nur Deutschland, die Niederlande und Luxemburg führen. Außerhalb des hiesigen Währungsraumes haben Dänemark, Schweden, Norwegen und die Schweiz aus Sicht dieser Agentur ein Top-Rating, in anderen Weltregionen kommen noch Singapur, Kanada und Australien dazu (Stand: 03/24). Wer die Analysen der Bonitätswächter vergleicht, merkt: Manchmal können sich die Ratings der unterschiedlichen Ratingagenturen leicht unterscheiden, bei Staaten meist aber eher geringfügig.

Investor-Info

Schwellenländeranleihen nur für Fortgeschrittene. Wer mit dem nötigen Fachwissen in solche Papiere investieren möchte, könnte mit zehn Prozent einen kleinen Teil des eigenen Risikobausteins statt in weltweite Aktien in die Schwellenländertitel investieren – zum Beispiel gut gestreut über entsprechende ETF. In der Vergangenheit konnten Anlegende zwar nicht unbedingt aktienähnliche Renditen erwirtschaften, aber die Schwankungen ihres Gesamtportfolios gegebenenfalls leicht glätten. Ausgemachte Sache ist das nicht: Forschungsteams haben zwar über rund 200 Jahre zurückgerechnet, die Daten haben aber kleinere Lücken und sind in US-Dollar und britischen Pfund berechnet worden – nicht in Euro. Wer in die Titel investiert, sollte sie gedanklich nicht in den risikoarmen Teil des Portfolios stecken, sondern in den Risikobaustein. Für vorsichtige Naturen gilt: Finger weg. Auf keinen Fall sollten Privatleute Schwellenländeranleihen als Sicherheitsbaustein betrachten.

Was bei Staatspleiten droht

Im engeren Sinne können Staaten übrigens nicht insolvent werden, schließlich könnten sie zumindest in der Theorie jederzeit mehr Steuern erheben. Faktisch kann es jedoch zu Zahlungsstörungen oder umgangssprachlich auch zum Staatsbankrott kommen. Kann ein Land seinen Verpflichtungen dauerhaft nicht mehr nachkommen, ist von einer Staatspleite die Rede. Zahlt ein Land nur einen Teil der Zinsen nicht oder hat bloß vorübergehende Rückzahlungsprobleme, spricht man von einem teilweisen oder technischen Zahlungsausfall.

Dafür kann es unterschiedliche Gründe geben: Haben Staaten bereits einen großen Schuldenberg, können maue Steuereinnahmen bei schlechter Konjunkturlage plötzlich Zahlungsprobleme verursachen. Manchmal bringen aber auch unvorhersehbare Problemlagen wie Bankenkrisen oder Naturkatastrophen unerwartet hohe Kosten für den Staat mit sich. In anderen Fällen zahlen Regierungen aus politischen Gründen nicht mehr: Russland bediente nach dem Angriff auf die Ukraine manche Auslandsschulden im Westen nicht mehr in der vereinbarten Währung.

Je nach Situation gibt es unterschiedliche Wege, mit solchen staatlichen Zahlungsproblemen umzugehen. Manchmal vereinbaren Staat und Gläubiger ein Moratorium, verschieben die Zahlungen also auf einen späteren Zeitpunkt. In anderen Situationen gehen Staaten den Weg der Umschuldung, tauschen die bisherigen Anleihen also in teilweise weniger gut verzinste Papiere mit längeren Laufzeiten. Manchmal kommt es wie im Falle Ecuadors im Jahr 2020 auch zu einem Schuldenschnitt, dann muss der Staat zum Beispiel nur noch einen Teil des Nennwertes der Anleihen zurückzahlen.

Diese fremden Staatsanleihen gibt es

Wer nicht nur über kreuzsolide Bundesanleihen nachdenken will, kann ausländische Staatstitel in den Blick nehmen. Beliebt bei heimischen Privatanlegerinnen und Privatanlegern sind vor allem Papiere aus anderen Euroländern, von denen sie sich ein kleines Renditeplus erhoffen. Nichts für schwache Nerven sind wiederum Schwellenländeranleihen, die manche Portfolioprofis aber zumindest für risikoaffine Naturen interessant finden. Das Wichtigste im Überblick:

▶ Euro-Staatsanleihen

Andere Staaten, selbe Währung: Genauso wie Deutschland geben auch die anderen Länder im Euro-Raum eigene Anleihen heraus. Zwar besteht für hiesige Anlegerinnen und Anleger dann kein Währungsrisiko, dennoch bergen die Titel der anderen Eurostaaten ausnahmslos höhere Risiken. Manche Staaten wie die Niederlande oder Österreich sind wie Deutschland für eine eher orthodoxe Finanzpolitik bekannt; andere Länder wie Italien oder Griechenland kamen zumindest in der Vergangenheit immer wieder ins Gerede. Sie bergen auch Jahre nach der Eurokrise zwischen 2010 und 2015 noch höhere Risiken, bringen Anlegerinnen und Anlegern im Gegenzug aber auch höhere Renditen.

Egal ob Staaten wie Italien, Griechenland, Portugal oder Spanien: Nach der Eurokrise haben viele dieser Länder ihre Hausaufgaben gemacht. Selbst Griechenland wurde Ende 2023 von einigen Ratingagenturen aus dem Kreis der hochriskanten Papiere wieder zum „investierbaren" Land befördert, also in die obere Hälfte der Rating-Notenskala hochgestuft. Umgekehrt brachte die Coronakrise ab 2020 aber auch neue Belastungen für viele Länder. Wie sich Kurse und Renditen der Anleihen in Zukunft entwickeln, lässt sich nicht voraussagen und hängt unter anderem an der Zins-, Wirtschafts- und Haushaltsentwicklung.

Um den Markt der ganz unterschiedlichen Euro-Staatsanleihen in eine gemeinsame Kurve zu fassen, gibt es Indizes für dieses Anleihesegment. In solchen Anleihekörben fassen Indexfirmen den Lauf der unterschiedlichsten Staatstitel zusammen. So umfassen der „Bloomberg Euro Aggregate Treasury Index" oder der „iBoxx EUR Sovereigns Eurozone Index" die Entwicklung von mehr als 500 Staatsanleihen aus der gesamten Eurozone. Börseninteressierte sollten jedoch wissen, dass sie mit breiten Euro-Staatsanleiheindizes zu knapp 40 Prozent auf die Länder Italien, Spanien und Portugal setzen (Stand: 05/24). Der Grund: Die Indexanbieter gewichten alle Länder in den Indizes nach dem Volumen ihrer ausstehenden Staatsanleihen. Länder, die sich stärker verschulden und daher einen größeren Berg an Staatstiteln herausgegeben haben, erhalten in dieser Logik ein höheres Gewicht im Index. Tatsächlich gibt es aber auch Anleiheindizes, die lediglich Euro-Staatsanleihen mit der Topnote „AAA" umfassen. Wie sich mit ETF solchen Staatsanleihe-Indizes folgen lässt, lesen Sie ab Seite 317.

HÄTTEN SIE'S GEWUSST?

Viele ausländische Staatsanleihen haben kuriose Namen. Hier eine kleine Auswahl:

Anleihen westlicher Emittenten in chinesischer Währung heißen **Panda-Bonds**.

Samurai-Bonds sind Anleihen ausländischer Emittenten in japanischen Yen.

Britische Staatsanleihen heißen unter Profis **Gilts**.

Unter dem Begriff **Baklava** verstehen Finanzprofis türkische Anleihen in der Landeswährung Lira.

Rembrandts nennt man Anleihen ausländischer Emittenten in Euro an der niederländischen Börse.

Quelle: eigene Recherche

Schwellenländer-Staatsanleihen

Egal ob China, Indonesien oder Südafrika: Viele dieser Schwellenländer locken Anlegerinnen und Anleger mit der Hoffnung auf Wachstum und eine üppige Rendite. Doch die höheren Aufschläge deuten schon an, dass viele dieser Länder größere Risiken bergen. Weil die Wirtschaft häufiger in Krisen rutscht, weil auch die politische Lage oft instabil ist

Investor-Info

Euro-Staatsanleihen bringen mehr. Wollen Anlegerinnen und Anleger den Sicherheitsbaustein in ihrem Portfolio bestücken, können sie einen Korb von Staatsanleihen vieler europäischer Staaten kaufen. Im Vergleich zu deutschen Staatstiteln verspricht das höhere Renditen, weil die anderen Eurostaaten mehr Zinsen zahlen als Deutschland.

Kursverluste kennen. Interessierte sollten auch die Risiken kennen: Viele der unsolideren Eurostaaten sind in vielen dieser Indizes vergleichsweise hoch gewichtet. Außerdem sollten Anlegerinnen und Anleger beim Kauf den Zinstrend prüfen: Üblicherweise geben ETF auf breite Indizes für Euro-Staatsanleihen etwa sieben Prozent nach, wenn das allgemeine Zinsniveau um einen Prozentpunkt steigt. Liegt das Zinsniveau gerade niedrig, sollten Sparerinnen und Sparer dieses Risiko gedanklich einplanen.

Nur auf Top-Staaten setzen. Alternative kann ein Investment in ETF auf kurzlaufende Staatsanleihen (Laufzeit ein bis drei Jahre) ausschließlich der solidesten Euro-Staaten sein. Dann hält sich das Schwankungsrisiko mehr in Grenzen. Details ab Seite 317.

Einzelanleihen für Interessierte. Theoretisch lassen sich Anleihen auch einzeln zusammenkaufen, das ist allerdings aufwendig. Außerdem können bei jedem Anleihekauf Kosten entstehen. Gerade in Niedrigzinsphasen heißt es: Gut vergleichen, damit die Zinsen nicht dafür draufgehen.

und große Investmentfirmen immer wieder ruckartig Geld aus diesen Ländern abziehen.

Grundsätzlich sollten Anlegerinnen und Anleger bei Staatstiteln aus Schwellenländern zwischen sogenannten Lokalwährungsanleihen und Hartwährungsanleihen unterscheiden. Lokalwährungsanleihen begeben die Staaten in ihrer eigenen Währung, Südafrika also in Rand oder China in Renminbi. Dies bringt für westliche Anleger und Anlegerinnen allerdings stets ein Währungsrisiko mit sich. Um internationale Großanleger anzuziehen, begeben die Staaten meist auch Hartwährungsanleihen in westlichen Währungen wie dem US-Dollar, seltener in Euro oder japanischen Yen.

Auch wenn viele Finanzprofis Schwellenländertitel nur mit der Kneifzange anfassen, zeichnen Forscherinnen und Forscher ein etwas differenzierteres Bild. In einer Studie rollte ein wirtschaftshistorisches Forschungsteam um Josefin Meyer, Carmen Reinhart und Christoph Trebesch die Geschichte der Schwellenländeranleihen über genau 200 Jahre auf. Dazu gruben sie sich durch jahrhundertealte Zeitungen, Kurszettel und auch digitale Datensätze, zurück bis ins Jahr 1816. Ihre erstaunliche Erkenntnis: Die Hartwährungsanleihen von Schwellenländern brachten in US-Dollar und britischen Pfund gerechnet im Schnitt eine Rendite von 7,1 Prozent pro Jahr. Selbst wer die britische oder die US-Inflation abzog, kam unter dem Strich im Schnitt noch auf 5,8 Prozent Rendite pro Jahr. Im Gegenzug schwankten die Titel sogar etwas weniger als der weltweite Aktienmarkt in einer ganz ähnlichen Jahrhundertanalyse. Das Fazit des Forschungsteams ist also überraschend: Schwellenländeranleihen brachten offenbar aktienähnliche Renditen bei leicht geringeren Schwankungen.

Ob sich das mit einem ETF-Investment allerdings auch tatsächlich gewinnbringend ummünzen lässt, ist fraglich. Das Forschungsteam rechnete im Falle von Staatspleiten und Zahlungsproblemen schließlich auch mit ein, was Anlegerinnen und Anleger teilweise nach vielen Jahren und zähen Verhandlungen doch noch zurückbekamen. Passende Indizes wie der „JPM EMBI Global Core" werfen alle Titel jedoch genau ein Jahr vor Endfälligkeit aus dem Kurskorb. Ist bis dahin in einem Schuldenstreit keine Einigung erzielt, haben die Anlegerinnen und Anleger Pech. Weil sich viele der Schwellenländer-Staatsanleihen in der Praxis außerdem nicht immer simpel und oft nur mit höheren Kosten über die jeweiligen Börsen handeln lassen, hinken viele ETF-Anbieter in diesem Sektor ihren Indizes einer Auswertung der Katholischen Universität Leuven zufolge recht deutlich hinterher.

Anlegerinnen und Anleger sollten außerdem ein Spezifikum der Schwellenländer-Anleihen beachten: Bei allgemeinen Marktcrashs oder Krisen in den Schwellenländern können die Kurse der Anleihen ordentlich in Mitleidenschaft geraten und synchron mit den Aktienbörsen fallen, weil gerade professionelle Investmentgesellschaften diese riskante Anleihegattung dann schnell abstoßen. Gerade wenn Anleihen im Portfolio eigentlich als Stabilisator dringend gesucht sind, versagten zumindest diese speziellen Titel in der Vergangenheit oft ihren Dienst.

Unternehmensanleihen

Egal ob Bayer, RWE oder Sixt: Wer Unternehmen Geld leiht, kann ordentlich Rendite machen. Im Detail ist das aber gar nicht so einfach.

Viele bekannte Unternehmen gibt es an der Börse gewissermaßen doppelt und dreifach: Denn Firmen wie Bayer oder BASF gibt es am Parkett nicht nur als Aktien zu kaufen, obendrein haben sie auch viele Unternehmensanleihen begeben. Im Vergleich zu den äußerst sicheren deutschen Bundesanleihen werben diese Papiere oft mit üppigeren Zinsen und ziehen so das Interesse der Anlegerinnen und Anleger auf sich. Aber sind sie auch etwas für Privatleute?

Viele Unternehmen gehen den Weg über Anleihen, wenn das für sie günstiger ist als ein Kredit bei der Bank oder einem Bankenkonsortium. Traditionell war in Deutschland selbst bei großen Unternehmen die Bankfinanzierung an der Tagesordnung, seit den 90er-Jahren besorgen sich Firmen aber auch immer mehr Geld am Anleihemarkt. Im Sprachgebrauch der Finanzprofis heißen die Unternehmensanleihen manchmal auch etwas irreführend „Industrieanleihen", selbst wenn es nicht um Firmen aus dem klassischen Industriesektor geht. Ebenso gebräuchlich ist auch der englische Begriff „Corporate Bonds".

Mit Ratings die Solidität beurteilen

Die Palette der Unternehmen am Anleihemarkt ist sehr breit, von Großkonzernen bis hin zu Mittelständlern. Die finanzielle Situation der Unternehmen kann tadellos sein, manchmal besorgen sich aber auch Firmen kurz vor dem Kollaps noch Geld am Markt für Unternehmensanleihen.

Generell sind Unternehmenstitel riskanter als die Papiere von Staaten, weil Regierungen im Falle einer finanziellen Schieflage zumindest theoretisch die Steuern erhöhen könnten – ein Privileg, das Firmen nicht haben. Seit der Eurokrise ist vielen Anlegerinnen und Anlegern aber auch klar geworden, dass solide Unternehmen in bodenständigen Staaten theoretisch besser aufgestellt sein können als unsolide Staaten.

Das heißt: Interessieren sich Anlegerinnen und Anleger für konkrete Unternehmensanleihen, müssen sie immer den Einzelfall prüfen. Dabei können die Bonitätsnoten der Ratingagenturen eine gute Hilfestellung sein, die Fachleute in den Agenturen prüfen die Firmen schließlich auf Herz und Nieren. Dabei durchleuchten sie zum Beispiel die Finanzen der Firma, ihre Ertragslage, den Schuldenstand und befassen sich auch mit der gesamtwirtschaftlichen Lage und den Trends in der entsprechenden Branche. Eine genaue Aufschlüsselung der Ratingnoten finden Sie ab Seite 302.

Firmen mit Ratingnoten wie AAA und AA gelten als sehr gute Schuldner, die Bestnote AAA erreicht zum Beispiel Microsoft mit seinen Anleihen (Stand: 03/24). Noten mit einem einfachen A gelten als gut, Papiere mit Ratings wie BBB sind noch knapp im soliden Bereich. Gerade bei Unternehmensanleihen gibt es auffällig viele Titel, die ein BBB-Rating besitzen und damit nur knapp über dem sogenannten Ramschniveau rangieren. Das Dilemma: Bisweilen bringen nur solche Unternehmensanleihen tatsächlich ein größeres Renditeplus im Vergleich zu Staatsanleihen.

Besonders bei sogenannten Triple-B-Firmen auf den Notenstufen BBB oder BBB– sollten Anlegerinnen und Anleger aber genau hinsehen: Verschlechtern sich die wirtschaftlichen Eckdaten der Firmen plötzlich, können Ratingagenturen diese Titel in den Ramschbereich herunterstufen. Viele große Investmenthäuser dürfen dann nicht mehr in die Papiere investieren, was einen rapiden Kursverfall zur Folge haben kann. Im Börsenjargon hören solche Unternehmensanleihen übrigens auf den lyrischen Titel „gefallene Engel". Wer sich für Unternehmensanleihen interessiert, sollte gerade bei BBB-Firmen also stets den Bonitätsausblick prüfen und sich überlegen, ob das Unternehmen seine Finanzkraft künftig eher verbessern oder verschlechtern dürfte.

Meist weisen Firmen die aktuellen Ratingnoten auf ihren Internetseiten im Bereich „Investor Relations" aus. Alternativ zeigen die Ratingagenturen auf ihren eigenen Onlineauftritten die Ratingnote an, seltener auch ausführliche Berichte. Privatleute sollten dabei stets auf das Datum des Ratings schauen, manchmal liegen die letzten Prüftermine schon lange zurück und sind kaum noch aussagekräftig.

Auch wenn die Bonitätsnoten der Ratingagenturen oft als unumstößlich gelten, sind sie übrigens nicht unfehlbar. Gerade bei Anleihen mit langer Laufzeit von zehn Jahren und mehr kann in der Zwischenzeit eine Menge passieren: Unternehmen können plötzlich in Schieflage geraten, Konkurrenten den gesamten Markt umkrempeln oder Skandale das Geschäft aufmischen. Selbst Firmen, die heute noch einen vollkommen soliden Eindruck abgeben, können in der Zukunft in Probleme geraten. Das können Sparerinnen und Sparer zum Anlass nehmen, im Falle von Unternehmensanleihen bei Laufzeiten von mehr als fünf Jahren auf jeden Fall genauer hinzuschauen.

Unternehmensanleihen prüfen

Wer spannende Unternehmenspapiere suchen will, kann schnell die Übersicht verlieren. Inzwischen lässt sich das gesamte Anleiheuniversum im Netz mit verschiedenen Anleihe-Findern durchsuchen, zum Beispiel online bei der Börse Stuttgart oder den Banken Comdirect oder Consorsbank. Auch manche Zeitungen wie die FAZ berichten regelmäßig in einer eigenen Rubrik über neue Anleiheemissionen.

Wer passende Unternehmensanleihen herausfiltern will, kann sich mit einigen Fragen nähern. Zunächst sollten Sparerinnen und Sparer zwingend auf das Rating der Firmen schauen, es lässt hilfreiche Rückschlüsse auf das Bonitätsrisiko zu. Erst der zweite Blick sollte auf die Rendite einer Anleihe gehen: Allzu oft lassen sich Sparerinnen und Sparer von üppigen Renditen locken, während die Unternehmen bereits kurz vor dem Kollaps stehen.

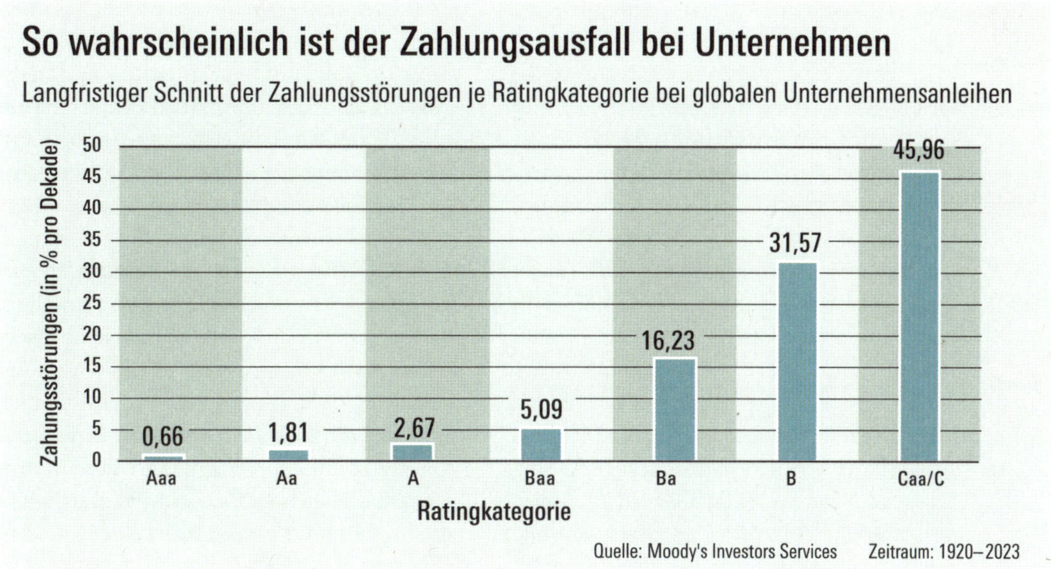

Haben Anlegerinnen und Anleger interessante Papiere ausgemacht, sollten sie obendrein einen Blick in die Bedingungen der Anleihe werfen. Viele Unternehmensanleihen haben nämlich Sonderbedingungen wie variable Zinsen oder vorzeitige Kündigungstermine. Dann könnte das Unternehmen eine gut verzinste Anleihe zum Beispiel bereits weit vor Endfälligkeit komplett zurückzahlen – und Anleger hätten das Privileg der hohen Zinsen nur kurz genossen. Bei diesen Anleihen lohnt der Blick auf die Renditeziffer „yield to worst" zum Beispiel im Kursportal der Börse Frankfurt. Diese Zahl zeigt, was renditemäßig herauskäme, wenn das Unternehmen die Anleihe zum nächstmöglichen Termin kündigen würde.

Bei Unternehmensanleihen empfehlen sich außerdem ausschließlich Titel in Euro, sonst gehen Anlegerinnen obendrein ein schlecht kalkulierbares Währungsrisiko ein. Anschließend sollten Sparer prüfen, wie stark die Kurse einer Anleihe während der Laufzeit schwanken können. Die Daumenregel? Papiere mit mehr als fünf Jahren Laufzeit reagieren in der Regel stärker auf Schwankungen des allgemeinen Zinsniveaus am Finanzmarkt als die kürzerlaufende Anleihen.

Unternehmensanleihen kaufen

Wollen Anlegerinnen und Anleger die Unternehmenspapiere kaufen, sind sie häufig mit mehreren ganz praktischen Problemen konfrontiert: Viele Emissionen sind nur für Großanleger gedacht, teilweise müssen sie mindestens 100 000 Euro je Anleihe investieren. Selbst bei sogenannten „Mindeststückelungen" von 10 000 Euro müsste das eigene Depot für einen breiten Strauß von 50 Anleihen insgesamt bereits eine halbe Million Euro schwer sein. Wohlgemerkt nur für den meist eher kleinen Teil ihres Portfolios, der in Unternehmensanleihen fließen soll. Alleine an den hiesigen Börsen gibt es mehrere Tausend Anleihen, bei denen zumindest normale Privatleute wegen solcher Mindestsummen außen vor sind. Faktisch müssen Anlegerinnen und Anleger vor einem Investment immer prüfen, ob die Firmen ihre gewünschte Anleihe mit einer Stückelung von maximal 1 000 Euro anbieten.

Viele Unternehmensanleihen müssen laut EU-Regulierung außerdem ein kurzes Basisinformationsblatt erstellen, zum Beispiel, wenn das Unternehmen die Anleihe vorzeitig kündigen könnte und Anleger für die entgangenen Zinsen eine Entschädigung bekämen. In den

USA ist das völlig normal, in der EU jedoch erklärungsbedürftig. Etliche internationale Firmen sparen es sich aber aus Kostengründen, ein solches Blatt aufzusetzen. Nach Rechnungen der Börse Stuttgart sind rund 50 Prozent der Unternehmensanleihen alleine deswegen in der Praxis nicht für Privatleute handelbar.

Das nächste Problem: Weil der Markt für Unternehmensanleihen eher speziell ist, kann der Börsenhandel schnell Probleme bekommen. Viele professionelle Vermögensverwalter handeln die Papiere nicht über öffentliche Handelsplätze, sondern außerbörslich über digitale Netzwerke wie Bloomberg oder Market Axess. Banken treten wegen strengerer Regularien kaum mehr als dauerhafte Käufer und Verkäufer am Markt für Unternehmensanleihen auf. Als Konsequenz bleiben den regulierten Börsen im Wesentlichen die eher kleinen Orders der Privatanleger. Weil sie die Papiere meist bis zur Endfälligkeit halten und nicht während der Laufzeit mit ihnen spekulieren wollen, kann der Handel kurz nach der Emission zwar noch rege sein, dann aber schnell austrocknen und illiquide werden.

Als Vorsichtsmaßnahme sollten Anlegerinnen und Anleger bei Unternehmensanleihen zum Beispiel im Anleihefinder von Comdirect im Netz stets kontrollieren, wie rege das Papier im Schnitt der vergangenen 30 Tage gehandelt wurde. Allzu marktferne Kurse lassen sich auch über ein striktes Limit bei der Ordererteilung vermeiden: Wer mit einem solchen Limit einen maximalen Kaufkurs vorgibt, vermeidet unangenehme Kursüberraschungen – das funktioniert auch bei Anleihen.

Investor-Info

Unternehmensanleihen gut einsetzen

Als Teilbaustein geeignet. Wer Spaß an Firmennachrichten hat, kann Unternehmensanleihen als Baustein kaufen. Anlegerinnen und Anleger können sie in ein breit aufgestelltes Depot aus weltweiten Aktien-ETF und sicheren Festgeldern als kleineren Teilbaustein einbetten. Hier gilt: Die Papiere sind kein Muss im Portfolio, sondern aus unserer Sicht eher eine Kann-Option.

Einstieg gut planen. Wer Unternehmensanleihen kaufen will, sollte gut auf die Bonität der Firmen achten. Außerdem mindestens ein Dutzend unterschiedlicher Papiere kaufen, um das eigene Geld hinreichend zu streuen. Da bei Unternehmensanleihen oft hohe Mindestanlagesummen nötig sind, lassen sie sich als Einzelpapiere im Effekt oft nur bei sehr großen Portfolios mit mehreren Hunderttausend Euro Volumen sinnvoll beimischen.

ETF auf Unternehmensanleihen. Mit ETF können Anlegende auch mit wenig Geld vielen Unternehmensanleihen auf einmal folgen. Sollten einzelne Firmen ausfallen, ist das Risiko besser verteilt. Dafür gibt es ETF, die nur auf Unternehmensanleihen setzen oder Kombi-Indizes mit Staats- und Unternehmenstiteln. Mehr dazu lesen Sie ab Seite 317.

Unternehmensanleihen im Sicherheitsbaustein. Selbst Unternehmen mit besten Ratingnoten bringen oft keinen nennenswerten Renditevorteil gegenüber sehr guten Festgeld-Angeboten, die hingegen von der gesetzlichen Einlagensicherung umfasst sind. Es gibt auch Fonds oder ETF, die Staats- und Unternehmensanleihen guter Bonität mischen. Sie sind als Sicherheitsbaustein geeignet, gerade marktbreite Anleihe-ETF haben den Schwerpunkt in der Regel auf Staatspapieren.

Hochzinsanleihen

Wer eine Anlage mit Kick sucht, kann Hochzinsanleihen anschauen. Die Renditen sind üppig, die Firmen traditionell wackelig. Wann ein Investment trotzdem Sinn ergibt.

Wenn Michael Milken in den frühen 1970er-Jahren von New Jersey ins New Yorker Finanzzentrum hereinfuhr, machte er seinem Namen als Schrotthändler der Finanzwelt alle Ehre. Milken zog sich eine Fliegermütze über den Kopf, nestelte seine Stirnlampe mit Gummizug in die richtige Position und platzierte einen Stapel Firmenbilanzen auf dem Nebensitz. Während die meisten Investmentprofis damals solide Anleihen als Königsdisziplin sahen, so schildert es ein Buch über Milkens Aufstieg, verlegte sich der Investmentbanker auf das Abseitige: Sein Leben galt den riskanten Hochzinsanleihen, die andere Profis bloß mit Missachtung straften.

Wer als Unternehmen damals Geld brauchte und sonst keines bekam, das war ein offenes Geheimnis an der Wall Street, ging zu Milken. Den Titel als „Schrotthändler der Nation" trug der Investmentbanker mit Fassung, aus einem Nischensegment der Finanzwelt hatte er schließlich im Alleingang einen Markt von sage und schreibe 100 Milliarden US-Dollar gemacht.

Auch heute noch schrecken Anlegerinnen und Anleger allerdings vor Hochzinsanleihen zurück, wenn sie die Synonyme hören: Oft ist von Junkbonds, Müllanleihen oder gar Schrottanleihen die Rede, wenn es um diese Papiere geht. Sachlich meinen all diese Begriffe in der Regel Anleihen von Unternehmen, die eine schlechte Kreditwürdigkeit aufweisen und ein erhöhtes oder gar hohes Ausfallrisiko. Weil die Firmen nicht sonderlich kreditwürdig sind, müssen sie Anlegerinnen und Anlegern hohe Zinsen zahlen.

Wer als Firma unsolide dasteht, hat es mitunter schwer, einen Bankkredit zu bekommen. Dann kann es eine Lösung sein, sich mit Hochzinsanleihen direkt Geld am Anleihemarkt zu leihen, ohne langwierig mit einer Bank zu verhandeln. Gerade bei unsoliden Unternehmen verlangen Banken oft hohe Zinsen, im Falle notorischer Problemfirmen verweigern sie auch Kredite. Für alle diese Firmen kann der Weg an den Anleihemarkt eine Alternative sein. In den Bonitätsnoten der Ratingagenturen rangieren solche Problemtitel in der unteren Hälfte der Notenskala, also im sogenannten Non-Investment-Grade-Bereich (Non-IG). Faktisch gibt es auch Staatsanleihen im Hochzinssegment wie zum Beispiel die Titel von Sambia oder Venezuela, üblicherweise meint der Begriff eher Unternehmensanleihen.

Finger weg bei Mittelstandsanleihen. Immer wieder besorgen sich mittelständische Firmen mit bekannten Markennamen Geld über den Anleihemarkt. Der große Name soll Privatleute locken, sagt aber über die Finanzlage des Unternehmens nichts aus. Denn viele Mittelstandsanleihen erwiesen sich laut Bilanz der Beratungsgesellschaft Capmarcon als äußerst riskant: Jede vierte dieser Anleihen seit 2010 ist „leistungsgestört". Entweder hakte es also bei den Zinszahlungen oder gar bei der Rückzahlung des geliehenen Geldes.

Investor-Info

Hochzinsanleihen sind komplex. Für Einsteigerinnen und Einsteiger sowie vorsichtige Naturen sind Hochzinsanleihen generell nichts. Risikoaffine Menschen, die sich ein besonders breit aufgestelltes Portfolio aufbauen wollen, können jedoch über einen Schuss Hochzinsanleihen nachdenken. Wer Rendite und Risiko optimal austarieren mag, kann theoretisch von einer kleinen Beimischung im Depot profitieren. Zwingend nötig ist ein solches Investment aber nicht. Wenn engagierte Anlegerinnen und Anleger auf die Titel setzen wollen, machen sie mit einem Anteil von höchstens zehn Prozent ihres Risikobausteins zumindest keinen gravierenden Fehler.

ETF statt Einzeltitel. Interessierte sollten genau prüfen, wie sie investieren: Immer wieder setzen Privatleute auf einzelne Hochzinstitel, deren Firmennamen sie kennen. Das ist riskant, bereits häufig sind Anleihefirmen mit vermeintlich „großen Namen" am Ende in die Pleite geschlittert. Wenn überhaupt, dann sollten Anleger und Anlegerinnen mit ETF einem Index folgen, der viele Hochzinstitel in eine Kurve bündelt. Aber Obacht: Da der Börsenhandel mit riskanten Hochzinsanleihen in Krisen besonders schnell austrocknet, können sich diese speziellen ETF gerade in Crashphasen recht deutlich vom zugrunde liegenden Index wegbewegen. Wer die Hochzins-ETF irgendwann einmal wieder verkaufen will, sollte das also tunlichst nur in ruhigen Börsenzeiten tun.

Das brachten Hochzinsanleihen

Fonds mit spekulativen Unternehmensanleihen haben gemessen am Referenzindex Bloomberg High Yield 3 % Issuer Cap in den vergangenen zehn Jahren eine Rendite von 3,4 Prozent pro Jahr gebracht – deutlich weniger als die Kategorie „Aktien Welt".

Außerdem liefen spezielle Hochzinsanleihe-Indizes nicht im Gleichschritt mit dem Aktienmarkt, sondern entwickelten sich leicht anders. Langfristig lag die Korrelation von Hochzinsanleihen mit dem US-Aktienmarkt bei 0,61. Anlegerinnen und Anleger können mit den Papieren die Schwankungen ihres Gesamtportfolios also im besten Fall leicht dämpfen. Mehr zur Korrelation ab Seite 190.

So riskant sind Hochzinsanleihen

Ihre sprechenden Spitznamen deuten es bereits an: Hochzinsanleihen sind riskante Anlagen. Am gravierendsten ist das Ausfallrisiko der Papiere, wenn Unternehmen ihre Zinsen nicht mehr zahlen oder gar den Nennwert der Anleihe nicht mehr zurückzahlen können. Zwischen 1981 und 2017 lag das Ausfallrisiko bei US-Hochzinsanleihen laut der Ratingagentur Standard & Poor's pro Jahr bei 4,2 Prozent. Selbst im Falle solcher Zahlungsstörungen erhalten Anleihehalter am Ende zum Beispiel im Rahmen von Insolvenzverfahren oder Sanierungsversuchen oft einen kleinen Teil ihres Geldes zurück, im Langfristschnitt waren das immerhin 40 Prozent.

Doch Vorsicht: Die durchschnittliche Ausfallquote ließ sich nur erreichen, wenn das Geld über Hunderte Anleihen gestreut investiert ist. Nur dann konnten die hohen Zinsen der Risikopapiere bislang mögliche Problemfälle abfedern. Setzen Anlegerinnen und Anleger auf einzelne Hochzinsanleihen und erwischen das „falsche" Papier, droht ihnen trotz schöner Durchschnittswerte der Totalverlust. In einzelnen Krisenjahren wie zur Jahrtausendwende oder zur Finanzkrise 2008 können die Ausfallraten selbst bei gestreuten Investments enorm hochschnellen, mitunter auf mehr als zehn Prozent.

Weitere Anleiheformen

Am Anleihemarkt wimmelt es von Spezialkonstruktionen, über die Interessierte bei der Suche nach passenden Papieren immer wieder stolpern. Was hinter den Begriffen steckt.

Was als „normal" gilt, ist, wie bei den normalen Brötchen beim Bäcker zwar oft schnell dahingesagt, lässt sich bei genauerem Hinsehen aber gar nicht so einfach definieren. Am Anleihemarkt ist die Sache dagegen klar: „Normale Anleihen" heißen Papiere, die einen fixen Zins bringen und am Ende der Laufzeit das geliehene Geld komplett zurückfließen lassen. Anlegerinnen und Anleger können sich dann schon vorher ihre Rendite ausrechnen, wenn sie die Papiere bis Endfälligkeit halten.

Neben dieser Standardform der Anleihen gibt es aber noch eine Reihe von Spezialtypen. Viele solcher Varianten sind komplex und eignen sich eher nicht für Privatleute. Interessierte Anlegerinnen und Anleger stolpern im Netz allerdings häufig darüber. Deswegen ist es hilfreich, die Begriffe zumindest schon einmal gehört zu haben.

Bankschuldverschreibungen

Noch mehr Geld für die Bank: Institute und Sparkassen geben in großem Umfang eigene Anleihen heraus, um ihr Kreditgeschäft zu finanzieren. Vor allem Landesbanken, die in der Regel kein eigenes Endkundengeschäft haben, setzen gerne auf diese Papiere. Meist bringen sie nur geringfügig mehr Rendite als Bundesanleihen und gelten normalerweise als relativ sicher, da die Institute im Regelfall mit ihren gesamten Eigenmitteln haften. Da die Vielzahl an Titeln unübersichtlich ist und vor allem institutionelle Anlagehäuser den Markt beherrschen, sind die Börsenumsätze oft überschaubar. Falls sich Interessierte auf dieses Terrain wagen, sollten sie die Papiere bis zur Endfälligkeit halten. Außerdem unbedingt die Details im Anleiheprospekt prüfen, da bei diesen Papieren zahlreiche Sonderformen existieren.

Nachrangige Bankschuldverschreibungen

Nicht immer vorne mit dabei: Manche Bankschuldverschreibungen sind nachrangige Anleihen. Das bedeutet, dass im Falle eines Zahlungsausfalls der Bank andere Gläubiger ihr Geld vorher zurückbekommen. Dabei gibt es sehr unterschiedliche Formen: Sogenannte Tier-1-Anleihen werden zum Beispiel nach nahezu allen anderen Verbindlichkeiten befriedigt, nur die Aktionärinnen und Aktionäre sind noch später dran. Für die Banken hat das Vorteile: Sie können dieses Geld als sogenanntes Kernkapital verbuchen, aus Sicht der Bankenaufsicht eine Art Krisenpuffer. Für Anlegende bedeutet das neben höheren Zinsen aber auch ein deutlich höheres Risiko. Weil es viele Abstufungen solcher nachrangigen Papiere gibt und sie sehr komplex sind, eignen sie sich kaum für Privatleute – selbst wenn die Rendite attraktiv scheinen mag.

Pfandbriefe

Sie kommen mit Unterpfand: Auch Pfandbriefe sind Schuldverschreibungen von Banken, die allerdings zum Beispiel mit Immobilienkrediten besichert sind. Die Banken besorgen sich mit den Papieren Geld am Kapitalmarkt, um Kredite vergeben zu können. Das können zum Beispiel Immobilienkredite sein, Darlehen an Gemeinden sowie Schiffs- oder Flugzeugkredite. Die Forderungen aus den Krediten hinterlegen sie dann als Sicherheit für den Pfandbrief. Die Kredite sind wiederum durch die Immobilien oder Grundstücke besichert. Üblicherweise bringen die Pfandbriefe etwas mehr Rendite als Staatsanleihen. Wer die Papiere bis zur Fälligkeit halten will, kann sie als Alternative zu Staatsanleihen erwägen.

Anlegerinnen und Anleger sollten aber beachten, dass viele Pfandbriefe an der Börse kaum gehandelt werden, was Verkäufe während der Laufzeit erschwert oder unmöglich macht. Anders ist das nur bei sogenannten Jumbo-Pfandbriefen, bei denen sich Wertpapierhandelsbanken verpflichtet haben, an der Börse kontinuierlich Kurse zu stellen.

▸ Nullkuponanleihen

Ohne Zins und trotzdem rentierlich: Nullkuponanleihen bringen keine laufenden Zinsen, können aber trotzdem interessant sein. Stattdessen verkaufen die Emittenten diese Papiere nämlich unter dem Nennwert, also bereits mit einem Kursabschlag. Für Endfälligkeits-Anlegerinnen und -Anleger ergibt sich die gesamte Rendite dann aus dem niedrigeren Einstiegskurs und dem höheren Rückzahlungsbetrag am Ende. Mitunter heißen die Papiere auch Zerobonds oder abgezinste Anleihen, ein Beispiel sind die sogenannten unverzinslichen Bundesschatzanweisungen. Anlegerinnen und Anleger sollten allerdings beachten, dass sie den gesamten Ertrag im Jahr der Fälligkeit auf einmal versteuern müssen.

▸ Floating Rate Notes (FRN)

Hier können Anleger auf der Welle surfen: Bei den sogenannten Floatern steht der Zins der Anleihe nicht schon im Vorhinein für den gesamten Zeitraum fest. Stattdessen bewegen sich die Zinsen dieser variabel verzinslichen Papiere mit dem allgemeinen Zinsniveau nach oben oder unten, alle drei oder sechs Monate wird der Zins des Floaters angepasst. Die meisten Papiere orientieren sich dabei am Trend des Zinssatzes „3-Monats-Euribor", zu dem sich Banken untereinander Geld leihen. Da die Zinsen der FRN wegen der häufigen Anpassungen immer nahe am aktuellen Marktniveau liegen, schwanken die Kurse der Papiere an der Börse kaum. Handelt es sich um Floater von Unternehmen, können Skandale oder Finanzprobleme trotzdem den Kurs drücken. Manche Floater legen übrigens Ober- und Untergrenzen für die Verzinsung fest, sogenannte Caps. Anlegerinnen und Anleger sollten also stets prüfen, ob sie das Produkt bis ins Detail verstehen.

▸ Stufenzinsanleihen

Hier klettern die Zinsen automatisch: Bei Stufenzinsanleihen steigt der Zinssatz mit zunehmender Laufzeit peu à peu an. Welche Zinsen Sparerinnen und Sparer ab welchem Zeitpunkt erwarten können, steht bereits von Anfang an fest. Oft sind die Stufenzinsanleihen eine Art Werbegag der Emittenten: Anlegerinnen und Anleger sollten sich daher nicht von den hohen Zinsen am Laufzeitende blenden lassen, sondern auch die niedrigen Zinsen am Anfang einrechnen. Welche jährliche Rendite die Anleihe in Wirklichkeit bringt, verdichtet die sogenannte „effektive Rendite" in eine Kennziffer. Sie ist aber nur aussagekräftig, wenn Interessierte die Papiere bis zur Endfälligkeit halten wollen – nicht, wenn während der Laufzeit verkauft werden soll. Aufpassen sollten Sparerinnen und Sparer außerdem, wenn der Emittent ein vorzeitiges Kündigungsrecht im Vertrag verankert hat: Dann kann er die Anleihe vorzeitig zurückzahlen, wohlgemerkt, bevor die üppigen Zinsstufen erreicht sind.

▸ Wandelanleihen

Aus Anleihen einmal Aktien machen: Mit Wandelanleihen können sich Anlegerinnen und Anleger das Recht sichern, die Papiere später einmal in Aktien der Firma umzuwandeln. Das ist jedoch kein Muss: Wer einfach nur den turnusmäßigen Zins kassieren will, kann die Papiere bis zum Laufzeitende halten, um den eigenen Einsatz wiederzubekommen. Darüber hinaus legen die Bedingungen dieser Spezialanleihen aber auch fest, wann und wie genau sich die Anleihen in Aktien umtauschen lassen. Das könnte zum Beispiel so aussehen, dass Anlegerinnen und Anleger zu einem bestimmten Termin über die Wandlung für 30 Euro an die Aktien kommen könnten. Das kann sich zum Beispiel lohnen, wenn die Aktien zu diesem Zeitpunkt bei mehr als 30 Euro notieren. Für diese Aktienchance fallen die Zinsen allerdings meist magerer aus als bei klassischen Unternehmensanleihen derselben Firma. Für Privatleute sind die Papiere schwer zu durchschauen, herkömmliche Unternehmensanleihen sind transparenter.

▸ Grüne Anleihen

Egal ob Windkraftanlagen oder Elektromobilität: Anders als bei normalen Anleihen sollen grüne Anleihen nachhaltigen Zielen zugutekommen. Technisch funktionieren die Papiere genauso wie klassische Anleihen: Anlegerinnen und Anleger leihen dem Emittenten der Anleihe Geld und bekommen dafür Zinsen. Unternehmen können die Papiere genauso ausgeben wie Staaten, Banken oder Förderbanken. Die Börse Frankfurt gilt inzwischen als wichtigster Handelsplatz für Green Bonds, in einem speziellen Segment notieren knapp 500 solcher Titel.

Wer einsteigen will, kann auf spezielle Zertifizierungen schauen: Die Regeln der freiwilligen Climate Bonds Initiative (CBI) sind etwas klarer als die eher allgemeinen Linien der Green Bond Principles (GBP). Bei beiden geht es jedoch darum, dass das Geld nachhaltigen Zwecken zugutekommt, die Emittenten ihre grünen Projekte sorgfältig auswählen und zum Beispiel jährlich nachhalten, wofür das Geld verwendet wurde. Manche Anleiheemittenten veröffentlichen auch eine sogenannte „Zweitmeinung“ von Analysehäusern. Im Jahr 2023 hat auch die Europäische Union einen freiwilligen Zertifizierungsstandard für grüne Anleihen eingeführt (EUGBS; EU Green Bond Standard): Er legt einerseits eine Liste an grünen Aktivitäten fest, die mit den Anleihen finanziert werden dürfen, andererseits verpflichtet er die Emittenten zu Rechenschaftsberichten. Auch hier gibt es kleinere Schlupflöcher: Die Berichte rund um die Anleiheemission müssen von Prüfinstituten abgezeichnet werden, die späteren Wirkungsberichte jedoch nicht. Und 15 Prozent des eingesammelten Geldes darf auch in nicht explizit grün gelabelte Zwecke wandern. Ein Pferdefuß droht Interessierten sogar unabhängig vom jeweiligen Standard: Viele Firmen finanzieren mit grünen Anleihen keine neuen Projekte, sondern lösen bestehende konventionelle Finanzierungslinien für bereits existente Grünprojekte ab. Wer der Umwelt tatsächlich helfen will, sollte also kontrollieren, ob die Firmen das Geld in neue Projekte stecken. Außerdem fließt nur bei der Emission der Anleihe direkt Geld an die Firma, an der Börse kauft man die Papiere einfach irgendwem ab.

30 SEKUNDEN FAKTEN

1769
legte Friedrich der Große den Grundstein für die **Pfandbriefe**. Heute ein internationales Erfolgsmodell.

0,06 %
weniger Rendite bringen grüne Anleihen im Vergleich zu normalen Anleihen im Schnitt. Die Börse hat dafür den flotten Begriff **Greenium** erfunden.

100-JÄHRIGE
Anleihen haben einige Emittenten in der Niedrigzinsphase zwischen 2010 und 2020 herausgegeben und sich damit das niedrige Zinsniveau lange gesichert.

Quellen: VDP, FED, OeBFA

Am Anleihemarkt navigieren

Wer mit Zinspapieren geschickt hantieren will, muss die Details kennen. Wie Zinsprognosen, Ratings und Kennziffern Anlegerinnen und Anlegern hilfreiche Hinweise geben.

Die Ratings nutzen

Ratingagenturen beurteilen die Zahlungsfähigkeit von Staaten und Unternehmen. Die Zensuren der Bonitätswächter kann jeder gewinnbringend nutzen.

Werfen wir in Sachen Ratings einen Blick zurück, begann in gewisser Weise alles mit der Eisenbahn: Als Investoren im 19. Jahrhundert in Schienen, Loks und Bahngesellschaften investieren wollten, waren die Vermögenden aus den Städten aufgeschmissen. Wer wirklich verlässlich meilenweit Schienen verlegt und sich finanziell nicht überhebt, war für Laien kaum erkennbar.

Henry Varnum Poor wollte das ändern, kaufte eine Eisenbahnzeitschrift und gab später stets ein Jahrbuch zur Lage der Eisenbahnfirmen im Land heraus. Unter Anlegern avancierte Poors Kompendium schnell zur unangefochtenen Autorität, das über Anleihekurse und Zinskonditionen bestimmte.

Als Poors Firma später mit Standard Statistics zu Standard & Poor's (S&P) fusionierte, entstand die Keimzelle einer der weltweit wichtigsten Ratingagenturen. Zusammen mit den Konkurrenten Fitch und Moody's beherrschten diese mächtigen drei Agenturen lange den Markt, inzwischen werden auch die Firmen DBRS und das deutsche Ratinghaus Scope immer einflussreicher. Das Geschäft der Firmen ist im Kern immer noch dasselbe: Die

Mitarbeiterinnen und Mitarbeiter sollen die Kreditwürdigkeit von Staaten, Banken, Firmen und anderen Emittenten von Zinsprodukten beurteilen.

So funktionieren die Bonitätsnoten

Wer in Anleihen investiert, hat im Kern schließlich zwei Fragen: Wird der Schuldner über die gesamte Laufzeit in der Lage sein, alle Zinsen vollständig und pünktlich zu zahlen? Und wird er auch am Ende der Laufzeit noch so dastehen, dass er das geliehe Geld zurückzahlen kann? Je größer die Zweifel sind, desto mehr Zinsen verlangen Anlegerinnen und Anleger im Allgemeinen als Ausgleich für das Risiko. Die Bundesrepublik Deutschland muss als extrem solide Schuldnerin daher keine sonderlich hohen Zinsen zahlen, wenn sie sich Geld am Anleihemarkt besorgt. Problemfirmen wie strauchelnde Industriekonzerne müssen Anlegerinnen und Anleger hingegen mit üppigeren Zinssätzen locken.

Für ihre seitenlangen Papiere arbeiten sich die Ratingleute durch eine Menge Daten: Bei Staaten schauen sie zum Beispiel auf die Schuldenquote im Verhältnis zur Wirtschaftsleistung, auf die Bilanz des aktuellen Staatshaushalts oder darauf, wie schnell große Teile der Schulden fällig werden. Bei Unternehmen schauen sich die Expertinnen und Experten gerne die Bilanzen an, prüfen die Schuldenlage und machen sich ein Bild von der Lage der Branche und der konkreten Geschäftsstrategie.

Haben die Ratingleute alles geprüft, verteilen die Agenturen im Grunde Schulnoten: In sogenannten Ratingberichten vergeben sie Zensuren, die die komplexen Abwägungen zur Kreditwürdigkeit auf wenige Zeichen zusammenschnurren lassen. Bei S&P lautet die Bestnote zum Beispiel AAA, was Experten „dreifach A“ oder „Triple A“ nennen – in Schulnoten gesprochen entspricht diese Zensur einer „1+“. Die schlechteste Note im Ratingsystem lautet übrigens „D“, was auf Englisch für „default“

Die Ratingagenturen im Netz:
moodys.com
spglobal.com
fitchratings.com
dbrs.morningstar.com
scoperatings.com

Länderratings in der Übersicht:
tradingeconomics.com/country-list/ratings

Unternehmensratings in der Übersicht:
cbonds.com,
siehe „Emittent“,
siehe „News“

Die Notenskala der Bonitätsprüfer

Moody's	Standard & Poor's, Fitch	Was steckt hinter der Note?
Investment Grade		
Aaa	AAA	Hochqualitative Anleihen. Die Rückzahlung von Zinsen und des eingesetzten Kapitals gilt als sehr sicher.
Aa1; Aa2; Aa3	AA+; AA; AA–	Anleihen mit sehr hoher Sicherheit, geringes Ausfallrisiko. Zins und Tilgung werden mit sehr hoher Wahrscheinlichkeit geleistet.
A1; A2; A3	A+; A; A–	Gute Bonität. Viele Kriterien deuten darauf hin, dass Zins und Tilgung geleistet werden. Es gibt aber ein Restrisiko.
Baa1; Baa2; Baa3	BBB+; BBB; BBB–	Durchschnittliche Bonität. Anleger, die nicht spekulieren wollen, sollten keine schlechter bewerteten Anleihen kaufen.
Non-Investment Grade		
Ba1; Ba2; Ba3	BB+; BB; BB–	Hohes Risiko. Zurzeit werden Zins und Tilgung zwar noch gezahlt, doch langfristig ist das Risiko eines Zahlungsausfalls hoch.
B1; B2; B3	B+; B; B–	Spekulative Anlage. Rückzahlung der Anleihen ist stark gefährdet.
Caa; Ca; C	CCC; CC; C	Hoch spekulativ. Zahlungsverzug ist eingetreten (Moody's) oder es besteht eine direkte Gefahr für einen Zahlungsverzug (S&P).

steht und auf Deutsch „Zahlungsausfall“ bedeutet. Leider verwenden nicht alle Ratingagenturen dieselbe Systematik, mit einem Blick in die Tabelle auf Seite 303 behalten Sie aber stets die Übersicht über alle Ratingstufen und ihre Bedeutung.

Ähnlich wie in der Schule teilt sich auch die Notenwelt der Bonitätsinspekteure in zwei Hälften: Während sich die schulische Notenwelt in „versetzungsfähig“ und „nicht versetzungsfähig“ teilt, trennen die Ratingagenturen ihr Universum in die Hälften „Investment Grade“ und „Non-Investment-Grade“. Auf Deutsch wird das oft etwas ungelenk mit „investierbar“ und „nicht investierbar“ übersetzt, was sich nicht auf den ersten Blick erschließt. Im Grunde bedeuten die Begriffe, dass die obere Hälfte der Ratingskala als relativ sicher gilt. Die untere Hälfte des Spektrums mit Noten wie BB, B oder allen C-Ratings gilt dagegen als sehr riskant. Manchmal nennen Anlageprofis Papiere in dieser Hälfte des Zensurenspektrums auch „Schrottanleihen“. Gerade für institutionelle Anlagegesellschaften hat das Konsequenzen: Je nach ihren Anlagerichtlinien dürfen sich manche nur bei Anleihen in der oberen Hälfte der Ratingwelt umtun.

Die Ratings finden

Wer die Ratingnoten für ein Land oder ein Unternehmen vergleichen will, muss sich zuerst die Daten besorgen. Die aktuellen Ratingnoten der jeweiligen Staaten gibt es in der Übersicht zum Beispiel auf der Internetseite Tradingeconomics.com. Bei Unternehmen ist am Einfachsten, die Webseite der Firma zu öffnen und unter dem Reiter „Investor Relations“ nach dem Ratingüberblick zu su-

Investor-Info

Mit Ratings kundig umgehen

Analysen immer ansehen. Bei Anleihen grundsätzlich einen Blick auf die Ratings des Staates oder der Firmen werfen. Manchmal unterscheiden sich die Urteile unterschiedlicher Agenturen leicht, es geht um die Tendenz. Bei Fonds oder ETF mit vielen Anleihen gibt es im Factsheet eine Aufgliederung nach Ratingstufen und meist auch das durchschnittliche Rating („Ratingschwerpunkt“).

Ratingtricks nutzen. Manchmal bringen Anleihen von Firmen bei gleicher Laufzeit und gleichem Rating unterschiedliche Renditen. Bisweilen bringt der Schritt von einem sehr guten auf ein gutes Rating mehr: Während deutsche Staatstitel ein AAA-Rating haben, führen EU-Anleihen ein ähnlich sicheres AA+, bringen aber mehr Rendite (Stand: 06/24).

Spekulation nur für Hartgesottene. Sind Anlegerinnen und Anleger von einer Firma überzeugt, können sie den Kursrutsch nach einer Herabstufung zum Kauf nutzen. Wer sicher ist, dass die Firma am Ende trotz Notenminus alles zurückzahlt, kann auf einen Kursgewinn spekulieren. Zum Ende der Laufzeit soll die Anleihe schließlich immer zum Kurs von 100 Prozent zurückgezahlt werden, zumindest laut Plan. Äußerst spekulativ wäre es ebenfalls, auf Ramschanleihen mit der Note BB+ zu setzen, also in Schulnoten gesprochen einer 4+. Stufen die Ratingagenturen das entsprechende Unternehmen irgendwann in den Investment Grade herauf, könnten die Kurse steigen. Solche Manöver sollten aber absolut nur Hartgesottene erwägen – und auch nur mit begrenztem Einsatz.

chen. Die Agenturen geben auf ihren Internetseiten meist nicht viel mehr als die reine Note preis, einzig Fitch veröffentlicht auf seiner Internetseite immerhin einige Detailerwägungen kostenlos.

Ändert sich die Kreditwürdigkeit der Firmen im Laufe der Zeit, passen die Agenturen ihre Noten übrigens für jeden sichtbar an. Sieht es für ein Land oder eine Firma schlecht aus, senken sie die Ratingnote. Wenn die Bonitätsinspekteure einen Emittenten „herabstufen", sinkt meistens auch der Kurs der Anleihen. Kommt eine unverhoffte Aufwertung, können die Anleihenotierungen einen kleinen Sprung nach oben machen. Oft bekommen Anlegerinnen und Anleger bereits eine Vorwarnung: Teil jedes Ratings ist neben der Note auch der sogenannte „Ausblick". Dort hinterlegen die Analysehäuser, ob der Trend eher nach oben, nach unten oder schlicht zur Seite weist.

Gerade bei Unternehmensanleihen sollten Anlegerinnen und Anleger sich das Rating übrigens nicht zu schnell heraussuchen: Sogenannte erstrangige Anleihen sind im Konkursfall bevorzugt an der Reihe, nachrangige Verbindlichkeiten müssen sich hingegen hinten anstellen. In solchen Fällen kann es sein, dass die Ratingagenturen für ein und dasselbe Unternehmen mehrere Ratings vergeben – je nach konkreter Anleihe. Entweder geben die Häuser dann mehrere Ratings zu einem Unternehmen heraus oder sie differenzieren in ihrem Ratingreport nach den unterschiedlichen Anleihen.

Die Aussagekraft einordnen

Anlegerinnen und Anleger sollten bedenken, dass die Ratingnoten zwar ein hilfreicher Anhaltspunkt sind, aber auch nicht gottgegeben. Gerade über Laufzeiten von fünf oder zehn Jahren kann sich die Bonität eines Emittenten gravierend verschlechtern – oder auch deutlich verbessern. Staaten können durch Naturkatastrophen plötzlich enorme Schuldenberge anhäufen, unvorhergesehene Skandale können eine Firma an den Rand des Ruins treiben. Und selbst ohne schockartige Ereignisse geraten die Ratingagenturen immer mal wieder in den Fokus, wenn sie die Aussichten eines Landes oder Unternehmens zu optimistisch beurteilt haben und Anlegerinnen und Anleger damit in falscher Sicherheit wiegten.

Immer wieder gibt es auch fundamentale Kritik an den Ratingagenturen: Vor der Finanzkrise 07/08 hätten sie gebündelten Schrottkrediten gute Noten gegeben, in der Eurokrise hätten ihre schlechten Noten für wankende Staaten deren Krise noch verschärft. Inzwischen versuchen die Agenturen, transparenter aufzutreten und Methodikdokumente offenzulegen. Manche Forscher und Forscherinnen kritisieren dennoch, dass Ratings von gewinnorientierten Unternehmen erstellt werden.

Interessen nicht deckungsgleich mit Aktienprofis

Anlegerinnen und Anleger sollten sich außerdem klarmachen, dass sie die Anleihereports nur bedingt verwenden können, wenn sie eigentlich zu einer Aktie recherchieren wollen. Zwar können Ratingberichte durchaus gute Informationen über die allgemeine Lage der entsprechenden Branche enthalten, konkret stehen sich die Perspektiven von Anleihehaltern und Aktienbesitzerinnen teilweise aber diametral gegenüber.

Ein Beispiel: Eine hochverschuldete Firma würde von Ratingagenturen vielleicht besonders gewürdigt, wenn sie nach einem guten Geschäftsjahr einen ordentlichen Teil des Geldes in die Schuldentilgung steckt. Umgekehrt würden sich die Anlegerinnen und Anleger am Aktienmarkt aber freuen, wenn das Unternehmen nach vielen Jahren der Abstinenz mal wieder eine Dividende zahlt. Das wäre hingegen den Anleiheleuten ein Dorn im Auge, weil dann weiteres Geld aus der Firma herausfließt. Das Beispiel mag zwar etwas zugespitzt sein, dennoch illustriert es gut die unterschiedlichen Interessenlagen. Profis am Finanzmarkt sprechen übrigens vom Konflikt des „Shareholder Value" gegen den „Bondholder Value" Salopp gesagt: was Anleihehaltern nutzt – und was den Aktionären.

Die Zinsentwicklung beobachten

Das Auf und Ab des Zinsniveaus gilt als Gezeitenkraft am Kapitalmarkt. Schon auf kleine Veränderungen reagieren manche Anleihen empfindlich. Eine Kennziffer bringt den Durchblick.

Rendite, Rendite, Rendite: Wenn sich Anlegerinnen und Anleger am Anleihemarkt umsehen, schauen sie in aller Regel zuerst auf die Rendite bis zur Endfälligkeit. Also auf das, was herauskommt, wenn sie die Papiere bis ganz zum Ende halten.

Wenn sich Anlageprofis umtun, prüfen sie stattdessen den Zinstrend. Denn wenn sich die Zinsen günstig entwickeln, können zu den turnusmäßigen Zinszahlungen während der Laufzeit auch noch die Kurse steigen. Läuft die Zinsentwicklung allerdings in die falsche Richtung, können zumindest auf dem Papier unerwartet Kursverluste entstehen. Wer die Zinsentwicklung im Blick hat, kann also gleichzeitig Risiken vermeiden und Chancen nutzen.

Die Bestandsaufnahme

Wollen Sparerinnen und Sparer die Auswirkungen des Zinstrends bewerten, müssen sie zunächst den Status quo analysieren. In den Medien wird als Referenzpunkt gern die Rendite 10-jähriger Anleihen genannt, diesen Wert haben Anlegerinnen und Anleger vielleicht im Kopf. In Wirklichkeit gibt es aber zu jedem Zeitpunkt nicht nur eine einzige Renditeziffer, sondern für jede Art von Anleihen eine sogenannte Renditekurve. Sie zeigt die Renditen zum Beispiel von Bundeswertpapieren über das gesamte Laufzeitspektrum – von einem Jahr bis hin zu 30 Jahren.

▸ Normale Renditestruktur-Kurve

In der Regel bringen Anleihen mit längeren Laufzeiten auch höhere Renditen. Weil der Rückzahlungstermin weiter in der Zukunft liegt, kann in der Zwischenzeit schließlich mehr passieren. Dieses größere Risiko lassen sich die Anlegerinnen und Anleger bei längeren Laufzeiten mit einem Aufschlag bezahlen. Außerdem nagt gerade auf lange Sicht üblicherweise die Inflation an den Zinsen. Auch dafür möchten Langfristanleger gerne mit mehr Rendite entgolten werden.

▸ Inverse Renditestruktur-Kurve

Bringen langfristige Zinsanlagen auf einmal weniger Rendite als kurzfristige Papiere, steht die Zinswelt kopf. Expertinnen und Experten sprechen bei dieser seltenen Konstellation von einer inversen Renditestruktur-Kurve. Das passiert vor allem, wenn die Finanzleute mit einer Rezession rechnen. Eine Erklärung: Sie schätzen die kurzfristige Zukunft dann riskanter ein als die lange Frist. Während kurzfristig die Rezession durchschlagen sollte, dürfte sich die Wirtschaft in fünf oder zehn Jahren im besten Fall schon längst wieder erholt haben.

Der Zinstrend

Das Auf und Ab der Zinsen hängt ganz entscheidend vom der künftigen Wirtschaftsentwicklung ab. Brummt die Wirtschaft, wollen Unternehmen schließlich viel investieren und sich dafür Geld besorgen. Weil die Nachfrage nach Kapital in der Volkswirtschaft steigt, bewegt sich in der Regel auch das allgemeine Zinsniveau nach oben.

Überhitzt die Wirtschaft und steigen die Preise deswegen schneller, setzen auch die Notenbanken als Gegenmittel die Leitzinsen nach oben. Umgekehrt sinkt das Zinsniveau in aller Regel, wenn die Konjunktur lahmt. Wie bereits an anderer Stelle erklärt: Dieses Auf

Die Zinsstrukturkurve

Aus einer Zinsstrukturkurve können Sie ablesen, welche Zinsniveaus kurz-, mittel- und langfristige Zinsanlagen aufweisen.

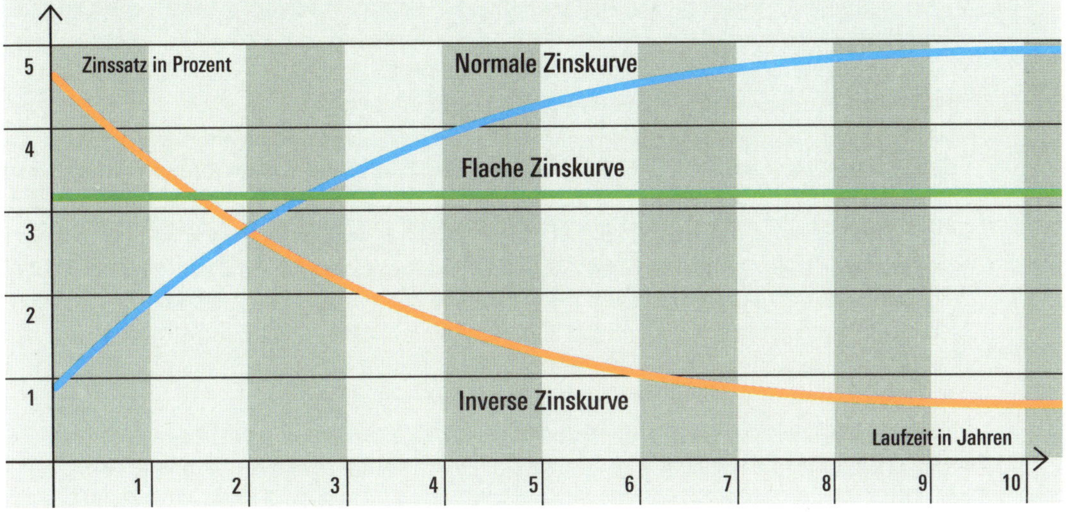

und Ab der allgemeinen Marktzinsen beeinflusst auch das Kursniveau von Anleihen, die bereits auf dem Markt sind und sich an der Börse handeln lassen.

- **Steigt das allgemeine Zinsniveau** am Kapitalmarkt, sinken die Anleihekurse. Bei steigenden Zinsen wirken die neuen Anleihen mit üppigeren Zinsen attraktiver als alte Anleihen mit magereren Zinskupons.
- **Sinkt das allgemeine Zinsniveau** am Kapitalmarkt, steigen die Anleihekurse. Bringen neue Anleihen weniger Zinsen als alte Anleihen, wollen viele Anleger lieber die alten Anleihen kaufen – was deren Kurse treibt.

Ab dem Jahr 2022 zeigte sich der paradoxe Mechanismus besonders drastisch: Während die Leitzinsen in der Eurozone von der Nulllinie auf 4,5 Prozent emporkletterten, krachten die Kurse der schlechtverzinsten Altanleihen teilweise um rund 20 Prozent in die Tiefe. Weil diese Verluste vorher abzusehen waren, hat Stiftung Warentest in dieser Zeit von Anleihe-ETF abgeraten. Auch wenn der grundlegende Mechanismus in jedem Zinserhöhungszyklus greift, war die Situation für Anlegende 2022 doppelt zugespitzt: Schließlich sanken nicht nur die Kurse der Altanleihen, obendrein brachten die bestehenden Titel oft auch null Zinsen. Auch wenn es in der Geschichte schon mehrere heftige Zinserhöhungszyklen gegeben hatte, waren die Investmentleute vorher nicht mit dem Doppelproblem konfrontiert. In vorherigen Zinserhöhungszyklen lagen die Zinsen zum Start nämlich nicht an der Nulllinie, sondern oft bei rund vier Prozent. In der Vergangenheit gab es bei Zinserhöhungen also auch Kursverluste, teilweise konnten die üppigeren laufenden Zinserträge der alten Anleihen das Kursminus aber zumindest teilweise abpuffern.

Alles über Prognosen zum Zinstrend lesen Sie ab Seite 106

Den Zinseffekt vorher beziffern

Wer Kursschwankungen im Sicherheitsbaustein des eigenen Portfolios ausschließen will, muss wohl oder übel auf Tages- oder Festgeld setzen. Interessierte müssen aus unserer Sicht aber nicht pauschal einen Bogen um Anleihe-ETF machen, prinzipiell sind Anleihefonds mit sicheren Euro-Staatsanleihen oder einem Mix aus Staats- und Unternehmensanleihen schließlich als Stabilitätsbaustein geeignet.

Denn mögliche Kursverluste lassen sich vorher gut beziffern und daher persönlich abwägen. Am besten schauen engagierte Anlegerinnen und Anleger dafür auf eine griffige Kennzahl mit kompliziertem Titel – auf die modifizierte Duration. Diese Ziffer sagt, um wie viel Prozent die Kurse einer Anleihe fallen, wenn das allgemeine Zinsniveau am Kapitalmarkt um einen Prozentpunkt steigt. Umgekehrt lässt sich daraus auch lesen, um wie viel der Kurs einer Anleihe steigt, wenn das allgemeine Zinsniveau um einen Prozentpunkt sinken würde. Damit lassen sich das Kursrisiko oder die Kurschance der Papiere schon im Vorhinein näherungsweise überschlagen.

Ein Beispiel: Einige Anleger setzen im Sicherheitsbaustein ihres Portfolios auf europäische Staatsanleihe-ETF in Euro. Kombiniert mit einem Weltaktien-ETF soll die Zinsanlage für Beständigkeit sorgen, wenn die Aktienbörsen Kapriolen schlagen. Indizes europäischer Staatsanleihen mit Bestnoten und kurzer Restlaufzeit weisen zum Beispiel eine modifizierte Duration von rund zwei auf.

Das bedeutet: Würde das allgemeine Zinsniveau am Finanzmarkt infolge von Zinserhöhungen der Notenbanken um einen Prozentpunkt steigen, würden solche sehr sicheren Staatsanleihe-ETF um zwei Prozent nachgeben. Bei etwas breiter aufgestellten europäischen Staatsanleiheindizes verschiedener Laufzeiten würden die Kurse um sieben Prozent sinken. Gemischte Indizes aus europäischen Staatstiteln und Unternehmenstiteln sinken oft in ähnlichem Umfang.

Investor-Info

Mit den Anleiheschwankungen umgehen. Haben Anlegerinnen und Anleger eine Anleihe gekauft und wollen sie bis zur Endfälligkeit halten, können ihnen zwischenzeitliche Kursschwankungen der Papiere egal sein. Am Ende der Laufzeit sollen die Titel schließlich zu 100 Prozent zurückgezahlt werden. Selbst wenn die Kurse im Depot zwischenzeitlich schwanken, lässt sich das getrost aussitzen.

Kursschwankungen vermeiden. Prinzipiell sind Anleihe-ETF mit sicheren Euro-Staatsanleihen oder einem Mix aus Staats- und Unternehmensanleihen als Stabilitätsbaustein geeignet. Allerdings können die Kurse schwanken: Steigen die Zinsen für neue Anleihen, sinken die alten im Kurs. Wer Kursschwankungen ausschließen möchte, ist mit Tagesgeld und Festgeld besser bedient.

Kursschwankungen überschlagen. Wer die meist moderaten Schwankungen genau verstehen will, schaut auf die modifizierte Duration im Faktenblatt des ETF. Sie sagt, um wie viel Prozent der ETF fällt, wenn das Zinsniveau um einen Prozentpunkt steigt.

Den Zinspfad nutzen. Engagierte Anlageprofis können den Zinstrend strategisch für sich ummünzen. Gehen sie von sinkenden Zinsen aus, sind langlaufende Papiere die bessere Wahl, weil sich damit das aktuell noch hohe Zinsniveau für eine längere Zeit sichern lässt. Steigen die Zinsen hingegen, sollten sie kurzlaufende Titel oder ETF mit kurzlaufenden Anleihen hinzukaufen. Eine gute Auswahl an Langläufer- und Kurzläufer-ETF finden Sie in unserem Fondsfinder unter der Adresse test.de/fonds unter „Fondsgruppen".

Die passende Anleihestrategie finden

Oft gelten Anleihen pauschal als sicher, obwohl sich die Papiere gravierend unterscheiden. Welche Anleihen für welchen Anlegertyp passen.

Auch wenn die Deutschen Zinsen lieben, sollten sie bei Anleihen nicht reflexhaft zugreifen. Jeder Anleger und jede Anlegerin hat schließlich ganz individuelle Ziele für die eigenen Finanzen: Manche wollen sich mit möglichst wenig Aufwand ein eigenes Portfolio aufbauen und Anleihen dabei als Stabilitätsanker nutzen. Andere wollen in drei Jahren ein neues Auto kaufen und bis dahin einige Tausend Euro sicher parken. Und wieder andere haben Spaß am faszinierenden, aber auch komplizierten Anleihemarkt und wollen ihr Portfolio mit einigen exotischen Beimischungen besonders breit aufstellen. Sie alle können dazu auf Anleihen setzen – nur jeweils auf ganz unterschiedliche Weise. Welche Zinsanlagen für welchen Anlagetyp Sinn ergeben, erfahren Sie in diesem Abschnitt.

Funktion: Sicherheitsbaustein für ein gemischtes Portfolio

Schon der Volksmund weiß, dass sich auf einem Bein schlecht stehen lässt: Viele Anlegerinnen und Anleger bauen sich deswegen ein Anlageportfolio aus zwei Bausteinen auf, die Chance und Risiko in ein möglichst ausgewogenes Verhältnis bringen sollen. Langjährige Finanztest-Leserinnen und -Leser wissen sicher, dass unser Pantoffel-Portfolio genau nach diesem einfachen, verständlichen und raffinierten Schnittmuster funktioniert: Der Risikobaustein soll mit einem weltweit Aktien-ETF die Rendite bringen, umgekehrt soll der Zinsbaustein für die nötige Ruhe im Portfolio sorgen und die Kurskapriolen der Aktienwelt abfedern. Theoretisch eignen sich für diesen Zinsbaustein im Portfolio folgende Anlagen:

1. **Anleihe-ETF:** Unsere Empfehlung sind Anleihe-ETF in Euro aus Eurostaaten guter Bonität und mit gemischten Restlaufzeiten. Damit ist die Rückzahlung nahezu sicher und das Risiko von Kursschwankungen nicht gravierend. Üblicherweise fallen solche Anleihe-ETF um etwa sieben Prozent, wenn das allgemeine Zinsniveau um einen Prozentpunkt steigt. Ein passender Index wäre zum Beispiel der „Bloomberg Euro Treasury Bond Index". Das Risiko in diesem Szenario sind ruckartige Zinserhöhungen um gleich vier, fünf Prozentpunkte oder mehr. Dann entstehen auf dem Papier üppigere Kursverluste, die sich mit genügend Zeit aber aussitzen lassen.
2. **Einzelanleihen:** Theoretisch lassen sich auch fünf oder zehn Einzelanleihen unterschiedlicher Eurostaaten bester Bonität und mit kurzer Restlaufzeit kaufen. Damit ist das Rückzahlungsrisiko relativ beschränkt. Eventuelle Kursschwankungen können Anlegerinnen und Anleger aussitzen, wenn sie die Papiere stets bis Endfälligkeit halten und voll zurückgezahlt bekommen. Das praktische Problem: Anlegende müssen sich laufend um die Wiederanlage fälliger Anleihen kümmern und ständig Ordergebühren zahlen. Diese Vorgehensweise erfordert relativ viel Aufwand und passt nicht zum Pantoffel-Portfolio, das im Wortsinne einfach und entspannt sein soll.
3. **Tages- oder Festgeld:** Wer sein Geld komplett ohne Schwankungen parken will, kann es auf die Bank legen. Manch-

mal bringt das sogar bessere Erträge als die sichersten Anleihen. Man sollte jedoch wissen, dass auch Banken pleitegehen können und dass das auch in Deutschland immer mal wieder passiert. Die normale gesetzliche Einlagensicherung beträgt allerdings 100 000 Euro je Person und Bank, manche Institute haben freiwillig noch weitergehende Sicherungsmechanismen.

Funktion: Ein Profi-Portfolio bauen

Manchen Anlegerinnen und Anlegern genügt ein einfaches Portfolio mit nur zwei Bestandteilen nicht. Wer zum Portfolio-Profi werden will und neben einem Risikobaustein und einem Sicherheitsanker weitere Teile hinzumischen will, kann dabei auch über Anleihen nachdenken. Sie eignen sich in solchen komplexen Portfolios einerseits als Sicherheitsbaustein, andererseits können auch riskantere Anleihepapiere im Risikoteil des Portfolios eine Rolle spielen.

- **Solide Anleihe-ETF:** Wer den eher risikoarmen Teil des Portfolios befüllen will, kann über Anleihe-ETF nachdenken. Besonders breit aufgestellt sind Produkte, die neben einem Schwerpunkt bei Staatsanleihen auch Unternehmensanleihen hinzumischen. Ein Beispielindex dafür wäre der „Bloomberg Euro Aggregate". Wer viel Muße und genügend Kleingeld hat, kann sich selbst auch ein breites Anleihedepot aus 30 bis 50 Einzeltiteln unterschiedlicher Laufzeiten zusammenstellen.
- **Riskante Anleihe-ETF:** Wer sein Portfolio mit einem Schuss exotischer Anlagegattungen besonders breit aufstellen will, kann über eine Beimischung von Hochzins-Anleihen oder Schwellenländer-Anleihen nachdenken. Solche Anlagen sind nichts für schwache Nerven, alle Details lesen Sie ab Seite 288 und Seite 297. Passende Indizes könnten zum Beispiel der „Markit iBoxx EUR Liquid High Yield" für Hochzinstitel sein oder der „JPM EMBI Global Core EUR hedged" bei Schwellenländer-Staatsanleihen, eigens mit einer Währungssicherung für Anleger im Euro-Raum. Privatleute sollten mit solchen Anlagen ihr Portfolio mit maximal zehn Prozent bestücken, wohlgemerkt, im Risikoteil ihres Depots – und nicht im Sicherheitsbaustein. Wer auf die Hochzinstitel setzen mag, schraubt zum Beispiel das Gewicht seiner Industrieländer-Aktien leicht herunter. Wer auf die Schwellenländeranleihen setzt, schraubt am besten das Gewicht der Schwellenländeraktien entsprechend herunter. Für den Sicherheitsbaustein sind die ETF explizit nicht geeignet.

Funktion: Liquide sein

Wenn die Waschmaschine kaputtgeht oder das Auto liegen bleibt, sollten Anlegerinnen und Anleger nicht ihr Depot anfassen müssen. Stattdessen sollten sie einen Notgroschen von drei bis sechs Nettomonatsgehältern auf der hohen Kante haben, auf den sie täglich zugreifen können. Wer einer notorisch unsicheren Beschäftigung nachgeht oder bald die Heizung im ganzen Haus renovieren muss, sollte entsprechend mehr zur Seite legen. Auch dafür eignen sich unterschiedlichste Zinsanlagen:

- **Tagesgeld:** Die einfachste Variante für den Notgroschen ist ein Tagesgeldkonto. Dabei sollten Sparerinnen und Sparer eine solide Bank wählen, am besten mit deutscher Einlagensicherung. Immer wieder gibt es hierzulande wie im EU-Ausland Banken mit hohen Zinsangeboten, die aber bereits negativ in den Schlagzeilen sind. Zwar gilt die gesetzliche Einlagensicherung von bis zu 100 000 Euro – im Zweifel kann es dann jedoch ein paar Tage dauern, bis Sparerinnen und Sparer an ihr Geld kommen.
- **Ultrakurze Anleihe-ETF:** Wer seinen Notgroschen unbedingt am Anleihemarkt parken will, kann auch das tun. Spezielle Anleihe-ETF mit Laufzeiten von maximal einem Jahr reagieren kaum auf das Auf und Ab der Zinsen. Steigt das Zinsniveau am Kapitalmarkt, geben diese Indizes

meist um 0,50 Prozent nach. Die Anleihebarometer sollten am besten nur Titel topsolider Eurostaaten enthalten, Zinserträge automatisch wiederanlegen und alle Papiere physisch im Portfolio halten. Passende ETF gibt es zum Beispiel auf den Index „iBoxx EUR Germany 0–1“, der nur deutsche Staatstitel enthält. Wer sein Geld über mehrere Eurostaaten streuen will, kann über ETF auf den „FTSE Eurozone Government Bill 0–6M Capped“ nachdenken, bei dem die Titel maximal sechs Monate Restlaufzeit haben. Ebenfalls eine Überlegung wert sind kurzlaufende Fonds mit einem Mix aus Staats- und Unternehmensanleihen. Solche kurzlaufenden Anleihe-ETF unterliegen allerdings nicht der gesetzlichen Einlagensicherung und sind aus unserer Sicht zumindest für den persönlichen Notgroschen nur zweite Wahl.

Checkliste

Anleihen sinnvoll einsetzen – und kaufen

Wer einzelne Anleihen oder Anleihe-ETF nutzen will, kann sich an folgenden Fragen orientieren.

- [ ] **Persönliche Ziele prüfen.** Wollen Sie einen Notgroschen parken, Ihrem Portfolio einen Sicherheitsanker geben oder Ihre Anlagestrategie besonders breit aufstellen? Unterschiedliche Ziele führen zu unterschiedlichen Anleihestrategien. Alle Details ab Seite 309.
- [ ] **Eckdaten prüfen.** Die Rendite ist nie das alleinige ausschlaggebende Kriterium, gerade wenn Sie mit Anleihen auf Nummer sicher gehen wollen. Schauen Sie bei jedem Anleiheinvestment auch auf die Währung, das Ausfallrisiko und das Kursrisiko der Papiere. Mehr dazu ab Seite 302.
- [ ] **Grundsatzentscheidung fällen.** Wollen Sie Anleihen bis zur Endfälligkeit halten und zwischenzeitliche Kursschwankungen gelassen aussitzen? Oder wollen sie sich gegebenenfalls während der Laufzeit von den Papieren trennen? Dann tragen sie jedoch ein Kursrisiko. Viele Anleihe-ETF müssen das übrigens wohl oder übel. Mehr dazu ab Seite 317.
- [ ] **Passende Papiere finden.** Wollen Sie einzelne Anleihen kaufen, lässt sich die Vielzahl an Papieren mit Anleihefindern im Netz filtern. Mehr dazu ab Seite 312. Bei Anleihe-ETF nutzen Sie gerne den Fondsfinder von Stiftung Warentest im Netz und filtern unter „Fondsgruppen“.
- [ ] **Liquidität beachten.** Da der Börsenhandel von Anleihen oft viel dünner ist als der von Aktien, sollten Interessierte bei Anleihepapieren immer die Liquidität am Parkett prüfen. Wie das für einzelne Anleihen geht, lesen Sie ab Seite 314. Bei Anleihe-ETF ist zumindest in aufgepeitschten Börsenlagen wichtig, dass der ETF-Kurs nicht zu weit vom Index entfernt liegt. Wie Sie das erkennen, lesen Sie ab Seite 255.
- [ ] **Papiere kaufen.** Wer Anleihen ordern will, sollte gerade bei mittelmäßigen Zinsen nicht zu viele Ordergebühren zahlen. Wer zum Beispiel nur ein Prozent Zinsen bekommt und ein Prozent Depotgebühren zahlt, macht unter dem Strich keinen Gewinn. Am besten lassen sich Anleihen meist mit einem günstigen Fixpreis ordern. Mehr dazu ab Seite 316. Wie das bei Anleihe-ETF geht, steht ab Seite 352.

Einzelanleihen finden und kaufen

Wer interessante Anleihen finden will, muss das unübersichtliche Universum der Papiere filtern. Eine Anleitung in sieben Schritten.

Wer sich aus dem Anleiheuniversum einen sinnvollen Blumenstrauß zusammenstellen will, ist schnell mit einer unüberschaubaren Menge an Papieren konfrontiert. Bei manchen Banken finden Sparerinnen und Sparer 85 000 Anleihen und sind angesichts der schieren Masse so überfordert wie vor dem Marmeladenregal im Supermarkt. Doch schon mit ein paar Kniffen lassen sich die passenden Anleihen heraussuchen.

Ein gemischtes Anleihedepot aufbauen

Wer ein breites Anleihedepot aufbauen will, kann sich bereits mit fünf oder zehn Papieren eine sinnvolle Mischung zusammenstellen. Sicherheitsorientierte Naturen sollten dabei auf Nummer sicher gehen und nur auf Staatsanleihen bester Bonität in Euro setzen. Haben Anlegerinnen und Anleger keine dezidierte Meinung zum Zinstrend, können sie ihr Geld schlicht gleichmäßig auf verschiedene Laufzeiten verteilen. Wollen sie zum Beispiel 25 000 Euro investieren, ließen sich fünf Tranchen zu jeweils 5 000 Euro auf unterschiedliche Laufzeiten zwischen einem und fünf Jahren setzen.

Die erste Tranche fließt dann in ein einjähriges Papier, die zweite Tranche wird für zwei Jahre investiert, der dritte Teil für drei Jahre – bis zur fünften Teilsumme, die in eine fünfjährige Anleihe fließt. In der Folge wird dann jedes Jahr eine der Anleihen fällig und muss neu investiert werden. Läuft nach einem Jahr die erste Anleihe aus, wird das frei werdende Geld einfach wieder in eine fünfjährige Anleihe investiert. Diese sogenannte Anleihetreppe hat aus unserer Sicht zwei zentrale Vorteile:

- **Bei sinkenden Zinsen** schützt die Zinstreppe, weil immer nur ein Teil des Geldes zu den neuen, schlechteren Konditionen angelegt wird.
- **Bei steigenden Zinsen** profitieren Anlegerinnen und Anleger zeitnah, weil sie jedes Jahr mit einem Teil des Geldes die üppigeren, neuen Zinsangebote mitnehmen können.

Außerdem hält eine Anleihetreppe flexibel: Jedes Jahr gibt es schließlich die Chance, auf einen Teilbetrag des Anleihedepots ohne Kursrisiko zuzugreifen. Mit der Endfälligkeit sollen Anlegerinnen und Anleger die entsprechende Tranche schließlich zu 100 Prozent des Nennwerts zurückgezahlt bekommen.

Warum einzelne Unternehmensanleihen schwierig sind

Manche Interessierte versuchen, in einer solchen Zinstreppe ein oder zwei Unternehmensanleihen beizumischen. Weil Unternehmensanleihen riskanter sind als die Titel topsolider Staaten, bringen sie bei selber Laufzeit in aller Regel mehr Rendite. Aus unserer Sicht hat das jedoch gleich zwei Pferdefüße: Würden Anlegerinnen und Anleger von den fünf oder zehn Anleihen einer Zinstreppe zwei Tranchen in Unternehmenstitel investieren, wären sie von nur zwei Firmen abhängig – und ihr Geld damit schlecht gestreut.

Selbst solide Firmen können durch Skandale im Zweifel schnell an den Rand des Ruins getrieben werden. Außerdem haben die Renditen von Unternehmensanleihen im Vergleich zu topsoliden Staatsanleihen das größere Risiko nicht immer angemessen kompensiert.

So lesen Sie die Anleihe-Notierungen

Wer die passenden Anleihen finden will, muss sich orientieren können. Das ist gar nicht so kompliziert.

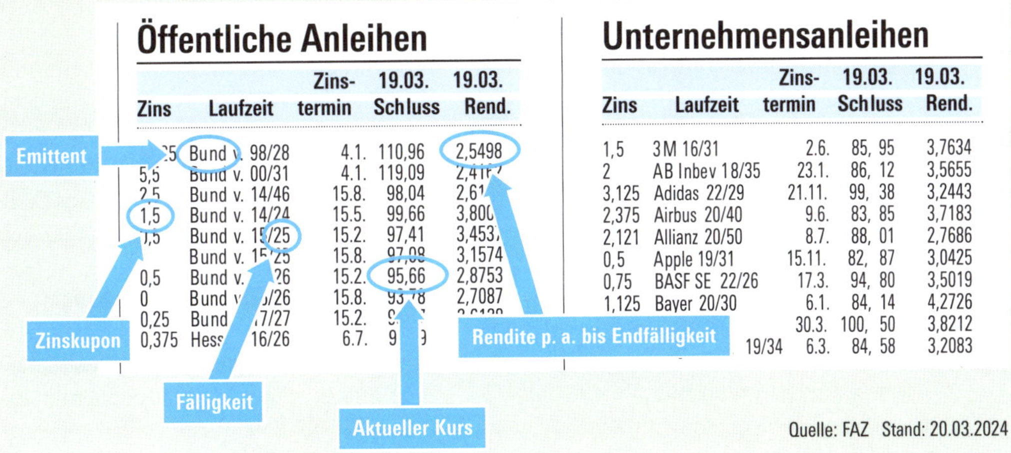

Öffentliche Anleihen

Zins	Laufzeit	Zinstermin	19.03. Schluss	19.03. Rend.
[illegible]	Bund v. 98/28	4.1.	110,96	2,5498
5,5	Bund v. 00/31	4.1.	119,09	[illegible]
2,5	Bund v. 14/46	15.8.	98,04	[illegible]
1,5	Bund v. 14/24	15.5.	99,66	[illegible]
[illegible]	Bund v. [illegible]/25	15.2.	97,41	[illegible]
[illegible]	Bund v. [illegible]	15.8.	[illegible]	3,1574
0,5	Bund v. [illegible]	15.2.	95,66	2,8753
0	Bund v. [illegible]/26	15.8.	[illegible]	2,7087
0,25	Bund [illegible]/27	15.2.	[illegible]	[illegible]
0,375	Hess[illegible] 16/26	6.7.	[illegible]	[illegible]

Unternehmensanleihen

Zins	Laufzeit	Zinstermin	19.03. Schluss	19.03. Rend.
1,5	3M 16/31	2.6.	85, 95	3,7634
2	AB Inbev 18/35	23.1.	86, 12	3,5655
3,125	Adidas 22/29	21.11.	99, 38	3,2443
2,375	Airbus 20/40	9.6.	83, 85	3,7183
2,121	Allianz 20/50	8.7.	88, 01	2,7686
0,5	Apple 19/31	15.11.	82, 87	3,0425
0,75	BASF SE 22/26	17.3.	94, 80	3,5019
1,125	Bayer 20/30	6.1.	84, 14	4,2726
[illegible]	[illegible]	30.3.	100, 50	3,8212
[illegible]	[illegible] 19/34	6.3.	84, 58	3,2083

Quelle: FAZ Stand: 20.03.2024

Wer dennoch auf die Firmentitel setzen will, kann über Anleihe-ETF mit Unternehmensanleihen nachdenken: Ein breiter europäischer Anleiheindex wie der „Barclays Euro Aggregate“ mischt zu Staatsanleihen beispielsweise rund 20 Prozent Unternehmensanleihen und rund fünf Prozent Pfandbriefe hinzu, eine akzeptable Mischung. Mehr zu Anleihe-ETF ab Seite 317.

Die passenden Anleihen finden

Egal ob Staatstitel oder Unternehmensanleihen: Mit speziellen Anleihefindern im Netz können Interessierte das Universum aus mehreren zehntausend Papieren im Handumdrehen filtern und auf die gesuchten Anleihen herunterbrechen. Passende Angebote gibt es zum Beispiel mit den Anleihefindern der Börse Stuttgart, der Börse München, der Börse Frankfurt und beispielsweise der Direktbanken Comdirect oder Consorsbank. Richtig einwandfrei funktioniert leider keines der Angebote, mit einer Kombination aus diesen Seiten kommen Anlegerinnen und Anleger aber gut zurecht. In sieben Schritten lassen sich passende Anleihen herausfiltern:

Schritt 1: Anleihetyp auswählen

Staatsanleihen oder Unternehmensanleihen? Grundsätzlich sollten sich Anlegerinnen und Anleger Gedanken machen, auf welche Art von Anleihen sie setzen wollen. Als Sicherheitsbaustein empfehlen wir in erster Linie Staatsanleihen in Euro mit solidem Rating oder einen Mix aus Staats- und Unternehmensanleihen. Alle anderen Anleihetypen können eher eine Beimischung sein. Einen detaillierten Filter gibt es bei der Börse Stuttgart und der Börse München. Wer Unternehmensanleihen nach Branchen filtern will, kann das bei der Börse Stuttgart tun.

Schritt 2: Bonität prüfen

Ein Blick auf die Schulnoten muss sein: Bei der Auswahl von Einzelanleihen sollten Anlegerinnen und Anleger die Kreditwürdigkeit des Anleiheemittenten prüfen. Wie das geht, lesen Sie ab Seite 298. Online finden Sie die Angaben auf den Seiten der Finanzagenturen der Staaten, bei den Unternehmen online in der Rubrik „Investor Relations“ oder im Anleihefinder der Börse Stuttgart, sofern Sie sich dort einmal kostenlos registrieren.

Anleihefinder bei:
boerse-frankfurt.de
boerse-stuttgart.de
boerse-muenchen.de
comdirect.de
consorsbank.de

Schritt 3: Währung beachten

Möchten Anlegerinnen und Anleger kein Währungsrisiko eingehen, sollten sie als Währung „Euro“ einstellen. Anleihen in Fremdwährungen sind nur etwas für Profis, denn rutschhafte Veränderungen beim Devisenkurs können selbst ordentliche Anleihezinsen schnell auffressen. Dieses Kriterium lässt sich bei allen Anleihefindern einstellen.

Schritt 4: Stückelung prüfen

Wer kein Millionenerbe hat, muss hier einen Wert vorgeben: Viele Anleihen verlangen nämlich hohe Mindestinvestments. Da Stückelungen von 10 000 Euro oder gar 100 000 Euro nur für millionenschwere Depots Sinn ergeben, sollten Sparer hier als Maximalstückelung in der Regel 1 000 Euro eingeben. Beträgt die Stückelung zum Beispiel 1 000 Euro, müssen Sparerinnen und Sparer mindestens diesen Betrag investieren oder ein Vielfaches davon. Das lässt sich bei der Börse Stuttgart, Comdirect und Consorsbank filtern.

Schritt 5: Liquidität beachten

Oft gilt der Anleihemarkt als verschlafen: Nur wenige Papiere werden schließlich rege gehandelt, weil viele Anleihen einfach bis zur Endfälligkeit in den Depots schlummern. Wer Anleihen auch zwischendurch handeln will, sollte daher die Liquidität genau prüfen. Sinnvoll möglich ist das zum Beispiel im Anleihefinder der Comdirect oder der Consorsbank: Dort sehen Anleger für jede Anleihe, ob die Liquidität am spezifischen Handelsplatz hoch, mittel oder gering ist. Dem liegt das durchschnittliche tägliche Handelsvolumen an der Börse über die vergangenen 30 Tage zugrunde. Eine hohe oder mittlere Liquidität ist wichtig, damit Anlegerinnen und Anleger ihre Papiere auch später noch zu marktnahen Kursen verkaufen können. Im Ernstfall kann es bei geringer Liquidität am Anleihemarkt sonst Situationen geben, zu denen gerade bei größeren Ordersummen im Zweifel gar keine Kaufwilligen mehr am Markt sind oder sich nur zu größeren Abschlägen verkaufen lässt.

Schritt 6: Restlaufzeit auswählen

Ganz nach persönlichem Bedürfnis: Wer Anleihen bis zu einem bestimmten Zeitpunkt halten will oder sich ein Depot aus gemischten Laufzeiten zusammenstellen will, kann nach Laufzeiten filtern. Wer nur für zwei Jahre Geld parken will, könnte die Restlaufzeit dann auf maximal zwei Jahre einstellen. Wer ein Depot mit mehreren Laufzeiten zusammenstellen will, kann dort ebenfalls zeitgenau suchen. Dieser Filter lässt sich bei den meisten Anleihefindern im Netz einstellen.

Schritt 7: Zinsrisiko kalkulieren

Anleihen gelten oft als „sicherer Hafen“: Auch wenn das so pauschal nicht stimmt, wollen viele Anleger die Papiere als Sicherheitsbaustein im Portfolio einsetzen. Sie sollten unbedingt prüfen, wie stark das entsprechende Papier auf den allgemeinen Zinstrend reagiert. Steigt das allgemeine Zinsniveau, können die Kurse mancher Anleihen teilweise deutlich nachgeben. Wer das Kursrisiko seiner Anleihen verstehen will, sollte auf die „modifizierte Duration“ schauen: Sie sagt, wie stark eine Anleihe im Kurs verlieren würde, wenn das allgemeine Zinsniveau um einen Prozentpunkt steigt. Diesen Wert finden Anleiheinteressierte bei der Börse Frankfurt. Halten Sparerinnen und Sparer die Papiere bis zur Endfälligkeit, können ihnen zwischenzeitliche Kursschwankungen egal sein – dann sollen sie schließlich 100 Prozent zurückbekommen.

Anleihefinder gekonnt nutzen

Neben diesen zentralen Punkten können Anlegerinnen und Anleger in den Anleihefindern auch spezielle Einstellungen vornehmen. Wer nur Anleihen mit fixen Zinsen haben möchte, kann das ebenfalls auswählen. Dann fallen kompliziertere Konstruktionen mit variablen Zinsen, Stufenzinsen oder sogenannte Nullkuponanleihen von vornherein aus der Suche heraus. Wer ein spezielles Unternehmen im Blick hat, kann in den Anleihe-Findern auch nach dessen Namen suchen. Hier müssen Anlegerinnen und Anleger jedoch einen Pferde-

Die Anleihetreppe

Wer sein Geld über verschiedene Laufzeiten streut, bleibt flexibel. Immer, wenn eine Anleihe ausläuft, investieren Sie erneut in ein fünfjähriges Papier.

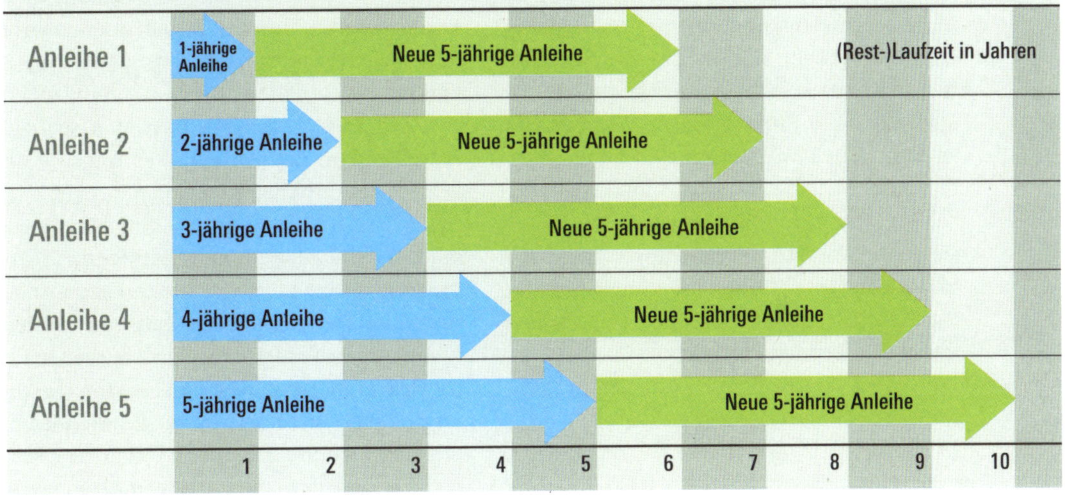

fuß kennen: Oft werden Anleihen von Tochtergesellschaften herausgegeben. Viele Anleihen des Energiekonzerns EnBW begibt zum Beispiel die Tochtergesellschaft EnBW International Finance, die in den Niederlanden sitzt. Wer dann nur nach deutschen Titeln sucht, kommt vielleicht nicht zum gewünschten Ergebnis.

Anleihen richtig handeln

Wer eine passende Anleihe ausfindig gemacht hat, sollte sich direkt die Kennnummer des Papiers notieren. Dazu gibt es in Deutschland die Kennnummer WKN und international die Identifikationsnummer Isin. Viele Unternehmen oder Staaten geben schließlich eine Vielzahl an Anleihen heraus, sodass stets die genaue Kennziffer wichtig ist. Damit gerüstet können sich Sparerinnen und Sparer im Onlinebanking ihrer Bank einloggen und dort in der Ordermaske die Isin oder WKN eingeben. Wer dabei die Wahl zwischen mehreren Handelsplätzen hat, sollte stets den Handelsplatz mit der besten Liquidität wählen. In der Regel ist das die Börse Stuttgart, trotzdem empfiehlt sich ein Vergleich zum Beispiel online im Anleihefinder von Comdirect. Wer dort für seine Anleihe alle Handelsplätze durchklickt, findet das durchschnittliche Handelsvolumen jeweils in den Detailangaben. Außerdem sollten Anlegerinnen und Anleger natürlich den Kaufkurs der Anleihe an den unterschiedlichen Börsenplätzen vergleichen.

Tücken beim Handel kennen

Anders als Aktien lassen sich Anleihen nicht in Stücken kaufen. Sparerinnen und Sparer ordern in der Ordermaske also nicht „fünf Anleihen" zu einem Preis von je 1000 Euro. Stattdessen müssen Anlegerinnen und Anleger in die Ordermaske eingeben, für wie viel Euro sie die Papiere gerne kaufen wollen. Dabei ist nicht der aktuelle Kurswert der Papiere relevant, sondern die sogenannte Nominale: Das ist der Betrag, zu dem die Anleihe am Ende zurückgezahlt werden soll. Konkret heißt das: Soll eine Anleihe später einmal zu 1000 Euro zurückgezahlt werden, müssten Anleger auch heute formell für 1000 Euro ordern. Läge ihr

Kurs aktuell bei 97 Prozent, müssten Sparer aber nur 970 Euro bezahlen – zuzüglich der Ordergebühren.

Grundsätzlich gilt, dass Anlegerinnen und Anleger Anleihen immer mit Limit kaufen sollten. Damit geben sie einen Kaufkurs vor, der auf keinen Fall überschritten werden darf. Liegt der aktuelle Kaufkurs an der Börse bei 97,40 Prozent, könnten sie das Limit zum Beispiel auf 97,50 Prozent setzen. So lässt sich sicherstellen, dass Anleger gerade bei selten gehandelten Papieren nicht plötzlich zu viel zahlen. Da manche Papiere am Anleihemarkt selten gehandelt werden, sollten Anlegerinnen und Anleger bei ihrer Limitorder eine Gültigkeit bis Monatsende („Ultimo") vorgeben, um die Papiere zu bekommen.

An die Stückzinsen denken

Oft zahlen Anlegerinnen und Anleger am Ende aber mehr als den reinen Kurs ihrer Anleihen, bei vielen Papieren kommen schließlich noch sogenannte Stückzinsen dazu. Der Käufer bekommt üblicherweise am Ende einer Zinsperiode schließlich die kompletten Zinsen für den zurückliegenden Zeitraum von zum Beispiel einem Jahr ausgezahlt, obwohl er die Anleihe vielleicht gerade einmal vor sechs Wochen gekauft hat. Vorbesitzer oder Vorbesitzerin müssen jedoch auch ihren Anteil der Zinsen bekommen.

Deswegen müssen die Käuferinnen und Käufer von Anleihen sofort beim Kauf diese Stückzinsen entrichten, sie selbst bekommen dann die komplette Zinszahlung für den gesamten Zeitraum – allerdings erst zum festgelegten Zinstermin.

Stückzinsen berechnen

$$\frac{\text{Nennwert x Zins in \%}}{\text{360 Tage}} \text{ x Tage} = \text{Stückzinsen in €}$$

Anlegerinnen und Anleger müssen das jedoch nicht selbst rechnen: Wer die Stückzinsen einsehen will, kann in den Kursportalen der Börse Frankfurt und der Börse Stuttgart die entsprechende Anleihe im Netz aufrufen und findet unter „Stückzinsen" die aktuelle Höhe. Übrigens, keine Sorge: Niemand muss Privatleuten oder Anlagegesellschaften die Stückzinsen persönlich überweisen, da der Börsenhandel sowieso anonym abläuft. Im Hintergrund kümmert sich die eigene Depotbank ganz automatisch um die Abrechnung der Stückzinsen.

Kaufkosten beachten

Wie bei Aktienorders fallen auch beim Handel mit Anleihen Gebühren an. Bei vielen Filialbanken kostet jede Order mindestens 20 Euro, bei Direktbanken liegt der Mindestbetrag häufig nur bei fünf bis zehn Euro je Order. Wollen Anlegerinnen und Anleger kaufen, sollten sie die Ordergebühren ihrer Bank gerade bei Anleihen ins Verhältnis zur Kaufsumme setzen: Mehr als 0,25 Prozent der Gesamtsumme sollten die Gebühren nicht ausmachen, sonst knabbern die Kosten zu viel Rendite weg.

Problematisch sind ausgerechnet prozentuale Orderkosten, die Banken gerne nutzen: Viele Institute verlangen 0,25 Prozent der Ordersumme als Gebühr und gehen damit ans obere Ende des Akzeptablen. Aber auch Fixpreismodelle oder Mindestpreise können ihre Tücken haben: Ordern Anlegerinnen und Anleger nur für wenige Hundert Euro Anleihen, würde eine Mindestordergebühr von 20 Euro ihre Rendite empfindlich schmälern. Gerade bei kleineren Orderwerten unter 1000 Euro sollte man daher immer kontrollieren, ob fixe Ordergebühren oder Mindestgebühren die eigene Kalkulation durchkreuzen.

Günstig ordern Anlegerinnen und Anleger über Broker mit Angeboten von ein bis fünf Euro je Order – zum Beispiel bei Degiro, Traders Place oder Trade Republic. Über Traders Place können sie über den Münchener Börsenhandelsplatz Gettex zum Nulltarif handeln, wenn sie mehr als 750 Euro anlegen. Über Trade Republic kostet es an der Hamburger Börse LS Exchange einen Euro, dort gibt es mit rund 600 Titeln allerdings nur eine überschaubare Anzahl an Anleihen (Stand: 03/24).

Anleihe-ETF finden und kaufen

Wer sein Geld am Anleihemarkt breit streuen möchte, kann auf Anleihe-ETF setzen. Doch die Papiere haben einen Haken.

Während der Dax im Land bekannt ist wie ein bunter Hund, kennt wohl kaum jemand seinen Bruder am Anleihemarkt. Während der deutsche Aktienindex mit den 40 wichtigsten Unternehmen in keiner Nachrichtensendung fehlen darf, ist der „eb.rexx Government Germany" nur Eingeweihten ein Begriff. Hinter dem Kürzel steckt ein deutscher Anleiheindex, ein Barometer mit den 25 wichtigsten deutschen Staatstiteln. Sie ahnen es: Auch einem Anleihe-Index lässt sich mit börsengehandelten Indexfonds (ETF) eins zu eins folgen.

Wie Anleihe-ETF funktionieren

Wie am Aktienmarkt gibt es schließlich auch am Anleihemarkt spezielle Börsenindizes, die die Entwicklung mehrerer Papiere in eine Kurve bannen. Wer in einen solchen Anleihe-ETF investiert, kann sein Geld mit nur einem Anlageprodukt gewissermaßen auf Dutzende oder Hunderte Anleihen verteilen. Anlegerinnen und Anleger streuen ihr Risiko damit über viele Papiere. Außerdem kümmert sich der ETF um den gesamten Verwaltungsaufwand: Weil Anleihen nur eine begrenzte Laufzeit haben und nicht ewig im Portfolio bleiben, frischt der ETF seinen Anleihebestand regelmäßig auf. Bei Einzelanleihen müssen sich Sparerinnen und Sparer hingegen regelmäßig selbst darum kümmern, ausgezahlte Zinsen oder zurückgezahlte Summen wieder zu investieren.

Anders als bei Aktien kann es bei Anleihen außerdem mühselig sein, einen breiten Strauß zu kaufen. Weil Anlegerinnen und Anleger bei vielen Einzel-Anleihen mindestens 1000 Euro investieren müssen, lässt sich eine breite Palette oft nur mit größerem Geldbeutel kaufen. Bei Anleihe-ETF ist das ganz anders, sie lassen sich als Sparplan bereits für nur 10, 20 oder 50 Euro pro Monat über die Börse erstehen.

So sind die Anleihe-Indizes gebaut

Ebenso wie am Aktienmarkt gibt es spezielle Indexanbieter, die die Anleiheindizes zusammenstellen. In der Regel ist das nicht der Aktien-Marktführer MSCI, sondern Indexkonstrukteure mit Namen wie Bloomberg, Markit iBoxx oder FTSE. Bauen sie einen Anleiheindex, gehen sie ganz ähnlich vor wie am Aktienmarkt: Die größten Anleihen bekommen in der Regel auch das größte Gewicht im Kurskorb. Unternehmen oder Staaten, die mehr Schulden in Form von Anleihen aufgenommen haben, sind in den Anleiheindizes daher stärker vertreten. Im konkreten Fall der beliebten Euro-Staatsanleihe-ETF führt dies oft dazu, dass Länder wie Italien und Spanien großes Gewicht auf sich vereinen. Bei den Anleihe-Indizes gibt es an der Börse eine ganze Reihe an unterschiedlichen Typen, die sich nach folgenden Kriterien sinnvoll sortieren lassen:

- **Inhalt:** Manche Anleihe-ETF enthalten nur Staatsanleihen, andere nur Unternehmensanleihen. Andere setzen auf eine Mischung aus Staatstiteln und Unternehmensanleihen.
- **Laufzeit:** Manche Anleihe-ETF setzen nur auf kurze Laufzeiten (1–3 Jahre), andere nur auf mittlere (3–7 Jahre) oder lange Laufzeiten (7 Jahre bis meist 30 Jahre). Viele Indizes bilden auch die gesamte Breite des Laufzeitspektrums ab.
- **Bonität:** Manche Anleiheindizes setzen lediglich auf solide Schuldner aus der oberen Hälfte des Ratinguniversums, was oft am Kürzel IG für „Investment Grade" erkennbar ist. Manche Indizes setzen auch nur auf Anleihen mit der Topnote AAA. Andere setzen nur auf die untere Hälfte des Ratingspektrums, was oft mit einem HY für high yield (Hochzins) klar wird.

Investor-Info

Anleihe-ETF für den Sicherheitsbaustein im Depot. Viele Anlegerinnen und Anleger teilen ihr Depot in zwei Bausteine ein – einer soll für die Rendite sorgen, der andere relativ sicher sein. Anleihe-ETF mit Euro-Staatsanleihen oder einem Mix aus Staats- und Unternehmensanleihen, die in Papiere unterschiedlicher Laufzeiten investieren, sind grundsätzlich für den Sicherheitsbaustein geeignet.

Auch Anleihekurse schwanken. Interessierte sollten beachten, dass die Kurse der Anleihe-ETF schwanken können. Steigt das Zinsniveau, können die Papiere nachgeben. Nach der langen Nullzinsphase in den 2010er-Jahren waren die Risiken sogar erheblich – damals hatten wir allerdings vor den Folgen einer möglichen Zinswende gewarnt und Anleihe-ETF zeitweise nicht empfohlen. Danach drehte sich das Blatt wieder. Wer im Sicherheitsbaustein keinerlei Schwankungen duldet, sollte trotzdem lieber auf Tages- oder Festgeld setzen.

Kurzläufer für Sicherheitsfans. Eine Alternative zu Tagesgeld sind Anleihe-ETF spezifisch mit Laufzeiten von maximal einem Jahr, sie reagieren fast gar nicht auf den Zinstrend. Steigt das allgemeine Zinsniveau um einen Prozentpunkt, geben sie gerade mal ein halbes Prozent nach. Selbst ein Zinsschock von vier oder fünf Prozentpunkten Zinsplus würde sich im Portfolio kaum auswirken. Passende ETF gibt es zum Beispiel auf den Index „iBoxx EUR Germany 0–1“, der nur deutsche Staatstitel enthält.

- **Liquidität:** Nicht immer lassen sich alle Anleihen tatsächlich rege an der Börse handeln. Manche Anleihe-ETF setzen daher nur auf die meistgehandelten Anleihen am Parkett und tragen einen Zusatz wie „Highly Liquid“, also sehr liquide.

Ein Beispiel: Der „FTSE Eurozone Highest Rated Government Bond Index EUR 1–3“ steht zum Beispiel für europäische Staatstitel höchster Bonität mit kurzer Restlaufzeit von nur ein bis drei Jahren. Übersetzt bedeutet das: Es handelt sich um topsolide Staatsanleihen von Ländern wie Deutschland oder den Niederlanden, die noch ein bis drei Jahre Restlaufzeit haben. Weil die Papiere bald endfällig sind, bringen sie weniger Zinsen als längerlaufende Anleihen. Steigt jedoch das allgemeine Zinsniveau am Finanzmarkt, bleiben Anleihen mit maximal drei Jahren Restlaufzeit in der Regel nahezu stabil, Indizes mit längerlaufenden Papieren schwanken dagegen stärker.

Mit den oben angegebenen Kriterien lassen sich die oft etwas kryptischen Namen der Anleihe-ETF treffsicher entschlüsseln. Im Zweifel hilft auch ein Blick ins digitale Factsheet des Indexes oder eines passenden ETF. Anders als bei Aktien-ETF veröffentlichen die Indexgesellschaften bei Anleihe-ETF meist leider nicht so transparent alle Gewichtungen und Mitglieder kostenlos. Wer jedoch die Faktenblätter der entsprechenden ETF öffnet, die dem jeweiligen Index folgen, findet die nötigen Angaben in der Regel allerdings dort. Zusätzlich können Interessierte unseren Fondsfinder im Netz nutzen (test.de/fondsfinder) und dort Anleihe-ETF nach Kategorien filtern.

So funktionieren die Anleihe-ETF

Auch wenn Anleihe-ETF das Wort „Anleihe“ im Titel führen, gibt es einen ganz entscheidenden Unterschied zwischen einzelnen Anleihepapieren und den breiter aufgestellten ETF. Bei einzelnen Anleihen können Anlegende stets entscheiden, die Papiere bis zur Endfälligkeit zu halten und dann 100 Prozent des ursprünglich geliehenen Betrags zurückzubekommen.

Die wichtigsten Anleihe-Indizes im Vergleich

Kategorie	Bloomberg Euro Treasury	Deutsche Börse Eurogov Germany 1–3	iBoxx Euro Germany	Bloomberg Euro Aggregate
Beschreibung	Der Index enthält Staatsanleihen der Euro-Mitgliedsländer in Euro.	Der Index enthält Staatsanleihen aus Deutschland mit kurzer Restlaufzeit.	Der Index enthält deutsche Staatsanleihen aller Laufzeiten > 1 Jahr.	Der Index enthält v. a. Staatsanleihen, aber auch Unternehmensanleihen aus Europa.
Anzahl der Titel	542	14	62	7282
Große Länder (in %)	Frankreich (23,3) Italien (21,8) Deutschland (18,7) Spanien (14,2)	Deutschland (100)	Deutschland (100)	Frankreich (21,69) Deutschland (19,21) Italien (13,62) Spanien (9,8)
Anleiheart (in %)	Staatsanleihen (100)	Staatsanleihen (100)	Staatsanleihen (100)	Öff. Anleihen (70,16) Unt.anleihen (19,44) Rest (10,4)
Bonitätsverteilung (in %)	AAA (23,41) AA (35,29) A (17,45) Baa (22,47)	AAA (100)	AAA (100)	AAA (28,4) AA (27,87) A (19,43) Baa (24,30)
Durchschnittliche Restlaufzeit (in Jahren)	8,9	1,8	7,53	7,69
Zinsänderungsrisiko (in %)	7,3	1,8	7,18	6,41
Mögliche ETF auf den Index (ISIN)	Vanguard (IE00BH04GL39) SPDR (IE00B3S5XW04)	Deka (DE000ETFL185)	iShares (LU0643975161)	SPDR (IE00B41RYL63)

Quelle: Bloomberg, MTS, Deutsche Börse Stand: 31.05.2024 und 30.06.2024
Anmerkung: Teilweise Angaben für abbildende ETF, da Index öffentlich nicht komplett einsehbar.

Bei Anleihe-ETF ist das anders: In aller Regel halten sie Anleihen nicht bis Endfälligkeit, sondern müssen vorher verkaufen. Wo die Kurse der Anleihen just zu diesem Verkaufstermin notieren, können sie nicht wissen.

Der Grund dafür ist, dass die meisten Anleihe-ETF ein Laufzeitband haben. Das bedeutet, dass sie zum Beispiel nur Papiere mit Restlaufzeiten zwischen einem und fünf Jahren halten dürfen. Eine Anleihe mit fünf Jahren Laufzeit müsste der ETF dann nach vier Jahren rauswerfen, sobald die Restlaufzeit unter die Marke von einem Jahr fällt. Anleihe-ETF können sich also nie sicher sein, beim Verkauf 100 Prozent des Nennwerts zurückzubekommen.

Für Anleger bedeutet das: Bei Einzelanleihen können sie sich die Rendite schon vorher für die komplette Laufzeit ausrechnen. Bei Anleihe-ETF ist aber vom Zinstrend und den Kursen abhängig, ob Anleger im Minus oder im Plus liegen. Steigt das allgemeine Zinsniveau am Finanzmarkt, können die Kurse vieler Anleihe-ETF nachgeben. Bis die neuen Anleihen mit üppigeren Zinsen einen größeren Anteil der Papiere im ETF ausmachen, kann es je nach Laufzeitprofil des Anleihe-ETF durchaus ein paar Jahre dauern. Neuerdings gibt es auch einige wenige sogenannte Anleihe-Laufzeit-ETF am Markt, die Anleihen bis zur Endfälligkeit halten und dann auslaufen (Stand: 06/24).

Zum Verhältnis von Zinsniveau und Anleihekurs siehe ab Seite 306

Rendite-booster fürs Depot?

Was Risikoanlagen wirklich bringen

Egal ob Rohstoffe, Kryptowährungen oder Zertifikate: Chancenorientierte Anlegerinnen und Anleger lieben diese Investments – teilweise auch für eine schnelle Spekulation. Auch Gold hat viele Fans. Doch die Risiken sind beträchtlich.

Gold – wie hell glänzt es?

Dem edlen Metall sagen Privatleute viele hilfreiche Eigenschaften nach: Inflationsschutz, Wertspeicher und Krisenhort soll es sein. Was ist Mythos – und was ist mehr?

Wenn Goldschmied Marc-Jens Biegel auf der Empore seiner kleinen Galerie den feinen Goldstaub von der hölzernen Arbeitsplatte wischt, kann man die Faszination für das matt schimmernde Edelmetall in seinen Augen aufblitzen sehen. „Schon seit Jahrtausenden versuchen Alchemisten, Gold künstlich herzustellen", erzählt Biegel und dreht einen werdenden Goldring zwischen seinen Fingern. „Aber es ist ihnen noch nie gelungen." Biegel kennt wohlgemerkt nicht nur die schmucke Seite des Metalls, sondern auch seine finanzielle. Das Atelier des Goldschmieds liegt direkt gegenüber der Frankfurter Börse, kaum 30 Meter liegen zwischen seiner Empore und dem altehrwürdigen Handelssaal im historischen Börsengebäude. Dort kennen die Handelsleute die Mythen rund um das Metall nur zu gut: Krisenwährung soll es sein, Kurspuffer in turbulenten Börsenzeiten und Kapitalschutz in Inflationszeiten zugleich. Doch: Kann das edle Metall all diese Hoffnungen erfüllen?

Gold ist kein Alleskönner

Zumindest bei der Geldanlage ist der Ruf des Goldes eindeutig besser als die harten Fakten. Der Goldpreis schwankt stark, teilweise mussten Privatleute heftige Preiseinbrüche mitmachen – und lagen mit dem Metall jahrzehntelang unter Wasser. Trotzdem muss niemand einen Bogen um Gold machen: Wer das Edelmetall als Ergänzung im Portfolio nutzte, konnte das eigene Depot nicht nur breiter aufstellen, sondern auch ein wenig stabilisieren.

Der größte Nachteil von Gold ist übrigens seine Natur als Edelmetall: Anders als Aktien wirft Gold keine Dividenden ab, anders als Anleihen keine Zinsen. Gold ist also keine „produktive" Anlage, seine Wertentwicklung hängt einzig und allein an Angebot und Nachfrage. Das Besondere im Falle von Gold: Das akute Angebot des Edelmetalls am Weltmarkt lässt sich gar nicht so einfach ausweiten. Gold ist eben ein relativ rares Gut, genau darin sehen viele seinen Wert.

Angebot und Nachfrage bestimmen den Preis

Wie knapp das edle Metall ist, zeigen schon einige eindrucksvolle Zahlen: Das gesamte bislang geförderte Gold auf der gesamten Welt würde in einen Würfel von nur rund 22 mal 22 Metern Kantenlänge passen, genauer gesagt, sind das laut World Gold Council rund 210 000 Tonnen Gold. Die bislang noch unangetasteten Vorkommen unter der Erde liegen laut der US-Geologiebehörde weltweit bei weiteren 59 000 Tonnen. Davon wird pro Jahr nur ein kleiner Teil gefördert, laut dem Industrieverband World Gold Council etwa 3 600 Tonnen. Weil zusätzliche Goldvorräte geologisch schwieriger zugänglich sind, könnte dieser Wert Prognosen zufolge tendenziell sinken. Dass Ketten oder Münzen auch eingeschmolzen und recycelt werden, lässt pro Jahr rund 1 000 Tonnen „neues altes" Gold entstehen.

Unter dem Strich ist Gold also ein verhältnismäßig knappes Metall, das sich anders als Papiergeld nicht einfach drucken lässt. Es gilt daher als eher unwahrscheinlich, dass Gold einmal komplett wertlos werden könnte. Menschen nutzen das Metall seit Jahrtausenden als Wertspeicher und manchmal sogar als Tausch- oder Zahlungsmittel – das alles zeugt von einem gewissen Wert. Genau genommen basiert er allerdings rein auf emotionalem Vertrauen.

30 SEKUNDEN FAKTEN

47 %

des jährlichen Goldangebots geht in die Schmuckproduktion. 28 % wird zu Barren und Münzen. 12 % kaufen Zentralbanken. Der Rest wandert an ETF und Industrienutzer.

10 %

der globalen Nachfrage nach Goldmünzen und -barren kommt aus Deutschland.

92,5 %

der olympischen Goldmedaille besteht aus Silber. Das Gold ist in Wirklichkeit nur ein Überzug von etwa sechs Gramm.

E175

ist die Kennnummer für Gold als Lebensmittelzusatz, zum Beispiel bei vergoldeten Pralinen.

Quellen: WGC, IOC, Efsa

Heftiges Auf und Ab beim Goldpreis

In Mark und Euro gerechnet schwankte der Goldpreis stärker als der Aktienweltindex MSCI World und brachte obendrein weniger Rendite.

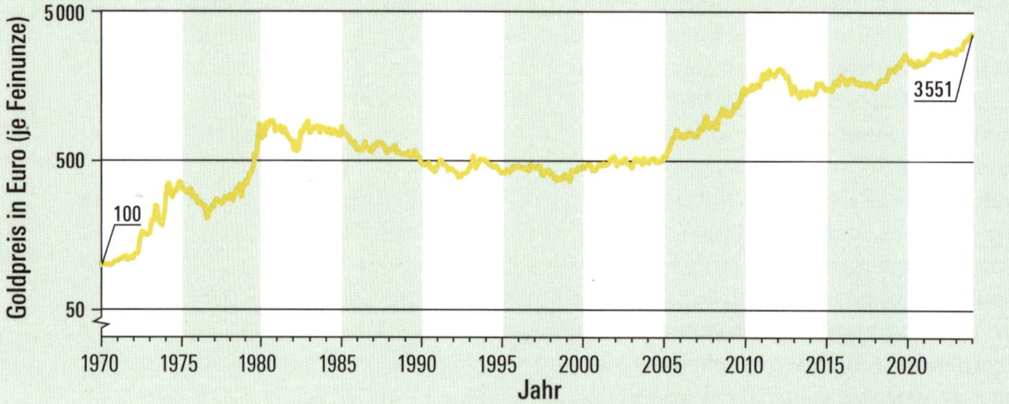

Zeitraum: 31.12.1969 – 30.09.2024 **Quellen:** LSEG, eigene Berechnungen
Anmerkungen: nominaler Verlauf in DM/€, Monatsendwerte, indexiert bei 100

Ist die Nachfrage am Goldmarkt größer als das Angebot, steigt der Preis. Genau diese Kurskurve des Metalls zeigt jedoch, dass der Börsenkurs des Metalls in Euro und D-Mark gerechnet immer wieder stark schwankte. Nachdem die USA ihre Währung in den 1970er-Jahren von der Goldbindung abkoppelten und in der Folge auch den privaten Goldbesitz wieder erlaubten, kletterte der Preis steil nach oben. Ab der Preisspitze Anfang der 1980er-Jahre folgte jedoch eine jahrzehntelange Dürrephase bis weit in die 2000er-Jahre hinein. Erst im Zuge von Finanzkrise, Schuldenkrise und der Gelddruck-Politik vieler Notenbanken zog der Goldpreis ab etwa 2010 kräftig an, allerdings unter deutlichem Auf und Ab.

Nur mittelmäßige Renditen

Welche Rendite Gold im langfristigen Schnitt brachte, lässt sich gar nicht so eindeutig feststellen. Wer seit dem Jahr 1900 in US-Dollar rechnet, kommt auf eine Rendite von 2,1 Prozent pro Jahr. Als Finanzprofessor Jeremy Siegel von der Wharton School der Uni Pennsylvania davon noch die Inflation der Vereinigten Staaten abzog, blieben gerade noch 0,4 Prozent reale Rendite pro Jahr. Andere Fachleute kritisieren diese Rechenweise, weil der Goldpreis bis in die 1970er-Jahre hinein nicht wirklich frei handelbar war: Bereits im 19. Jahrhundert koppelten viele Staaten ihre Währungen schließlich auf die eine oder andere Weise an das Edelmetall, hinterlegten ihre Währung also mit einer Art Goldanker.

Konkret hatten Bürgerinnen und Bürger meist ein Anrecht, Geldscheine bei der Zentralbank einzureichen und den theoretischen Gegenwert in Gold ausgehändigt zu bekommen. Dazu musste ein offizieller Wechselkurs von Geld zu Gold festgelegt werden, der faktisch den Kurs des Edelmetalls bestimmte. Erst als US-Präsident Richard Nixon 1971 die Goldbindung des US-Dollar von einem Tag auf den anderen aufkündigte, konnte sich wirklich ein freier Marktpreis für das Edelmetall bilden.

Verfolgt man den Goldpreis umgerechnet in Mark und Euro also ab dem Jahreswechsel 1970, hätte Gold im Schnitt einen Ertrag von 6,6 Prozent pro Jahr gebracht. Wer erst ab der Aufhebung des Goldverbots in den USA ab dem Jahreswechsel 1975 rechnet, kommt bloß noch auf 5,2 Prozent pro Jahr. Ziehen Anlegerinnen und Anleger noch die Inflation ab, landeten sie mit Gold über diese langen Zeiträume schlechter als mit den Aktienbörsen.

Zum Vergleich: Wer im Jahr 1970 umgerechnet genau 100 Euro in Gold investierte, hätte im Herbst 2024 ohne Kosten rund 3500 Euro gehabt. Am Aktienmarkt wären mit dem MSCI World aus demselben Investment ohne Kosten allerdings rund 8300 Euro geworden. Im schlimmsten Fall wäre das Metall im Kurs obendrein um etwas mehr als 60 Prozent abgestürzt, der schlimmste Verlust des Weltaktienmarkts betrug „nur" etwa 56 Prozent.

Auch über die gesamte Strecke seit 1970 schwankte das Edelmetall deutlich stärker, pro Jahr gerechnet belief sich die Volatilität im Schnitt auf einen Wert von 17,3, beim MSCI World jedoch nur auf 14,5. In ein Bild gefasst ließe sich dieser Schwankungswert von Gold als dunkelgelbe Ampel übersetzen, während der Schwankungswert des Aktien-Weltindex eher einer „normalgelben" Ampel entspräche. Unter dem Strich stand Gold also doppelt so schlecht da wie der weltweite Aktienmarkt: Das Edelmetall brachte weniger Rendite und gleichzeitig mehr Risiko (Stand: 09/24).

Schützt Gold gegen Inflation?

Viele Privatleute sehen in Gold einen Inflationsschutz, weil sich das Metall nicht künstlich vermehren lässt. Werfen die Zentralbanken hingegen die sprichwörtliche Notenpresse an und blähen die Geldmenge auf, kann das in einer Inflation enden. Von derselben Menge Geld könnte sich dann nach einiger Zeit deutlich weniger kaufen lassen, der reale Gegenwert des Geldes würde im Zweifel schwinden – so die Sorgen. Zumindest auf sehr lange Sicht löste das Gold sein Versprechen ein und funktionierte als Inflationsausgleich: Von den durchschnittlich 6,7 Prozent nominaler Rendite blieben immer noch rund 3,9 Prozent reale Rendite pro Jahr übrig, wenn man die deutsche Inflation abzieht. Das als großen Erfolg zu feiern, wäre jedoch schräg. Der Weltindex MSCI World erzielte im selben Zeitraum nach Inflation eine reale Rendite von 5,6 Prozent, schnitt also deutlich besser ab. Selbst in hochinflationären Phasen war auf das Edelmetall nicht immer Verlass: In den inflationsgeplagten 1970er-Jahren stieg der Goldpreis zwar deutlich, in der zweiten Inflationsspitze Anfang der 1980er-Jahre bröckelte der Goldpreis aber genauso vernehmlich wie zur Inflationsphase rund um die Wiedervereinigung Anfang der 1990er-Jahre. Anlegende können sich also nicht darauf verlassen, dass das Edelmetall bei jeder Inflationsphase kräftig anspringt. Das ist nur logisch: Während der Goldpreis ein Weltmarktpreis ist, ist für hiesige Investorinnen und Investoren die deutsche Inflation relevant – in anderen Staaten kann sie anders liegen.

Mehr zu Inflation und Notenbanken ab Seite 106

Ist Gold ein Aktienpuffer?

Wenn es an den Aktienbörsen rappelt, wird Gold in den Medien außerdem gern als „sicherer Hafen" betitelt. Aus unserer Sicht ist diese Romantisierung des Edelmetalls irreführend: Gold ist gleich aus drei Gründen grob vergleichbar mit den Risiken von Aktien. Sein Kurs schwankte auf lange Sicht erstens stärker als der weltweite Aktienmarkt, fiel im Zweifel zweitens stärker und erholte sich drittens langsamer. Auch wenn sich im Volksmund der Begriff vom „sicheren Hafen" etabliert hat, eignet sich das Edelmetall zumindest als Ersatz für Zinsanlagen im Sicherheitsbaustein des eigenen Portfolios überhaupt nicht.

Volatilität interpretieren ab Seite 35

Auf anekdotischer Basis lässt sich zwar ab und an sehen, dass der Goldpreis an manchen besonders dramatischen Börsentagen steigt. Ein Naturgesetz ist das jedoch nicht: In vielen Börsenstürzen versagte das Metall zum Beispiel, weil große Geldverwalter in breiten Kurscrashs oft alle Anlagen quer durch die Bank losschlagen. Im Coronacrash verlor Gold anfänglich zum Beispiel ebenso an Wert wie in der Dotcom-Blase zur Jahrtausendwende. Dass Gold also gerade in den schlimmsten Börsenphasen zuverlässig vor Kursverlusten am Aktienmarkt schützt, geben die historischen Kursdaten des Edelmetalls nicht her.

Das brachte eine Goldbeimischung

Wer dem Portfolio etwas Gold beimischte, konnte Rendite und Risiko oft besser balancieren.

Pantoffel-Portfolio (Gewichtung in %)	Rendite pro Jahr 30 Jahre	Rendite pro Jahr 10 Jahre	Maximaler Verlust (%)	Chance-Risiko-Zahl	Anpassungen (Anzahl)
Risikoprofil: Defensiv					
Aktien / Anleihen (25/75)	5,7	3,5	-16	99	7
Aktien / Gold / Anleihen (20/5/75)	5,3	3,5	-15	101	5
Risikoprofil: Ausgewogen					
Aktien / Anleihen (50 / 50)	6,6	6,2	-26	97	5
Aktien / Gold / Anleihen (40 / 10 / 40)	6,9	6,0	-18	100	10
Risikoprofil: Offensiv					
Aktien / Anleihen (75 / 25)	7,9	9,1	-39	97	5
Aktien / Gold / Anleihen (60 / 15 / 25)	7,8	8,7	-31	104	7

Quelle: LSEG, eigene Simulationen, Zeitraum: 30.09.1994 bis 30.09.2024
Anmerkungen: Aktien – MSCI World; Anleihen – Euro-Anleihen: Bloomberg Euro Aggregate; Gold; Maximaler Verlust sowie Anpassungen über 30 Jahre, Chance-Risiko-Zahl über 10 Jahre. Methodik: test.de/pantoffel/methodik

Was bringt eine Goldbeimischung?

Auch wenn Gold für sich genommen riskanter ist als der MSCI World, zeigen unsere Analysen Erstaunliches: Wer Gold dem eigenen Portfolio in geringem Maße beimischte, konnte das eigene Depot ein bisschen stabiler machen. Das liegt daran, dass die Kurse von Gold und MSCI World selten parallel liefen, fachlich gesprochen wiesen sie über zehn Jahre geblickt nur eine Korrelation von genau −0,07 auf (Stand: 09/24). Wer Zinsanlagen und Aktien-ETF im eigenen Portfolio mit einer Goldbeigabe versah, erlebte einen interessanten Effekt: Das Ganze ergab mehr als die Summe der Teile. Während ein ausgewogenes Portfolio aus Aktien-ETF und Zinsbaustein im schlimmsten Fall um 26 Prozent abrauschte, ließ sich das Minus mit einer Goldbeimischung von 10 Prozent am Gesamtportfolio auf 18 Prozent eingrenzen. Im 30-Jahreszeitraum ab 1994 lag die Rendite im Falle des vergoldeten Portfolios sogar etwas besser; der ausgewogene Gold-Pantoffel erreichte im Schnitt eine jährliche Rendite von 6,9 Prozent und lag damit um 0,3 Prozentpunkte besser als eine einfache Aktien-Anleihe-Mischung. Dieses Renditeplus ist aber keine ausgemachte Sache, in anderen Zeiträumen lag die einfache 50/50-Mischung vorn.

Mehr zur Korrelation ab Seite 190

Die Grundlagen zu unserem Pantoffel-Portfolio ab Seite 180

Über viele 30-Jahreszeiträume verbesserte die Goldbeimischung das Risikoprofil des ausgewogenen Pantoffel-Portfolios etwas. Die Rendite mit Goldzusatz lag hingegen mal besser und mal schlechter. Vergleicht man unter dem Strich die wechselhafte Rendite mit dem verbesserten Risikoprofil, ergab sich mit der Portfolio-Goldbeigabe oft eine bessere Risiko-Rendite-Balance (siehe Chance-Risiko-Zahl oben in der Tabelle). Obwohl Gold für sich genommen riskanter war als der Welt-Aktienmarkt, war das Gesamtportfolio mit Goldanteil aufgrund des geringen Gleichlaufs der Bestandteile trotzdem etwas weniger riskant.

Gold an der Börse kaufen

Bei Gold denken viele sofort an Münzen oder Barren. Doch dem Goldkurs lässt sich auch mit speziellen Papieren an der Börse folgen.

Wer die Magie des Goldes erleben will, muss Münzen wie den südafrikanischen Krügerrand, die kanadische Maple Leaf oder einen echten Goldbarren bestaunen. Um es gleich vorwegzusagen: Zur Geldanlage eignet sich das physische Gold nur bedingt, auch wenn es schön anzuschauen ist. Wer bei Goldhändlern oder der eigenen Bank Gold zum Anfassen kauft, zahlt für Münzen oder Barren oft mehr als den reinen Börsenpreis. Am teuersten sind langfristig allerdings die Lagerkosten des Edelmetalls: Wer die teure Ware nicht unter der Matratze parken und lieber in einem Bankschließfach einlagern will, muss monatlich Miete zahlen und teilweise sogar eine Zusatzversicherung abschließen.

Gold als Wertpapier kaufen

Wer Gold rein für das eigene Depot braucht, kann es schlicht als Finanzpapier kaufen: Sogenannte Gold-ETC sollen den Preis des Edelmetalls nämlich eins zu eins nachzeichnen. Zwar lässt sich dann kein kunstvolles Münzrelief bestaunen, günstiger ist es in der Regel aber allemal. Das komplizierte Kürzel steht übrigens für Exchange Traded Commodities, was auf Deutsch einfach „börsengehandelte Rohstoffe“ bedeutet. Anlegerinnen und Anleger sollten solche ETC aber nicht mit den bekannten ETF gleichsetzen: Rechtlich handelt es sich bei ETC nicht um ein insolvenzgeschütztes Sondervermögen, sondern um eine Inhaberschuldverschreibung des Emittenten. ETC-Käufer werden also nicht zu Miteigentümern an einem Fondsvermögen, sondern sind Gläubiger des ETC-Herausgebers. Würde das Unternehmen hinter dem ETC insolvent gehen, wäre das Geld der Anlegerinnen und Anleger nicht gesichert – schlimmstenfalls droht dann ein Totalverlust.

Viele Anbieter haben sich jedoch eine praktikable Lösung ausgedacht: Für das investierte Geld der Privatleute hinterlegen sie Sicherheiten in einem Tresor. Im Falle vieler Gold-ETC wird mit dem Geld der Anlegerinnen und Anleger auch eine entsprechende Goldmenge eingelagert. Würde der Anbieter pleitegehen, fiele das Gold rechtlich gesehen trotzdem in die Insolvenzmasse. Generell scheint es uns aber wenig plausibel, dass die Unternehmen pleitegehen: Bei vielen ETC-Anbietern ist als alleiniger Geschäftszweck festgelegt, die Produkte zu verwalten. Dass solche Unternehmen massiv Schulden machen oder sich finanziell überheben, ist wenig plausibel.

Mehr zu physischem Gold unter test.de/gold

Mehr zu Schließfächern: test.de/bankschliessfach

Xetra-Gold

Xetra-Gold ist eines der beliebtesten Goldprodukte in Deutschland: Jeder Anteil an Xetra-Gold soll dem Wert von genau einem Gramm Gold in Euro entsprechen. Dafür lässt der Anbieter tonnenweise Gold in einem Tresor beim hiesigen Wertpapier-Zentralverwahrer Clearstream einlagern. Das Unternehmen hinter diesem Gold-ETC heißt Deutsche Börse Commodities, eine Gemeinschaftsfirma der Deutschen Börse mit fünf Banken und dem Goldproduzenten Umicore.

Wer das Goldpapier an der Börse kauft, zahlt die normalen Ordergebühren seiner Bank oder seines Brokers. Die Handelsspanne zwischen Kauf- und Verkaufskurs beträgt an der tonangebenden Börse Xetra im Schnitt 0,1 Prozent. Außerdem verlangt der Anbieter jährlich Verwahrgebühren für das Gold: Von den Banken der Käuferinnen und Käufer kassiert er 0,36 Prozent pro Jahr inklusive Mehrwertsteuer. Die meisten Banken geben diese Gebühr eins zu eins an die Käuferinnen und Käufer weiter, haben theoretisch aber einen

Mit ETC dem Goldpreis folgen

Mit diesen Gold-ETC mit Auslieferungsmöglichkeit[1] können Privatleute dem Goldpreis folgen. Im Zweifel könnten sie sich das Edelmetall sogar liefern lassen – meist jedoch kostenpflichtig.

Produktname	Emittent	Isin	Auflage-jahr	Jährliche Kosten (%)	Wertentwicklung (% pro Jahr) 5 Jahre	1 Jahr
Euwax Gold II	Boerse Stuttgart Securities	DE000EWG2LD7	2017	0,0[2]	10,4	6,7
Wisdomtree Gold Bullion Securities	Gold Bullion Securities	GB00B00FHZ82	2007	0,4	9,9	6,1
HANETF The Royal Mint Responsibly Sourced Physical Gold	HANetf ETC Securities	XS2115336336	2020	0,25	–	6,2
Wisdomtree Core Physical Gold	WisdomTree Metal Securities	JE00BN2CJ301	2020	0,12	–	6,4
Wisdomtree Physical Swiss Gold	WisdomTree Metal Securities	JE00B588CD74	2009	0,15	10,6	6,4
Xetra Gold	Deutsche Börse Commod.	DE000A0S9GB0	2007	0,36[3]	10,4	6,6

Quelle: Refinitiv, eigene Recherchen, Stand: 31.01.2024, Anmerkungen: 1) Kosten der Auslieferung vom Goldpreis, von der Stückelung und von weiteren Faktoren abhängig. 2) Keine jährlichen Kosten, dafür teils deutlich höhere Geld-Brief-Spannen bei Kauf und Verkauf. 3) Jährliche Kosten für die Verwahrung im Wertpapierdepot inkl. Mehrwertsteuer.

Spielraum. Hier heißt es: Am besten ins Preisverzeichnis des eigenen Instituts schauen.

Der Vorteil des Produkts: Halten Anlegerinnen und Anleger Xetra-Gold länger als ein Jahr, fällt keine Abgeltungssteuer an. Weil das Konstrukt physisch besichert ist und sich Privatleute das Gold theoretisch sogar liefern lassen könnten, ist es steuerrechtlich echtem Gold gleichgestellt. Für Xetra-Gold hat der Bundesfinanzhof (BFH) eindeutig festgestellt, dass die Finanzämter Gewinne beim Verkauf der ETC nach mehr als einem Jahr steuerfrei behandeln müssen (Az. VIII R 35/14). Auch wenn sich Anlegerinnen und Anleger das Gold physisch ausliefern lassen, darf das Finanzamt keine Steuern eintreiben (Az. IX R 33/17).

Konkret können sich Anlegerinnen und Anleger das Gold in unterschiedlichen Barrengrößen liefern lassen (1 Gramm, 5 Gramm, ... 1 Kilogramm), allerdings nur an eine Bankfiliale. Wer sich auf diesem Wege zum Beispiel einen 1-Kilo-Barren liefern lassen würde, müsste nach Anbieterangaben rund 275 Euro Liefergebühren zahlen. Bislang haben sich deswegen auch nur sehr wenige Kundinnen und Kunden des ETC-Anbieters überhaupt einmal Gold tatsächlich ausliefern lassen.

Xetra-Gold: Kritisch gesehen

Faktisch scheinen uns die möglichen Risiken des Produkts alle sehr unwahrscheinlich, der Transparenz halber stellen wir die Fehlstellen jedoch dar: So wandern bei Xetra-Gold etwa nur 95 Prozent des Goldes in den Tresor, bei den restlichen fünf Prozent besteht ein Lieferanspruch gegenüber dem Goldproduzenten Umicore. Diese Ansprüche sind jedoch nicht besichert: Geht Umicore pleite, kann es zu Verlusten kommen. Auch das Gold im Clearstream-Tresor ist nicht unbegrenzt gesichert: Mitte 2024 lagen rund 175 Tonnen Gold im entsprechenden Tresor mit einem Gegenwert von 12,25 Milliarden Euro, davon lässt das ETC-Unternehmen jedoch nur 125 Millionen Euro versichern. Bislang hat es faktisch jedoch noch nie Probleme mit Xetra-Gold gegeben.

Euwax Gold II

Die Börse Stuttgart hat das Erfolgsmodell Xetra-Gold im Grunde kopiert: Auch sie bietet mit der Tochterfirma Börse Stuttgart Commodities ein Gold-ETC mit Auslieferungsanspruch an. Inzwischen hat die ETC-Firma der Börse Stuttgart alleine für Euwax-Gold II bereits mehr als 21 Tonnen Gold einlagern lassen, konkret in den Tresoren des internationalen Wertlogistikers Brinks. Auch bei diesem Gold-ETC erwerben die Käuferinnen und Käufer streng genommen kein Eigentum an dem Gold, im Falle einer Insolvenz des ETC-Anbieters fiele das Gold in die Insolvenzmasse. Von den inzwischen mehr als 21 Tonnen Gold in den Tresoren im Wert von rund 1,5 Milliarden Euro ist ein Gegenwert von jährlich 150 Millionen Euro gegen Verlust versichert, beispielsweise aber nicht gegen kriegerische Handlungen oder die Explosion eines Atomkraftwerks.

In normalen Zeiten können sich die Kundinnen und Kunden das Gold jederzeit ausliefern lassen. Wer sich das Edelmetall zusenden lassen will, kann es ab 100 Gramm kostenlos bis zur eigenen Haustür geschickt bekommen. Theoretisch lässt der Anbieter auch geringere Gewichte liefern, dann entstehen jedoch Kosten. Steuerlich ist das entscheidend: Nach Auffassung der Börse Stuttgart müssen auch bei ihrem Produkt Euwax Gold II nach einem Jahr Veräußerungsgewinne steuerfrei sein. Doch Vorsicht: Beim sehr ähnlich klingenden Produkt Euwax Gold (ohne II) ist das nicht zwingend so.

Euwax Gold II: Einschätzung und Vorteile

Am Ende kann Euwax-Gold II für Anlegerinnen und Anleger etwas vorteilhafter sein als das direkte Konkurrenzprodukt Xetra-Gold. Denn beim Produkt der Stuttgarter Börse fallen keine laufenden Kosten an, die jährlich zu Buche schlagen. Stattdessen zahlen Kundinnen und Kunden nur beim Kauf und Verkauf die üblichen Börsenorderkosten ihrer Bank. Dazu kommt eine oft deutliche Lücke zwischen Kauf- und Verkaufskurs von schnell einmal 0,7 Prozent. Gerade auf längere Sicht kann das aber günstiger sein, als jedes Jahr Gebühren zu zahlen.

Mehr zum Rebalancing ab Seite 372

Investor-Info

Wenn Gold, dann besser ETC

ETC sind unkomplizierter. Vor allem aus praktischen Gründen eignen sich ETC oft besser für das eigene Portfolio als etwa Barren oder Münzen. Würde der Goldpreis nach oben jagen und das Zielgewicht des Edelmetalls von zehn oder 15 Prozent im eigenen Portfolio plötzlich deutlich überschreiten, empfehlen wir ein Rebalancing. Den Goldanteil im eigenen Portfolio zurechtzustutzen ist mit Barren oder Münzen aber gar nicht so einfach.

Kleine Stückelungen sind teuer. Viele kleine Goldmünzen zu kaufen, wäre keine Lösung: Bei kleinen Münzen oder Minibarren zahlen Privatleute happige Aufschläge auf den Weltmarktpreis und verhunzen sich die Rendite.

Die Risiken kennen. ETC sind nicht gegen alle Risiken abgesichert (Seite 328). Wir halten sie dennoch für vertretbar. Denn auch physisches Gold hat Risiken: etwa Diebstahl.

In Rohstoffe investieren

Egal ob Kupfer, Öl oder Kaffee: Manche Anlegerinnen und Anleger wollen ihr Portfolio mit Werten zum Anfassen stabiler machen. Das ist komplizierter als gedacht.

Seine Investmentideen findet Börsenlegende Jim Rogers gewissermaßen auf dem Frühstückstisch. Zucker, Kakao oder Kaffee? Kaum jemand kennt sich so detailliert mit Rohstoffen aus wie der ehemalige Wall-Street-Banker Rogers, der mit seiner stets akkurat gebundenen Fliege zum Investmentstar wurde. Rogers ist so vernarrt in Rohstoffe, dass er bei Gesprächen schon mal ein paar kleine Goldbarren aus der Jacketttasche zieht. Kurz vor der Jahrtausendwende lancierte der Banker gar einen eigenen Rohstoffindex: Von Öl über Zink bis hin zu Orangensaft ist fast alles vertreten. Seitdem Rohstoffe nach der Jahrtausendwende Schlagzeilen machten, wollen auch viele Privatanleger mit Rohstoffen „Werte zum Anfassen" in ihre Depots laden. Doch ist es wirklich so einfach?

Diese Rohstoffe gibt es

Wer sich mit Rohstoffen beschäftigt, muss die Vielzahl an Gütern erst einmal sortieren. Üblicherweise teilen Profis die Rohstoffe in vier große Gruppen ein:

- **Energierohstoffe:** Erdöl, Kohle, Gas etc.
- **Industriemetalle:** Kupfer, Nickel, Aluminium etc.
- **Edelmetalle:** Platin, Palladium, Silber etc.
- **Agrarrohstoffe:** Weizen, Kaffee, Zucker etc.

Informationen zu vielen Metallen unter deutsche-rohstoff agentur.de

Monatliche Kurzberichte bei ikb.de unter „Rohstoffinfo"

Monatliche Übersicht bei deka.de unter „Volkswirtschaft Rohstoffe"

Was die Rohstoffpreise bewegt

Die Rohstoffnotierungen an den Finanzmärkten schwanken immer wieder stark, denn auf die Preise wirken eine Menge unterschiedlicher Faktoren ein: Im Kern bewegen Angebot und Nachfrage die Kurse. Vor allem bei Agrarrohstoffen wirken regelmäßig auch klimatische Verhältnisse, Wetterlagen und Naturkatastrophen auf die Kurse. Entscheidend ist für das Angebot von Rohstoffen aber auch, wie viele Lagerbestände es global gibt, wie gut diese Lager gefüllt sind und wie schnell sie sich leeren. Trotz bester Kalkulationen können dann oft noch politische Entscheidungen einen Strich durch die Rechnung machen: Manchmal verhängen Staaten Exportverbote oder geben eigene staatliche Rohstoffreserven frei – und bewegen damit die globalen Rohstoffnotierungen.

Statt auf einzelne Rohstoffe zu setzen, ergibt es für die meisten Anlegerinnen und Anleger mehr Sinn, auf breit gestreute Rohstoffkörbe zu setzen. Indexbetreiber bieten inzwischen Rohstoffindizes, die den Lauf von bis zu 40 Rohstoffen zu einer Kurskurve verdichten, teilweise mit sehr unterschiedlichen Ansätzen. Wer solchen Rohstoffindizes per ETF folgen will, sollte jedoch einen entscheidenden Knackpunkt kennen: Die Indizes bilden nicht den klassischen Marktpreis der Rohstoffe ab.

Wenn Raffinerien Öl ordern, Schokofirmen Kakao bestellen oder Autofirmen Kupfer besorgen, kaufen sie in aller Regel physische Ware direkt bei den Produzenten oder Zwischenhändlern. Will man von heute auf morgen kaufen, orientieren sich die Preise am sogenannten Spotmarkt. Er zeigt für jeden Rohstoff einen Preis an, zu dem man buchstäblich „auf der Stelle" an die Ware kommen kann (engl. spot – Stelle). Zum Beispiel am Kakaomarkt gibt es solche Spotpreise für einige normierte Kakaosorten. Die konkreten Preise einzelner Chargen sind dann Verhandlungssache und zum Beispiel auch von Qualität und Transportentfernungen abhängig. ETF-Häuser können aber nicht fässerweise Öl oder tonnenweise Kakao ordern, weil sie die Rohstoffe

So unterschiedlich sind die Rohstoffindizes

Manche Rohstoffindizes sind eher gleichmäßig konstruiert, andere haben eine deutliche Schlagseite.

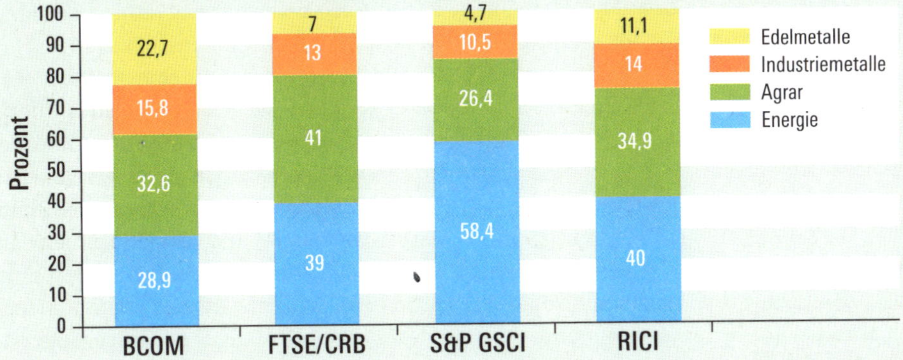

Quellen: Bloomberg, FTSE Russell, S&P Dow Jones Indices, Beeland Interests — Stand: 31.07.2024

sonst im Zweifel teuer transportieren und einlagern lassen müssten. Stattdessen sind sie an den sogenannten Terminmärkten aktiv und kaufen dort „Futures“. Diese standardisierten Verträge verbriefen, dass der Käufer zu einem bestimmten Termin in der Zukunft eine festgelegte Menge bekommt – und der Preis dafür bereits heute fixiert wird. Das könnte das Anrecht sein, gegen Ende des kommenden Monats 1000 Fass Öl für je 77,38 US-Dollar an einem Pipeline-Knotenpunkt zu erhalten.

Die ETF-Häuser wollen natürlich keine physischen Rohstoffe geliefert bekommen, stattdessen verkaufen sie den Futurekontrakt kurz vor seinem Auslaufen einfach an jemanden, der wirklich physisches Interesse an der Ware hat. Mit dem Geld aus dem Weiterverkauf des Kontrakts erwerben sie dann einfach den nächsten Futurekontrakt, der wiederum einen Monat später fällig wird. Fachleute sprechen davon, dass die Anlagehäuser ihre Futures Monat um Monat „rollen“. Das Problem: In aller Regel ist der neue Kontrakt entweder billiger oder teurer als der bisherige, es kann bei diesen Umschichtungen also zu Gewinnen oder Verlusten kommen. Finanzmarktprofis haben dafür zwei recht sperrige Fachworte gefunden:

- **Contango:** Der aktuelle Preis liegt niedriger, der künftige Preis höher. Dem ETF entsteht ein gewisser Verlust, wenn er seine Kontrakte rollt.
- **Backwardation:** Der aktuelle Preis liegt höher als der künftige Preis. Dem ETF entsteht ein gewisser Gewinn, wenn er seine Kontrakte rollt.

Anlegerinnen und Anleger müssen sich also darauf gefasst machen, dass Rohstoffprodukte an der Börse nicht den klassischen Rohstoffkursen folgen. Selbst, wenn es mit den Rohstoffen eigentlich nach oben geht, kann die Preiskurve des eigenen Rohstoff-ETF ganz anders aussehen.

Diese Rohstoffindizes sind wichtig

In den vergangenen Jahren haben sich vor allem vier wichtige Rohstoffindizes herauskristallisiert: Der Bloomberg Commodities Index (BCOM) hat sich vor allem in der professionellen Investmentwelt als Standard durchgesetzt. Der Grund: Das Gewicht jedes einzelnen Rohstoffsektors ist auf 33 Prozent beschränkt, sodass der Index insgesamt relativ ausgewogen ist. Der älteste Rohstoffindex firmiert heute unter dem Titel FTSE/CRB, weil er ursprünglich vom „Commodity Research Bureau (CRB)" erstellt wurde. Bei seinen 19 Rohstoffen legt er einen klaren Fokus auf Energie und Agrar. Der S&P GSCI spiegelt wiederum 24 Rohstoffe entlang ihrer weltweiten Produktionsmenge. In der Konsequenz ist er mit rund 60 Prozent besonders abhängig von Energierohstoffen, insbesondere von Rohöl. Die meisten Rohstoffe enthält der Rogers International Commodity Index (Rici) mit genau 38 Rohstoffen, den Investmentlegende Jim Rogers initiiert hat.

Bei den Indizes gibt es inzwischen zahlreiche Abwandlungen: Barometer mit dem Zusatz „ex-Agriculture & Livestock" schließen beispielsweise alle Agrarrohstoffe und Vieh aus, weil viele Menschen sich mit diesen Investments nicht wohlfühlen. Dass Terminbörsen allerdings Rohstoffpreise nach oben katapultieren oder gar Hunger schüren, ist wissenschaftlich nicht erwiesen.

Manche Anbieter von Rohstoffindizes versuchen außerdem, die Rollverluste und Rollgewinne etwas zu glätten. Einige investieren nicht in den jeweils nächstfälligen Future (engl. front month contract), sondern setzen auf Futures in zwölf Monaten – entsprechend seltener müssen sie ihre Kontrakte „rollen". Andere Indizes unter dem Schlagwort Optimum Yield (OY) errechnen bei jedem auslaufenden Kontrakt automatisiert, welcher der beste Folgekontrakt mit dem größten Rollgewinn oder dem geringsten Rollverlust wäre.

Passende Rohstoff-ETF ab Seite 400 und bei test.de/fonds unter „Fondsgruppen"

Was Rohstoffe als Beimischung brachten

Wer möchte, kann Rohstoffe als Beimischung im eigenen Portfolio hinzunehmen. In der Vergangenheit hatten die Kurse des marktbreiten Bloomberg Commodity Index wenig Gleichlauf mit dem Welt-Aktienmarkt. Insgesamt hätten Rohstoff-ETF auf diesen Index ein Gesamtportfolio auf etwas breitere Füße stellen und die Portfolioschwankungen in unserer Analyse leicht glätten können. Allerdings kostete das über die vergangenen 30 Jahre auch ein bisschen Rendite, je nach Risikovariante unseres Pantoffels teilweise bis zu 0,3 Prozentpunkte pro Jahr. Betrachten Interessierte mit unserer Chance-Risiko-Zahl, ob eine Rohstoffbeigabe die Rendite-Risiko-Balance des Portfolios verbesserte, zeigten sich die Depots mit Rohstoffbeimischung nicht „effizienter" als eine normale Aktien-Anleihe-Mischung.

Monatlich aktualisierter Rohstoff-Pantoffel unter: test.de/pantoffel-beimischungen

Aus unserer Sicht sind Rohstoffe also kein Muss, sondern eine Kann-Option für Interessierte. Das liegt auch an den eigentümlichen Preistrends der Rohstoffmärkte. Finanzprofessor David S. Jacks von der kanadischen Simon Fraser Universität hat die Kursverläufe am Spotmarkt für rund 40 Rohstoffe seit dem Jahr 1900 rekonstruiert und die tiefere Kurslogik extrahiert: Auf sehr lange Sicht stiegen die Rohstoffpreise nach Inflation nur äußerst moderat, nämlich in US-Dollar gerechnet real nur um rund 0,2 Prozent pro Jahr. Mittelfristig gab es aber immer wieder überschießende Trends von 20 bis 70 Jahren Länge, zum Beispiel im Zuge der Industrialisierung oder der Urbanisierung Chinas. Erwischen Anlegerinnen und Anleger einen solchen Aufwärtskanal, haben sie Glück – sonst können Rohstoffe aber auch auf Jahrzehnte enttäuschen.

Kompliziert wird es vor allem, weil Anlegende mit Rohstoff-ETF nicht den klassischen Spotpreisen folgen, sondern den Futures-Preisen. Diese hängen mit den Rohstoffpreisen zusammen, setzen sich nach einer Studie der Anlagefirma AQR Research aber auch aus anderen Komponenten zusammen. In diese Preise fließt im Effekt auch ein, wie teuer die Lagerkosten während der Laufzeit des Futures sind und wie viel Käuferinnen und Käufer gewissermaßen als Versicherungsprämie zahlen, damit sie sich mit einem Futurevertrag schon heute Ware für die Zukunft sichern und Engpässe abwenden können. Obendrein müssen sie bei Abschluss des Futuregeschäfts eine kleine Sicherheitsmarge hinterlegen, die während der Laufzeit Zinsen bringt. All diese Faktoren fließen zusätzlich zu Angebot und Nachfrage in die Futurepreise ein. Entwicklungen an den Terminmärkten sind für Privatleute also oft kaum nachzuvollziehen.

Bitcoin & Co.

Kryptowährungen sind zum Anlagehype geworden: Doch die Kurse schwanken stark, und nicht alle Handelsplattformen sind seriös. Was Anlegerinnen und Anleger wissen sollten.

Wer am Finanzplatz Frankfurt mit der Digitalwährung Bitcoin zahlen möchte, hat erstaunlich wenige Optionen. Wenn sich auf der Fressgass mittags die Banker zum Lunch treffen, gibt es immerhin eine Möglichkeit: In der Focacceria von Ranieri Sciarra heißt es Handy zücken, mit Bitcoin zahlen, in Sekundenschnelle ist alles erledigt. Außer Sciarra akzeptiert aber kaum ein Frankfurter Geschäft die Digitalmünzen: ein Fotostudio, ein Hostel, ein Zigarettenladen. Viel mehr geht nicht.

Wie Bitcoin funktioniert

Auch wenn Bitcoin oft als Währung bezeichnet wird, gibt es keine Münzen oder Scheine. Die Kryptowährung existiert rein digital in einem Computernetzwerk. Der Name setzt sich dabei aus „bit" für die kleinste digitale Einheit und „coin" für Münze zusammen. Wer mag, kann Bitcoin kaufen, handeln – und hierzulande in seltenen Fällen damit bezahlen. Als Erfinder von Bitcoin gilt Satoshi Nakamoto, dessen wahre Identität bis heute nicht geklärt ist.

Hinter Bitcoin steht ein digitales Netzwerk, in dem sich Zahlungen abwickeln lassen. Verschickt jemand Bitcoin-Einheiten, landet die Transaktion am Ende anonymisiert in diesem digitalen Kassenbuch. Über diese sogenannte Blockchain können sich Interessierte die digitalen Münzeinheiten ganz ohne zentrale Instanz wie eine Bank hin- und herschicken. Das Netzwerk wird von vielen Freiwilligen gemeinsam getragen, die dafür Rechnerkapazitäten zur Verfügung stellen und als Entlohnung Bitcoin-Einheiten bekommen (engl. Miner; Bergleute). Konnte sich einst nahezu jeder Privatmensch mit seinem heimischen Computer als „Miner" betätigen, ist das nun fast ausschließlich mit Hochleistungsrechnern möglich.

Im technischen Protokoll ist dabei festgelegt, dass es maximal 21 Millionen Bitcoin-Einheiten geben soll. Bei Währungen wie dem US-Dollar oder dem Euro gibt es dagegen keine Obergrenze, dort können die Zentralbanken im Zweifel einfach Geld drucken. Manche Menschen leiten aus dieser Knappheit von Bitcoin einen Wert ab, faktisch steht hinter Bitcoin aber kein realer Wert.

Privatleute können ihre Bitcoin-Einheiten zum Beispiel in einer sogenannten Wallet lagern, was eine Art digitale Geldbörse ist. Diese Wallets haben eine Art öffentliche Kontonummer, zusätzlich bekommen Nutzerinnen und Nutzer einen passenden privaten Zahlenschlüssel. Genauso gut lassen sich Bitcoin auch auf speziellen Handelsplattformen erwerben, die in aller Regel auf Wunsch auch die Verwahrung der digitalen Krypto-Einheiten übernehmen.

Bitcoin ist nicht die einzige Kryptowährung

Im Universum der Kryptowährungen ist Bitcoin mit Abstand am wichtigsten, laut Datenanbieter Coinmarketcap sind alle Bitcoin-Einheiten zusammengenommen inzwischen mehr als 1000 Milliarden Euro wert. Die Nummer zwei in der Kryptowelt heißt Ethereum: Auch diese Digitaldevise funktioniert auf Basis einer Blockchain, anders als bei Bitcoin, können die Nutzerinnen und Nutzer sie jedoch erweitern. So lassen sich an diese spezielle Blockchain selbstprogrammierte Anwendungen andocken. Das können automatisierte Verträge sein (sogenannte Smart Contracts): So ist zum Beispiel denkbar, dass ein Auto ins Parkhaus fährt, wieder herausfährt und die Rechnung der Parkgebühr in „Ether" begleicht.

Die drittwichtigste Kryptoanlage trägt den Namen Tether und ist ein sogenannter Stablecoin (engl. stable, stabil). Der Kurs dieser Anlage soll, anders als Bitcoin, nicht enorm schwanken, sondern mehr oder minder eins zu eins dem US-Dollar folgen. Um den Wert von Tether nah am US-Dollar zu halten, soll der Stablecoin zum Beispiel mit sicheren US-Staatsanleihen hinterlegt sein. In der Vergangenheit gab es jedoch immer wieder Zweifel daran, ob Tether komplett hinterlegt ist und wie solide die hinterlegten Papiere sind.

Warum die Aufsichten warnen

Aus unserer Sicht sind Kryptowährungen hochriskante Anlagen, deren Kurse enorm schwanken. Hinter Kryptowährungen steht im Regelfall schließlich kein realer Wert. Weil es oft erst seit etwa 2010 kontinuierliche Notierungen gibt, lassen sich aus den Kursen obendrein keine langfristigen Gesetzmäßigkeiten herauslesen. Dass auch in zehn Jahren noch jemand etwas für Kryptowährungen bezahlt, ist gut möglich, aber keineswegs sicher.

Theoretisch können Anlegerinnen und Anleger mit Kryptowährungen also einen Totalverlust erleiden. Die Finanzaufsicht Bafin und die Verbraucherzentralen warnen genauso wie Stiftung Warentest ausdrücklich vor dem Risiko der Kryptoanlagen. Wer trotzdem etwas investieren will oder die Technologie ausprobieren will, sollte höchstens Spielgeld einsetzen.

Viele Mythen im Umlauf

Wie dem Edelmetall Gold sagt auch die Bitcoin-Szene der Digitalwährung unterschiedlichste Eigenschaften nach: Die Kryptoanlage könne vor Inflation schützen, sei eine Art modernes Gold und vor allem nahezu unabhängig von staatlichen Eingriffen. Nochmals: Stiftung Warentest hat große Zweifel an diesen Argumenten. Bestenfalls sind sie vereinfacht, im schlechtesten Fall könnten manche sie sogar als irreführend empfinden.

Häufig heißt es zum Beispiel, Bitcoin sei ein perfekter Inflationsschutz. Manche Fans begründen diese These damit, dass die Maximalmenge von Bitcoin im aktuellen technischen Protokoll auf 21 Millionen Einheiten begrenzt ist. Die Überlegung? Bei herkömmlichen Währungen wie US-Dollar oder Euro können Notenbanken im Zweifel nach Belieben Geld drucken, die Geldmenge aufblähen und damit gegebenenfalls die Inflation anheizen – zumindest, sofern die Gütermenge nicht ausreichend mitwächst. Fans sehen daher in Bitcoin ein Gegenmodell zum aktuellen zentralbankgesteuerten Geldsystem.

Unsere Rechnungen zeigen jedoch: Dass Bitcoin aufgrund seiner Knappheit zuverlässig vor Inflation schützen würde, stimmt nicht. In langfristiger Perspektive seit Auflage hat Bitcoin in der Tat die Inflation geschlagen, in manchen hochinflationären Phasen versagte er jedoch. Ausgerechnet, als im Jahr 2022 mit dem russischen Angriffskrieg gegen die Ukraine die Inflation deutlich stieg, fiel der Bitcoin von etwa 42 000 Euro auf rund 15 500 Euro am Ende des Jahres. Von einem zuverlässigen Inflationsschutz kann also keine Rede sein. Manche Krypto-Analysehäuser weisen sogar darauf hin, dass sich die Bitcoin-Obergrenze technisch theoretisch hochsetzen ließe – auch wenn das praktisch nicht so einfach ist.

Bitcoin beimischen?

Mit Blick auf die aufsehenerregende Kursperformance der vergangenen Jahre fragen sich gerade Risikoaffine immer wieder, ob sie Bitcoin einem breit gestreuten Portfolio aus Aktien und Anleihen an die Seite stellen sollten. Wer das auf längere Sicht ausrechnet, kann ins Staunen geraten: Die Fondsgesellschaften Digital Leaders Fund, ETC Group und ein Forschungsteam der Ruhr Uni West haben das zu unterschiedlichen Zeitpunkten in Euro und US-Dollar gemacht. Ihr Fazit ist stets dasselbe: Wer einem breit diversifizierten Portfolio ein paar Prozent Bitcoin an die Seite stellte, konnte die jährliche Durchschnittsrendite teilweise weit mehr als verdoppeln. Anlegerinnen und Anleger sollten sich aber nicht zu früh freuen: Im Gegenzug stiegen auch die Schwankungen des Gesamtportfolios äußerst rasant an.

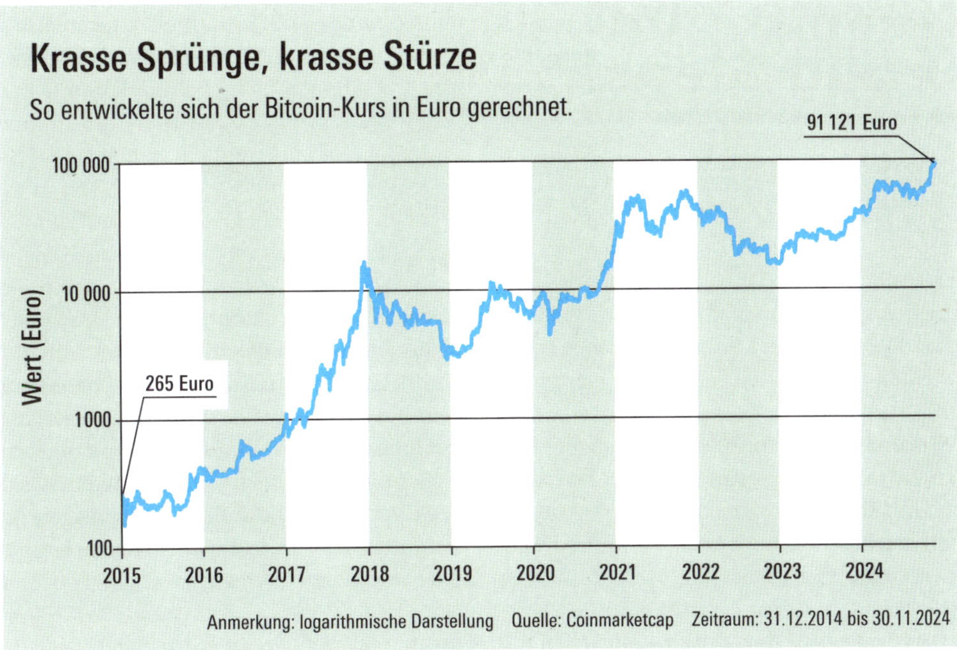

Das Problem: Die Rechnungen beginnen meist in den Jahren vor der großen Preisrallye, als die Cyberanlage kaum einige Hundert Euro kostete. Der Renditeschub basiert im Kern also auf dem enormen Preisauftrieb der Folgejahre. Viele Anlagefachleute bezweifeln, ob sich ein solcher Preissprung wiederholen lässt. Genau kann das natürlich niemand wissen. Inzwischen investieren jedoch immer mehr professionelle Vermögensverwalter, Banken und sogar Unternehmen in Bitcoin, sodass sich die Kursentwicklung an andere Anlagewerte annähern könnte. Rechnungen von Stiftung Warentest zeigen, dass der Gleichlauf von Bitcoin und dem Weltaktienindex MSCI World seit dem Jahr 2020 gestiegen ist (Stand: 06/24).

Fazit: Stiftung Warentest rät grundsätzlich von einem Investment in Bitcoin und andere Kryptowährungen ab. Wer ein Krypto-Engagement im eigenen Portfolio aber bewusst als riskante Wette sieht, könnte die Digitalanlage mit ein bis maximal drei Prozent beimischen. Am Ende müssten es Privatleute dann drauf ankommen lassen – und den theoretischen Totalverlust immer vorher mit einkalkulieren.

Bitcoin sicher kaufen

Wer trotz allem Bitcoin kaufen möchte, steht schnell vor einem Problem: Im Netz gibt es zahlreiche unseriöse Kryptoangebote, die in Wirklichkeit nur das Geld der Leute abziehen wollen. Wer sich nach einer seriösen Handelsplattform für Kryptowerte umsieht, kann zwei Kriterien anlegen: Die Plattformen sollten eine Lizenz der Finanzaufsicht Bafin für Kryptoverwahrung haben und das Verrechnungskonto der Einlagensicherung unterliegen und in Euro geführt sein. Konkret: Am günstigsten war eine Kryptoorder über 1000 Euro über die Plattformen Justtrade und BSDEX mit Kosten zwischen drei und vier Euro (Stand: 06/24). Aber Achtung: Nicht auf allen Plattformen gibt es eine breite Auswahl. Und nicht alle Plattformen bieten an, die Kryptodevisen in eine eigene Wallet zu übertragen. Verwahren Interessierte ihre Kryptos beim Verwahrdienstleister, der mit der Kryptohandelsplattform kooperiert, kann ihr Geld bei einer Insolvenz dieses Dienstleisters im Zweifel im Feuer stehen. Der Gesetzgeber versucht derzeit allerdings, in diesem Punkt nachzubessern (Stand: 06/24).

Bitcoin auf seriösem Wege kaufen? Tipps unter test.de/bitcoin-handeln

Zertifikate – mit Brief und Siegel?

Mit Zertifikaten locken die Banken erfahrene Börsenprofis wie Neulinge gleichermaßen. Oft sind sie schwer zu verstehen und obendrein riskant.

Bonitätseinschätzung bei derbsw.de unter „Credit Default Swaps"

Eigentlich hat das Wort Zertifikat im Deutschen einen guten Klang: Es klingt nach Brief und Siegel, vielleicht sogar nach einer amtlichen Bestätigung. Nach der Pleite der Investmentbank Lehman Brothers haben die Anlagevehikel allerdings einen schalen Beigeschmack bekommen, als viele Anlegerinnen und Anleger mit deren Zertifikaten heftige Verluste erlitten. Schon kurz nach der Finanzkrise begannen Banken aber erneut, die Produkte in ihren Filialen wieder aktiv zu vermarkten. Viele Menschen fragen sich daher nach Gesprächen mit Bankleuten oder beim Besuch der Website des eigenen Finanzinstituts, ob Zertifikate nicht doch eine sinnvolle Geldanlage sein könnten. Stiftung Warentest hat deswegen die wichtigsten Zertifikatetypen analysiert.

Trotz Vielfalt eine Gemeinsamkeit

Was sind eigentlich Zertifikate? Viele dieser Papiere eint, dass sie sich auf einen Basiswert beziehen (engl. underlying). Dieser Bezugspunkt können Aktien, Aktienkörbe, Rohstoff-Futures, Währungen oder Anleihen sein. Je nach Zertifikatetyp könnten die Papiere zum Beispiel steigen, wenn sich der Basiswert eher seitwärts bewegt. Oder sie können nicht so stark steigen wie der Basiswert, dafür aber mindestens den eingezahlten Betrag wieder auszahlen. Konkret gibt es unzählige Konstruktionen, die wichtigsten stellen wir vor.

Entscheidend ist, dass Zertifikate sogenannte Inhaberschuldverschreibungen sind. Konkret vereinbaren Käuferinnen und Käufer mit dem Emittenten also eine Zahlung, die von bestimmten Bedingungen abhängt. Schuldverschreibung bedeutet jedoch auch, dass das Geld der Anlegenden im Zweifel teilweise oder ganz weg sein kann, wenn der Emittent pleitegeht. Wer in die Vehikel investiert, sollte sich immer ein Rating des entsprechenden Herausgebers im Netz aufrufen. Alternativ zeigt der Bundesverband Strukturierte Wertpapiere (BSW) auf seiner Internetseite, wie viel Finanzprofis je nach Emittent für eine Art Ausfallversicherung zahlen müssten (engl. Credit Default Swap, CDS; Kreditausfallversicherung): Je geringer der Wert liegt, desto besser die Bonität des Emittenten.

Welche Zertifikate gibt es?

Inzwischen gibt es so viele Zertifikate, dass selbst Profis den Überblick verlieren können. Manche Zertifikate sind ungefähr so riskant wie der zugrunde liegende Basiswert. Etwas defensivere Produkte garantieren hingegen, dass das eingesetzte Geld zurückgezahlt wird, sofern das Emissionshaus des Zertifikats nicht pleitegeht. Genauso gut gibt es aber auch Zertifikate, die größere Risiken bergen. Im Folgenden stellen wir die wichtigsten Typen kurz vor:

▸ Indexzertifikate

Eins zu eins einem Index folgen: Indexzertifikate sollen den Lauf eines Wertpapierkorbs genau nachzeichnen. Im Fachsprech sagen Bankleute gern, dass die Kundinnen und Kunden an der Entwicklung des Basiswertes „partizipieren" sollen. Der Basiswert kann dann zum Beispiel ein klassischer Aktienindex wie der US-Leitindex S&P 500 oder das deutsche Standardwerte-Barometer Dax sein. Das Bezugsverhältnis des Zertifikats sagt dabei, wie das Zertifikat im Verhältnis zum Punktestand des Index bepreist ist. Bei dem häufigen Bezugsverhältnis 1:100 würde ein Zertifikat beispielsweise 50 Euro kosten, wenn der zugrunde liegende Index bei 5000 Punkten steht.

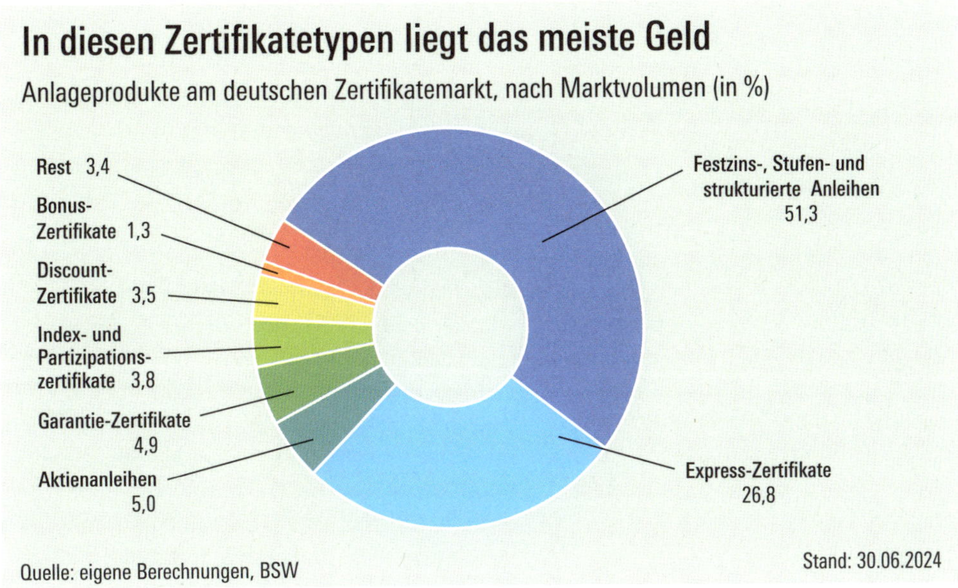

Indexzertifikate sind meistens sogenannte Open-End-Zertifikate, die also keine begrenzte Laufzeit haben. Wir empfehlen die Papiere trotzdem nicht: Denn auch ein Indexzertifikat ist am Ende eine Schuldverschreibung des Emittenten, birgt also ein Pleiterisiko. Bei ETF hingegen, die meist auch einem Index eins zu eins folgen sollen, sind Käuferinnen und Käufer hingegen vor einer Pleite der Fondsgesellschaft geschützt (Sondervermögen).

▸ Garantiezertifikate

Garantie und Zertifikat klingt gleich doppelt gut: Diese Papiere sichern Käuferinnen und Käufern zu, dass sie am Ende der Laufzeit mindestens eine bestimmte Summe Geld zurückbekommen. Je nach genauer Konstruktion ist das wahlweise der volle Investitionsbetrag oder ein festgelegter Mindestbetrag (oft 90 Prozent). Was gut klingt, hat allerdings gleich mehrere Haken: Kundinnen und Kunden erkaufen sich diese Zusicherung an anderer Stelle, die Papiere nehmen an Kursgewinnen des Basiswerts nämlich nicht voll teil.

Teilweise ist die Wertsteigerung des Produkts durch einen „Cap“ (Deckel) nach oben begrenzt: Steigt der Basiswert über eine bestimmte Preisschwelle, legt das Zertifikat im Kurs nicht weiter zu. Genauso gut gibt es auch Produkte mit einem sogenannten Partizipationsfaktor: Dann nehmen Anlegerinnen und Anleger an den Wertsteigerungen des Basiswerts nicht voll teil, sondern zum Beispiel nur mit dem Faktor 0,8.

▸ Discountzertifikate

Hier wird es vermeintlich billiger: Mit Discountzertifikaten erwerben Anlegerinnen und Anleger das Zertifikat zu Beginn unter dem eigentlichen Kurs des Basiswerts (engl. Discount; Abschlag). Im Gegenzug müssen sie sich mit weniger Chancen zufriedengeben: Discountzertifikate haben nach oben einen „Cap“. Liegt der Wert des Zertifikats am Ende über dem Cap, zahlt der Anbieter meist den Maximalwert (Cap) in Euro und Cent aus. Liegt der Kurs des Basiswerts am Ende unter dem Maximalwert, liefert der Anbieter den Kundinnen und Kunden die echte Aktie ins Depot oder zahlt den entsprechenden Gegenwert in Cash. Sinkt der Kurs des Basiswerts unter das Discountlevel, haben Anlegerinnen und Anleger Pech: Nach unten nehmen sie unbegrenzt an Kursverlusten teil, können also theoretisch

Alle Konstruktionsdetails zu ETF ab Seite 249

Investor-Info

In der Regel Finger weg. Stiftung Warentest analysiert regelmäßig den Zertifikatemarkt und konnte dabei noch nie Produkte finden, die wir einer breiten Masse empfehlen können. Oft sind die Zertifikate kompliziert konstruiert und obendrein mit unterschiedlichsten Kosten belastet. Außerdem führen sie dazu, dass Privatleute ihr Geld immer nur kurz- oder mittelfristig anlegen – und die Bank bei jedem neuen Investment wieder mitverdienen kann. Die Papiere eignen sich allenfalls für erfahrene Spekulantinnen und Spekulanten, die wissen, was sie tun.

Zertifikate finden. Wer aus der unüberschaubaren Masse an Produkten ein passendes finden will, kann Zertifikatefinder im Netz nutzen. Solche Filter gibt es bei der Börse Frankfurt, der Börse Stuttgart oder den Portalen Onvista und Finanzen.net. Dort lässt sich erst der Basiswert eingeben, dann der Zertifikatetyp und obendrein Eigenschaften wie Sicherheitslevel, Cap oder Barriere filtern. Mit der passenden Wertpapierkennnummer können und sollten Interessierte auf den Internetseiten des Zertifikate-Anbieters alle Details zum Produkt nachlesen.

Zertifikate handeln. Wer die Papiere kaufen will, kann das an der Börse tun. Tonangebend im Zertifikatehandel sind hierzulande die Börse Stuttgart und die Börse Frankfurt. An- und Verkaufskurse lassen sich im Netz abrufen. Die Kurse entstehen aber nicht auf Basis von Angebot und Nachfrage, stattdessen berechnen die Anbieter sie auf Basis interner Preisbildungsmodelle. Bei volatilen Märkten können sie die Kursfeststellung teilweise einfach aussetzen. Es fallen normale Kaufkosten der eigenen Bank plus gegebenenfalls Börsengebühren an. Die Handelsspanne (der Spread) sollte nicht größer als ein Prozent sein. Wer Zertifikate bei Ausgabe beziehungsweise in der Zeichnungsphase über die eigene Bank kauft, muss oft einige Prozent Ausgabeaufschlag zahlen.

auch einen Totalverlust erleiden. Der Risikopuffer bei Discountzertifikaten bezieht sich allein darauf, dass Privatleute die Anlage unter dem eigentlichen Kurs kaufen können und daher einen gewissen Puffer haben. Geeignet sind Discountzertifikate daher höchstens in Seitwärtsmärkten, wenn Anleger eher eine Seitwärtsbewegung des Basiswerts erwarten.

▸ Bonuszertifikate

Auf einen Bonus legen es viele an: Bonuszertifikate bieten eine Zusatzvergütung, wenn der Kurs eines Basiswerts innerhalb eines bestimmten Kanals bleibt. Die untere Grenze heißt Barriere oder Sicherheitsschwelle, die obere Grenze nennt sich Bonuslevel. Den Bonus bekommen Anlegerinnen und Anleger, wenn der Kurs des Basiswerts zum Bewertungstag unter dem Bonuslevel liegt und während der Laufzeit nie die Sicherheitsschwelle gerissen hat. Die Bonuszertifikate haben nämlich eine begrenzte Laufzeit mit einem Enddatum, an dem Bilanz gezogen wird.

Steigt der Kurs während der Laufzeit über die obere Grenze (Bonuslevel), gibt es zwar keinen Bonus mehr, aber Anlegerinnen und Anleger profitieren bei den meisten Konstruktionen eins zu eins von weiteren Kurssteigerungen. Sinkt der Kurs hingegen unter die untere Grenze (Barriere), gibt es keinen Bonus, und das Papier entwickelt sich im Folgenden so wie der Basiswert. Um den Bonus zu finanzieren, reichen die Anbieter die Dividenden der zugrunde liegenden Papiere übrigens nicht an die Anlegerinnen und Anleger weiter. Daher lohnen sich Bonuszertifikate eher bei seitwärtslaufenden Märkten.

Expresszertifikate

Schnell eine ordentliche Rendite erzielen: Mit diesem Versprechen locken Banken viele Privatleute in „Expresszertifikate". Die Anlegenden verzichten dabei auf Kurssteigerungen und Dividenden, stattdessen bekommen sie einen Zins. Bei vielen Expresszertifikaten schauen die Anbieter zum Beispiel zum Stichtag circa ein Jahr nach Ausgabe des Zertifikats, ob der Basiswert nun höher steht als zum Start der Laufzeit. Ist das der Fall, bekommen die Anlegende ihr eingesetztes Geld zurück und zum Beispiel einen Zins von sieben Prozent. Daher rührt übrigens auch der Name des Zertifikats: Im Zweifel können Anlegerinnen und Anleger bereits nach einem Jahr profitieren (Express). Liegt der Kurs zum Stichtag jedoch nicht höher, läuft das Zertifikat noch ein Jahr weiter – zum Stichtag wird dann wieder geprüft. Entweder bekommen die Anlegenden dann den Zins für zwei Jahre, oder sie gehen leer aus und es geht in die nächste Runde. Meist können Expresszertifikate insgesamt etwa fünf bis sechs Jahre laufen.

Zum Fälligkeitstermin ganz am Ende gibt es zwei Varianten: Entweder bekommen Anlegerinnen und Anleger ihren Einsatz zurück, aber keinen Zins. Das ist meist der Fall, wenn der Kurs des Basiswerts nur moderat gefallen ist. Sind die Notierungen jedoch unter eine sogenannte Sicherheitsschwelle gesackt (zum Beispiel 75 Prozent des Startkurses), verlieren Anlegerinnen und Anleger im gleichen Maß wie der zugrunde liegende Basiswert.

Auch wenn sich Expresszertifikate gut anhören, sehen wir sie kritisch: Anlegerinnen und Anleger bekommen im besten Fall zwar eine üppige Verzinsung, gleichzeitig tragen sie das Risiko eines deutlichen Kurssturzes selbst. Außerdem verlangen die Institute von Anlegerinnen und Anlegern oft drei Prozent Ausgabeaufschlag, was die Rendite deutlich schmälern würde, wenn das Produkt schon nach einem Jahr auslaufen würde. Anders als das Wort „Express" suggeriert, lohnen sich die Papiere am ehesten, wenn der Kurs des Basiswerts zu den Prüfterminen mehrere Jahre nur leicht unter dem Startkurs liegt und erst am Ende über das Startlevel steigt.

Strukturierte Anleihen

Inzwischen werben viele Banken mit Zinszertifikaten: Manche Institute vermarkten beispielsweise sogenannte Festzinsanleihen, die jedes Jahr denselben Zins versprechen. Dabei gibt es gleich mehrere Haken: Erstens fallen diese Anleihen nicht unter die gesetzliche Einlagensicherung. Zweitens bieten ganz normale Festgelder zumindest in der Spitzengruppe oft bessere Konditionen. Und drittens können Banken diese Festzinsanleihen oft einmal im Jahr vorzeitig kündigen – selbst, wenn sie eigentlich mehrere Jahre laufen sollten. Gerade wenn das allgemeine Zinsniveau sinkt, kündigen die Institute solche Anleihen einfach auf und die Anlegerinnen und Anleger müssen sich unvermittelt um ihr Geld kümmern.

Eine zweite beliebte Variante sind Stufenzinsanleihen: Dabei zahlt der Zertifikate-Emittent für das erste Jahr zum Beispiel drei Prozent Zinsen und für jedes weitere Jahr 0,2 Prozentpunkte mehr. Auch hier greift die gesetzliche Einlagensicherung nicht. Anlegerinnen und Anleger müssten sich in einem komplizierten Verfahren die Durchschnittsverzinsung über die gesamte Laufzeit ausrechnen. Oft locken Banken Privatleute mit der üppigen Verzinsung des letzten Jahres, die aber faktisch nur ein Jahr gilt. Meistens sind die besten Angebote für fünfjährige Festgelder in unserem Vergleich attraktiver als die Konditionen der fünfjährigen Stufenzinsanleihen.

Gerade seit der Coronakrise verkaufen viele Banken wieder auffällig viele Zertifikate, darunter oft die strukturierten Anleihen. Die deutsche Finanzaufsicht Bafin prüft dieses Gebaren seit 2024, der Chef der Aufsichtsbehörde nannte den neuerlichen Verkaufsboom bei Zertifikaten in einer Pressekonferenz bereits vor dieser Prüfung „sehr auffällig".

Aktien richtig kaufen

Bank und Broker finden

Wer Wertpapiere handeln will, braucht nicht nur die richtige Strategie. Ein günstiges Depot mit breitem Angebot gehört auch dazu. So blicken Anlegerinnen und Anleger durch.

Die Depottypen kennen

Lange sahnten Hausbanken bei Depots ordentlich ab, dann starteten Direktbanken und Neobroker den Preisangriff. Inzwischen gibt es einen regelrechten Gebührendschungel – aber auch Orders zum Nulltarif.

An der Börse Aktien shoppen – das sollte man auf keinen Fall wörtlich nehmen. Kommen Interessierte zum Handelssaal der Frankfurter Wertpapierbörse und wollen dort einen ETF-Anteil mitnehmen oder ein paar Allianz-Aktien kaufen, müssen die freundlichen Empfangsleute sie enttäuschen. Vor Ort lässt sich das Geschehen auf dem Parkett für Besucherinnen und Besucher nur durch eine Sicherheitsscheibe beobachten.

Sie wissen es natürlich: Wer als Privatmensch an der Börse kaufen oder verkaufen will, muss zunächst ein Depot bei einer Bank oder einem Brokerhaus eröffnen. Dieses Depot ist eine Art Konto für die eigenen Wertpapiere, nur darüber lassen sich Aktien handeln. Dabei gilt es, die Konditionen gut zu vergleichen: Während günstige Handybroker für eine Order manchmal bloß einen einzigen symbolischen Euro verlangen, kann derselbe Auftrag bei einer teuren Filialbank mehr als 60 Euro kosten. Doch selbst wenn Börsenprofis bereits lange bei einem Depotanbieter sind, müssen sie ihm nicht ewig die Treue halten. Weil fortgeschrittene Anlegerinnen und Anleger ihre Bedürfnisse schon gut kennen, können sie Apps und Angebote besonders treffsicher vergleichen und meist ebenfalls Geld sparen.

Wofür das Depot da ist

Warum es neben dem eigenen Girokonto überhaupt ein zusätzliches Depot braucht? Die Antwort finden Interessierte in längst vergangenen Zeiten, als Aktien noch kunstvoll gestaltete Papierurkunden waren und sich bei Anleihen buchstäblich Zinskupons abtrennen

Riesige Preisunterschiede

Wer bei der Depotwahl gut vergleicht, kann eine Menge Orderkosten sparen.

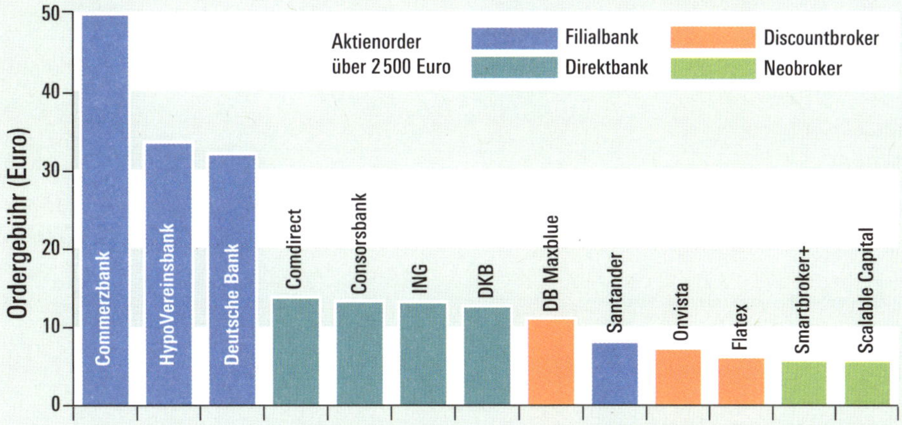

Anmerkungen: Order über Xetra inklusive Handelsplatzentgelt, ohne Fremdkosten und Depotgebühren; Depotnamen: Commerzbank Klassikdepot; HypoVereinsbank HVB-Depot; Deutsche Bank db Privatdepot comfort; Comdirect comdirect Depot; Consorsbank Depot; ING Direkt-Depot; DKB DKB-Broker; DB Maxblue Depot; Santander Consumer Bank Wertpapierdepot; Onvista Bank Festpreisdepot; Flatex Depot; Smartbroker+ Depot; Scalable Capital Free Broker **Quelle: Finanztest Stand: Ende 2023**

ließen. Vor Jahrzehnten verschwanden solche Wertpapiere tatsächlich in einem sprichwörtlichen Depot der eigenen Bank. Aber auch in digitalen Zeiten braucht jedes Wertpapier seinen Platz: Über ihr Depot können Anlegerinnen und Anleger nicht nur Wertpapiere kaufen und verkaufen, die Geldhäuser regeln darüber auch alles Weitere. Zum Beispiel lassen sich dort Eintrittskarten zur Hauptversammlung beantragen, außerdem können im Postfach potenzielle Übernahmeangebote eintrudeln. Das zeigt bereits: Im Depot ist auch bei Privatleuten immer etwas los – selbst, wenn sie gar nicht viel handeln und eine langfristige Aktienstrategie verfolgen.

Egal ob Buy-and-Hold-Anleger oder Vieltrader: Im persönlichen Depot lässt sich jederzeit das eigene Börsenvermögen nachvollziehen. Eine Liste mit allen Depotpositionen gibt Aufschluss darüber, wie viele der Wertpapiere im eigenen Besitz sind (Stückzahl), zu welchem Kurs die Papiere aktuell gehandelt werden (Kurswert) und was sämtliche Papiere im Depot zusammengenommen wert sind (Gesamtwert). Wer einzelne Orders nachvollziehen will, bekommt dort auch ein Protokoll der eigenen Käufe und Verkäufe.

Verrechnungskonto inklusive

Neben dem Depot bekommen Kundinnen und Kunden noch ein Konto bei der entsprechenden Depotbank. Dieses sogenannte Verrechnungskonto ist allerdings kein reguläres Girokonto, sondern bloß eine Art Zwischenparkplatz für das eigene Geld. Wer für einige Tausend Euro Aktien kaufen will, müsste den Betrag erst auf das Verrechnungskonto überweisen. Ordern Anlegerinnen und Anleger dann Wertpapiere, zieht die Bank die entsprechende Summe von diesem speziellen Konto ab. Verkaufen sie einige Titel, geht der Erlös auf diesem Verrechnungskonto ein. Wer das Geld dann aus dem Bankautomaten ziehen will, müsste es vom Verrechnungskonto allerdings erst noch auf ein handelsübliches Konto schieben, etwa auf das eigene Girokonto.

So finden Sie den richtigen Depottyp

Neben den Gebühren gibt es für Anleger weitere Entscheidungsgründe für das perfekte Depot.

Kategorie	Filialbank	Direktbank	Discountbroker	Neobroker
Filiale vor Ort	✓			
Digitales Depot (PC, Laptop, App)	✓	✓	✓	✓
Neben Depot auch Konto, Kredit etc.	✓	✓		
Breites Wertpapierspektrum	✓	✓	✓	
Viele Börsen angebunden	✓	✓	✓	
Spezielle Analysetools		✓	✓	
Günstige Kosten		✓	✓	✓

Anmerkungen: vereinfachte Einordnung

Diese Depotanbieter gibt es

Wollen Anlegerinnen und Anleger ein Depot eröffnen, müssen sie dabei nicht mehr zwangsläufig zu ihrer Hausbank gehen. Neben der Filialbank um die Ecke bieten auch reine Onlinebanken eine Depotfunktion an. Dazu kommen spezialisierte Discountbroker für besonders Interessierte und Neobroker, die das Handeln auf dem Handy auch hierzulande salonfähig gemacht haben. Jede Variante hat ihre Vor- und Nachteile:

▸ Filialbanken

Sie sind buchstäblich naheliegend: Die Sparkasse um die Ecke oder die Volksbank im eigenen Ort ist für viele Menschen erste Anlaufstelle in Sachen Börsengeschäfte. Bei der eigenen Hausbank neben dem Girokonto auch das Depot zu führen, wirkt schließlich bequem. Doch die vertraute Atmosphäre hat ihren Preis: Viele Filialbanken verlangen für das Depot neben einer üppigen jährlichen Grundgebühr auch noch ordentliche Kaufgebühren für jede einzelne Order. Wollen Anlegende die Order telefonisch oder bei einem Mitarbeiter oder einer Mitarbeiterin in der Filiale aufgeben, kostet das mitunter extra.

Anlegerinnen und Anleger müssen obendrein aufpassen, dass sie sich nicht einseifen lassen: Manche Bankleute haben bei ihren Kundengesprächen nämlich weniger das Wohl der Kundschaft im Sinn als die Vertriebsziele der eigenen Bank – oder den eigenen Bonus. Mitte 2023 stellte die Finanzaufsicht Bafin in einer Stichprobe von 100 Beratungen erneut „erhebliche Auffälligkeiten" fest. Wer unbedingt bei seiner Hausbank bleiben will, kann manchmal in andere Depotvarianten wechseln, seine Orders im Onlinebanking selbst eingeben und so Geld sparen.

▸ Direktbanken

Keine Filiale, aber immer geöffnet: Wer sein Depot bei einer Direktbank führt, erledigt alle Geschäfte per Mausklick. Lange waren Institute wie Comdirect, Consorsbank oder ING nur etwas für Interessierte, inzwischen sind sie mit Millionen Kunden deutschlandweit eine Macht geworden. Aufgeklärte Privatleute können dort eigenständig ihr Girokonto führen, Kredite beantragen oder Wertpapiere ordern. Auch wenn es einen Kundensupport per Telefon oder Chat gibt, persönliche Beratung darf niemand erwarten. Im Gegenzug sparen die Direktbanken allerdings Personal und können Depots und Orders günstiger anbieten als etablierte Filialbanken. Das lohnt sich: Wer für mehrere tausend Euro an der Börse ordern will, kann die eigenen Kaufkosten im Vergleich zur Hausbank im Schnitt vierteln.

Discountbroker

Nur Broker, sonst nichts: Discountbroker wie der S-Broker von den Sparkassen, Maxblue von der Deutschen Bank oder Digitalanbieter wie Lynx oder Flatex fokussieren sich auf Wertpapier-Dienstleistungen, aber nicht auf sonstige Bankgeschäfte. Manchmal sind die spezialisierten Digitalanbieter als Ableger herkömmlicher Banken einfach etwas günstiger, weil sie keine Beratung anbieten. Andere Portale wie Lynx, Flatex, Degiro oder Sino richten sich an Risikoaffine: Bei Lynx können Sparer zum Beispiel an 150 Börsenplätzen weltweit handeln und damit auch hochriskante, abseitige Titel ins Auge fassen. Flatex wiederum hat besonders viele außerbörsliche Handelsplattformen angebunden, zum Beispiel für Zertifikate. Stiftung Warentest hat von den genannten Portalen nur Flatex, S-Broker und Maxblue in seinen Depotvergleich einbezogen, die anderen richten sich eher an sehr spekulative Anlegerinnen und Anleger.

Neobroker

Handeln per Fingertipp: Während viele Discountbroker auf ein umfangreiches Angebot setzen, haben Neobroker ein bewusst abgespecktes Angebot auf Millionen Smartphones gebracht. Vor allem seit 2020 rollen die neuen Depotanbieter den gesamten Markt auf, im Aktienboom während der Corona-Pandemie kamen Aktien-Apps in Mode. Zentrales Verkaufsargument: Anbietern wie Trade Republic, Scalable Capital oder Finanzen.net Zero ist es gelungen, die Orderkosten durch einen Trick nahezu auf null zu drücken (Details ab Seite 358). Während Sparerinnen und Sparer klassische Standardwerte oder Welt-ETF dort auf jeden Fall finden, ist das Angebot zum Beispiel bei Anleihen oft noch überschaubar (Stand: 06/24). Außerdem haben Neobroker oft nur ein bis drei Börsenplätze angebunden, während sich bei Direktbanken in der Regel zwischen zehn bis zwölf Handelsplätzen wählen lässt. Fazit: Wer mit dem Handy keine Probleme hat und vor allem seine Kosten drücken will, sollte die Angebote einmal vergleichen.

Durchblick im Kostendschungel

Bei welchem Anbieter Anlegerinnen und Anleger ihre Order eintippen, macht mitunter einen gravierenden Unterschied: Bei günstigen Banken lassen sich Wertpapiere schon für rund sieben Euro kaufen, wohlgemerkt, unabhängig von der Anlagesumme. Bei Filialbanken, Sparkassen oder Genossenschaftsinstituten kann dieselbe Order durchaus das 25-Fache kosten. Wer den richtigen Neobroker findet, kann die Kosten im besten Fall sogar auf nahe Null drücken. Um korrekt zu vergleichen, muss man jedoch ein ganzes Gewirr an Kosten auseinanderhalten. Folgende Gebühren kassieren die Bank oder das Brokerhaus:

Grundgebühr für das Depot

Mit Grundgebühr: Die meisten Filialbanken verlangen jährlich zwischen 20 und 80 Euro Grundgebühr für das Depot, unabhängig von der Nutzung.
Ohne Grundgebühr: Die meisten Direktbanken und Neobroker verlangen keine Grundgebühr.
Kostenlos mit Einschränkungen: Manche Direktbanken verlangen formell eine Grundgebühr von 20 bis 50 Euro pro Jahr. Oft erlassen sie das Fixum aber, sofern Kunden und Kundinnen einen Sparplan ausführen oder zumindest einige wenige Orders pro Quartal tätigen.

Ordergebühr für Kauf und Verkauf

Fester Prozentsatz: Viele Filialbanken verlangen pro Auftrag circa ein Prozent der Ordersumme, viele Direktbanken etwa 0,25 Prozent des Auftragswerts.
Preisstaffel: Einige wenige Banken verlangen gestaffelte Preise je nach Ordersumme: zum Beispiel für bis zu 5000 Euro Ordergröße rund 10 Euro, bis zu 10 000 Euro rund 20 Euro – und so weiter.
Prozentsatz mit Mindestgebühr: In dieser Variante beträgt die Ordergebühr einen fixen Prozentsatz des Auftragsvolumens, zum Beispiel 0,25 Prozent. Im Kleingedruckten steht dann aber, dass beispielsweise

Investor-Info

Bei Börsengebühren durchblicken. Neben den Gebühren der Banken und Broker kassieren auch Börsenplätze mit. Manche Börsen verlangen eine Transaktionsgebühr, damit sie die Handelsinfrastruktur bereitstellen. Oft verlangen an Regionalbörsen auch die kursstellenden Wertpapierhandelshäuser eine separate Gebühr (Courtage). Manche Börsen wie Stuttgart fassen diese Gebühren bei Aktien aber auch zu einer einzigen Gebühr zusammen. Andere wie Düsseldorf verlangen nur die Transaktionsgebühr. Manche Handelsplätze wie Tradegate Exchange, Quotrix oder LS Exchange verlangen weder Handelsplatzgebühren noch Courtage.

Die Gebühren überschlagen. Privatleute sollten sich nicht verwirren lassen: Wer Aktien im Wert von 2500 Euro ordert, müsste zusammen meistens rund ein bis drei Euro Transaktionsgebühren und Courtage zahlen. Mitunter kommen dann noch Gebühren für das Clearing dazu, die Wertpapierverwahrung. Im Regelfall sind das nur einige Cent, es können aber auch mal einige wenige Euro sein.

Nicht immer eins zu eins. Manche Banken geben die Gebührenstruktur der Börsen nicht eins zu eins weiter. Manche machen das, manche schlagen noch etwas obendrauf. Andere verlangen bei Sparplänen gar weniger. Das Gute: In den Gebührendetails kurz vor Orderaufgabe im Onlinebanking können sich Privatleute diese Detailgebühren aufschlüsseln lassen.

mindestens zehn Euro fällig werden. Das Problem: Ordern Anlegerinnen und Anleger Aktien oder ETF für 300 Euro, läge die Ordergebühr von 0,25 Prozent eigentlich nur bei 75 Cent. Da in Wirklichkeit aber zehn Euro fällig werden, türmen sich die Kosten tatsächlich deutlich höher.
Pauschale: Bei manchen Neobrokern und Discountbrokern zahlen Anlegerinnen und Anleger für jede Order denselben Preis, unabhängig vom Auftragsvolumen. Meist liegen diese Pauschalen bei Discountbrokern zwischen vier und acht Euro, bei Neobrokern noch günstiger.

- **Spezielle Gebühren**
  Spezielle Ordergebühren: Wer zum Beispiel Auslandsaktien an der ausländischen Heimatbörse kauft und nicht über deutsche Handelsplätze, muss mitunter Sondergebühren zahlen.
  Spezielle Leistungen: Wer sich zur Hauptversammlung registrieren will, zahlt mitunter extra. Manche Brokerhäuser langen auch zu, wenn sie ausländische Dividenden gutschreiben sollen.

Zu diesen Gebühren für die Bank oder das Brokerhaus kommen oft weitere Gebühren, die mit dem Börsenhandel zu tun haben: An vielen Regionalbörsen bekommen die dortigen Wertpapier-Handelshäuser eine sogenannte Maklercourtage. Dazu kommt an vielen Handelsplätzen ein Handelsplatzentgelt, das ganz oder in Teilen an den Börsenbetreiber fließt.

Sofern Anlegerinnen und Anleger nicht über die Null- oder Ein-Euro-Angebote der Neobroker ordern, können unter dem Strich noch einmal ein paar Euro Gebühren für die börsliche Transaktion obendrauf kommen, bei großen Orders über mehrere Zehntausend Euro im Zweifelsfall auch mal rund 20 Euro. Oft ist es für Privatleute gar nicht so einfach, all diese Gebührenarten im Blick zu behalten. In den nächsten Abschnitten zeigen wir daher, wie sich Depot und Handelsplatz für die eigene Order sinnvoll auswählen lassen.

Das beste Depot auswählen

Fixgebühren, Staffelgebühren oder Grundgebühren: Der Kostendschungel von Banken und Brokern kann schnell verwirren. Dabei ist das „richtige Depot" vor allem eine Typfrage.

Warum eigentlich Geld anlegen? Manche haben gerade unverhofft ein großes Erbe bekommen, das nun an der Börse für sie arbeiten soll. Andere wollen jeden Monat eine kleine Summe beiseitelegen und in einen weltweit aufgestellten Aktien-ETF schieben. Dritte wollen hobbymäßig an der Börse einsteigen und immer mal wieder ein paar Orders abwickeln, andere sind bereits seit Jahren ständig am virtuellen Parkett aktiv. Bei der Suche nach dem perfekten Depot gibt es keine einheitliche Lösung, stattdessen kann unsere Typologie zum passendsten Angebot leiten.

▸ Welches Depot für Einmalanlagen?

Einmal kümmern, nie wieder damit beschäftigen: Manche Menschen wollen ihr Börsendepot nur einmal aufstellen und dann jahrelang liegen lassen. Oft haben sie ein Erbe bekommen oder blicken auf ein üppiges eigenes Vermögen: Wollen sie zum Beispiel 50 000 Euro oder 100 000 Euro auf einmal anlegen, ist ein Vergleich unerlässlich. Bei Grundgebühren von 50 Euro pro Jahr hätten Anlegerinnen nach 30 Jahren bereits 1 500 Euro verschenkt.

Bei prozentualen Grundgebühren kann die Bilanz noch drastischer ausfallen: Kassiert eine Bank zum Beispiel 0,2 Prozent des Depotvolumens als Jahresgebühr, sieht das auf den ersten Blick zwar wenig aus. In Euro und Cent würde es allerdings bedeuten, dass bei einem 100 000-Euro-Depot bereits 200 Euro für Grundgebühren draufgingen – und zwar jedes Jahr aufs Neue. Viele Direktbanken oder Neobroker verlangen im Unterschied dazu überhaupt keine Grundgebühren für ihre Depots und können dann die bessere Wahl sein. Neben den Grundgebühren sollten gerade Anlegerinnen und Anleger mit umfangreicheren Depots auch die Ordergebühren in den Blick nehmen, sie fallen schließlich sowohl beim Kauf als auch beim Verkauf an. Wer bei der Deutschen Bank in der Filialvariante des „Privatdepot Comfort" für 20 000 Euro Anteile an einem Welt-ETF kaufen will, müsste dafür sage und schreibe ein Prozent der gesamten Ordersumme zahlen. In Euro und Cent: Man müsste rund 200 Euro an die Bank zahlen. Wer das eigene Depot stattdessen beim Onlinebroker der Deutschen Bank unter dem Markennamen Maxblue aufmacht, muss für dieselbe Order gerade einmal die für Onlinebroker typische Gebühr von 0,25 Prozent zahlen – also nur rund 50 Euro (Stand: 08/24).

Transparent und meist günstig sind Fixpreismodelle: Manche Anbieter wie Flatex verlangen grundlegend schließlich nur eine Einheitsgebühr zwischen sechs und acht Euro. Egal ob man also 5 000 Euro oder 50 000 Euro auf einen Schlag anlegt, die grundlegende Ordergebühr bleibt immer dieselbe. Bei Smartbroker+ können Anlegerinnen und Anleger sogar an der Computerbörse Xetra für nur 5,50 Euro zum Zuge kommen. Zum Vergleich: Filialbanken verlangen schnell das Fünffache.

Theoretisch lässt sich eine Einmalanlage auch über Neobroker abwickeln, die manche Orders gar zum Nulltarif oder lediglich für einen symbolischen Euro anbieten. Bei den Anbietern Justtrade und Trade Republic zahlen Anlegerinnen und Anleger als Daumenregel einen Euro, bei Scalable im Modell Free Broker im Regelfall 99 Cent. Keine direkten Gebühren falle bei den Anbietern Finanzen.net Zero, Traders Place und Tradegate Direct an, sofern Privatleute über deren jeweilige Partnerbörse Gettex oder Tradegate Exchange mehr als einige Hundert Euro handeln. (Stand alle: 08/24).

Aktueller Depottest:
test.de/depot

Anlegerinnen und Anleger sollten jedoch gerade bei großen Anlagesummen genau hinsehen: Weil sie bei Neobrokern oft nur ein oder zwei Börsenhandelsplätze zur Auswahl haben, müssen sie die dortigen Kurse wohl oder übel akzeptieren. Wer bei Direktbanken zehn oder zwölf Handelsplätze zur Auswahl hat, kann die Kurse besser vergleichen – und gerade bei großen Ordersummen können schon kleine Abweichungen im Kurs wichtiger sein als die niedrigsten Ordergebühren. Mehr zu den unterschiedlichen Börsenplätzen lesen Sie im Detail ab Seite 357.

▸ Welches Depot für Gelegenheitskäufe?

Nur drei- oder viermal im Jahr ein paar Wertpapiere kaufen? Dann sollten Banken oder Broker neben den Ordergebühren nicht auch noch Grundgebühren verlangen. Wer ein Depot mit 40 Positionen im Gesamtvolumen von 150 000 Euro bei der Leipziger Volksbank im Volksbankdepot verwahren würde, müsste dafür sage und schreibe 475 Euro Lagerkosten zahlen, und zwar pro Jahr. Wollen Anlegerinnen und Anleger solche bösen Überraschungen vermeiden, sollten sie vor allem einen Blick auf die Grundgebühren ihres Depots werfen.

Wie Gelegenheitskäufer mit den Ordergebühren umgehen, hängt dagegen vom Einzelfall ab. Bei kleineren Positionen unter 2000 Euro liegen die Neobroker unter dem Strich meist am günstigsten. Wer Aktien und ETF zwischen 2000 und 5000 Euro ordert, kann mit Direktbanken oder Discountbrokern besser fahren. Wenn sich mit mehr angeschlossenen Börsen dort die Chance auf einen besseren Kurs bekommen lässt, kann das die etwas höheren Orderkosten wieder aufwiegen.

Wollen Interessierte aber exotische Aktien oder spezielle ETF ordern, sollten sie vorher den Check machen: Manche Spezialpapiere gibt es nicht bei jedem Broker, meist gibt es im Netz vorher eine Liste mit allen angebotenen Papieren. Mitunter können Anlegerinnen und Anleger einen Broker jedoch auch per E-Mail bitten, den Börsen bestimmte Papiere für den Kurszettel vorzuschlagen.

Wer wiederum für 10 000 Euro und mehr ordert, sollte einen Bogen um prozentuale Preismodelle machen: Selbst bei nur 0,25 Prozent Ordergebühren müssten Anlegende

Investor-Info

Das eigene Depot wechseln

Kostet keinen Cent. Das eigene Depot zu einem neuen Anbieter umziehen zu lassen, ist kostenlos. Damit sich der neue Depotanbieter um den Umzug kümmert, muss man bloß ein Formular ausfüllen. Der Broker zieht dann den Wertpapierbestand in das neue Depot und das Geld auf dem Verrechnungskonto rüber.

Aber Achtung. Oft kommen Anlegerinnen und Anleger dann für einige Tage nicht an ihre Wertpapiere und können den Bestand nicht verkaufen – seltener ein paar Wochen.

Umzug unmöglich. Bei Scalable Capital, Trade Republic und Finanzen.net Zero können Privatleute nur Wertpapiere übertragen, die sich an den Partnerbörsen der Broker handeln lassen. Justtrade bietet überhaupt keinen Übertrag von Altdepots an (Stand: 12/23).

Wechselprämien kritisch prüfen. Manche Banken und Brokerhäuser werben mit Wechselprämien. Von solchen Lockangeboten sollte sich niemand unter Druck setzen lassen. Stattdessen lieber in Ruhe vergleichen.

schon 25 Euro zahlen. Wer stattdessen bei Anbietern wie Onvista oder Flatex auf ein Depot mit Pauschalpreis-Modell setzt, kann dieselbe Order für nur rund fünf Euro Brokergebühr ausführen (Stand alle: 08/24).

▶ Welches Depot für aktive Naturen?

Mehrfach im Monat handeln und das Depot laufend anpassen? In diesem Fall sind Grundgebühren natürlich auch wichtig, aber die häufigen Ordergebühren für jeden Trade fallen auf Dauer deutlich stärker ins Gewicht. Wer in Standardwerten und ETF unterwegs ist, kann getrost auf Neobroker setzen und dort nahezu zum Nulltarif ordern. Orders ohne eigene Kaufgebühr bietet zum Beispiel der Broker Finanzen.net Zero an, sofern man für mehr als 500 Euro über die Münchener Computerbörse Gettex ordert. Analog läuft es bei Traders Place und Smartbroker+ über Gettex und bei Tradegate Direct über die Tradegate Exchange. Da sich die Kurse zwischen 9 Uhr und 17.30 Uhr in aller Regel an der tonangebenden Xetra-Börse orientieren müssen, spricht zumindest in bekannten heimischen Werten und großen ETF aus Sicht von Stiftung Warentest wenig dagegen.

Wer mag, kann auch über das Depotmodell „Prime Broker" von Scalable Capital nachdenken: Dort können Anleger und Anlegerinnen für 4,99 Euro im Monat so viele Orders aufgeben, wie sie wollen – sofern jede Order mehr als 250 Euro beträgt und über die Computerbörse Gettex läuft. Theoretisch hätten Kundinnen und Kunden dort übrigens auch die Möglichkeit, freiwillig etwas mehr zu bezahlen und stattdessen über die deutschlandweit tonangebende Computerbörse Xetra zu ordern (Stand alle: 08/24).

Wer neben Standardwerten und gängigen ETF auch auf speziellere Anlageideen, schnelles Trading oder ausgeklügelte Absicherungsstrategien am Terminmarkt setzt, ist jedoch meist mit spezialisierten Discountbrokern besser beraten, da ihre Nutzungsoberfläche auf solche Spezialstrategien ausgerichtet ist. Wer auf heimische Nebenwerte setzen will, sollte Zugriff auf die Breite der deutschen Regionalbörsen haben, um an den jeweils liquidesten oder geeignetsten Handelsplatz für die entsprechende Aktie gehen zu können. Wer wiederum ausländische Aktienwerte über deutsche Handelsplätze ordern will, findet eine besonders breite Auswahl an der Börsen Stuttgart, der Börse Berlin, an der LS Exchange und Gettex – sie führen zwischen 7000 und 10 000 Auslandstiteln.

Wer sehr spezielle Auslandswerte wie Öltitel aus Kanada oder indische Microcaps kaufen will, muss seine Order teilweise wohl oder übel an die eigentliche Auslandsbörse leiten lassen. Nicht jede kleine Auslandsaktie lässt sich schließlich über einen hiesigen Handelsplatz handeln. Meistens verlangen Direktbanken, Broker oder Hausbanken für Orders an ausländischen Börsen allerdings zusätzliche Kosten: Oft rechnen sie den Kurs der ausländischen Aktien für rund 0,3 Prozent Devisengebühren von Fremdwährung in Euro um, dazu kommen noch Maklercourtage und Fremdspesen für die ausländischen Börsen.

Kundinnen und Kunden sollten eventuelle Kosten im Preis- und Leistungsverzeichnis der eigenen Bank also genau prüfen oder gar die Bank vorher um eine Kosteneinschätzung bitten. Da sich die gesamten Kosten für Auslandsorders im Vorfeld aber oft nur schwer exakt beziffern lassen, sollten Interessierte den Nutzen solcher Orders im Vorfeld auf jeden Fall genau prüfen.

▶ Welches Depot für Sparpläne?

Egal ob 25, 50 oder 100 Euro im Monat: Wer mit Sparplänen zum Beispiel Monat für Monat ein kleines Sümmchen zur Seite schiebt, kann daraus aus Sicht von 20 oder 30 Jahren ein durchaus stattliches Vermögen machen. Weil man sich keine Gedanken über den vermeintlich besten Kaufzeitpunkt machen muss, sind Sparpläne bei Endkundschaft und Depotanbietern gleichermaßen zum Basisprodukt der Geldanlage geworden. Auch wenn manche Filialbank bei Sparplänen immer noch zögert und sie mitunter gar nicht im Programm hat,

Aktueller Sparplan-Test:
test.de/etf-sparplan

DIE 3 BESTEN DEPOT-VARIANTEN

1 Einmalanlage
Am günstigsten gelingt die Einmalanlage in ETF und Aktien bei Finanzen.net Zero, Smartbroker+ und Traders Place – allerdings nur über die Börse Gettex. Bei Tradegate Direct analog über die Tradegate Exchange. Wer günstig auf Xetra handeln will, geht zu Smartbroker+ oder Scalable Capital. Als Discountbroker ist auch Flatex günstig. Die günstigsten Vollsortimenter sind DKB und Santander.

2 Aktives Anlegen
Aktive Anleger und Anlegerinnen landen bei Finanzen.net Zero am günstigsten, können aber nur an einer Börse handeln. Ein gutes Rundumpaket mit vielen Aktien, ETF und anderen Wertpapieren bietet Flatex – mit einer Pauschale von 5,90 Euro je Order zuzüglich zwei bis drei Euro Börsengebühren.

3 Sparpläne
Kostenlos sind ETF-Sparpläne bei den Anbietern Justtrade, Scalable Free Broker, Trade Republic, Finanzen.net Zero, Flatex, Traders Place, Smartbroker+ und ING.

Stand: 2024, Quelle: Stiftung Warentest

gehört eine breite Palette an Sparplänen bei Direktbanken, Discountbrokern und Neobrokern dazu. Die gute Nachricht: Wer clever vergleicht, kann die Sparpläne bei guten Anbietern inzwischen sogar kostenlos besparen. Wichtig ist vor allem, dass beim Sparplan-Besparen keine jährliche Grundgebühr für das Depot anfällt. Gerade bei kleinen Sparsummen von vielleicht nur 25 Euro im Monat wäre es fatal, wenn 50 oder gar 70 Euro als jährliche Grundgebühr fällig würden. Im Klartext: Anlegerinnen und Anleger würden dann zwei oder drei Monatsraten verpuffen lassen. Weil zumindest die meisten Direktbanken und Neobroker ihre Depots ohne jede Grundgebühr anbieten, sollten Anlegerinnen und Anleger wechseln, wenn die eigene Bank eine solche Grundgebühr kassiert.

Aber Vorsicht: Manche Banken werben zwar mit Kostenlosdepots, knüpfen das aber an Bedingungen. Oftmals reicht es bereits, bloß einen einzigen Sparplan laufen zu lassen, damit die Grundgebühr entfällt. Manche Institute verlangen aber zum Beispiel, dass Kundinnen und Kunden auch ein Girokonto beim selben Institut führen. Dann sollten Interessierte genau prüfen, ob anstelle der erlassenen Grundgebühr im Depot nicht im Girokonto zu hohe Kosten lauern.

Wichtiger als die Depotgebühren sind oft allerdings die Konditionen für die turnusmäßigen Ausführungen. Wer beispielsweise nur 50 Euro jeden Monat an die Börse schieben will, sollte besonders genau hinsehen: Zahlen Anlegende dann eine Kostenpauschale von mindestens 2,50 Euro wie im Direktdepot der Commerzbank, würden rund fünf Prozent der Ordersumme nur für die Gebühren draufgehen – ein relevanter Startnachteil.

Gerade bei kleineren Ordersummen sollte man nach prozentualen Ordergebühren bis maximal 0,3 Prozent der Sparsumme Ausschau halten. Wer 50 Euro investiert, würde dann nur rund 15 Cent bezahlen. Fixe Ordersummen von zum Beispiel 85 Cent je Order sind zwar intuitiver, ergeben in Wirklichkeit aber erst bei größeren Ordersummen Sinn. Ab 450 Euro monatlicher Sparplansumme lohnt es sich, statt der günstigen Prozentgebühren von meist 0,2 Prozent auf günstige Fixpreise von 85 Cent je Order umzusteigen.

Am besten ist es allerdings, wenn Sparer und Sparerinnen eine Doppelnull erreichen: Eine Reihe von Anbietern verlangt schließlich

Checkliste

So eröffnen Sie Ihr Depot

- ☐ **Das richtige Depot finden.** Clever vergleichen lohnt sich: Welches der richtige Anbieter ist, hängt von Ihrer Anlagesumme und Ihren Wünschen ab. Günstige Anbieter finden Sie auf Seite 350 und unter test.de/depot.
- ☐ **Anmelden.** Um ein Depot zu eröffnen, füllen Sie bei Bank oder Broker die Anmeldeunterlagen aus. Meist müssen Sie dort Daten wie Adresse und Kontoverbindung mitteilen.
- ☐ **Erfahrungscheck.** Banken müssen inzwischen den Kenntnisstand ihrer Kunden in Sachen Börse abfragen. Sie müssen bloß angeben, ob und welche Wertpapiere Sie schon mal gekauft haben. Es handelt sich dabei um eine Formsache.
- ☐ **Identität nachweisen.** Viele Banken bieten das Video-Ident-Verfahren an, bei dem Sie Ihren Ausweis in die Kamera Ihres Laptops oder Handys halten. Alternativ können Sie sich per Postident in der Postfiliale vor Ort ausweisen.
- ☐ **Passwörter bekommen.** Die Depotunterlagen mit Depotnummer und den Daten des Verrechnungskontos bekommen Sie per Post. Das Passwort für Ihr Log-in kommt in einem separaten Brief.
- ☐ **Daten eingeben.** Haben Sie beide Schreiben erhalten, können Sie loslegen. Die meisten Banken verlangen heutzutage übrigens zusätzlich eine zweite Authentifizierung – oft per Tan-Generator oder Handy.
- ☐ **Geld überweisen.** Bevor Sie Geld anlegen können, müssen Sie es meist erst vom eigenen Girokonto ins Verrechnungskonto Ihres Depots übertragen. Sobald das Geld dort eingegangen ist, können Sie an der Börse aktiv werden.
- ☐ **Freistellungsauftrag einrichten.** Bis zu 1 000 Euro Kursgewinne, Dividenden und Co. können Sie pro Person und Jahr steuerfrei kassieren. Wollen Sie von diesem Sparerpauschbetrag automatisch profitieren, erteilen Sie Ihrer Bank einen Freistellungsauftrag. Vorsicht: Haben Sie unterschiedliche Konten und Depots, müssen Sie den Betrag zwischen den einzelnen Konten und Depots aufsplitten. Inzwischen geht das in der Regel ganz einfach online.
- ☐ **Wertpapiere kaufen.** Egal ob Sie Aktien, ETF oder Anleihen kaufen wollen: Was beim Kauf wichtig ist, erfahren Sie ab Seite 352. Dort lesen Sie alles über den besten Börsenplatz, die korrekten Orderzusätze – und einige hilfreiche Kniffe.

weder Depotkosten noch Ordergebühren. Bei den Anbietern Finanzen.net Zero, Justtrade, Scalable Free Broker, Trade Republic, Flatex, Postbank, SBroker Direkt, Smartbroker+, Traders Place und der ING können Anleger ihre Sparpläne faktisch zum Nulltarif laufen lassen (Stand: 08/24). Bevor sich Interessierte vorschnell für einen Broker entscheiden, sollten sie die Angebotsbreite prüfen: Justtrade bietet zum Beispiel nur 159 ETF-Sparpläne an, andere Anbieter etwa 800 Stück, während Scalable Capital und Trade Republic mit mehr als 2000 Sparplänen die umfangreichste Palette haben. Wer auf spezielle ETF setzen will, sollte vorher prüfen, ob der entsprechende Broker die gewünschten Produkte als Sparplan anbietet.

Richtig ordern

Ist ein Wunschpapier ins Auge gefasst, geht es ans Ordern: Heutzutage klappt das zwar in Sekundenschnelle. Trotzdem lohnen sich einige Checks.

Die Börsenkurse verstehen

Für viele ist die Szenerie an der Börse ein Buch mit sieben Siegeln. Wer allerdings die Grundregeln der Kurskalkulation versteht, kann gezielter ordern.

Im Supermarkt würde wohl niemand eine Banane, ein Müsli oder ein Stück Käse kaufen, ohne den genauen Preis zu kennen. An regulären Börsen ist genau das aber völlig normal, ihre Abrechnung mit dem konkreten Kurs bekommen die Anlegerinnen und Anleger in den meisten Fällen erst hinterher. Ganz im Blindflug ist allerdings niemand unterwegs. Wer einmal durchschaut hat, wie die Notierungen an den Börsen ticken, kann reagieren.

Die Kursangaben verstehen

Haben Anlegende eine Aktie ins Auge gefasst, rufen sie im Netz oft die passenden Kursinformationen zum Beispiel bei ihrem Broker auf. Dort sehen sie nicht nur einen einzigen Kurs, sondern sie sind gleich mit mehreren Kursangaben konfrontiert. Aber wie unterscheiden sich die vielen Zahlen, und was lässt sich aus ihnen lesen? Ganz oben steht meist der zuletzt erzielte Preis am entsprechenden Handelsplatz, der aktuelle Börsenkurs. Bei den Aktien der Softwarefirma SAP beträgt dieser Kurs in unserem Beispiel 174,76 Euro. Das liegt 1,02 Prozent höher als der Xetra-Schlusskurs des Vortages (siehe Grafik rechts).

Bei einem rege gehandelten Titel wie etwa SAP, dem wichtigsten deutschen Börsenunternehmen, finden in der Regel alle paar Sekunden Geschäfte an der Börse statt. Bei kleineren Aktien wie dem Romanverlag Bastei-Lübbe kommt manchmal nur alle paar Tage überhaupt ein Geschäft zustande, bisweilen auch gar keines. Schauen Anlegerinnen und Anleger bei ihrem Onlinebroker dann nur auf den letzten Kurs, kann die Marktlage inzwischen eine ganz andere sein.

Statt also lediglich auf die Kurse der letzten, bereits abgeschlossenen Transaktion zu schauen, müssen Anlegerinnen und Anleger auch die Gebote für künftige Käufe und Verkäufe lesen können. Dabei sollten Interessierte die folgenden zwei Kursangaben sauber unterscheiden können (siehe Grafik rechts):

- **Geldkurs:** Zu diesem Kurs können Sie als Privatmensch verkaufen. Heißt manchmal auch Bid.
- **Briefkurs:** Zu diesem Kurs können Sie als Privatmensch kaufen. Heißt manchmal auch Ask.

Ein Beispiel: Die SAP-Aktie in unserer Grafik ließe sich für 174,82 Euro kaufen und für 174,78 Euro verkaufen. Unter dem entsprechenden Geld- oder Briefkurs steht, für wie viele Aktien dieses Angebot gilt. Bei der SAP-Aktie lassen sich also wahlweise bis zu 728 Stück für 174,78 Euro verkaufen oder bis zu 1155 Stück für 174,82 Euro kaufen. Wer die Aktie also sofort erwerben will, kann immerhin eine gewisse Zahl an Titeln zu diesem Preis kaufen, sofern nicht ein anderer Handelsteilnehmer eine Millisekunde schneller ist und das Angebot gewissermaßen wegschnappt.

So lesen Sie die Kursanzeige

Kursanzeige der Computerbörse Xetra für die Softwarefirma SAP

SAP	
Datum	27.02.2024, 17:00:34
Letzter Preis	**174,76**
Veränderung zum Vortag	**+1,02%**
Geld	**Brief**
174,78	**174,82**
für 728 Stück	**für 1155 Stück**
Spread absolut / relativ	0,04 € / 0,02 %

Quelle: Deutsche Börse Stand: 27.02.2024, 17:00 Uhr

Die Handelsspanne verstehen

Der Unterschied zwischen beiden Kursen heißt Kursspanne (engl. Spread). Als Daumenregel lässt sich merken: Je häufiger Titel gehandelt werden, desto enger liegen die Preisvorstellungen von Kaufwilligen und Verkaufswilligen in der Regel zusammen. Börsenprofis sprechen dann auch von einer „engen" Kursspanne: Bei Dax-Werten sollte die Lücke zwischen Kauf- und Verkaufskursen in aller Regel zwischen 0,01 und 0,03 Prozent des Kurswerts liegen.

Je weniger Interessenten und Inhaber einer Aktie hingegen an der Börse aktiv sind und je seltener sie den Titel handeln, desto weiter liegen die Kauf- und Verkaufsgebote meist auseinander. Kleinere Nebenwerte wie die Titel des Brillenhändlers Mister Spex wechseln zum Beispiel eher selten den Besitzer, dann ist die Lücke zwischen möglichem Kauf- und Verkaufskurs breiter – beispielsweise ganze zwei Prozent. Börsenkreise nennen dieses Phänomen einen „weiten Spread", in Prozent gerechnet kann die Lücke zwischen An- und Verkaufsgeboten auch einmal fünf oder sieben Prozent betragen. In Extremfällen sind noch viel weitere Spreads möglich. Wenn der „faire Preis" einer Aktie einfach gesagt in der Mitte zwischen Geld- und Briefkurs liegt, würde man einem weiten Spread jedoch zu teuer kaufen und zu billig verkaufen. Bei einer engen Kursspanne lägen die Kauf- und Verkaufspreise enger am „fairen" Mittelwert.

Das Orderbuch verstehen

Bei den meisten Aktien reicht es bei handelsüblichen Ordersummen, nur den Dreiklang aus 1) letztem Kurs, 2) möglichem Kaufkurs und 3) möglichem Verkaufskurs zu kennen. Wer nicht mehr Aktien handeln will als auf der Geld- oder Briefseite im Orderbuch stehen, kann zumindest an der tonangebenden Computerbörse Xetra direkt auf diese Gebote eingehen. Allerdings muss immer klar sein, dass die Ansicht oben nur die Spitze des Eisberges zeigt. Welche Orders unter dieser obersten Schicht liegen, lässt sich nicht erkennen.

Das kann problematisch sein, wenn Anlegerinnen und Anleger zum Beispiel 1000 Aktien auf einmal kaufen wollen, zum passenden Kaufkurs von 174,76 Euro aber nur 79 Stücke als Angebot im Orderbuch lägen. Klar wäre, dass sie 79 Aktien zum Preis von 174,76 Euro erstehen können. Die große Frage lautet aber: Was wäre mit den restlichen 921 Aktien?

Bekannte Aktie, viele Orders

So sieht das Orderbuch einer rege gehandelten Aktie aus.

SAP-Aktie Volumen (Anzahl Aktien)	Geld / Bid (Verkaufen)	Brief / Ask (Kaufen)	Volumen (Anzahl Aktien)
563	174,74	174,76	79
847	174,72	174,78	1317
1494	174,70	174,80	2188
1602	174,68	174,82	1068
1198	174,66	174,84	1623
730	174,64	174,86	1194
1026	174,62	174,88	1297
761	174,60	174,90	941
769	174,58	174,92	993
819	174,56	174,92	568

Quelle: Deutsche Börse Stand: 27.02.2024, 17:02 Uhr

Wer das abschätzen will, kann in einem offenen Orderbuch auch die nächsten Orders sehen. In Deutschland bietet die Computerbörse Xetra ein solches offenes Orderbuch, viele andere Börsen jedoch nicht. Wer das Xetra-Orderbuch einsehen will, muss sich unter boerse-frankfurt.de kostenlos registrieren, loggt sich ein, sucht seine gewünschte Aktie und klickt auf „Xetra Realtime". In der entsprechenden Ansicht könnten Anlegerinnen und Anleger dann wie in der Grafik oben erkennen, dass sie bei der gezeigten Aktie problemlos 1317 weitere Papiere für 174,78 Euro kaufen könnten, also gerade einmal zwei Cent teurer.

Xetra-Orderbuch unter boerse-frankfurt.de

Bei einer selten gehandelten Aktie (in der Grafik rechts) würde im Orderbuch aber eine teure Falle sichtbar: Wer verkaufen will, könnte nur 108 Stücke zum Preis von 6,54 Euro an den Mann bringen. Nach zwei weiteren Verkaufsmöglichkeiten in dieser Preisregion würde der nächste mögliche Verkaufspreis aber einen deutlichen Satz nach unten machen, auf nur noch 5,78 Euro je Aktie. Schnell könnten Anlegerinnen und Anleger in einen Bereich kommen, wo sie bei einem großen Verkaufsauftrag einen Teil der Papiere weitab von den aktuellen Konditionen verkaufen müssten – zum Beispiel für nur 5,00 Euro oder 2,50 Euro.

Wie kommt ein Xetra-Kurs zustande?

Wie machen Anlegerinnen und Anleger nun aus dieser Gemengelage? Dazu gibt es auf Xetra im Grunde zwei Möglichkeiten: Erstens lässt sich eine „unlimitierte Order" in den Markt geben, mit der zu jedem Preis gekauft werden soll. Das Prinzip: Koste es, was es wolle. Würde jemand also 1000 Aktien unlimitiert ordern, würde er oder sie ohne Preislimit chargenweise das Orderbuch hochkaufen, bis genug Aktien eingesammelt wurden. Sind die entsprechenden Angebote weggekauft, verschwinden sie aus dem Orderbuch. Das Problem: Wer unlimitiert eine große Stückzahl Aktien kauft, kann gerade bei illiquiden kleinen Aktien Opfer einer Kurslücke wie im Beispiel oben rechts werden und einen Teil der Aktien zu sehr teuren Konditionen erhalten.

Kleine Aktie, wenige Orders

So sieht das Orderbuch einer illiquiden Aktie aus.

Aifinyo-Aktie Volumen (Anzahl Aktien)	Geld / Bid (Verkaufen)	Brief / Ask (Kaufen)	Volumen (Anzahl Aktien)
108	6,54	6,78	687
16	6,50	6,98	1324
2687	6,48	7,00	200
1000	5,78	7,10	350
2500	5,00	7,20	1000
10000	2,50	7,40	200
1000	1,01	7,60	200
48000	0,02	9,50	300
	0	13,00	329
	0	14,00	192

Quelle: Deutsche Börse Stand: 27.02.2023, 15:14 Uhr

Die zweite Möglichkeit: Anlegerinnen und Anleger stellen eine „Limit-Order" ein. Damit signalisieren sie dem Markt einen persönlichen Höchstpreis, den sie gerade noch zahlen würden. Wer seine Kauforder bei 7,00 Euro limitiert, würde nie mehr als das zahlen. In der Folge kann es aber sein, dass sich nur ein Teil der georderten Aktien bekommen lässt.

Passen die Gebote von Kauf- und Verkaufswilligen auf Xetra wiederum gar nicht zusammen, passiert im Regelfall einfach nichts. Als Gegenmaßnahme müssen kleinere Aktiengesellschaften auch auf Xetra spezielle Wertpapierhandelsbanken als „Designated Sponsors" beauftragen. Diese Häuser verpflichten sich, bei Größenordnungen von 5000 bis 10 000 Euro im Zweifel laufend zu handeln und bringen damit Angebot und Nachfrage.

So kommt der Preis in der Xetra-Auktion zustande

Zu Handelsbeginn, mittags und zu Handelsschluss finden auf Xetra auch deswegen sogenannte Auktionen statt. Dort werden die Orders erst einige Minuten lang gesammelt, bevor das System einen offiziellen Kurs feststellt. Anders als im fortlaufenden Handel verbindet das System dann nicht zum Beispiel zwei Parteien bilateral, sondern errechnet am Ende der Auktionsphase, zu welchem Kurs im Orderbuch der größtmögliche Umsatz zustande kommt. In Auktionen handeln auch viele Anlagehäuser größere Pakete, sodass die Kurse dort als besonders fair und belastbar gelten, weil sie auf entsprechend großen Volumina beruhen. Während der „Auktionen" sehen die Anlegerinnen und Anleger allerdings weniger Informationen als im „fortlaufenden Handel": Das System zeigt dann nur den besten Verkaufspreis und den besten Kaufpreis – und nicht die weiteren Gebote.

Will das System aufgrund der eingegangenen Orders den offiziellen Auktionskurs errechnen, geht es nach einem festen Schema vor (siehe Grafik nächste Seite): Erst addiert es bei den Kaufaufträgen die Summe der unlimitierten Kaufaufträge, die also unbedingt abgewickelt werden sollen – egal zu welchem Preis.

Die Kurse in der Auktion – ein Beispiel

Der Kurs, zu dem dann der Handel stattfinden kann, wird nach einem Rechenschema festgelegt, das das folgende Beispiel zeigt:

Kaufaufträge (Stück)	Limit (Euro)	Verkaufsaufträge (Stück)	Limit (Euro)
100	Billigst	80	Bestens
60	46,00	120	45,00
80	45,50	40	45,50
55	45,00	65	46,00

Zu jedem Kurs muss ermittelt werden, wie viele Aktien ge- und verkauft werden können. Die niedrigere Summe entspricht dem möglichen Umsatz. Der Kurs mit dem höchsten Umsatz wird dann der festgestellte Kurs. Das ist hier der Kurs von 45,50 Euro.

Kurs	Mögliche Käufe	Mögliche Verkäufe	Möglicher Umsatz
45,00	55+80+60+100=295	120+80=200	200
45,50	80+60+100=240	40+120+80=240	240
46,00	60+100=160	65+40+120+80=305	160

Dann addiert es schrittchenweise von oben nach unten die Stücke im Orderbuch auf der Kaufseite hinzu. Auf der Verkaufsseite geht das System genau umgekehrt vor: Zu den unlimitierten Verkaufsaufträgen addiert es zeilenweise von unten nach oben die Stücke hinzu, bei denen Anlegende einen minimalen Verkaufspreis definiert haben. Am Ende muss das System bloß auswerten, wie viele Kauf- und Verkaufsorders sich zu welchem Preis gegenüberstehen. Der Kurs, bei dem am meisten Orders abgewickelt werden können, ist der neue Preis (siehe Grafik oben).

So läuft es an anderen Börsen

An anderen Börsenplätzen läuft die Preisfindung anders ab. Im Parketthandel der Börse Frankfurt können Anleger und Anlegerinnen nur die oberste Schicht der Kauf- und Verkaufsgebote sehen: Es lässt sich also nur sehen, wo das aktuell niedrigste mögliche Kaufangebot und der höchstmögliche Verkaufspreis liegen. Welche Orders dahinter im Orderbuch liegen, ist nur für den „Spezialisten" des betreuenden Wertpapier-Handelshauses sichtbar, der an dieser Parkettbörse für das Wertpapier die Kurse stellt. Sobald eine ausführbare Situation vorliegt, leiten die Spezialisten eine Auktion ein und bestimmen den neuen Kurs.

Mehr zur Rolle der Börsenhändler ab Seite 44

An anderen Börsen wie LS Exchange oder Tradegate Exchange handeln die Anlegerinnen und Anleger meistens mit dem Market Maker (Wertpapier-Handelshaus), der die Kurse betreut. Anders als auf Xetra tauschen Anlegerinnen und Anleger ihre Aktien dort also in der Regel nicht direkt mit einem klassischen Gegenpart zum exakt selben Preis. Stattdessen kauft der Market Maker die Papiere den Verkaufswilligen in der Regel etwas günstiger ab und verkauft sie Kaufwilligen etwas teurer weiter. An dieser Lücke zwischen Kauf- und Verkaufskurs können Market Maker verdienen. Ähnlich funktionieren Kursanfragesysteme wie zum Beispiel an der Münchener Computerbörse Gettex, wo der Market Maker auf Anfrage einen verbindlichen Kaufkurs oder Verkaufskurs stellt, den der Kunde oder die Kundin akzeptieren oder ablehnen kann.

Der richtige Börsenplatz für die eigene Order

Bei vielen Brokern können Anlegerinnen und Anleger aus mehr als zehn Handelsplätzen auswählen. Was verwirrend aussieht, macht Orders erstaunlich günstig.

Der perfekte Börsenplatz für die eigene Order lässt sich nicht pauschal nennen. An manchen Handelsplätzen ist viel los, an anderen weniger. Manche Börsen verlangen keine eigenen Gebühren von der Endkundschaft, andere neben einer Handelsplatzgebühr auch noch eine Maklercourtage. Manche Brokerhäuser haben spezielle Verträge abgeschlossen, um Orders günstiger anbieten zu können. Grob lässt sich bei all diesen Details jedoch Folgendes sagen:

Wer es einfach haben will

Wer beim eigenen Start an der Börse nicht viel falsch machen will, kann gut über den Direkthandel gehen. Handelshäuser wie LS Tradecenter, Baader Bank, Tradegate oder Société Générale bieten Kundinnen und Kunden einen fixen Kauf- oder Verkaufspreis, der sich in der App binnen einiger Sekunden annehmen lässt. Die Vorteile: Schon vorher ist auf den Cent genau klar, zu welchem Preis Aktien oder ETF ausgeführt werden. Außerdem verlangen die meisten Direktbanken oder Discountbroker für eine Order im Direkthandel (auch: Livetrading, Realtime-Trading, OTC) weniger Gebühren als für Aufträge an regulierten Börsen.

Aber Vorsicht: Anlegende sollten die Kurse verschiedener Direkthändler nicht nur untereinander vergleichen, sondern immer auch mit den Kursen an den klassischen Börsen. Bei großen Aktien und ETF sollten während der deutschen Haupthandelszeiten zwischen 9.00 Uhr und 17.30 Uhr keine großen Unterschiede auftreten. Gerade morgens, abends oder am Wochenende setzen die Direkthändler ihre Kurse aber oft deutlich freihändiger – zum Nachteil der Anleger und Anlegerinnen.

Wer günstig kaufen will

Wer seine Wertpapiere besonders günstig kaufen will, sollte sich die elektronischen Plattformen der Regionalbörsen wie Gettex von der Börse München, Quotrix von der Börse Düsseldorf oder LS Exchange von der Börse Hamburg ansehen. Manche Neobroker haben spezielle Verträge abgeschlossen, die es ihnen erlauben, Orders auf diesen Plattformen zum Nulltarif oder allenfalls für einen symbolischen Euro anzubieten. Der Neobroker Trade Republic bietet den Handel über LS Exchange für einen Euro, bei Scalable Capital kostet eine Order auf Gettex im Regelfall ebenfalls einen Euro. Über Justtrade können Kunden für einen Euro auf den Plattformen LS Exchange, Quotrix und Tradegate Exchange handeln. Am günstigsten bietet Finanzen.net Zero Orders über Gettex für null Euro an, sofern sie größer als 500 Euro sind (Stand: 12/2023).

Anlegerinnen und Anleger sollten sich bewusst sein, dass auf diesen Plattformen zumindest bei Aktien jeweils ein einziges Wertpapierhandelshaus alle Kurse stellt. Allerdings geschieht das unter börslicher Aufsicht, sodass sich Kunden und Kundinnen bei Problemen beschweren können. Stiftung Warentest hat die entsprechenden Neobroker über Monate immer wieder mit echten Orders getestet und dabei zu den Xetra-Handelszeiten zwischen 9.00 Uhr und 17.30 Uhr keine nennenswerten Kursabweichungen feststellen können. Trotzdem sollten Anlegerinnen und Anleger gerade bei größeren Ordersummen ab 5 000 Euro die Kurse dieser Plattformen in jedem Falle einmal prophylaktisch mit den Kursen der tonangebenden Computerbörse Xetra abgleichen.

30 SEKUNDEN FAKTEN

172
Händlerinnen und Händler haben Zugang zum Frankfurter Börsenparkett.

DREI STUNDEN
lang ging im Jahr 2020 der elektronische Xetra-Handel in die Knie.

FÜNF SEKUNDEN
brauchen geübte Börsenhändler, um einen Kurs zu stellen.

Quelle: Deutsche Börse, eigene Recherche

Wer belastbare Kurse will

Wer besonders belastbare Kurse will, sollte seine Order an der Frankfurter Computerbörse Xetra platzieren. Hier tummeln sich in aller Regel die meisten Kaufwilligen und Verkaufswilligen, sodass sich Angebot und Nachfrage dort besonders gut ausgleichen. Weil Anlegerinnen und Anleger im Netz sogar einen Teil des Orderbuchs sehen können, haben sie eine hohe Preistransparenz: So lässt sich genau nachvollziehen, welche Orders zu welchem Kurs als nächste an der Reihe wären. Gerade bei Nebenwerten können Anlegende die eigene Order auf die Lage im Orderbuch abstimmen, was Sinn ergibt. Theoretisch können sie außerdem mit einer Limit-Order in einer der Xetra-Auktionen handeln, wo das System um 9.00 Uhr, nach 13.00 Uhr und gegen 17.30 Uhr viele Orders bündelt und einen besonders belastbaren Kurs errechnet. Viele kleine Nebenwerte führt Xetra allerdings nicht: Dann sollten Anlegerinnen und Anleger zum Beispiel auf dem Finanzportal Onvista in der Tabelle unter „Vol gesamt" nachvollziehen, an welchem Handelsplatz der Titel am stärksten gehandelt wird. Zumindest bei großen Ordersummen ist der Handelsplatz mit dem größten Umsatz in der Regel am besten geeignet.

Wer spezielle Angebote sucht

Wer spezielle Angebote sucht, muss die Raritätenecken der einzelnen Börsenplätze kennen. Interessierte finden auf Xetra zum Beispiel nur 550 Auslandsaktien. Bei Tradegate sind es bereits rund 5700 Auslandswerte, bei Gettex 7400, an der Börse Berlin 7800, über LS Exchange lassen sich 9000 Titel aus anderen Ländern handeln, während die Börse Stuttgart fast 10000 ausländische Aktien gelistet hat.

Beim börslichen Handel von Anleihen ist der Börsenplatz Stuttgart meist vorne. Schauen Anlegerinnen und Anleger zum Beispiel im Onlineportal Comdirect Informer, welcher Handelsplatz bei ihrer Anleihe in den vergangenen 30 Tagen die höchsten Umsätze hatte, ist das oft mit Abstand der Börsenplatz in Baden-Württemberg. An der Börse Hamburg lassen sich wiederum spezielle Aktien handeln, die von anderen Börsenplätzen schon längst zurückgezogen wurden. Das Skandalunternehmen Wirecard wurde im Zuge seiner Insolvenz vom Xetra-Handel ausgeschlossen, ist im Freiverkehr der Börse Hamburg zusammen mit anderen Titeln aber noch handelbar.

Was bei den Alternativhandelsplätzen wichtig ist

Wenn Kundinnen und Kunden bei Neobrokern für nur einen Euro oder gar gänzlich ohne Ordergebühren handeln, klingt das fast zu schön, um wahr zu sein. Der Trick hinter den

So funktionieren die günstigen Orders

Aktien-Apps führen die Orders ihrer Kunden üblicherweise nicht selbst aus. Stattdessen leiten viele Anbieter die Aufträge weiter – und machen damit ein ordentliches Geschäft.

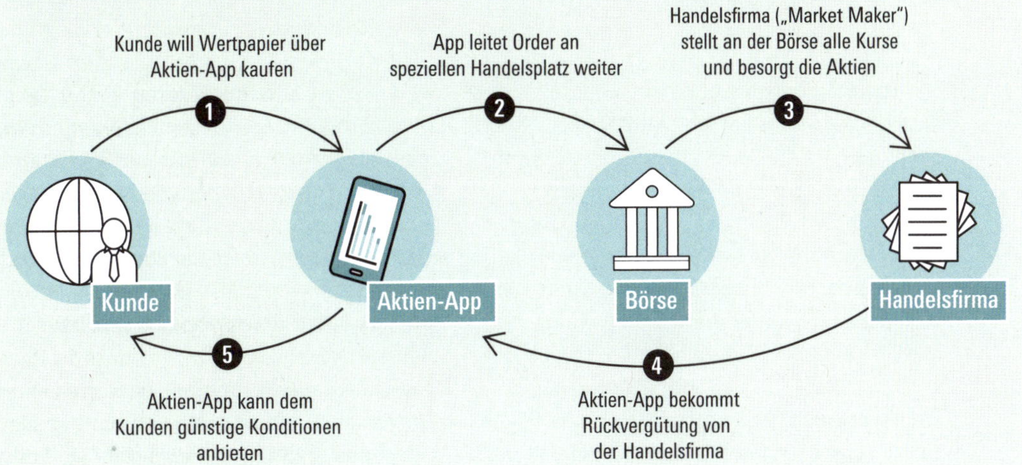

Anmerkung: schematische Darstellung

günstigen Orders: Wenn die Kundschaft Wertpapiere kauft, leitet die Aktienapp die Orders automatisch an spezielle Handelsplätze weiter und bekommt im Gegenzug eine Provision dafür (engl. Payment for Order Flow, PFOF).

Ordert jemand zum Beispiel über Trade Republic, leitet das Unternehmen alle Aktienorders im Regelfall an den Börsenplatz LS Exchange weiter, ein elektronischer Handelsplatz der Börse Hamburg. Was nur Interessierten klar ist: Alle Kurse an dieser Börse stellt das Wertpapier-Handelshaus Lang und Schwarz. Leitet Trade Republic massenhaft Orders an den sonst eher kleinen Handelsplatz, macht das Handelshaus mehr Geschäft. Dann kann es sich mit einer Rückvergütung an die Aktienapp bedanken, die die Gebühren niedrig hält.

Skeptische Menschen sorgen sich, ob die Handelshäuser im Gegenzug schlechte Kurse stellen, schließlich müssen sie die Rückvergütung ja hereinverdienen. Ziehen die Wertpapier-Handelshäuser die Lücke zwischen Kauf- und Verkaufspreis weit auseinander, verdienen sie viel. Schließlich können sie die Aktien dann günstig kaufen und teurer verkaufen. Umgekehrt könnten Anlegerinnen und Anleger Geld verlieren, wenn ihr Kauf- oder Verkaufskurs durch eine größere Handelsspanne schlechter läge als an anderen Börsenplätzen. Stiftung Warentest konnte solche Probleme für Standardaktien und große ETF aber nicht feststellen. Das galt zumindest, solange die tonangebende Computerbörse Xetra geöffnet war, an der sich die anderen Börsen orientieren müssen. Im Jahr 2026 will die EU-Kommission diese Rückvergütungs-Praxis verbieten lassen, bislang sind die Nachfolgemodelle unklar (Stand: 06/24). Das muss niemanden schrecken. Wer nur für einige Hundert Euro Aktien oder ETF zu Haupt-Handelszeiten kauft, macht auch an Alternativbörsen nichts falsch. Passend für kritische Menschen, besonders Aktive und Nebenwerte-Fans sind jedoch Anbieter, bei denen es zumindest eine kleine Auswahl an Börsenplätzen gibt und auch der größte Börsenplatz Xetra angebunden ist.

Der Laufzettel für jede Order

Viele Anlegende ignorieren die Auswahlmöglichkeiten beim Aktienkauf. Dabei können Handelszeiten, Börsenplätze und Orderzusätze den Erfolg entscheidend mitbestimmen.

Mit drei, vier Fingertipps ist im Zweifel alles erledigt: Aktie raussuchen, Menge eingeben, ruckzuck geht die Order raus, ehe es sich manche Anlegerinnen und Anleger versehen. Wer Aktien ordern will, muss heute bloß noch das Handy zücken. Doch Anlageentscheidungen wollen nicht nur inhaltlich gut begründet sein, für eine Aktienorder sollten sich Anlegende stets ein bisschen Zeit nehmen. Wer nämlich auch die Details in der Ordermaske versteht, kann im Börsengewimmel schon mit ein paar Kniffen besser abschneiden. Wir zeigen in nur sechs Schritten, wie Börsenorders gelingen – für Interessierte und Profis gleichermaßen.

Schritt 1: **Ordermaske öffnen**

Wer ordern will, kann auch heute noch einen Zettel ausfüllen, der Bank ein Fax schicken oder gar zum Telefonhörer greifen. In den allermeisten Fällen ordern Anlegerinnen und Anleger allerdings virtuell – egal ob am eigenen Desktop-Computer, vor dem Laptop oder am Handy. Wer Aktien, Anleihen oder ETF ordern will, muss zuerst die Ordermaske im Onlinebereich des eigenen Depots öffnen. Meist müssen Anlegerinnen und Anleger dazu auf einen Schriftzug wie „Kaufen" klicken, bevor sich die Details eingeben lassen. Alternativ heißt die Funktion manchmal auch „Wertpapierauftrag" oder „Börsenorder". Wer Wertpapiere hinzukaufen will, klickt danach auf „Kauf". Wer Wertpapiere aus dem eigenen Depot verkaufen will, wählt „Verkauf".

Schritt 2: **Wertpapiernummer notieren**

Wollen Anlegende die Aktien des Autobauers BMW kaufen, suchen sie in der Suchzeile schlicht nach BMW. Auf keinen Fall aber gleich auf das erste Ergebnis klicken. Das wäre gefährlich: Möglicherweise kaufen Anlegerinnen und Anleger dann ein falsches Wertpapier. Allein im Zusammenhang mit dem noblen Autobauer gibt es in Deutschland nämlich mehr als 17 000 Wertpapiere – darunter nicht nur die Aktien von BMW, sondern auch Anleihen der BMW-Finanztochter und Tausende hochkomplexer Zertifikate oder Hebelpapiere. Damit niemand in diesem Dickicht an Papieren versehentlich danebengreift, hat jedes Wertpapier eine unverwechselbare Erkennungsnummer: Dieser digitale Fingerabdruck ist eine 12-stellige Nummer, die erfahrenen Anlegerinnen und Anlegern unter dem Kürzel „Isin" sicher bestens bekannt ist.

Die Abkürzung Isin steht für „International Security Identification Number", auf Deutsch steht das für „Internationale Wertpapier-Identifikationsnummer". Jede Isin beginnt mit einem Ländercode aus zwei Buchstaben: Deutsche Wertpapiere beginnen mit DE, viele ETF führen mit juristischem Standort in Irland oder Luxemburg ein IE oder LU vorneweg, die beliebten US-Aktien starten mit einem US. Nach dem Doppelbuchstaben folgen zehn weitere Zeichen, meistens Ziffern oder eine Kombination aus Buchstaben und Zahlen.

Um die korrekte Isin für das jeweilige Wunschpapier herauszusuchen, nutzen Anlegerinnen und Anleger am besten Kursinformationsportale im Netz. Wer es übersichtlich haben will, kann zum Beispiel die Suche von Onvista nutzen – sie zeigt in der normalen Einstellung nur Aktien, Anleihen und ETF an. Wer das Wertpapieruniversum besonders gut auch nach spezielleren Papieren wie Zertifikaten filtern will oder Details zu Anleihen benötigt, wird beispielsweise beim Comdirect Informer gut fündig. Alternativ zeigt auch die Börse Frankfurt auf ihrer Seite viele Wertpapiere – allerdings nur, wenn sie sich über Xetra oder den Parketthandelsplatz „Börse Frankfurt" handeln lassen.

Schritt 3: Stückzahl festlegen

Wer Aktien kaufen will, kann in die Ordermaske nicht einfach einen Betrag wie 5 000 Euro eintippen. Statt eines Anlagebetrags in Euro müssen Sparerinnen und Sparer schließlich die gewünschte Stückzahl an Papieren angeben. Am einfachsten teilt man den angepeilten Anlagebetrag durch den aktuellen Kurs. Wer für 5 000 Euro ordern will, könnte bei einem Aktienkurs von 50 Euro zum Beispiel genau 100 Papiere ordern. Falls Anlegerinnen und Anleger in ihrer Depotmaske mehrere Kurse sehen, nutzen sie beim Kauf den „Briefkurs" als Orientierung – das ist der Kurs, zu dem sich kaufen lässt. Beim Verkaufen schauen sie umgekehrt auf den „Geldkurs", zu dem sich Papiere veräußern lassen.

Nicht immer ist es aber so einfach, dass sich die Stückzahl im Kopf überschlagen lässt. Wollen Anlegerinnen und Anleger bei einem möglichen Kaufkurs von 47,44 Euro zuschlagen, muss der Taschenrechner her: Mit beispielsweise 5 000 Euro in der Hinterhand ließen sich bei diesem Kaufkurs voraussichtlich 105,4 Aktien kaufen. Falls bei der Rechnung eine solche Zahl mit Nachkommastelle herauskommt, lässt sie sich einfach abrunden. Denn an der Börse können Anlegerinnen und Anleger hierzulande in aller Regel nur ganze Anteile kaufen und keine Aktien-Bruchstücke.

Stückzahl für Order berechnen (in Euro)	
Geplante Anlagesumme	5 000,00
/ aktueller Aktienkurs	47,44
=	105,4 Anteile
Abrunden auf	**105,0 Anteile**

Übrigens: Zum Kurswert der Aktien kommen am Ende noch die Ordergebühren hinzu. Ist auf dem Verrechnungskonto des eigenen Depots nicht genug Geld, bekommen Anleger und Anlegerinnen beim Ordern manchmal eine Fehlermeldung. Dann müssen sie entweder die Stückzahl runterschrauben – oder zusätzliches Geld auf ihr Depotkonto schieben.

Etwas komplizierter wird es, wenn es um Anleihen geht. Deren Kurs geben die Banken schließlich nicht in Euro und Cent an, sondern in Prozent des ursprünglichen Nennwerts. Was ein Kurs von beispielsweise 97 Prozent bedeutet, lässt sich ganz einfach verstehen: Sollen Anlegerinnen und Anleger am Laufzeitende der Anleihe nach beispielsweise zehn Jahren 1 000 Euro zurückbekommen, würde das Papier nun zum Kurs von 97 Prozent genau 970 Euro kosten. Wollen Interessierte also die passende Stückzahl in die Ordermaske ein-

HÄTTEN SIE'S GEWUSST?

In den USA sind neben Wertpapierkennnummern oft sogenannte **Ticker** verbreitet, also Kürzel aus Großbuchstaben für Aktien:

Hinter **TSLA** steckt logischerweise der E-Autobauer Tesla.

Die Pizzakette Papa John's hat sich das Kürzel **PZZA** gegeben.

ZZZ lautet der Ticker eines kanadischen Matratzenunternehmens.

Das Stahlunternehmen Olympic Steel hat sich wiederum den sagenumwobenen Buchstabencode **ZEUS** gesichert.

Quelle: eigene Recherche

geben, müssten sie mit dieser Summe rechnen. Viele Anleihen lassen sich allerdings erst ab einer bestimmten Mindeststückelung kaufen, zum Beispiel ab 1 000 Euro, 5 000 Euro oder gar 100 000 Euro – ein Ärgernis für Privatleute.

Eine weitere Quelle von Missverständnissen: Viele Anleihen bringen zum Beispiel jährlich Zinsen, manche Menschen kaufen die Titel aber beispielsweise ein Dreivierteljahr vor dem nächsten Zinstermin. Der Verkäufer der Papiere muss daher vom Käufer neben dem Kaufpreis auch seinen zeitlichen Anteil an der entsprechenden Zinszahlung bekommen. Keine Sorge, das wickeln die Banken im Hintergrund alles geräuschlos ab. Wer Anleihen ordern will, sollte dafür jedoch ausreichend Puffer einplanen: Kauft jemand beispielsweise für 10 000 Euro Anleihen mit vier Prozent Zinsen, können je nach Kaufzeitpunkt schnell 200 Euro Stückzinsen zusätzlich fällig werden – wohlgemerkt, direkt beim Kauf und nicht erst, wenn die Jahreszinsen tatsächlich geflossen sind.

Die Details zu Stückzinsen auf Seite 316

Schritt 4: **Handelszeit beachten**

Abends auf der Couch schnell noch ein paar Aktien zu handeln wirkt verlockend, kann allerdings schiefgehen: Denn die meisten Großanleger sind in deutschen Aktien nur in der Zeit von 9.00 Uhr bis 17.30 Uhr aktiv, während der Öffnungszeiten der deutschlandweit wichtigsten Computerbörse Xetra. Hat sie offen, orientieren sich auch alle anderen Börsen und Handelsplätze normalerweise an diesem Referenzmarkt. Stiftung Warentest hat die Kurse an diesen Nebenbörsen für viele große Aktien sowie ETF überprüft und dabei keine großen Abweichungen von den tonangebenden Xetra-Kursen feststellen können, zumindest während der Xetra-Öffnungszeiten.

Ist die Computerbörse allerdings geschlossen, sind die Händlerinnen und Händler an den anderen Plattformen gewissermaßen ohne Kompass unterwegs. Wer morgens im frühen Handel vor 9 Uhr und abends nach 17.30 Uhr ordert, muss also mit deutlich schlechteren Kursen rechnen. Immer wieder zeigen verärgerte Anlegerinnen und Anleger im Netz, dass die Kurse in solchen Randzeiten hin- und herspringen können.

Das ist nur logisch: Will jemand viele Aktien verkaufen, kauft das Wertpapier-Handelshaus sie zu normalen Handelszeiten einfach an. Im regen Handelsgeschehen während der Xetra-Öffnungszeiten kann es die Papiere schnell weiterverkaufen und geht im Grunde kein Risiko ein. Theoretisch kann es sie sogar eine Zeit lang „auf dem eigenen Buch behalten." Entweder spekuliert es dann bewusst auf steigende Kurse, alternativ kann es aber auch ein Gegengeschäft eingehen. Dann wetten die Handelshäuser parallel zum Beispiel auf fallende Kurse und neutralisieren damit ihr Risiko.

Ist der Referenzmarkt allerdings geschlossen, versiegt in vielen Aktien die Liquidität. Die Handelshäuser können sich außerdem schlechter absichern und müssen daher von vornherein einen Risikopuffer einplanen, wenn sie Verkaufswilligen Stücke abnehmen und Kaufwilligen Stücke liefern. Als Konsequenz ziehen die Wertpapier-Handelshäuser die Spanne zwischen Kaufkurs und Verkaufskurs auseinander. Das bedeutet: Anlegerinnen und Anleger müssen dann tendenziell mehr für die Titel bezahlen und können sie nur für weniger Geld verkaufen als vorher. Für die Handelshäuser wird das Geschäft in solchen Randzeiten attraktiv, weil sie aus dieser Handelsspanne Gewinn ziehen können. Privatleute laufen allerdings Gefahr, ein schlechtes Geschäft zu machen.

Heimische Titel sollten Sparer und Sparerinnen also zwischen 9.00 Uhr und 17.30 Uhr kaufen, für Auslandsaktien sollten sie einen Blick auf die Handelszeiten der entsprechenden Heimatbörsen werfen. Da der Handel in den USA meist um 15.30 Uhr unserer Zeit öffnet, sind die Kurse für US-Titel dann auch an den deutschen Börsen besonders belastbar. Viele Welt-ETF sollten Anleger nach Möglichkeit ebenfalls nach der US-Börsenöffnung kaufen, da rund 70 Prozent der Indizes auf US-Werte entfallen (Stand: 06/24). Übrigens: In manchen Wochen eröffnen die US-Börsen bereits um 14.30 Uhr hiesiger Zeit, weil die Uhren wegen der Zeitumstellung dann anders ticken.

Schritt 5: **Orderform wählen**

Eigentlich klingen die Worte „billigst" oder „bestens" nach echten Top-Preisen, an der Börse ist allerdings das Gegenteil der Fall. Denn mit diesen beiden Zusätzen wird eine Order schnellstmöglich zum nächstbesten Preis ausgeführt. Wer „billigst" kauft, ordert sein Wertpapier in Wirklichkeit also nach dem Prinzip „koste es, was es wolle". Wer „bestens" verkauft, will seine Papiere losschlagen – und zwar nach der Devise „egal zu welchem Preis". Fachleute sprechen bei solchen Orders auch von „Market-Orders" oder „unlimitierten Orders". Auch wenn manche Banken diese Orderform als Standardvariante einstellen, sollten Privatleute damit vorsichtig hantieren.

Ein Beispiel: Will jemand 1000 Aktien der Landwirtschafts-AG Tonkens Agrar kaufen, könnte er die ersten 782 Anteile für 6,65 Euro erstehen, die restlichen Anteile würden jedoch bereits 7,00 Euro je Papier kosten. Stück für Stück würde die Nachfrage des Kaufwilligen also die angebotenen Aktien im Orderbuch „hochkaufen". Gerade bei selten gehandelten Nebenwerten mit wenig Angebot und Nachfrage laufen Anleger und Anlegerinnen mit unlimitierten Orders also Gefahr, dass sich der Kurs mit der eigenen Order deutlich vom aktuellen Stand entfernt und sie mehr zahlen als ursprünglich gedacht.

Wer das verhindern will, kann mit Limits arbeiten: Damit geben Anlegende bei einer Kauforder vor, zu welchem Preis sie maximal kaufen würden. Bei einer Verkaufsorder markiert das Limit wiederum eine Preisuntergrenze, die man als Verkaufspreis gerade noch akzeptieren würde. Gibt es gar kein passendes Gegenangebot bis zum eigenen Limit, bleibt die eigene Order erst einmal liegen. Das wäre dann der Fall, wenn alle anderen Marktteilnehmer ihre Aktien teurer verkaufen wollten als das Kauflimit der Person. Oder wenn jemand verkaufen will und alle anderen Anlegerinnen und Anleger ausnahmslos weniger zahlen wollen, als das Limit des Verkaufswilligen als Mindestpreis es vorgibt. Theoretisch können Anlegerinnen und Anleger das Limit in einem solchen Fall einfach online anpassen und nachsteuern.

Egal ob es um bekannte Blue Chips, kleine Nebenwerte, Auslandsaktien oder ETF geht: Mit einem Limit können sich Privatleute ganz einfach vor unliebsamen Preisüberraschungen schützen. Anlegerinnen und Anleger sollten sich allerdings vergewissern, dass ihre Bank oder ihr Broker für Limits und Limitänderungen keine Gebühren verlangt. Früher war das häufig noch der Fall, inzwischen gehört eine kostenlose Limit-Funktion allerdings zum Werkzeugkasten eines jeden kundenfreundlichen Depotanbieters. Es gilt daher der Börsenspruch: Eines nimm' beim Ordern mit, die Order geht stets mit Limit.

Investor-Info

Abstauberlimit. Wollen Anlegerinnen und Anleger ein Schnäppchen jagen und auf einen besonders günstigen Kurs abstellen, können sie ein taktisches Limit setzen. Wer das eigene Kauflimit zum Beispiel fünf Prozent unter den aktuellen Kurs setzt, spekuliert auf einen kleinen Kursrücksetzer.

Sollten die Notierungen im Laufe des aktuellen Tages oder der Woche unter das niedrige Limit fallen, käme die eigene Order zu einem günstigeren Preis zum Zuge. Mit diesem „Abstauberlimit" können gewiefte Privatleute also kleine Kursrücksetzer abfischen. Das Problem: Steigt der Kurs unentwegt nach oben, stehen sie mit leeren Händen da – und gucken den steigenden Preisen hinterher.

Wer eine Aktie oder einen ETF ungefähr zum aktuellen Marktpreis kaufen will, sollte das Limit etwa auf den aktuellen Kurs setzen. Viele Börsenportale und Broker zeigen die Kurse allerdings meist mit 15 Minuten Zeitverzögerung, in der Zwischenzeit kann im Zweifel einiges passiert sein. Wollen Anlegerinnen und Anleger einen besseren Anhaltspunkt, können sie auf der Internetseite der Börse Frankfurt nach einer kostenlosen Anmeldung die aktuellen Livekurse aus dem Xetra-Computerhandel sehen („Xetra-Realtime“).

Kurse in Echtzeit unter: boerse-frankfurt.de

Wer es einfach haben will, setzt das eigene Limit nicht zu eng. Notiert eine bekannte Blue-Chip-Aktie gerade bei 72,33 Euro, könnten Anlegerinnen und Anleger ihr Limit zum Beispiel fünf Cent höher setzen. Tippen sie stattdessen den exakten aktuellen Kurs als Limit ein, können sie im Zweifel leer ausgehen. Selbst wenn Privatleute nur wenige Sekunden oder Minuten in der Ordermaske ihres Brokers zubringen, können ihnen die Kurse in der Zwischenzeit weggelaufen sein. Selbst einige Cent würden dann schon reichen, damit die Order erst einmal nicht zum Zuge kommt.

Wer in Nebenwerten unterwegs ist, sollte zusätzlich einen Blick ins Orderbuch werfen: Dort sehen Anlegerinnen und Anleger zumindest an der Computerbörse Xetra zeilenweise, wie viele Kauf- und Verkaufsangebote zu welchen Preisen gerade vorliegen. Liegen nur wenige Aktien im Orderbuch und ist der preisliche Abstand groß, lassen sich mit einem geschickt gesetzten Limit unangenehme Überraschungen vermeiden. Ein Beispiel: Bei einem kleinen Titel liegen 12 Aktien zu 60,50 Euro im Orderbuch, die nächsten 200 Titel jedoch erst wieder zu 63 Euro. Platzieren Interessierte ihr Limit zum Beispiel bei 61,10 Euro, könnten sie allzu hässliche Preisüberraschungen vermeiden. Wer sich diese mühsame Arbeit sparen will, kann bei Nebenwerten auch mit einer Daumenregel hantieren: Theoretisch können Anlegende ihr Limit einfach circa drei bis vier Prozent über dem aktuellen Kurs setzen.

Ein Manko der Limitorder sollte allerdings klar sein: Wer diesen Ordertyp nutzt, muss sich in der Warteschlange etwas weiter hinten anstellen. Erst kommen alle unlimitierten Orders zum Zuge, bei denen kein Preislimit vorgegeben ist. Erst, wenn sie abgewickelt sind, kommen die limitierten Aufträge an die Reihe. Theoretisch könnten Anlegerinnen und Anleger in weniger liquiden Titeln also kurzfristig leer ausgehen, wenn nach allen unlimitierten Orders kein Angebot zu den eigenen Preisvorstellungen mehr im Orderbuch steht. Manchmal splitten Anlegende ihre Order deshalb in mehrere Teile und setzen bei jedem Teil ein etwas abgestuftes Limit, unter Börsenprofis heißt dieses Verfahren „Staffellimit“.

Schritt 6: **Gültigkeit**

Geben Anlegerinnen und Anleger ein Preislimit an, sollten sie auch noch ein zeitliches Limit vorgeben. Bei vielen handelsüblichen ETF und großen Aktien gehen selbst Limitorders binnen Sekunden durch. Bei mittleren und kleineren Werten fehlt es allerdings manchmal am Angebot oder das Angebot der anderen Seite passt nicht zu den eigenen Vorstellungen. Anlegerinnen und Anleger können daher einfach vorgeben, wie lange ihre Order gültig bleiben soll.

1. **Tagesgültig:** Die Order bleibt bis zum Ende des aktuellen Handelstages bestehen (engl. Good for Day). Dies ist oft die Standardeinstellung vieler Banken und Broker.
2. **Ultimo:** Mit dem Zusatz „Ultimo“ bleibt die eigene Order in der Regel bis Monatsende bestehen.
3. **Ultimo + 1:** Die Order wird bis zum Ende des nächsten Monats aufrechterhalten.
4. **Good till Date (GTD):** Hier lässt sich ein beliebiges Datum angeben, zu dem die Order gelöscht werden soll. Der Zeitpunkt kann maximal 359 Tage in der Zukunft liegen.
5. **Good till cancelled (GTC):** Die Order bleibt bei dieser Option gültig, bis Kunde oder Kundin sie aktiv im Depot wieder streichen.

Die Orderfinessen für Profis

Manche Anlegenden wollen mit geschickten Orders von steigenden Kursen profitieren oder sich vor fallenden Kursen schützen. Das kann klappen – muss es aber nicht.

Mit den eigenen Orders auf das Auf und Ab der Kurse reagieren – und das auch noch automatisch? Mit speziellen Orderformen kann Anlegerinnen und Anlegern dieses Kunststück gelingen. Wer zum Beispiel bei großen Rücksetzern automatisch verkaufen möchte, hat dafür passende Optionen und muss nicht einmal laufend den Kurs beobachten. Wer dagegen kaufen will, wenn der Kurs gerade richtig anspringt, findet dafür ebenfalls einen speziellen Ordertyp.

▶ Stop-Loss-Order

Bei der Stop-Loss-Order geben Anlegerinnen und Anleger einen Kurs ein, ab dem ihr Wertpapier automatisch zum Verkauf gestellt werden soll. Fällt der Aktienkurs und berührt dabei die selbstgesetzte Marke oder durchbricht sie sogar nach unten, wird das Papier losgeschlagen. Viele Menschen setzen diese Stop-Loss-Marke zum Beispiel 15 bis 20 Prozent unter den aktuellen Kurs. Das Problem: Berührt der Aktienkurs die Stop-Loss-Marke, werden die Papiere schlicht zum nächstmöglichen Kurs verkauft. Herrscht an einem turbulenten Börsentag großer Verkaufsdruck, kann der nächste Kurs allerdings weit unterhalb der eigenen Stop-Loss-Marke liegen. Trotz des schönen Namens bieten die Stop-Loss-Orders eben keinen zuverlässigen Schutz vor großen Verlusten.

Generell sollten sich Anlegerinnen und Anleger überlegen, ob sie die Stop-Loss-Funktion tatsächlich brauchen. Denn die Verkaufsautomatik unterscheidet nicht, ob der Kurs wegen eines riesigen Unternehmensskandals drastisch fällt oder weil Negativschlagzeilen den Gesamtmarkt unruhig machen. Sind Anlegerinnen und Anleger von einem Unternehmen zum Beispiel als Value-Investoren langfristig überzeugt, könnten sie so ihre eigene Anlagestrategie konterkarieren: Das Unternehmen wäre ja nicht notwendigerweise weniger interessant, bloß weil der Kurs gefallen ist.

Wer dennoch mit Stop-Loss-Orders arbeiten will, kann zu einem kleinen Trick greifen: Die eigene Stopmarke am besten nicht auf runde Marken wie 100 Euro oder 90 Euro setzen. Viele Börsenleute legen ihre Schwelle zum Verkauf nämlich just an diese psychologisch eingängigen Marken. Touchiert der Aktienkurs die runde Zahl, löst das Börsensystem in der Folge manchmal eine Lawine an Verkaufsorders aus, manche Anleger können dann erst zu deutlich tieferen Preisen bedient werden. Wer diesen Effekt etwas abmildern will, setzt die eigene Stop-Loss-Marke deswegen etwas über die runde Marke – zum Beispiel bei 100,27 Euro. Im besten Fall wird die eigene Automatikorder dann vor den Stop-Loss-Aufträgen der anderen Anlegerinnen und Anleger ausgelöst, zu besseren Kursen.

▶ Trailing-Stop-Loss-Order

Mit einer Trailing-Stop-Loss-Order müssen Privatleute ihre Stop-Loss-Marke nicht auf einen speziellen Eurobetrag setzen, sondern können die Marke bei steigenden Kursen automatisch mitziehen. So können Anlegerinnen und Anleger festlegen, dass die Aktien zum Beispiel stets zehn Euro unter dem aktuellen Niveau oder beispielsweise 20 Prozent unter dem aktuellen Kurs in den Verkauf gegeben werden sollen. Niemand muss die eigenen Stop-Loss-Marken dann noch händisch nach oben korrigieren, wenn die Kurse steigen. Übrigens: Fallen die Kurse, bleibt die Stop-Loss-Marke, wo sie ist.

HÄTTEN SIE'S GEWUSST?

Dass Stop-Loss-Orders Verkaufswellen antreiben können, weiß sogar **TV-Comedian** Jan Böhmermann – und klärte die Netzgemeinde auf X darüber auf: „Stop-Loss-Orders haben nicht nur Vorteile."

Manchmal ordern Händlerinnen und Händler versehentlich Millionen oder Milliarden zu viel. Im Börsenjargon ist dann vom **„Fat-Finger"**-Fehler die Rede. Häufige Ursache: zu viele Nullen eingegeben.

„Alles oder nichts" ist nicht nur der Name eines Ordertyps an der Börse, sondern war auch eine beliebte Spielshow im deutschen Fernsehen. Ansonsten sollte man Börse und Spielshows lieber nicht gleichsetzen.

▶ Stop-Buy-Order

Bei einer Stop-Buy-Order können Anlegende eine Kursmarke angeben, ab der ein Wertpapier gekauft werden soll. Vorher gilt gewissermaßen ein Orderstopp, daher der Name dieser Auftragsmodalität. Die Idee: Wenn eine interessante Aktie an der Börse über Wochen im Seitwärtsgang unterwegs ist, könnte der Kurs irgendwann anziehen. Meldet die Firma gute Nachrichten, klettern die Notierungen vielleicht – und machen andere aufmerksam. Sobald die Aktie die eigene Stop-Buy-Marke touchiert, wird eine Kauforder ausgelöst.

Das Problem: Auch hier kaufen Anlegerinnen und Anleger zum nächsten Kurs, ohne Limit. Theoretisch kann dieser Kurs deutlich über der selbstgesetzten Marke liegen. Im schlechtesten Fall kann das Papier die Stop-Buy-Marke aber auch nur kurz berühren, um danach nach unten abzuprallen. Mit dieser Orderform lässt sich der tatsächliche Ausführungskurs also nicht vorherbestimmen.

▶ Limitierte Stop-Loss-Order

Manche Börsenplätze bieten eine vermeintlich saubere Lösung an: Sie kombinieren eine Stop-Loss-Order mit einem Verkaufslimit. Anlegerinnen und Anleger sollen also einerseits einen Preis festlegen, ab dem sie Aktien zum Verkauf stellen. Andererseits sollen sie mit einem Verkaufslimit einen Preis angeben können, den sie mindestens erzielen wollen. Auf den ersten Blick klingt diese Kombination vielversprechend, bei genauerem Hinsehen hat auch sie Schwächen: Unterschreitet die Aktie die Stop-Loss-Marke, wird der Auftrag als Limit-Order nachrangig ausgeführt. Erst sind alle unlimitierten Orders an der Reihe, die zu jedem beliebigen Preis durchgehen. Erst, wenn der Kurs schon weiter unten ist, kommen auch die Limit-Orders zum Zuge. Im Zweifel könnte der Kurs so rasant nach unten krachen, dass er unter das gesetzte Mindestlimit sinkt. Die limitierte Stop-Loss-Order würde dann einfach im Orderbuch liegen bleiben, weil sich der angepeilte Mindestpreis nicht mehr erzielen lässt. Die Konsequenz: Anlegerinnen und Anleger haben die Aktien immer noch im Depot, der Kurs ist aber deutlich abgebröckelt.

▶ Teilausführungen vermeiden

Viele wollen, dass ihre Order in einem Rutsch durchgeht. Das Problem: Will jemand viele Aktien kaufen, muss das Börsensystem diese Großorder teilweise zusammenstückeln und Angebote zu unterschiedlichen Preisen aus dem Orderbuch zusammenkaufen. Das Problem solcher Teilausführungen sollte jedoch niemand überbewerten, viele Banken verlangen schließlich keine Teilausführungsgebüh-

Checkliste

Wertpapiere richtig ordern

- ☐ **Ordermaske öffnen.** Klicken Sie bei Ihrer Bank oder Ihrem Broker am Computer oder in der App auf Ordern, Wertpapierauftrag oder Kaufauftrag. Mehr dazu auf Seite 360.
- ☐ **Kennnummer notieren.** Jedes Wertpapier hat eine unverwechselbare, zwölfstellige Kennziffer, die sogenannte Isin. Um Verwechselungen gleichnamiger Unternehmen zu vermeiden, notieren Sie sich diese Nummer vorher auf jeden Fall. Mehr dazu auf Seite 360.
- ☐ **Stückzahl festlegen.** Teilen Sie Ihre Anlagesumme durch den groben Kurs des Wertpapiers und runden sie dann ab. Wie das geht, steht auf Seite 361.
- ☐ **Handelszeit beachten.** Nur zwischen 9.00 Uhr und 17.30 Uhr bekommen Sie an den deutschen Börsen belastbare Kurse. Welt-ETF am besten nach 15.30 Uhr handeln, weil dann auch die US-Börsen offen sind. Mehr ab Seite 362.
- ☐ **Börsenplatz wählen.** Wer es einfach haben will, nutzt bei kleineren Aufträgen den Direkthandel. Wer besonders günstige Konditionen will, handelt an den Partnerbörsen der Neobroker. Wer besonders belastbare Kurse will, geht bei Aktien und ETF zu Xetra, bei Anleihen an die Börse Stuttgart. Mehr ab Seite 357.
- ☐ **Orderart wählen.** Um negative Überraschungen bei der Ausführung zu vermeiden, am besten immer mit Limit ordern. Damit legen Sie einen maximalen Kaufpreis fest, beziehungsweise einen minimalen Verkaufspreis. Mehr ab Seite 363.
- ☐ **Gültigkeit wählen.** Bei Limit-Orders immer festlegen, bis wann die Order aufrechterhalten werden soll. Meistens ergibt das Ende des aktuellen Tages oder des aktuellen Monats Sinn. Mehr ab Seite 364.
- ☐ **Order freigeben.** Vor dem finalen Klick die Gebühreninformationen ansehen. Passt? Tan-Nummer eingeben. Fertig!

ren mehr. Selbst, wer noch mehrfach Gebühren kassiert, erlässt diese meist bei Teilausführungen am selben Tag. So betrifft das Problem im Effekt vor allem große Orders für sehr spezielle Aktien wie kleine Nebenwerte, die über mehrere Tage zusammengekauft werden. Wer Teilausführungen verhindern will, stößt häufig auf drei unterschiedliche Ordertypen:

1. **Fill-or-Kill-Order (FOK):** Der Auftrag muss zwar sofort vollständig ausgeführt werden, kann aber auch aus mehreren Teilen zusammengestückelt werden. Teilausführungsgebühren lassen sich so also nicht vermeiden.
2. **Immediate-or-Cancel-Order (IOC):** Der Auftrag wird entweder vollständig ausgeführt oder nur der größtmögliche Teil, der sich in einem Rutsch ausführen lässt. Der nicht ausführbare Teil der Order wird gelöscht. Die Teilausführung lässt sich so verhindern, im Zweifel gibt es aber weniger Stücke als gewünscht.
3. **All-or-None-Order (AON):** Hier lässt sich tatsächlich vorgeben, dass die Order komplett oder gar nicht ausgeführt wird. Dieser Ordertyp ist in Deutschland allerdings nicht sehr verbreitet und meist nur außerbörslich möglich.

Das Depot managen

Immer am Ball bleiben

Egal ob die Kurse Kapriolen schlagen oder das Leben anders läuft als gedacht: Wer mit System anlegt, sollte seine Geldanlagen regelmäßig kontrollieren.

Wenn sich das Leben ändert

Einmal und nie wieder – so gehen viele Menschen bei der Geldanlage vor. Dabei sollte die persönliche Geldanlage mit dem eigenen Leben Schritt halten.

Vielleicht ist kaum ein Spruch an der Börse so missverständlich wie dieser: Anlegerinnen und Anleger sollten ihre Aktien unters Kopfkissen legen, Schlaftabletten nehmen und erst Jahre oder Jahrzehnte später ins Depot schauen, sagte der bekannte Börsenspekulant André Kostolany immer wieder. Eigentlich wollte der gebürtige Ungar damit zeigen, wie gut sich Aktien als solide Langfristanlage eignen. Dass manche daraus folgerten, sie müssten sich nach dem Kauf nie wieder mit ihren Aktien beschäftigen, wäre dem berühmten Kapitalmarktkenner wohl nie in den Sinn gekommen.

Sicher, niemand muss dreimal täglich den Stand des Dax checken, geschweige denn jedem schnellen Euro hinterherjagen. Für eine solide und wohlstrukturierte Geldanlage genügen schon ein oder zwei turnusmäßige Checks im Jahr. Ein bisschen ist das wie beim Auto: Niemand käme auf die Idee, dreimal täglich unter die Motorhaube zu sehen. In schöner Regelmäßigkeit muss aber auch das eigene Auto auf den buchstäblichen Prüfstand, das ist bei den eigenen Geldanlagen nicht anders.

Wie oft das Portfolio prüfen?

Selbst vermeintlich „passive" ETF-Strategien sind dabei aktiver, als viele meinen. Anlegerinnen und Anleger sollten mindestens einmal im Jahr das eigene Depot kontrollieren. Zum Beispiel an den ruhigen Tagen „zwischen den Jahren" lässt sich gut prüfen, ob die eigenen Geldanlagen noch zu den persönlichen Zielen passen oder sich in der Zwischenzeit vielleicht etwas verändert hat. Folgende drei Situationen lassen sich für eine Depotkontrolle nutzen:

- **Kontrolle turnusmäßig,** zum Beispiel einmal im Jahr
- **Kontrolle bei volatilen** Marktsituationen
- **Kontrolle bei Veränderungen** im eigenen Leben

Egal, wie perfekt das eigene Depot einmal geplant war, häufig kommt schlicht das Leben dazwischen. Manchmal bringt eine üppige Gehaltserhöhung mehr finanziellen Spielraum, mal stellt der Nachwuchs neben der eigenen Wohnung auch die Finanzplanung auf den Kopf. Egal ob solche Anlässe also beruflich oder rein privat sind, haben sie doch allesamt Auswirkungen auf die eigene Vermögensstrategie.

Am besten überlegen sich Anlegerinnen und Anleger bei einem jährlichen Vermögenscheck, ob die Richtung noch stimmt. Wer eigentlich ein Sabbatical machen wollte und nun als Freiberufler plötzlich Aufträge verliert, muss die eigenen Anlagen vielleicht defensiver aufstellen und von einem ausgewogenen Portfolio auf 25 Prozent Aktienquote absenken. Andere bekommen von den eigenen Eltern bereits vor dem Tod eine großzügige Schenkung und können nun offensiver anlegen und von der ausgewogenen in die offensive Pantoffel-Variante wechseln. Wer will, kann für diesen jährlichen Check einfach unseren Einstufungstest zum Geldanlagemix ab Seite 180 noch einmal durchlaufen. Bei größeren Veränderungen wie Heirat, erstem Job, Nachwuchs oder Immobilienplänen empfiehlt sich eine direkte und zeitnahe Kontrolle.

Unabhängig von der persönlichen Lebenssituation empfiehlt sich ein turnusmäßiger Finanzcheck auch mit Blick auf den Lauf der Märkte. Steigen die Aktienkurse über Monate rasant, kann der Risikoteil des eigenen Portfolios schnell übergewichtig werden. Wer risikokontrolliert investieren will, kann sein Depot daher turnusmäßig unter die Lupe nehmen und gegebenenfalls wieder ins Lot bringen. Wie das geht und was es bringt, zeigt der nächste Abschnitt ab Seite 372 im Detail.

Kontenkontrolle

Sparerinnen und Sparer sollten regelmäßig auf Girokonten und Tagesgeldern nach dem Rechten sehen: Haben sie genug Geld, um über den Monat zu kommen? Gibt es größere Ausgaben, für die Geld erst von anderen Konten herbeigeschafft werden muss? Vielleicht lässt sich dabei sogar ausfindig machen, dass das Fitnessstudio immer noch Beiträge abbucht, obwohl der Vertrag längst gekündigt wurde. Mit nur einem monatlichen Prüftermin lässt sich der Überblick behalten.

Mit Sparplänen flexibel unterwegs

Besonders einfach lassen sich übrigens Sparpläne an neue Realitäten anpassen, mit denen Privatleute turnusmäßig eine gewisse Summe investieren können – zum Beispiel jeden Monat. Faktisch lässt sich die Sparrate meist bis kurz vor dem Ausführungstermin verändern, falls es finanziell einmal anders läuft als gedacht. Theoretisch lässt sich der Sparplan sogar pausieren. Das soll allerdings keine Einladung sein, die Raten ständig nach Belieben anzupassen. Müssen Anlegerinnen und Anleger ständig an der Sparsumme herumschrauben, haben sie die Rate vielleicht nicht nachhaltig genug angesetzt.

Einmal eingerichtet, können Sparpläne im Grunde einfach vor sich hinlaufen. Lediglich ein Crash kurz vor dem Ausstieg wäre misslich, weil bis dahin ja idealerweise viel Geld zusammengekommen ist. Dann kommt es ganz auf die persönliche Lage an: Wer einen bestimmten Geldbetrag in Euro ersparen will, kommt mitunter schon Jahre vorher in einer guten Börsenphase ans Ziel und könnte die Gewinne dann bereits sichern. Theoretisch ließe sich auch einige Jahre vor Sparplanende stufenweise Geld in den Zinsbaustein verschieben und das Portfolio risikoärmer aufstellen. Am besten sind Menschen dran, die kein fixes Datum haben, zu dem sie das Geld benötigen – und Kurskrisen aussitzen können.

Rechner für Ausstieg bei Sparplänen
test.de/etf-sparplan

Das Depot kontrollieren

ETF gelten oft als passive Anlage. Doch einmal im Jahr sollten Anlegerinnen und Anleger genau hinschauen.

Sind Sie ein „hyperaktives Erdmännchen"? Mit diesem putzigen Begriff hat ein Frankfurter Finanzprofessor einmal Anlegerinnen und Anleger bezeichnet, die ständig in ihr Depot schauen. Andere Privatleute gelten an der Börse wiederum als „Faultiere", die ihr Portfolio vernachlässigen. Am Ende ist ein solider Mittelweg wohl die erfolgversprechendste Strategie: Einmal im Jahr kann selbst bei einfach strukturierten ETF-Portfolios der Blick in das eigene Depot nicht schaden.

Rauschen die Kurse an den Börsen nach oben oder krachen die Notierungen ein, kann das eigene Depot nämlich schnell aus dem Gleichgewicht geraten. Ausgewogene Anlegerinnen und Anleger wollen beispielsweise zu 50 Prozent auf Aktien setzen und die andere Hälfte als Sicherheitspuffer nutzen. Offensivnaturen investieren mit 75 Prozent ihres Anlagegeldes in Aktien, während viele vorsichtige Sparerinnen und Sparer eine Aktienquote von 25 Prozent ansetzen. Weil die Kurse am Parkett aber schwanken, können selbst gut geplante Depots schnell in eine falsche Richtung laufen.

Wenn die Notierungen an der Börse zum Beispiel binnen weniger Monate stark klettern, kann der Anteil der riskanten Anlagen in einem ursprünglich ausgewogenen Portfolio schnell übergewichtig werden. Statt bei 50 Prozent kann die Aktienquote nach einem kräftigen Kursplus schnell mal bei 60 oder 70 Prozent liegen – und damit zu viel Risiko bringen. Wer mit einer ausgewogenen Mischung startet, über 30 Jahre anlegt und nie eingreift, steht nach guten Börsenjahren mitunter mit einer Aktienquote von 90 Prozent da. Wer jedoch an seiner grundsätzlichen Anlageaufteilung aus Rendite- und Zinsbaustein festhalten will, sollte nachjustieren und das Portfolio wieder ins Lot bringen.

Bei diesen Schwellen eingreifen

Stiftung Warentest hat für das Pantoffel-Portfolio ausführlich berechnet, wie Anlegende ihr Depot am besten kontrollieren können: Im Normalfall müssen sie nur einschreiten, wenn der Aktienanteil mehr als zehn Prozentpunkte zu gewichtig oder zu klein geworden ist. Beim ausgewogenen Fifty-fifty-Pantoffel wäre diese Schwelle erreicht, wenn die Aktienquote mehr als 60 Prozent des Portfolios oder weniger als 40 Prozent des Gesamtgewichts ausmachen würde. Bei der defensiven Ausrichtung müssen Anlegende bei einem Aktienanteil von unter 15 Prozent und über 35 Prozent tätig werden, beim offensiven Pantoffel-Portfolio bei mehr als 85 Prozent Aktienquote oder weniger als 65 Prozent.

Um solche Schwellenmarken nicht zu verpassen, können Anlegerinnen und Anleger ein- bis zweimal im Jahr in ihr Depot schauen. Zusätzlich bietet sich ein Blick an, wenn die Börse mit Crashs oder Kursfeuerwerken die Schlagzeilen beherrscht. Bei zehn Prozentpunkten Abweichung einzuschreiten, ist ein pragmatischer Mittelweg: Würden Anlegende schneller aktiv, müssten sie ständig hin und her handeln und dafür in der Regel Ordergebühren zahlen. Setzen sie nur einmal im Jahr zu einem festen Stichtag zurück, kann sich die Risikobalance im Depot in der Zwischenzeit stark verändert haben.

So klappt der Ausgleich

Wer das Depot wieder ins Lot bringen will, schafft das im Handumdrehen: Hat es am Aktienmarkt gerappelt, ist der eigene Risikobaustein im Wert gefallen. Um den riskanten Portfolioteil wieder zu füttern, lässt sich als Gegenmaßnahme einfach ein Teil der eigenen Zinsanlagen verkaufen. Sind die Aktienkurse

Wann sollten Sie umschichten?

Pantoffel-Portfolio mit zwei Komponenten	Zinsbaustein	Renditebaustein
Defensiv: untere Schwelle – Zielgewichtung – obere Schwelle (in Prozent)	65 – 75 – 85	15 – 25 – 35
Ausgewogen: untere Schwelle – Zielgewichtung – obere Schwelle (in Prozent)	40 – 50 – 60	40 – 50 – 60
Offensiv: untere Schwelle – Zielgewichtung – obere Schwelle (in Prozent)	15 – 25 – 35	65 – 75 – 85

wiederum weit nach oben gerannt, lässt sich hingegen ein Teil des inzwischen übermächtigen Aktienteils verkaufen und in den Zinsbaustein stecken. Dieses Rebalancing hat gleich zwei positive Effekte auf einmal: Haben die Börsen gerade einen Lauf, sichern sich Sparerinnen und Sparer schon mal einen Teil der Gewinne. Sind die Kurse im Keller, kaufen sie neue Anteile besonders günstig und können bei einer anschließenden Erholung profitieren.

Anlegerinnen und Anleger sollten auf die Orderkosten achten, und zwar am besten schon vor dem Aufbau des Pantoffel-Portfolios: Wer ETF-Anteile im Wert von rund 10 000 Euro verkaufen will, zahlt bei günstigeren Direktbanken bloß rund fünf Euro, bei teureren Filialbanken aber schnell das Zehnfache. Auch wenn über Zeiträume von 30 Jahren oft nicht einmal zehn Anpassungen nötig sind, würden Sparerinnen und Sparer teuren Banken unnötig Geld hinterherwerfen.

Der Trick für Sparpläne

Wer einen Sparplan am Laufen hat und sich die Ordergebühren sparen will, kann sogar ohne Kosten zum Erfolg kommen: Ist zum Beispiel der Aktienanteil am Portfolio zu dominant geworden, lässt sich die turnusmäßige ETF-Rate für einige Zeit aussetzen. Stattdessen würden die Raten so lange in den Sicherheitsbaustein des Portfolios wandern, bis die Zielgewichtung im Gesamtportfolio wieder erreicht ist. Die Raten von ETF-Sparplänen heraufzusetzen, herunterzuschrauben oder phasenweise auf null zu setzen, ist bei den meisten Banken kostenlos möglich. Anlegerinnen und Anleger können mit dieser Variante vor allem Kosten sparen, sie erreichen das Wunschverhältnis zwischen Aktienteil und Zinspart im Portfolio aber meist erst im Verlauf einiger Monate.

Was bringt der Balanceakt?

Viele Sparerinnen und Sparer sind irritiert, wenn sie zum ersten Mal vom Rebalancing hören: Ausgerechnet dann, wenn es an der Börse läuft, sollen sie den Aktienanteil stutzen? Die meisten Menschen würden die Gewinne aus dem Bauch heraus wohl lieber weiterlaufen lassen. Das umgekehrte Szenario wirkt kaum angenehmer: Ausgerechnet Aktien nachkaufen, wenn die Kurse gerade stürzen? Vielen dürfte das halsbrecherisch anmuten. Doch dieses antizyklische Anpassen hat mehrere wohltuende, psychologische Effekte.

Die eigenen Rebalancing-Summen berechnen? Rechner unter test.de/pantoffelportfolio

Erstens verhindert unser regelgebundenes Rebalancing-Konzept, dass Anlegerinnen und Anleger ausgerechnet im Kurscrash aus Angst verkaufen. Zweitens wird das Portfolio auch nicht zu riskant: Rauscht der Aktienanteil im Depot zu weit nach oben, träfe ein Crash das eigene Depot sonst umso härter. Drittens bleiben Anlegerinnen und Anleger über die Anlagedauer ihrem ganz persönlichen Portfoliomix treu, den sie mit Blick auf ihre faktische Risikotragfähigkeit und die eigene emotionale Risikoneigung schließlich zu Beginn ihrer Anlagekarriere bewusst festgelegt haben.

Zum Risikocheck siehe Seite 183

Immer schön balancieren

Wenn sich im Portfolio die Gewichte verschieben, sollten Privatleute eingreifen. Diese Anpassungen halten die Risikomischung konstant.

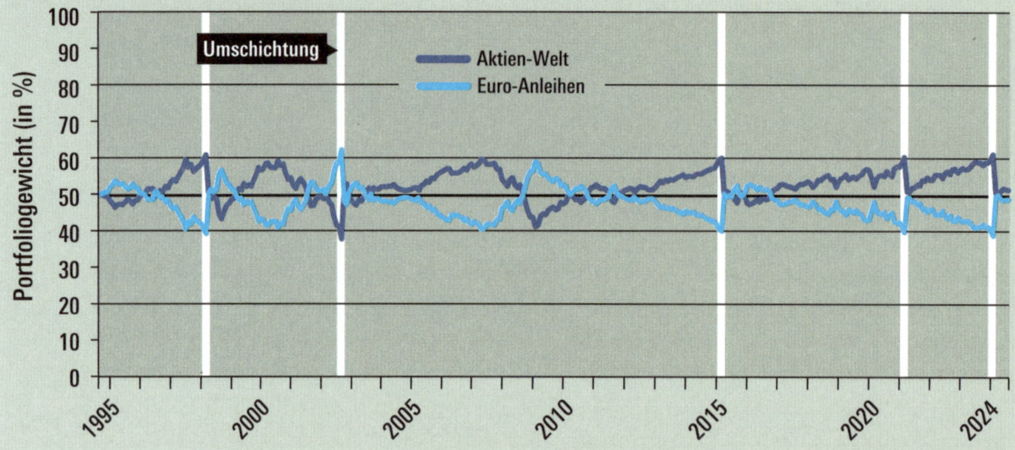

Quelle: LSEG, eigene Simulationen Zeitraum: 30.09.1994 – 30.09.2024
Anmerkungen: Simulierte Einmalanlage über 30 Jahre, Handelskosten berücksichtigt, ohne Steuern

Renditekick durch Rebalancing?

Wer Anfang der 1990er-Jahre unseren „Welt-Pantoffel" aus Welt-Aktien und Euro-Anleihen nach dem Schnittmuster Halbe-halbe eingerichtet hätte, hätte damit pro Jahr im Schnitt rund 6,6 Prozent Rendite eingefahren (Stand: 09/24). Generell bringt das Rebalancing jedoch weder ein garantiertes Renditeplus noch ein Renditeminus. Wie sich das Rebalancing auf die Rendite auswirkt, ist immer vom konkreten Kapitalmarktverlauf abhängig.

Renditetechnisch kann die Strategie vorne landen, wenn mehrere Crashs in der Anlagephase liegen und sich dann Erholungen anschließen: Anlegende kaufen bei fallenden Kursen schließlich immer wieder neue ETF-Anteile zu niedrigen Kursen und treiben ihre Aktienquote damit wieder nach oben. Wenn sich die Weltbörsen wie in der Historie meist eher schnell wieder erholen, können Anlegerinnen und Anleger anschließend mit mehr ETF-Anteilen von diesem Kursanstieg profitieren – im besten Fall ergibt sich daraus eine Art Sprungrampe fürs Depot.

Gäbe es in einem zweiten Szenario allerdings einen jahrelangen Aktiencrash auf Raten ohne direkte Erholung, würden Anlegerinnen und Anleger durch das Rebalancing dauernd nachkaufen. Die Aktienquote fällt im Kurskollaps, die Anlegenden würden mehr Anteile nachkaufen, die dann auch von fallenden Kursen betroffen wären – zunächst würden in diesem Szenario also immer höhere Verluste entstehen. Dann wäre entscheidend, wie lange die Betroffenen am Ende auf eine Erholung der Kurse am Parkett warten können.

Wenn die Kurse als dritter Fall wiederum jahrelang stetig steigen, ohne größere Rücksetzer oder gar Crashs, kappen Privatleute mit der Rebalancing-Strategie wiederum turnusmäßig ihre Aktienquote und nehmen die kletternden Kurse nicht voll mit. In einem solchen Marktumfeld würden Anlegerinnen und Anleger einem völlig unbeaufsichtigten Depot hinterherlaufen, dessen Aktienquote einfach immer weiter steigen würde. Ein Rebalancing ergibt jedoch trotzdem Sinn, um das eigene Portfolio nicht zu riskant werden zu lassen.

Im Crash richtig handeln

Wenn es an der Börse rappelt, trifft das viele Menschen unvorbereitet. Dabei sind Crashs eher Regel als Ausnahme. Wie sich Anlegerinnen und Anleger wappnen.

Es ist an einem Freitagmorgen um acht Uhr, als auf Börsenhändler Stefan Scharffetter eine Lawine zurollt. Scharffetter sitzt im Frankfurter Börsensaal ganz vorne rechts, hat sich vor seinen sechs Bildschirmen postiert und blickt über seine Schulter auf die meterhohe Dax-Tafel. Kurz ein Schluck Wasser, dann einmal durchatmen. Als das Coronavirus in diesen Märztagen im Jahr 2020 plötzlich aus China bis nach Italien gekommen ist, klackert die schwarze Kurstafel über Scharffetters Kopf so häufig wie sonst selten. „Wir stehen hier unter Dauerbeschuss“, sagt der Börsenhändler an dem Tag, als der deutsche Leitindex Dax mehr als fünf Prozent in die Tiefe kracht und das Wort vom Crash die Runde macht.

Auch wenn sie vermeintlich überraschend kommen, gehören Crashs am Parkett einfach dazu. Egal ob die Notierungen über Monate kontinuierlich absacken oder ruckhaft abrauschen, spätestens alle sieben bis zehn Jahre sollten Anlegerinnen und Anleger mit einem Kurskrach rechnen. Kleinere Schwächephasen mit mittleren Rücksetzern gibt es im Grunde sogar jedes Jahr. Bröckeln die Aktiennotierungen um mehr als zehn Prozent ab, sprechen Anlegerinnen und Anleger zunächst von einer „Korrektur“. Bei Kursverlusten von mehr als 20 Prozent im Vergleich zum letzten Hochpunkt ist von einem „Crash“ die Rede.

Die Gründe für heftige Kursbewegungen sind vielfältig: Mal zittern die Börsen angesichts von Kriegen und Konflikten, mal sind Zinserhöhungen oder Rezessionen schuld. In überraschend vielen Fällen lässt sich überhaupt kein Grund ausmachen, hat US-Börsenprofessor Jeremy Siegel ausgewertet. Bislang gibt es jedenfalls keinen Indikator, der zuverlässig vor jedem Kurskollaps gewarnt hätte.

So wirken Crashs

Kurioserweise lenkt ausgerechnet das Wort vom Crash Anlegerinnen und Anleger auf eine falsche Fährte: Während die Parallele zum Autounfall einen unwiederbringlichen Totalverlust nahelegt, ist ein Börsencrash alles andere als das. Auch wenn bei stürzenden Kursen alle zittern, waren selbst die größten Crashs am Parkett bislang stets nur vorübergehender Natur. Fachleute sprechen davon, dass Kurseinbrüche im Regelfall kein „endgültiges Risiko“ sind, sondern ein „reversibles Risiko“. Selbst im längsten Crash des Welt-Aktienindex MSCI World dauerte es nach dem Dotcom-Crash zur Jahrtausendwende kaum mehr als 13 Jahre, bis sich die Kurse wieder erholt hatten. Im zweitschlimmsten Crash zur Ölkrise 1973 dauerte es sogar nur rund sieben Jahre.

Anlegerinnen und Anleger sollten sich jedoch nicht in falscher Sicherheit wiegen: Dass sich die Börsen wieder erholten, galt nur für die Weltbörsen als Ganzes, aber nicht zuverlässig im Falle einzelner Länder. Der finnische Börsenindex MSCI Finnland sackte infolge der Dotcom-Krise ab April 2000 deutlich ab und hatte knapp 25 Jahre später sein altes Rekordniveau nicht wieder erreicht. Der Athener Börsenindex MSCI Griechenland erreichte sein Rekordniveau Ende Oktober 2007, geriet dann aber in den Strudel aus Finanz- und Euroschuldenkrise. Selbst mehr als 15 Jahre später notierte er noch immer rund 95 Prozent unter dem Höchststand. Einer Studie des Börsenprofessors Edward McQuarrie zufolge lagen 8 von 21 Länderbörsen irgendwann innerhalb von mehr als 200 Jahren Börsengeschichte einmal sogar 50 Jahre lang im Minus, wenn man die Inflation abzog – meist war das in der kriegsgeplagten ersten Hälfte des 20. Jahrhunderts.

Crashtest für die Börsen

Kurseinbrüche kommen zwar oft aus heiterem Himmel, dennoch sollten Privatleute stets mit ihnen rechnen. Die gute Nachricht: Langfristig bügelte zumindest der Weltindex MSCI World Kursdellen zuverlässig wieder aus.

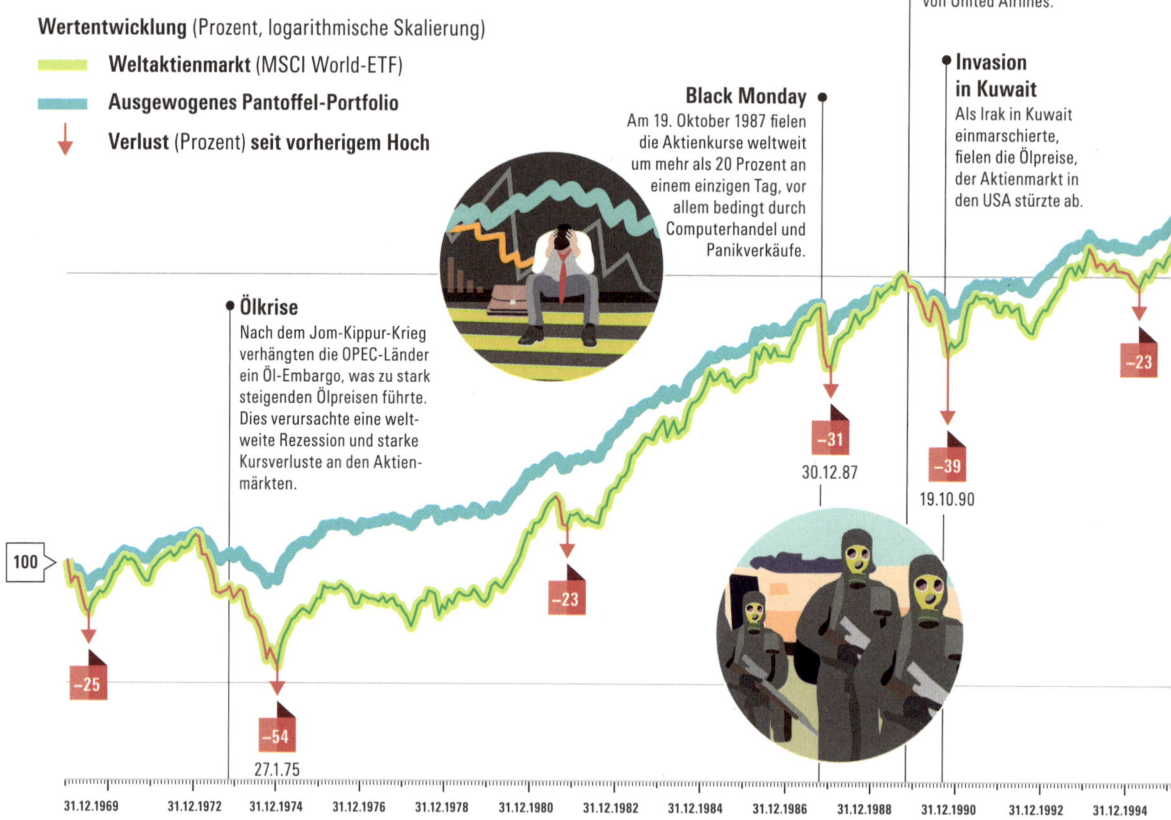

Mehr zu Börsenindizes ab Seite 60

Vom Crash profitieren

Clevere Anlegerinnen und Anleger schauen jedoch ganz anders auf das Thema Crashs: Statt sich zu ängstigen, wollen sie im Crash zugreifen und ETF-Anteile zu besonders niedrigen Kursen aufschnappen. Für dieselbe Summe Geld gibt es dann schließlich mehr ETF-Anteile als zuvor. Kommt danach die Trendwende, soll der Aufholeffekt das eigene Depotvolumen kräftig nach oben treiben. Kann das klappen?

Auch wenn es sich auf den ersten Blick absurd anhört, hat Stiftung Warentest in einer Simulation die Probe aufs Exempel gemacht. In einem Crashtest haben wir einen Aktien-ETF mit heftigen Kursverlusten zu unterschiedlichen Zeiten traktiert. Dabei haben wir einen Crash von 60 Prozent unterstellt, uns also grob am historisch heftigsten Kursverfall der Weltbörsen im MSCI World orientiert. Das Ergebnis unseres Härtetests: Wer turnusmäßig via Sparplan mit ETF sparte, konnte von Crashs sogar profitieren. Je früher der Crash im Laufe der eigenen Sparphase kam, desto stärker wirkte dabei der Hebel. Weil bei einem Sparplan ganz am Anfang nur wenige Raten investiert sind, trifft der Crash dann nur eine kleine Summe. Gleichzeitig kaufen Anlegerinnen und Anleger im und nach dem Crash zu gefallenen Notierungen viele Anteile, deren Kurse sich später wieder erholen können. Steigen die Kurse nach einem Crash deutlich an, wie es historisch häufig der Fall war, kann sich

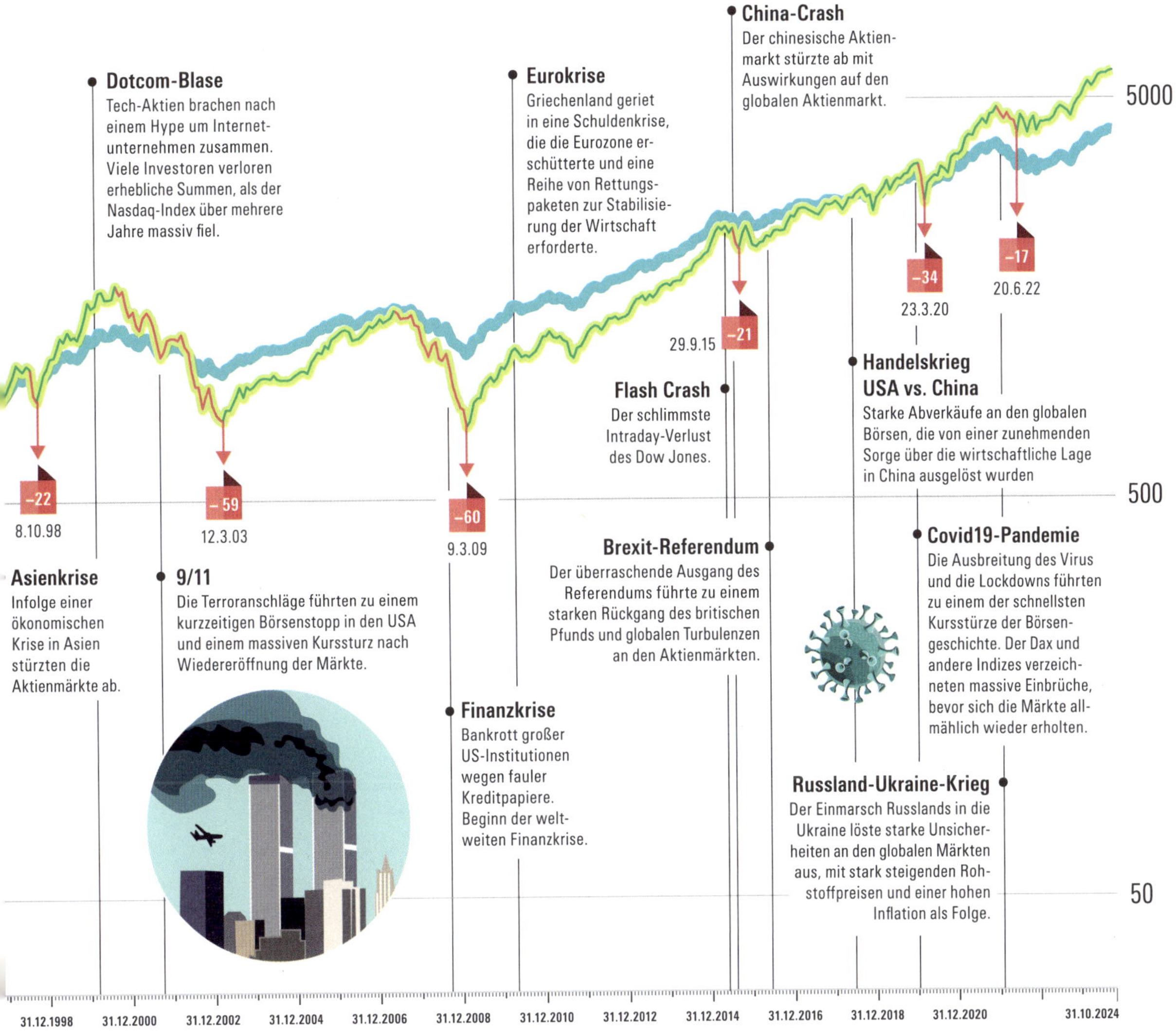

Stand: 31. Oktober 2024 Quelle: LSEG, Stiftung Warentest Zeitraum: 31. Dezember 1969 bis 31. Oktober 2024

das für die Sparplankundschaft sogar positiv auswirken. Je später der Crash jedoch während der 30-jährigen Anlagephase in unserem Test kam, desto geringer wurde der Effekt: Ein Crash trifft dann schließlich ein größeres Depotvolumen, und nach hinten bleibt möglicherweise weniger Zeit für die Erholung.

Anlegerinnen und Anleger sollten jedoch wissen, dass dieser paradoxe Crasheffekt nur bei Sparplänen wirkt und aus mathematischen Gründen nicht bei Einmalanlagen. Wer nur einmal am Anfang investiert, hat im Zweifel schließlich direkt eine große Summe im Spiel. Wer als Einmalanleger trotzdem einem antizyklischen Dreh folgen will, kann über Rebalancing nachdenken (siehe Seite 372).

Einzelaktien im Crash

Crashen die Börsen in der Breite, stellt sich für Anlegerinnen und Anleger auch bei Einzeltiteln die Frage: durchhalten, aussteigen oder nachkaufen? Wer darauf eine Antwort finden will, sollte sich an sein Aktien-Tagebuch erinnern, das wir auf Seite 239 angelegt haben. Für jede Aktie im Depot sollten Anlegerinnen und Anleger nicht nur beim Kauf gute Argumente haben, sondern bereits vor dem Kauf mögliche Gründe für einen Ausstieg skizzieren.

Will man mit einer mutmaßlichen Qualitätsaktie durch dick und dünn gehen, können die Titel vielleicht selbst bei einer Wirtschaftsdelle im Depot bleiben. Gehört der Titel zur Kategorie „Zockeraktie", könnten Anlegerinnen

Investor-Info

Im Crash ruhig bleiben. Rappelt es an der Börse, sollten Sparerinnen und Sparer die Ruhe bewahren. Wer verkauft, wenn die Kurse schon 40, 50 oder gar 60 Prozent gefallen sind, macht aus einem Minus auf dem Papier schließlich tatsächliche Verluste.

Bloß kein Crash-Timing. Manche Anlegerinnen und Anleger versuchen Timing zu betreiben und am Anfang eines Crashs zu verkaufen, um später idealerweise am Tiefpunkt wieder einzusteigen. Oft trauen sie sich dann aber nicht und schauen dem Markt von der Seitenlinie hinterher, während er längst nach oben gedreht ist.

Kursdellen stur aussitzen. Wer clever vorgehen will, sollte einfach investiert bleiben. Wichtige Voraussetzung: Der Anleger oder die Anlegerin hat wirklich global gestreut investiert und rechnet mit einem Anlagezeitraum von mindestens 15 Jahren.

Auf Crash vorbereiten. Vor einem Investment sollten Interessierte einen Crash für ihr Geld einplanen: Könnten sie ein Minus von zum Beispiel 60 Prozent faktisch und gefühlsmäßig durchstehen? Wer nur zu 50 Prozent in Aktien investiert, bekommt Crashs nur rund halb so heftig mit.

Bei Einzeltiteln differenzieren. Bei einzelnen Aktien gibt es keine Regel. Anlegerinnen und Anleger sollten prüfen, ob sich mit dem Crash die Aussichten getrübt haben – oder die Aktie in der allgemeinen Panik nur in Mithaftung genommen wurde.

und Anleger die Verluste abwürgen, bevor sie zu lange an einem Verlierer festhalten. Ist die Aktie wiederum nach gründlichem Bilanzstudium wegen ihrer soliden Zahlen im Depot gelandet, könnten Chancenorientierte im Crash nachkaufen – sofern sie einen langen Atem haben und von der Aktie überzeugt sind.

Wenn die Kurse in der Breite deutlich abrutschen, stecken viele Menschen schließlich alle Aktien in einen Sack. Nicht zwingend verschlechtert sich aber die fundamentale Qualität jedes Unternehmens, nur weil sein Kurs fällt. Umgekehrt gibt es sogar spannende Unternehmen, die vorher eher teuer waren und nun vergleichsweise günstig zu haben sind.

Um das zu beurteilen, können Anlegerinnen und Anleger die Kurse zum Beispiel in Relation zu den erwarteten Unternehmensgewinnen betrachten, zum Gesamtmarkt oder zum Branchenschnitt. Um die Überlegungen in ein Gerüst zu fassen, helfen die Kennzahlen ab Seite 166 und die Idee eines Aktientagebuchs von Seite 239. Wer will, kann sich in Aktienapps inzwischen auch einen Kursalarm einrichten, falls Titel bestimmte Marken unterschreiten. Von automatisierten Verkaufsorders raten wir ab (siehe Seite 365).

Doch selbst gründlichste Überlegungen sind nicht immer wasserdicht: Vor Jahrzehnten waren beispielsweise Ölaktien beliebt, weil sie als zuverlässige Dividendenzahler bekannt waren. In der Coronakrise 2020 zogen jedoch viele die Reißleine, weil plötzlich die gesamte Welt stillstand und die westliche Klimapolitik schärfer geworden war. Nach dem Angriff Russlands auf die Ukraine 2022 überflügelten diese Aktien ihre Coronadelle und den Gesamtmarkt zeitweise deutlich, weil Öl und Gas zwischenzeitlich knapp waren. Umgekehrt fielen Gesundheitsaktien in der Coronakrise im Branchenschnitt zunächst am wenigsten. Der Dialysespezialist FMC geriet aber in Probleme, weil viele Dialysepatienten plötzlich starben. Die Beispiele zeigen, dass selbst genaueste Überlegungen vorschnell sein können. Eine Garantie, dass solche Überlegungen funktionieren, gibt es also nicht.

Das Vermögen auszahlen

Wer im Alter auf ein stattliches Börsenvermögen schaut, ist oft perplex: Statt ansparen ist auf einmal ausgeben angesagt. Auch das will gelernt sein.

Vielleicht ist es eine Angewohnheit an Ökonomiefakultäten, selbst einfache Dinge in komplizierte Worte zu kleiden: Wer Geld angespart hat und an der Börse zu Vermögen gekommen ist, tritt im professoralen Jargon irgendwann in die „Entsparphase“. Auf gut Deutsch: Mit dem Ruhestand wollen oder müssen viele Menschen ran an ihr Geld und die gesetzliche Rente mit einer Zusatzzahlung aus dem eigenen Börsenvermögen flankieren.

Zahlreiche Kalkulationen von Stiftung Warentest zeigen: Wer zum Beispiel 100 000 Euro angespart hat und 30 Jahre lang eine Zusatzrente beziehen will, konnte sich mit dem eigenen Börsenvermögen zwischen 300 und 800 Euro monatlich genehmigen – je nach Modell. Grundsätzlich gibt es sechs seriöse Varianten, die eigene Börsenbilanz in eine monatliche Zahlung umzuwandeln:

1. **Sofortrente:** Wer sein Börsenvermögen an eine Versicherung zahlt, bekommt bis zum Lebensende mindestens eine fixe Summe pro Monat, im besten Fall steigt sie sogar etwas (mehr ab Seite 381).
2. **Pauschale Entnahme:** Anlegerinnen und Anleger investieren weiter an der Börse und entnehmen jeden Monat eine feste Eurosumme, bis das Geld alle ist (mehr ab Seite 381).
3. **Fixe Entnahme:** Das Geld bleibt investiert, die Entnahmehöhe wird aber von der Börsenlage zu Beginn der Entnahmephase abhängig gemacht (mehr ab Seite 382).
4. **Flexible Entnahme:** Für Rentnerinnen und Rentner, die an der Börse bleiben und ihre Auszahlungen laufend an die aktuelle Börsenlage anpassen wollen (mehr ab Seite 382).
5. **Flexible Entnahme mit Puffer:** Für Anlegende, die im Ruhestand weiter investiert bleiben und einen möglichen Crash schon vorher einrechnen wollen (mehr ab Seite 384).
6. **Lernende Rente:** Für Naturen, die ihre monatliche Zusatzrente stets aufgrund neuester Börsendaten berechnen wollen (mehr ab Seite 384).

Die passende Entnahmestrategie finden

Um die richtige Rentenvariante zu finden, müssen Anlegerinnen und Anleger auf ihre ganz persönlichen Lebensumstände schauen: Bei manchen Menschen reichen gesetzliche Rente und Betriebsrente nicht aus, um alle notwendigen monatlichen Ausgaben zu stemmen. Andere sind im Ruhestand zum Beispiel durch auskömmliche Beamtenpensionen so gut abgesichert, dass die monatliche Zahlung aus dem eigenen Börsenvermögen nur ein willkommenes Sümmchen obendrauf darstellt. Wer die Entscheidung für eine der Entnahmestrategien begründet treffen will, kann sich an folgenden Fragen orientieren:

- **Wie lange** soll die Auszahlung dauern?
- **Wie viel Geld** braucht es jeden Monat extra?
- **Wie chancenreich** und riskant soll die Anlagestrategie im Ruhestand sein?

Die Lebenszeit schätzen

Am Anfang müssen Sparerinnen und Sparer eine besonders makabere Rechnung aufmachen: Wie lange werden sie noch leben? Was irritierend klingt, läuft im Versicherungsjargon jedoch tatsächlich unter dem Begriff „Langlebigkeitsrisiko“. Auch wenn Menschen

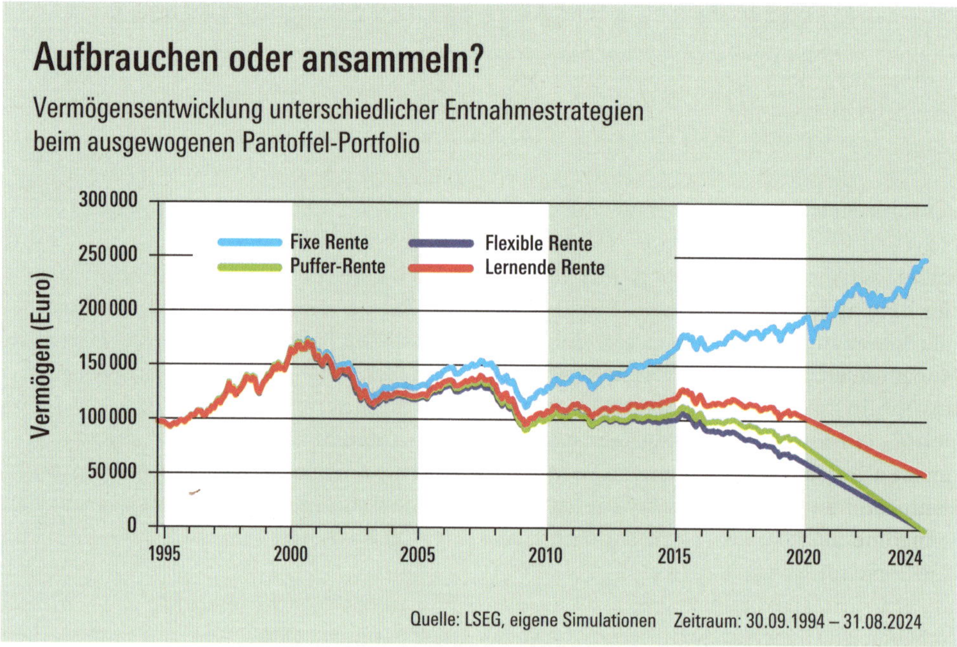

besonders alt werden, soll die Rente schließlich noch reichen. Wer die eigene Lebensdauer abschätzen will, kann in die Tabellen des Statistischen Bundesamts schauen: Mit dem Renteneintritt dürfen Männer im Schnitt von rund 18 Jahren Ruhestand ausgehen, Frauen von rund 20 Jahren (Stand: 06/24).

Wohlgemerkt: Viele Menschen werden auch weitaus älter als der Durchschnitt der Bevölkerung und erleben zum Beispiel noch 30 Jahre Ruhestand. Fitte Rentnerinnen und Rentner können heutzutage ohne Probleme damit rechnen, ihren 95. Geburtstag noch zu feiern und vielleicht sogar ein ganzes Jahrhundert zu leben. Viele Vermögensplaner rechnen inzwischen mit einem unterstellten Lebensalter von genau diesen 95 Jahren, wenn sie das Szenario eines langen Lebens abfangen wollen, ohne dabei völlig unrealistische Annahmen zu treffen. Wer dagegen schon zu Rentenbeginn mit schweren Krankheiten kämpft, muss gegebenenfalls eine etwas niedrigere Lebenserwartung ansetzen. Keine Sorge, theoretisch lässt sich diese Rechnung im Laufe des eigenen Ruhestands immer wieder anpassen.

Aktuelle Sterbetafeln unter destatis.de

Mehr zur Inflation auf Seite 15

Die Risikomischung finden

Oft kursiert in den Medien die Ansicht, Rentnerinnen und Rentner könnten mit Beginn ihrer Rente nur noch auf sichere Zinsanlagen setzen und sollten um Aktien einen weiten Bogen machen. Aus Sicht von Stiftung Warentest ist das allerdings kaum empfehlenswert, weil Menschen im Ruhestand damit Renditechancen an sich vorbeiziehen lassen. Die sind kein Selbstzweck: Weil die Preise tendenziell steigen, kann die Teuerung über 20 oder 30 Jahre Ruhestand erheblich am realen Wert des eigenen Vermögens zehren. Da viele Rentnerinnen und Rentner nach ihrem Arbeitsleben sowieso den Gürtel bedeutend enger schnallen müssen und mögliche Pflegekosten auch nicht billig sind, gibt es gute Argumente für ein klein wenig Mut am Börsenparkett.

Wer vor der Rente zum Beispiel mit dem ausgewogenen Welt-Pantoffel gespart hat, kann dieser Strategie mit 50 Prozent Aktienquote auch im Ruhestand noch auf Jahre treu bleiben. Wer etwas vorsichtiger vorgehen will, sollte über den defensiven Welt-Pantoffel aber immerhin mit 25 Prozent einen breit gestreuten Aktien-ETF beimischen. Nur, wer überhaupt keine Schwankungen ertragen kann und sonst partout nicht über die Runden käme, muss wohl oder übel komplett auf Nummer sicher gehen.

Welche Rentenvariante für wen?

Wer auch im Ruhestand weiter am Börsenparkett aktiv sein möchte, kann ein wenig in sich hineinschauen: Wollen sich Sparerinnen und Sparer aus ihrem Depotvermögen jeden Monat unbedingt dieselbe Summe genehmigen, ist die „fixe Entnahme" eine Überlegung wert. Oder soll die Zusatzrente im besten Fall mit den Börsenkursen zusammen steigen? Dann könnten Interessierte über die „flexible Entnahme" nachdenken. Andere wollen, dass ihre Rente mit etwas Glück ein bisschen steigen kann, im Fall von Börsencrashs aber auch nicht von jetzt auf gleich dahinschmilzt. Dann ist die „flexible Entnahme mit Verlustpuffer" spannend, die Stiftung Warentest selbst entwickelt hat. Wer stets die aktuellen Börsendaten in die eigene Rentenkalkulation integrieren will, kann sich wiederum unsere „lernende Rente" anschauen.

1. Strategie: „Sofortrente"

Wer das Wort Sofortrente hört, denkt meist an nichts Schlechtes: Sofort eine Rente kassieren? Das würde wohl kaum jemand ausschlagen. In Wirklichkeit sind Sofortrenten allerdings nur für die Wenigsten geeignet, am Ende profitieren nämlich meist vor allem die Anbieter. Hinter dem wohlklingenden Begriff verbirgt sich eine Art garantierte Rente: Bei einer Sofortrente zahlen Pensionäre der Versicherungsgesellschaft schließlich eine große Summe Geld auf einmal, zum Beispiel, indem sie ihr gesamtes Börsendepot leerräumen. Im Gegenzug zahlt das Unternehmen jeden Monat eine feste Summe aus – und zwar garantiert bis zum Lebensende.

Wer zum Beispiel mit 65 Jahren als Kundin genau 100 000 Euro einzahlt, bekam in unserem Test maximal 284 Euro pro Monat fest zugesagt (Stand: 10/22). Hat der Versicherer mit seinen Anlagen am Kapitalmarkt aber eine Mischung aus Verstand und glücklichem Händchen, kommen mitunter Überschüsse dazu. Das Problem: Selbst wer in unserem Test die beste Garantierente bekommt, müsste noch rund 29 Jahre leben, um die eingezahlte Summe komplett wieder herauszubekommen. Wer vor dem 95. Lebensjahr stirbt, würde aus einem solchen Produkt also weniger herausbekommen, als am Anfang hineingeflossen ist. Zumal das Restgeld bei den meisten Verträgen ohne spezielle Vereinbarung nicht an die Hinterbliebenen fließt, sondern an das Versicherungskollektiv.

Am ehesten eignet sich die Sofortrente also für Menschen, die sicher sind, besonders alt zu werden. Noch wichtiger ist sie für Ruheständler, die sonst nur eine magere Rente bekommen und dringend eine monatliche Zusatzzahlung brauchen, die auf keinen Fall wegbrechen darf. Diese Kundinnen und Kunden sollten allerdings unbedingt darauf achten, eine sogenannte „volldynamische" Sofortrente zu wählen. Bei manchen anderen Tarifen behalten sich Versicherer sonst nämlich vor, die Renten während der Laufzeit wieder zu kappen.

Die besten Sofortrenten-Tarife unter test.de/sofortrente

2. Strategie: „Pauschale Entnahme"

Wer sich jeden Monat über Jahrzehnte eine feste Summe auszahlen will, kann die fixe Entnahmestrategie befolgen. Dazu können Rentnerinnen und Rentner ihr Portfoliovolumen durch die angepeilte Laufzeit teilen. Wer konservativ kalkuliert, rechnet mit 95 Jahren Lebenserwartung und hätte nach Rentenbeginn noch rund 30 Jahre zu überbrücken. Setzen Ruheständler zu Beginn zum Beispiel 100 000 Euro ein, könnten sie sich über drei Jahrzehnte jeden Monat 278 Euro genehmigen. Theoretisch könnten sie das Geld dafür auf einen Schlag von der Börse abziehen und Monat für Monat aufzehren.

Besser ist es meistens jedoch, zumindest einen Teil des eigenen Geldes am Parkett investiert zu lassen. Selbst, wenn Anlegerinnen und Anleger nach dem Pantoffel-Modell 25 oder 50 Prozent der Summe in einem Aktien-ETF

So hoch kann die fixe Rente sein

Die Tabelle gibt an, wie hoch die monatliche fixe Rente bzw. die lernende Rente anfänglich je nach Laufzeit pro 100 000 Euro auf dem Tagesgeldkonto oder im Aktien-ETF sein kann. Die ETF-Rente hängt vom Marktzustand ab. Für ein 50-50-Portfolio mittelt man die Rentenwerte vom Tagesgeld und vom ETF.

Entnahme-dauer (Jahre)	**Monatliche Mindestrente pro 100 000 Euro Anfangsvermögen**						
	Tagesgeld	**MSCI World-ETF, abhängig vom Marktzustand**					
		Markt ist auf Höchststand	10 % unter Höchststand	20 % unter Höchststand	30 % unter Höchststand	40 % unter Höchststand	50 % unter Höchststand
5	1667	943	1048	1179	1347	1572	1886
10	833	475	528	594	679	792	950
20	417	309	344	387	442	515	618
30	278	270	300	338	386	450	540

Entnahme aus Tagesgeld: Annahme, dass Tagesgeldzinsen im schlimmsten Fall null sein können. **Entnahmen aus MSCI World-ETF:** Auswertung aller rollierenden Zeiträume seit 1970. ETF-Renditen gleich MSCI World Index abzgl. 0,5 Prozent pro Jahr. Die Mindestentnahmen aus dem MSCI World-ETF sind konservativ geglättet.

Besser – Schlechter (je Zeile)
Quelle: LSEG, eigene Simulationen
Stand: 31.08.2024

investiert lassen, wurden sie in der Vergangenheit selten enttäuscht. Weil selbst durchschnittliche Pensionäre noch rund 20 Jahre Ruhestand erleben, konnten sie auch Börsencrashs aussitzen. Problematisch ist vor allem ein Crash in den ersten Ruhestandsjahren, weil dann noch viel Kapital investiert ist, monatlich aber weiteres Geld abgezogen wird und sich bei steigenden Kursen nicht der gesamte Ursprungsbetrag „erholen" kann.

3. Strategie: „Fixe Entnahme"

Wer nicht blind eine beliebige Summe entnehmen will, kann sich am schlechtesten Fall der Börsenhistorie orientieren. Dabei haben wir geprüft, welchen Betrag Anlegerinnen und Anleger selbst im schlimmsten Aktienmarkt- und Zinsverlauf der vergangenen 30 Jahre hätten entnehmen können, ohne vorzeitig ohne Geld dazustehen. Das Besondere unserer Kalkulation: Wir haben nicht eine Summe für alle Börsenlagen ausgewertet, sondern unterscheiden nach der Marktphase zu Beginn der Rente.

Sind die Aktienbörsen seit dem vorherigen Rekord abgebröckelt, fällt die Rente höher aus. Was auf den ersten Blick widersprüchlich wirkt, ist bei genauerem Hinsehen einleuchtend: Sind die Kurse bereits um 50 Prozent und mehr gefallen, fielen sie zumindest in der langfristigen Börsenhistorie nicht mehr deutlich weiter – und genau darauf setzt dieser Variante. Das Konzept beruht auf der Annahme, dass die weltweiten Kapitalmarktrenditen langfristig immer zu ihrem Mittelwert zurückkehren und daher nach Ausschlägen ins Negative mittelfristig auch wieder steigen (sogenannte Regression zum Mittelwert).

Mehr zu Langfristrenditen ab Seiten 12 und 34

Konkret bedeutet das: Notiert der Aktienmarkt auf Rekordniveau, könnten ausgewogene Pantoffel-Pensionäre mit einem Portfoliovermögen von 100 000 Euro in diesem Entnahmemodell monatlich insgesamt rund 270 Euro entnehmen. Sind die Kurse seit dem letzten Allzeithoch um mehr als 40 Prozent eingekracht, könnte die monatliche Rente bereits rund 450 Euro betragen.

Unser Fazit: Anlegerinnen und Anleger rechnen mit diesem Modell konservativ und orientieren sich am schlimmsten bis dato bekannten Börsenverlauf. Die Chancen, dass es an der Börse während des eigenen Ruhestands aber sogar besser läuft als gedacht und am Ende noch ein stattliches Sümmchen übrig bleibt, stehen also ziemlich gut.

So viel war in den letzten 30 Jahren drin

Die Tabelle zeigt die Ergebnisse der vergangenen 30 Jahre für alle Rentenstrategien und alle Varianten des Pantoffel-Portfolios sowie einer kompletten Anlage in Tagesgeld oder einer kompletten Anlage in Aktien-ETF.

Portfolio	Entnahmestrategie	Monatliche Entnahme (Euro)					Endvermögen (Euro)	Rendite des Entnahmeplans (Prozent p. a.)	Stärkste Rentensenkung (Prozent)
		Zu Beginn	Am Ende	Mindestens	Mittelwert	Höchstens			
Tagesgeld	Fix	278	278	278	278	278	59 243	2,4	–
	Flexibel	278	509	278	462	509	0	2,8	0
Defensiv	Fix	306	306	306	306	306	127 603	4,2	–
	Flexibel	278	850	277	461	850	0	4,3	-3
	Puffer	278	983	276	423	983	0	4,2	-1
	Lernend	306	990	302	448	990	10 009	4,2	-4
Ausgewogen	Fix	334	334	334	334	334	249 664	6,0	–
	Flexibel	278	1 175	271	607	1 175	0	5,8	-23
	Puffer	279	1 474	274	534	1 474	0	5,5	-9
	Lernend	334	1 081	325	462	1 081	51 686	5,4	-3
Offensiv	Fix	363	363	363	363	363	380 045	7,3	–
	Flexibel	278	1 421	260	660	1 421	0	6,7	-37
	Puffer	279	1 878	272	638	1 878	0	6,6	-23
	Lernend	363	1 173	347	484	1 173	108 059	6,6	-4
MSCI World-ETF	Fix	389	389	389	389	389	459 455	8,0	–
	Flexibel	277	1 718	243	699	1 718	0	7,3	-56
	Puffer	278	2 663	268	604	2 663	0	7,2	-32
	Lernend	389	1 264	365	493	1 264	111 122	6,9	-6

Angaben auf Basis historischer Simulationen über 30 Jahre inkl. ETF- und Handelskosten, ohne Steuern. Annahmen: Tagesgeldzinsen enstprachen Fibor / Euribor. ETF-Renditen gleich MSCI World Index abzgl. 0,5 Prozent pro Jahr.

Besser – Schlechter (je Spalte)
Quelle: LSEG, eigene Simulationen
Stand: 31.08.2024

4. Strategie: „Flexible Entnahme"

Wer im Ruhestand einfach nur einen Schnaps obendrauf bekommen will, kann über die flexible Entnahme nachdenken. Die Idee: Sind die Börsenkurse gerade ordentlich geklettert, könnten sich Rentnerinnen und Rentner eine üppigere Monatsrate genehmigen. Wären die Kurse gerade abgebröckelt, müssten sie sich jedoch mit weniger bescheiden. Ist die eigene gesetzliche Rente oder Pension bereits auskömmlich, darf der Zahlbetrag aus der Do-it-yourself-Rente schließlich auch mit der aktuellen Börsenlage schwanken.

Wenn mit Beginn der Entnahmephase 100 000 Euro im Topf sind, lässt sich mit Blick auf 30 Jahre Ruhestand zu Beginn mit einer Rente von rund 280 Euro starten. Regelmäßig teilen die Anlegerinnen und Anleger ihr restliches Portfolio-Vermögen auf die verbleibende Auszahlzeit auf. Klettern die Kurse ordentlich, könnten Glückliche etwas mehr Rente entnehmen. Dabei legen sie ihren Restbetrag turnusmäßig einfach auf die verbleibende Auszahlzeit um. Hätten sie also zum Beispiel noch 10 Jahre Restlaufzeit (= 120 Monate), würden sie ihr Depotvolumen einfach durch 120 teilen.

Mit der flexiblen Entnahme schwankt die eigene Rentensumme allerdings stark: Wer 1993 mit einem ausgewogenen Pantoffel-Portfolio in Rente gegangen wäre, hätte in der besten Phase des Ruhestands 1175 Euro monatlich entnehmen können, in der schlechtesten Phase nur rund 270 Euro.

5. Strategie: „Flexibel mit Puffer"

Wer seine Rente ein Stück weit gegen Börsencrashs wappnen will, kann von vornherein einen Verlustpuffer für schlechte Zeiten einplanen. Der Clou? Je besser die Börse gerade läuft, desto mehr Puffer planen Anlegerinnen und Anleger ein, damit fallende Kurse nicht automatisch zum Problem werden.

Hat der Aktienmarkt gerade einen neuen Hochpunkt erreicht, setzen wir den maximalen Verlustpuffer an. Rein aus Sicherheitsgründen unterstellen wir in einer Art Horrorszenario, dass die Börsen schon morgen um 60 Prozent einbrechen. Unser Ziel: Selbst in einem Extremszenario soll die monatliche Rente stabil bleiben. Als Konsequenz müssten sich Rentnerinnen und Rentner bei guter Börsenlage erstmal mit einer niedrigeren Rente bescheiden, der Rest wäre Verlustpuffer.

Sinken die Kurse nach einem Rekord, schlägt das mit der Pufferrente kaum auf die eigenen Rentenzahlungen durch: Mit den gesunkenen Kursen lässt sich schließlich auch der Verlustpuffer reduzieren und die Rente stabilisieren. Nach einem Crash braucht es übrigens gar keinen Verlustpuffer mehr. Denn wir setzen darauf, dass die Weltbörsen wie in der Vergangenheit spätestens nach einem Minus von 60 Prozent wieder nach oben drehen. Klettern die Kurse wieder, bleibt die eigene Rente erst einmal stabil, damit sich der Verlustpuffer wieder aufbauen kann. Erst, wenn die Börsen neue Rekorde erreichen, ließe sich die Rente erhöhen. Wer in den vergangenen 30 Jahren der Pufferstrategie folgte, hätte seine Rente bei einer Aktienquote von 25 oder 50 Prozent fast nie senken müssen. Wer die Auszahlungen kalkulieren will, kann unseren Onlinerechner nutzen.

Auszahlungsrechner unter test.de/pufferpantoffel

6. Strategie: „Lernende Rente"

Wer eine Rente mit Algorithmus ausprobieren mag, kann auf unsere lernende Variante setzen: Sie bezieht neben der Kapitalmarktgeschichte auch die neuesten Entwicklungen mit ein. Um den monatlichen Auszahlbetrag zu ermitteln, gehen wir dort vom schlechtesten historischen Finanzmarktverlauf aus.

Wer 100 000 Euro in ein ausgewogenes Pantoffel-Portfolio investiert hat, könnte über 30 Jahre Rentenzeit zum Beispiel insgesamt 334 Euro im Monat entnehmen (Stand: 08/24). Mit dieser Entnahmerate hätten Rentnerinnen und Rentner über Zeiträume von 30 Jahren ihr Portfoliovermögen in der Vergangenheit nie vorzeitig aufgebraucht – und damit starten sie. Anders als bei der fixen Entnahmestrategie kontrollieren Anlegerinnen und Anleger bei der lernenden Rente aber zum Beispiel einmal im Jahr, ob sie ihre Rentensumme anpassen können. Unser Online-Rentensimulator spuckt das automatisch aus. Wer beispielsweise 1993 in Rente ging und ein Vermögen von 100 000 Euro einbrachte, hätte mit einem ausgewogenen Pantoffel zum Start 334 Euro entnehmen können, im Mittel der 30 Jahre sogar rund 460 Euro im Monat – und in Spitzenphasen gar mehr als 1 000 Euro.

Unsere lernende Rente ist so clever konzipiert, dass sie die aktuellen Kapitalmarktentwicklungen Monat für Monat in das Modell einrechnet. Sollten die Börsen künftig einmal schlechter laufen als je zuvor, würde der Algorithmus die individuelle Rentensumme vorsichtiger ansetzen. Mehr Rente gäbe es in unserem Modell, wenn die Börse über den letzten Rekordstand hinauswächst.

Anlegerinnen und Anleger könnten sich bei solch guten Börsenverläufen mit unserem Modell in einem einzelnen Jahr maximal vier Prozent mehr genehmigen. Weil sie die monatliche Rentenhöhe mit diesem Deckel nicht maximal weit hochtreiben, kann am Ende der geplanten Auszahlzeit dann sogar noch etwas Geld übrig sein. Wer also doch länger lebt als geplant, säße dann nicht auf dem Trockenen und könnte vielleicht sogar etwas vererben.

Was nach Steuern bleibt

Viele Menschen ärgern sich über komplizierte Steuerregeln. Dabei sind die Grundlagen simpel – und mit den Details lässt sich Geld sparen.

Die eigene Anlage richtig versteuern

Rund ein Viertel vom Kuchen kassiert oft der Staat. Das liegt an drei Steuerarten, denen aber auch drei Tricks gegenüberstehen.

Mit Spekulantinnen und Spekulanten will in der Regel niemand etwas zu tun haben. Diese Gattung, die immer einem guten Geschäft hinterherrennt, gilt landläufig als unsympathisch. Lange schien dieser Geist auch auf den deutschen Finanzämtern zu herrschen und machte es langfristig orientierten Menschen am Kapitalmarkt einfach: Hielten Anlegerinnen und Anleger ihre Aktien weniger als ein Jahr lang, bewegten sie sich innerhalb der Spekulationsfrist – und mussten Steuern zahlen. Wer länger als ein Jahr dabeiblieb, konnte die Gewinne steuerfrei mitnehmen. Doch auch wenn viele Anlegerinnen und Anleger das Schlagwort der Spekulationsfrist noch im Kopf haben, ist es steuerlich schon lange nicht mehr so simpel wie in früheren Zeiten.

Daumenregel für die Steuer

Inzwischen kassieren die Staatsdiener im Auftrag des Fiskus an allen Ecken und Enden mit. „25 Prozent von X", beschrieb Ex-Bundesfinanzminister Peer Steinbrück einmal die grobe Daumenregel, die sich Anlegerinnen und Anleger merken können.

Die gute Nachricht: Im Regelfall muss sich kaum noch jemand aktiv um das Steuerthema kümmern. Im Hintergrund sorgt die eigene Depotbank heute dafür, dass das Geld auf dem Konto der Finanzverwaltung landet. Wer sich allerdings ein bisschen auskennt, die Grundregeln der Aktien- und Fondsbesteuerung in Deutschland versteht – und vor allem ein paar hilfreiche Ausnahmen, Tricks und Kniffe kennt, kann durchaus Steuern sparen.

Welche Steuern werden fällig?

25 %

Kapitalertragssteuer

1,38 %

Solidaritätszuschlag

des zu versteuernden Betrags im Normalfall ohne Sparerpauschbetrag

1,45 – 1,6 %

Kirchensteuer

(je nach Bundesland)

Stand: 04/24

Welche Steuern fallen an?

Die Erträge gelungener Börseninvestments können unterschiedlicher Art sein: Manchmal bringen Anleihen Zinsen, dann schütten Unternehmen ihre Dividende aus, und manchmal nehmen Anlegende nach einer Kursjagd Gewinne mit. Auf solche Erträge sind gleich mehrere Steuern fällig.

▸ Kapitalertragssteuer

Ob Einzelaktien, Aktien-ETF oder Anleihe-ETF: Auf Zinsen, Dividenden oder Verkaufsgewinne zahlen Anlegende in aller Regel die Kapitalertragssteuer von 25 Prozent. Diese Steuer ist eine Art der Quellensteuer: Die eigene Bank zieht die Steuer von den Erträgen direkt „an der Quelle" ab und leitet sie ans Finanzamt weiter. Ausgeschüttete Dividenden, Zinsen sowie realisierte Kursgewinne werden dabei in dem Jahr versteuert, in dem sie auf das Konto des Anlegers oder der Anlegerin fließen.

▸ Solidaritätszuschlag

Dieser Zuschlag sorgt immer noch für Debatten: Auch wenn der Solidaritätszuschlag seit 2021 weitgehend abgeschafft ist, wird er bei Kapitalerträgen weiter in der Breite fällig (Stand: 06/24). Im Effekt müssen Anlegerinnen und Anleger noch einmal 1,375 Prozent ihrer Erträge abführen. Dabei sollte sich niemand verwirren lassen: Manchmal wird der Soli auch mit 5,5 Prozent angegeben. Das bezieht sich nicht auf die Summe der Kapitalerträge in Euro und Cent, sondern auf den Kapitalertragssteuersatz von 25 Prozent (5,5 % von 25 % = 1,375 %). Im Effekt sind mit Kapitalertragssteuer und Soli im Normalfall 26,375 Prozent Steuern fällig.

▸ Kirchensteuer

Auch wenn es kaum jemand vermuten würde: Das „Bodenpersonal" der katholischen sowie der evangelischen Kirche und nicht der liebe Gott kassiert an der Börse mit: Wer Kirchenmitglied ist, muss auf seine Kapitalerträge Kirchensteuer entrichten. In Baden-Württemberg und Bayern ist eine leicht niedrigere Kirchensteuer fällig, die steuerliche Gesamtlast beträgt mit Kapitalertragssteuer, Soli und Kirchensteuer dort 27,82 Prozent. In allen anderen Bundesländern sind zusammengenommen 27,99 Prozent fällig. Üblicherweise kümmert sich die eigene Bank um Steuerberechnung und -abführung. Das gilt aber nur, sofern die eigene Depotbank in Deutschland sitzt. Ist die persönliche Depotbank im Ausland ansässig, müssen sich Anlegende selbst darum kümmern, die Erträge dem Finanzamt mit der eigenen Steuererklärung korrekt anzuzeigen. Wer das macht, muss dann alle Erträge sauber in den Steuerformularen Anlage KAP und Anlage KAP-INV auflisten.

So lässt sich die Steuerlast drücken

Wer seine Steuerlast etwas drücken will, muss dafür nicht kreativ werden. Stattdessen gibt es drei völlig legale Möglichkeiten, bei der Steuer zu sparen. Nicht nur spezielle Fälle können von solchen Steuernachlässen profitieren, jeder Mensch kann mindestens einen der drei Tricks nutzen. Die drei Möglichkeiten:

▸ Nichtveranlagungs-Bescheinigung

Wer wenig verdient, muss im Zweifel gar keine Steuern zahlen. Besonders häufig betrifft das Kinder, Studierende ohne großes Einkommen, Menschen in Minijobs oder Rente. Bleiben Anlegerinnen und Anleger mit ihrem gesamten Einkommen unter dem steuerlichen Grundfreibetrag, fallen darauf keine Steuern an: Für das Jahr 2024 lag dieser steuerliche Grundfreibetrag zum Beispiel bei 11604 Euro, dazu kamen noch 36 Euro Pauschbetrag für Sonderausgaben und 1000 Euro Sparerpauschbetrag (insgesamt also 12640 Euro). Wie hoch der Betrag liegt, ändert sich allerdings jedes Jahr – ein turnusmäßiger Blick auf die genaue Höhe schadet also nicht.

Wer nicht steuerpflichtig ist, kann beim Finanzamt dann eine Nichtveranlagungs-Bescheinigung (NV-Bescheinigung) beantragen. Stellen die Steuerwächter diese Bescheinigung aus, müssen Anlegerinnen und Anleger das Papier bei der eigenen Bank einsenden. Ist der Papierkram erledigt, zieht die Bank keine Steuern von den Kapitalerträgen ab. Das Papier ist übrigens kein Blankoscheck: Wer später einmal steuerpflichtig wird, muss die NV-Bescheinigung an das örtliche Finanzamt zurückgeben.

▸ Günstigerprüfung

Mit der Günstigerprüfung kann es buchstäblich günstiger werden: Wenn der persönliche Steuersatz unter dem regulären Satz der Kapitalertragssteuer von 25 Prozent liegt, wird auch auf die eigenen Kapitalerträge nur der günstigere, persönliche Steuersatz fällig. Beantragen Anlegerinnen und Anleger die Günstigerprüfung in Zeile 4 der Anlage KAP ihrer Steuererklärung, kann das Finanzamt den günstigeren Steuersatz ansetzen. Im Jahr 2022 hätte ihr Einkommen zum Beispiel unter 17421 Euro liegen müssen.

Die Finanzämter rechnen die Kapitalerträge für ihre Kalkulation mit dem restlichen Einkommen zusammen und ermitteln den individuellen Grenzsteuersatz. Liegt er unter 25 Prozent, gibt es die zu viel gezahlte Abgeltungssteuer zurück. Die Günstigerprüfung lohnt sich also vor allem für Weniger-Verdienende, Arbeitslose oder Menschen in Ruhestand oder Pension.

30 SEKUNDEN FAKTEN

50 %
der Menschen mit mehr als 100 000 Euro Vermögen finden, dass Vermögende in Deutschland steuerlich eher geschont werden.

67 %
der Deutschen wollen künftig höhere Steuern bei höheren Einkommen.

64 %
der Menschen aus den EU-Mitgliedsländern befürworten eine Finanztransaktionsteuer.

Quelle: YouGov/Infratest dimap/Eurobarometer

Aktueller Grundfreibetrag: bundesfinanz ministerium.de

Vordruck für NV-Bescheinigung: formulare-bfinv.de

Investor-Info

Keinen Euro liegen lassen. Gerade am Anfang einer Börsenkarriere liegen viele langfristig orientierte Naturen mit ihren Kapitalerträgen oft noch unter 1 000 Euro im Jahr. Der Grund: Wer keine Aktien verkauft und nur ein paar Dividenden oder Zinsen kassiert, hat an der Börse oft noch nicht viel zu versteuern. Da Anlegende aber jedes Jahr 1 000 Euro Gewinne steuerfrei mitnehmen können, sollten sie das auch tun: Wer den Pauschbetrag nämlich im aktuellen Jahr nicht oder nicht vollständig nutzt, darf den Rest nicht einfach ins nächste Jahr mitnehmen – er verfällt. Wer also zum Beispiel nur 300 Euro Kapitalerträge hat, könnte für weitere rund 700 Euro Papiere mit Gewinn verkaufen und sie steuerfrei kassieren. Theoretisch können Anleger die Papiere noch am selben Tag wieder kaufen, sofern der Preis mindestens minimal anders liegt und sie aus rechtlicher Sicht ein „Kursrisiko" getragen haben.

▸ Sparerpauschbetrag

Das ist eine runde Sache: Kapitalerträge von bis zu 1000 Euro im Jahr können Anlegerinnen und Anleger steuerfrei kassieren, egal ob aus Dividenden, Zinsen oder realisierten Kursgewinnen. Erst wenn die eigenen Börsenerträge die Tausendermarke übersteigen, werden Kapitalertragssteuer, Soli und unter Umständen Kirchensteuer fällig. Dieser steuerliche Freibetrag hört übrigens auf den Namen „Sparerpauschbetrag". Wer mit dem Sparerpauschbetrag möglichst wenig Arbeit haben möchte, sollte seinem Depotanbieter einen „Freistellungsauftrag" ausstellen. Liegt der Bank das entsprechende Dokument vor, zieht sie von den Kapitalerträgen bis 1000 Euro keine Steuern ab. Erst für jeden zusätzlichen Euro sind dann Steuern fällig. Übrigens: Ehepartner können ihre Sparerpauschbeträge zusammenlegen und 2000 Euro pro Jahr freistellen.

Wer mehrere Konten und Depots bei inländischen Banken hat, kann seinen Sparerpauschbetrag auf diese Töpfe nach Belieben aufteilen. Dazu lässt sich bei jeder Bank ein Freistellungsauftrag einreichen. Die Summe aller Freistellungsaufträge je Einzelperson darf jedoch nicht bei mehr als 1000 Euro liegen. Übrigens: Der Freistellungsauftrag lässt sich im Onlinebanking hoch- oder runtersetzen.

Altfälle haben es besser

Vor der Reform der Kapitalertragssteuer im Jahr 2009 galt: Hielten Aktionäre ihre Papiere länger als ein Jahr, konnten sie die Kursgewinne steuerfrei kassieren. Was ist also mit Buy-and-Hold-Fans, die ihre Papiere teilweise seit Jahrzehnten im Depot schlummern lassen und sich damals auf die alten Steuerregeln verlassen haben? Wie viel Steuern bei solchen Altfällen fällig werden, liegt vor allem an der Art der Wertpapiere, ob es sich konkret um Einzeltitel oder Fonds handelt. Bei Einzelaktien ist die Regel denkbar simpel: Wer zum Beispiel 100 BASF-Aktien vor 2009 gekauft hat, könnte sie heute steuerfrei verkaufen.

Haben Anlegerinnen und Anleger in der Zwischenzeit seit der Reform 25 BASF-Titel im selben Depot zugekauft, wird es komplizierter. Bei einem Verkauf im Hier und Jetzt gelten dann stets die ältesten Titel als zuerst verkauft (Fifo-Prinzip: first in, first out). Würden 125 Titel verkauft, wären die ersten 100 verkauften Aktien steuerfrei, die weiteren 25 steuerpflichtig. Bei Fonds und ETF gestaltet sich die Sachlage anders. Haben Anleger einen Fonds vor dem 1. Januar 2009 gekauft, sind nur die Gewinne bis zum 31.12.2017 steuerfrei. Weitere Gewinne ab dem Jahr 2018 nimmt das Finanzamt „nur" bis zu einer Obergrenze von 100 000 Euro von Steuern aus. Oberhalb dieser Marke werden auf jeden zusätzlichen Euro Steuern fällig.

Mit Verlusten Steuern sparen

Manchmal können sich Verluste lohnen: Wer Aktien, Anleihen, Fonds oder ETF mit Minus verkauft, kann die eigene Steuerlast drücken.

An der Börse hagelt es gern mal Verluste: Wahlweise hat ein Skandal die langjährige Lieblingsaktie dick ins Minus gedrückt, mal stellt sich eine Anlageidee schon nach Tagen als Flop heraus. Der Fiskus gewährt bei solchen Minusverkäufen immerhin einen kleinen Trost: Verkaufsverluste lassen sich mit Verkaufsgewinnen verrechnen, was die eigene Steuerlast drücken kann.

Im Grundsatz ist die Regel einfach zu verstehen: Haben Anlegerinnen und Anleger seit 2009 Verluste realisiert, können sie diese Minusverkäufe laufend mit positiven Verkaufserträgen verrechnen. Erst, wenn Anlegende in Summe wieder ins Plus kommen, müssen sie Steuern zahlen. Wer also zum Beispiel mit einem Missgriff bei Aktien 2000 Euro Verlust eingefahren hat, könnte diesen Verlustverkauf mit einem Gewinnverkauf von 4000 Euro verrechnen. Die Konsequenz? Im Effekt müsste die Person nur 2000 Euro Gewinne versteuern, zumindest sofern sie normal steuerpflichtig ist und der Sparerpauschbetrag schon komplett ausgenutzt ist. Übrigens: Verluste lassen sich zeitlich unbegrenzt in künftige Jahre mitnehmen, alte Verluste lassen sich also auch noch in drei, fünf oder sieben Jahren mit Gewinnen verrechnen (Stand: 04/24).

Nicht kreuz und quer aufrechnen

Der deutsche Fiskus wäre nicht der deutsche Fiskus, wenn er aus einer simplen Regel nicht eine Raketenwissenschaft machen würde: Anlegerinnen und Anleger können nämlich nicht alle Arten von Verlusten kreuz und quer miteinander verrechnen, stattdessen gibt es Einschränkungen. Börsenverluste lassen sich beispielsweise nicht mit Erträgen aus ganz anderen Gattungen verrechnen, also nicht mit dem eigenen Arbeitslohn oder Mieteinnahmen.

Weniger einsichtig ist die Regel zur Verlustverrechnung von Aktien: Derzeit lassen sich Verluste aus verkauften Einzelaktien nämlich nur mit Gewinnen aus Einzelaktien verrechnen. Wollen Privatleute Aktienverluste mit Gewinnen aus ETF, Anleihen oder beispielsweise Zertifikaten aufrechnen, geht das nicht. Die kuriose Folge: Verluste aus Einzelaktien lassen sich nicht einmal mit Gewinnen aus Aktien-ETF verrechnen, obwohl beide im Grunde auf derselben Art von Anlage basieren. Aber Vorsicht: Während sich *Verluste* aus Aktien nur mit Gewinnen aus Aktien verrechnen lassen, können Anlegerinnen und Anleger Aktien*gewinne* sehr wohl auch mit Verlusten aus anderen Anlagegattungen kleinrechnen.

Derzeit prüft das Bundesverfassungsgericht, ob diese Einschränkung rechtens ist (Stand: 04/24). Steuerbescheide aus der Vergangenheit sowie neue Bescheide sind in diesem Punkt daher vorläufig, sodass niemand aktiv werden muss, bis die obersten Richter ihr Urteil gesprochen haben.

So funktioniert die Verlustverrechnung konkret

Wollen die Finanzämter Verluste und Gewinne gegenrechnen, machen sie das mit einem ganz konkreten Schema. Im Regelfall passiert das meiste im Hintergrund, ohne dass Anlegerinnen und Anleger davon Wind bekommen. Wer als Börsenprofi kein Geld liegen lassen will, kann sich die Details im folgenden Abschnitt aber einmal in Ruhe ansehen. Zunächst bildet der Fiskus vier unterschiedliche Töpfe zur Verlustverrechnung:

1. **Verlustverrechnungstopf für Aktien:** Kursverluste mit Aktien, Hinterlegungsscheinen (ADR, GDR), speziellen Immobiliengesellschaften (Reits);

2. **Verlustverrechnungstopf für allgemeine Verkäufe:** andere Verkaufsverluste, zum Beispiel aus Anleihen, Fonds, ETF;
3. **Verlustverrechnungstopf für wertlose Kapitalforderungen:** u.a. Ausbuchung wertloser Aktien etwa nach Firmenpleite, Totalverluste aus wertlosem Verfall von Zertifikaten, Optionsscheinen;
4. **Verlustverrechnungstopf für Termingeschäfte:** Verluste aus Optionen, Forwards, Futures, CFD, Swaps, Devisentermingeschäften.

Zuerst muss die eigene Depotbank Verluste aus Aktien mit Gewinnen aus Aktien rein innerhalb des ersten Topfes verrechnen. Gab es Gewinne und Verluste, saldiert die Bank automatisch. Kommt unter dem Strich ein Verlust heraus, schiebt das Institut diesen Verlust innerhalb des Verrechnungstopfes für Aktien ins nächste Jahr. Hat ein Anleger oder eine Anlegerin unter dem Strich Gewinne mit Einzelaktien gemacht, wandern diese in den zweiten Verrechnungstopf.

In diesem allgemeinen Verlustverrechnungstopf zieht die Bank einen Strich unter Verkäufe aus ETF, Fonds, Anleihen und anderen Anlagen. Ergibt sich am Ende der Rechnung ein Plus, muss die Bank diesen Plusbetrag ganz normal versteuern. Kommt ein Minus heraus, schiebt sie den Negativbetrag einfach als offenen Posten ins nächste Jahr.

Wertlos gewordene Wertpapiere sammelt der Fiskus in einem dritten Topf, zum Beispiel wertlos ausgebuchte Aktien oder wertlos verfallene Zertifikate. Verluste aus Termingeschäften wie Optionen oder CFD kommen wiederum in ein viertes Gefäß. Bei diesen beiden Töpfen gilt: Anlegende können Verluste aus diesen Wertpapiergattungen nur bis zur Höhe von 20 000 Euro im Jahr geltend machen. Sofern der Verlust höher liegt, lässt sich der ungenutzte Restbetrag oberhalb der gedeckelten Summe einfach ins nächste Jahr schieben. Verluste aus dem vierten Verlusttopf lassen sich dabei nur mit Gewinnen aus demselben Topf verrechnen. Übrigens: Verluste aus den beiden Töpfen 3 + 4 verrechnen die Banken nicht automatisch, Anlegerinnen und Anleger müssen sie dem Finanzamt in der Anlage KAP melden.

Verlustverrechnung mit mehreren Depots

Haben Börsenfans mehrere Depots bei unterschiedlichen Banken, wird die Sache komplizierter: Die Banken verrechnen Verluste nämlich nicht selbsttätig untereinander, stattdessen müssen Anlegende im Rahmen ihrer Steuererklärung selbst aktiv werden.

Um Verluste aus einem Depot bei Bank A mit den Gewinnen bei Bank B zu verrechnen, benötigen Anlegende eine Verlustbescheinigung der jeweiligen Bank. Wer eine Verlustbescheinigung haben will, kann dafür jedes Jahr bis zum 15. Dezember einen Antrag stellen. Termin verbaselt? Kein Problem, die Verluste „verfallen" nicht, sie lassen sich auch in einem der kommenden Jahre nutzen. Ist der Verlust von der Bank einmal auf Papier bestätigt, setzt das Institut den Verlusttopf auf null zurück.

Verluste von vor 2009. Wer Verluste aus der Zeit vor 2009 mit sich herumschleppt und noch nicht steuerlich verrechnet hat, muss aufpassen: Verluste mit Wertpapieren aus dieser Zeit lassen sich nicht mit heutigen Gewinnen aus den vier Verlusttöpfen verrechnen. Stattdessen müssten Anlegerinnen und Anleger sie mit Gewinnen aus sogenannten privaten Veräußerungsgeschäften aufrechnen. Das sind zum Beispiel Verkäufe von Edelmetallen wie Gold, Antiquitäten oder Immobilien.

Steuerspezial für Fonds und ETF

Um Fondssteuern kümmern sich die Banken im Hintergrund automatisch. Wer sich aufschlaut, kann trotzdem besser abschneiden.

Auch wenn viele Deutsche beim Thema Steuern sehr akribisch sind, bekommen sie von manchen Steuern bei ihren Fondsanlagen rein gar nichts mit. Schon bevor Sparerinnen und Sparern der erste Euro an Erträgen aufs Konto fließt, hat der Fiskus längst mitkassiert. Auf manche heimische Erträge müssen die Fonds inzwischen nämlich 15 Prozent Körperschaftssteuer zahlen, ausländische Staaten verlangen oft Steuern auf Dividenden aus dem eigenen Land. Im Gegenzug bekommen Anlegerinnen und Anleger für solche „unsichtbaren Steuern" jedoch auch Erleichterungen.

Diese Steuern fallen im Fonds an

Wenn Anlegende verstehen wollen, welche Steuern bei ihren Fonds oder ETF anfallen, müssen sie zwei Ebenen unterscheiden: Auf der ersten Ebene sammeln sich alle Steuern, die das Management des Fonds oder ETF zahlen muss. Diese Steuern begleichen die Fondsprofis im Hintergrund, ohne dass Privatleute davon Notiz nehmen. Auf der zweiten Ebene stehen alle Steuern, die Privatleute für ihre persönlichen Fonds- oder ETF-Anteile während der Haltedauer oder beim Verkauf zahlen müssen. Hier ein Überblick, was die Fondsleute im Hintergrund bereits erledigen:

1. **Kursgewinne im Fonds:** Verkaufen die Profis Aktien in aktiven Fonds oder trennen sich ETF bei Indexrochaden von Papieren, müssen sie für Kursgewinne innerhalb des Fonds keine Steuern zahlen. Der Vollständigkeit halber: Auf deutsche Zinsen, Gewinne aus Termingeschäften und viele ausländische Kapitalerträge muss das Fondsmanagement zunächst auch keine Steuern zahlen.
2. **Heimische Kapitalerträge im Fonds:** Anders ist das zum Beispiel bei Dividenden: Kassieren in Deutschland aufgelegte Fonds heimische Dividenden, hiesige Mieteinnahmen oder Erträge aus Immobilienverkäufen in Deutschland, müssen sie darauf 15 Prozent Körperschaftssteuer zahlen. Die Anlegerinnen und Anleger bekommen dann nur den Rest.
3. **Ausländische Kapitalerträge im Fonds:** Viele ausländische Staaten verlangen Steuern auf Dividenden. Als grobe Richtlinie gilt: Die meisten Länder kassieren zwischen 15 und 30 Prozent als sogenannte Quellensteuer. Zunächst fließen diese Steuern an den ausländischen Fiskus, dann fließt der Rest in den Fonds. Mehr dazu ab Seite 392.

Diese Steuern fallen bei Endanlegern an

Ein Teil der Fondssteuern ist also schon geflossen, bevor die Erträge im Fonds bei den Anlegerinnen und Anlegern ankommen. Wenn Privatleute Anteile an aktiven Fonds oder ETF halten oder verkaufen, müssen sie als Endkunden allerdings weitere Steuern zahlen.

Keine Sorge, im Regelfall muss dafür niemand komplizierte Rechnungen anstellen. Sich ein bisschen auszukennen und einen groben Überblick zu haben, schadet aber auch nie. Die Liste auf der folgenden Seite zeigt eine erste Übersicht, welche Steuern anfallen, wenn private Anlegerinnen und Anleger dem normalen Steuersatz unterliegen und ihren Sparerpauschbetrag bereits komplett ausgeschöpft haben – und wieso sie mit Fonds und ETF oft von einer Steuerausnahme profitieren.

❶ Besteuerung von ausschüttenden Fonds während der Haltezeit: Egal ob Zinsen, Dividenden, Mieterträge oder Immobilienverkäufe: Sobald Anlegerinnen und Anleger aus ihren Fonds laufende Erträge während der Haltezeit bekommen, greift im Grundsatz die Abgeltungssteuer plus Soli von zusammen etwas mehr als 25 Prozent. Bei Aktienfonds, Mischfonds und offenen Immobilienfonds verlangt der Staat aber nicht die vollen rund 25 Prozent Abgeltungssteuer, sondern gewährt einen Nachlass. Der Grund? Genau deren Erträge mussten zuvor schon die Fondsgesellschaften versteuern. Bei Aktienfonds kassiert der Staat statt rund 25 Prozent wegen dieser „Teilfreistellung“ nur rund 18,5 Prozent. Mehr dazu finden Sie ab Seite 393.

❷ Besteuerung von Fonds mit Wiederanlage während der Haltezeit: Manche Fonds wollen einen Schneeballeffekt für das eigene Geld: Solche Produkte schütten Dividenden, Zinsen und andere Erträge nicht direkt aus, sondern investieren sie wieder in den Fonds. Bei solchen „thesaurierenden“ Fonds und ETF müssen Anlegerinnen und Anleger aber ebenfalls bereits während der Laufzeit Steuern zahlen, selbst wenn die Papiere nur im eigenen Depot schlummern. Die Finanzbeamten holen sich einen kleinen Teil der späteren Kapitalertragssteuer schon vorher. Wie sich die Steuer auf diese sogenannte Vorabpauschale berechnet, steht ab Seite 393.

❸ Regelung beim Verkauf von Fonds und ETF: Am Ende wird abgerechnet: Beim Verkauf von Fondsanteilen oder ETF-Tranchen wird im Grunde der Abgeltungssteuersatz fällig. Je nach Art des ETF oder Fonds gewähren die Staatsdiener eine Teilfreistellung der laufenden Erträge und Verkaufsgewinne. Bei Aktien-ETF müssen im Regelfall nur 70 Prozent der Erträge versteuert werden. Mehr dazu lesen Sie ab Seite 393.

Ausländische Quellensteuern bei Fonds

Ausgerechnet bei den beliebten Dividenden kassieren Steuerbehörden doppelt mit. Viele Finanzämter aus dem Ausland halten nämlich die Hand auf, wenn Erträge aus dem jeweils eigenen Land in einen ausländischen Fonds wandern. Buchstäblich an der Quelle ziehen sie die sogenannte Quellensteuer ab. Zahlt ein US-Unternehmen zum Beispiel Dividenden an einen ETF in Europa, kassieren die Vereinigten Staaten im Regelfall 30 Prozent Quellensteuer auf diese Summen. Da die USA in vielen weltweit aufgestellten ETF inzwischen 60 oder 70 Prozent des Gesamtgewichts ausmachen, ist das ein relevanter Faktor (Stand: 03/24).

Viele Länder schließen aber sogenannte Doppelbesteuerungsabkommen (DBA) miteinander, sie sollen die allzu happige Quellensteuern reduzieren. Mit Blick auf die USA hat hier vor allem Irland gut verhandelt: Statt der üblichen US-Quellensteuer auf Dividenden in Höhe von 30 Prozent kassieren die USA beim Dividendentransfer aus den Vereinigten Staaten nach Irland nur eine Quellensteuer von 15 Prozent. Kein Wunder, dass viele ETF-Häuser ihre Produkte für den europäischen Markt rechtlich gesehen in Irland angesiedelt haben. Nach Rechnungen des ETF-Anbieters Blackrock kann allein dieser Kniff Anlegern einen Renditevorteil von rund 0,15 Prozent pro Jahr bringen. Wer also bei weltweit gestreuten ETF auf ein irisches Produkt setzt, kann sich im besten Falle einen kleinen Renditevorsprung sichern. Passende ETF erkennen Anlegerinnen und Anleger an der internationalen Wertpapierkennziffer Isin: Startet sie mit dem Buchstabenkürzel IE, kommt der ETF aus Irland.

Nicht alles steuerpflichtig

Dass der Staat seit der Fondsteuer-Reform 2018 schon auf Ebene der Fonds mitkassiert, ist für viele Anlegerinnen und Anleger recht ärgerlich. Im Gegenzug haben die Finanzbeamten jedoch einen Ausgleich erdacht: Bei normalen Fonds oder ETF müssen Sparerinnen und Sparer nicht 100 Prozent der laufenden Ausschüttungen oder Verkaufsgewinne versteuern, sondern nur einen Teil. Die Steuerausnahmen gelten übrigens für inländische und ausländische Fonds gleichermaßen. Keine Sorge, die eigene Depotbank berücksichtigt diese sogenannten Teilfreistellungen automatisch, bevor sie die Kapitalertragssteuer und den Soli ans Finanzamt abführt. Wie hoch der steuerfreie Anteil liegt, unterscheidet sich je nach der Art des eigenen Fonds:

- **Aktienfonds und Aktien-ETF.** Hier werden 30 Prozent der Kapitalerträge freigestellt. Unter dem Strich müssen Anlegerinnen und Anleger also nur auf 70 Prozent ihrer Verkaufsgewinne und Dividenden Steuern zahlen. Bilden ETF ihren Index künstlich via Swap ab, müssen sie mehrheitlich aus Aktien bestehen, damit die Freistellung greift.
- **Mischfonds.** Bei diesen Kombiprodukten aus mehreren Anlageklassen wie Aktien oder Anleihen stellt der Staat 15 Prozent der Erträge frei, wenn der Fonds mindestens zu einem Viertel des Fondsvermögens aus Aktien besteht. Unter dem Strich müssen dann nur 85 Prozent versteuert werden. Machen Aktien im Mischfonds jedoch weniger als ein Viertel des Gesamtvolumens aus, gibt es gar keine Freistellung vom Fiskus.
- **Anleihefonds oder Anleihe-ETF.** Bei Anleihefonds (auch Rentenfonds genannt) sind weder die turnusmäßigen Zinserträge der Anleihen noch etwaige Verkaufsgewinne von Fondsanteilen freigestellt. Anlegerinnen und Anleger müssen also tatsächlich 100 Prozent der Erträge versteuern.
- **Offene Immobilienfonds.** Halten offene Immobilienfonds zu mehr als 51 Prozent Immobilien in Deutschland, stellt der Fiskus 60 Prozent der Erträge frei. Haben die offenen Immobilienfonds einen Auslandsschwerpunkt und halten sie zu weniger als 51 Prozent deutsche Immobilien, sind sogar 80 Prozent der Erträge freigestellt.

Steuern während der Laufzeit

Es klingt unglaublich, ist aber wahr: Auch wenn die Fonds- oder ETF-Anteile der Anlegerinnen und Anleger nur im Depot schlummern, kassiert der Staat bereits mit. Bei ausschüttenden ETF mag das verständlich sein, schließlich zahlen die Fonds hier bereits während der Laufzeit Zinsen oder Dividenden aus. Allerdings hält der Staat auch bei ETF und Fonds die Hand auf, die Dividenden oder Zinserträge direkt in den Fonds reinvestieren (thesaurieren).

Selbst wenn Anlegerinnen und Anlegern also zwischenzeitlich kein einziger Cent zufließt, müssen sie unter Umständen bereits Steuern zahlen. Warum? Das Finanzamt will einfach nicht jahrzehntelang warten, bis manche Privatleute ihre Anlagen vielleicht erst nach Jahrzehnten irgendwann verkaufen.

Mehr zur Konstruktion von ETF ab Seite 249

Deswegen hat sich der Fiskus die sogenannte „Vorabpauschale" ausgedacht: Wenn der eigene ETF in einem Kalenderjahr vom 1. Januar bis zum 31. Dezember im Kurs gestiegen ist, unterstellen die Finanzämter einfach bereits einen kleinen fiktiven Gewinn – selbst, wenn faktisch noch gar kein Geld an die Anlegerinnen und Anleger geflossen ist. Wie viel Steuern auf Basis dieser Vorabpauschale anfallen, hat nichts mit den tatsächlichen Dividenden oder Zinsen im Fonds zu tun und ist nicht ganz einfach zu berechnen. Interessierte finden den genauen Rechnungsweg ab Seite 394.

Was jeder und jede dennoch wissen sollte: Die Vorabpauschale selbst ist nicht der Steuerbetrag, sondern nur eine Art Berechnungsgrundlage dafür. Bei der Besteuerung der Vorabpauschale handelt es sich im Grunde um eine Anzahlung auf den späteren Steuerbetrag beim Verkauf der Fonds- oder ETF-Anteile. Meistens sind die jährlichen Beträge für Sparerinnen und Sparer überschaubar, sie brauchen sich also keine Sorgen zu machen.

Beim Verkauf der Fonds- oder ETF-Anteile am Ende rechnet der Fiskus die zwischenzeitlichen Steuerzahlungen natürlich an, niemand muss also doppelt versteuern. Wer als engagierter Anleger oder interessierte Anlegerin

Investor-Info

Für die laufenden Steuern vorsorgen. Die eigene Depotbank zieht die Steuer auf die Vorabpauschale direkt zu Beginn des Folgejahres ab. Meistens geht das Geld vom Verrechnungskonto des eigenen Depots ab, manchmal aber auch vom persönlichen Girokonto. In einer Umfrage von Stiftung Warentest zogen zum Beispiel Deutsche Bank, Commerzbank, Sparkassen, Volks- und Raiffeisenbanken, Hypovereinsbank, Targobank und Postbank von den Verrechnungskonten ab, ebenso die Direktbanken Comdirect, Consorsbank, ING, und DKB. Halten Anlegerinnen und Anleger ihr Depot direkt bei den Fondsgesellschaften Deka, Union Investment oder DWS, verkaufen die Anbieter Fondsanteile (Stand: 02/23).

Kontodeckung checken. Privatleute sollten darauf achten, dass das entsprechende Konto um die Neujahrstage ausreichend gedeckt ist. Ist zu wenig Geld auf dem Konto, lassen manche Institute das Konto ins Minus rutschen und kassieren Dispozinsen. Andere verkaufen wiederum einfach so viele ETF-Anteile, bis das Konto wieder ausgeglichen ist – auch keine wünschenswerte Lösung.

Erst mal Freistellungsauftrag einrichten. Gerade am Anfang einer Börsenkarriere löst ein Freistellungsauftrag bei der eigenen Bank das Problem meist noch ganz von selbst. Dann lassen sich die Steuern auf die Vorabpauschale in der Regeln simpel durch die 1 000 Euro Sparerpauschbetrag abdecken (mehr ab Seite 388).

die Details verstehen will, kann sich einfach einmal hier die Formel für die Vorabpauschale ansehen:

So lässt sich die Steuer auf die Vorabpauschale berechnen (in Euro)	
Wert des ETF am 01.01.2024	30 000,00
Wert des ETF am 31.12.2024	31 000,00
Wertsteigerung? Ja	1 000,00
Aktueller Basiszins 2,29 Prozent = 0,0229	
Vorabpauschale (Wert am 1.1. x Basiszins x 0,7) 30 000 x 0,0229 x 0,7 =	480,90
minus Teilfreistellung für Aktien-ETF 30 %	336,63
zu zahlen: Kapitalertragssteuer + Soli (insg. 26,375 % von 336,63 €)	**88,78**

Zunächst müssen Interessierte prüfen, ob ihre Anteile im Verlauf eines Kalenderjahres von Anfang Januar bis zum Stichtag am 31. Dezember überhaupt im Wert gestiegen sind. Hat der thesaurierende Fonds oder ETF im entsprechenden Kalenderjahr auf dem Papier an Wert verloren, fällt sowieso keine Steuer auf die Vorabpauschale an.

Nur, wenn der Fonds oder ETF im Wert gestiegen ist, kann der Fiskus etwas kassieren. Dazu wird der Eurowert der eigenen Anteile am thesaurierenden Fonds mit einem Basiszinssatz der Bundesbank multipliziert und dann mit der Zahl 0,7 malgenommen.

Den angesprochenen Basiszins legt die Bundesbank jedes Jahr neu fest, er leitet sich aus der Rendite langfristiger Bundesanleihen zum Jahresbeginn ab. Für das Jahr 2024 liegt der Zinssatz beispielsweise bei 2,29 Prozent. Anlegerinnen und Anleger können diesen Wert auf der Internetseite des Bundesfinanzministeriums unter der Adresse bundesfinanz ministerium.de abrufen. Auf Basis des Werts der eigenen ETF-Anteile zu Jahresbeginn wird dann als Zwischenschritt die Vorabpauschale kalkuliert, auf die dann die Steuern fällig sind (siehe Musterrechnung oben). Auch wenn Anlegerinnen und Anleger das nicht eins zu eins nachrechnen wollen, haben wir einige Tipps im Kasten links zusammengestellt.

Steuerspezial für Aktien

Ein Viertel für den Fiskus – diese Daumenregel gilt nicht immer. Spekulieren Anlegerinnen und Anleger mit Einzelaktien, sollten sie ein paar Steuerfallen kennen.

Wer in Einzelaktien investiert, kann sich in Sachen Steuern üblicherweise am Normalfall orientieren. Auf die turnusmäßigen Dividenden und die Verkaufsgewinne von Aktien fallen in aller Regel Kapitalertragssteuer, Solidaritätszuschlag und gegebenenfalls noch Kirchensteuer an. Die grundsätzlichen Regeln und wie sich die Steuerlast teilweise deutlich drücken lässt, sind ab Seite 385 bereits klar geworden. Dennoch gibt es auch einige knifflige Steuerspezialitäten, mit denen selbst Privatleute am Aktienmarkt immer wieder konfrontiert sind. Wir zeigen vier Sonderregeln – und wie clevere Anlegerinnen und Anleger dabei Steuern sparen.

Fall 1: Quellensteuern auf ausländische Dividenden

Viele Anleger gehen gerne im Ausland auf Dividendenjagd: Fakt ist jedoch, dass bei ausländischen Dividenden oft doppeltes Abkassieren an der Tagesordnung ist. Wie bereits angedeutet, ziehen viele ausländische Staaten von den Dividenden der dort heimischen Aktienunternehmen nämlich Quellensteuern ab, üblicherweise zwischen 15 und 30 Prozent. Obendrein langt dann auch der deutsche Fiskus noch einmal zu.

Das Problem: Die eigene Depotbank in Deutschland darf die bereits abgezwackten Quellensteuern im Ausland nur zum Teil anrechnen, wenn sie die heimische Kapitalertragssteuer kalkuliert. Maximal dürften die Institute 15 Prozent anrechnen, vielen Anlegerinnen und Anlegern knöpfen die ausländischen Staaten vorher aber weit mehr ab. Die Differenz können sich Privatleute im Ausland zurückholen, das geht aber nicht automatisch und kann manchmal zeitraubend sein.

Wer an das Geld ran will, muss einen Erstattungsantrag stellen – wahlweise selbst, mithilfe der eigenen Depotbank oder eines spezialisierten Dienstleisters. Leider verwickeln die Staaten Anlegende immer noch gern in eine regelrechte Antragsschlacht – möglicherweise, um nicht zu viel Geld wieder herausrücken zu müssen. Für Dividendenfans hat Stiftung Warentest dennoch eine hilfreiche Liste zusammengestellt (siehe Tabelle auf Seite 396).

Vorbildlich ist die Situation zum Beispiel im traditionellen Dividendenland Großbritannien, das schlicht gar keine Quellensteuer auf Dividenden verlangt. Auch die Niederlande kassieren bloß 15 Prozent, die die hiesigen Banken und Broker vollständig auf die deutsche Kapitalertragssteuer anrechnen. In Österreich, der Schweiz und den USA gibt es die überschüssige Steuerzahlung in aller Regel ohne Murren und zeitnah zurück. Richtig kompliziert wird es oft in Frankreich, China oder Italien, wo sich die Rückerstattung mitunter Jahre hinziehen kann.

Übersicht über Staaten unter „Ausländische Quellensteuer“ bei bzst.de

Erstattungsformulare unter „Ausländische Formulare“ bei bzst.de

Fall 2: Vermeintlich steuerfreie Dividenden

Viele Anleger und Anlegerinnen sind noch Jahrzehnte nach dem Börsengang der Deutschen Telekom sauer auf den Magenta-Konzern: Während das Papier die alten Höhen nie wieder erreichte, kaufen manche Menschen die Titel inzwischen aber sogar ganz gezielt. Denn anders als viele andere heimische Konzerne lockt die Deutsche Telekom mit einer „steuerfreien“ Dividende. Neben dem Telekomkonzern zahlt zum Beispiel der Schnapshersteller Berentzen eine steuerfreie Gewinnausschüttung (Stand: 04/24). Wie funktioniert das – und was bedeutet es in Prozent?

So kassieren andere Staaten bei den Gewinnausschüttungen mit

Land (Auswahl)	Steuer auf Dividenden (Prozent) Quellensteuer	Erstattbar im Ausland	Anrechnung in Deutschland
Problemlos[1]			
Großbritannien	0	0	0
Niederlande	15	0	15
Österreich	27,5	12,5	15
Schweiz	35	20	15
USA	30 (15)[2]	15 (0)[2]	15
Aufwendiger: Mit Tücken verbunden[3]			
Dänemark	27	12	15
Finnland	35	20	15
Norwegen	25 (15)[4]	10 (0)[4]	15
Portugal	28	13	15
Schweden	30 (15)[4]	15 (0)[4]	15
Spanien	19	4	15
Hohe Hürden: Teuer oder langwierig[5]			
China	20 (10)	10 (0)	10
Frankreich	30 (12,8)[4]	17,2 (0)[4]	12,8
Italien	26 (15)[4]	11 (0)[4]	15

Stand: 26.09.2022 **Quellen:** BZSt/Eigene Recherche
Anmerkungen: 1) Rückforderung nicht nötig oder einfach; Erstattungsformulare auf Deutsch, schnelle Bearbeitung.
2) Sofern die deutsche Depotbank, bei der die Aktien liegen, bei den US-Steuerbehörden den Status „Qualified Intermediary" hat.
3) Erstattungsformulare zum Teil nur in Englisch; Antragstellung in Spanien nur online, zum Teil lange Wartezeiten.
4) Für registrierte Auslandsinvestoren. 5) Sehr hohe Gebührenansprüche notwendiger Dienstleister wie Depotbanken, jahrelange Wartezeit.

Manche Unternehmen zahlen ihre Dividende nicht aus dem laufenden Gewinn, sondern aus den eigenen Kapitalrücklagen, dem sogenannten steuerlichen Einlagenkonto. Ihre Dividendenausschüttungen müssen dann nicht direkt besteuert werden, anders als die Zahlungen anderer Firmen. Doch die Angelegenheit hat einen entscheidenden Haken: Meistens sind die Dividenden gar nicht steuerfrei, der Fiskus langt lediglich später zu.

Während der Staat klassische Dividenden direkt bei der Ausschüttung besteuert, verlangt der Fiskus seinen Anteil bei „steuerfreien" Dividenden erst mit dem Verkauf. Anlegerinnen und Anleger können mit steuerfreien Dividenden also von einer Steuerstundung des Staates profitieren. Wenn sie die Ausschüttungen zunächst ohne Steuerabzug wieder anlegen, kann sich das unverminderte Dividendengeld über Jahre vermehren und im besten Fall eine Art Zinseszinseffekt bringen. Bei normalen Dividenden zieht der Staat die Steuern direkt ab, sie können sich also bei einem Re-Investment nur teilweise weitervermehren.

Am Ende kommt die Steuerrechnung aber trotzdem. Dafür verringern die heimischen Depotbanken den rechnerischen Kaufkurs der Papiere in den Steuerunterlagen jedes Jahr um die ausgezahlte Dividende, sodass Anleger beim Verkauf der Papiere einen größeren Kursgewinn versteuern müssen.

So rechnen Banken die Dividenden ein (Angaben in Euro)	
Anschaffungspreis	100
Dividende 1. Jahr	3
Einstandskurs	97
Dividende 2. Jahr	4
Einstandskurs	93
Verkaufskurs	120
zu versteuern: 120 – 93 =	**27**

Am Ende müssen Anlegerinnen und Anleger also nicht nur die Differenz aus tatsächlichem Kauf- und Verkaufspreis versteuern, sondern auch die künstlich abgezogenen Dividenden. Lediglich wenn die Aktien schon vor der großen Aktiensteuerreform im Jahr 2009 im Depot lagen, sind die steuerfreien Dividenden auch tatsächlich steuerfrei.

Richtig lohnt sich das allerdings nur, wenn Privatleute ihren Steuerfreibetrag von 1000 Euro pro Person und Jahr immer zuverlässig ausschöpfen. Gerade Buy-and-Hold-Naturen kassieren zu Beginn ihrer Börsenkarriere aber oft noch gar nicht 1000 Euro an Zinsen oder Dividenden. Für sie wäre es besser, eine klassische Dividende direkt ausgeschüttet zu bekommen: Bis zu 1000 Euro wären die gesamten Erträge aus Anleihezinsen, Verkaufsgewinnen und Dividendenerträgen nämlich sofort steuerfrei. Zweitens ändern Unternehmen manchmal einfach ihren Dividendenmodus: Die Deutsche Post zahlte jahrelang zum Beispiel die „steuerfreien" Dividenden, mit der Ausschüttung im Jahr 2021 schwenkte sie plötzlich aber auf den normalen Dividendenmodus.

Fall 3: Mitarbeiteraktien

Ob Allianz, BASF oder Vonovia: Viele heimische Unternehmen ermöglichen ihren Mitarbeiterinnen und Mitarbeitern, die Aktien des „eigenen" Konzerns zu besonders attraktiven Bedingungen zu kaufen. Wie die Unternehmen diese Konditionen ausgestalten, unterscheidet sich von Fall zu Fall. Häufig bieten sie zum Beispiel einen Rabatt auf den Kaufpreis von bis zu 50 Prozent. Andere Firmen geben zu drei gekauften Aktien eine vierte, vermeintliche Gratisaktie kostenlos dazu.

Doch Vorsicht: Wenn Mitarbeiter und Mitarbeiterinnen die Titel günstiger als zum aktuellen Börsenkurs kaufen können, bekommen sie vom Unternehmen im Juradeutsch einen „geldwerten Vorteil". Und den müssen sie versteuern, normalerweise mit dem persönlichen Steuersatz. Bei Belegschaftsaktien hat der Gesetzgeber aber eine Freigrenze eingeführt, die zum Jahr 2024 noch einmal deutlich angehoben wurde: Anlegerinnen und Anleger müssen beim Bezug keine Steuern zahlen, solange der geldwerte Vorteil insgesamt unter 2000 Euro liegt.

Geldwerter Vorteil aus Mitarbeiteraktien (Angaben in Euro)	
Aktueller Kurs	75
Kurs für Mitarbeitende	50
Rabatt für Mitarbeitende 75 – 50 =	25
Steuergrenze	2000
Max. steuerfrei beim Kauf?	
2000 / 25 =	**80 Aktien**

Einen Rabatt beim Kauf müssen Privatleute erst ab einer Grenze von 2000 Euro versteuern. Manche Unternehmen beschränken ihre Mitarbeiteraktien-Programme automatisch in der Menge, sodass eine einzelne Person jeweils maximal bis an die Freigrenze stößt – aber nicht darüber hinaus.

Der Staat gewährt den Nachlass allerdings nur, wenn das entsprechende Unternehmen allen Menschen aus der Belegschaft die Chance auf Mitarbeiteraktien gewährt, zumindest sofern sie länger als ein Jahr im Betrieb sind. Kleiner Wermutstropfen: Beim Verkauf von Mitarbeiteraktien gibt es wohlgemerkt keinen Steuernachlass. Und ganz grundsätzlich sollten Privatleute darauf achten, dass die Belegschaftsaktie am Gesamtportfolio prozentual keinen allzu dominanten Anteil einnimmt.

Die Steuerlast überschlagen

Was im Onlinedepot nach großen Gewinnen aussieht, wirkt nach dem Steuerabzug oft deutlich magerer. Zwar ist die Steuerlast individuell – trotzdem gibt es eine Daumenregel für ETF-Fans.

100 000 Euro – wer eine solch runde Summe in seinem Börsendepot leuchten sieht, freut sich oft zu früh. Wollen Sparerinnen und Sparer zum Beispiel ETF-Anteile in dieser Größenordnung versilbern, stellen sie manchmal erst am Ende fest, wie viel der Fiskus abzwackt. Ganz exakt lässt sich die Steuerlast allgemeingültig kaum berechnen: Denn die Launen im Bundestag bringen regelmäßig neue Steuerregeln mit sich. Die aktuelle Kapitalertragssteuer gilt erst seit 2009, im Jahr 2018 wurde die Besteuerung für Fonds auf den Kopf gestellt, an Einzelfragen doktern die Finanzgerichte laufend herum. Welche Regeln mit Blick auf Börsensteuern in 10, 20 oder 30 Jahren gelten, ist seriös kaum absehbar (Stand: 09/24).

Dennoch lässt sich am Beispiel eines Aktien-ETF grob überschlagen, was die aktuellen Steuerregeln für ein klassisches ETF-Investment bedeuten, bei dem 25 000 Euro über 30 Jahre wachsen sollen. Dabei muss man allerdings mit einigen Annahmen arbeiten:

- **Rendite.** Der Aktien-ETF erzielt konstant die historische Langfristrendite von acht Prozent pro Jahr, davon beträgt die Dividendenrendite zwei Prozentpunkte.
- **Dividenden.** Der ETF legt Dividenden direkt wieder an (Thesaurierung).
- **Steuersatz.** Die Kapitalertragssteuer plus Soli liegt bei 26,375 Prozent, die Kirchensteuer bleibt außen vor. Der Sparerpauschbetrag von 1 000 Euro steht jedes Jahr komplett zur Verfügung und ist nicht durch andere Anlagen belastet.
- **Vorabpauschale.** Der Basiszins für die Vorabpauschale liegt konstant bei 2,29 Prozent wie zu Beginn 2024. Das beeinflusst, auf welche Vorabpauschale während der Laufzeit Steuern zu zahlen sind.

Mehr zur Vorabpauschale ab Seite 393

Steuereffekt bei Einmalanlage

Das Ergebnis: Legen Sparerinnen und Sparer am Anfang ihrer Börsenkarriere 25 000 Euro an, würde in den ersten 17 Jahren keine Steuer fällig. Der Sparerpauschbetrag von 1 000 Euro würde schließlich ausreichen, um die möglichen Steuern auf die Vorabpauschalen zu decken. Erst danach wären jährlich meist zwischen 100 und rund 400 Euro fällig, mit denen sich der Staat schon während der Haltezeit des ETF einen kleinen Teil der späteren Steuerzahlung beim Verkauf gewissermaßen als Anzahlung vorab holt. Unter dem Strich würden Anlegerinnen und Anleger so über die gesamte Laufzeit rund 2 500 Euro an Steuern auf die Vorabpauschalen zahlen. Ganz am Ende beim Verkauf würde der Staat dann noch rund 33 200 Euro an Steuern kassieren.

> **Die Kunst der Besteuerung besteht darin, die Gans so zu rupfen, dass man möglichst viel Federn bei möglichst wenig Geschrei erhält.**
>
> Jean Baptiste Colbert, französischer Staatsmann

Während im Depot vor dem Steuerabzug also die Summe von rund 248 000 Euro leuchtete, hätten Anlegende am Ende nach Steuern nur rund 216 000 Euro gehabt. Mit anderen Worten: Aus einer jährlichen Durchschnittsrendite von acht Prozent wäre eine Rendite von nur noch rund 7,4 Prozent pro Jahr geworden. In einer ehrlichen Rechnung müssten Anlegerinnen und Anleger davon außerdem die Inflation und die Kaufkosten abziehen.

Die drei Renditebremsen nicht vergessen

So viel mussten Anleger und Anlegerinnen jeden Monat sparen, um 100 000 Euro zu erreichen – wenn sie Kosten, Steuern und Inflation mit einrechnen.

Spardauer	Ohne jegliche Kosten	Nach Steuern	Nach Steuern und 2 % Inflation	Nach Steuern, Sparplan-kosten und 2 % Inflation
10 Jahre	613 Euro	660 Euro	805 Euro	817 Euro
20 Jahre	219 Euro	254 Euro	377 Euro	383 Euro
30 Jahre	102 Euro	126 Euro	228 Euro	231 Euro

Annahmen: laufende Fondskosten 0,5 Prozent p. a., Sparplankosten 1,5 Prozent vom monatlichen Sparbetrag.
Sparerpauschbetrag anfänglich 1000 Euro. Aktien-ETF-Rendite 6 Prozent p. a., Dividendenrendite 2 Prozent p. a., Inflationsrate 2 Prozent p. a.
Quelle: LSEG, eigene Simulationen   Details zur Methodik unter test.de/100k/methodik   Stand: 30.09.2024

Die Steuer einberechnen

Wer kein böses Erwachen erleben will, kann sich bereits zu Anfang der eigenen Sparphase Gedanken machen. Schieben Anlegerinnen und Anleger monatlich Geld in einen Aktien-ETF , müssten sie über 30 Jahre zum Beispiel rund 100 Euro monatlich sparen, um am Ende mit 100 000 Euro dazustehen. Damit nach Steuern auch 100 000 Euro übrig geblieben wären, hätten sie jedoch rund 25 Euro mehr pro Monat sparen müssen – also 126 Euro.

Steuern sind der Preis der Zivilisation. Im Urwald gibt es keine Steuern.

Robert Wagner,
US-amerikanischer Politiker

Wer obendrein die durchschnittlichen Kaufkosten für einen Sparplan sowie eine Inflation von zwei Prozent mit einrechnen möchte, müsste bereits rund 230 Euro im Monat an die Börse schieben (siehe Tabelle oben). Da die Steuersätze teilweise individuell sind und sich die Inflation nicht vorhersagen lässt, ist es schwierig, diese Dinge schon vorher exakt zu berücksichtigen. Wer für seine eigene Kalkulation jedoch eine Daumenregel ableiten will, kann Folgendes beherzigen:

- **Sparplan über 30 Jahre.** Anlegerinnen und Anleger müssen etwa das 2,3-Fache des normalen Betrags zurücklegen, wenn sie Kaufkosten, Steuern und zwei Prozent Inflation berücksichtigen wollen.
- **Sparplan über 20 Jahre.** Interessierte müssten etwa das 1,7-Fache des normalen Betrags zurücklegen, um die genannten Effekte auszugleichen.
- **Sparplan über 10 Jahre.** Anlegerinnen und Anleger könnten grob das 1,3-Fache des normalen Betrags sparen, um Kosten, Steuern und zwei Prozent Inflation in Schach zu halten.

All diese Kalkulationen können jedoch nicht mehr sein als eine völlig unverbindliche Daumenregel. Steuergesetze können sich ändern, die Inflation deutlich überschießen oder jahrelang mager ausfallen – und die Brokerhäuser schrauben ebenfalls regelmäßig an ihren Gebührenmodellen.

Anlegende sollten Nachsteuerrechnungen also nie bis auf die letzte Nachkommastelle für bare Münze nehmen. Trotzdem gilt: Wer die drei wichtigen Renditefresser Steuern, Kosten und Inflation vorher gedanklich zumindest schon einmal grob in den Blick nimmt, muss beim Vergleich von Depotanzeige und faktischen Erträgen am Ende keine allzu böse Überraschung fürchten.

Hilfe

Methodik und Hinweise

Immer auf dem Laufenden bleiben

Die ETF-Tabellen in diesem Buch zeigen eine Auswahl an Basis-ETF und Beimischungs-ETF. Weitere Details und Bewertungen zu diesen und weiteren ETF und aktiven Fonds finden Sie stets aktuell in unserem Fondsfinder unter test.de/fonds (mit Flatrate kostenfrei) sowie in den aktuellen Ausgaben von Stiftung Warentest Finanzen und dem jährlichen ETF-Spezial.

So haben wir getestet

Für die historischen Simulationen rechnen wir, so nicht anders angegeben, seit dem 31.12.1969. Für diese Rechnungen nutzen wir den MSCI World Total Return in D-Mark und Euro. Da Anleger in einen Index nicht direkt investieren können und ETF hierzulande erst seit dem Jahr 2000 existieren, rechnen wir im Falle des MSCI World mit einem Kosten- und Nachbildungsfehlerabzug von 0,5 Prozent pro Jahr.

Für Tagesgeld rechnen wir mit dem Dreimonatszins Fibor und Euribor. Bei Negativzinsen rechnen wir mit null, weil sich Negativzinsen durch Kontowechsel vermeiden ließen. Tagesgeld hat keine Kosten.

Für Euro-Anleihen rechnen wir mit dem Anleiheindex Bloomberg Euro Aggregate aus Staats- und Unternehmensanleihen in Euro und einem Renditeabschlag von 0,1 Prozent. Vor Einführung des Euro: deutscher Anleiheindex Rex-Performance.

In unseren Pantoffel-Rechnungen berücksichtigen wir Handelskosten. Bei einer Einmalanlage rechnen wir mit 4,90 Euro und 0,25 Prozent der Anlagesumme. Sparplan: Kosten von 1,5 Prozent der Sparrate. Da Steuern individuell sind, ziehen wir sie in unseren Pantoffelrechnungen nicht ab. Ab Seite 398 finden Sie jedoch eine Modellrechnung mit Steuerabzug.

Basis-ETF: Globale Aktien und Euro-Anleihen

Anbieter	Index	Ertrags-verwendung	Isin	Kosten (%)
Aktien Welt				
SPDR	MSCI World	Ⓣ	IE00BFY0GT14	0,12
HSBC	MSCI World	Ⓐ	IE00B4X9L533	0,15
UBS	MSCI World	Ⓐ	IE00B7KQ7B66	0,10
Amundi	MSCI World	Ⓣ	LU1781541179	0,12
iShares	MSCI World	Ⓣ	IE00B4L5Y983	0,20
Xtrackers	MSCI World	Ⓣ	IE00BJ0KDQ92	0,19
Deka	MSCI World	Ⓐ	DE000ETFL508	0,30
Amundi	Solactive GBS Dev Markets L&M Cap	Ⓐ	LU1931974692	0,05
Vanguard	FTSE Developed	Ⓐ	IE00BKX55T58	0,12
SPDR	MSCI ACWI	Ⓣ	IE00B44Z5B48	0,12
iShares	MSCI ACWI	Ⓣ	IE00B6R52259	0,20
Vanguard	FTSE All World	Ⓐ	IE00B3RBWM25	0,22
SPDR	MSCI ACWI IMI	Ⓣ	IE00B3YLTY66	0,17
Amundi	Solactive GBS Global Markets L&M Cap	Ⓣ	IE0003XJA0J9	0,07
Aktien Welt nachhaltig				
iShares	MSCI World SRI Sel Reduc Fossil Fuels	Ⓣ	IE00BYX2JD69	0,20
BNP Easy	MSCI World SRI S-Series PAB 5% Cap	Ⓣ	LU1291108642	0,26
UBS	MSCI World SRI Low Carb Sel 5% Cap	Ⓐ	LU0629459743	0,20
Amundi	MSCI World SRI Filt PAB	Ⓣ	IE000Y77LGG9	0,18
Amundi	MSCI ACWI SRI Filt PAB	Ⓣ	IE0000ZVYDH0	0,20
iShares	MSCI ACWI SRI Sel Reduc Fossil Fuels	Ⓣ	IE000JTPK610	0,20
Staatsanleihen Euro				
Amundi	Solactive Eurozone Gov Bond	Ⓐ	LU1931975152	0,05
Vanguard	Bloomberg Euro Treasury	Ⓣ	IE00BH04GL39	0,07
iShares	Bloomberg Euro Treasury	Ⓐ	IE00B4WXJJ64	0,07
SPDR	Bloomberg Euro Treasury	Ⓐ	IE00B3S5XW04	0,07
Staatsanleihen Deutschland in Euro				
iShares	Bloomberg Germany Treasury	Ⓐ	IE00B5V94313	0,20
Xtrackers	Markit iBoxx EUR Germany	Ⓣ	LU0643975161	0,16
iShares	eb.rexx Gov Germany	Ⓐ	DE0006289465	0,16
Deka	Deutsche Börse Eurogov Germany	Ⓐ	DE000ETFL177	0,20
Staats- und Unternehmensanleihen Euro				
SPDR	Bloomberg Euro Aggregate	Ⓐ	IE00B41RYL63	0,17

Quelle: Stiftung Warentest Stand: 31.10.2024 Anmerkungen: Ⓐ = Ausschüttender Fonds, Ⓣ = Thesaurierender Fonds

Weitere ETF: Beimischungen

Anbieter	Index	Ertrags-verwendung	Isin	Kosten (%)
Aktien Europa				
Amundi	Solactive GBS Dev Markets Europe L&M Cap	Ⓐ	LU1931974262	0,05
HSBC	MSCI Europe	Ⓐ	IE00B5BD5K76	0,10
Amundi	Stoxx Europe 600	Ⓣ	LU0908500753	0,07
Aktien Europa nachhaltig				
iShares	MSCI Europe SRI Sel Reduc Fossil Fuels	Ⓣ	IE00B52VJ196	0,20
Amundi	MSCI Europe SRI Filt PAB	Ⓣ	LU1861137484	0,18
BNP Easy	MSCI Europe SRI S-Series PAB 5% Cap	Ⓣ	LU1753045332	0,25
UBS	MSCI Europe SRI Low Carb Sel 5% Cap	Ⓣ	LU2206597804	0,20
Aktien Schwellenländer				
iShares	MSCI EM IMI	Ⓣ	IE00BKM4GZ66	0,18
Vanguard	FTSE Emerging	Ⓐ	IE00B3VVMM84	0,22
Amundi	MSCI EM	Ⓐ	LU1737652583	0,18
iShares	MSCI EM	Ⓣ	IE00B4L5YC18	0,18
SPDR	MSCI EM	Ⓣ	IE00B469F816	0,18
UBS	MSCI EM	Ⓐ	LU0480132876	0,20
Aktien Deutschland				
Xtrackers	Dax	Ⓣ	LU0274211480	0,09
iShares	Dax	Ⓣ	DE0005933931	0,16
Deka	Dax	Ⓣ	DE000ETFL011	0,20
Amundi	Dax	Ⓐ	LU2611732046	0,08
Vanguard	FTSE Germany All Cap	Ⓐ	IE00BG143G97	0,10
Amundi	FAZ Index	Ⓐ	LU2611732129	0,15
Aktien Small Cap Welt				
iShares	MSCI World Small Cap	Ⓣ	IE00BF4RFH31	0,35
SPDR	MSCI World Small Cap	Ⓣ	IE00BCBJG560	0,45
Rohstoffe gemischt				
UBS	UBS CMCI Composite	Ⓣ	IE00B53H0131	0,30
L&G	Bloomberg Commodity 3 Month Forward	Ⓣ	IE00B4WPHX27	0,30
iShares	Bloomberg Enhanced Roll Yield	Ⓣ	IE00BZ1NCS44	0,28
UBS	UBS BCOM Constant Maturity Commodity	Ⓣ	IE00BYYLVH00	0,30
Gold-ETC				
Produkttabelle auf Seite 328.				

Quelle: Stiftung Warentest Stand: 31.10.2024 Anmerkungen: Ⓐ = Ausschüttender Fonds, Ⓣ = Thesaurierender Fonds

Adressen

Börsen

Börse Berlin
Handelsplätze:
Börse Berlin, Equiduct
Kurfürstendamm 129 D
10711 Berlin
boerse-berlin.de
Kundenbetreuung:
Telefon 0 30/311 091 50
kundenbetreuung@boerse-berlin.de
Handelsüberwachung:
Telefon 0 30/311 091 76
handelsueberwachung@boerse-berlin.de

Börse Düsseldorf BÖAG
Handelsplätze:
Börse Düsseldorf, Quotrix
Ernst-Schneider-Platz 1
40212 Düsseldorf
boerse-duesseldorf.de
quotrix.de
Kundenbetreuung:
Telefon 02 11/13 89-0
kontakt-dus@boersenag.de
Handelsüberwachung:
Telefon 02 11/13 89 23-5
huest-dus@boersenag.de

Börse Hamburg BÖAG
Handelsplätze:
Börse Hamburg, LS Exchange
Kleine Johannisstraße 4
20457 Hamburg
boerse-hamburg.de
ls-x.de
Kundenbetreuung:
Telefon 0 40/36 13 02-0
info@boersenag.de
Handelsüberwachung:
huest@boersenag.de

Börse Hannover BÖAG
Handelsplatz: Börse Hannover
An der Börse 2
30159 Hannover
boerse-hannover.de
Kundenbetreuung:
Telefon 05 11/12 35 64-0
info@boersenag.de
Handelsüberwachung:
Telefon 05 11/12 35 64-12
huest@boersenag.de

Börse München
Handelsplätze: Börse München, Gettex
Karolinenplatz 6
80333 München
boerse-muenchen.de; gettex.de
Kundenbetreuung Börse München:
Telefon 08 9/54 90 45-0
info@boerse-muenchen.de
Handelsüberwachung Börse München
Telefon 0 89/54 90 45-30
huest@boerse-muenchen.de
Kundenbetreuung Gettex:
Telefon 0 89/54 90 45-45
info@gettex.de
Handelsüberwachung Gettex:
Telefon 0 89/54 90 45-53
huest@gettex.de

Börse Stuttgart
Handelsplatz: Börse Stuttgart
Börsenstraße 4
70174 Stuttgart
boerse-stuttgart.de
Kundenbetreuung:
Telefon 07 11/22 29 85-0
info@boerse-stuttgart.de
Handelsüberwachung:
Telefon 07 11/22 29 85-682
handelsueberwachung@
boerse-stuttgart.de

Deutsche Börse
Handelsplätze: Xetra, Börse Frankfurt
60485 Frankfurt am Main
boerse-frankfurt.de
Anlegercenter
Telefon 0 69/21 11 83-10
anlegercenter@deutsche-boerse.com
Handelsüberwachung:
Telefon 0 800/23 02 02-3
huest@deutsche-boerse.com

Tradegate Exchange
Handelsplatz: Tradegate Exchange
Kurfürstendamm 119
10711 Berlin
tradegate.de
Kundenbetreuung:
Telefon 0 30/89 60 60
info@tradegate.de
Handelsüberwachung:
huest@tradegate-exchange.de

Außerbörsliche Direkthändler für Aktien, Anleihen, ETF

Baader Bank
Weihenstephaner Straße 4
85716 Unterschleißheim
Kundenbetreuung:
Telefon 0 800/002 223-37
service@baaderbank.de

Lang & Schwarz Tradecenter
Breite Straße 34
40213 Düsseldorf
ls-tc.de
Kundenbetreuung:
Telefon 02 11/13 84 04-04
public-relations@ls-d.de

Tradegate AG
(außerbörslich)
Kurfürstendamm 119
10711 Berlin
tgsi.trade
Kundenbetreuung:
Telefon 030/896060
info@tradegate.ag

Société Générale
Direkthandel
Zweigniederlassung Frankfurt
Neue Mainzer Straße 46–50
60311 Frankfurt am Main
Kundenbetreuung:
Telefon 069/717489-7
europe.etf@sgcib.com

Wolfgang Steubing AG
(Anleihen: Bondinvest)
Goethestraße 29
60313 Frankfurt am Main
Kundenbetreuung:
Telefon 069/297161-32
bondinvest@steubing.com

Verbraucherschutz

Stiftung Warentest
Team Geldanlage, Altersvorsorge, Kredite und Steuern
Lützowplatz 11–13
10785 Berlin
Kontakt:
Telefon 030/2631-0
email@stiftung-warentest.de

Verbraucherzentrale Bundesverband (VZBV)
Rudi-Dutschke-Straße 17
10969 Berlin
Kontakt:
Telefon 030/285000
info@vzbv.de

Aufsichtsbehörden

Bundesanstalt für Finanzdienstleistungsaufsicht (Bafin)
Graurheindorfer Straße 108
53117 Bonn
Telefon 0228/4108-0
Verbrauchertelefon:
0800/210050-0
poststelle@bafin.de

Börsenaufsicht Berlin
(für: Börse Berlin und Tradegate Exchange)
Martin-Luther-Straße 105
10825 Berlin
Kontakt:
Telefon 030/90130
boersenaufsicht@senweb.berlin.de

Börsenaufsicht Düsseldorf
(für: Börse Düsseldorf und Quotrix)
Jägerhofstraße 6
40479 Düsseldorf
Kontakt:
Telefon 0211/49720
V-BoersenaufsichtNRW@fm.nrw.de

Börsenaufsicht Hamburg
(für: Börse Hamburg und LS Exchange)
Gänsemarkt 36
20354 Hamburg
Kontakt:
Telefon 040/428230
boersenaufsicht@fb.hamburg.de

Börsenaufsicht Hannover
(für: Börse Hannover)
Friedrichswall 1
30159 Hannover
Kontakt:
Telefon 0511/120562-5
boersenaufsicht@mw.niedersachsen.de

Börsenaufsicht Hessen
(für: Xetra und Börse Frankfurt)
Kaiser-Friedrich-Ring 75
65185 Wiesbaden
Kontakt:
Telefon 0611/815403-0
boersenaufsicht@wirtschaft.hessen.de

Börsenaufsicht München
(für: Börse München und Gettex)
Prinzregentenstraße 28
80538 München
Kontakt:
Telefon 089/21622320
boersenaufsicht@stmwi.bayern.de

Börsenaufsicht Stuttgart
(für: Börse Stuttgart)
Theodor-Heuss-Straße 4
70174 Stuttgart
Kontakt:
Telefon 0711/123-0
boersenaufsicht@wm.bwl.de

Anlegerschutz-Verbände

DSW Deutsche Schutzvereinigung für Wertpapierbesitz e. V.
Peter-Müller-Straße 14
40468 Düsseldorf
Telefon 0211/669702
dsw@dsw-info.de

SdK Schutzgemeinschaft der Kapitalanleger e. V.
Hackenstraße 7b
80331 München
info@sdk.org

Dachverband der Kritischen Aktionärinnen und Aktionäre e. V.
Pellenzstraße 39 (Hinterhaus)
50823 Köln
dachverband@kritischeaktionaere.de

Fachbegriffe erklärt

Abgeltungssteuer. Kapitalerträge (also Gewinne aus Wertpapierverkäufen, Zinsen und Dividenden), die oberhalb des Sparerpauschbetrags liegen, werden pauschal mit 25 Prozent besteuert. Hinzu kommen gegebenenfalls Solidaritätszuschlag und Kirchensteuer.

Aktie. Ein Anteilsschein, der Anlegerinnen und Anleger zu Miteigentümern eines Unternehmens macht. Aktien großer Firmen sind meistens an der Börse notiert und lassen sich dort handeln. Mit einer Aktie können Anleger auf der Hauptversammlung des Unternehmens ihr Stimmrecht ausüben und bekommen mitunter das Anrecht auf einen Teil des Firmengewinns (Dividende).

Aktiv gemanagter Fonds. Fondsleute wählen Titel für den Fonds aus, in die sie das Geld der Anlegerinnen und Anleger investieren. Dabei gibt es zum Beispiel Aktien-, Anleihe- oder Mischfonds.

Anleihe. Verzinsliche Schuldverschreibung. Anlegerinnen und Anleger leihen einem Emittenten Geld und bekommen dafür im Gegenzug in aller Regel Zinsen. Üblicherweise gibt es eine Laufzeit, an deren Ende der Emittent das Geld zurückzahlen muss. Als Verbriefung dieses Schuldverhältnisses wird eine Anleihe ausgestellt. Anleihen werden von Staaten, anderen Einrichtungen der öffentlichen Hand (Staatsbanken, Länder, Gemeinden) oder von Unternehmen herausgegeben. Die Zinshöhe ist abhängig von der Laufzeit und der Kreditwürdigkeit des Emittenten. Manche Anleihen werden an der Börse gehandelt, viele aber auch über außerbörsliche Plattformen für Profis. Das englische Synonym für Anleihen lautet: Bonds.

Asset Allocation. Die Aufteilung verschiedener Anlageklassen in einem Portfolio. Fachleute unterscheiden meist, welchen Teil ihres Geldes Anlegerinnen und Anleger in Aktien, Anleihen, Rohstoffe, Immobilien und Cash investieren. Finanzwissenschaftlern zufolge ist die Anlageaufteilung ein wichtiger Stellhebel für den späteren Ertrag (Rendite).

Assetklasse. Auf Deutsch: Anlageklasse. Asset ist das englische Wort für Vermögenswert. Assetklassen beschreiben daher Anlagekategorien. Beispiele sind Aktien, Anleihen, Rohstoffe, Immobilien. Teilweise werden auch Immobilienaktien und Nahrungsmittelaktien oder Schwellenländer- und Hochzinsanleihen als Assetklassen geführt, weil sie wenig Gleichlauf mit anderen Anlagen aufwiesen.

Ausgabeaufschlag. Differenz zwischen Ausgabe- und Rücknahmepreis eines Fonds. Meist verdient der Vertrieb am Ausgabeaufschlag. Aktive Fonds verlangen in aller Regel einen Ausgabeaufschlag, passive ETF eher selten.

Ausschüttender Fonds. Ein ausschüttender Fonds zahlt Erträge wie Zinsen und Dividenden turnusmäßig an die Anlegerinnen und Anleger aus.

Baisse. Negativer Börsentrend mit fallenden Börsenkursen in der Breite des Marktes. Auch: Bärenmarkt.

Bestens. Wer eine Order „bestens" erteilt, gibt eine unlimitierte Verkaufs-Order in den Markt. Das bedeutet: Man ist bereit, jeden beliebigen Preis zum Zeitpunkt der Ausführung zu akzeptieren. Wer das nicht möchte, kann mit einer sogenannten Limit-Order einen Minimalpreis beim Verkauf vorgeben.

Billigst. Erteilen Anlegerinnen und Anleger eine Order „billigst", geben sie eine unlimitierte Kauf-Order in den Markt. Das bedeutet: Sie sind bereit, jeden beliebigen Preis zum Zeitpunkt ihrer Ausführung zu akzeptieren. Wer das nicht möchte, kann mit einer Limit-Order einen Maximalpreis beim Kauf vorgeben.

Blue Chips. Blue Chips ist der Begriff für Aktien großer Unternehmen, die sich in den Aktien-Leitindizes wiederfinden und einen großen Börsenwert haben. Der deutsche Begriff heißt Standardwerte. Oft haben sie an der Börse hohe Handelsvolumina, werden von den Anlegerinnen und Anlegern also laufend gehandelt.

Börse. Die Börse ist ein Marktplatz für handelbare Güter (z.B. Aktien, Rohstoffe, Edelmetalle, Devisen). Im Volksmund meint der Begriff jedoch häufig spezifisch die Aktienbörsen. Bis in die 1980er-Jahre hinein fand der Handel auf dem Börsenparkett statt, inzwischen laufen die meisten Börsengeschäfte digital über Handelscomputer. In Deutschland ist im Aktienhandel die Deutsche Börse mit ihrer Computerhandelsplattform Xetra führend, im börslichen Anleihehandel die Börse Stuttgart. Privatleute können nicht direkt selbst an der Börse handeln, sondern müssen Aufträge über eine Bank oder einen Broker an die Börse geben.

Börsenwert. Wert eines börsennotierten Unternehmens. Dabei wird die Zahl aller Aktien mit dem Aktienkurs multipliziert. Wenn Unternehmerfamilien oder Großinvestoren große Aktienpakete halten und dem Börsenhandel entziehen, wird der Börsenwert manchmal auch nur anhand der restlichen Aktien berechnet – diese nennt man „Streubesitz".

Bonität. Die Bonität bezeichnet die Kreditwürdigkeit des Schuldners.

Briefkurs. Der Kurs an der Börse, zu dem Anleger Wertpapiere kaufen können. Siehe auch Spread.

Chance-Risiko-Zahl. Die Chance-Risiko-Zahl zeigt das Chance-Risiko-Verhältnis eines Fonds im Vergleich zum Referenzindex. Chance-Risiko-Zahlen über 100 signalisieren, dass der Fonds Chance und Risiko besser ins Verhältnis brachte als der Referenzindex. Mehr Details zu unserer Kennziffer ab Seite 191.

Creation. Beschreibt den Schaffungsmechanismus von börsengehandelten Indexfonds (ETF). Bei der Creation gibt ein ETF-Anbieter Anteile am ETF heraus an ein Wertpapierhandelshaus, das im Gegenzug die Wertpapiere für den ETF liefert. In einem zweiten Schritt lassen sich diese Anteile dann an öffentlichen Börsen handeln. Alle Details zu diesem Mechanismus ab Seite 255.

Dax. Kürzel für den Deutschen Aktienindex. Dieser Leitindex der deutschen Börsenwelt enthält die 40 wichtigsten Aktien des Landes, bis 2021 waren es nur 30 Werte. Der offizielle Start des Dax war am 1. Juli 1988.

Depot. Auch: Wertpapierdepot. Eine Art Konto bei einer Bank, mit dem Anlegerinnen und Anleger Wertpapiere verwahren lassen können. So ein Depot ist Voraussetzung, um zum Beispiel Aktien oder ETF an der Börse kaufen und verkaufen zu können. Manche Depots werden auch nur für Fonds angeboten („Fondsdepot") und erlauben keinen Börsenhandel.

Derivate. Derivate sind Papiere, deren Wertentwicklung von der Preisentwicklung eines zugrunde liegenden Wertpapiers abhängt. Derivate sind etwa Futures, Optionen, Swaps oder Zertifikate.

Diversifikation. Streuung von Geldanlagen auf viele verschiedene Anlageformen, Regionen und Branchen. Wer seine Anlagen streut, mindert damit das Risiko, einen Totalverlust zu erleiden. Das Diversifizieren maximiert auch das Rendite-Risiko-Verhältnis des Portfolios.

Dividende. Unternehmen können einen Teil ihres Firmengewinns an die Anlegerinnen und Anleger ausschütten. Diese Ausschüttungen heißen Dividenden. Im laufenden Kalenderjahr zahlen Unternehmen die Dividenden für das abgelaufene Geschäftsjahr. Wie hoch die Dividende ausfällt, beschließt in Deutschland die Hauptversammlung eines Unternehmens auf Vorschlag des Managements.

Eigenkapital. Mittel, die ein Unternehmen selbst zur Finanzierung besitzt, heißen Eigenkapital (z. B. Einlagen der Eigentümer, Einnahmen aus Börsengang). Fremdkapital bezeichnet dagegen Schulden (z. B. Bankkredite, Anleihen).

Emerging Markets. Schwellenländer. Staaten, die nicht mehr Entwicklungsländer sind, sondern schon etwas weiter entwickelt sind und zu den Industrieländern aufschließen wollen. Beispiele sind die Türkei oder Brasilien.

Emission. Erstmalige Ausgabe eines Wertpapiers. Bei Aktien passiert die Emission in der Regel am Vorabend des Börsengangs, indem Investmentbanken im Auftrag des entsprechenden Unternehmens dessen Aktien an Investorinnen und Investoren verkaufen (Primärmarkt). Am Folgetag können die Papiere im öffentlichen Börsenhandel dann frei gehandelt werden (Sekundärmarkt).

Emittent. Der Herausgeber eines Wertpapiers. Bei Aktien sind das die Unternehmen, bei Staatsanleihen das die Staaten und bei Zertifikaten die herausgebenden Banken.

ESG. Abkürzung für nachhaltiges Investieren im weiteren Sinne: Environment, Social and Governance, also Umwelt, Soziales und gute Unternehmensführung. Einheitliche Regeln, um Firmen anhand ihrer ESG-Ausprägungen zu bewerten, gibt es aber nicht.

ETC. Abkürzung für Exchange Traded Commodities, also börsengehandelte Rohstoffe. Entspricht in Deutschland Zertifikaten auf Rohstoffe. Manche ETC folgen den Rohstoffpreisen nur ungenau, die Preisbildung kann komplex sein. Außerdem ist das Geld der Anlegerinnen und Anleger bei einer Insolvenz des Emittenten nicht durch ein Sondervermögen geschützt.

ETF. Abkürzung für Exchange Traded Funds, also: börsengehandelte Fonds. Diese Fonds können an der Börse laufend gehandelt werden und folgen in der Regel einem Index. Grundlage für ETF können nicht nur Aktienindizes sein, sondern auch andere Indizes wie Anleiheindizes. Einige wenige ETF werden sogar aktiv verwaltet. Meist meint der Begriff ETF jedoch Produkte, die passiv einem Index folgen sollen.

Ex-Tag. Tag, ab dem Wertpapiere ohne ein bestimmtes Recht gehandelt werden. Im Zusammenhang mit Dividendenausschüttungen handeln Aktien beispielsweise Ex-Dividende. Am Tag nach der Hauptversammlung, bei der die Dividende festgelegt worden ist, wird die Dividende dann vom Kurs „abgeschlagen" – der Kurs fällt also entsprechend. Dies ist kein offizieller Verwaltungsakt. Die Anlegerinnen und Anleger berichtigen den Kurs vielmehr „selbst" um die Dividende, weil der Betrag schließlich aus dem Unternehmen herausfließt und folglich von der Masse der Anlegerinnen und Anleger an der Börse nicht mehr im Kurs des Unternehmens eingepreist wird.

Fonds. Der Begriff wird oft umgangssprachlich für Sondervermögen oder Investmentvermögen benutzt. Für diese sammelt eine Kapitalverwaltungsgesellschaft Geld unter Anlegerinnen und Anlegern, um es zu investieren. Die Anleger erhalten Fondsanteile. Meistens entscheiden Fondsmanager, in welche Aktien, Anleihen oder anderen Papiere sie investieren. Fonds können ganz unterschiedliche Anlageschwerpunkte haben. Auch ETF zählen zu Fonds. Die meisten Investmentvermögen folgen einheitlichen EU-Regeln (OGAW-Regeln, englisch UCITS) und werden von der Finanzaufsicht des jeweiligen Landes beaufsichtigt.

Fixing. Feststellung eines offiziellen, meist täglichen, einheitlichen Kurses durch betreuende Händler. Bis 2011 wurde für börsennotierte Bundeswertpapiere einmal täglich an der Börse Frankfurt ein solcher Kurs festgestellt. Heute sind Fixings zu bestimmten Tageszeiten am Goldmarkt und am Devisenmarkt üblich.

Freiverkehr. Marktsegment der Börse, das nicht amtlich ist. Das Segment wird also nicht durch EU-Bestimmungen reguliert, sondern die Börse selbst gibt die Regeln vor. Für die Wertpapiere gelten dort weniger strenge Zulassungsvoraussetzungen und laxere Folgepflichten, wenn sie bereits an der Börse notiert sind. Die Börsen nutzen inzwischen den englischen Begriff „Open Market".

Geld-Brief-Spanne. Siehe Spread.

Geldkurs. Der Kurs an der Börse, zu dem Anleger Wertpapiere verkaufen können. Siehe auch Spread.

Growth-Werte. Beim Growth-Ansatz wählen Aktienanleger Unternehmen, von denen sie eine besondere Wachstumsdynamik erwarten. Auch: Wachstumswerte.

Hausse. Positiver Börsentrend mit deutlich steigenden Kursen. Oft auch Bullenmarkt oder Rally genannt.

Hedge. Absicherung eines Portfolios durch spezielle Finanzinstrumente. In der Praxis sichern zum Beispiel Exportunternehmen Währungsrisiken durch Transaktionen mit Banken ab. Mitunter sichern Fondsprofis auch Aktienportfolios teilweise durch sogenannte Put-Optionen ab. Da für Hedges schwer kalkulierbare Kosten entstehen, sind sie für Privatleute in der Regel nicht empfehlenswert.

High Yield. Dieser englische Begriff steht für Hochzinsanleihen. Mit solchen Papieren besorgen sich Unternehmen mit schlechten Bonitätsnoten Geld am Kapitalmarkt. Den höheren Zinsen stehen allerdings höhere Risiken gegenüber.

Index. Ein Index fasst die Entwicklungen mehrerer Wertpapiere zusammen. In den Indexstand fließen die Kursentwicklungen aller enthaltenen Wertpapiere entsprechend ihres definierten Gewichts im Index ein. Sogenannte Kursindizes berücksichtigen nur die reinen Aktien- oder Anleihenkurse. Sogenannte Performance- oder Total Return-Indizes rechnen die gezahlten Dividenden oder Zinsen der Unternehmen oder Anleihen in den Indexverlauf mit ein und legen sie rechnerisch wieder an.

Investmentfonds. Siehe Fonds.

Investment Grade. Englischer Begriff für Anleihen mit sehr guter und guter Bonität. Der Investment Grade umfasst nach Definition der Ratingagentur S & P Global die Notenstufen AAA, AA, A und BBB. Die Ratingstufen unterhalb des Investment Grade heißen Non-Investment Grade, was auf Deutsch mit „uninvestierbar" übersetzt wird. Manche Anlagehäuser dürfen dann nicht mehr investieren.

Investor Relations. Finanzkommunikation eines Unternehmens mit seinen Anteilseignern und Fremdkapitalgebern. Die Investor-Relations-Abteilungen sollen den Kapitalmarkt einerseits turnusmäßig über die Geschäftsentwicklung informieren. Andererseits versuchen sie auch, für die Perspektive des Unternehmens auf seine eigene Strategie und die eigenen Zahlen zu werben.

IPO. Abkürzung für Initial Public Offering, also erstmaliges öffentliches Angebot von Aktien eines Unternehmens im Wege eines Börsengangs. Am Vorabend des Börsengangs verkaufen Investmentbanken die Aktien an Anleger (Emission am Primärmarkt), am Tag danach lässt die Firma die Aktie an einer öffentlichen Börse notieren. Dann können Anlegerinnen und Anleger die Aktien untereinander handeln (Sekundärmarkt).

Isin. Abkürzung für International Securities Identification Number. Eine zwölfstellige Kennnummer für Wertpapiere, die international gültig ist. Anhand dieser Nummer können Anlegerinnen und Anleger ein Wertpapier eindeutig identifizieren.

Kapitalerhöhung. Wenn ein Aktienunternehmen neues Geld braucht, kann es eine Kapitalerhöhung ansetzen. Dann kann es neue Aktien ausgeben und dafür Geld einwerben. Damit die bisherigen Anleger ihren prozentualen Anteil an der Firma angesichts der neuen Aktien konstant halten können, bekommen sie im Rahmen der Kapitalerhöhung in der Regel eine Art Vorkaufsrecht.

Kassamarkt. Börse, bei der nach Zustandekommen einer Order das Geschäft zeitnah erfüllt wird und die Wertpapiere entsprechend zeitnah den Besitzer wechseln. Das Gegenteil sind Terminmärkte: Dort liegen Geschäftsabschluss und Erfüllung zeitlich getrennt.

KGV. Abkürzung für Kurs-Gewinn-Verhältnis. Dabei teilen Anleger den aktuellen Aktienkurs durch den auf eine Aktie entfallenden Unternehmensgewinn (Gewinn je Aktie). Liegt das KGV niedrig, zahlen Anleger derzeit rechnerisch wenig für einen Euro Unternehmensgewinn. Liegt das KGV hoch, zahlen sie rechnerisch viel je Euro Unternehmensgewinn. Manchmal nutzen Anlegerinnen und Anleger zur Berechnung den Gewinn des abgelaufenen Geschäftsjahres, in den USA oft den Gewinn der vergangenen vier Quartale, in Europa gern den geschätzten Gewinn der kommenden zwölf Monate.

KIID. Key Investors Information Document. Auf Deutsch: Wesentliche Anlegerinformationen (WAI). Dieses Informationsblatt soll Anlegerinnen und Anleger auf zwei Seiten über die wichtigsten Details in Sachen Risiko, Anlagepolitik, Wertentwicklung und Kosten eines Anlageprodukts informieren.

Korrelation. Die Korrelation misst, wie sehr zwei Anlagen in dieselbe Richtung tendieren. Laufen zwei Anlagen immer in dieselbe Richtung, liegt eine Korrelation von 1 vor. Entwickeln sie sich stets entgegengesetzt, beträgt die Korrelation –1. Gibt es keinen statistischen Zusammenhang zwischen den beiden Anlagen, liegt die Korrelation bei 0. Die Korrelation trifft keine Aussage über die Ursache des Zusammenhangs. Selbst bei hoher Korrelation tendieren Anlagen nicht immer im selben Ausmaß in dieselbe Richtung.

Large Caps. Siehe **Blue Chips**

Limit. Preisbegrenzung bei einer Wertpapierorder. Setzen Anlegerinnen und Anleger bei einer Börsenorder ein Limit, können sie damit einen Kurs bestimmen, bis zu dem sie maximal kaufen (Kauflimit) oder minimal verkaufen würden (Verkaufslimit).

Liquidität. Liquidität meint an der Börse, wie leicht sich ein Wertpapier ohne nennenswerten Einfluss auf den Preis kaufen oder verkaufen lässt. Je stärker Anlegerinnen und Anleger eine Aktie handeln, desto näher liegen in der Regel auch die Preisvorstellungen der Marktteilnehmer beieinander und desto liquider ist der Titel. Bei illiquiden Titeln können umgekehrt schon kleinere Orders den Preis stark beeinflussen oder ganz liegen bleiben, weil es auf der Gegenseite kein Interesse gibt.

Long. Englischer Begriff für eine Käuferposition. Wer „long geht", will ein Wertpapier kaufen. Wer „long ist", hat einen bestimmten Bestand des Wertpapiers im Portfolio.

Market Maker. Professionelle Börsenhändler, die dauerhaft Kauf- und Verkaufsangebote für bestimmte Wertpapiere stellen. Market Maker sorgen dafür, dass sich Wertpapiere laufend handeln lassen. Umgangssprachlich werden sie oft noch Kursmakler genannt.

Market Order. Kauf- oder Verkaufsauftrag ohne Preislimit. Auch: unlimitierte Order.

Maximum Drawdown. Bezeichnet den größten bisher beobachteten prozentualen Verlust eines Wertpapiers in einem bestimmten Zeitraum.

Mid Caps. Aktien von mittelgroßen Unternehmen.

MSCI. US-amerikanischer Anbieter von Wertpapierindizes. Einer der bekanntesten Indizes des Anbieters ist der MSCI World, der mehr als 1400 Aktien aus 23 Industrieländern enthält. MSCI ist die Abkürzung für Morgan Stanley Capital International. Mit der Investmentbank Morgan Stanley hat das Unternehmen heutzutage allerdings außer dem Namen nichts mehr zu tun.

Neobroker. Anbieter, über die Anlegerinnen Wertpapiere online – manchmal auch nur per Smartphone – handeln können. Die Neobroker boten zu Beginn ein kostengünstiges, aber oft eingeschränktes Wertangebot an. Sie bauen ihr Angebot weiter aus, aber ob sie immer so günstig bleiben werden können, ist nicht sicher.

Neuer Markt. Ehemaliges Handelssegment an der Frankfurter Wertpapierbörse, in dem rund um die Jahrtausendwende vor allem neue Firmen aus zukunftsträchtigen Branchen wie Telekommunikation oder Internet notiert waren. Nur sechs Jahre nach dem Start 1997 schloss die Börse das Segment im Jahr 2003, weil viele Kurse im Dotcom-Crash in sich zusammengefallen waren.

NIW. Abkürzung für Nettoinventarwert (englisch NAV, net asset value). Wert pro Fondsanteil, wenn man von allen Vermögenswerten (Aktien, Anleihen …) die Verpflichtungen (Kredite, Kosten …) des Fonds abzieht. Wird einmal täglich offiziell berechnet.

Notierung. Zulassung eines Unternehmens zum laufenden Handel an einer Börse, in dessen Rahmen dann laufend Kurse festgestellt werden.

Order. Auftrag zum Kauf oder Verkauf eines Wertpapiers.

OTC. Diese englische Abkürzung für „Over the Counter" meint den außerbörslichen Handel von Wertpapieren. Dieser kann zwischen Banken über spezielle Finanzterminals, per Mail oder Telefon stattfinden. Privatleute können in Deutschland außerbörslich über Wertpapierhandelshäuser wie Lang und Schwarz Tradecenter, Tradegate AG, Baader Bank oder Société Générale handeln. Die Transaktionen finden nicht unter börslicher Aufsicht statt.

Portfolio. Gesamtbestand an Geldanlagen einer Person oder eines Fonds. In breit aufgestellten Portfolios finden sich neben Aktien auch Anleihen, teilweise Rohstoffe, Immobilien und Geldmarktanlagen.

Prospekt. Auch Fondsprospekt genannt. Das wichtigste juristische Dokument, welches den Fonds beschreibt: die involvierten Parteien, Risiken, Anteilsklassen, Kosten, Anlagerichtlinien usw.

Quote. Gleichzeitiges Kauf- und Verkaufsangebot eines Wertpapierhandelshauses. Meist müssen die bestellten Wertpapierhandelshäuser an einer Börse bis zu einer bestimmten Summe zu diesen Kursen verbindlich handeln. In einigen Fällen können Quotes jedoch auch rein indikativ sein.

Rendite. Ertrag einer bestimmten Anlage in einem bestimmten Zeitraum. In der Regel wird sie in Prozent pro Jahr angegeben. Damit die Rendite aussagekräftig ist, sollte sie nicht nur Kurssteigerungen, sondern auch Ausschüttungen (Dividenden, Zinsen) berücksichtigen. Außerdem sollte sie in Euro berechnet werden.

Rendite-Risiko-Verhältnis. Der Quotient aus (erwarteter) Rendite und dem Risiko einer Anlage. Es können verschiedene Kennzahlen für Rendite und Risiko genutzt werden. Das Verhältnis ist eines der wichtigsten Maße, um Anlagen miteinander zu vergleichen und zu bewerten. Finanztest nutzt dafür die eigens entwickelt e Chance-Risiko-Zahl. Mehr Details zu dieser Kennziffer ab Seite 191.

Short. Englischer Begriff für eine Verkäuferposition. Wer „short geht", spekuliert auf fallende Preise eines Wertpapiers.

Small Caps. Aktien von kleinen Unternehmen mit vergleichsweise geringem Börsenwert.

Sondervermögen. Auch: Investmentvermögen. Fonds und ETF sind Sondervermögen. Das Fondsvermögen verwahrt eine unabhängige Fondsdepotbank im Auftrag der Fondsgesellschaft. Sollte die Fondsgesellschaft Insolvenz anmelden, wären die Anlagewerte der Kunden im Sondervermögen vor dem Zugriff von Gläubigern der Fondsgesellschaft geschützt. Die unabhängige Fondsdepotbank kontrolliert, dass das Geld wie im Prospekt definiert angelegt wird.

Spread. Auch Geld-Brief-Spanne. Die Differenz aus dem höheren Geldkurs und dem niedrigeren Briefkurs. Der Kurs, zu dem sich kaufen lässt, liegt in der Regel höher. Der Kurs, zu dem sich verkaufen lässt, liegt in der Regel niedriger. Der Spread stellt die Spanne zwischen beiden Werten dar.

Swap-ETF. Variante eines ETF, der seinen Index künstlich nachbildet. Damit solche ETF dem zugrunde liegenden Index folgen, kaufen sie nicht die im Index enthaltenen Aktien. Stattdessen halten Swap-ETF einen „willkürlichen" Korb an Wertpapieren und vereinbaren mit einem Finanzinstitut einen Tausch (Swap). Der Tauschpartner garantiert per Swap-Vertrag, dem ETF die Indexperformance zu liefern und erhält im Gegenzug die Performance der Wertpapiere im ETF. Verschiedene Regeln sollen dafür sorgen, dass Swap-Konstruktionen das Risiko und die Natur eines ETF nicht nennenswert verändern.

Thesaurierung. Wiederanlage von Dividenden oder Zinsen. Thesaurierende Fonds überweisen diese nicht an die Anleger, sondern investieren sie direkt wieder in den Fonds, sodass sich das Fondsvermögen erhöht. Das Gegenstück sind ausschüttende Fonds, die Erträge wie Dividenden oder Zinsen an die Anleger auszahlen.

Value-Ansatz. Auswahlstrategie für Aktien, bei der Interessierte werthaltige Unternehmen mit guter Marktstellung und stabilem Geschäft suchen. Auch: Substanzwerte.

Volatilität. Die Volatilität zeigt an, wie sehr ein Wertpapier in der Vergangenheit schwankte. Dabei misst die Volatilität, um wie viel Prozent der Ertrag eines Papiers innerhalb eines bestimmten Zeitraums von seinem langfristigen Durchschnittsertrag nach oben oder unten abwich. Die realisierte Volatilität misst vergangene Schwankungen. Die implizite Volatilität versucht anhand von Optionskontrakten zu überschlagen, welche Schwankungen für die kommende Zeit zu erwarten sind.

WKN. Abkürzung für Wertpapier-Kennnummer. Neben dieser deutschen Kennnummer hat sich international inzwischen das zwölfstellige Pendant Isin (International Securities Identification Number) durchgesetzt.

Xetra. Elektronisches Handelssystem der Deutschen Börse, wichtigster Handelsplatz für die meisten Wertpapiere hierzulande. Aktien, ETF und andere Papiere können hier ab etwa 9 Uhr bis circa 17.30 Uhr gehandelt werden.

Zins. Preis, den ein Schuldner zahlen muss, damit Anlegerinnen und Anleger ihm für eine bestimmte Zeit Geld leihen. Je unzuverlässiger der Schuldner, desto höher liegt in der Regel der Zins. Je länger die Anleger ihr Geld leihweise überlassen, desto höher liegt in der Regel der Zins. Neben Anleihen bringen auch Tagesgeld- oder Festgeldkonten Zinsen. Auch bei höheren Inflationserwartungen verlangen Investorinnen und Investoren mehr Zinsen.

Mehr Fachbegriffe zum Thema Börse unter **boerse-frankfurt.de/wissen/lexikon**

Stichwortverzeichnis

F

G

H

I

J

K

Die **Stiftung Warentest** wurde 1964 auf Beschluss des Deutschen Bundestages gegründet, um dem Verbraucher durch vergleichende Tests von Waren und Dienstleistungen eine unabhängige und objektive Unterstützung zu bieten.

Victor Gojdka ist Finanzjournalist und arbeitet für die Süddeutsche Zeitung und für verschiedene Hörfunksender. Schwerpunktmäßig berichtet er über die Themen Börse, Finanzmärkte und private Geldanlage. Neben seiner Ausbildung zum Finanz- und Wirtschaftsjournalisten studierte er Sozialwissenschaften und Volkswirtschaftslehre. Gojdka hat das Börsengeschehen aus einem Büro direkt am Frankfurter Börsenparkett viele Jahre lang aus nächster Nähe begleitet.

Stiftung Warentest

Stiftung Warentest
Lützowplatz 11–13, 10785 Berlin
www.test.de
email@stiftung-warentest.de
USt-IdNr.: DE136725570

Vorständin: Julia Bönisch

Programmleitung: Niclas Dewitz
Autor: Victor Gojdka
Projektleitung: Philipp Sperrle
Lektorat: Heike Plank
Korrektorat: Jonas-Philipp Dallmann, Berlin
Fachliche Unterstützung: Karin Baur, Thomas Krüger, Roland Aulitzky, Daniel Pöhler, Max Schmutzer, Yann Stoffel
Titelentwurf: Christian Königsmann
Layout, Satz, Infografiken: Florian Brendel, Berlin
Produktion: Anne-Katrin Körbi
Verlagsherstellung: Rita Brosius (Ltg.), Romy Alig, Susanne Beeh
Litho: tiff.any, Berlin
Druck: Firmengruppe APPL, aprinta druck, Wemding

Wir haben für dieses Buch 100 % Recyclingpapier und mineralölfreie Druckfarben verwendet. Stiftung Warentest druckt ausschließlich in Deutschland, weil hier hohe Umweltstandards gelten und kurze Transportwege für geringe CO_2-Emissionen sorgen. Auch die Weiterverarbeitung erfolgt ausschließlich in Deutschland.

Bei Fragen zur Sicherheit dieses Produkts wenden Sie sich bitte an: gpsr@stiftung-warentest.de

ISBN: 978-3-7471-0681-5